JN056507

山川出版社

まえがき

本書は，高等学校の地理総合と地理探究の教科書に記載されている地理用語を収集し，その掲載冊数の頻度を明示して，解説を加えたものである。

基本的で重要な地理用語はいずれかの教科書に記載されており，高等学校の地理学習では欠かせないものとなっている。頻度そのものが学習上の重要性と必ずしも一致するものではないが，それを理解した上で日常の授業や受験勉強に活用することは地理学習をする上で大いに参考になると思われる。

『地理用語集』の初版は，1982年に発行された地理教科書に基づいて編集された。その後，学習指導要領と地理教科書の改訂に対応して版を重ね，本書はその第8版である。

この間，グローバル化・情報化に伴う産業や社会そして私たちの生活の変化，資源・エネルギー問題や環境問題など地球的課題の深刻化，多発する自然災害や地域紛争など，世界と日本をめぐる動きは常に変化している。このような変化に対応して学習指導要領が改訂され，教科書の内容も大幅に変わった。地理的見方・考え方を身につけることはもちろん，必修科目となった地理総合ではGISを活用した地理的技能の習得や身近な地域の防災学習，地理探究では世界や日本の様々な地域を主体的に学ぶための系統地理的考察・地誌的考察などが重視され，また，国際理解や多文化共生，持続可能な開発などの記述が増加している。

本書は，旧版と同様，地理的な見方や考え方を養うための基礎的な用語・地名をまとめるとともに，系統地理と地誌との有機的な連関をもたせた。また，基本的な用語の正確な理解とその活用によって，大学受験や就職活動にも役立つように，さらにまた，豊かな教養を身につけることができるよう充分に配慮して編集した。

本書が高校生諸君の地理の学習に役立つとともに，現代世界の動きやその空間的分布を知り，未来の社会を考える手がかりになることを願っている。

2024年2月

地理用語集編集委員会

本書の特色と使用上の留意点

特 色

1. 本書は、高等学校地理歴史科「地理探究」の教科書3冊と「地理総合」の教科書7冊(2023年度使用)に記載されている用語から、学習に必要と思われる用語を選んで収録した。
   収録する用語は、教科書の本文・特設ページ・注・図版説明・地図中の地名などから採録した。
2. 本書は第Ⅰ部「地図と地理情報システム、地域調査」、第Ⅱ部「系統地理」、第Ⅲ部「地誌」の3部から構成されており、体系的に理解できるよう工夫している。

使用上の留意点

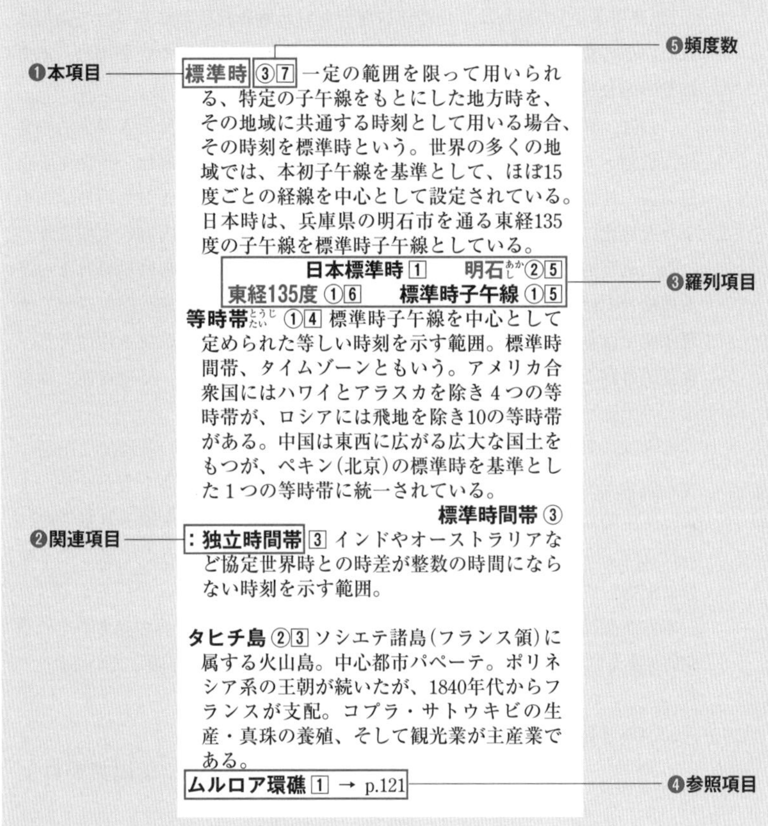

3. 巻末には、五十音順の「索引」をつけているので、簡潔な地理辞典としても使用できる。
4. 本書で取り上げた用語の数は、解説文のあるもの約3,450、用語と頻度だけのもの約550、合計約4,000である。

❶ **本項目**

用語名のうち、**重要と考えられる項目**を「本項目」と位置づけ、解説を付けた。

❷ **関連項目**

「：」記号のあるものは、**本項目と関連がある項目として**「関連項目」と位置づけ、本項目の後に置き、相互の関連がわかるように配列した。

❸ **羅列項目**

説明文の末尾に用語と頻度数のみを示してあるものは、「羅列項目」と位置づけた用語で、解説文中に説明がされているなど、特に**独立の説明を要しない用語**とした。

❹ **参照項目**

用語の説明は1か所を原則としたため、必要に応じて関連の深い項目については、「参照項目」を入れ、**説明が載る用語の収録ページ**を(→ p.〇)のように明示した。

❺ **頻度数**

1. **頻度数**は、用語名の横の付けられている**①ー⑦または[1]ー[7]の数値**を指す。これは、高等学校地理探究教科書全3種と地理総合教科書全7冊(2023年4月現在、教科書目録掲載のもの)のうち何種の教科書にその用語が掲載されているかを示すものである。
2. 頻度数は、用語の重要さを考えるうえで一つの基準となるもので、地理探究教科書と地理総合教書を合わせた**頻度数が7以上の用語**は、原則として**見出しを色刷り**とした。
3. 頻度数は、該当する用語が同一教科書において何回掲載されていても1回と算定した。また、**頻度数を付さなかった用語**として地図記号などがあり、**一覧表にまとめて記載**した。

❻ **表記**

イ. 用語の表記は、教科書の中で多く用いられているものを採用したが、**他の表記及び読み方がある場合**は(　)で示した。

　　例.　亜寒帯(冷帯)

目次

第Ⅰ部

地図と地理情報システム、地域調査

第1章 地図と地理情報システム

1 球面上の世界と世界地図

球体の地球

自転（じてん） ①[7] 自転軸を中心とした地球の回転運動。西から東へ24時間(1日)で1回転する。最も速度が大きくなる赤道では時速1,674kmとなるが、自転によって生じる遠心力は地球の重力の0.3%にすぎない。精密な測量によれば、ここ30年間で1/400秒ほど回転速度が速まっているとの説もある。

：**地軸**（ちじく） [5] 北極点と南極点を結ぶ直線。地球の自転軸。公転面の垂直方向に対して23度26分傾いているため、公転することで季節の変化や北半球と南半球の季節の逆転が生じる。

公転（こうてん） [5] 惑星（わくせい）が恒星（こうせい）の周りを回る運動。地球は自転しながら太陽の周りを回る。地球の公転周期は365.2422日なので、4年に1度閏年（うるうどし）がある。公転速度は時速10万7,280km。

赤道（せきどう） ③[7] 北極点と南極点からともに等しい距離にある点を結んだ線。英語名equator (イクウェイター)。地球の中心を通り、地球の自転軸に垂直な平面が地表を切る線。緯度0度の点を結び、地球の表面を取り巻く線で、全周はおよそ4万km。秋分の日と春分の日の南中時に太陽が真上、すなわち太陽高度が90度になる位置。

：**太陽高度** [2] 地平線からの太陽の高さ。角度で表わす。

：**南中高度** [4] 太陽が真南に来た時の太陽の高度。

夏至（げし） ①[7] 太陽高度が北半球では最も高く、南半球では最も低くなる日。つまり、北半球では最も昼間の時間が長く、南半球では最も短い日。自転軸の傾きのために年によって変化するが、6月21日または22日。

冬至（とうじ） [7] 夏至とは正反対の現象がおこる日。夏至と同様に年によって変化し、12月21日または22日。

春分 [7] 太陽が春分点を通過して北半球に入る瞬間。この日を春分日といい、昼夜の時間がほぼ等しくなる。日本では3月20日か21日。国民の祝日である「春分の日」は、春分日に基づいて政府の官報で公告される。

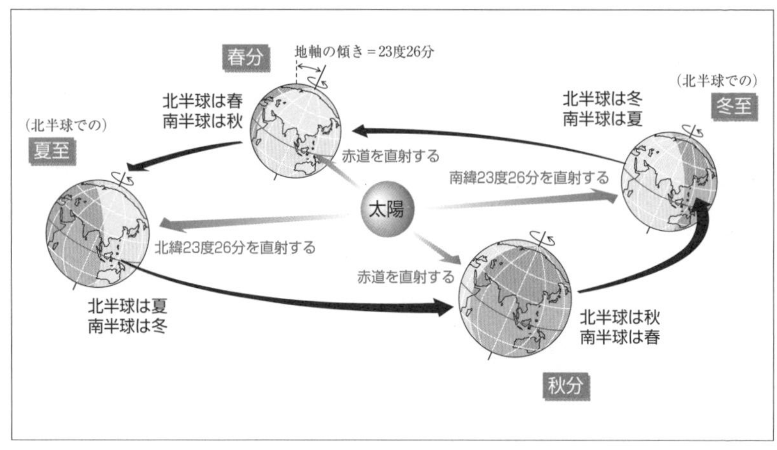

地球の公転と四季

秋分 [7] 太陽が秋分点を通過して南半球に入る瞬間。この日を秋分日といい、春分日と同様に、昼夜の時間がほぼ等しくなる。「秋分の日」も官報で公告される。近年は9月23日であったが、2012年以降、閏年に限って9月22日となる。

回帰線(かいきせん) [3] 赤道の両側、ともに自転軸の傾きと同じ23度26分の緯線。南中時の太陽高度は、夏至の日は北回帰線上で、冬至の日は南回帰線上で90度となる。

北回帰線 ③[7]　**南回帰線** ③[7]

極圏(きょくけん) ①[3] 両極点を中心として南北とも緯度66度34分までの範囲。夏至の日には北極圏で太陽が沈まず、南極圏ではまったく太陽が昇らない1日となり、冬至には南北の極圏でまったく反対の現象がおこる。

北極圏 ③[7]　**南極圏** ③[6]

: **白夜**(びゃくや) ③[7] 高緯度地方にみられる日没後から日の出前の薄明(はくめい)の状態。夏至の日、北極圏では1日中太陽が沈まない状態となり、反対の南極圏では1日中太陽が姿をみせない極夜となる。冬至の日はこの現象が逆転し、北極圏で極夜、南極圏で白夜となる。

極夜(きょくや) ②[7]

: **南極** ③[7] 南極大陸およびその周辺の海域と島嶼(とうしょ)を含む地方。南極圏だけでなく、南緯50〜60度の間に漂う氷塊(ひょうかい)を不連続に結ぶ南極収斂線(しゅうれんせん)の以南を南極地方と呼ぶ。

: **北極** ③[7] 北極点を中心として北極海、およびその周辺の島嶼、大陸沿岸部を含む地方。

地球儀と緯度・経度

地球儀 ①[7] 地球をかたどってつくられた球形の立体模型。経緯線や大陸の形が記入され、地軸を中心軸として回転するようになっている。地図では満たすことができない面積・距離・方位・形の正しさをそなえているため、地球儀と比較しながら、地図のもつひずみについて理解を深めることができる。現存する世界最古の地球儀はドイツのベハイムによるものといわれている。

経線 ③[7] 緯線とともに地球上の正確な位置を示す座標軸の1つ。北極と南極を結び地軸を含む平面で地球を切ったと仮定した時、その切断面と地球表面とが交わる線。すべての経線は北極点と南極点をその両端としている。

経度 ①[7] ロンドン郊外の旧グリニッジ天文台を通過する経線を経度0度の基線とし、この基線面(大円)と地球上の一点を通る経線面(大円)との角度。経度は、経度0度から赤道円周を東西180度に分け、東を東経、西を西経と呼ぶ。ほぼ180度付近に日付変更線が設置されている。

東経(とうけい) ③[7]　**西経**(せいけい) ③[7]

緯線 ③[7] 経線とともに地球上の正確な位置を示す座標軸の1つ。地球を地軸に垂直な(赤道に平行な)平面で切ったと仮定した時の切断面と、地球表面とが交わる線。

緯度 ③[7] 地球上の任意の1点と地球の中心を結ぶ線が赤道面との間でなす角度。地球上で同一緯度を示す点を連続的に結ぶと緯線となる。緯度は、赤道を緯度0度として南北それぞれ90度に分け、北を北緯、南を南緯と呼ぶ。

北緯(ほくい) ③[7]　**南緯**(なんい) ③[7]

陸半球(りくはんきゅう) ①[1] 地球を半球に分けた場合、陸地面積が最大になるように区分した半球。フランスのパリから南西にあるルマン付近が中心となり、全陸地面積の84%が含まれる。陸地と海洋の面積比は49：51である。

水半球(すいはんきゅう) ①[1] 地球を半球に分けた場合、海洋面積が最大になるように区分した半球。南太平洋のアンティポディーズ諸島が中心で、陸半球中心の対蹠点にあたる。全海洋面積の64%を含み、陸地と海洋の面積比は10：90である。

アンティポディーズ諸島 ②

対蹠点(たいせきてん) ②[4] 地球上で正反対の位置にある地点のこと。基準となる地点の経度と180度反対側にある経度上で、赤道を挟(はさ)んで反対側の地点である。北極点の対蹠点は南極点、東京の対蹠点はブラジル南方の海上にある。陸半球の中心の対蹠点は水半球の中心である。

北半球 ③[7] 地球を赤道で区分した時の北側の半球。ユーラシア大陸と北アメリカ大陸、アフリカ大陸約半分と南アメリカ大陸の一部を含む。陸地面積の割合は39.4%、海洋面積の割合は60.6%である。

南半球 ③[7] 地球を赤道で区分した時の南側の半球。オーストラリア大陸、南極大陸、南アメリカ大陸の大部分とアフリカ大陸の約半分を含む。陸地面積の割合は18.4%、海洋面積の割合は81.6%。北半球とは季節が逆になる。

西半球 ①[1] 地球を経度で区分した時の西側の半球。本初子午線から西回りに西経180度までの範囲で、経度を示すには、西経を用いる。南北両アメリカ大陸を間に挟み、大陸の両岸に太平洋と大西洋が広がる。

東半球 ①1 地球を経度で区分した時の東側の半球。本初子午線から東回りに東経180度までの範囲で、経度を示すには、東経を用いる。

時差

子午線(しごせん) ①4 ある地点の天頂を通り、天の南極と天の北極を結んだ天球上の大円。天球上の位置を示す天文学上の用語であるが、地球上のある地点を通る経線をその地方の子午線ということがある。

本初子午線(ほんしょしごせん) ①7 ロンドン郊外の旧グリニッジ天文台を通る経線。経度を測る基準であり、この経線を起点に東回りを東経、西回りを西経と呼ぶ。1884年に25カ国の代表を集めてワシントンで開かれた国際子午線会議で、グリニッジ子午線が本初子午線とされた。1980年代以降はIERS（国際地球回転・基準系事業）が定めたIERS基準子午線が、本初子午線として用いられる。これはグリニッジ周辺の重力のゆがみを修整して定めたもので、これまで本初子午線とされたグリニッジ子午線よりも東に100mほどずれたものとなっている。

国際子午線会議 3

GMT（グリニッジ標準時） Greenwich Mean Time ①7 ロンドン郊外の旧グリニッジ天文台を通る本初子午線を基準にした時刻。世界時ともいう。世界各地の標準時は、これを基準として整数時間あるいは半整数時間の時差をもつ異なった時刻を用いる。ロンドンがサマータイムでない期間の日本の標準時はGMT＋９。

旧グリニッジ天文台 ①6 イギリスのロンドン郊外にあった天文台。本初子午線が通り、世界の経度の基準となった。1946年から1953年にかけて天文台は、80km南のハーストモンソーに移った。1980年にはさらにケンブリッジに移転、1988年に天文台としての活動を停止した。

グリニッジ天文台旧本館 1

協定世界時（UTC） Universal Time, Coordinated ①3 地球の自転速度は年々遅くなっている。このため生じる時間のずれを調整するため、1972年、精度の高い原子時計の時刻に基づいて協定世界時が定められた。これを基準として各地の標準時が設置されている。日本の標準時はUTC＋９。

標準時 ③7 一定の範囲を限って用いられる、特定の子午線をもとにした地方時を、その地域に共通する時刻として用いる場合、その時刻を標準時という。世界の多くの地域では、本初子午線を基準として、ほぼ15度ごとの経線を中心として設定されている。日本時は、兵庫県の明石市を通る東経135度の子午線を標準時子午線としている。

日本標準時 1　**明石**(あかし) ②5

東経135度 ①6　**標準時子午線** ①5

等時帯(とうじたい) ①4 標準時子午線を中心として定められた等しい時刻を示す範囲。標準時間帯、タイムゾーンともいう。アメリカ合衆国にはハワイとアラスカを除き４つの等時帯が、ロシアには飛地を除き10の等時帯がある。中国は東西に広がる広大な国土をもつが、ペキン（北京）の標準時を基準とした１つの等時帯に統一されている。

標準時間帯 3

：独立時間帯 3 インドやオーストラリアの一部など協定世界時との時差が整数の時間にならない時刻を示す範囲。

時差 ③7 地球上の各地方で用いる標準時の示す時刻の相互間の差。世界の多くの地域では、本初子午線を基準として、ほぼ15度ごとの経線を中心として設定されているので、経度の数値を15で割ればロンドンとの時差を求めることができる。日本の標準時は、協定世界時（UTC）に対して＋９時間の時差がある。ニューヨークの標準時は、協定世界時に対して－５時間の時差がある。東京・ニューヨーク間の時差は14時間である。

サマータイム ①6 中高緯度地域の夏季は、日中の時間が冬季に比べて長いことから、太陽のでている時間を有効に使って、仕事や余暇を充実させようという目的で、時間を１時間進める制度。第一次世界大戦中の1916年にドイツ・イギリスで始まった。現在、ヨーロッパ諸国・新大陸の多くの国で採用している。日本では1948（昭和23）年から４年間実施された。アメリカ合衆国のアリゾナ州・ハワイ州やカナダの一部地域では実施していない。ロシアは2012年より実施をやめた。

日付変更線 ①7 太平洋上を多少の屈曲を伴いながらほぼ東経および西経180度線に沿って南北に走り、その西側と東側とで日付を変更するよう決められた線。この線をこえて西に行く時は次の日の日付とし、東に行く時には１日前の日付とする。南太平洋ポリネシアのキリバスは国土を二分する日付変更線を、全土が同一の日付になるよう、1995年1月1日に東にずらした。また、2011年12月29日、サモアが日付変更線を東にずらし、オーストラリアなどと日付を同一にした。

地図投影法

地図投影法 ①[4] 地球儀上の経緯線を地図に表現し、球体である地球を平面である地図上に描きだす方法。図法とも呼ばれることもある。投影面によって平面図法・円筒図法・円錐図法などに、投影する位置によって正軸・横軸・斜軸に、描かれる地図の性質によって正積図法・正角図法・方位図法などに分けられる。
投影法[2]　**図法** ②[6]

円筒図法 ① 地球儀に赤道で接する円筒をかぶせ、中心に光源をおいたと仮定して、地球儀上の経緯線や水陸分布を円筒面に投影し、展開した図法。経線と緯線はそれぞれ直交する平行な直線として描かれる。メルカトル図法・ミラー図法などがある。

円錐図法 ①[1] 地球儀に円錐をかぶせ、中心に光源をおいたと仮定して、地球儀上の経緯線や水陸分布を円錐面に投影し、展開した図法。一般に経線は1点から放射する直線、緯線は同心円の弧として描かれる。正角円錐図法・正距円錐図法・正積円錐図法などがあり、図の投影の際に想定される円錐の数により、単円錐図法と多円錐図法に分けられる。

正積図法 ①[3] 地球上の面積を地図上に正しく表現する図法。サンソン図法・モルワイデ図法・グード図法・エケルト図法・ハンメル図法・ランベルト正積方位図法などがある。

サンソン図法 ②[4] 緯線は等間隔の平行線で、その長さは地球儀上の各緯線の長さの縮尺比と等しく、経線は中央経線を除き正弦曲線をなす図法。赤道および中央経線付近の大陸の形は比較的正確であるが、高緯度地方ではひずみが著しい。ひずみの少ない低緯度地方を中心とした地方図などに利用される。サンソン＝フラムスチード図法ともいう。

モルワイデ図法 ②[7] 緯線は平行線であるが、高緯度になるに従い正しい長さより長めに表示され、その分緯線間隔を狭める形で描かれる。経線は楕円曲線からなり、高緯度地方でも比較的形のひずみが小さいため、サンソン図法の欠点を補っている。世界全図や、世界全体を対象とした各種の分布図などに用いられる。

ホモロサイン（グード）図法 ②[3] 低緯度地方をサンソン図法で、高緯度地方をモルワイデ図法で描き、両図を緯度40度44分で接合した図法。陸地の形のひずみを小さくするため、大洋部分で図を断裂している（断裂図法）。世界全体を対象とした各種の分布図などに用いられるが、大陸相互の関連性を示す図としては適していない。

ボンヌ図法 [1] フランス人ボンヌが1752年に考案した図法。単円錐図法を改良した正積図で、緯線はすべて等間隔の同心円として示され、経線は中央経線が直線のほかは、縮尺に比例した緯線上の点を結ぶ曲線として表わされる。中央経線から遠ざかるに従い角のひずみが大きくなり、世界全体を描くには適当ではないが、正積であるため中緯度の地方図・大陸図などに用いられる。

正角図法 ①[3] 地球上の角度の関係を地図上に正しく表現する図法。メルカトル図法・平射図法などがある。

メルカトル図法 ②[7] オランダ人メルカトルが1569年に考案した図法。心射（中心）円筒図法を改良し、緯線と経線の間隔の拡大率が一定になるように描いた図法で、正角円筒図法ともいう。経緯線は平行な直線で、互いに直交し、面積・距離は高緯度ほど拡大される。緯線と経線が直交し図上のどの地点でも経線は正確に南北を示すため、羅針盤に頼る航海には重要な図法で、等角航路が直線で示されるため海図として用いられる。また、国土地理院発行の地形図は、この図法の一種であるUTM図法（ユニバーサル横メルカトル図法）を用いる。

等角航路 ①[6] 地球上のある地点からほかの地点に行くのに、常に経線と一定の角度で交わりながら進むことができるコース。一般に大圏航路よりも距離が長くなるが、羅針盤の磁針の示す方向を一定に保って航海すれば目的地に到着できるという利点がある。このような航路を等角航路という。メルカトル図上では等角航路は直線で示される。
等角コース ①[2]

大圏航路 ①[5] 地表における2地点間の最短経路。大圏コース、あるいは大円航路、大円コースともいう。正距方位図法で描かれた地図上では、図の中心から図上の任意の1点までの最短経路が直線で表わされる。

地図投影法の例

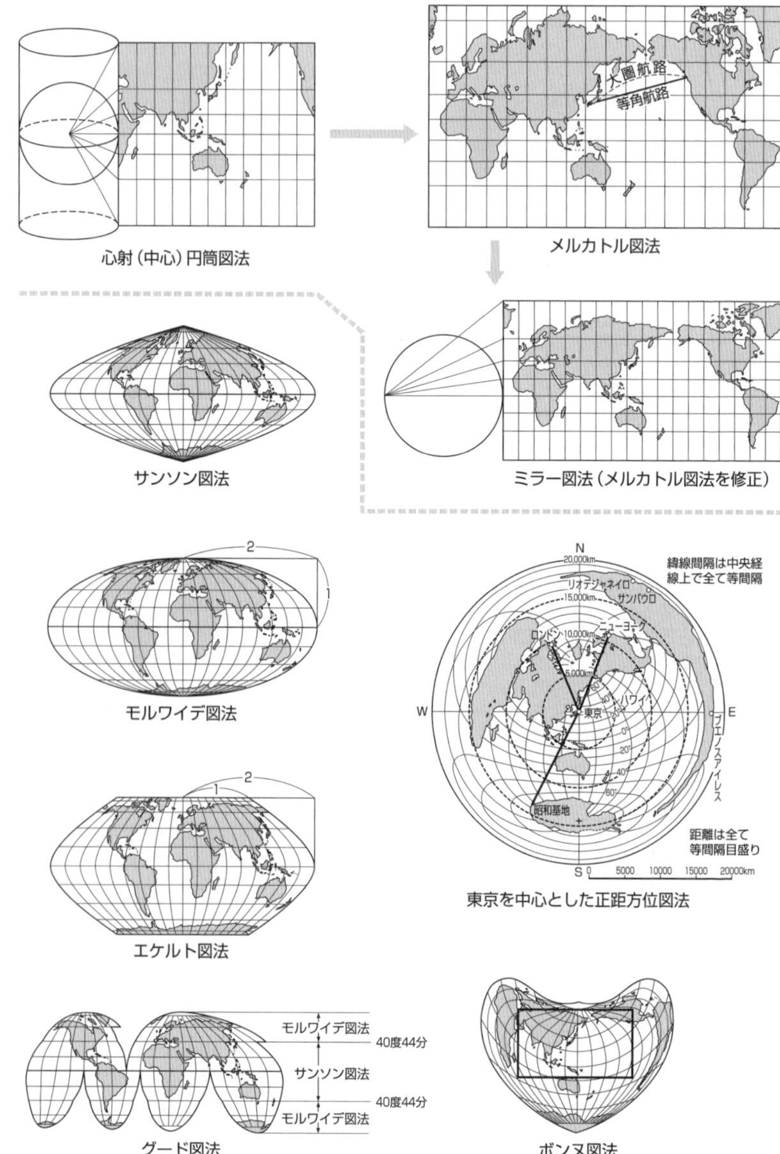
心射（中心）円筒図法
大圏航路
等角航路
メルカトル図法
サンソン図法
ミラー図法（メルカトル図法を修正）
2
1
モルワイデ図法
2
1
エケルト図法
N
W
E
S
20,000km
15,000km
10,000km
5,000km
緯線間隔は中央経線上で全て等間隔
リオデジャネイロ
サンパウロ
ロンドン
ニューヨーク
ハワイ
東京
ブエノスアイレス
昭和基地
距離は全て等間隔目盛り
0
5000
10000
15000
20000km
東京を中心とした正距方位図法
モルワイデ図法
40度44分
サンソン図法
40度44分
モルワイデ図法
グード図法
ボンヌ図法

また、心射図法で描かれた地図上では、任意の２地点間の最短経路が直線で表わされる。 **大圏コース** ①5

方位 ①5 地球上の１地点からみた、任意の１地点の球面上の位置関係。一般に、「N35° W」のように、北を基準として東回りに何度の角度をなすかというように表現されることが多い。

方位図法 ① 地球儀と１点において接する平面に地球儀上の経緯線を投影する図法。正方位図の地図上では、図の中心(接点)からみた各地の方位が正しく表現される。心射図法・平射図法・正射図法・正距方位図法などがある。

正距図法(せいきょずほう) ① 地球表面は球面であるが地図は平面であるため、世界全体を表現する縮尺の地図で、地球上の任意の点を結ぶ直線が正距を示す地図はつくれない。したがって、正距図法は、特定の線上の２地点間に限って距離を正しく表わすことができるように機能を限定してつくられた図法である。

正距方位図法 ②7 図の中心から任意の地点までの方位と距離が正しく表わされる図法。正軸投影の場合、経線は極を中心とした放射状の直線、緯線は極を中心とした等間隔の同心円で表わされる。国際連合のマークは、北極を中心とした正距方位図法の世界全図を図案化したものである。

ミラー図法 1 アメリカ合衆国のミラーが1942年に考案した図法。メルカトル図法と同じく経緯線が直交する。高緯度地方ほど拡大されるメルカトル図法の緯線間隔を調節して、極地方が描けるよう工夫してある。しかし、経線方向と緯線方向の拡大率が等しくないため、正角図法ではない。正積でも正角でもないが、地球儀に表現される水陸の分布と形がバランスよく表現されるため、世界全図などに用いられる。

地図の歴史

❶古代・中世

バビロニアの世界地図 ①2 世界最古といわれる粘土板に描かれた地図で、バビロニアの粘土板地図ともいう。大英博物館に所蔵されている。円盤状の陸地の周りを海が取り巻き、古代バビロニア人の世界観を示している。並行する２本の直線はユーフラテス川を、その先の三日月状の入り江はペルシア湾を示すものと考えられている。

プトレマイオスの世界地図 2 プトレマイオスは、２世紀頃の古代ローマ・アレクサンドリアで活躍した数学・天文学・地理学者。天動説を唱えるとともに、当時のヨーロッパ人によって知られていた世界を、単円錐(たんえんすい)図法に似た経緯線入りの世界地図に表現した。その範囲はヨーロッパ・北アフリカ・西アジア・インド・東南アジアに及ぶ。

TOマップ ① 科学的な世界観が否定された中世ヨーロッパを代表する地図。キリスト教の聖地エルサレムを図の中心におき、陸地を円盤状に表わし、図の上方にアジア、右下にアフリカ、左下にヨーロッパを配する。O字形の大洋(オケアノス)が陸地を取り巻き、T字型の水域が大陸を分ける。 **TO地図** 1

❷近世・近代

大航海時代 ①4 15〜16世紀にかけての、スペイン・ポルトガルを中心としたヨーロッパ諸国による新航路開拓と探検の時代。コロンブスのアメリカ大陸到達、ヴァスコ＝ダ＝ガマのインドへの航海、マゼランの世界周航をはじめ、多くの航海者・探検家の活躍によりヨーロッパ人の地理的視野が急速に拡大した。

新大陸 ①4 北アメリカ・南アメリカ・オーストラリアの各大陸をさす。大航海時代までにヨーロッパ人に知られていたアジア・アフリカ・ヨーロッパ以外の大陸。

マルティン＝ベハイム Martin Behaim 1 1459〜1507 ドイツの地図学者。1492年、現存する最古の地球儀を作成した。地球儀はプトレマイオスの地図を基本に、彼自身のアフリカ西岸航海の知見を加えて描いている。南北両アメリカ大陸は記されていない。直径約50cm。ドイツのニュルンベルク博物館に所蔵されている。

コロンブス Christopher Columbus ②5 1451頃〜1506 イタリアの航海者。スペイン女王イサベルの援助を受けて西回りの航海を行ない、1492年バハマ諸島のサンサルバドル島に到着した。この航海を含め４回の航海を行ないカリブ海沿岸地方を探検したが、彼は最後まで自分の到着した場所がインドの一部であると信じていた。

ヴァスコ＝ダ＝ガマ Vasco da Gama 1 1469頃〜1524 ポルトガルの航海者。1497年にリスボンを出発、アフリカ南端の喜望峰をまわり、翌98年インドのカリカットに到着、大西洋とインド洋を通り、ヨーロッパとアジアを結ぶ新航路を開いた。のちポルトガルのインド総督となった。

喜望峰 ①2　**カリカット** ①

タスマン　Abel Janszoon Tasman ① 1603〜59　オランダの探検家・航海者。東インド会社勤務を経てジャワ島のバタヴィア総督となり、南太平洋およびオーストラリア沿岸水域を探検。1642〜44年、２度の航海でタスマニア島・ニュージーランドなどを探検した。

クック　James Cook ① 1728〜79　イギリスの探検家・航海者。1768年以降、数回に及ぶ航海で、太平洋をベーリング海峡からニュージーランドまで縦横に探検し、太平洋諸地域の知見拡大に大きな役割を果たすとともに、オーストラリアのイギリス領有に貢献した。

伊能忠敬（いのうただたか） 3 1745〜1818　江戸時代後期の測量家・地理学者。50歳で家業を退いたあと、1800〜16年にかけて、幕府の命を受けて日本全国の沿岸を測量し、日本で最初の実測図である『大日本沿海輿地全図(伊能図)』の作成にあたる。

2 地図の種類とその利用

一般図と主題図

一般図 ②7 多目的に用いる一般的な地図。主題図の対語。地形や道路などの要素を基本に、地表の事象をできるだけ網羅的に取り上げた地図。国土地理院発行の地形図や、地図帳の各地方図などがこれにあたる。

主題図 ①7 特定の目的のために、特定の事象を意図的に取り上げて表現した地図。一般図の対語で特殊図ともいう。土地利用図や都市計画図・植生分布図・地質図、地図帳に記載されている統計地図など。

地図帳（アトラス） ①5 多数の地図を集めて１冊の本としたもの。地理の授業の際に用いる地図帳もその１つである。例えば、世界を扱う地図帳の場合、各地域の姿を総合的に取り上げる一般図と、様々な主題図を組み合わせて、世界全体の中でその地域がもつ特色を浮かび上がらせるなどの工夫をしている。メルカトルが自分のつくった地図帳に、ギリシャ神話にでてくる巨人の名であるアトラスを冠して以来、地図帳をアトラスと呼ぶようになった。

統計地図 ①6 ある事象の数量や分布を、統計数値を様々に加工して表現した地図。分布の粗密や広がりを視覚的にとらえることができる。

分布図 3 ある事象の数量や広がりを表現した地図。ドットマップのように、点や小さな図形を散りばめて実数の分布を示す地図を絶対分布図といい、数量をいくつかの階級に区分して、異なった彩色や模様で塗り分けるなど、相対的な比較を行ないやすくした地図を相対分布図という。

絶対分布図 5
相対分布図 5

ドットマップ ①6 ある事象の数量や分布を点で表現した地図。人口分布図や農・鉱・工業の各種生産物の分布図として用いられることが多い。絶対分布図の１つ。

メッシュマップ 3 地図上に等しい形で等しい面積からなる網をかけ、１つ１つの網の目にあたる地域の情報を表示した地図。単位となるメッシュに行と列からなる一連のナンバーをつけ、それぞれに必要なデータを入力すればコンピュータマップとして利用することができる。アメダスは平均

17kmから20kmのメッシュで全国をカバーし、1,300カ所あまりの観測点のデータから、気温分布や降雨の様子を知ることができる。

等値線図(とうちせんず) ①5 ある現象の数量や分布を表わすため、地図上で等しい値の点を結んだ等値線を用いた地図。等高線図・等温線図・等雨量線図など。絶対分布図の1つ。

流線図(りゅうせんず) ①5 物資や人などの移動を流線によって表現した地図。移動量を流線の幅で、移動の方向を流線の軌跡(きせき)と先端の矢印で示すことが多い。人や貨物の国際間の移動を表現する場合などに多く用いられる。絶対分布図の1つ。

階級区分図(コロプレスマップ) ②7 統計数値をいくつかの階級に区分し、各階級ごとに異なった彩色や模様などを用いて分布現象を表現した地図。人口を地域の面積で割った人口密度を、一定の基準で区分し、異なる色彩で表現した人口密度図などがこれにあたる。相対分布図の1つ。

カルトグラム(変形地図) ①3 地域ごとの統計数値を効果的に示すため、本来の地図の形に手を加えて変形させた地図。例えば、世界各国の形と面積を、それぞれの国のGDP(国内総生産)に応じて、拡大や縮小して描きだす世界のGDP図などはこれにあたる。

図形表現図 ①6 表示しようとする地域の統計数値を視覚的に比較させるため、図形に表現した地図。図形は、棒・円・正方形など2次元のもの、角柱・球・正六面体など3次元のもの、文字・人間・船舶・自動車・工場などの複雑な事物を図案化したものなど、様々な工夫がこらされる。

様々な地図

土地利用図 1 土地利用を目的別に分類し、異なった色彩や模様などを用いて表現した地図。一般に耕地(水田・畑・果樹園)、牧草地、森林(針葉樹林・広葉樹林・混合林)、集落(住宅地・商業地・工場・公共施設)などに区分して示す。日本では国土地理院により20万分の1、5万分の1、2万5000分の1などの土地利用図が作成されている。

道路地図 3 自動車走行の便宜のためにつくられた地図。道路の幅、舗装状況、主要都市間の距離、信号や分岐点の目標となる地物、パーキングエリア、ガソリンスタンドなどが記されている。

鉄道路線図 4 鉄道を利用する際に見る地図で、駅名、乗り換え駅や乗換路線名、運行する電車の種類や停車駅が掲載されている。描かれる鉄道路線は直線的で、駅の間隔も均等なものが多い。

観光案内図 3 観光スポットや宿舎、交通手段などを強調して描いた観光用地図。地図中にさし絵や図による解説を入れて、強調すべき点を視覚に訴えるイラストマップ(絵地図)の形式をとることが多い。

住宅地図 2 1軒1軒の住宅がわかるように、地番や居住者、道路と敷地の区画、家屋の形態を記した地図。各種案内図や行政サービス、不動産取引など様々な目的に用いられる。

海図 2 船舶の航行や停泊の便宜のためにつくられた地図。通常、メルカトル図法で描かれ、海深・海流・底質・灯台・浮標や、航行の目標となる陸上の地形や地物などが記されている。使用目的により、総図・航洋図・航海図・海岸図・港泊図などに分類される。日本では海上保安庁海洋情報部が作成している。

鳥瞰図(ちょうかんず) 2 地表を斜め上空から見下ろすような視点で、地表の起伏や事象を立体的にとらえるように描いた地図。パノラマ地図ともいう。山岳地形の景観図、様々な観光地図や都市の案内図などに用いられる。

空中写真 ③6 航空機から撮影した写真。一定の高度で連続的に撮影した空中写真は、隣り合う2枚を用いて地形や地物を立体視することができる。等高線を図上に描き入れることができることから、地形図作成の重要な資料となる。航空写真ともいう。

航空写真 ①

実体視(じったいし) ①1 連続的に撮影した空中写真の、隣り合う2枚の写真のように、同一地域を異なった角度から撮影した空中写真を左右の目で同時にみると、建造物や地形の起伏、植生など、地表の諸事象が立体的にみえる。これを実体視あるいは立体視という。地形図の作成や災害被災状況の確認など、様々な調査に利用される。

ハザードマップ(防災地図) ③7 地震・火山活動・水害など、各種の災害の被害を予測し、その被害範囲や状況を地図化したもの。災害が発生した時の緊急避難経路、避難場所などの情報が示されている。ハザードマップを利用することで、災害発生時に住民などが迅速かつ的確に避難でき、二次災害発生を防ぐことができる。

地形図の利用

i——地図の編集と縮尺

国土地理院 ③[7] 国土交通省に属する政府機関。国土の測量や地磁気・重力などの研究を行ない、2万5000分の1や5万分の1地形図をはじめとする各種の地図を発行する。また、GIS（地理情報システム）の普及推進を行なうほか、地震・火山噴火などの災害時や有事の際に、地形図や空中写真などの地理空間情報の提供や災害観測も行なう。

実測図 [1] 現地での測量や空中写真測量などをもとに作成した地図。国土地理院発行の2500分の1、あるいは5000分の1国土基本図や2万5000分の1地形図、地籍図（ちせきず）、土木工事用の詳しい地図などがこれにあたる。2013（平成25）年11月以降、電子国土基本図をもととした2万5000分の1地形図は編集図となった。

編集図 [1] 実測図をもとにして編集し、これを縮小したり内容を簡略化したりして作成した地図。一般に中・小縮尺図に多く、国土地理院発行の5万分の1地形図、20万分の1地勢図、50万分の1地方図、100万分の1国際図などがこれにあたる。

縮尺（しゅくしゃく） [7] 地表における実際の距離と、地図上に縮小して示された距離との比。一般に1を分子とする分数の形で表現される。地形図などで縮尺をもとに実際の距離を判断する場合には、10cmの長さを体感的に覚えておくと便利である。10cmは5万分の1地形図では5km、1万分の1地形図では1kmの距離にあたる。

大縮尺 [1] 縮尺を示す分数の分母の値が小さく、比較的狭い範囲を詳しく表現するのに適した尺度。分類について明確な定義はないが、1万分の1地形図や5000分の1国土基本図など、縮尺が1万分の1程度より大きい（分母が小さい）地図を大縮尺図と呼ぶことが多い。 **大縮尺図** [1]

小縮尺 [1] 縮尺を示す分数の分母の値が大きく、比較的広い範囲をコンパクトに表現するのに適した尺度。分類について明確な定義はないが、大陸図・半球図・世界全図など、広い範囲を示す地図や、国土地理院発行の20万分の1地勢図、50万分の1地方図、100万分の1国際図など、縮尺が10万分の1程度より小さい（分母が大きい）地図を小縮尺図と呼ぶことが多い。 **小縮尺図** [1]

地形図 ③[7] 地表の起状および地表に分布する事物を、縮尺の許す範囲で詳しく表現した中縮尺図。日本全土をカバーする地形図としては、国土地理院発行の2万5000分の1、および5万分の1地形図がある。

1万分の1地形図 ①[3] 国土地理院発行の5色刷り編集図。2m間隔の等高線をもち、1軒1軒の建物の形状を示す。311面で、全国の主要都市について整備されている。

2万5000分の1地形図 ②[7] 現在、4,420面で日本全土をカバーする国土地理院発行の3色刷り実測図（電子国土基本図による場合は編集図）。全国が整備されている一般図としては最も大縮尺の地図で、国の基本図である。道路・鉄道・建物・土地の高低や起伏・水系・植生・土地利用などが実測に基づき正確に描写されている。

5万分の1地形図 ①[5] 1,291面で日本全土をカバーする国土地理院発行の4色刷編集図。2万5000分の1地形図4枚に対して5万分の1地形図1枚が対応する。都市の位置関係や交通網のつながり、土地利用の状況など、地域の様子を把握しやすくすることをおもな目的にしている。

20万分の1地勢図 [3] 130面の図幅で日本全土をカバーする国土地理院発行の編集図。府県程度の地域における地形・水系・交通網・集落などの概況を一見して把握でき、比較的広域を対象とする土地の利用開発・調査・研究・観光など、広範囲の用途に用いられる。 **地勢図** [1]

地方図 [1] 8面の図幅で日本全土をカバーする国土地理院発行の編集図。各図は地方別になっており、隣接部分が重複するよう描かれているので、交通網・集落・地形・水系などを地方別に観察するのに用いることができる。縮尺は50万分の1。

国土基本図 [2] 日本の主要地域（平野部およびその周辺地域）を対象として、国土地理院が国土の開発・保全計画などのための基礎資料として作成している大縮尺図。縮尺は都市およびその周辺部では2500分の1、その他の平地部では5000分の1である。

電子国土基本図 ①[4] 国土地理院が提供する電子地理情報。道路・建物などの電子地図上の位置の基準である項目と、植生・崖（がけ）・岩・構造物などの土地の状況を表わす項目とを1つにまとめたデータである。データはインターネットを通して入手することができ、さらに別な情報を加えて独自な地図をつくることも可能である。我が国の国土基本図として、その地図情報から紙の地形図、電子地形図、地理院地図、基盤地図情報などの形で提供されている。

電子地形図25000 ②[4] 国土地理院が発信する電子デジタル地形図。インターネットで閲覧・購入することができる。利用目的に応じて、地図の中心の位置、画像サイズ、等高線・鉄道・道路などの表示色の設定、送電線・発電所など地物の表示項目の選択が可能である。

地理院地図 ③[7] 地形図、写真、標高、地形分類、災害情報など、国土地理院が捉えた日本の国土の様子を発信するウェブ地図。インターネットで提供。国土地理院が整備する様々な地理空間情報を閲覧できるほか、地形図や写真などを3D表示することも可能。

ii ―― 地形図の読み方

図式 ②[5] 地図を作成する際の約束ごと。日本の地形図の場合、地図の縮尺、地図投影法、地形図の図郭(ずかく)の範囲などのほか、地図記号の凡例が記載されている。2万5000分の1地形図では、基本的な図式として「平成14年2万5千分1地形図図式」がある。

地図記号 ②[7] 地図を読むために必要な情報を図案化した簡明な記号。等高線・河川・道路・鉄道・行政界・土地利用・官公署など、様々な事物が表現される(p.13参照)。

総描(そうびょう) [1] 地形図を読みやすくするために、全体の特徴がつかめるよう簡略化して示す表現方法。例えば、密集した市街地の場合、1軒1軒の家を全部表現すると、真っ黒に塗り潰(つぶ)したようになってしまう。このような場合、市街地全体を斜線で描くとみやすい地図になる。

等高線(とうこうせん) ③[7] 海抜高度の等しい点を連ねる等値線。日本の地形図では計曲線・主曲線・補助曲線の3種類の等高線を用いて地表の起伏を表現している。

計曲線(けいきょくせん) ①[3] 5万分の1地形図では100m間隔、2万5000分の1地形図では50m間隔で示される、太い実線の等高線。

主曲線(しゅきょくせん) ①[3] 5万分の1地形図では20m間隔、2万5000分の1地形図では10m間隔で示される、細い実線の等高線。

補助曲線(ほじょきょくせん) ①[2] 5万分の1地形図では20m以下の、2万5000分の1地形図では10m以下の微起伏(びきふく)を示す等高線。第1次補助曲線と第2次補助曲線があり、前者は破線で、後者は点線で表わされる。

標高(ひょうこう) ③[7] 平均潮位を基準とした陸地の海抜高度。日本では、東京湾の平均潮位をもとにした水準原点を基準に各地の海抜高度を示す。日本の地形図には標高が記されており、その地点を標高点という。

標高点 ②[2]　**海抜高度(かいばつこうど)** ①[1]

三角点 ①[4] 三角法を応用して、各地点間の方位と距離を正確に測定する三角測量を行なう際の位置(経度・緯度・標高)を決める基準点。見通しのよい山頂や丘陵(きゅうりょう)に設置されることが多い。日本には一等三角点が約1,000、二等三角点が約5,000、三等三角点が約3万2,000、四等三角点が約7万設置されている。三角点の原点の1つ、日本経緯度原点は、東京都港区麻布の旧東京天文台跡にある。

水準点 ①[4] 基準面からの土地の高さを測定する水準測量を行なう際の高さを決める基準点。日本では、主要道路沿いにほぼ2kmの間隔で設置されている。日本水準原点は、東京都千代田区永田町におかれている。

地形断面図 [3] 特定地域の土地の起伏を、2地点を結ぶ直線に沿って切断したと仮定した切断面。一般に高度を強調するため、水平方向よりも垂直方向の縮尺を小さくする場合が多い。これを応用して登山ルートに沿って地形断面図をつくることも可能である。広範囲にわたり多くの断面図を作成する場合には、数値地図の標高データを用い、コンピュータ処理をするのが便利である。

谷線(たにせん) ①[1] 等高線を追って地形の起伏をみる場合、谷と尾根の入り方を判断することが重要である。地形図では、谷を示す等高線は山地の高い方に張りだす形で描かれる。各等高線の張りだしの最先端部を結んで描いたものが谷線である。一般に、谷線は谷口にあたる部分から上流方向に樹枝状(じゅしじょう)の広がりをみせる。

尾根線(おねせん) ①[3] 山地の地形は尾根と谷の組み合わせでできている。尾根は地形の高い部分にあたり、尾根を示す等高線は山地の低い方に張りだす形で描かれる。この張りだしの最先端部を結んで描いたのが尾根線である。

尾根 ①[2]

国土地理院発行2万5000分1地形図の記号(平成25年図式)

市役所	高等学校	発電所	ダム
町村役場	博物館・美術館	採鉱地	水門
官公署	図書館	温泉・鉱泉	せき
裁判所	老人ホーム	噴火口・噴気口	滝
税務署	神社	油井・ガス井	雨裂
消防署	寺院	坑口	土がけ
病院	高塔	煙突	岩がけ
保健所	記念碑	電波塔	岩
警察署	自然災害伝承碑	灯台	普通建物
交番	城跡	風車	堅ろう建物
郵便局	墓地	港湾	高層建物
小・中学校	史跡・名勝・天然記念物	漁港	無壁舎(温室等)

(緑) 高速道路
(赤) 国道(番号) 142
(黄) 都道府県道
有料道路
4車線以上
2車線(幅員13m以上)
2車線(幅員13m未満)
1車線道路
軽車道
徒歩道
庭園路
石段

田
畑
茶畑
果樹園
荒地
広葉樹林

針葉樹林
竹林
ヤシ科樹林
ハイマツ地
笹地

都府県界
北海道総合振興局・振興局界
市区町村界
所属界
特定地区界

単線　駅　側線
複線以上
建設中又は運行休止中
JR線
JR線以外
地下式鉄道
路面の鉄道
特殊鉄道
リフト等
送電線

11.4 電子基準点
52.6 三角点
21.7 水準点
・125 現地測量による標高点
・125.7 写真測量による標高点
−125− 水面標高

(出所:平成14年・平成25年 2万5千分1地形図図式(令和元年一部改正),
平成24年電子地形図25000地形図図式(令和元年一部改正) をもとに作成、印刷の都合上モノクロで表現)

3 地理情報システム

地理情報システムのしくみ

デジタル地図 4 地理空間情報を用いてコンピュータ上で製作され，スマートフォンやパソコンなどのデバイス上で表示する地図全般をさす。紙の地図とは異なり，継ぎ目のない(シームレスな)地図を製作することや拡大や縮小なども行ったりすることができる。

数値地図 ②1 国土数値情報に代表されるような，メッシュ単位に数値化された地図情報をもとにつくられた地図。コンピュータで利用する地図全般を数値地図という場合もあるが，正式には国土地理院が提供しているものをさす。数値データには，標高・海岸線・行政界など様々なものがあり，CD-ROMにおさめて市販されている。

国土数値情報 1 国土交通省が提供している国土に関する様々な情報を位置情報と組み合わせて整備されたデータ。行政区域，鉄道，道路，河川，土地利用メッシュ，公共施設などがある。

GIS（地理情報システム） Geographic Information System ③7 コンピュータを用い，様々な地理空間情報を加工・分析し地図上に表現する技術の総称。地理的な位置に関する情報(空間データ)や様々な情報データをGISソフトウェア上で組み合わせることにより，地域情報の総合管理や検索，特定の情報に特化した地図やシミュレーションマップなどを作成でき，行政や地域研究に役立たせることができる。

：**地理空間情報** 2 事物や統計数値などの属性情報に住所や経緯度などの位置情報を紐づけることでできる情報。人口や建物の分布，鉄道や道路のルートなど様々なものが地理空間情報となる。　**位置情報**①2

：**地理空間活用推進基本法** 2 地理空間情報の高度な活用を推進するため，地理情報システムや衛星測位に関する施策とその実行について理念や基本事項を定めた法律。2007年に施行された。

レイヤ ①2 地図上に表現された多種多様な地理空間情報を記録・管理するため，種類ごとに分けて記録し，地図上で何層も重なる階層構造となるが，表示するレイヤを取捨選択することにより，目的に合わせた地図を作成することが可能である。

GNSS（全球測位衛星システム） Global Navigation Satellite System ③7 測位衛星となる人工衛星が発信する信号を受信し，自己の位置や進路を知る仕組み。システムは人工衛星群とそれらを管制するいくつかの地上局，そして受信者とから構成される。アメリカのGPS，ロシアのGLONASSなどがその例。

GLONASS ①4
Galileo ①6
測位衛星(GNSS衛星) ①3

GPS Global Positioning System ①7 人工衛星から発信された電波をもとに位置を知るシステム。カーナビゲーションシステムなどに用いられるほか，全国に設置された電子基準点の位置を精密に測定することにより，地殻変動の観測にも使われている。

：**GPS衛星** 1 アメリカ合衆国によって運用されるGPSで用いられる人工衛星。上空にある数個の衛星からの信号をGPS受信機で受け取ることで，受信者が自身の現在位置を知ることができる。

準天頂衛星「みちびき」 ①4 日本の測位衛星システムにおいて測位衛星を補完するために，日本上空で長くとどまることができる準天頂軌道の衛星。測位衛星では電波が届きにくい高層ビルの陰などでもみちびきの電波が届くことで精度の高い位置情報が得られる。

電子基準点 ①4 国土地理院は，地殻変動を監視するシステムとして精度の高い測量網を構築しており，電子基準点はその観測点である。高さおよそ5mの金属製。GPS衛星からの電波を受信し，24時間連続観測したデータを観測センターへリアルタイムに送信できる。全国に約20km間隔で約1,300点設置されている。

カーナビゲーションシステム（カーナビ） ①4 一般に詳細な道路情報を含んだ地図情報を内蔵し，測位衛星からの位置情報を受け，運転者に対して目的地までの進むべき道を示すナビゲーションシステム。装置の小型化や電子技術の向上に伴って携帯可能な個人用ナビゲーション機器が現われ，携帯電話やスマートフォンの1機能に含まれるようになった。

ドローン（無人航空機） ③3 広義には遠隔操作によって飛行する無人航空機全般を指す言葉として用いられるが，よく見られるのは複数の回転翼(ローター)を持つマルチコプターで，ドローンと同義に扱われることがある。GNSSからの位置情報を利用して設定したルートを自動で運転し，種子や農薬の散布，物資の輸送などに利用される。また，人が立ち入ることが難しい災害現場の様子を知るための手段としても活用されている。

WebGIS

WebGIS ③3 Webブラウザ上でインターネットを通して使用することができる地理情報システム。パソコン，スマートフォン，タブレットなど様々なデバイスで閲覧が可能。国や地方公共団体をはじめ多くの機関でポータルサイトが設置され，ベースとなる地図上で地理空間情報を重ねて閲覧することができるようになった。

ビッグデータ ③4 人間や一般的なソフトウェアが把握・分析できる能力を超えるほどの多量で多種にわたるデータをさす。リアルタイムにデータを捉えることができ，交通渋滞の社会的課題や電力網といった社会インフラなどへの活用が期待されている。

地域経済分析システム（RESAS） ③4 経済産業省と内閣官房デジタル田園都市国家構想実現会議事務局が提供するシステムで，官庁と民間双方によるビッグデータを地図と組み合わせてWebブラウザ上に表示することができる。人口や産業構造，消費，観光などのデータがあり，地域経済の分析や地域活性化の施策の検討などに利用されている。

地図で見る統計（jSTAT MAP） ①3 総務省統計局が提供するシステムで，e-statと呼ばれる政府統計ポータルサイトのデータをWebブラウザ上で地図化することができる。

第2章 地域調査と地域

地域調査

地域調査 [7] 目的をもって特定の地域を調査すること。調査したい地域を先に決め、その地域にふさわしいテーマを選ぶ方法と、関心をもったテーマから、それに適した地域を選んで調べる方法がある。地域調査は一般に次のような手順を踏んで行なわれる。テーマの設定、調査地域の選定、事前調査(地図・文献・統計資料など)、フィールドワーク(観察・聞取り・アンケートなど)、調査のまとめ、発表。

事前調査 ②[3] 調査対象地域を、古文書・古地図・各種印刷物などの文献資料や、様々な統計を通じて調べ、調査の目的と対象を絞り込んでいく調査。実際に行なう野外調査(現地調査)に対する用語で、文献情報調査、また主として文献による調査であるため文献調査ともいう。

デスクワーク [2]
文献情報調査 [1]
文献統計調査 [1]
資料調査 [1]

フィールドワーク(野外調査) ①[6] ある調査対象について研究する際に、そのテーマに即した場所(現地)を実際に訪れ、その対象を直接観察し、テーマに関連した聞取り調査やアンケート調査を行ない、現地での資料収集を行なうなど、現地で情報を入手する調査技法である。現地調査ともいう。

聞取り調査 ②[7]　**現地調査** ①[7]

フィールドノート(野帳(やちょう)) [5] 野外調査の際に、観察事項を記入する手帳。野外での記入を想定した、縦長で硬い表紙のついた手帳のこと。無地のものや図・統計などが記入しやすいよう紙面に方眼が入っているものなどがある。

土地利用 ①[7] 土地の利用状況。国土地理院の地形図には土地利用が地図記号で表示されており、これを利用目的に従って着色したり、変遷も含め、調査地域の土地がどのように利用されてきたかを知ることは、地域理解の大切な視点である。

ポスターセッション [5] 調査報告の発表形式の1つ。模造紙などに調査内容を要領よくまとめ、相互に発表し合う形式。その場で質疑応答が行なわれるため、調査内容に対する理解を深めることができる。

ポスター [3]
ポスター発表 [2]

地理的環境

自然環境 ③[7] 人間の生活や生産活動に関連する自然的背景の総称。自然条件とほぼ同義。社会環境の対語。多くの要素から構成されるが、地形・気候・植生・土壌などが代表的である。　**自然条件** ③[3]

大気圏(たいきけん) ① 地球の外側を取り巻く大気の部分。気圏ともいう。地上から高度約500〜1,000kmの範囲。下層から対流圏・成層圏・中間圏・電離圏(熱圏)に区分される。

気圏 ①

:**対流圏(たいりゅうけん)** ① 大気圏の最下層部分で、地表と成層圏の間。上限の高さは熱帯で16km、寒帯で8km。地表で暖められた空気が上昇し、熱を放出し冷却されて下降する。大気が絶えず垂直方向に運動する対流をおこすことで、大気大循環が発生する。

:**成層圏(せいそうけん)** ③[3] 対流圏の上部、高度約12〜50kmの大気圏。高度20kmを中心にオゾン層があり、それより上空に向かうほど温度は高くなる。下部で−40〜−80℃、最上部は0℃前後。

水圏(すいけん) ① 水によって占められた地表部分。中心は海洋であるが、湖沼(こしょう)・河川などの陸水圏も含む。

岩石圏(がんせきけん) ①[1] 気圏・水圏に対して地球の固体部分をさす用語であったが、現在は、上部マントルの軟弱層(アセノスフェア)を覆う硬い層をさすことが多く、リソスフェアとも呼ばれる。深さは数十kmから200kmに及び、いくつかのブロック、すなわちプレートに分かれている。

社会環境 ③[6] 人間の活動によってつくりだされてきた環境。自然環境の対語。社会制度・伝統・民族性・科学技術・宗教などで構成され、類似の自然環境のもとにあっても、社会環境が異なれば、そこに営まれる生活様式は異なった形をとる。
社会条件 ③1　**社会・経済環境** 1

地理の考え方と地域

系統地理的考察 ③ 系統地理とは、地理を研究し学習する場合の2大部門の1つ。地球上で生起する様々な事象について、その因果関係や地域的な特色を、地理の研究分野別に体系化したものである。地形・気候・植生・土壌などを対象とする自然地理と、人口・民族・産業などを対象とする人文地理の2大分野からなる。このような、分野別に体系化された方法で諸事象を研究・学習する考え方を系統地理的考察という。

地誌的考察 ③ 地誌とは、地理を研究し学習する場合の2大部門の1つ。例えば、ヨーロッパ・アフリカ・オセアニアなどの地域ごとに、様々な事象がどのように結びつき、どのような地域的特色をつくっているかを研究し、学習する。このように、地域を基礎に様々な事象を分析し、総合的に把握する方法を地誌的考察という。地誌は、対象とする地域の規模により、世界地誌・各国別地誌・地方地誌など様々なものがある。

等質地域（とうしつちいき） ③ 地域区分を行なう時、自然現象や社会現象に同じ性質が認められる地域の範囲。米作地域・砂漠地域・中国文化圏など。同質地域あるいは均等地域ともいう。

結節地域（けっせつちいき） ② 全体の中で、中心地を核として一定の役割をもった地域が結びついた範囲のこと。機能地域あるいは統一地域ともいう。例えば、大都市圏は中心業務地区・商業地区・郊外住宅地区など一定の役割がある多数の等質地域をもち、それらが全体として機能的に結びついて成立している。
機能地域 ③

結節点 ②1 地域相互間を結ぶ地域あるいは地点。例えば、郊外電車のターミナルは大都市の都心地域と郊外地域の結節点である。

形成地域 ② ある特定の目的に対して便宜的または一時的に区分された地域のこと。選挙区や郵便局・裁判所の管轄区分などがこれにあたる。

地域区分 ③ 地表を自然現象あるいは人文現象などの面で、共通した特色や機能をもった地域に区分すること。ケッペンの気候区分やホイットルセーの農牧業地域区分などが代表例。この地域区分を図で示したものを地域区分図という。
地域区分図 ①

地域主義 1 全体の中で、ある特定地域がその個性や特色を強化していこうとする動き。例えば、イギリスにおいてスコットランドやウェールズが、スペインにおいてバスクやカタルーニャが言語の復活や自治権の拡大をめざす動きなどは地域主義の例である。

第Ⅱ部

現代世界の系統地理

第1章 自然環境

1 地形

地形の形成と変化

i ——地形の形成

大地形 ③[4] 小縮尺の地図や地球儀で表現可能な地形。おもに地球内部の地殻変動により、1,000万年～1億年以上の年月をかけて形成された。大陸・海洋底・大山脈・島弧・中央海嶺・海溝など。

小地形 ③[4] 5万分の1から1万分の1程度の地形図で表現される地形。おもに侵食・堆積作用など外的営力で形成される。谷地形・扇状地(せんじょうち)・段丘(だんきゅう)・砂丘(さきゅう)など。

内的営力 ③[7] 地球内部にエネルギー源をもつ火山活動や地殻変動のこと。山脈を形成するなど、地表面の起伏(きふく)を大きくする働きがある。外的営力の対語。

地殻変動(ちかくへんどう) ③[4] 地球内部の原因によって地殻に生じた変形や変位。造山運動・造陸運動・火山活動などを含む。また、測量によって確認できる現在進行中の地殻の変形や変位についても用いられる。

: **造山運動**(ぞうざんうんどう) ③[3] 断層や褶曲を伴って大規模な山脈や山地を形成する地殻変動。プレートの狭まる境界で、プレートの衝突や沈み込みによって発生する。

: **造陸運動**(ぞうりくうんどう) ① 大陸の広い範囲にわたって、緩やかに隆起または沈降する運動。この運動によってつくられた卓状地の地層はほぼ水平で、ほとんど変位や変形を受けていない。

隆起(りゅうき) ③[5] 広い範囲にわたって地殻が垂直的に上がる現象。沈降の対語。

沈降(ちんこう) ③[4]

外的営力 ③[7] 地球の外側から作用し、地表の物質を風化・侵食・運搬・堆積して地形をかえる力。流水・氷河・波・風など。最終的には地表を平坦にする方向に働く。

: **風化**(ふうか) ③[4] 地表にさらされた岩石がより細粒の物質に分解される過程。大気の温度変化や水の凍結膨張による物理的風化と、変質して粘土をつくる化学的風化がある。

: **侵食**(しんしょく) ③[4] 地球の表面が流水・氷河・波・風などによって削られる作用。河食・氷食・波食・風食などがある。これらの機械的な侵食作用に対して、岩石が雨水や地下水と化学反応して削られることを溶食(ようしょく)という。

: **侵食平野** ③[3] 侵食作用によって形成された平野。堆積平野の対語。成因により準平原・構造平野などに分けられる。

: **運搬**(うんぱん) ③[4] 流水・氷河・風などが、風化・侵食を受けてつくられた岩屑(がんせつ)や土砂を他の場所に運ぶ作用。最終的には堆積場所まで運ばれる。

: **堆積**(たいせき) ③[5] 流水・氷河・風などの運搬作用が衰えた場所に岩屑や土砂を積み重ねていく作用。地質学的には地層をつくる過程の総称。

: **堆積平野** ①[2] 河川や海洋の堆積作用によって形成された平野。河川の堆積作用によるものとしては谷底平野・扇状地・氾濫原(はんらんげん)・三角州(さんかくす)などがあり、海洋の堆積作用によるものとしては海岸平野がある。また堆積平野には、日本では主に第四紀の更新世に形成された台地と、完新世に形成された低地がみられる。

地質 ① 地球表面の地殻をつくっている岩石の性質・構造およびその形成過程のこと。

: **地層** [1] 水平方向に広がりをもつ層状の堆積物・堆積岩。海底や湖底では水平に、陸成の場合は地表の起伏にあわせて堆積するが、その後の地殻変動によって変形・変位を受けることが多い。

地質時代 ② 地球の歴史を、地層や岩体をもとに区分。年代はより大きな単元から代・紀・世に分類される。

先カンブリア時代 ③[1] 最も古い地質時代。地球が生まれた約46億年前から、古生代が始まる約5.4億年前までの約40億年間。かつては生命の存在しない時代と考えられていたが、現在は約35億年前に原始的な生命体が存在したことが確認されている。

古生代(こせいだい) ③[1] 約5.4億年前～約2.5億年前。前半は海中に無脊椎動物(むせきついどうぶつ)が、後半には陸上に動植物が繁栄した。また、この時

大陸　現在の陸地

2億2500万年前　古太平洋　パンゲア　古太平洋

1億3500万年前

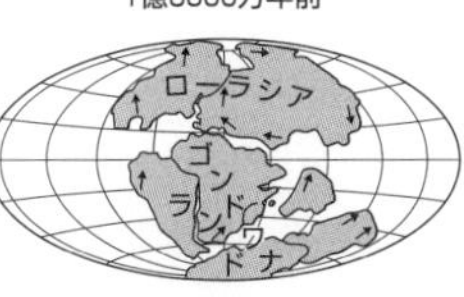

6500万年前

大陸の移動

代には脊椎動物である魚類も誕生・進化した。

中生代(ちゅうせいだい) ③1 約2.5億年前〜約6,500万年前。爬虫類(はちゅうるい)の全盛時代で、ジュラ紀・白亜紀は恐竜類が栄え、ジュラ紀には鳥類も出現し、原始的な哺乳類(ほにゅうるい)も現われた。

新生代(しんせいだい) ③1 約6,500万年前から現在までの最も新しい地質時代。氷河時代が始まる約260万年前までを第三紀、それ以降現在までを第四紀に区分する。

: **古第三紀** ③ 新第三紀とともに陸上で哺乳類がめざましく進歩した時代。草食の有蹄類(ゆうているい)、肉食類、さらに後半に霊長類が現われ、鯨(くじら)などの哺乳類が海に進出して進化した。約6,500万年前から約2,300万年前までを古第三紀、約2,300万年前から約260万年前までを新第三紀に区分する。新第三紀には新期造山運動が活発化し、ヒマラヤやアルプスなどの大山脈が急激に隆起した。

新第三紀 ③

: **第四紀** ③ 約260万年前から現在までの地質時代。最終氷期(最新の氷期)が終わった約1万年前を境に、それ以前を更新世(洪積世)、それ以降現在までを完新世(沖積世)に区分する。氷河が拡大し、人類が出現・進化した時代でもあるので、「人類紀」「氷河時代」とも呼ばれる。

: **氷河時代** ① 第四紀とほぼ同義。その中で世界的に氷河が拡大した寒冷な時期を氷期、氷期の間の温暖な時期を間氷期(かんぴょうき)と呼ぶ。約1万年前に始まる完新世は最終氷期後の間氷期と考えられる。

: **更新世**(こうしんせい) ③ 第四紀の大部分を占める地質時代。約260万年前から最終氷期が終わった約1万年前までの時代。19世紀には、この時代の堆積物は「ノアの洪水」によるものと考えられていたので洪積世と呼ばれていた。そのため、この時代につくられた台地を洪積台地と呼んだ。

: **完新世**(かんしんせい) ②2 現在を含む最新の地質時代。約1万年前から現在までの時代。最終氷期の終わりとともに始まる。

ii —— プレートと変動帯

大陸移動説 ③ 古生代前半まで地球の大陸はパンゲアと呼ばれる1つの陸塊(りくかい)であったが、その後に分裂・移動して現在のような水陸分布になったとする説。

パンゲア 1

: **ウェゲナー** Alfred Lothar Wegener ③ 1880〜1930　ドイツの気象学者。アフリカ大陸と南アメリカ大陸の大西洋岸の海岸線の一致と、両岸の植物化石群と氷河遺跡の一致から、1912年に大陸移動説を提唱。

ゴンドワナ大陸 ②1 古生代後期から中生代にかけて南半球に広がっていたと考えられている古大陸。現在の南アメリカ・オーストラリア・アフリカ・南極大陸、さらにインド半島・アラビア半島とマダガスカル島を含む。

ローラシア大陸 ① 現在の北半球にあるユーラシア・北アメリカ両大陸とグリーンランドが分裂以前に一体となっていたと考えられている古大陸。南半球のゴンドワナ大陸と対。

プレート ③7 地球表面を覆う板状の岩体。厳密には、一体化して移動するマントル上部の流動層であるアセノスフェアの一部を含む。海洋地殻を含む海洋プレートと大陸地殻を含む大陸プレートに区分される。海洋プレートは中央海嶺で生まれて海溝で大陸プレートの下に沈み込む。

海洋プレート ③6
大陸プレート ③6

: **地殻**(ちかく) ③4 地球の成層構造を卵にたとえると、最も外側の薄い殻にあたる部分。大陸地殻はおもに花崗岩(かこうがん)からなり、平均的な厚さは約30〜40kmであるが、ヒマラヤやアンデスなどの大山脈地帯では約60kmと厚い。これに対し海洋地殻は玄武岩からなり、平均的な厚さは10km未満。

: **玄武岩**(げんぶがん) ③1 火山岩の一種。海嶺で噴出した玄武岩が海洋地殻をつくる。火山岩の中で最も広く分布し、玄武岩質のマグマによる噴火は溶岩の流出がおもで、激しい

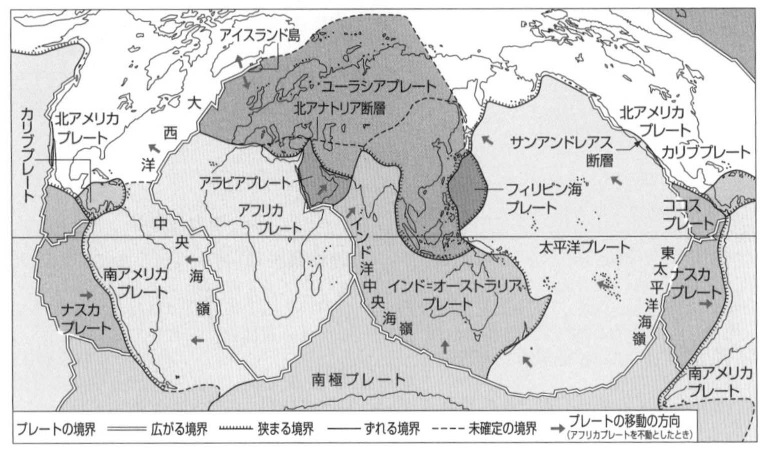

プレートとプレート運動

爆発を伴うことは少ない。

：マントル ②3 地球の中心核(コア)と地殻の間にある高温の固体層。ただし、長い時間でみれば、粘性の強い流体として対流をおこし、この動きにのって大陸は移動すると考えられている。

プレートテクトニクス ③6 地球表層の岩石圏は何枚ものプレートに分かれ、下部のアセノスフェアと呼ばれる流動性に富む層の対流にのって、ほとんど変形することなく互いに水平移動しているとする考えに基づく理論。

プレート境界 ③7 プレートの境界は互いに接するプレートの運動によって、広がる境界、ずれる境界、狭まる境界の３種類に分類できる。いずれも地球の変動帯にあたり、それぞれ異なるタイプの地震・火山活動がみられる。

狭まる境界（収束境界） ③7 プレートが互いにぶつかり合う境界。海洋プレートが大陸プレートの下に潜り込む沈み込み帯と、大陸プレート同士がぶつかり合う衝突帯の２つのタイプがある。

沈み込み帯 ②3 海洋プレートが別のプレートの下に潜り込み、マントルに戻っていくプレート境界。潜り込む部分の海底は海溝やトラフ(海盆)となり、これと並行して弧状列島(島弧)や火山列が形成されるため、島弧—海溝系とも呼ばれる。

沈み込み型境界 ①1

海溝 ③6 大陸や弧状列島と大洋底の間にある細長く深い凹地。大規模なものは深さ数千～１万mに達する。

：マリアナ海溝 ③3 ミクロネシアの弧状列島であるマリアナ諸島の東側に並行する海溝。太平洋プレートがフィリピン海プレートの下に沈み込む部分。海溝の南端には地球上の最深地点であるチャレンジャー海淵(－１万920m)がある。

チャレンジャー海淵 ①

：チリ海溝 ② 南アメリカ大陸西岸、チリの沖合を南北に走る海溝。長さ約3,400km、幅約100km、最深部は8,000mをこえる。ナスカプレートが南アメリカ大陸の下に潜り込む沈み込み帯。

トラフ ②5 細長い海底の凹地で、深さは6,000m未満。舟状海盆ともいう。海嶺間の凹地のほか、海溝が堆積作用によって浅くなったものもある。大規模な地震が頻発する南海トラフは後者の例。

弧状列島 ③5 海洋プレートが大陸プレートの下に沈み込む部分に形成される弓なりの島列。島弧ともいう。沈み込み帯である海溝の陸側に形成され、海溝や火山帯に並行した配列となる。日本列島が典型的な例。

島弧 ②2

衝突帯 ②2 ユーラシアプレートとインドプレートのように、２つのプレートがぶつかり合う境界。その衝突によってつくられたのがヒマラヤ山脈やチベット高原。

：**ヒンドスタン平原** ③[5] インド北部、ヒマラヤ山脈とデカン高原の間に広がるガンジス川の沖積平野。ユーラシアプレートとインドプレートの間の凹地にガンジス川が運ぶ土砂が堆積して形成された。インド最大の農業地域で人口密度が高い。

広がる境界（発散境界） ③[5] プレートが互いに離れていく境界。マントルからマグマが上昇して新たなプレートをつくり、両側に広がっていくので、プレート境界から離れるほど形成年代は古くなる。中央海嶺が典型的な例。震源の浅い地震活動や玄武岩質のマグマによる割れ目噴火が活発である。断層で両側を区切られた細長い凹地である地溝も広がる境界の1つ。

海嶺 ③[6] 海底の細長い高地を広くさす用語。海底山脈とほぼ同義。大洋底の大山脈は広がるプレート境界の中央海嶺。火山性地震を伴って玄武岩質の溶岩が湧きだし、海洋プレートとなって両側に拡大していく。

：**大西洋中央海嶺** ③[4] 大西洋の中央部を南北に緩いS字を描いて走る中央海嶺。北緯66度のアイスランドから南緯55度のブーベ島まで続く。幅13〜50km、深さ約3,000m。

：**アイスランド島** ①[1] 大西洋中央海嶺の一部が海上に現われて島となったもの。中央海嶺と同様の火山活動がみられ、割れ目噴火によって玄武岩質の溶岩が噴出する。氷河の下でも火山活動が活発で、氷河の融解による洪水も発生する。

：**ギャオ** [3] プレートの広がる境界であるアイスランド島に、東西方向の張力が働いてできる裂け目。幅数十cm〜数十m、長さ数百m〜数kmと様々。裂け目ができる時には、大量の玄武岩質溶岩や火山ガスを伴う割れ目噴火が発生する。

：**インド洋中央海嶺** ①[1] インド洋の中央部を南北に走る中央海嶺。中央インド洋海嶺ともいう。北は紅海につながり、南では南西インド洋海嶺・南東インド洋海嶺に分岐する。 **中央インド洋海嶺** ②[2]

：**東太平洋海嶺** ③[5] 太平洋東部を南北に走る中央海嶺。北はカリフォルニア湾からアラスカまでのび、南は南東インド洋海嶺へとつながる。

大洋底 ①[1] 海洋の主部を占める水深4,000〜6,000mの海底。部分的に海底火山の起伏はあるが、ほぼ平坦。厚さ4〜6kmの薄い海洋地殻をもつ。

：**深海平原** ① 大洋底の大部分を占める平坦な深海底。大陸斜面と中央海嶺の間に広がる。 **深海底** ①[3]

大陸斜面 ①[1] 大陸棚から大洋底へ続く斜面。平均傾斜は6度前後だが、急崖や平坦な部分もある。これより陸側は大陸地殻となる。太平洋の多くの地点では下部は海溝で区切られ、大西洋では徐々に傾斜を緩めながら大洋底に移行する。

地溝 ① 両側を断層で区切られた細長い凹地形。両側の地塊に互いに離れていく力が働く時に陥没してできる。アフリカ大地溝帯のような大規模な凹地はリフトヴァレーと呼ばれ、火山活動を伴うことがある。

：**アフリカ大地溝帯** ③[4] アフリカ大陸東部を南北に走る断層陥没帯。断層の落差は3,000〜4,000m。総延長は約4,000kmで、北は紅海を経て死海につながる。グレートリフトヴァレー(大地溝帯)とも呼ばれる。火山活動が活発で、震源の浅い地震が頻発する。タンガニーカ湖やマラウイ湖などの断層湖が連なり、初期化石人類が多数発見される地帯でもある。 **大地溝帯** ②[4]

ずれる境界（すれ違う境界） ③[6] 2つのプレートが互いに異なる方向にすれ違う境界で、トランスフォーム断層とも呼ばれる。大部分が中央海嶺を横切るもので、食い違う海嶺軸の間のプレートが互いに異なる方向にずれ動くことで地震を発生させる。この断層が地表に現れたものがサンアンドレアス断層や北アナトリア断層である。 **トランスフォーム断層** ②[2]

：**サンアンドレアス断層** ③[2] 北アメリカ大陸の西海岸を北西—南東に走る右横ずれ断層。北アメリカプレートと太平洋プレートの境界をなす。カリフォルニア州北部からメキシコのカリフォルニア湾まで、総延長約1,100〜1,200km。約3,000万年前に誕生し、1年間の平均変位速度は3.4cm。ゆっくりと一定の速度で変位する部分と、地震を繰り返すことで変位する部分がある。

：**北アナトリア断層** ① トルコ北部を東西に走る、総延長1,500kmに及ぶ右横ずれ断層。ユーラシアプレートとエーゲ海・アナトリアプレートの境界。マグニチュード7.0以上の地震が頻発し、大きな被害を発生させてきた。

太平洋プレート ③[7] 太平洋の大部分を含む海洋プレート。西は島弧—海溝系の沈み込み帯、東は東太平洋の広がる境界、南はオーストラリアプレートと狭まる境界で接する。

フィリピン海プレート ③[7] ユーラシアプ

レートと太平洋プレートに挟まれた比較的小規模な海洋プレート。ユーラシアプレートとの間に狭まる境界をなし、フィリピン海溝、南西諸島海溝などの海溝や、日本列島の西南日本弧や南西諸島などの弧状列島を形成する。

カリブプレート ②[3] カリブ海と中央アメリカ南部を含むプレート。北は北アメリカプレートとずれる境界で、南は南アメリカプレートと狭まる境界で接する。

ナスカプレート ③[4] 南アメリカ大陸の西方にある海洋プレート。東は南アメリカプレートと狭まる境界で接し、南アメリカプレートの下に潜り込む沈み込み帯をつくる。西は東太平洋海嶺と広がる境界で接する。

アフリカプレート ③[4] アフリカ大陸を中心に大西洋南東部・インド洋西部を含むプレート。北は地中海でユーラシアプレートと狭まる境界で、東は南西インド洋海嶺、西は大西洋中央海嶺と広がる境界で接する。アフリカ大地溝帯を境に東部を別のプレートとする説もある。

アラビアプレート ②[3] アラビア半島を含むプレート。南は紅海でアフリカプレートと広がる境界で接し、北はイランプレートとザグロス山脈で衝突帯を形成する。かつてアフリカプレートの一部であったが、紅海の地溝帯が形成されて分離した。

インド=オーストラリアプレート ③[4] インドとオーストラリア大陸およびその間のインド洋東部を含むプレート。ただし、近年になってインド洋北部に新しい狭まる境界を確認したとして、それぞれインドプレートとオーストラリアプレートに分ける説もある。

ユーラシアプレート ③[7] アラビア半島・インド半島およびシベリア東部を除くユーラシア大陸と大西洋北東部を含むプレート。東は北アメリカプレートやフィリピン海プレートと沈み込み帯を形成し、南は地中海からヒマラヤまで衝突帯、大スンダ列島で沈み込み帯を形成する。

北アメリカプレート ③[6] 北アメリカ大陸・グリーンランド・シベリア東部・カムチャツカ半島から東日本を含むプレート。カムチャツカ半島以西は別のオホーツクプレートとする説もある。日本海溝で太平洋プレートと、日本海でユーラシアプレートと狭まる境界を形成しており、海溝型の地震を発生させる。

南アメリカプレート ③[4] 南アメリカ大陸と大西洋の南西部を含むプレート。西はナスカプレートと沈み込み帯を形成し、東は大西洋中央海嶺の広がる境界と接する。

南極プレート ③[4] 南極大陸と周囲の海域を含むプレート。大部分は広がる境界と接しているが、南アメリカプレートとは沈み込み帯やずれる境界を形成している。

変動帯 ③[7] 地球の表面で、火山や地震などの地殻変動が活発におこっている地域。過去の地質時代に活発だった地域を含むこともあるが、現在の変動帯はプレート境界に沿って帯状に分布する。

：**安定大陸** [4] 変動帯の対語として用いられ、地殻変動が比較的少ない地域をさす。古期造山帯の一部と安定陸塊とを合わせたような分布域となる。 **安定地域**②[2]

造山帯 ③[2] 過去に造山運動がおこった地域、または現在も造山運動が続いている地域。造山運動とはプレートの沈み込みや衝突によって褶曲帯や断層帯を形成する作用をさすので、その位置はプレートの狭まる境界にあたる。

褶曲(しゅうきょく) ③[1] 層状構造をもつ岩石にみられる波曲状の変形。褶曲している地層の山にあたる部分を背斜、谷にあたる部分を向斜(こうしゃ)と呼ぶ。 **背斜**(はいしゃ) ② **背斜構造** ②

：**褶曲山脈** ② 褶曲運動によってつくられた山脈。アルプス山脈などが代表的な例。造山運動による山脈には褶曲山脈と、並行する断層に挟まれて隆起した地塁(ちるい)(地塊(ちかい))山脈がある。

断層 ③[4] 大きな力によって岩盤が破壊され、破砕された面に沿って繰り返しずれ動いた地下の割れ目。ずれた時の衝撃が地表まで伝わったのが地震。張力が働いて上側の岩盤がずり下がったものが正断層、圧縮力が働いて上側の岩盤がずり上がったものが逆断層、相対的に水平方向にずれ動いたものが横ずれ断層。また、複数の断層がまとまって断層系をつくっている場合は断層帯と呼ぶ。 **正断層** ② **逆断層** ② **横ずれ断層** ②[1] **断層帯** ① **断層運動** ②

：**断層山地** ① 断層運動の累積によって隆起した山地。両側または片側を断層に区切られる。地塁山地ともいう。

：**断層崖**(だんそうがい) ① 断層運動の垂直的な変位で生じた急崖、またはそれが侵食された急斜面。活断層によってつくられた低い崖は低断層崖と呼ばれ、活動度を知る手がかりとなる。1891(明治24)年の濃尾(のうび)地震を引きおこした根尾谷(ねおだに)断層の水鳥(みどり)断層崖は有名。

活断層 ③[7] 数十万年前から繰り返し活動し、今後も活動する可能性が高い断層。最も近い地質時代である260万年前以降の第四紀に活動した証拠があり、今後も活動すると考えられるすべての断層を含めることもある。

iii ―― 地震

地震 ③[7] 地殻内部の岩石が破壊され、それに伴って地震動を発生させる現象。火山活動に関係する場合は火山性地震、断層活動による場合は構造性地震に区分される。構造性地震の多くはプレートの運動に起因し、震源が帯状に連なるプレート境界とその周辺のプレート内部は地震帯と呼ばれる。

直下型地震(ちょっかがたじしん) ③[4] 活断層を震源として、震央付近に局地的な被害を与える浅発(せんぱつ)地震。都市域で発生すると大きな被害をだす。この用語の明確な定義はないが、地震断層が地表にまで現われている時に使われることが多い。海溝型地震に対して内陸型地震という場合もある。　**内陸型地震** ①[1]

海溝型地震 ②[3] 海溝の陸側を震源とする地震。海溝の近くであっても、海洋プレート内地震とは区別される。沈み込む海洋プレートと大陸プレートの間で岩盤が破砕されて地震を発生させる。2011(平成23)年３月の東北地方太平洋沖地震など、世界の巨大地震の多くはこのタイプ。海底地形を変化させて津波を発生させることも多い。

プレート境界の地震 ②[3]

震度 [5] 地面の揺れを表わす指標。世界には様々な震度階があるが、日本では気象庁震度階が一般的。地震計のみが感じる無感（0）から激震（7）までの８段階に区分。1995(平成７)年１月の兵庫県南部地震以降、震度５と６はそれぞれ強・弱に２分されて10階級となり、より細かな表現ができるように改定された。

マグニチュード ③[7] 地震の規模を表わすスケール。最大振幅(さいだいしんぷく)・地震波の周期・震央距離・震源の深さなどの値を公式にあてはめて決定する。値は震源や地盤の特性によって異なるので、数多くの観測値の平均値から決定する。

液状化現象 ③[6] 固体である地層が急激に流動化すること。地震動によって地層の中の水の圧力が高まり、粒子を結びつける力をこえると発生する。地表には陥没や噴砂(ふんさ)などが現われ、傾斜地では地滑りも発生する。地層中の水分が多い沖積低地や沿岸の埋立地で発生しやすい。

：**埋立地** ③[4] 土砂や建設残土などを積み上げて人工的に造成した土地。海や湖などの水域に陸地を造成する場合と、低湿地などに盛土して造成する場合がある。土壌粒子の隙間(すきま)が大きく大量の水を含むため、地震動による液状化現象がおきやすい。

津波 ③[7] 地震・火山・地滑りなどによって発生する水中の大規模な波。地震による海底地形の変化によって発生するものは地震津波と呼ばれる。津波は周期と波長が極端に長いため、海面全体が盛り上がるように沿岸に押し寄せ、水圧や水流による被害を増大させる。

スマトラ沖地震 ③[3] 2004年12月26日、インドネシアのスマトラ島北端バンダアチェ近くのスンダ海溝を震源とする巨大地震。マグニチュードは9.1。この地震の余震と思われる2005年のマグニチュード8.7、2007年のマグニチュード8.5の地震も含めて呼ぶ場合もある。この地震に伴って発生したインド洋大津波もあわせると死傷者は30万人をこえる。

：**インド洋大津波** ② スマトラ沖地震によって発生した巨大津波。一部では700km/hをこえる速度でインド洋に広がり、タイ・ミャンマー・スリランカ・モルディブなどを経て、アフリカ東岸にも大きな被害をもたらした。南極大陸の昭和基地でも半日後に73cmの津波を確認。この津波の犠牲者は22万人をこえ、世界最悪の自然災害の１つ。

四川(しせん)大地震 [2] 2008年５月12日、中国スーチョワン(四川)省北西部の活断層を震源とする地震。この地域はユーラシアプレートとインドプレートの衝突による歪(ゆが)みが集中する地域の１つ。マグニチュード8.1で、直下型としては世界最大規模。建物の倒壊や土砂崩れなどで死者の総数は約７万人弱と推定される。

トルコ西部地震（イズミット地震） ①[1] 1999年８月12日、トルコ北西部のイズミット付近を震源とする地震。イズミット地震・トルコ北西部地震ともいう。マグニチュード7.8。プレートのずれる境界である北アナトリア断層の北西部が震源。死者は１万7,000人をこえ、約60万人が住宅を失った。

サンフランシスコ地震 ①[1] 1906年４月18日にサンフランシスコ周辺を襲った地震。

サンアンドレアス断層の北部を震源とし、マグニチュードは7.8に達した。建物の倒壊や火災による死者は700人または3,000人ともいわれ、約22万人の人々が家を失った。

ロサンゼルス大地震 ① 1994年1月17日に発生した、ロサンゼルス市北東のノースリッジ地方を震源とするマグニチュード6.7の地震。高速道路が倒壊するなど死者57人。サンアンドレアス断層による1906年のサンフランシスコ地震以来の被害。なお、偶然にも、翌年の同日に兵庫県南部地震(阪神・淡路大震災)が発生した。

メキシコ中部地震 ① 1985年9月19日、メキシコ西岸沖を震源として発生した地震。約300km離れた首都メキシコシティが長周期地震動の被害を受けたことで注目された。メキシコシティはアステカ時代のテスココ湖を埋め立てた軟弱地盤。液状化の発生もあって多くの建造物が倒壊。死者は9,500人に達した。

東北地方太平洋沖地震 ③[7] → p.68

iv ―― 火山

火山 ③[7] 火山活動によって生じた地形。噴火によって砕屑物(さいせつぶつ)や溶岩が堆積した凸(とつ)地形だけでなく、爆発や陥没による凹(おう)地形も含む。大部分がプレートの広がる境界である中央海嶺や大地溝帯、狭まる境界の沈み込み帯に分布するが、ホットスポットにも分布する。

火山活動 ③[4] 地下のマグマや火山ガスが地表に達した時におこる諸活動。噴火、火山灰などの砕屑物の噴出や流下、溶岩流の発生、火山性地震などを含む。

:**マグマ** ③[7] 地下にある岩石が溶けた状態のもの。その化学的性質によって噴火の形態が異なる。珪酸塩(けいさんえん)含有量の多い花崗岩質のマグマでは、噴火の間隙が長く爆発的な噴火となるのに対し、含有量の少ない玄武岩質のマグマでは、粘性の低い溶岩の流出が火山活動の中心で、激しい爆発を伴わないことが多い。

活火山 ①[6] 2003(平成15)年、火山噴火予知連絡会は、「概(おおむ)ね過去1万年以内に噴火した火山及び現在活発な噴気活動のある火山」と定義。この定義に従えば、現在、北方領土を含む日本国内には111の活火山がある。このうち、「火山防災のために監視・観測体制の充実等が必要な火山」と認定されたのは50。現在、「死火山」「休火山」の分類は用いられていない。

ホットスポット ②[2] マントル深部の固定された熱源からマグマが上昇して火山活動がおこる地点。プレートの移動に伴ってホットスポットから遠ざかるとマグマの供給が停止して活動は終わり、ホットスポット上で新たな火山活動が始まる。ハワイ諸島が好例。

:**ハワイ諸島** ③[3] 北太平洋中央部、約2,500kmにわたって北西—南東に走る火山島の列。現在、ホットスポット上にあって活動が活発なのは南東端のハワイ島。マウナケア山(4,205m)、マウナロア山(4,170m)の巨大な楯状火山に加え、最も活動的なキラウエア山(1,222m)がある。ハワイ諸島では、北へ行くほど火山島の形成年代は古くなり、カウアイ島以北は沈降と侵食によって水没している。 **キラウエア山** ①

火山島 ①[1] 浅海の海底火山が成長して海上に姿を現わしたもの。全部または大部分が火山体から構成される島。

火山噴出物 ①[1] 火山活動に伴って火口から噴出されたもの。火山ガス・溶岩・温泉水、火山灰や火山礫などがある。

:**火山ガス** ③[5] マグマの中の揮発成分(きはつせいぶん)が地表に噴出したもの。噴火時だけでなく、平常時にもガスの噴気が認められる火山も多い。

:**溶岩**(ようがん) ③[4] 地表に噴出したマグマをさす。溶岩流となって斜面を流下するが、その粘性はマグマの化学的な性質で異なる。一般には火山ガスや火山灰が噴出した後の噴火の最終段階に噴出する。また、マグマが地表に流出して急速に冷やされて固まった火山岩をさす場合もある。 **溶岩流** ②[5]

:**溶岩台地** ② 粘性の低い玄武岩質の溶岩が重なり合ってつくられる広大な台地。インドのデカン高原などがその例。最大の厚さは2,000mをこえ、総面積は数十万km^{2}に達する。

:**火砕流**(かさいりゅう) ③[7] 高温のガスと火山砕屑物が高速で流下する現象。一種の粉体流。大規模なものは、立ちのぼった噴煙柱が重力で落下することで発生するが、小規模なものは、表面だけ固結した溶岩が、斜面を落下する時に破砕されて発生することもある。高速のため、人的被害が大きくなるのが特徴である。

:**火山泥流**(かざんでいりゅう) ①[3] 火山地域に発生する泥流。泥流状の物質が直接噴出するもの、火山活動によって積雪や氷河が融解して発生するもの、大量の降灰が雨によって流されるもの、噴火で火口湖が決壊した場合など、成因は多様である。

：**火山灰**(かざんばい) ③[7] 直径2mm以下の細粒の火山砕屑物。上層の風によって長距離を拡散する。大量に放出された場合、日照をさえぎって気温を低下させ、冷害をもたらす。

成層火山(せいそうかざん) ③[1] 中心火口から噴出した溶岩流や降下堆積物が互層(ごそう)をなす複成火山。緩やかな裾野(すその)をもつ円錐形で、等高線は火口を中心とする同心円を描く。代表的な火山は富士山。

楯状火山(たてじょうかざん) ③ 粘性が低く、流動性に富む玄武岩質の溶岩が繰り返し噴出することによってつくられた火山地形。西洋の楯を伏せたような緩やかな傾斜をもつ山体。ハワイ島やアイスランドの火山が代表的。

溶岩ドーム [1] 粘性の大きな溶岩がつくるドーム状の火山地形。溶岩円頂丘・トロイデともいう。溶岩ドームの多くは火口の真上に成長し、溶岩が火口から押しだされるにつれて、溶岩ドームが内側から火山体を成長させる。

カルデラ ③[4] 爆発で生じる火口よりはるかに大きな火山性の凹地。多くは陥没によってつくられる。ポルトガル語で「大鍋」の意。周囲を外輪山に囲まれ、その内部にはカルデラ湖や中央火口丘などがみられる。阿蘇カルデラ・鹿児島湾北部の姶良(あいら)カルデラ・箱根(はこね)カルデラなどが有名。

：**阿蘇**(あそ)**カルデラ** ① 南北約25km、東西約18kmにわたる世界有数の巨大カルデラ。数回にわたる巨大噴火に伴う火砕流の噴出によって形成された陥没カルデラである。

ヴェズヴィオ山 [1] イタリア南部ナポリ湾の東岸にある標高1,281mの成層火山。紀元79年の大噴火では、火砕流と火山灰によって古代都市ポンペイを埋没させたことでも知られる。1631年の噴火でも死者約3,000人の被害をだした。

キリマンジャロ山 ②[5] アフリカ東部、ケニア・タンザニア国境にある成層火山。標高5,895mのアフリカ大陸最高峰。赤道付近に位置するが山頂には氷河があり、中腹ではコーヒーやサイザル麻を栽培している。

キリニャガ（ケニア）山 [1] ケニア中央部の火山でアフリカ大陸第2の高峰（標高5,199m）。赤道直下であるが標高4,300mより高所には氷河がある。山麓はホワイトハイランドと呼ばれ、コーヒー・茶などの輸出用作物を栽培している。

ペクト（白頭）山 ②[1] 北朝鮮と中国の国境に位置する火山（標高2,744m）。チャンパイ（チャンベク、長白）山脈の中部に位置する。山頂にカルデラ湖をもち、1658年、1668年および1702年に噴火した記録がある。

ピナトゥボ山 ②[3] フィリピン北部のルソン島中部にある成層火山。1991年の噴火は20世紀最大の規模といわれる。予測が的中したので最悪の事態は免れたが、火砕流や火山泥流によって被害を受けた人々の数は120万人に達した。噴火前に1,745mあった標高は1,486mまで低下した。大量の火山灰が放出されて地球を覆い、地球の気温が約0.5℃下がり、オゾン層の破壊も著しく進んだ。

セントヘレンズ山 ① アメリカ合衆国北西部のカスケード山脈にある標高2,549mの成層火山。1980年、マグマの貫入によって大規模な山体崩壊が発生、続いて爆発的噴火がおきて火砕流が発生した。これにより山頂高度は約400m低下。噴火予測が正確だったこともあって、死者は57人にとどまった。

エルチチョン山 ①[1] メキシコ南部にある標高1,150mのカルデラ型の成層火山。1982年の噴火では、山頂火口の溶岩ドームを破壊して山頂高度は約300m低下。噴煙柱は上空25kmの成層圏に達し、世界の気候に影響を与えた。火砕流や土石流によって死者は2,000人をこえた。

タラナキ（エグモント）山 ①[1] ニュージーランド北島の西端にある標高2,518mの成層火山。マオリ語でタラナキ。17世紀以来、噴火の記録はない。

大地形

i —— 新期造山帯

新期造山帯 ③[2] 中生代末から新生代にかけての造山運動で生じた山地・山脈が分布する地域。プレートの狭まる境界と一致し、地震・火山活動が活発。金・銀・銅・亜鉛などの金属資源の宝庫。褶曲構造の背斜部分には、石油や天然ガスも埋蔵されているので、世界のおもな油田や天然ガス田が集中する。新期造山帯には環太平洋造山帯とアルプス＝ヒマラヤ造山帯の2大山系がある。

環太平洋造山帯 ②[3] 太平洋を取り巻く新期造山帯の総称。太平洋の西側ではアリューシャン・千島・日本・フィリピン・ニュ

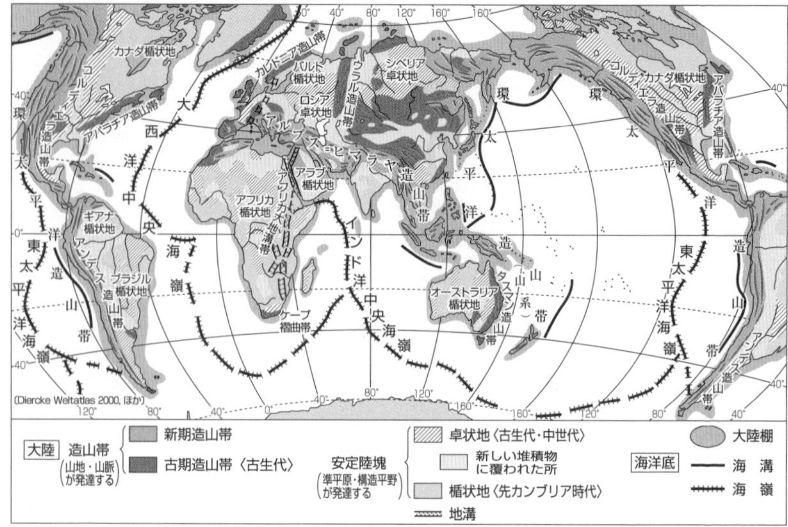

世界の大地形

ーギニア・ニュージーランドと続く弧状列島が特徴。伊豆—マリアナ弧も含む。東側ではロッキー・アンデスと大陸西岸の大山脈が続く。環太平洋火山帯・環太平洋地震帯とも一致する。

アルプス＝ヒマラヤ造山帯 ②[2] 地中海西部からヒマラヤ山脈を経て大スンダ列島まで、ユーラシア大陸南部を東西に走る新期造山帯の総称。ゴンドワナ大陸とローラシア大陸の間にあったテチス海の海成層が、中生代末から隆起を始めて大山脈を形成した。

❶環太平洋造山帯

アリューシャン列島 ②[2] アラスカ半島からカムチャツカ半島につながり、太平洋とベーリング海を分ける弧状列島。太平洋プレートが北アメリカプレートの下に沈み込むアリューシャン海溝の北側にあり、多くの火山島からなる。ロシア人による毛皮猟が行なわれていたが、1867年のアラスカ購入によってアメリカ合衆国領となった。

アリューシャン海溝 ②[1]

ロッキー山脈 ③[7] 北アメリカ西部を北西から南東にかけて走る大山脈。最高峰のエルバート山（標高4,398m）をはじめ、標高4,000mをこえる峰が多くそびえる。大部分が森林に覆われ、優れた山岳美をもついくつもの国立公園が設けられている。

海岸山脈 ① アメリカ合衆国の太平洋岸を南北に走る山脈。最高峰ピノス山（標高2,693m）。東側を並行するシエラネヴァダ山脈との間にカリフォルニア盆地（セントラルヴァレー）を形成する。

シエラネヴァダ山脈 ②[1] アメリカ合衆国西部、海岸山脈と並行してその東側を走る山脈。最高峰のホイットニー山（標高4,418m）をはじめ、4,000m以上の高峰が多い。西側は地中海性気候のカリフォルニア盆地（セントラルヴァレー）に面し、東側は乾燥の著しい大盆地（グレートベースン）に面する。

コロラド高原 ① アメリカ合衆国西部、ロッキー山脈とワサッチ山脈の間に広がる高原。古生代・中生代・新生代第三紀の地層が水平に堆積した台地状の高原で、標高2,000〜3,350m。グランドキャニオンをはじめ、大規模な侵食地形が発達した。

:グランドキャニオン ①[1] アメリカ合衆国南西部のコロラド高原を刻むコロラド川の大峡谷。長さ約450km、深さ1.5〜1.9kmに及ぶ。先カンブリア時代から古生代までの地層がほぼ水平に堆積しており、地質学的にも貴重である。

コロラド川 ③[6]

メキシコ高原 ②[3] 西シエラマドレ・東シ

エラマドレ・南シエラマドレの各山脈に囲まれた高原。標高1,500～2,000m。高原の中央部から南部は河谷と火山性の高山により比較的孤立した小地域に分かれている。南部をアナワク高原と呼び、その南のメキシコ盆地にメキシコシティがある。

アンデス山脈 ③⑦ ナスカプレートの沈み込みによって、中生代から新生代にかけて南アメリカプレートの西縁に形成された山脈。最高峰は山脈南部のチリとアルゼンチンの国境付近にあるアコンカグア山（標高6,959 m）で南アメリカ大陸最高峰。ペルーからボリビア西部にはアルティプラノと呼ばれる高原があり、チチカカ湖やウユニ塩原がある。インカ帝国の中心地でもあり、多くの高山都市がある。

アンデス高地 ①④

チチカカ湖 ②③ → p.60

サザンアルプス山脈 ① ニュージーランド南島の脊梁(せきりょう)山脈。最高峰はアオラキ(クック）山（標高3,724m）。西麓は偏西風の影響で森林地帯。風下となる東側は乾燥した牧羊地域。雄大な氷河の景観を目的に多くのハイカーや観光客が訪れる。

フィリピン諸島 ③② フィリピン海プレートの沈み込みによって形成された、フィリピン海溝の西側に連なる弧状列島。火山・地震活動が活発である。

日本列島 ③⑥ 太平洋プレートとフィリピン海プレートの沈み込み帯に位置する弧状列島。フォッサマグナを境に、東北日本弧と西南日本弧に分けられ、活発な地震・火山活動が続く変動帯。

❷アルプス＝ヒマラヤ造山帯

アトラス山脈 ③⑤ アフリカ大陸北西部の地中海沿岸を走る山脈。最高峰はモロッコのトゥブカル山（標高4,165m）。平均標高2,000m前後。地中海に面する北斜面は地中海性気候で果樹栽培が盛ん。サハラ砂漠に面する南斜面では遊牧が行なわれている。

ピレネー山脈 ③⑥ イベリア半島の付け根を東西に走る山脈。フランスとスペインの自然的国境となっている。最高峰はアネト山(標高3,404m)。

アルプス山脈 ③⑦ ヨーロッパ南部を東西に走る大山脈。最高峰モンブラン（標高4,810m）をはじめ、マッターホルン・アイガー・ユングフラウなどの山々が連なる。森林限界より高い所に広がるアルプという草地の名称に由来する。登山電車やロープウェイが発達し、氷河に覆われた雄大な山岳景観を目的に多くの観光客が訪れる。

モンブラン ①

マッターホルン ②①

ディナルアルプス山脈 ① アドリア海の東岸をスロベニアからモンテネグロまで走る山脈。最高峰でも標高2,692mだが、各所に氷河地形がみられ、険(けわ)しい山容をみせる。また、石灰岩が広く分布し、カルスト地形が発達している。

カルパティア山脈 ③③ ルーマニア・ウクライナ・スロバキアを経てポーランド南部までのびる山脈。最高峰は標高2,663m。標高はアルプス山脈ほど高くないが、氷河地形が発達した険しい岩山が連なる。

アナトリア高原 ③① トルコの大部分を占める高原。平均標高は750m程度。ユーラシアプレート・アフリカプレート・アラビアプレートの境界部に位置し、アナトリアプレートと呼ばれる小さなプレート上にある。北のユーラシアプレートとの境界は北アナトリア断層に、南のアラビア・アフリカ両プレートとの境界は東アナトリア断層に区切られる。いずれも「ずれる境界」の横ずれ活断層で、地震を頻発させている。

北アナトリア断層 ① → p.21

カフカス山脈 ③③ 黒海からカスピ海まで、北西―南東に走る約1,500kmの褶曲山脈。最高峰はエルブルース山（標高5,642m）。ロシア・ジョージア・アゼルバイジャンの国境をなし、山麓には油田が多い。

エルブールズ山脈 ①① イラン北部、カスピ海の南岸に沿う山脈。イラン高原の北を区切る山脈で、平均標高3,000m。最高峰はダマヴァンド山の5,671m。

イラン高原 ③① 西はティグリス・ユーフラテス川から東はインダス川に及ぶ広大な高原。イランの国土の大部分を含み、アフガニスタンとパキスタンの西部も含まれる。北はエルブールズ山脈とヒンドゥークシ山脈、南はザグロス山脈に区切られる。標高は900～1,500m、比較的平坦な高原で、塩湖やオアシスが点在する砂漠気候地域。

ザグロス山脈 ②① イラン高原の南西縁を区切る褶曲山脈。最高峰はザルド山（標高4,548m）。山中には塩湖が多い。

ヒンドゥークシ山脈（ヒンドゥークシュ山脈） ①② アフガニスタン北東部からパキスタン北部にかけて走る山脈。長さ約1,200km、最大幅約500kmにわたり、カシミールのカラコルム山脈や、タジキスタンのパミール高原につながる。標高7,000m

をこす山々が連なる高峻な山脈。

パミール高原 ②1 タジキスタンを中心に一部は中国・アフガニスタンにまたがる高地。多数の山脈とその間の広い谷や高原からなる。西部には7,000mの高山が連なる。

カラコルム山脈 ②3 ヒマラヤ山脈の北西、インド・パキスタン・中国の国境に位置する山脈。北のタリム盆地への水系と南のインダス川の分水嶺。標高7,000m以上の山は60をこえ、世界第2位の高峰K2（ゴッドウィンオースティン山またはチョゴリ、標高8,611m)がある。

ヒマラヤ山脈 ③7 インド・ネパール・ブータンと中国の国境地帯を走る総延長約2,415kmの大山脈。世界最高峰エヴェレスト山をはじめ、海抜8,000mをこす高峰は10座を数え、「世界の屋根」とも称される。インドプレートがユーラシアプレートにぶつかることで隆起した衝突帯の代表的な山脈。北にはチベット高原が広がる。

：エヴェレスト山（チョモランマ・サガルマータ） ③4 世界最高峰。名称はイギリス領インドの測量長官J.エヴェレストに由来。近年は改めて本来の名称が復活しつつある。チベット語でチョモランマと呼ばれ、ネパール政府は正式にサガルマータを採用した。標高は1954年のインドの測量による8,848mとされてきたが、1999年のアメリカ合衆国ボストン科学博物館によるGPS測定では8,850m。全米地理学協会も新しい結果を承認した。

チベット高原 ③6 ヒマラヤ山脈とクンルン(崑崙)山脈に挟まれた世界最大級の高原。面積は250万km^{2}で日本の約6倍。海抜は3,500〜5,500mで、平均4,500m。中国名はチンツァン（青蔵）高原。ホワンホー（黄河）・チャンチヤン（長江）・メコン川、ガンジス川支流のヤルンツァンポ川の源流域。ヤク・ヤギ・羊などの放牧が盛んで、チベット仏教(ラマ教)を信仰する人が多い。

大スンダ列島 ①2 スマトラ島からカリマンタン島・ジャワ島・スラウェシ島と続く弧状列島。インドプレートがユーラシアプレートの下に沈み込む部分。列島の南に並行してスンダ海溝が走る。列島の東には、バリ島・フロレス島を経てティモール島まで小スンダ列島が続く。

：スンダ海峡 ①1 スマトラ島とジャワ島の間の海峡。マラッカ海峡とともに、インド洋と南シナ海を結ぶ航路の1つ。最も浅い部分は水深20〜30m程度しかないので、大型船は通行できない。海峡の中にはクラカタウ火山があり、1883年の大噴火では火砕流と津波によって数万人の犠牲者をだした。

：スラウェシ島 ③6 インドネシア中部の島。環太平洋造山帯とアルプス＝ヒマラヤ造山帯の合流部に位置し、最高所は標高3,455mの火山。オランダ植民地時代はセレベスと呼ばれた。

ii —— 古期造山帯

古期造山帯 ③2 古生代中期から後期にかけて形成された褶曲山脈が分布する地帯。厳密には、古生代中期のカレドニア造山運動と後期のバリスカン造山運動によるものとがある。いずれも、その後の長い侵食によって比較的緩やかな起伏を示す山脈が多いが、新しい造山運動によって再び隆起した復活山脈もある。中国西部のクンルン（崑崙）山脈やテンシャン(天山)山脈がその例。

：クンルン(崑崙)山脈 ②2 中国西部、チベット高原とタリム盆地の境界をなす復活山脈。平均標高は5,000mをこえる。

：テンシャン(天山)山脈 ③4 中国北西部のシンチヤンウイグル(新疆維吾爾)自治区からキルギスにかけて東西に走る復活山脈。最高峰は7,000mをこえ、北のジュンガル盆地と南のタリム盆地・トゥルファン盆地を分け、山脈の両側を古くからの交易路であったシルクロードが通る。

大シンアンリン（大興安嶺）山脈 ②1 中国の内モンゴル自治区からヘイロンチヤン(黒竜江)省にかけてほぼ南北に連なる山脈。長さ約1,500km、平均標高1,500mで、東のモンゴル高原と西の東北平原を分ける構造線の一部。中国有数の森林地帯で林業による開発が盛ん。

チンリン（秦嶺）山脈 ③3 中国中央部、カンスー(甘粛)・シャンシー(陝西)両省の南部を東西に走る山脈。平均標高約2,000m。ホワイ川(淮河)とともに中国の水田農業卓越地域と畑作農業卓越地域を分ける自然的境界をなす。

ハムギョン（咸鏡）山脈 ①1 朝鮮民主主義人民共和国(北朝鮮)の北東部に位置する山脈。最高峰はクワンモ（冠帽）峰（標高2,541m)。

テベク（太白）山脈 ①2 朝鮮半島東岸、日本海に沿って標高1,000m級の山々が連なる。クムガン(金剛)山・ソラク(雪岳)山など奇岩の景勝地として知られ、石炭資源に富む。

インドシナ半島 ③5 ベトナム・ラオス・カンボジアおよびタイ東部を含む半島。古生代末から中生代の半ばにかけて造山運動を受けて形成された。ベトナム北部には石炭産地がある。

ウラル山脈 ③7 ヨーロッパロシアとロシアのアジア部分であるシベリアを分ける山脈。古生代後期のバリスカン造山運動の1つであるウラル造山運動によって隆起。現在の平均標高は約660mで緩やかな山地。鉄鉱石・石油・銅などの鉱産資源に恵まれる。
ウラル造山帯 ①1

スカンディナヴィア山脈 ③4 スカンディナヴィア半島の脊梁山脈。標高は1,000〜2,000m程度の部分が多く、最高峰でも2,470m。ノルウェーとスウェーデンの自然的国境をなし、西のノルウェー側斜面が急で、海岸にはフィヨルドが発達。鉄鉱石と森林資源に恵まれ、水力発電も盛ん。
スカンディナヴィア半島 ③3

ペニン山脈 ① イギリスのグレートブリテン島中央部を南北に走る山脈。古期造山帯に属し、最高所でも900m未満。西側のランカシャー地方は偏西風の風上にあたり多雨。東側のヨークシャー地方は雨が少ないのが特徴である。

アパラチア山脈 ③6 北アメリカ大陸東岸の山脈。古生代後期のアパラチア造山運動によって形成された褶曲山地。最高峰はミッチェル山（標高2,037m）。侵食が進んで、現在は平均標高900mの丘陵性山地。西麓に沿って炭田群が広がる。
アパラチア造山帯 ①1

ドラケンスバーグ山脈 ③5 南アフリカ共和国の南東部、インド洋岸の山脈。アフリカ唯一の古期造山帯。南東貿易風の風上にあたる東側は湿潤、風下にあたる西側は乾燥した気候となる。山脈の北部は石炭産地。

グレートディヴァイディング（大分水嶺(だいぶんすいれい)）山脈 ③3 オーストラリア大陸の東岸を南北に走る山脈。総延長約3,500kmに及び、広義には南のオーストラリアアルプスも含まれる。「大分水嶺山脈」の名の通り、東の太平洋岸にそそぐ水系と、西のカーペンタリア湾にそそぐ水系およびマリーダーリング水系とを分ける分水嶺。ボウエン・モウラなどの炭田がある。

：**オーストラリアアルプス山脈** ① オーストラリア大陸最高峰のコジアスコ山（標高2,229m）を中心とするスノーウィー山脈とその周辺地域の山地。森林限界より上では氷河地形がみられ、冬はスキーができる。スノーウィーマウンテンズ計画によって、スノーウィー川の水は、オーストラリアアルプスのトンネルを通してマリー川に供給され、小麦生産や放牧を支えている。

iii —— 安定陸塊

安定陸塊(あんていりくかい) ②2 先カンブリア時代に地殻運動や火成(かせい)作用を受けたが、古生代以後地殻運動を受けなかった大陸地殻。代表的な地形には楯状地・卓状地および構造平野がある。

❶楯状地と卓状地

楯状地(たてじょうち) ③3 広大な範囲に先カンブリア時代の火成岩や変成岩が露出する地域。古生代以降地殻変動はなく、長期間の侵食を受けてなだらかな地形となっている。

カナダ楯状地 ③3 カナダのハドソン湾を中心に世界最大の広さをもつ先カンブリア時代の楯状地。ラブラドル半島などカナダ東部からアメリカ合衆国五大湖南岸までを含む。ローレンシア楯状地・ローレンシア台地ともいう。 **ラブラドル高原** ②1
ローレンシア台地 ①1

ブラジル楯状地 ① 南アメリカ大陸最大の楯状地。北東ブラジル楯状地、中央ブラジル楯状地、テーブルマウンテンで知られるギアナ楯状地の総称。アフリカ楯状地と同じくかつてのゴンドワナ楯状地の一部。鉱産資源が豊富で、カラジャス・イタビラなど世界有数の鉄山がある。ブラジル高原も含む。

：**ギアナ高地** ③4 南アメリカ大陸北部、ベネズエラ・ガイアナ・ブラジルなどにまたがる高原地帯。垂直に切り立ったテーブルマウンテンが多くみられる。979mという世界最大の落差をもつエンジェルフォールを含むカナイマ国立公園は、世界自然遺産に登録。かつてはギアナ楯状地とも呼ばれたが、地質学的共通性から、ブラジル楯状地の一部と考えられている。

：**ブラジル高原** ③5 ブラジル南東部の高原。平均標高1,000m。東側は急崖、西は内陸に向けて高度が緩やかに低下する。サバナ気候を示し、南部にはカンポ、北西部にはセラードという草原が、北東部はカーチンガというサボテン類の多い半乾燥地が広がる。高原南部には玄武岩・輝緑岩(きりょくがん)が風化したテラローシャが分布し、世界的なコーヒー栽培地をなす。

アフリカ楯状地 ③ アフリカ大陸の半分以

上は先カンブリア時代の基盤岩石が分布する楯状地。ただし、大陸の南部から東部にかけては、基盤岩石の上に水平な堆積岩層が厚く分布して台地状の地形を形成しているので、アフリカ卓状地ともいう。

アフリカ卓状地 ①1

：**アフリカ大陸** ③4 平均標高750mの台地状の地形の大陸。山脈は新期造山帯である北西端のアトラス山脈、古期造山帯である南東端のドラケンスバーグ山脈のみ。全体が高原状の地形で、低地は少ない。

：**コンゴ盆地** ③6 アフリカ中央部、コンゴ北部の構造盆地。緩やかな沈降運動が継続しており、中生代以来の内陸性堆積物が厚く堆積している。盆地の東から北の縁に沿ってコンゴ川が流れる。

：**エチオピア高原** ③5 アフリカ大陸北東部、エチオピアに広がる高原。高度2,000〜3,000mで、青ナイル川の水源地域。標高2,354mにある首都アディスアベバの年平均気温は16.6℃。北緯10度にありながら涼しい高山気候に属する。

バルト楯状地 ②2 北ヨーロッパのバルト海を中心として、ノルウェー南部・フィンランド・ロシア北西部に広がる楯状地。ほぼ全域が更新世の氷河堆積物に覆われ、氷河湖も多く分布する。

アラブ楯状地 ① 紅海が地溝帯となってアフリカ楯状地から分離したゴンドワナ楯状地の一部。紅海を挟んで、エジプト南部・スーダン・エチオピアに広がるヌビア楯状地とあわせてアラビア・ヌビア楯状地ともいう。東部はペルシア湾に向かって緩く傾斜し、古生代から昇降運動を繰り返したため、水平な地層が堆積する卓状地となっている。

：**アラビア半島** ③6 紅海とペルシア湾・アラビア海にのぞむ半島。平均標高1,000 mの高原で、西に高く東に緩く傾斜する卓状地をなす。高原上は乾燥が著しく、砂漠が広がる。半島の北東部は大油田地帯となっている。

インド半島 ③4 ヒマラヤ山脈より南は先カンブリア時代の地層からなる楯状地。分離・移動する以前はゴンドワナ楯状地の一部であった。

：**デカン高原** ③7 インド半島の大部分を占め、西ガーツ山脈と東ガーツ山脈に区切られる標高300〜600mの高原。ほぼ平坦な地形は白亜紀(はくあき)末に形成された溶岩台地に起源をもつ。玄武岩が風化した肥沃な黒色土であるレグールが広く分布し、世界的な綿花地帯を形成している。

オーストラリア楯状地 ② グレートディヴァイディング(大分水嶺)山脈西側の大部分を占める。楯状地の基盤岩を水平な堆積岩が覆う卓状地の面積も広いため、オーストラリア卓状地ともいう。

オーストラリア卓状地 1

：**オーストラリア大陸** ③6 東部のグレートディヴァイディング(大分水嶺)山脈とタスマニア島は古期造山帯。それ以外はすべて楯状地と卓状地で、鉄鉱石・金・ボーキサイトなどの鉱山資源が豊富。世界の大陸のうちで最も面積が狭く、これ以下は「島」となる。大陸のほぼ全域が亜熱帯高圧帯の影響下にあり、最も乾燥地域の面積比が大きな大陸として知られる。

グレートアーテジアン(大鑽井(だいさんせい))盆地 ③5 オーストラリア大陸東部、グレートディヴァイディング(大分水嶺)山脈の西側に広がる内陸盆地。面積は約176万km^{2}で日本の4.6倍。アーテジアン(Artesian)とは「鑽井」、被圧地下水が自噴する掘り抜き井戸の意。乾燥地帯の貴重な水資源であるが、塩分を含むために灌漑には適さず、おもに羊の飲み水として利用されている。牧羊地帯として記述されることもあるが、羊の生産量はオーストラリア全体の約5％にすぎない。

：**ナラボー(ナラーバー)平原** ① オーストラリア南部、グレートオーストラリア湾の北側に位置する東西1,200kmに及ぶ大平原。年降水量が250mm以下の砂漠気候。太平洋岸のシドニーからインド洋に面するパースまで4,000kmをこえる大陸横断鉄道が横断しており、この平原には478kmの世界一長い直線区間があることで知られる。

：**ウルル(エアーズロック)** ②5 アリススプリングスの南西、オーストラリア大陸中央部に広がる半乾燥平原にある巨大な一枚岩。硬い砂岩層が侵食による消滅から免れた残丘。1987年に世界複合遺産に登録。先住民アボリジニの聖地であるため、2019年10月から観光客の登山は禁止された。

アリススプリングス ②3

南極大陸 ③4 南極点を含む地球上で最も南に位置する大陸。面積は約1,400万km^2、オーストラリア大陸の約2倍。南極横断山脈を境に、東半球の東南極と西半球の西南極に分かれる。東南極は楯状地なのに対し、西南極はそれより新しく、南極半島は新期

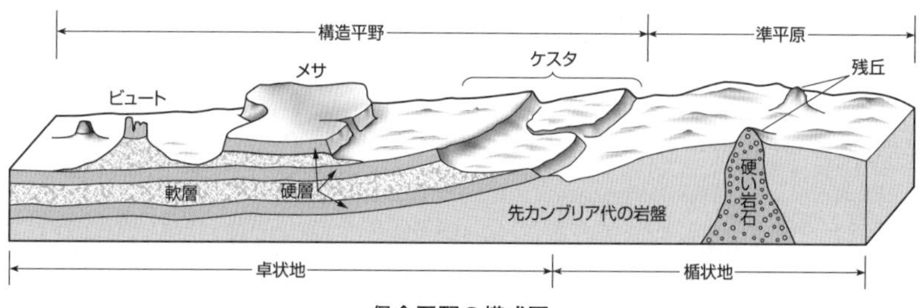

侵食平野の模式図

造山帯のアンデス造山帯の一部。平均標高は2,200mで、大陸の98％が平均2,000mの厚さをもつ氷床ひょうしょうに覆われている。1959年の南極条約では、活動は平和目的の科学的活動に限られており、どの国の領有権も認められない。

:**昭和基地** ③2 東南極のオングル島に建設された日本の南極観測基地。さらにその内陸にはみずほ基地、西側の海岸にはあすか基地がある。

卓状地たくじょうち ③3 楯状地の基盤岩の上に古生代以降に堆積した地層が残っている地域。沈降や海水準の上昇によって海底となり、その後陸化して平坦な地形をつくった。

シベリア卓状地 ③2 ウラル山脈とヴェルホヤンスク山脈の間に広がり、西部が西シベリア低地、東部が中央シベリア高原。シベリア台地ともいう。古生代・中生代の地層が水平に露出する。

:**西シベリア低地** ③5 シベリア西部、ウラル山脈の東側から中央シベリア高原の間に広がる卓状地。シベリア平原ともいう。水平な地層を更新世の氷河堆積物が覆い、中央部をオビ川、東端をエニセイ川が流れる。北部はツンドラ、中央部はタイガ、南縁はステップとなる。

中央シベリア高原 ③5

ロシア卓状地 ③2 東ヨーロッパ平原を中心とした広大な安定陸塊。バルト楯状地の南に位置し、北はフィンランド湾から南は黒海にかけて広がる。

:**東ヨーロッパ平原** ③6 ウラル山脈以西のヨーロッパロシアの大部分を占める卓状地。ロシア平原ともいう。海抜50～150mの緩やかな波状を示す丘陵が大部分を占め、北半分は更新世の氷河堆積物に覆われる。

中央平原 ③4 北アメリカ大陸中央部、ロッキー山脈東麓からアパラチア山脈の間に広がる卓状地の総称。一般的には、プレーリーの東側、ミシシッピ川の東側を南北に広がる広大な平野の名称として用いられる。

構造平野 ③ 水平な地層からなり、地質構造そのものが平坦面をつくる平野。長期にわたって地盤が安定し、侵食だけを受けてきた地域に形成される。準平原とは異なり、複雑な地質構造をもたない。卓状地が長い侵食を受けて形成した広大な平野である。地殻変動によって水平な地層がわずかに傾斜し、差別的侵食を受けるとケスタができる。

:**北ドイツ平原** ②1 北ドイツからオランダにかけて広がる構造平野。大部分が更新世の氷河堆積物に覆われるが、南縁部には肥沃なレス(黄土こうど)が堆積している。

ケスタ ③3 一方が急崖を、他方が緩斜面をなす非対称の丘陵。地盤の差別侵食により生じる。硬軟の互層からなる地層が緩く傾斜して地表に現われている地域では、軟層は侵食されて低くなるのに対し、硬層は丘として残るので、緩やかな傾きをもつ丘陵地形をつくる。パリ盆地・ロンドン盆地がこの例。

:**パリ盆地** ③2 フランス北部、パリを中心とする広大な盆地。地層が内側に傾斜し侵食が進んでいるため、中心から遠ざかるほど地層は古い。内側が緩く、外側が急崖をなす丘陵が同心円状に配列するケスタ地形をもち、セーヌ川・ロアール川が盆地内を流れる。フランスにおける産業と人口の集中地域。

:**ロンドン盆地** ① ロンドンを中心とした、テムズ川沿いの盆地。パリ盆地同様、地層が緩く傾斜し、中心から離れるほど古い地層が露出する。

盆地 ③3 周囲を山地や高地に囲まれた低平な凹地おうち。成因によって、断層盆地・曲降きょっこう盆地・侵食盆地などに分類される。周囲に対して地盤が相対的に沈降することで形成されることが多い。

グレートベースン ① アメリカ合衆国西部の大盆地。西をシエラネヴァダ山脈、東をワサッチ山脈に区切られ、ネヴァダ州の大部分、カリフォルニア州とユタ州の一部を含む。乾燥地域で、グレートソルトレーク砂漠やモハーヴェ砂漠などがある。

❷地形の輪廻

侵食輪廻(しんしょくりんね) ② 地形変化の循環系列の仮説。1889年にアメリカ合衆国の地理学者デーヴィスが提唱。地形輪廻ともいう。隆起した原地形が侵食によって幼年期・壮年期・老年期と移行し、最終段階には準平原となり、準平原が隆起すれば再び同じ過程が繰り返される。 **デーヴィス** ①

：**幼年期** ① 侵食輪廻の第一段階。頂部に広く原地形の地形面を残し、若い谷は深い峡谷を刻む。

：**壮年期** ① 侵食輪廻の第二段階。最も山容が険しく侵食作用が最も激しい時期。

：**老年期** ① 侵食輪廻の第三段階。山地は低くなって緩やかな起伏地となる。

：**準平原**(じゅんへいげん) ② 侵食輪廻の最終段階。侵食基準面近くまで侵食された、ほぼ平坦な侵食面。

：**残丘**(ざんきゅう) ②[1] 準平原の中にあって一段高い丘陵(きゅうりょう)。周囲に比べて侵食に強い岩石からなる場合や、河川から遠いために侵食から免れた場合に形成される。

：**侵食基準面** ① 侵食作用が及ぶ下方の限界。侵食で地表は低くなるが、この基準面以下に侵食が及ぶことはない。侵食作用の種類によって異なり、河川の侵食では海面、溶食の場合は地下水面など。

小地形

i ――河川の地形

V字谷(じこく(じだに)) ③[6] 横断面がV字形を示す深い河谷かこく。流水による下方侵食によってつくられる。侵食輪廻の幼年期から壮年期にかけて典型的に発達する。

沖積平野(ちゅうせきへいや) ③[4] 以下の2つの意味で用いられる。①河川の堆積作用でつくられ、現在も堆積作用が続いている新しい平野。②最も新しい地質時代である完新世(沖積世)の堆積物からなる平野(沖積低地)。河川堆積物だけでなく、海や湖の堆積物からなる平野も含む。

谷底平野(こくていへいや) ③[5] 谷の中を流れる河川の側方侵食によってつくられる場合と、既存の谷が堆積作用によって埋め立てられてつくられる場合がある。後者は埋積谷(まいせきこく)ともいう。

扇状地(せんじょうち) ③[7] 河川によって形成された、谷口(たにぐち)を頂点とする半円錐状(はんえんすいじょう)の堆積地形。谷口では川幅が広がり水深も浅くなって流れが遅くなると河川の運搬力が減じ、下流に砂礫(されき)を堆積させる。洪水時に河道はより低い方へ移動し、左右に方向を変えるので扇状の堆積地形をつくる。

：**扇頂**(せんちょう) ③[4] 扇状地の最上流部。河川水は表流するが、堆積物の粒度(りゅうど)は粗(あら)く傾斜は急で、土地利用は進まなかった。峠越えの交通の要地には宿場町としての谷口集落が立地する。

：**扇央**(せんおう) ③[4] 扇状地の中央部。砂礫からなる厚い堆積物に覆われるため河川水は伏流して水無川となることが多い。水が乏しいので、かつては雑木林や桑畑となっていたが、近年は果樹園や畑として利用。一部は客土(きゃくど)して水田となった地域もある。 **伏流**(ふくりゅう) ②[1]

：**水無川**(みずなしがわ) ③[5] 洪水時には流水がみられるが、平常は伏流して流水をみない河川。厚い砂礫層が堆積する扇状地にみられる。途中で表流水が消失することから末無川(すえなしがわ)ともいう。乾燥地域のワジも水無川の一種である。

：**扇端**(せんたん) ③[5] 扇状地の末端部。扇状地の緩斜面が低地の平坦な地形に移行する部分。扇央で伏流していた地下水が地表に湧出する湧水帯。水に恵まれるため、集落や水田が開かれた。

：**湧水**(ゆうすい) ③[4] 地表に湧きだしている地下水。扇状地の扇端に沿う部分や火山山麓に多くみられる。

天井川(てんじょうがわ) ③[4] 河床が周囲の平野面より高くなった河川。洪水を防ぐために流路を堤防で固定した結果、堤防内に土砂が堆積して河床が高くなることでつくられる人工的な地形。土砂の供給量の多い河川ほど天井川になりやすい。堤防を高くすれば、平野面と河床の比高はさらに大きくなる。富山県の常願寺川(じょうがんじがわ)、琵琶湖北西岸にそそぐ百瀬川、近江盆地の草津川(くさつがわ)などがその例。 **百瀬川**(ももせがわ) ①

伊那(いな)**盆地** ① 長野県南部、木曽山脈と赤石山脈の前山である伊那山脈に挟まれた細長い断層盆地。伊那谷ともいう。中央を天竜川(てんりゅうがわ)が南流し、その両側には数段の河岸段丘がみられ、両山脈から流れだす支流には扇状地が発達する。

氾濫原(はんらんげん) ③[7] 洪水の時に流路に沿う一帯が浸水することによってつくられる起伏の小さな土地。地表は河川の堆積物に覆われ、河川の蛇行・自然堤防・後背湿地・三日月湖などの特徴的な地形がみられる。

：**自然堤防** ③[7] 流路に沿う微高地で砂や粘土などの洪水堆積物からなる。洪水流が氾濫原にあふれでると急速に流速を減じるので、流路の両側に運搬してきた土砂を堆積させてつくられる。比高は数十cmから数m。周囲より乾燥しているので、集落や畑に利用される。

：**後背湿地**(こうはいしっち) ③[7] 自然堤防の背後にできる低湿地。洪水時にあふれでた水が自然堤防に妨げられて溜(た)まり、沼沢地(しょうたくち)を形成したもの。日本では人工的に排水して水田として利用されることが多い。

：**三日月湖**(みかづきこ) ③[6] 蛇行する流路の屈曲部が洪水流によって切断されて三日月形に残された河跡湖(かせきこ)。牛角湖(ごかくこ)ともいう。現在、多くの三日月湖は埋め立てられて、その形をみることができるものは少ない。

：**蛇行**(だこう) ③[3] 河川の流路がS字形を連ねたように屈曲すること。曲流・メアンダーともいう。沖積平野だけでなく、山地にも深い峡谷を刻む蛇行がみられることがある。

：**石狩川**(いしかりがわ) ②[2] 北海道中央部にある石狩山地の石狩岳に源を発し、上川(かみかわ)盆地・石狩平野を流れて日本海にそそぐ河川。流域面積は利根川(とねがわ)に次いで全国第2位、長さは信濃川(しなのがわ)・利根川に次いで全国第3位である。蛇行を繰り返す川として知られ、河川改修が進んだ現在も三日月湖が残されている。

三角州(さんかくす)**(デルタ)** ③[7] 河川によって運搬された砂や粘土が河口付近の静水域に堆積してつくられる低平な地形。平面形態は堆積物の量、流度組成、河口や海岸の水深・地形、沿岸流の強さなどによって変化する。円弧状三角州・鳥趾状三角州・カスプ状三角州に分類される。

：**円弧状三角州** ② 扇型に分岐した流路に沿う自然堤防の間が、沿岸流によって埋積されると、海岸線は河口をつないだ円弧状となる。ナイル川やニジェール川の三角州が典型例。日本の江戸川・多摩川(たまがわ)の三角州でも同様の形態がみられる。

：**鳥趾状**(ちょうしじょう)**三角州** ② 分岐した複数の流路に沿って自然堤防が突きだし、鳥の足跡や掌(てのひら)のような平面形を示す三角州。河川が運搬する土砂量が多いことに加え、堆積物中の粘土の割合が高く、流路が固定されやすい場合につくられる。ミシシッピ川の三角州が典型例。 **ミシシッピデルタ** ①

：**カスプ状三角州** ① 海に対して尖った平面形を示す三角州。尖状(せんじょう)三角州ともいう。堆積作用の最も盛んな本流の河口が海側に突きだし、その両側が沿岸流によって削られて弧状に湾曲した三角形を示す。イタリアのテヴェレ川三角州が典型例。日本では静岡県の安倍川(あべかわ)三角州がその例。

ガンジスデルタ ① インド東部からバングラデシュに広がる大デルタ地帯。ガンジス川とブラマプトラ川によってつくられた。多くの河川に分流し、流域では米やジュートが栽培される。低平地であるためサイクロンによる高潮(たかしお)などの被害を受けやすい。

：**ガンジス川** ③[7] ヒマラヤ山脈南麓に発してヒンドスタン平原を東流し、バングラデシュに入ってベンガル湾にそそぐ南アジア最大の河川。流程約2,500km。ヒンドゥー教の聖なる川とされる。

：**ブラマプトラ川** ③[2] チベット高原南西端に発し、ヒマラヤ山脈の北側に沿ってヤルンツァンポ川の名で流れる。流程約2,800km。ヒマラヤ山脈の東端を横断してアッサムに入ってブラマプトラ川となり、ガンジス川の支流に合流してベンガル湾にそそぐ。

台地(だいち) ③[6] 周囲が低い低地に対して崖や斜面に囲まれた平坦な高台。最終間氷期の海や河川の堆積物から構成される。東京の武蔵野台地、千葉の下総台地、静岡の磐田原や三方原(みかたはら)などがその例。低地の対語。

：**武蔵野台地**(むさしのだいち) ②[1] 東京都から埼玉県南部、多摩川と荒川の間に広がる台地。青梅(おうめ)を扇頂として形成された多摩川の扇状地が地殻変動で隆起したもの。その上を箱根火山(はこねかざん)・富士山の火山灰層である関東ローム層が覆っている。多摩川沿いには大きく二段の河岸段丘が発達している。

：**下総台地**(しもうさだいち) ②[1] 千葉県北部に広がる洪積台地。台地面の高さは南東部で標高40〜50m、北西部で10〜20mとやや傾いている。台地を構成する上部の地層は更新世の浅海性堆積物で、その上を関東ローム層が覆う。

段丘(だんきゅう) ③ 川や海に面して平坦面と急崖が階段状に並んだ地形。平坦面を段丘面、急崖を段丘崖という。川によってつくられたものは河岸(河成(かせい))段丘、海によってつくられたものは海岸(海成)段丘。段丘面はかつての河床や海底面である。侵食によるものと堆積によるものとがある。
段丘面 ③[6]　**段丘崖**(がい) ③[5]

：**河岸段丘**(かがんだんきゅう) ③[6] 河川の流路に沿って発達する階段状の地形。河成段丘ともいう。広い谷底平野をもつ河川が、侵食の復活により下刻(かこく)を行なうと、以前の谷底平野は階段状の地形として取り残される。段丘面は地下水位が低く水に恵まれないため畑となることが多く、段丘崖下は湧水をみることが多い。全国各地にみられるが、利根川の支流の片品川流域や信濃川流域の新潟県津南町(つなんまち)などが好例。

：**片品川**(かたしながわ) ③[2] 尾瀬の黒岩山に源を発して南西方向に流れ、沼田市で利根川に合流する河川。長さ約61km。下流部では両岸に数段の河岸段丘が発達し、沼田市は河岸段丘の町として知られる。　**沼田** ①[3]

丘陵(きゅうりょう) ③[3] 山地と平野の中間的な地形。一般には、標高300m程度までの緩やかな起伏をもつ地形。ただし、山地・丘陵・平野を分ける明確な基準はない。

ii ——海岸の地形

❶砂浜海岸と岩石海岸

砂浜海岸 ③[6] 砂浜が発達する海岸。一般に遠浅で、砂丘・砂州・浜堤・沿岸州(えんがんす)などの地形がみられる。九十九里平野・鳥取平野などがある。

干潟(ひがた) ③[3] 干潮時に現われる遠浅の海岸。多様な生物を育(はぐく)む機能があり、千葉県の谷津(やつ)干潟や愛知県の藤前(ふじまえ)干潟などは、湿地の自然環境を保全することを目的としたラムサール条約に登録されている。

砂嘴(さし) ③[6] 半島の先端や岬から海に突きだすようにのびた細長い砂礫の州。沿岸流によって先端部は内湾側に湾曲する。伊豆半島の戸田(へだ)、駿河湾(するがわん)の三保松原(みほのまつばら)、根室海峡に面する野付半島などがその例。
野付半島 [1]

砂州(さす) ③[5] 砂嘴の一種で、入り江や湾を閉ざすようにのびた砂礫の州。京都府北部宮津湾(みやづわん)の天橋立、鳥取県西端の美保湾(みほわん)の弓ヶ浜(ゆみがはま)(夜見ヶ浜(よみがはま))などがある。
天橋立(あまのはしだて) [1]

ラグーン(潟湖(せきこ)) ③[6] 砂州などによって、外海と隔てられた水域。オホーツク海に面した能取湖(のとろこ)やサロマ湖、弓ヶ浜に隔てられた中海(なかうみ)などがその例。

トンボロ(陸繋砂州(りくけいさす)) ③[6] 沖合の島と海岸を結びつけるようにのびた砂州。海岸の前面に島があると間の堆積が進み、砂州が形成されやすくなる。トンボロによって海岸とつながった島を陸繋島と呼ぶ。代表例は、陸繋島の函館山とそれをつなぐトンボロの上に発達した函館の町並みや、博多湾にのびるトンボロである海ノ中道によって結ばれた陸繋島の志賀島(しかのしま)などがある。
陸繋島(りくけいとう) ③[5]　**函館山**(はこだてやま) ①[3]

海岸砂丘 ① 海岸に形成される砂丘。砂丘列は海岸線に並行してのびることが多い。冬の日本海など、強い風が吹き込む砂浜海岸には大規模な海岸砂丘が発達する。

：**鳥取砂丘** ①[1] 鳥取県東部の海岸砂丘の総称。千代川(せんだいがわ)の流砂(りゅうさ)が波で打ち上げられ、飛砂(ひさ)となって砂丘を形成。植林による固定化が進み、灌漑による畑が拡大した。

岩石海岸 ③[7] 基盤の岩石が露出する海岸。山地が海岸に迫り平地に乏しい反面、海岸線は変化に富み小さな港湾が発達する。三陸海岸・伊豆半島などがある。

海食崖(かいしょくがい) ③[5] 波の侵食によってできる海岸の崖。波があたる部分が削られてノッチと呼ばれるえぐれをつくり、上部の岩石が崩壊して切り立った崖となる。

波食棚(はしょくだな) ①[1] 海食崖の基部、潮間帯(ちょうかんたい)に形成される平滑な地形。ベンチともいう。波食台とは異なり、海側の末端は急崖となる。一般的には、波食台よりやや上位にある。

海岸侵食 ②[3] 波や沿岸流などによって侵食され、海岸線が後退していくこと。岩石海岸では波の強さと侵食に対する岩石の強度が侵食の速度を決め、砂浜海岸では、上流のダム建設などで砂の供給量が減少すると海岸侵食がおこる。信濃川・阿賀野川河口部やナイル川の三角州などがその例。

❷離水海岸と沈水海岸

離水(りすい)海岸 ③ 離水とは海が退いて海底が干上がること。地盤の隆起や氷河性海面変動の海退に伴って、海面下の土地が陸化することで形成された海岸地形。海岸平野・海岸段丘などがその例。　**離水** ①[3]

：**氷河性海面変動** ① 氷河、とくに大規模な氷床の消長(しょうちょう)に伴い世界の海水準が変化すること。寒冷な氷期には氷床が拡大し、水が氷として固定されて海水準が低下し(海退)、温暖な間氷期には氷床が融解して水が海に戻るので海水準は上昇する(海進)。

海岸平野 ③[5] 浅い海の堆積面が離水によって陸化してできた平野で、海岸に向かって

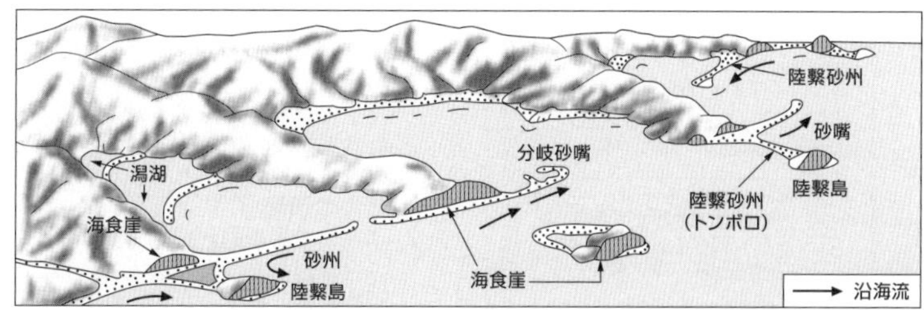

海岸の地形

緩く傾斜する。アメリカ合衆国東部の大西洋海岸平野のように、第三紀以来の海岸段丘を含む広大なものから、九十九里平野のような小規模なものまで含む。

：**九十九里浜**（くじゅうくりはま） [4] 房総半島東岸の海岸平野。6〜10kmの幅をもち、低い砂提列とその間の低湿地からなる。縄文海進以降に形成された新しい平野で、海岸に近づくほど形成年代は新しくなる。

：**縄文海進** ②[1] → p.43

：**浜堤**（ひんてい） ②[3] 波打ち際に打ち上げられた砂礫が堆積した直線的な微高地。離水するたびに海側に新しい浜堤がつくられるので、海岸線に沿って複数の浜堤の列ができ、その間の低地とともに浜堤平野をつくる。

海岸段丘 ③[6] 海底でつくられた平坦面が、海岸に沿って階段状に配列する地形。海成段丘ともいう。段丘面は堆積によるものと波食によるものがある。段丘崖はもとの海食崖にあたる。段丘面の形成は間氷期の高海水準期。地盤の隆起が進む地域で形成されるので古いものほど高位の段丘をつくる。

沈水（ちんすい）**海岸** ③[1] 沈水とは陸地が海面の下になること。土地の沈降や海水準の上昇で陸地が海面下に没してできた海岸地形。リアス海岸やフィヨルドがその例。

沈水 ①[3]

リアス海岸 ③[7] 起伏の大きな山地が海面下に沈んでできた海岸地形。半島と細長いおぼれ谷が交互になるギザギザの海岸線をつくる。スペイン北西部にみられるこの種の海岸が発達する湾名リアに由来する用語。日本では三陸海岸や愛媛県の宇和島（うわじま）付近、大分の臼杵湾（うすきわん）などがその例。湾奥で波高が大きくなるので、津波被害を受けやすい。

：**おぼれ谷** ②[4] 陸上の谷が、地盤の沈降や海水準の上昇によって海面下に沈んだ細長い湾。

：**三陸海岸**（さんりくかいがん） ①[4] 三陸とは陸奥（むつ）（青森）・陸中（りくちゅう）（岩手）・陸前（りくぜん）（宮城）の意。青森県八戸（はちのへ）市から宮城県牡鹿（おしか）半島までの太平洋岸。岩手県宮古（みやこ）を境に、北は隆起海岸、南はリアス海岸で津波被害が頻発。2011（平成23）年3月の東北地方太平洋沖地震でも大きな被害を受けた。

多島海（たとうかい） ②[4] 多くの島が点在する海。陸地の沈降や海面の上昇により、連続していた陸地が分離してできる。エーゲ海など。

フィヨルド ③[6] 氷河の侵食を受けた深い谷に、海水が浸入してできた細長い入江。最終氷期の終了とともに海水準が上昇してできた。海岸はU字谷の谷壁なので高く切り立ち、奥深くまで続いている。スカンディナヴィア半島西岸・グリーンランド・アラスカ南岸・ニュージーランド南島西岸・チリ南部西岸などにみられる。

：**ソグネフィヨルド** ①[1] スカンディナヴィア半島南西部にあるノルウェー最大のフィヨルド。幅約5km、長さ約204km。支流のネーロイフィヨルドは世界自然遺産にも登録され、多くの観光客を集めている。

エスチュアリー（三角江（さんかくこう）**）** ③ 平野を流れる河川の河口部が沈水してラッパ状に開いた入江。広大な後背地を控え、良港となることが多い。テムズ川・エルベ川・ガロンヌ川・セントローレンス川・ラプラタ川などがその例。

：**テムズ川** ②[4] イギリス南部を東に流れて北海にそそぐ川。全長約400km。首都ロンドンの中心部を貫流する。

：**エルベ川** ②[1] チェコのボヘミア盆地に源を発し、ドイツを貫流して北海にそそぐ川。全長約1,200km。中流部のマクデブルク付近で、ミッテルラント運河と交差する。下流部のハンブルクまでは外洋航行船が遡行（そこう）することができ、河口部のクックスハーフェン付近でエスチュアリーを形成する。

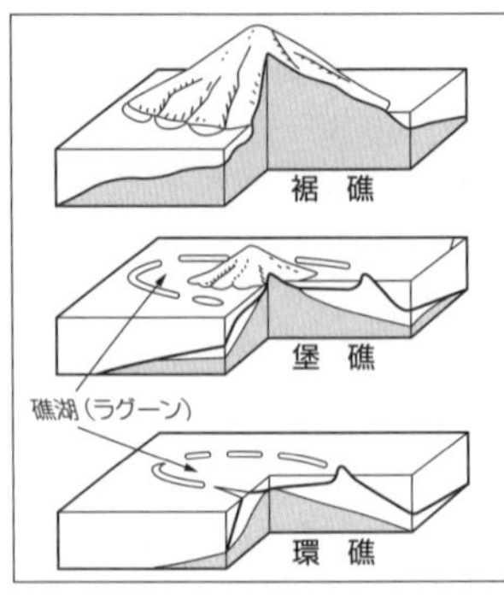

サンゴ礁の地形

：ガロンヌ川 ①[2] ピレネー山脈に源を発し、フランス南西部を流れてビスケー湾にそそぐ川。上流のトゥールーズではミディ運河と結ばれ、大西洋と地中海をつなぐ水運に大きな役割を果たしている。

❸サンゴ礁

サンゴ礁 ③[7] サンゴ虫の遺骸や分泌物が集積してできた石灰質の岩礁。その頂部の平坦な表面を礁原(しょうげん)という。水温25〜30℃、水深40m以浅の透明な海域に形成。その形態から、裾礁・堡礁・環礁に分けられる。

：サンゴ ③[1] クラゲやイソギンチャクと同じ刺胞(しほう)動物のうち硬い骨格をつくる種。深海で樹枝状の群体をつくる宝石サンゴと、石灰質で隙間の多い骨格をもつ造礁(ぞうしょう)サンゴがある。造礁サンゴは褐虫藻(かっちゅうそう)と共生し、光合成によって生成する栄養素をもらっているため、十分な光が届く浅い海に生育する。熱帯・亜熱帯の水域に分布するが、猛暑などで海水温が30℃をこす期間が長く続くと褐虫藻が死滅して白化(はっか)現象が広がる。　**造礁サンゴ** ②

裾礁(きょしょう) ③[3] 海岸に密着し、海岸を取り巻くように発達したサンゴ礁。小笠原(おがさわら)・奄美(あまみ)・沖縄などの島々にみられるのはすべてこのタイプである。

堡礁(ほしょう)**（バリアリーフ）** ③[1] 島の周囲を防波堤状に取り巻くサンゴ礁。中央の島に密着した内礁と礁湖を隔てて沖合に発達した外礁からなる。　**礁湖**(しょうこ) ③[1]

：グレートバリアリーフ ③[5] オーストラリア大陸北東岸にみられる世界最大の堡礁。幅約80kmの礁湖を隔てて、長さ約2,000kmにわたって連なる。

環礁(かんしょう) ③[4] 礁湖を取り巻いて環状に発達したサンゴ礁。かつて島の海岸に沿って形成された堡礁が、侵食や沈降によって島が海面下に沈んだあとも成長を続け、以前の島を取り巻く形で残されたもの。サンゴ礁は高さ数m、幅数百m。太平洋とインド洋の熱帯海域に多くみられる。

：ビキニ環礁 [1] ミクロネシアのマーシャル諸島にある環礁。1946〜58年まで、アメリカ合衆国がたびたび核実験を行なった。残留放射能は減少したが、強制移住させられた住民は戻れないままである。2010年世界文化遺産に登録された。

iii ―― その他の地形

❶氷河地形

氷河 ③[6] 地球表面にある流動する氷体。氷体とともに移動する雪・水・岩屑も含まれる。広範囲にわたって基盤の起伏を覆う大陸氷河（氷床）と、地形に影響を受ける山岳氷河に分類される。山岳氷河は位置や形態によって、氷原(ひょうげん)・谷氷河・山腹(さんぷく)氷河などに分けられる。

大陸氷河（氷床(ひょうしょう)**）** ③[4] 基盤の起伏にとらわれず、広い範囲にわたって地表を覆う大規模な氷河。大陸氷床ともいう。最終氷期には北ヨーロッパにスカンディナヴィア氷床、北アメリカにローレンタイド氷床が広がっていたが、現在は南極大陸とグリーンランドに存在するのみである。

山岳氷河 ③[2] 山岳地帯に発達する地形に支配された氷河。氷原・谷氷河・小規模な山腹氷河など様々なタイプがある。山腹氷河には圏谷(けんこく)氷河・懸垂(けんすい)氷河などがあり、谷氷河の消長は気候変化の指標となる。

：谷氷河 ②[1] 谷を埋めて流れる山岳氷河。侵食によってU字型の断面をもつ谷地形をつくり、側方や末端には岩屑を堆積させてモレーンをつくる。氷床や氷原から流下する谷氷河は溢流(いつりゅう)氷河と呼ばれる。

氷食作用 ② 氷河による侵食作用。氷河本体と氷体に挟まれた岩塊による研磨作用のほか、基底部での凍結融解現象による破砕作用もある。氷河の流動は大量の物質移動であり、水食よりはるかに強力な侵食力が働く。

U字谷(じこく(じだに)) ③[6] 谷氷河がつくる侵食地形。氷食谷と同義。側方侵食によって谷底は広く、谷壁は平滑な急崖となってU字型の横断面を示す。

ホルン（尖峰(せんぽう)**）** ③[3] 氷河によって3方向以上から周囲を削り取られてピラミッド型

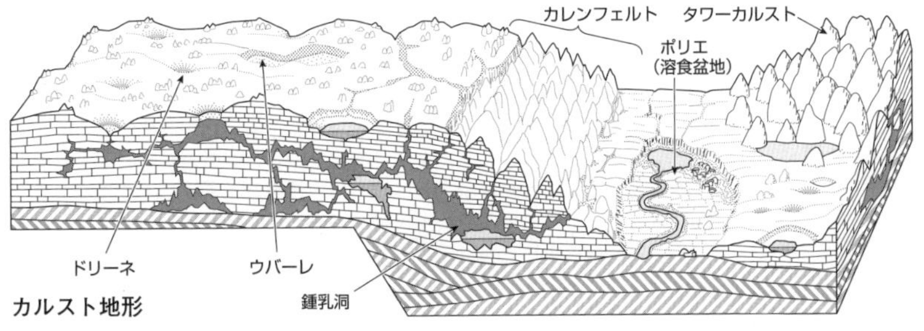

カルスト地形

に孤立した岩峰。アルプス山脈のマッターホルンがその例。ホーンともいう。

カール(圏谷) ③3 谷頭部または稜線直下の山腹斜面に形成される氷食地形。開いた椀形の地形となり、平坦なカール底を囲むカール壁は馬蹄形の急崖となる。

モレーン ③4 氷河によって運搬された岩屑がつくる堆積地形。氷堆石ともいう。谷氷河の場合は、側堆石や終堆石などに分類される。その位置から氷河の消長を知ることができ、過去の気候変動を知る手がかりになる。

❷乾燥地形

岩石砂漠 ③5 基盤岩石が地表に露出したり、あるいは礫に覆われている砂漠。砂漠の面積全体の約90%を占める。岩石砂漠のうち、礫に覆われているものを礫砂漠として区別する場合がある。 **礫砂漠** ③1

砂砂漠 ③5 砂に覆われた砂漠。中国西部のタクラマカン砂漠がその例。サハラ砂漠やアラビア半島の砂漠の一部にもみられるが、世界の砂漠面積に占める割合は小さい。様々な形の砂丘がみられることが特徴。

砂丘 ③6 風に運搬された砂が堆積してできた地形。大きさや形態、形成された時代、できた場所などによって様々な区分がある。代表的な形態としては、風上側は緩やかな凸面、風下側は三日月形の急傾斜の凹面をもつバルハン砂丘などがある。

ワジ(涸れ谷) ③6 アラビア語で河床・河谷を意味する語。アラビア半島や北アフリカの砂漠地帯でみられる。大量の降水があった時以外は流水のない水無川をさす。通常は交通路などに利用されるが、豪雨の場合には鉄砲水が発生することもある。大規模なものは、この地域が湿潤な気候であった更新世につくられたものと考えられている。

メサ ③2 水平な硬い岩層が侵食に抗してつくった平坦な頂面と、周囲に急斜面をもつテーブル状の地形。硬い岩層が傾斜すればケスタとなり、侵食が進んで平坦な山頂をもつ孤立丘となったものはビュートと呼ばれる(p.31図参照)。 **ビュート** ③3

：**モニュメントヴァレー** ①2 アメリカ合衆国南西部、コロラド高原東部にある景勝地。平坦な頂上をもつテーブル状の地形であるメサや孤立丘となったビュートが記念碑(モニュメント)のように林立している。先住民ナバホ族の居留地となっている。

❸カルスト地形

カルスト地形 ③5 石灰岩などの炭酸塩岩地域で、二酸化炭素を含む水の溶食作用によってつくられる地形。カルストの名は、石灰岩台地が広がるスロベニアのクラス地方がドイツ語でカルストと紹介されたことに由来する。

：**カルスト地方** ①2 スロベニア南西部からイタリア北東部に広がるカルスト台地。スロベニア語でクラス、ドイツ語でカルストである。 **カルスト台地** ①1

：**石灰岩** ③4 炭酸カルシウム($CaCO_3$)を主成分とする堆積岩。有孔虫やサンゴなどの石灰質の殻が堆積した生物起源のものと、石灰質が化学的に沈殿したものと2つの成因があり、前者には様々な化石が含まれることが特徴。セメントの原料などに利用されるが、変成されて大理石となったものは建築や彫刻の石材となる。

：**溶食** ③1 岩石が雨水や地下水によって溶かされ、侵食されること。一般には炭酸カルシウムを主成分とする石灰岩類が、二酸化炭素を含む雨水や地下水によって溶解・侵食される作用をさす。

鍾乳洞 ③3 石灰岩が地下水に溶食されてできた地下の洞窟。水滴が落下する天井には鍾乳石ができ、床面には石筍(せきじゅん)ができる。また鍾乳石と石筍が接合して石柱となる場合もある。山口県の秋芳洞、高知県の龍河洞(りゅうがどう)、岩手県の安家洞(あっかどう)などがその例。

ドリーネ ③[3] 石灰岩の溶食によってつくられた漏斗状(ろうとじょう)の凹地形。直径は数mから数百m、深さは数mから100m程度。地下の洞窟が発達して地表が陥没したものは陥没ドリーネと呼ばれる。

ウバーレ ③[2] 溶食の進行によって複数のドリーネが集合し、その境界が不明瞭になった凹地形をいう。

ポリエ (溶食盆地) ②[3] 石灰岩地域にみられる盆地状の凹地形。ドリーネやウバーレよりも大きく、面積は数km^2から数百km^2に達し、盆地には集落もみられる。盆地の側壁は傾斜が急になり、底は平坦で砂や泥に覆われる。

タワーカルスト ③[4] 高温多湿の気候下で形成された溶食地形。熱帯カルストの1つ。スコールのように短時間に集中した降水があると、凹地では水が溜まって溶食作用が促進されるのに対し、凸地は速やかに排水されるので溶食を免れる。この過程が繰り返されると両者の比高は拡大して、塔状や円錐状の形をもつ岩塔ができる。中国南部のコイリン(桂林)やベトナム北部のハロン湾にみられる。

:コイリン (桂林) ②[4] 中国南部コワンシー(広西)壮(チョワン)族自治区北部の都市。水墨画のようなタワーカルストの景観が世界自然遺産に登録され、多くの観光客を集めている。

秋吉台(あきよしだい) ③[2] 山口県中央部の石灰岩台地。日本で最もカルスト地形が発達した地域。大鍾乳洞として知られる秋芳洞がある。

秋芳洞(あきよしどう) ①

平尾台(ひらおだい) ①[1] 福岡県北九州市の南部にある石灰岩台地。千仏(せんぶつ)・青竜窟(しょうりゅうくつ)の両鍾乳洞をはじめ、各種のカルスト地形が発達している。

2 気候

気候のなりたち

i —— 気候と大気の大循環

❶気候要素と気候因子

気候 ③[7] ある地域や場所で、1年を周期として繰り返される大気の平均的な総合状態。

気候要素 ③[5] 気候を構成する気温・降水・日射・湿度・蒸発散・気圧・風など。それぞれの要素は互いに密接に関係しているが、熱に関わる諸要素群の代表が気温、水分に関わる諸要素群の代表が降水である。

：**湿度** ②[1] 空気中の水蒸気量の状態を示す。一般には、飽和水蒸気量に対する割合である相対湿度で示す。飽和水蒸気量は気温が上昇するにつれて増加するので、同じ湿度でも水蒸気の絶対量は気温によって異なる。

：**蒸発量** ③[5] 蒸発とは水面や地面から水分が気化すること。水の量は降水量と同じくmmの単位で表わされる。　**蒸発** ①

：**蒸発散量** ② 蒸発と蒸散(じょうさん)をあわせた水の量。蒸散とは植物から大気中に水蒸気が放出されること。蒸発量だけでは水収支を正確に表わせないため、蒸散量とあわせて計算することが多い。

：**日照時間** [1] 雲や霧にさえぎられることなく、太陽が地面を照らしている時間。地形や雲の厚さにも左右されるが、晴れた平地に限り、その時間は緯度とともに変化する。

：**日射量** ① 太陽からの放射が地上まで届く量。放射は大気中を通過する間に吸収や反射によって減衰する。日射量は太陽の高度変化に伴って、日変化・年変化を示す。

気候因子 ③[5] 気候の分布を左右する要因。緯度・海抜高度・水陸分布・隔海度・海流・地形などがある。

：**隔海度**(かくかいど) ① 陸上のある地点の海洋からの隔(へだ)たりの度合い。隔海度が大きいのは海から遠い大陸内部で、寒暖差が大きく乾燥した大陸性気候となる。隔海度が小さいのは海岸に近い地域で、海洋性気候となる。

❷気温と降水

気温 ③[7] 大気の温度。通常、芝生に百葉箱(ひゃくようばこ)を設置し、地表面から1.5mの高さに温度計を置いて気温を測定する。1日の平均気温(日平均気温)は一定時間ごとに観測した値を平均したものを用いる(現在の気象観測では3時間ごとの8回の観測値を平均している)。このようにして得られた数値を平均化したものが、それぞれ月平均気温および年平均気温となる。

日較差(にちかくさ) ③[5] 1日の最高気温と最低気温の差。一般に大陸性気候地域では大きく、海洋性気候地域では小さい。

日最高気温 ②　**日最低気温** ②

年較差(ねんかくさ) ③[7] 気温や水温などの年最高値と年最低値の差。ただし、気温の場合は、最暖月平均気温と最寒月平均気温の差をさす場合が多い。気温の年較差は高緯度地方や大陸内部などで大きく、赤道直下の海洋性気候で最も小さくなる。

最暖月 ③[5]　**最寒月** ③[5]

気温の逓減率(ていげんりつ) ③[2] 気温が垂直的に変化する割合。標高が高くなると気圧が低くなり、大気が断熱膨張をおこして気温が下がることが原因。海抜100m上がるごとに平均して0.65℃前後低下するが、その割合は大気の湿度によって異なる。

等温線 ①[3] 気温の等しい地点を結んだ等値線。年平均気温の等温線、1月・7月の月平均気温の等温線など、各種の等温線を図化することにより、各地の気温の特色とその変化の様子を比較することができる。

：**熱赤道** ② それぞれの経度上で年平均気温が最も高い部分を結んだもので、地球上で気温や海水温が最も高くなる地帯。一部を除いて北緯10度付近に位置するのは、比熱の小さな陸地面積が広い北半球のほうが気温が高くなるため。

降水量 ③[7] 雨・雪・あられ・ひょうなど、大気中の水蒸気が凝結(ぎょうけつ)して地上に落下したものすべてを水に換算した量。一般にmmの単位で表わす。

最少雨月 ③[3] 過去30年間の平均値で最も降水量が少ない月。気候区によって異なる。

最多雨月 ③[3]

地形性降雨 ③ 山地の風上側に降る雨。湿った大気が山地斜面に沿って上昇気流を発生させることが原因。偏西風・貿易風・湿潤な季節風などが吹く地域では、湿潤な風上側と乾燥した風下側で対照的な植物景観となる。

前線性降雨 ① 前線に伴って降る雨。梅雨前線などの停滞前線や寒冷前線、温暖前線などによる降水がある。

対流性降雨 ① 上昇気流によって雲ができて降る雨。地面で暖められた空気が上昇し、積乱雲が発生して雨が降る。

収束性降雨 ① 大気の流れがぶつかり合って上昇気流が発生することで降る雨。赤道付近では熱帯収束帯がみられる。

雨温図(うおんず) ②[4] 直交座標の縦軸に降水量と気温を別々に目盛り、横軸を12カ月に分け、各月の降水量を棒グラフで、気温を折れ線グラフで表わした図。気温と降水量の関連が理解しやすい。

ハイサーグラフ ②[3] 直交座標の横軸に降水量を、縦軸に月平均気温をそれぞれ目盛り、各月の点を月の順に結んで得られる図をいう。月ごとの降水量と平均気温を1つの図に表現し、気候の特色を視覚的にとらえやすくしたもの。雨温図の一種で、気候型の判定や地点相互の比較に便利である。

気象衛星 ① おもに気象観測のために打ち上げられる人工衛星。雲を撮影し、その画像を地上に送信するとともに、地球表面や雲頂面の温度測定を行ない、天気予報の精度向上に大きな役割を果たしている。

❸大気大循環

大気大循環 ③[6] 地球上の大規模な大気の循環現象。海流とともに、低緯度と高緯度の熱の不均衡を小さくするように働く。上昇気流の発生する所には低圧帯が、下降気流が発生する所には高圧帯がつくられ、高圧帯から低圧帯へ向かう大規模な風の流れができる。

：**上昇気流** ②[5] 上方に向かう大気の流れ。断熱膨張によって冷却されて雲ができ降水の原因となるので、上昇気流が発達する場所では悪天候となる。

：**下降気流** ②[6] 下方へ向かう大気の流れ。下降気流が発達する場所は高気圧となり、好天となる。

気圧 [1] 地表が受ける大気の圧力。単位面積上の大気の質量に、重力の加速度を乗じた値。1気圧は1013.25hPa(ヘクトパスカル)である。

高気圧 ①[1] 周囲より相対的に気圧が高い区域。下降気流の場にあたるため、雲は発達せず天気はよい。北半球では時計回りに、南半球では反時計回りに回転しながら、高気圧から風を吹きだす。

：**高圧帯** ①[4] 高気圧が緯度に沿って帯状に連なる地域。

低気圧 ①[2] 周囲より相対的に気圧が低い区域。最も気圧の低い中心部に向かって周辺から風が吹き込む。収束した大気は上昇気流となるため、雲や降水の原因となる。

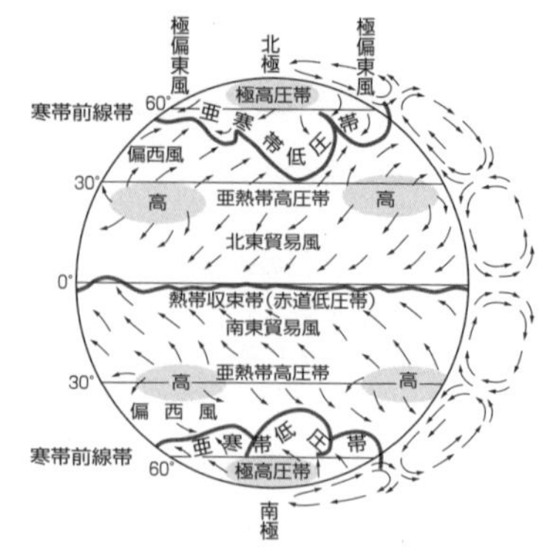

：**低圧帯** ①[4] 低気圧が緯度に沿って帯状に連なる地域。

熱帯収束帯 ③[7] 日射量が多く常に上昇気流が発生する赤道付近に形成される低圧帯で、赤道低圧帯ともいう。この低圧帯に向かって、南北両半球の亜熱帯(中緯度)高圧帯から吹きだす貿易風が流れ込み、大量の降水をもたらす。季節によって南北に移動し、熱帯収束帯に覆われると雨季となる。

赤道低圧帯 ③[7]

亜熱帯(中緯度)高圧帯 ③[7] 南北両半球の回帰線付近を中心に、緯度30度前後に形成される高圧帯。赤道付近で上昇した大気が集積し、密度を増して下降気流となって発生する。乾燥が著しく砂漠の面積が広い。この気圧帯から貿易風と偏西風を吹きだす。

亜寒帯(高緯度)低圧帯 ③[4] 気象学では、低気圧が連なるほぼ緯度50〜70度の範囲をさすが、気候学では温帯と寒帯の間の気候帯を亜寒帯と呼ぶ。寒暖2つの気団の間に前線が形成されて大気が不安定になりやすいので、降水量が多い。

極高圧帯(きょくこうあったい) ③[6] 南北の両極地方に形成される高圧帯。極地方は気温が低いために上昇気流が発生せず、安定した高圧帯を形成して亜寒帯低圧帯に極偏東風を吹きだす。この高圧帯の前面に極前線ができる。

気団(きだん) ②[4] 広い範囲にわたって一様な気温や湿度をもつ大気の塊(かたまり)。多くは停滞性の高気圧であるが、赤道気団は低気圧である。季節変化に伴う気団の勢力変化によって、地域の気候や気象現象が生みだされる。日本の周辺にも、夏を支配する小笠原(おがさわら)気団、梅雨前線を発生させてやませを吹きだすオホーツク海気団などがある。

前線 ①[2] 温度や湿度の異なる2つの気団の接触する面が地上と交わる線。ここを境に気温や風向が急激に変化する。天気図では、降水を伴う寒気と暖気の境目を前線として表示する。寒気が暖気の方向に進むものを寒冷前線、逆の場合を温暖前線という。前線の集中しやすい場所は前線帯という。

寒帯前線 ②[2] 寒帯気団と熱帯気団の間に形成される前線。季節により北緯30〜50度付近の間で変化する。日本付近では、夏はオホーツク海北部まで北上し、冬は南方海上まで南下する。前線上を低気圧が発達しながら東進する。

❹風系

恒常風 ③[1] 一年を通してほぼ同じ方向に吹く風。大気大循環による気圧帯と地球の自転によって発生する。貿易風・偏西風・極偏東風などが代表的で、海洋の大循環とともに、低緯度地域と高緯度地域の熱交換に大きな役割を果たす。

貿易風 ③[6] 亜熱帯高圧帯から赤道低圧帯に向かって吹く恒常風。北半球では北東貿易風、南半球では南東貿易風となる。風向・風速の変動が少ないので、帆船(はんせん)の航海に利用された。 **北東貿易風** ③[4] **南東貿易風** ③[4] **偏東風** [1]

偏西風(へんせいふう) ③[7] 亜熱帯高圧帯から亜寒帯低圧帯に吹く恒常風。両半球とも西寄りの風となる。気圧帯の季節変化に伴って南北に移動するが、地上では平均的には30〜65度の緯度帯にあり、上空ではさらに南北の緯度帯に広がる。中・高緯度の大陸西岸は年間を通してこの風の影響を受け、温和な海洋性気候となる。

：ジェット気流 ③[2] 偏西風の中でとくに風速が大きい風。風速は冬に大きくなって秒速40〜100m、日本上空は最も強風が吹きやすい場所の1つである。北緯30〜40度付近にあり、中心軸は高度10〜13kmあたり。航空機が東西方向に移動する場合は、強い影響を受ける。

極偏東風(きょくへんとうふう) ③[4] 極高圧帯から亜寒帯低圧帯に向かって吹く恒常風。南北両半球とも、地球の転向力(コリオリの力)によって東寄りの風となる。

季節風(モンスーン) ③[7] 季節ごとに風向きが変化する風。広い範囲にわたり高い頻度で出現し特定の方向に吹く風なので、恒常風とともに卓越風の1つ。比熱の異なる大陸と海洋で、季節ごとに高気圧と低気圧が入れ替わることによって発生する。モンスーンとは、アラビア語で季節を意味するマウシム(mausim)に由来。南アジアや東南アジアでは、夏(高日季(こうじつき))の季節風がもたらす雨季を意味する。

モンスーン地域 ①[1] モンスーンの影響を強く受ける地域。南アジアや東南アジアの熱帯や温暖冬季少雨気候(Cw)の地域に相当する熱帯モンスーン地域、緯度20〜40度付近の大陸東岸に分布して温暖湿潤地域(Cfa)や温帯冬季少雨気候に相当する温帯モンスーン地域がある。

：南西モンスーン ②[1] 5月下旬〜10月頃にかけて、インド洋からインド半島と東南アジアに向かって吹く南西の季節風。インドモンスーンともいう。高温多湿の風で、大量の降水を伴う雨季をもたらす。西ガーツ山脈の西側やヒマラヤ山脈の南側では、地形性降雨によって大量の降水がある。

：チェラプンジ ①[1] インド北東部メガラヤ州の小都市。ベンガル湾から北上する夏の南西モンスーンが吹き上がる山地の南斜面にあり、地形性の降雨が発生しやすい。1860年8月から61年7月までの1年間に、総降雨量2万6,461mmという世界で最も多い年降水量を記録した。

：西ガーツ山脈 ③[3] インド半島西岸に沿って南北に連なる山脈。西側は急斜面なのに対し、東側は緩やかにデカン高原につながる。夏は高温多湿の南西モンスーンが山脈にぶつかり、ムンバイなどの西斜面で2,500〜5,000mmの降水をもたらす。

：北東モンスーン ②[1] 11月前後〜5月頃にかけて、シベリア高気圧からインド半島と東南アジアに吹く北東の季節風。大陸性気団から吹きだす風は乾燥しているので、このモンスーンの影響を受ける地域は乾季となる。

熱帯低気圧 ②[5] 熱帯または亜熱帯で発生する低気圧の中で、暖気だけで構成されて前線をもたず、等圧線が同心円を描くなどの特徴をもつもの。ただし、転向力(コリオリの力)が働かない緯度5度以内の赤道周辺では発生しない。発達すると台風・ハリケーン・サイクロンなどと呼ばれる。

：台風 ③[7] フィリピン諸島東方海上や南シナ海で発生する熱帯低気圧。気象庁では経度180度以西で風速が17m/sに達したものと定義しているが、国際的には風速33m/s以上に発達したものをタイフーンと呼ぶ。

：ハリケーン ③[7] カリブ海やメキシコ湾、経度180度以東の太平洋北東部などで発生し、風速が33m/sをこえる熱帯低気圧。8～9月に最も多く発生し、メキシコ湾岸やアメリカ合衆国南東部に被害をもたらす。近年では、2005年8月に、アメリカ合衆国南東部を襲った大型のハリケーン「カトリーナ」が知られる。

：**カトリーナ** ①[1] 2005年8月末に、アメリカ合衆国南東部を襲った大型ハリケーン。とくに、ニューオーリンズでは市域の8割が水没し、壊滅的な被害を受けた。死者はルイジアナ州だけでも1,577人、全体で1,836人、行方不明者は705人にのぼった。

：**サイクロン** ③[7] インド洋や南西太平洋で発生する熱帯低気圧。アラビア海やベンガル湾で発生し、南アジアの海岸部を襲うものが多いが、インド洋南部で発生してマダガスカルを、南西太平洋で発生してオーストラリア北東部を襲うものもサイクロンと呼ばれる。 **ベンガル湾** ③[7]

海風(かいふう) [1] 気温が上昇する日中に海から陸に向かって吹く風。夜間に陸から海に向かって吹く風が陸風。これらが1日のうちに交代する風系を海陸風という。陸地と海の比熱差が原因。陸地は日中温められて上昇気流を発生させるので気圧が低下し、相対的に気圧の高い海から風が吹き込む。夜になると陸地は冷却され、海上より気圧が高くなって陸風が吹く。 **海陸風**(かいりくふう) [1]

局地風 ③ 特定の地域に限って吹く風。地方風・局所風ともいう。その地域を特徴づける気候風土をつくっている。アルプス山脈の北麓(ほくろく)に吹くフェーン、ローヌ川を吹き降ろすミストラルなどがある。日本でも「○○おろし」「○○だし」など、地域ごとに独特の風がある。

：**フェーン** ③ アルプス山脈北麓に吹き降ろす高温乾燥の風。春先に多く、アルプスに雪解けをもたらす風といわれる。湿った風が風上斜面で雨を落とし、高温乾燥の風となって風下斜面を吹き降ろすフェーン現象の名はこの局地風に由来する。湿潤な大気と乾燥した大気では気温の逓減率(ていげんりつ)が異なることが原因。 **フェーン現象** ③[2]

：**ボラ** ② アドリア海沿岸や黒海沿岸に吹く寒冷な強風。ユーラシア大陸内部に発達した高気圧から吹きだした寒気が山地を越えて吹き降ろす風。ボーラとも呼ばれる。

：**ミストラル** ① フランス南部に吹く冷たく乾燥した北風。冬から春に多く発生する。アルプス山脈から吹きだし、ローヌ河谷を通って速度を増して地中海に吹き下ろす。

：**シロッコ** ① 北アフリカからイタリアに向かって吹く南風。サハラ砂漠から吹きだした風が地中海を通って高温多湿の風となる。冬から初夏に多く発生し、砂嵐を伴うことがある。

：**ブリザード** ③[1] アメリカ合衆国北部、カナダ、南極地方に吹く地吹雪を伴う寒冷な強風。 **地吹雪**(じふぶき) ①[5]

：**赤城おろし** ② 冬に群馬県の中央部から南東部に吹く乾燥した冷たい強風。赤城山の方角から吹くのでこの名があり、「上州空っ風」ともいう。北部の山地に雪を降らせた北西季節風が乾いた寒風となって吹き下ろしたもの。

：**伊吹おろし** ① 冬の濃尾平野に吹く冷たく乾いた風。北西にある伊吹山方向から吹くのでこの名がある。日本海側や琵琶湖の北で雪を降らせた季節風が、関ヶ原をこえて吹き下ろしたもの。

❺気候の地域差

大陸性気候 ③[6] 海から遠く離れた大陸内部の気候。気温の年較差や日較差が大きく降水量が少ない。海洋に比べて、暖まりやすく冷めやすい陸地の熱的性質によって生じる。雨が少ないために乾燥し、蒸発で失われる熱量が小さいので、日中の気温は著しく上昇する。日本の内陸盆地でも類似した気候がみられ、内陸性気候と呼ばれる。

海洋性気候 ③[4] 大陸性気候の対語。気温の日較差や年較差が小さく、降水量・湿度・雲量などが多い。大洋上の島だけでなく、海洋から大陸に向かって卓越風が吹く地域では、内陸までこの気候が現われる。とくに偏西風帯にある大陸西岸で顕著。

西岸気候 ③[1] 大陸西岸にみられる気候。緯度によって傾向が異なる。中・高緯度では、東岸に比べて気温の年較差が小さく、冬は暖かいのに対し、低緯度では一般に東岸に比べて低温となる。緯度による気温の差が小さいのも西岸気候の特徴。

東岸気候 ③[1] 一般に中・高緯度の大陸東岸にみられる気候。西岸気候の対語。西岸気候より気温の年較差が大きく、四季の変化が明瞭であることが特徴。冬は大陸内部の寒冷な高気圧に支配されて気温が低下し、夏は海洋上の亜熱帯高気圧の影響を受けて蒸し暑い。

ii ——気候の変化

❶気候変動

気候変動 ③[6] 十数万年から数百年という

様々な時間のスケールで地球の気候が寒暖を繰り返すこと。公転軌道の変化や太陽の黒点活動の変化が原因とされる。近年は、温室効果ガス増加が地球温暖化を引きおこし、人為的な気候変化が発生しつつある。

氷期 ③[2] 気候が寒冷化し、氷河が拡大した時代。高緯度地域には氷床が広がり、海水準は著しく低下した。更新世には少なくとも数回の氷期があったことが知られており、最も近い最終氷期はほぼ1万年前に終わった。

: **最終氷期** ③ 第四紀更新世の最後の氷期。約7万年前〜1万年前まで続いた。最も氷河が拡大した2.4万年前〜1.6万年前の極相期(きょくそうき)には、世界の海水準は現在よりも約120m低下していたため、ユーラシア大陸と北アメリカ大陸がつながり、日本海を挟んで日本列島が大陸とつながるなど、世界の海岸線は現在と大きく異なっていた。最近では最終氷期という用語を使わず、(現在を基準として) 最新の氷期と呼ばれることもある。

: **間氷期** ③[4] 2つの氷期の間にあって温暖な気候が続く期間。高緯度地域に広がっていた氷床が融解して海水準が上昇する。現在は最終氷期後の間氷期にあたるが、数千年から数百年のスケールで小規模な気候変動が繰り返されている。

: **縄文(じょうもん)海進** ②[1] 約1万年前から本格化し、縄文早期〜前期 (約6,000年前) に最盛期を迎えた世界的な温暖期の海進。海水準は現在より2〜3m高く、関東平野の一部では現在の埼玉・栃木県境まで海が進入しており、同時代の貝塚の分布から当時の海岸線が推定できる。縄文晩期から弥生前期 (約2,500年前) にかけて気候は寒冷化し、海水準も現在より1〜2m低下した。これを「弥生の小海退」という。

: **小氷期** ① 14世紀から19世紀にかけて続いた寒冷な時期。ヨーロッパや北アメリカでは山岳氷河の拡大や河川・港湾の氷結がみられ、世界各地で深刻な飢饉が発生した。太陽活動の低下と火山噴火によって大量に放出された火山灰が日射量を減少させたことが原因と考えられている。

ヒートアイランド現象 ③[4] 都市域の気温が周辺の郊外に比べて高くなる現象。植生の減少やアスファルトなど人工被覆域の拡大、人工排熱の増加が原因。夏や昼間より冬や夜間の気温上昇が著しい。東京では1920年代に年間70日あった冬日が、2000年代には数日に減少し、熱帯夜の日数は3倍以上に増加した。大都市の熱が海陸風で内陸に運ばれて出現する場合もある。

❷異常気象

異常気象 ③[4] 冷夏・暖冬・猛暑・干ばつ・多雨など、例年と著しく異なる気象現象の総称。異常の度合いを量的にみるためには、過去30年間の月平均気温・月降水量からの偏差を用いる。

エルニーニョ現象 ③[2] 南アメリカのペルーとエクアドルの沿岸から南東太平洋の赤道海域にかけて、平年より海水温が高くなる現象。何らかの原因で貿易風が弱まると、暖かい海水が吹き払われずに滞留することが原因。世界的な異常気象の一因となり、ペルーの乾燥地域で多雨、日本では冷夏・暖冬など様々な現象が現われる。なお、エルニーニョとは、スペイン語で「男の子」の意。「神の子」という意味も含む。

ラニーニャ現象 ③[2] エルニーニョ現象と逆の現象。エルニーニョ現象が発生する海域の水温が平年より低くなる現象。貿易風が強くなって暖かい海水が西に吹き払われてしまうことが原因。一方、暖かい海水が滞留する太平洋西部では海水温が高くなり、これも世界的な異常現象の一因となる。太平洋高気圧の発達を促すため、日本では酷暑の夏になることが多い。ラニーニャとはスペイン語で「女の子」の意。

テレコネクション ① 互いが遠く離れた地点にありながら気象観測値が相関をもって変化すること。例えばエルニーニョ現象時に、太平洋の西方 (インドネシア近海) と東方 (ペルー近海) で相関がみられる。

iii ―― 気候区分

気候区分 ③[7] 各地の気候を類型化して分類すること。区分された地域を気候区という。ケッペンやアリソフらによる様々な区分方法がある。ケッペンは植生分布が気候を反映していることに着目し、気温と降水量を指標として、世界を5つの気候帯に区分し、さらに各気候帯をいくつかの気候区に分けた。 **気候区分図** ③[3]

: **気候帯** [3] 地球上の気候をその特性によって大別した地域。古代ギリシャで熱帯・温帯・寒帯に区別したのがはじまり。20世紀に入って、ケッペン・アリソフ・フーロンらによって様々な区分が試みられた。

: **ケッペン** W. Köppen ③[7] 1846〜1940 ドイツの気候学者。世界の気候を植生分布

気候帯	気候区
熱帯 (A)	熱帯雨林気候(Af) 弱い乾季のある熱帯雨林気候(Am) サバナ気候(Aw)
乾燥帯 (B)	砂漠気候(BW) ステップ気候(BS)
温帯 (C)	地中海性気候(Cs) 温暖冬季少雨気候(Cw) 温暖湿潤気候(Cfa) 西岸海洋性気候(Cfb・Cfc)
亜寒帯 (D)	亜寒帯湿潤気候(Df) 亜寒帯冬季少雨気候(Dw)
寒帯 (E)	ツンドラ気候(ET) 氷雪気候(EF)

〔記号の説明〕(気温は平均気温)

A　最寒月　18℃以上
B　乾燥限界以下の降水量
C　最寒月　18℃未満〜－3℃以上
D　最寒月　－3℃未満，最暖月10℃以上
E　最暖月　10℃未満
F　最暖月　0℃未満
T　最暖月　0〜10℃
S　ステップ
W　砂漠
f　年中多雨
s　冬雨(夏乾燥)：最多雨月降水量が最乾月降水量の3倍以上
w　冬季少雨(冬乾燥)：最多雨月降水量が最乾月降水量の10倍以上
m　乾季があるが熱帯雨林が生育する気候；AfとAwの中間タイプ
a　最暖月22℃以上
b　最暖月22℃未満，ただし10℃以上が4カ月以上

ケッペンの気候区分

と結びつけた気候区分の研究で知られる。

：**樹林のある気候（樹林気候）** ③5 樹林が生育するのに必要な気候条件をもった気候。ケッペンは年降水量が蒸発量を上回り、かつ最暖月平均気温が10℃を上回ることが必要であるとし、樹林のある気候を熱帯・温帯・亜寒帯(冷帯)の3つの気候帯に区分した。一方、樹林のない気候は上の条件を満たさない乾燥帯と寒帯に区分した。

樹林のない気候(無樹林気候) ③5

：**アリソフ** B. P. Alisov ① 1891〜1972 旧ソ連の地理学者。前線帯の季節移動に基づいて、世界の気候を成因的に区分した。夏と冬に卓越する気団の組合せで、南北両半球にそれぞれ7つの気候地域を設けた。

湿潤気候 1 乾燥気候の対語。ケッペンの気候区分では、実際に観測された年降水量が計算によって求めた乾燥限界 (r) を上回れば湿潤気候とされる。「樹林のある気候」とほぼ同義。熱帯気候・温帯気候・亜寒帯気候を含む。

仮想大陸 ① 各緯度ごとの陸地面積の割合をもとに描いた仮想の大陸。大陸の表面が全く低平であると仮定し、ケッペンの気候区分を模式的に描くのに用いられる。

iv——気候区

❶熱帯気候

熱帯（A） ③7 数理気候帯としては南北回帰線の間をさす。年間を通して太陽高度が高く、高温である。ケッペンは最寒月平均気温18℃以上と定義したが、ほかにも20℃以上としたり、植物の生育に必要な積算気温で区分するなど、様々な考え方がある。

熱帯雨林気候（Af） ③7 アマゾン川・コンゴ川流域・東南アジアの一部など、赤道に最も近い地域に分布する高温多湿の気候。季節変化はほとんどなく、気温も年較差より日較差の方が大きい。午後にスコールに見舞われることがあるが、降水量は年間を通して大きな変化はない。熱帯雨林と呼ばれる密林をつくるが、土壌はやせたラトソルである。

：**スコール** ③4 おもに熱帯地域を中心に午後から夕方にかけて突然発生する強い風。この強風は雷や降雨を伴うことが多いため、これらを含めてスコールと呼ばれる場合もある。

：**アマゾン盆地** ②5 ギアナ高地とブラジル高原の間に広がるアマゾン川流域の広大な盆地。総面積は800万km²をこえ、ブラジル・ペルー・ボリビアなどを含む。大部分が熱帯雨林に覆われる。

アマゾン ②1

：**コンゴ川** ③4 アフリカ大陸中央部のコンゴ盆地を流れて大西洋にそそぐ河川。長さ約4,700kmでアフリカ第2位、流域面積はアマゾン川に次いで世界第2位。途中に滝や急流があって航行には制約があるが、鉄道や道路などのインフラストラクチャーが未整備なコンゴでは重要な交通路。

：**アマゾン川** ③6 → p.59

：**コンゴ盆地** ③6 → p.30

風土病 2 地域の特有な自然環境の中で病原体がつくられ、流行を繰り返す病気の総称。とくに、熱帯雨林気候地域には様々な風土

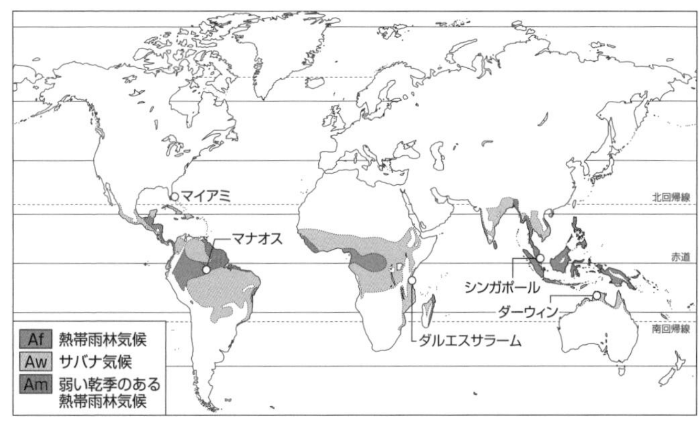

熱帯気候の分布

病があり、今なお人々を苦しめている。

：マラリア ③[5] 熱帯から亜熱帯地域に分布する原虫感染症。ハマダラカの媒介で伝染する。高熱・吐き気などの症状があり、意識障害や腎不全(じんふぜん)をおこして死亡する場合もある。

弱い乾季のある熱帯雨林気候（Am） ②[5] 熱帯雨林気候とサバナ気候の間に分布し、1年は雨季と弱い乾季に分かれる。アジアではモンスーンの影響が強い地域に分布するので、熱帯モンスーン気候ともいう。ただし、mはmonsoonではなく、ドイツ語のmittel（中間）、つまり熱帯雨林気候とサバナ気候の間の意。年間の総雨量が熱帯雨林気候を上回る地域もあるが、最少雨月の降水量は60mmに達しない。乾季には上層だけが落葉する熱帯季節林が広がる地域もある。　**熱帯モンスーン気候** ③[6]

サバナ気候（Aw） ③[7] 雨季と乾季の区別が明瞭な熱帯気候。熱帯雨林気候と中緯度の乾燥気候の間に分布。太陽の高い季節は赤道低圧帯の影響を受けて雨季となり、太陽の低い季節は亜熱帯（中緯度）高圧帯の支配下で乾季となり、樹木は落葉する。疎林と丈(たけ)の長い草原が卓越(たくえつ)し、サトウキビ・コーヒー・綿花などの栽培が行なわれる。

雨季 ③[7]　**乾季** ③[7]

亜熱帯 ①[2] 熱帯と温帯の間の気候帯。定義はまちまちで、ケッペンの気候区分では気候帯として扱われていない。気候学では年間を通して亜熱帯高圧帯や貿易風の支配下にある地域や、夏は貿易風の、冬は偏西風の支配下にある地域をさす。

❷乾燥気候

乾燥帯（B） ③[7] 年蒸発量が年降水量を上回る地域。大陸内部を中心に全陸地面積の4分の1を占める。ケッペンの気候区分の記号ではBで表わされ、降水量と蒸発量の関係から砂漠気候（BW）とステップ気候（BS）に分けられる。

乾燥限界 ①[3] 乾燥気候と湿潤気候の境界。r＝20（t+a）で求める。rは乾燥限界（mm）、tは年平均気温（℃）、aは定数（年中多雨fは7、冬少雨wは14、夏少雨sは0）。計算上のrが実際の年降水量を上回れば乾燥気候、下回れば湿潤気候となる。

砂漠気候（BW） ③[7] 極めて降水量が少ないため砂漠になっている地域の気候。ケッペンは実際の降水量が乾燥限界の半分にも満たない地域と定義。亜熱帯高圧帯の影響下にある低緯度砂漠、大陸内部の中緯度砂漠、沖合を寒流が流れる海岸砂漠などがあり、卓越風の風下側などにも分布する。

：海岸砂漠 ③[2] 沖合を寒流が流れる中・低緯度の大陸西岸にみられる。南アメリカのアタカマ砂漠、アフリカのナミブ砂漠などがその例。海水温が低く水蒸気量が少ないため、高温の陸地では相対湿度が低下する。そのため雲は発達せず、ほとんど雨の降らない砂漠となる。

：アタカマ砂漠 ②[6] チリ北部、アンデス山脈と海岸の間を南北にのびる海岸砂漠。沖合を流れる寒流であるペルー（フンボルト）海流の影響を受けて形成された。

：ナミブ砂漠 ③[7] アフリカ大陸南西部、ナミビアの海岸地域に広がる砂漠。亜熱帯高圧帯と沖合を流れる寒流であるベンゲラ海流の影響を受けて形成された。

：内陸砂漠 ①[1]海洋から離れた大陸の内陸部にみられる砂漠。海洋からの湿った空気

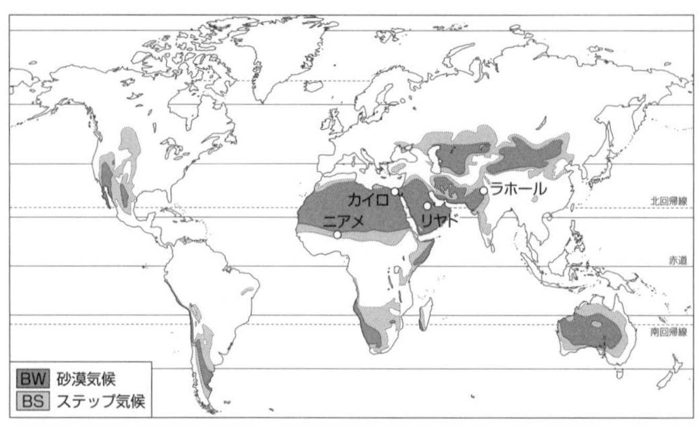

乾燥気候の分布

の供給が少なく、降雨が少ない。

：雨陰砂漠 ① 卓越風の風下側にみられる砂漠。卓越風が山脈の風上側で雨を降らせ、山脈を越えた風下側では乾燥する。そのため風下の地域では降雨が少ない。

：回帰線砂漠 ① 南北回帰線のある中緯度付近にみられる砂漠。この地域は亜熱帯（中緯度）高圧帯が年中卓越しているため降雨が少ない。

外来河川 ③5 流量の大部分を上流の湿潤気候地域に依存し、砂漠地帯を貫流する河川。砂漠の貴重な水源として利用される。ナイル川・ティグリス川・ユーフラテス川などが代表例。

オアシス ③7 砂漠で植物が生育し、人間が生活できるだけの淡水が得られる場所。地下水の湧く場所、大山脈の山麓、外来河川の河岸、掘り抜き井戸を利用した人工的なものなどがある。小規模なオアシスを中心に集落が形成され、大規模なオアシスでは都市が発達する。中国西端のカシュガルやウズベキスタンのサマルカンドなど、シルクロードに沿うオアシス都市が代表例。

オアシス都市 ①1

タクラマカン砂漠 ③5 中国西部のタリム盆地の大部分を占める内陸砂漠。砂砂漠の面積が広いことが特徴。テンシャン（天山）山脈とクンルン（崑崙）山脈に挟まれ、山麓には多くのオアシスがある。かつてはこれらのオアシスをシルクロードが結んでいた。

ゴビ砂漠 ③4 中国北部からモンゴル南部にかけて広がる砂漠。ゴビとは、モンゴル地方で礫砂漠を意味する。海抜1,000～1,500mのモンゴル高原上にある。草の生育がみられ、早くから羊や馬の遊牧が行なわれてきたが、近年は定住化が進んでいる。

キジルクーム砂漠 ①1 中央アジアのウズベキスタン北部を占める砂漠。西をアムダリア川、東をシルダリア川が流れる。旧ソ連時代の「自然改造計画」によって、両河川から取水して灌漑し、綿花の増産が図られた。しかし、ずさんな計画であったために、アラル海に流入する両河川の水量は減り続け、湖の面積は大幅に縮小した。

カラクーム砂漠 ③1 キジルクーム砂漠の西に隣接し、アムダリア川に隔てられたトルクメニスタンの砂漠。乾燥は厳しいが、羊やラクダの放牧が営まれ、カラクーム運河の水を利用した灌漑農業も行なわれている。

大インド（タール）砂漠 ③4 インド北西部からパキスタン東部に広がる砂漠。インディラ・ガンジー運河周辺では灌漑農業が行なわれ、近年は石油の開発も進められている。

ルブアルハリ砂漠 ③5 アラビア半島南部の砂漠。ルブアルハリとは、アラビア語で「空白の区域」を意味する。裸岩地域と砂礫層に覆われる地域が大部分を占めるが、南西部には砂丘地帯がみられる。

ネフド砂漠 ③1 アラビア半島北部の砂漠。ネフドとは、アラビア語で「乾き切って荒れ果てた土地」を意味する。標高約1,000mの高原に砂丘が連なり、周辺はベドウィンの遊牧地となっている。

：ベドウィン 5 → p.194

リビア砂漠 ①1 サハラ砂漠の一部で、エジプトのナイル川からリビア東部に広がる砂漠地帯。砂丘が連なる砂砂漠で、オアシスが点在する。

サハラ砂漠 ③7 アフリカ大陸北部、亜熱

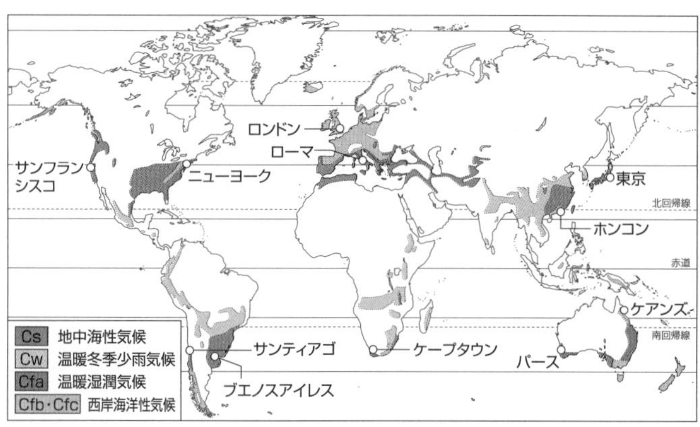

温帯気候の分布

帯高圧帯に広がる世界最大の砂漠。東西約4,000km、南北約1,800kmにわたり、アフリカ大陸全体の3分の1を占める。サハラとは、アラビア語で「荒れ果てた不毛の土地」を意味する。アフリカを北部と中南部に分ける文化的・人種的境界をなす。

カラハリ砂漠 ③5 アフリカ南部、ナミブ砂漠の東側の内陸盆地に広がる砂漠。北部は降水量が多く、オカヴァンゴと呼ばれる内陸性湿地がある。南ほど乾燥が厳しく、アカシア類の有刺灌木林が広がる。

グレートヴィクトリア砂漠 ③6 オーストラリア南部、サウスオーストラリア州とウェスタンオーストラリア州にまたがる砂漠。北には、ウルル(エアーズロック)があるウルル-カタジュタ国立公園、南にはナラボー(ナラーバー)平原が広がる。

グレートサンディー砂漠 ③5 オーストラリア大陸北西部、北のキンバリー高原と南のハマーズリー山脈を中心とするピルバラ地区の間に広がる砂漠。東西約800km、南北約500kmの広さをもち、降水量は250〜500mm。

ステップ気候(BS) ③7 砂漠周辺に分布する乾燥気候。砂漠よりは湿潤なので、樹木は生育できないものの、ステップと呼ばれる草丈の短い草原が広がる。遊牧や企業的な牧畜が行なわれ、ウクライナや北アメリカのプレーリーなどの比較的湿潤な地域は世界的な小麦の栽培地帯となっている。

モンゴル高原 ③3 モンゴルと中国の内モンゴル(内蒙古)自治区にまたがる標高1,000〜1,500mの高原地帯。中央にゴビ砂漠があるが、それ以外はステップ地域。現在は定住化が進んでいるが、古くからの遊牧地帯である。

カザフステップ ③1 中央アジアのカザフスタンに広がるステップ地帯。東のモンゴル高原から西はハンガリーのプスタまで、ユーラシア大陸を東西にのびる草原地帯のほぼ中央に位置する。

❸温帯気候

温帯(C) ③7 熱帯と亜寒帯の間に位置し、温和で適度な降水に恵まれた気候帯。ケッペンは、樹木が生育できる気候の中で、最寒月平均気温が18℃未満〜－3℃以上の地域と定義した。

地中海性気候(Cs) ③7 中緯度の大陸西岸に分布する温帯気候。気圧帯の季節的な移動によって出現する。夏は亜熱帯高圧帯の支配下に入って乾燥し、冬は亜寒帯低圧帯の支配下に入り偏西風の影響を受けて降水が多くなるので、温暖夏季少雨気候ともいう。夏に乾燥する特色を生かしてブドウやオリーブなどの果樹栽培が盛ん。地中海沿岸・カリフォルニア・チリ中部・オーストラリア南西部・アフリカ南西端など限られた地域に分布する。

温暖夏季少雨気候 ①

温暖冬季少雨気候(Cw) ①4 大陸東岸の内陸部やサバナ気候地域の高緯度側に分布する気候。温帯夏雨気候とも呼ぶ。夏季の多雨と冬季の乾燥の差が大きい。夏の降雨はモンスーンや熱帯低気圧によってもたらされ、冬の降雨の10倍以上になる。中国の華南、インドのガンジス川中流域、アフリカ南部の内陸部などに分布する。

温帯冬季少雨気候 ②3

温暖湿潤気候(Cfa) ③7 中緯度の大陸東部に分布する温帯気候。気温の年較差が比

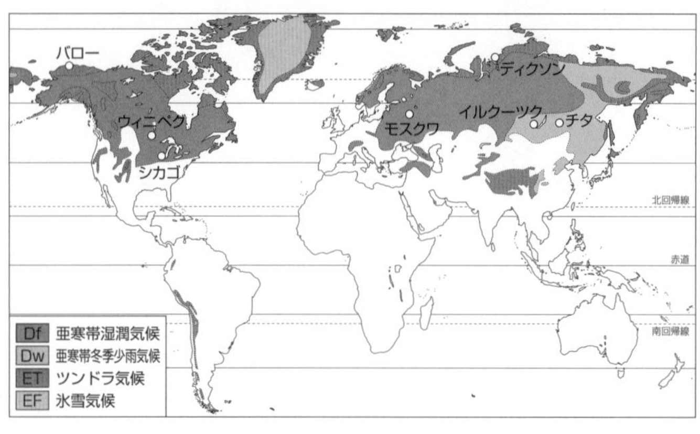

亜寒帯・寒帯気候の分布

較的大きく、季節の変化が明瞭。最暖月平均気温が22℃をこえるので、夏は高温となる地域が多い。アジアでは温帯モンスーンの影響を強く受ける地域で稲作が盛ん。北海道を除く日本の大部分、中国のチャンチヤン(長江)流域、アメリカ合衆国東部、アルゼンチンの湿潤パンパ、オーストラリア東岸などに分布する。

西岸海洋性気候（Cfb・Cfc） ③7 中・高緯度の大陸西岸に分布する温帯気候。西ヨーロッパの大部分がこの気候区。最暖月平均気温が22℃をこえることはないが、月平均気温が10℃をこす月数が4カ月以上であればb、4カ月未満であればcとする。夏は冷涼、冬は温暖なので気温の年較差は比較的小さい。緯度が高いにもかかわらず冬が暖かいのは、偏西風と暖流の影響を受けるためである。降水量も年間を通して安定している。ブナ林が広がるのでブナ気候ともいう。 **ブナ気候** ①

❹亜寒帯(冷帯)気候

亜寒帯（冷帯・D） ③7 温帯と寒帯の間の気候帯。ケッペンは最暖月平均気温10℃以上、最寒月平均気温－3℃未満の範囲と定義した。分布するのはユーラシア大陸北部と北アメリカ大陸北部で、南半球には分布しない。長く寒冷な冬と短い夏があり、気温の年較差が大きい。降水の季節変化によって亜寒帯（冷帯）湿潤気候（Df）と亜寒帯（冷帯）冬季少雨気候（Dw）に区分される。

亜寒帯(冷帯)湿潤気候（Df） ③7 1年を通じて比較的降水に恵まれ、とくに冬に多量の降雪をみる亜寒帯気候。スカンディナヴィア半島・ヨーロッパロシア・西シベリア・カムチャツカ半島・サハリン(樺太)・北海道・北アメリカ大陸の北部に分布。気候区の南部には針葉樹と広葉樹の混合林、北部には針葉樹の大森林が分布する。

亜寒帯（冷帯）冬季少雨気候（Dw） ③7 夏は季節風の影響を受けて降水量が増加し、冬は極高圧帯の支配下に入るため降水量は少ない。冷帯夏雨気候ともいう。分布はシベリア東部・中国東北地方など、ユーラシア大陸東部の高緯度地域に限られる。冬に著しく低温となるのが特徴で、北半球の寒極と呼ばれる場所がある。

：**寒極** ②2 南北両半球でそれぞれ最も気温の低い場所。北半球の寒極はシベリア北東部にあり、ロシア連邦サハ共和国のヴェルホヤンスクで1892年に、オイミャコンで1933年に観測された－67.8℃が最も低い気温とされたが、2020年、世界気象機関はグリーンランドで1993年に－69.6℃を記録したと報じた。一方、南半球では、南極大陸の標高3,488m地点にあるロシアのヴォストーク基地で、1983年に－89.2℃を記録した。 **オイミャコン** ③4 **ヴォストーク基地** ①2

凍土(とうど) 1 寒気によって凍結した地層。永久凍土と現成のものを含むが、永久凍土と同義に用いられることも多い。現成のものは1年のうちに形成と消滅を繰り返す短期的なものをさす。 **凍土層** 1

：**永久凍土** ③7 複数年にわたって連続して凍結した状態の土壌をさし、多くは過去の氷期の遺物である。厚さは数百mに及ぶ所もあり、北半球における陸地の約20%に広がる。夏には表層の活動層が融解して湿地を出現させる。近年の地球温暖化や森林破壊によって各地で融解が進み、凍土中のメタンハイドレートから温室効果ガスであるメタンガスが大量に放出されている。

❺寒帯気候

寒帯（E） ③7 南北両極の周辺に広がる寒冷な気候地域。ケッペンの区分では最暖月平均気温が10℃に満たない地域をさす。さらにケッペンは、最暖月平均気温が0℃以上10℃未満をツンドラ気候（ET）、0℃未満を氷雪気候(EF)に分けた。

ツンドラ気候（ET） ③7 短い夏の間だけ雪や氷から解放され、永久凍土の表層も融けて、草・低木・コケ類・地衣類などが育つ。北極海の沿岸地域に分布し、北アメリカのイヌイット、スカンディナヴィア半島北部のサーミなどの北方少数民族が生活している。高原や高山で同様の景観を示す地域は、高山ツンドラと呼ばれる。

氷雪気候（EF） ③7 1年中氷や雪に覆われ、最暖月でも月平均気温が0℃未満の気候。グリーンランド・南極大陸などに分布する。

❻高山気候

高山気候（H） ③5 標高2,000m程度より高い高原や高山地域にみられる気候。気温は低いが日射量は多く、気温の年変化も位置する気候帯の影響を強く受ける。熱帯では高温多湿の低地より生活しやすいので、多くの高山都市がある。とくにアンデス山脈の高地に多い。本来のケッペンの気候区分にはなかったため、高山気候区は他の気候区と重複する。

：ジャガイモ ③7 → p.87

：アルパカ ③6 → p.90

：リャマ ③6 → p.90

：ヤク ②2 → p.90

：移牧 ③4 → p.98

キト ②4 アンデス山脈の標高2,800mにあるエクアドルの首都。南緯0度15分にありながら年平均気温13℃と過ごしやすい。

3 生態系・植生・土壌

生態系 ③4 太陽エネルギーを光合成により固定する植物、植物が固定したエネルギーを消費する動物、植物や動物の遺骸や排泄物を分解する微生物が、太陽エネルギー・水・空気・土壌などの自然環境のもとで営む物質循環システムをいう。都市や産業の廃棄物などが、生態系がもつ自浄作用をこえて大量に放出されると、環境汚染や自然破壊が発生する。

植生

i —— 植生

植生(しょくせい) ③5 地表を覆って生育する植物集団の状態。地球上には地形・気候・土壌の影響を受けて様々な植物集団が分布し、それぞれの地域の自然環境の特色を判断する指標となる。

広葉樹(こうようじゅ) ③4 広い葉をもつ樹木。熱帯林・暖帯林に多い常緑広葉樹と、温帯林・冷帯林に多い落葉広葉樹がある。硬木で、針葉樹に比べると樹種が豊富である。

針葉樹(しんようじゅ) ③5 スギ類・マツ類など針状の葉やヒノキ類などの小さな燐片状(りんぺんじょう)の葉をもつ樹木。広葉樹の対語。カラマツ類を除くとほとんどが常緑樹である。熱帯を除くすべての湿潤気候地域にみられるが、温帯北部から亜寒帯にかけて広く分布する。

混合林 ③2 広葉樹と針葉樹が混じり合った森林。温帯の落葉広葉樹林と亜寒帯の針葉樹林が接する地域の移行型の植生をいう。

灌木(かんぼく) ① 低木と同義。高木に対して背丈の短い木という意味。厳密な定義はなく、感覚的に人間の背丈より低い木本(もくほん)類をさすことが多い。

❶熱帯の植生

熱帯林 ③7 熱帯に分布する森林の総称。熱帯雨林・熱帯季節林・マングローブ林などを含む。

熱帯雨林 ③7 赤道周辺の熱帯雨林気候地域に分布する常緑広葉樹の密林。植物種が豊富で、「遺伝子の宝庫」といわれる。何層もの高木が密生し、林床(りんしょう)まで光が届かない。ツル植物や着生植物が多いのも特徴。チーク・マホガニー・ラワンなど有用材の採取や、大規模な焼畑のために広大な面積が伐採されて森林面積が減少し、丸太での

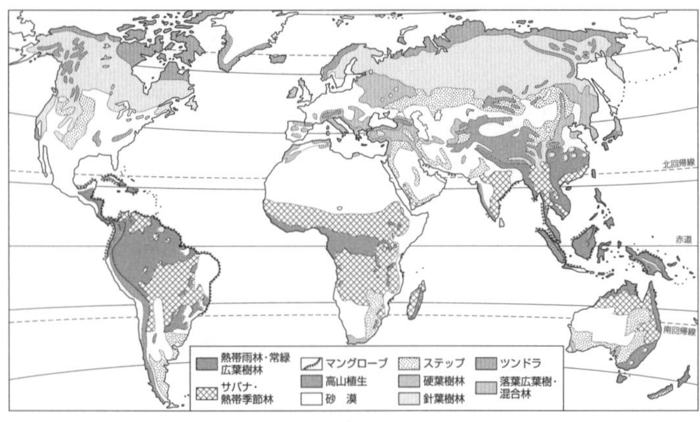

世界の植生分布

輸出を禁止した国も多い。　**密林** ②[2]

：**ジャングル** ②[1] 熱帯の密林で熱帯雨林と同義に用いられることもあるが、熱帯雨林とは異なり、日光が地面まで届くため、歩行も困難なほど林床に植物が密生することが特徴。焼畑や木材採取などで熱帯雨林に人の手が加えられた後の二次林であることが多い。

：**セルバ** ③[4] 南アメリカのアマゾン盆地に広く分布する熱帯雨林。ポルトガル語で「森林」を意味する言葉に由来する。有用樹はパラゴムノキや、チューインガムの原料となるサポジラくらいで、ほとんど開発されていなかった。近年は伐採・開墾が進み、森林面積の減少が進んでいる。

熱帯季節林 ① 雨季と弱い乾季がある熱帯に分布し、乾季には落葉することから雨緑林・熱帯落葉樹林とも呼ばれる。落葉する乾季には太陽光線が地面まで達するため、下草(したくさ)がよく茂り、ツル植物も多い。東南アジアの季節風帯に広く分布する。

マングローブ ③[5] 熱帯と亜熱帯の海岸や河口の潮間帯に分布する森林。波の静かな泥土質の海岸を好む。ヒルギ科の樹木が中心であるが、特定の樹種をさす名称ではない。波の侵食から海岸を守り、幼魚の生育域になるなど、生態系の保全に果たす役割は大きい。

サバナ ③[7] 熱帯草原をさす北アフリカの先住民の呼称に由来。厳しい乾季があるサバナ気候地域に分布し、長草草原に灌木林や疎林が点在する植生。乾季には草原が枯れ、大部分の樹木も落葉する。

：**疎林**(そりん) ②[2] 樹木が疎(まば)らに生えた森林で林床は草原となる。密林の対語。乾燥の厳しい地域や、森林と草原の移行帯に分布する。

：**有刺灌木林**(ゆうしかんぼくりん) ① アカシア類などのトゲをもつ低木の疎林。サバナを特徴づける植生の1つ。　**アカシア** ③[4]

：**バオバブ** ②[2] アフリカのサバナの景観を特色づける樹木。太い徳利(とっくり)のような幹をもつ高木で、樹冠(じゅかん)に枝葉を広げる。乾季には落葉するが、大量の水を蓄え乾燥に耐える。葉と果肉は食用、実からは油がとれる。

リャノ ③[4] ベネズエラ・コロンビアのオリノコ川流域に広がるサバナ型草原。分布域は約38万km²に及び、日本の国土面積に等しい。雨季は南部ほど長く、年平均気温25〜28℃のサバナ気候である。

カンポ ②[4] ブラジル高原に広く分布する草丈の長い熱帯草原。ポルトガル語では「原野」「畑」などを意味し、樹木が生育しない草原をさす。これに対し、セラードは疎らな低木と草原からなるサバナの植生。両者を厳密に区分せず、低木と草丈の長い草が密生して見通しのきかないブラジル高原の植物景観をカンポセラードと呼ぶこともある。セラードでは、1970年代以降大規模な土壌改良や社会資本整備に伴う国家事業によって、大豆などの一大農業地域となっている。

セラード ③[4]

グランチャコ ②[2] アンデス山脈とパラグアイ川の間、パラグアイ西部からボリビア・アルゼンチンにまたがって南北に広がるサバナ地域。牧場として利用されているが、柑橘類やサトウキビの栽培も行なわれている。

❷乾燥帯の植生

砂漠 ③[7] 水分が少なく乾燥した土地。生物の生育に適さないので植生は乏しい。沙漠とも書き、中国では荒漠(こうばく)と呼ばれる。広義には、高山や火山などの植生の乏しい地域を含む場合もある。基盤岩石が露出した岩石沙漠、礫原(れきげん)が広がる礫沙漠、砂丘や砂原が広がる砂砂漠などがある。

：**サボテン** [2] 一部の種を除き、南北アメリカ大陸とその周辺に生育する植物。一般には砂漠の植物と考えられているが、高山帯に分布する種もあってその生態は多様である。多くの種が多肉植物で、トゲ状の葉が体内の水分の蒸発を防ぎながら大気中の水分を吸着させ、厳しい乾燥に耐えることができる。

ステップ ③[7] ロシア語で「平らな乾燥した土地」を意味する。乾燥のために樹木は生育できないが、草丈の短い草原となる地域。砂漠を取り巻くように分布する。モンゴル高原から東ヨーロッパまでつながる草原地域は、古くから遊牧民の生活舞台であった。比較的湿潤なウクライナでは、肥沃なチェルノーゼム(黒色土)が広がり、世界的な小麦地帯となっている。

：**草原** ③[7] 一般にはイネ科の草本(そうほん)からなる植物群落(ぐんらく)、およびその分布地域をさす。湿潤温帯の草原に限定する場合とサバナやステップを含める場合がある。

❸温帯の植生

温帯林 ③[1] 温帯気候地域に分布する森林。大部分が広葉樹林で、温暖な地域の常緑広葉樹林とやや冷涼な地域の落葉広葉樹林がある。常緑広葉樹林には暖帯林ともいわれる照葉樹林と、地中海性気候区に分布する硬葉樹林がある。なお、日本の山地やアメリカ合衆国の太平洋岸にみられる温帯針葉樹林も含まれる。

常緑広葉樹(じょうりょくこうようじゅ)**(照葉樹**(しょうようじゅ)**)** ③[6] 夏の多雨と冬の乾燥に耐える肉厚の葉をもつ樹種からなる。葉の表面に照りがある樹種が多いのでこの名がある。林学では暖帯林に区分される。代表的な樹種としては、シイ・カシ類やクスノキ・ツバキなど。一部にはマツ類などの針葉樹が混じる場合もある。 **常緑樹** ③

硬葉樹(こうようじゅ) ③[3] 常緑で硬い革質の細かい毛のある葉をもつ樹種。おもに地中海性気候地域にみられ、夏の厳しい環境に適応したものと考えられる。代表的な樹種はオリーブ・コルクガシ・月桂樹・ユーカリなど。

：**オリーブ** ③[7] 地中海原産のモクセイ科の樹木。古くから栽培され、実からはオリーブオイルがつくられ、食用としても用いられている。 **オリーブオイル** [5]

落葉広葉樹(らくようこうようじゅ) ②[7] 季節の変化に合わせて落葉する広葉樹。温帯から亜寒帯に広がり、冬季に落葉する夏緑林(かりょくりん)を構成する。温帯林ではナラ・ブナ・クリ、亜寒帯混合林ではシラカバ・カエデ・カシワなどがおもな樹種。なお、熱帯で乾季を伴う地域には、乾季に落葉する熱帯季節林(雨緑林(うりょくりん))がある。 **落葉樹** ③

❹亜寒帯(冷帯)の植生

亜寒帯林(冷帯林) ③[1] 亜寒帯気候地域に生育する森林。ユーラシア大陸北部・北アメリカ大陸北部に分布。温帯林に接する南部は針葉樹と広葉樹の混合林となり、北部はタイガと呼ばれる針葉樹の純林となる。

針葉樹林(しんようじゅりん) ③[7] 針状の細い葉をもち、雌雄両花で球果をつける樹木からなる森林。カラマツ類を除くと常緑樹である。熱帯以外のあらゆる湿潤気候地域に分布し、亜寒帯や亜高山帯の広い地域を占める。 **常緑針葉樹** [2]

：**偏形樹**(へんけいじゅ) ① 卓越風などの強風によって異常な形になった樹木。卓越風の風下側だけに樹冠がみられるものがその典型である。亜高山帯の針葉樹に多く、風向・風速・積雪深などが推定できる。

タイガ ③[7] ユーラシア大陸と北アメリカ大陸の北部で広大な面積を占める針葉樹林の総称。ロシア語でシベリアの針葉樹林をさす言葉に由来。トウヒ・モミ・ツガ・マツなどの単一樹種から構成される純林であるため、開発が容易で大規模な林業地域となっている。なお、南部の広葉樹との混合林を白タイガ、北部の針葉樹の極相林(きょくそうりん)を黒タイガと呼ぶ場合がある。

❺寒帯の植生

ツンドラ ③[7] 低温のために高木を欠く植生および植生地域。「木のない平原」を意味する北ヨーロッパのサーミの言語に由来。短い夏の間だけ氷雪が融け、ヤナギ類・ハンノキ類の低木や草本、地衣類、コケ類などが生育する。北極の周辺地域や森林限界より上の高山に分布する。

：**地衣類**(ちいるい) ③[3] 菌類と藻類(そうるい)とが一種の共同体をつくっている植物群。寒冷地域や乾燥地域など、ほかの植物が生育しえない自然条件の厳しい場所にも分布する。ツンドラにも生育しトナカイの餌(えさ)となる。

：**コケ類** ③[7] 地表や岩の上を覆うように成長する植物の総称。蘚類(せんるい)・苔類(たいるい)・ツノゴケ類に分類され、蘚苔類ともいう。原始的な陸上植物の１つで、温暖で湿潤な環境を好む種が多いが、乾燥地域や寒冷な地域にも広く分布する。 **蘚苔類**(せんたいるい) ①

❻高山の植生

森林限界 ②[1] 寒帯・乾燥帯・高山地域において森林が存在しうる限界線。水平限界と高距限界とがある。寒帯と亜寒帯を分ける森林限界は、最暖月の月平均気温10℃の等温線にほぼ一致する。

高山植生 ① 森林限界より標高の高い地域にみられる植生。この地域を高山ツンドラとも呼ぶ。一般に高山植物といわれる草本や小さな灌木などが生育する。この地域にみられる植物の多くは、北極を取り巻くツンドラに生育する種との関連が認められ、過去の氷期の遺存植物と考えられている。 **高山ツンドラ** ①[1]

氷雪帯 [1] アンデス山脈やヒマラヤ山脈などの高山地帯にみられる植生の垂直分布の最上部にあり、年間を通して雪や氷に覆われる部分。森林限界の上に広がる高山ツンドラのさらに上部に位置する。

ii —— 土壌

土壌(どじょう) ③[4] 岩石の風化物質に有機物が混じった地殻の最表層生成物。母材(ぼざい)、動植物の遺体、気候や地形などの要因によって形成され、絶えず変化している。多くの微生物を含み、植物の生育には欠かせない。

表土(ひょうど) [1] 地表に接した土壌の上部にあたる部分。有機物を混入し腐植が蓄積するが、母材の可溶(かよう)成分は溶脱(ようだつ)する層位にあたる。耕作によって攪拌(かくはん)される部分に相当し、表土の下の層位は下層土と呼ばれる。

腐植層(ふしょくそう) [1] 土壌の最上部にある腐植が蓄積している部分。腐植とは、微生物によって動植物の遺体などの有機物が分解されて生みだされたものである。

沖積土(ちゅうせきど) ① 河川によって運搬・堆積された礫・砂・粘土などを母材として生成された土壌。沖積平野に広く分布する。肥沃な土壌で豊かな農業生産を支えてきた。

泥炭(でいたん) ②[1] 植物遺体が十分に分解されずに堆積した有機物。日本では、植物の遺体が肉眼で判別でき、有機物を50％以上含むものをさす。植物遺骸の堆積速度が微生物の分解速度を上回る場合に生成される。高地や寒冷地の沼地や湿地に広く分布するが、熱帯地域では木質の泥炭が形成されることもある。燃料やウィスキーの香りづけなどに用いられる。

❶成帯土壌

成帯土壌(せいたいどじょう) ③ 気候の影響を強く受けて生成された土壌。気候帯や植生帯とほぼ一致する土壌帯を形成する。一般に多湿なほど酸性に、乾燥するほどアルカリ性となる。また、高温になるほど腐植の分解や酸化作用が活発で赤色系土壌となり、低温になるほど分解が進まず漂白作用が働くために灰白色(かいはくしょく)系土壌となる。

：**土壌分布図** [1] 土壌をその特色により分類し、その分布を示したもの。また、土壌をその分布範囲により区分した土地の単位を土壌区という。気候や植生などの影響を強く受ける成帯土壌の土壌区は、東西に長い帯状をなすことが多い。

赤色土(せきしょくど) [1] 熱帯から亜熱帯の湿潤気候下に発達する成帯土壌。有機物が流され、表面にアルミニウムや鉄の酸化物が集積するので酸性を示す。ラトソルがその典型である。土壌の色はおもに酸化鉄による。酸化鉄は水和すると黄色に変わるため、土壌中の水分が多いと黄色土に移行するので、赤黄色土として一括されることもある。 **赤黄色土**(せきおうしょくど) ③[1]

：**ラトソル** ③[2] 熱帯・亜熱帯地方に分布する赤色の成帯土壌。雨季と乾季が交代するサバナ気候地域や熱帯モンスーン気候地域に典型的に発達する。雨季に珪酸(けいさん)が流失し、乾季の水分蒸発に伴い、鉄分やアルミニウム分が表面に集積して形成される。アメリカ農務省の土壌分類（ソイルタクソノミー）ではフェラルソルに相当する。 **フェラルソル** [1]

塩性土壌(えんせいどじょう) ② 乾燥地域や半乾燥地域に分布する土壌。土壌中の可溶塩類が地下水に溶け込み、毛細管現象によって地表に集積した土壌。アルカリ性を示し、作物の成育には適さない。灌漑が施された乾燥地域では、土壌の塩性化が進行する。

砂漠土 ③[1] 植物被覆(ひふく)のほとんどない砂漠に分布する土壌。腐植層を欠き、希(まれ)な降雨と毛細管現象により地下から吸い上げる水分に溶解された塩類が表層近くに集積し、ときには地表に岩塩(がんえん)・石膏(せっこう)などの硬い層をつくる。

栗色土(くりいろど) ③[1] ステップに生成する成帯土壌。表層の色が栗の実の色に似ていることからこう呼ばれる。腐植層の厚さは30〜

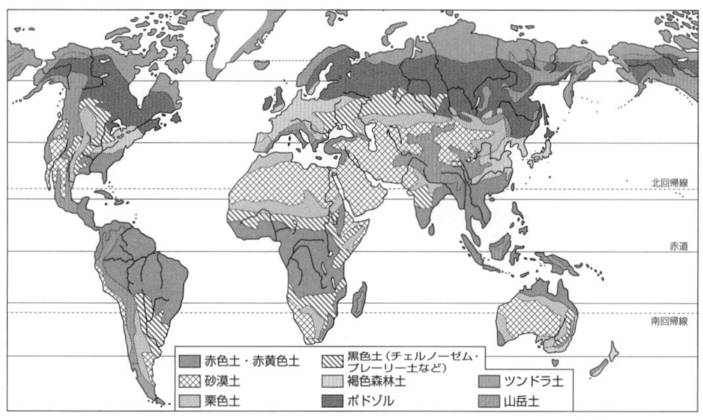

世界の土壌分布

40cm。下部層には炭酸塩が集積する。生産力は高いが降水量の変動が大きいため、灌漑施設が必要となる。

黒色土 ②[3] 湿潤ステップや温帯の長草草原に分布する成帯土壌。分解されたイネ科の草本が厚い腐植層を形成する。降水が少ないために腐植層が流出せず、毛細管現象によって土壌中の炭酸カルシウムが表層に集積し、石灰化作用によって肥沃な土壌となる。チェルノーゼム・プレーリー土・パンパ土などがその例。いずれも小麦やトウモロコシの栽培地域で、世界の穀倉地帯となっている。乾燥したステップ気候下では栗色土に移行する。

黒土 ②[3]　**黒土地帯** ③[5]　**パンパ土** ③

：**チェルノーゼム** ③[4] ウクライナから中央シベリアに分布する黒色土。ロシア語の「黒い土」に由来。土壌の表層に腐植が集積した肥沃な土壌で、世界的な小麦地域を支えている。

：**プレーリー土** ③ 北アメリカの温帯長草草原であるプレーリーに分布する黒色土。アメリカ合衆国の冬小麦地帯、トウモロコシ地帯、アメリカ合衆国からカナダにかけての春小麦地帯を形成する。

褐色森林土 ③[1] 温暖湿潤気候・西岸海洋性気候などの落葉広葉樹林帯に分布する成帯土壌。表層の腐植層は暗黒色で、下層土は褐色または黄褐色である。

ポドゾル ③[3] 亜寒帯のタイガ地帯に分布する成帯土壌。低温のために有機質の分解が進まず、水分のほとんどが上から下へ移動するため、土壌中の化学成分が溶脱されて灰白色を呈する。灰白色土ともいう。この溶脱作用をポドゾル化作用という。

ツンドラ土 ③[1] ツンドラ地帯に分布する成帯土壌。貧弱な植生のために腐植層の発達が悪い。短い夏には永久凍土が融けて過湿状態となる。

❷間帯土壌

間帯土壌 ③ 気候や植生より、母材となる岩石や地形・地下水の影響を強く受けて生成する土壌。分布が限定される地域特有の土壌。

テラロッサ ③ 地中海沿岸の石灰岩地帯に分布する間帯土壌。石灰岩の風化土壌で、イタリア語の「terra rossa（赤い土）」に由来。表層に薄い腐植層をもち、下層は赤色〜赤褐色を呈する。

テラローシャ ③[1] ブラジル高原南部に分布する間帯土壌。玄武岩や輝緑岩の風化土壌で、ポルトガル語の「terra roxa（赤紫色の土）」に由来。サンパウロ州やパラナ州に広がり、コーヒーの栽培に適した土壌として知られる。

レグール ③[2] インドのデカン高原に分布する間帯土壌。溶岩台地をつくる玄武岩の風化土壌で、熱帯黒色土の1つ。肥沃で綿花の栽培に適しているので、黒色綿花土ともいう。

：**熱帯黒色土** ① 熱帯に分布する黒色〜暗色の粘土質土壌。インドのレグール、インドネシアのマーガライト、スーダンのバドーブなどがある。

レス ③ 更新世の風積土。黄褐色の細粒物質で、ヨーロッパ中部・北アメリカ・中国北部などに広く分布する。中国では黄土と呼ばれ、春先に日本に飛来すると黄砂と呼ばれる。供給源は地域によって異なり、ホワンツー(黄土)高原は北西のゴビ砂漠から、ヨーロッパや北アメリカは氷河性堆積物から運ばれたもの。

ホワンツー(黄土)高原 ③2

黒ボク土 ① 火山灰を母材とした風化土壌。分布面積は世界全体の1%にも満たない。日本では国土の約3割に分布し、北海道・東北・関東・九州でよく見られる。名称の由来は諸説あり、黒くてホクホク(ボクボク)しているためといわれている。

4 海洋と陸水

海洋

i —— 海洋

❶大洋

大洋 ③ 広くて深い海洋。太平洋・大西洋・インド洋の3つの海洋が大洋に分類され、三大洋と呼ばれる。

太平洋 ③7 ユーラシア・オーストラリア・南北アメリカの各大陸の間に広がる世界最大の海洋。面積1億6,624万km^2、平均深度4,188m、最大深度はマリアナ海溝のチャレンジャー海淵－1万920m。

大西洋 ③7 ユーラシア・アフリカ・南北アメリカ・南極の各大陸と最大の島グリーンランドの間に広がる世界第2位の面積をもつ海洋。面積8,656万km^2、平均深度3,736m、最大深度8,605m。

インド洋 ③7 ユーラシア・オーストラリア・南極・アフリカの各大陸の間に広がる世界第3位の面積をもつ海洋。面積7,343万km^2、平均深度3,872m、最大深度7,125m。

南極海 ③2 南極大陸の周りを取り巻く海域。南氷洋・南極洋とも呼ばれる。太平洋・大西洋・インド洋との明確な境界はなく、北限については様々な見解がある。一般的には、南極前線が発生し、氷山が分布する北限である南緯60度付近とされる。ヴェッデル海やロス海などの付属海をもつ。

❷付属海

付属海 ① 大陸・列島・半島などに囲まれた大洋の周辺海域。大洋に対する位置によって、地中海と縁海(沿海)に分けられる。

地中海 ③7 一般名詞としては、大陸に囲まれた海洋をさす。北極海・カリブ海・黒海・紅海などがその例。固有名詞としてはヨーロッパ・ユーラシア・アフリカの各大陸に囲まれた海洋をさす。面積251万km^2、平均深度1,502m、最大深度5,267m。西をジブラルタル海峡で大西洋と、東はダーダネルス海峡とボスポラス海峡で黒海と、南はスエズ運河を介して紅海・インド洋とつながる。

北極海 ③7 ユーラシア・北アメリカ両大陸とグリーンランドに囲まれた海洋。面積949万km^2、平均深度1,330m、最大深度5,440m。地球温暖化の進行によって結氷期間が短くなっており、ホッキョクグマなどの絶滅が危惧(きぐ)される一方、新たな航路の開設も検討されている。

黒海(こっかい) ③[7] ヨーロッパとアジアに挟まれた内海。ダーダネルス海峡・ボスポラス海峡を介してエーゲ海・地中海につながる。面積51万km^2、平均深度1,191m、最大深度2,200m。深部では海水の循環が停滞し、酸素が欠乏して硫化水素が発生する。一方、表層水は酸素も豊富で漁業も行なわれる。

紅海(こうかい) ③[7] アフリカ大陸とアラビア半島に囲まれた細長い海洋。面積45万km^2、平均深度538m、最大深度2,300m。北はスエズ運河により地中海に、南はマンダブ海峡によりアラビア海につながる。アフリカ大地溝帯の延長部が沈水したもの。

バルト海 ③[6] ユーラン(ユトランド)半島とスカンディナヴィア半島に囲まれた地中海。面積38万km^2、平均深度101m、最大深度459m。湾奥はボスニア湾とフィンランド湾に分かれ、カテガット海峡とスカゲラック海峡を経て北海につながる。結氷日数は、ボスニア湾北部で120〜210日、フィンランド湾で150日ほど。

カリブ海 ③[6] 北と東は西インド諸島、南は南アメリカ大陸、西は中央アメリカに囲まれた海洋。メキシコ湾まで含めた海域は「アメリカ地中海」と呼ばれ、面積436万km^2、平均深度2,164m、最大深度7,680m。

ハドソン湾 ③[4] カナダ北東部、ラブラドル半島とバッフィン島に囲まれた湾。面積123万km^2、平均深度128m、最大深度229m。かつては10月末〜6月中旬まで氷に覆われていたが、近年は温暖化によって結氷期間が短くなりつつある。

ベーリング海 ③[2] 北太平洋北部、東をアラスカ、西をシベリア、南をアリューシャン列島に囲まれた縁海。ベーリング海峡を経て北極海につながる。面積226万km^2、平均深度1,492m、最大深度4,097m。

ベーリング海峡 ①[1]

オホーツク海 ③[7] ロシア連邦北東岸・カムチャツカ半島・千島列島・サハリン(樺太)・北海道に囲まれた縁海。面積139万km^2、平均深度973m、最大深度3,372m。大陸棚の面積が50%を占める水産資源の宝庫。冬には最も南の北海道の沿岸まで流氷に覆われる。北海道のオホーツク海沿岸は、流氷が接岸する最も緯度の低い場所である。

日本海 ③[7] ロシア沿海地方・朝鮮半島・日本列島・サハリン(樺太)に囲まれた太平洋の縁海。面積101万km^2、平均深度1,667m、最大深度3,796m。武蔵堆(むさしたい)・大和堆(やまとたい)などの浅堆(せんたい)(バンク)があり、好漁場となっている。

東シナ海 ③[5] 中国・朝鮮半島・九州・南西諸島・台湾に囲まれた縁海。黄海とあわせると120万km^2、平均深度272m、最大深度2,292m。大部分が大陸棚で、漁業資源だけでなく海底資源も豊富。日本が統治している尖閣(せんかく)諸島と、周辺の海底油田およびガス田について中国と台湾が領有を主張している。

南シナ海 ③[7] 台湾、フィリピンのルソン島とパラワン島、カリマンタン島(ボルネオ)、マレー半島、インドシナ半島に囲まれた太平洋の縁海。中央部に位置する南沙(なんさ)群島(スプラトリー諸島)周辺の大陸棚で石油資源が確認されたことから、中国・台湾・ベトナム・フィリピン・マレーシア・ブルネイが領有を主張している。

ジャワ海 ③[1] インドネシアのジャワ島とカリマンタン島(ボルネオ)の間の縁海。スンダ海峡でインド洋に、カリマータ海峡で南シナ海につながる。

アラビア海 ③[7] インド洋北西部・インド半島・アラビア半島・ソマリア半島に囲まれた海。面積705万km^2、最大深度4,567m。世界の海洋中で塩分濃度が最も高い。

ギニア湾 ③[7] アフリカ大陸西岸、南の大西洋に開いた大きな湾。リベリアのパルマス岬とガボンのロペズ岬を結んだ線から北の海域。 **ギニア湾岸** [1]

北海 ③[7] スカンディナヴィア半島・ユーラン(ユトランド)半島・グレートブリテン島などに囲まれた海域。大部分が大陸棚で、ドッカーバンク・グレートフィッシャーバンクなどの浅堆が分布し、大西洋北東部漁場を形成している。ニシンやタラなどが豊富で、中央部には海底油田もあり、沿岸各国は経済水域を設定している。

アドリア海 ③[2] イタリア半島とバルカン半島に囲まれた地中海の支湾。北部は浅いが、南部は水深1,000mをこえる所もある。クロアチア側は複雑な地形をもつ沈水海岸で、観光地や保養地が多い。

エーゲ海 ③[2] 地中海東部、ギリシャとトルコの間に広がる海。沈降した海底山脈の頂部が海上に現われ、多島海を形成する。古代文化の遺跡が数多く散在し、観光地となっている。

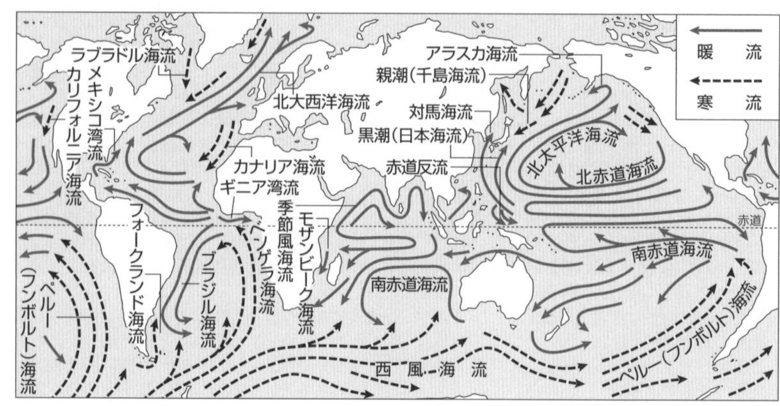

世界の海流

ii —— 海流

海流 ③[4] ほぼ一定の水温をもち、方向を変えない海水の流動。表層の流れは、北半球では時計回り、南半球では反時計回りを示す。成因によって吹送流・密度流・傾斜流などがある。暖流と寒流があり、地球上の熱交換に大きな役割を果たす。

海洋の大循環 ② 大洋全体またはすべての大洋を循環する海水の流れ。表層流による風成循環と深層流による熱塩循環（ねつえんじゅんかん）がある。低緯度と高緯度の間の熱交換に大きな役割を果たし、地球の気候を全体として温和なものにしている。地球温暖化などによってこの大循環が変化すると各地の気候に大きな影響を与えることが指摘されている。

：表層流 ③ 海洋の表層を流れる海流。長時間にわたって一定の方向に吹く卓越風によって発生する風成循環なので吹送流（すいそうりゅう）ともいう。一般に「海流」と呼ばれるものの多くが含まれる。 **吹送流** ③

：深層流 ②[1] 水深数百メートルよりも深い海洋の中深層でおこる地球規模の海洋循環。水温と塩分による密度差で発生するので熱塩循環と呼ばれる。北大西洋で冷却され密度を増して沈み込んだ海水は、大西洋を南下しインド洋を経由して太平洋を北上し、インド洋や北太平洋で表層に浮上する。ひとめぐりするのに1,000年から2,000年という時間を要する大規模な流れで、運ぶ熱も多く、その変化が地球の気候に与える影響は大きいと考えられている。

沿岸流 ③[6] 海岸近くの海水の流れ。汀線（ていせん）に沿って平行に流れる。沖から打ち寄せる波がつくる沿汀流（えんていりゅう）と同義に用いられる場合もあるが、海岸近くを流れる海流がつくるものも含まれる。多量の砂を運搬・堆積し、砂嘴（さし）や砂州（さす）などの特徴的な砂浜海岸の地形をつくる。

❶暖流

暖流 ③[6] 低緯度から高緯度に向かって流れる海流。周囲の海域よりも水温が高いので、大気を暖めて水蒸気を供給し、沿岸地域に温暖で湿潤な気候をもたらす。プランクトンの量は少ないので、透明度が高い。

メキシコ湾流 ③[1] メキシコ湾から北アメリカ大陸東岸を北上する大規模な暖流。その延長は北大西洋海流として西ヨーロッパ沿岸から北極海に達し、西ヨーロッパの西岸海洋性気候の形成に大きな影響を与えている。

：メキシコ湾 ③[7] アメリカ合衆国南岸、メキシコ東岸およびキューバに囲まれた海域。面積157万km^2、東西約1,600km、南北約1,300kmの大きな湾。北側と西側には広い大陸棚があり、世界的な油田地帯となっている。

北大西洋海流 ③[5] 北大西洋を南西から北東に向かって流れる暖流。高緯度にある西ヨーロッパの冬が温暖になる要因の1つ。この暖流に洗われるノルウェーの西岸には、冬にスウェーデンのキルナやイェリヴァレの鉄鉱石の積出港となるナルヴィクや、北緯71度に位置するハンメルフェストなどの不凍港がある。 **不凍港**（ふとうこう） ②[3]

黒潮（くろしお）**（日本海流）** ③[5] 日本列島の太平洋

岸を北上する暖流。沖縄付近で日本海を北上する対馬海流を分流し、夏は金華山沖(きんかざんおき)、冬は銚子沖(ちょうしおき)から東に向きを変え、日本列島から遠ざかる。30mに及ぶ透明度と黒味がかった濃い藍色(あいいろ)をもつ。カツオやマグロが回遊する。

：対馬海流(つしまかいりゅう) ③[4] 沖縄付近で黒潮から分岐した水塊と東シナ海の沿岸水が混じり合った海水が、対馬海峡を通って日本海を北上する暖流。多くは、津軽(つがる)海峡から太平洋に抜けるが、一部は北海道西岸を北上して宗谷(そうや)海峡を通ってオホーツク海に入る。

北太平洋海流 ③ 黒潮の延長にあたり、偏西風にのって太平洋を東に流れる暖流。幅は広いが流速は遅い。

アラスカ海流 ②[1] カナダのブリティッシュコロンビア州の海岸からアラスカ湾、アラスカ半島の沖合を流れる海流。日本海流・北太平洋海流の末流にあたる暖流。

北赤道海流 ③[2] 黒潮の源流となる暖流。北緯10〜20度付近を西へ流れ、フィリピン諸島で南北に分かれる。北へ向かうものが、日本の太平洋岸を流れる黒潮となる。

南赤道海流 ③[2] 南太平洋西部・インド洋・大西洋の低緯度海域を西に流れる暖流。南東貿易風によって生じる。

モザンビーク海流 ②[1] 南赤道海流の一部が、アフリカ大陸東岸とマダガスカル島の間のモザンビーク海峡を通ってアフリカ南端まで南流する暖流。アガラス海流ともいう。

ギニア湾流（ギニア海流） ①[1] アフリカ大陸西岸、ギニア湾の沿岸を東に流れる暖流。一部は大西洋の赤道付近を西へ流れる南赤道海流の反流。

赤道反流 ③[2] 北赤道海流と南赤道海流の間、北緯３〜10度あたりを東に向かって流れる暖流。南赤道海流によって西に運ばれた海水が戻っていく流れ。太平洋で最も流れが強く、インド洋では夏には季節風によって消滅する。

ブラジル海流 ③[2] 大西洋の赤道付近からブラジル東岸に沿って南下する暖流。ウルグアイ付近で寒流のフォークランド海流とぶつかる。

❷寒流

寒流 ③[3] 高緯度から低緯度に向かって流れる海流。大気を冷やして水蒸気を発生させにくくするので、沿岸は冷涼で乾燥した気候になる。とくに中緯度海域では冷たい水塊が湧昇(ゆうしょう)することが多く、海岸砂漠を出現させることがある。栄養に富んでプランクトンが大量に発生するため、豊かな漁場を形成する。

親潮(おやしお)**（千島海流**(ちしまかいりゅう)**）** ③[6] 千島列島・北海道・東北日本の太平洋岸を南下する寒流。不透明な緑色をした海水はプランクトンに富み、好漁場を形成する。

リマン海流 ②[4] 日本海西部を南下する寒流。間宮海峡付近から沿海州に沿ってユーラシア大陸東岸を流れる。リマンとは、ロシア語で「大河の河口」を意味する。大河とはアムール川(黒竜江)をさし、北上した対馬海流がアムール川河口付近で冷却され、南下したものとの説もある。

カリフォルニア海流 ③[2] 北アメリカ大陸西岸を南下する湧昇性寒流。冷たい海から発生する霧は、沿岸の気候を温和なものにし、ブドウ栽培にも役立っている。プランクトンも豊富でニシン・タラ・カニなどの好漁場となっている。

ペルー（フンボルト）海流 ③[2] 南アメリカ大陸の西岸を北上する湧昇性寒流。蒸発する水蒸気量が極めて少なく、海岸砂漠であるアタカマ砂漠を出現させる要因の１つ。プランクトンが豊富で、ペルー沖はアンチョビー(カタクチイワシ)の世界的な漁場となっている。

ラブラドル海流 ②[1] 北極圏のバッフィン湾からラブラドル海を南下する寒流。この海流にのって氷山が流されてくることから、航海の難所として知られる。ニューファンドランド島沖でメキシコ湾流とぶつかって潮目をつくり、好漁場を形成する。

カナリア海流 ②[1] 北アフリカ西岸を南下する湧昇性寒流。メキシコ湾流の南側の分流である。

ベンゲラ海流 ③[2] アフリカ大陸の南西岸を北上する湧昇性寒流。沿岸は乾燥が厳しく、海岸地域にナミブ砂漠を出現させる要因の１つ。

西風海流(せいふうかいりゅう) ①[1] 南極大陸の周りを西から東に向かって一周する寒流。地球の自転によって発生する海流で、南極環流ともいう。太平洋とインド洋では南緯50度付近、大西洋では南緯60度付近を流れる。

フォークランド海流 ② 南アメリカ大陸南端から南アメリカ大陸の東岸を北上する寒流。ブエノスアイレス沖で南下するブラジル海流とぶつかる。

陸水

i —— 陸水

陸水 ③[1] 陸上に存在する水。海水の対語。塩湖の水も含むので淡水と同義ではない。陸水はさらに地表水と地下水に分けられる。地球の水の総量は約13億8,485万km^{3}と推定され、その97.4%は海水。陸水はわずか2.6%。陸水の76.4%は氷河。大部分が南極大陸とグリーンランドに集中する。ほかには地下水が22.8%。湖水や河川水は残り1%弱にすぎない。

：**地表水** ① 陸水のうちの地表にある静水と流水の総称。地下水の対語。湖水・河川水などをいう。

：**淡水**(たんすい) ③[2] 化学的には塩分濃度が0.5‰以下の水をいう。塩水の対語。陸水の大部分を占め、水資源として重要である。

水資源 ②[2] 人間が資源として利用できる水。大部分が淡水で、河川水・湖水・地下水などの一部。利用形態としては、上水（水道用水）・生活用水・農業用水（灌漑用水）・工業用水などがあげられる。水力発電などに用いる水力エネルギーも含む。

：**水資源量（水資源賦存**(ふそん)**量）** [1] 降水量から蒸発散によって失われる水量を差し引いた値で、理論上利用できる最大限の水量を表す。降水量が多くて蒸発量が少なく、国土面積が広い国ほど多くなる。ただし、国内の水資源が乏しくとも、隣接する国から河川水や地下水が流れ込むことで国外水資源賦存量が多くなる国もあるので、国内と国外を合計した量が各国の水資源賦存量となる。また、人口が少ないほど一人あたりの水資源賦存量は多くなる。

：**生活用水** ② 日常の生活に利用される水の総称。家庭の炊事・洗濯・風呂などに利用する家庭用水と、飲食店・病院・事業所などで利用する都市活動用水をあわせたもの。

海水淡水化 ①[3] 海水中の塩分を取り除き、淡水として水資源の確保を図ること。淡水化の方法としては海水の蒸留によるもの、イオン交換樹脂膜や逆浸透圧法などの膜を用いるもの、冷凍現象を利用するものなどがある。クウェート・サウジアラビアなど広い乾燥地帯をもつ産油国で盛んに行なわれている。

ii —— 地表水

❶河川

流域面積 [2] 流域とは、河川に降水が流れ込む範囲をさす。集水域ともいう。世界最大の流域面積をもつアマゾン川で約705万km^2。日本の国土面積の19倍にあたる。

流域 ②

河川の縦断曲線 ①[2] 縦軸に標高、横軸に距離をとって、源流から河口までの断面を表わしたもの。標高差が大きく、流程が短いほど急勾配となる。

河川勾配(こうばい) ①[3] 川の流れる方向の傾き。例えば、水平距離100mにつき高さが1m下がる場合を1/100とする。上流域では勾配が急で、下流域ほど緩くなるのが一般的。日本の河川は流程が短く高低差が大きいので、河川勾配は急になる。上流域では河床(かしょう)勾配と水面勾配はほぼ同じだが、河口域などでは異なることも多い。

内陸河川 ②[2] 海まで達しない河川。内陸の湖にそそぐ場合と、途中で水量が減少してしまう場合がある。中国のタリム川などが知られる。

インダス川 ③[7] カラコルム山脈に源を発し、パキスタン東部を流れ、アラビア海にそそぐ河川。中流域では灌漑により小麦・綿花が栽培され、下流域では米・綿花を産する。中・下流域は古代インダス文明の発祥地。

ナイル川 ③[7] 赤道付近、ヴィクトリア湖に流入する河川を水源とし、アフリカ大陸北東部を流れて地中海にそそぐ外来河川。長さは約6,700kmで、世界最長の河川。スーダンのハルツームで本流の白ナイルとエチオピアのタナ湖を水源とする青ナイルが合流する。青ナイルがナイル川下流域の流量変化を左右する。

：**青ナイル川** ②[1] ハルツームで白ナイル川に合流する一大支流。エチオピア北部のタナ湖に源を発し、アトバラで合流するアトバラ川とともにナイル川の水量の増減に影響を与える。

：**白ナイル川** ①[1] ナイル川の本流。ハルツーム付近で青ナイル川と合流する地点より上流部の名称。水源地はヴィクトリア湖付近で、流量の季節変化は少ない。

セーヌ川 ③[4] フランス東部のディジョンを源とし、パリを経てルアーブル付近でセーヌ湾にそそぐ全長780kmの河川。パリはセーヌ川の中州であったシテ島から発展した都市。マルヌ・ライン運河でライン川と、ブルゴーニュ運河でローヌ川と結ばれる。

ドナウ川 ③[6] ドイツのシュヴァルツヴァルト(黒森)に源を発し、東流してオーストリア・ハンガリー・ルーマニアなどの国々を経て黒海にそそぐ国際河川。流域は肥沃な土壌に恵まれ、小麦・トウモロコシなどの生産の盛んな農業地域となっている。マイン・ドナウ運河によって西ヨーロッパ諸国と結ばれ、ヨーロッパの水上交通の大動脈となっている。

オビ川 ③[5] アルタイ山脈に源を発し、西シベリア低地の中央部を流れてカラ海にそそぐ大河。下流部では10月末から6月初めまでの約220日間、上流部では11月から4月末までの約150日間は凍結する。南の上流域から解氷が始まるので、下流では大規模な洪水が発生し、日本の国土面積に相当するほどの土地が浸水する。

エニセイ川 ③[5] ロシアとモンゴルの国境付近に源を発し、シベリア中部を北流して北極海にそそぐ河川。中流部でアンガラ川をあわせる。水量が豊富で電源開発が進んでいる。11月から5月頃までの結氷期(けっぴょうき)を除くと航行可能である。

レナ川 ③[5] バイカル湖西岸に源を発し、ヤクーツク盆地を経て北極海にそそぐシベリア東部の大河。10月から6月まで結氷するが中流域まで航行可能。水力資源に富み、金・ダイヤモンドなどの鉱物資源が豊富。

アムダリア川 ③[7] ヒンドゥークシ山脈に源を発し、北西に向かって流れ、アラル海にそそいでいたが、現在、河口は干上がっている。旧ソ連時代の「自然改造計画」のずさんな開発によって水量が極端に減り、アラル海は著しく縮小した。

シルダリア川 ③[7] テンシャン(天山)山脈に源を発し、カザフスタン南部を流れ、アラル海にそそぐ河川。アムダリア川と同様に旧ソ連時代の「自然改造計画」によって灌漑が行なわれ、周辺地域の綿花生産量が増加した。その一方、流入量が減少したアラル海は急速に縮小した。

アマゾン川 ③[6] 南アメリカ大陸北部の大河。アンデス山脈の東斜面に源を発して大西洋にそそぐ。長さは6,516km、ナイル川に次いで世界第2位。流域面積は705万km^{2}で世界最大。河口のベレンから1,500km上流のマナオスまで外洋船が航行可能である。

❷湖沼

断層湖 ① 断層運動によってできた凹地(おうち)が湖となったもの。形成年代が古いものではバイカル湖・琵琶湖(びわこ)など。アフリカ大地溝帯とその延長上の地溝にできたマラウイ湖・タンガニーカ湖・トゥルカナ湖や中東の死海、フォッサマグナの中の凹地に湛水(たんすい)した諏訪湖(すわこ)も断層湖である。

溶岩堰止湖(ようがんせきとめこ) ① 火山活動に伴って噴出した溶岩・泥流・火砕流(かさいりゅう)などが谷の一部を埋め、川を堰せき止めてできた湖。中禅寺湖(ちゅうぜんじこ)・阿寒湖(あかんこ)・富士五湖・裏磐梯(うらばんだい)の桧原湖ひばらこなどがその例。

氷河湖 ③[5] 氷河作用によってつくられた湖の総称。氷食によってつくられた凹地に湛水したもの、氷河やモレーンによる堰止湖、モレーンと氷河の間にできたものなど様々。フィンランドやカナダには多くの氷河湖が分布する。五大湖も氷河湖である。

塩湖 ②[2] 水1リットル中の総固形物量が0.5g以上の塩水の湖をいう。内陸の乾燥気候地域にあり、排水路のない湖に多い。岩塩・石灰岩地域や火山地域にもみられる。

カスピ海 ③[7] ロシア・カザフスタン・トルクメニスタン・アゼルバイジャン・イランに囲まれた世界最大の面積をもつ湖。面積は日本の国土面積とほぼ同じ37万km^2、湖面の標高は−28m。最大深度は1,025m。北部にはヴォルガ川などの流入河川があるが、この湖から流れだす川はない。塩分濃度は海水の3分の1程度で、キャビアを採取するチョウザメなどが生育する。西岸にはバクー油田がある。

アラル海 ③[7] カザフスタンとウズベキスタンの国境に位置する湖。アムダリア・シルダリアの両河川に涵養(かんよう)される湖で、1960年代までは世界第4位の面積をもっていた。旧ソ連時代の開発の影響で流入量は減り続けて急速に縮小した。1960年は湖面の標高は53.4m、面積が6.8万km^{2}であったが、2000年には34.0m、2.24万km^{2}となった。湖は北アラル海と大アラル海に分断され、2005年には大アラル海が、さらに西アラル海と東アラル海に分断された。

バルハシ湖 ②[3] カザフスタン東部にある湖。イリ川が流入する西部は淡水、河川からの流入量が少ない東部は塩水。河川からの流入量の季節変化にあわせて面積が変化する。近年は灌漑によって流入河川からの取水量が増え、湖水面積の減少が心配されている。

バイカル湖 ③[4] 東シベリアにある断層湖。面積3.15万km^2、湖面の標高は456m。世界で最も古く、最も深く(最大深度1,741m)、最も透明度が高い（5～23m）。1～5月の間、約90～140日間結氷する。湖から流れだすアンガラ川は水量が豊富で、水力発電に利用される。

ヴィクトリア湖 ②5 ケニア・ウガンダ・タンザニアの3カ国に囲まれた標高1,000mをこす高原にある湖。アフリカ最大の湖で、淡水湖としてはスペリオル湖に次いで世界第2位。面積は6.9万km²と広いが、最大水深でも84mと浅い。ナイル川の主流の1つである白ナイル川の源流。1950年代にスズキ目の肉食魚ナイルパーチが放流されて生態系は大きく変化したが、現在はナイルパーチの水揚げが湖の漁業を支えている。

タンガニーカ湖 ②3 アフリカ大地溝帯にある断層湖。1,471mの最大水深はバイカル湖に次いで世界第2位。面積はバイカル湖よりやや大きい3.2万km²で、世界第7位、アフリカ第2位。流入河川からの水量が少ない貧栄養湖である。

マラウイ湖 ③4 タンガニーカ湖の南、アフリカ大地溝帯に位置する断層湖。面積は2.25万km²、湖面の標高は500m、最大深度は706mに達する。

チャド湖 ①3 チャド・ニジェール・ナイジェリア・カメルーンの4国の国境部に位置する湖。サハラ砂漠南縁のサヘルと呼ばれるステップ地帯にあり、最大水深が10mと浅いため、乾季と雨季に縮小・拡大を繰り返す。近年は著しく面積が縮小しており、1960年から1990年の30年間で面積の45%を失った。21世紀中には消滅するおそれがある。周辺農地の灌漑や砂漠化の進行が原因とされているが、定説はない。

五大湖 ③6 北アメリカ大陸中部、アメリカ合衆国とカナダの国境地帯に連なる5つの湖沼群。総面積24.5万km²。西よりスペリオル湖・ミシガン湖・ヒューロン湖・エリー湖・オンタリオ湖。いずれも氷河湖で、冬には大部分が結氷する。砕氷船はあるが、運航が停止される期間がある。セントローレンス海路により外洋につながる。

：**スペリオル湖** ②1 面積は8.2万km²、カスピ海に次ぐが、淡水湖としては世界最大。湖面の標高は183mで、五大湖の中では最も高い。最大深度406m。スーセントメリー運河でヒューロン湖につながる。西岸地域には鉄鉱石が豊富で、メサビ鉄山がある。西端のダルースは鉄鉱石の積出港。資源量と需要の減少で鉄鉱業は低迷していたが、近年、中国への輸出が増加している。冬季は結氷するため、自由に航行できるのは6～7カ月間である。

：**ミシガン湖** ②1 面積5.8万km²で、世界第6位の面積をもつ氷河湖。湖面の標高は176mで隣接するヒューロン湖と同じなので、1つの湖とみることもできる。南端には世界最大の農産市場をもつシカゴがあり、沿岸地域は大規模な工業地域となっている。

：**ヒューロン湖** ②1 面積6.0万km²で、世界第5位の面積をもつ氷河湖。五大湖水運の要になる湖で、冬季は結氷するものの、4～12月の間は航行可能である。

：**エリー湖** ②1 ヒューロン湖とオンタリオ湖の間に位置し、五大湖中第4位の面積をもつ湖。面積2.6万km²、湖面の標高174m、最大深度64m。湖岸には重工業が発達し、鉄鉱石・石炭・小麦などの湖上輸送が盛ん。

：**オンタリオ湖** ②1 五大湖の東端に位置する五大湖の中で最小の湖。面積1.9万km²、湖面の標高75m、最大深度244m。南西端にはエリー湖の水がナイアガラ滝となって流入。エリー湖の水面とは約100mの標高差があるので、8つの閘門(こうもん)をもつウェランド運河によって結ばれる。

チチカカ湖 ②3 アンデス山脈中部のアルティプラノ北部、ペルーとボリビアにまたがる淡水湖。湖面の標高は3,812m。汽船が航行できる湖としては最も高所にある。葦(あし)の浮島をつくって湖上生活を続ける先住民がいる。

❸滝

ナイアガラ滝 ①1 北アメリカ大陸北東部、カナダとアメリカ合衆国の国境にある滝。エリー湖とオンタリオ湖の間に位置し、落差はカナダ滝が48m、アメリカ滝が51m。ケスタ状の軟層にあるため、滝は1年間に約1m後退している。

ヴィクトリア滝 1 アフリカ大陸南部、ザンベジ川にある滝。ジンバブエとザンビアの国境付近に位置し、周囲は国立公園。滝名は探険家リヴィングストンがヴィクトリア女王に因(ちな)んで命名した。

イグアスの滝 ① ブラジルとアルゼンチンの国境、パラナ川の支流イグアス川にある世界最大の滝。落差は80m以上で、最も大きな滝である「悪魔の喉笛(のどぶえ)」が観光スポット。下流のパラナ川にはブラジルとパラグアイの共同出資でつくられたイタイプダムがある。発電能力1,400万kwで、世界有数である。

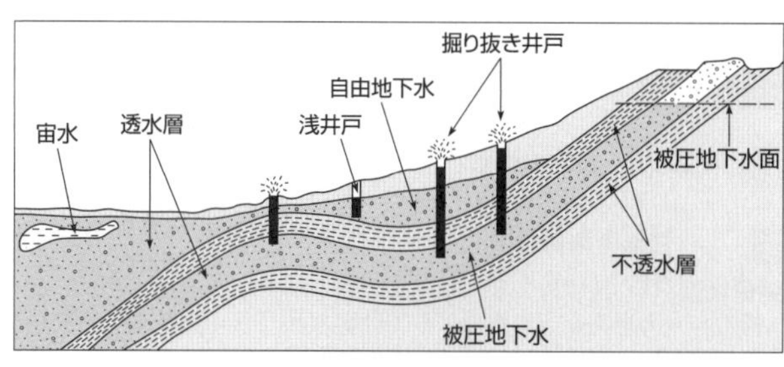

地下水の模式図

iii ―― 地下水

地下水 ③[4] 陸水のうち、地表面より下部にある水。地表水の対語。土砂や岩石の隙間を満たしている。不透水層の上にある帯水層に貯えられ、不透水層と帯水層との関係から、自由地下水・宙水・被圧地下水(被圧水)に分類される。

:帯水層(たいすいそう) ①[2] 砂や礫(れき)などの粗い物質からなり、その間隙(かんげき)が地下水で飽和されている地層。透水層ともいう。岩盤であっても溶岩や石灰岩は空隙(くうげき)や空洞に水を含むので帯水層となる。 **透水層**(とうすいそう) ①

:不透水層(ふとうすいそう) ②[1] 地層を構成する粒子が細かく、水を通しにくい層。粘土やシルトからなる難透水層と緻密(ちみつ)な岩盤からなる非透水層がある。帯水層の下部にある場合は、保水の役割を果たす受け皿となる。

:自由地下水 ① 地表に最も近い帯水層中にある不圧地下水の一種。扇状地(せんじょうち)の先端や段丘崖(だんきゅうがい)の湧水帯(ゆうすいたい)から地表にでてくる水。自由水ともいう。洪積台地上では地下水面が低くなり、浅井戸では水を得られないことも多く、開発が遅れる原因の1つとなってきた。

:宙水(ちゅうみず) ① 局部的な不透水層や難透水層によって隔てられた小規模な地下水で、不圧地下水の一種。連続する地下水層より浅い位置にある。地下水位が低い洪積台地上では、浅井戸で汲み上げることのできる地下水がある所に、集落や耕地が開かれた。

:被圧地下水 ②[1] 不透水層に挟まれた透水層中にあり、大気圧よりも大きい圧力を受けている地下水。被圧水ともいう。鑽井(さんせい)盆地や、地層が単斜構造(たんしゃこうぞう)をなしている所では、地層が傾斜しているため、周辺の山地や丘陵(きゅうりょう)に降った雨水が地層中に浸透して形成される。オーストラリアのグレートアーテジアン(大鑽井)盆地・パリ盆地などがその例。

:掘り抜き井戸 ③[3] 不透水層を掘り抜いて、その下にある被圧地下水層に通じている深井戸。自噴するものを自噴井、または鑽井という。 **自噴井**(じふんせい) ①

:グレートアーテジアン(大鑽井)盆地 ③[5] → p.30

伏流水(ふくりゅうすい) [2] 川の流水が地下に浸透して水脈を保っている地下水。河道の側にあり、川の流量の影響を直接受けることが特徴。地下水面は極めて浅く、扇状地の扇央部分で典型的にみられる。

化石水 [1] 地層中に閉じ込められ、現在の水収支から取り残された地下水。地層が堆積する時にそのまま閉じ込められたものが多いが、過去の気候環境下で蓄えられたまま閉じ込められた地下水にも用いる場合がある。ロッキー山脈の東側に広がるグレートプレーンズの地下にあるオガララ帯水層が代表例である。

5 日本の自然環境と防災

日本の地形

i —— 日本の地体構造

地体構造 ①[1] 地質構造とほぼ同義であるが、構造線や大規模な断層線によって区切られる「○○帯」などに区分して、日本列島の地質構造を総括的に論じる場合などに用いられる。

フォッサマグナ ③[6] H. E. ナウマン(1854〜1927)による命名。ラテン語で「大きな溝」という意味の地溝帯(陥没帯)。日本列島の中央部を南北に走り、東北日本弧と西南日本弧に分ける。フォッサマグナの西縁を区切るのが糸魚川・静岡構造線。両者は同じものではないので注意。フォッサマグナ東縁は諸説あって不明。中央部を火山の列が貫き、妙高山(みょうこうさん)・浅間山(あさまやま)・富士山・箱根山(はこねやま)などが連なる。プレートテクトニクスでは、ユーラシアプレートと北アメリカプレートの境界にあたると考えられている。

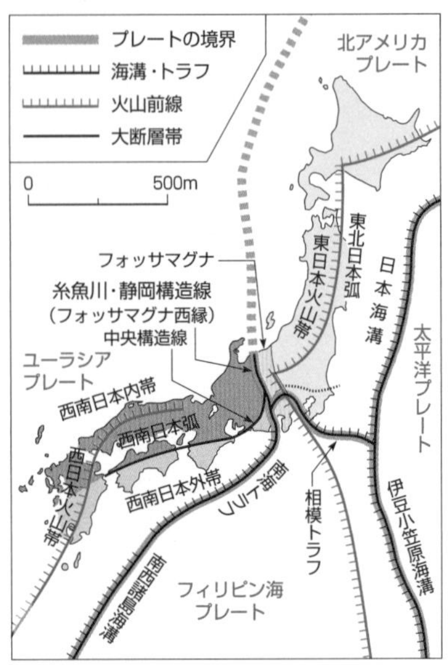

日本の地体構造

:糸魚川(いといがわ)・静岡構造線 ③[6] 新潟県糸魚川市から諏訪湖を経て静岡市安倍川(あべかわ)に至る大断層線。数百年から千年の間隔でマグニチュード7.0〜8.0程度の地震を発生させてきた。

東北日本弧 ① フォッサマグナに2分される本州弧の北東部分で、北アメリカプレートに含まれる。東側に日本海溝が並行し、中央を東日本火山帯が走る。

東北日本 ②

:日本海溝 ③[6] 東北日本弧の東縁に沿う海溝。北海道襟裳岬(えりもみさき)から相模トラフの分岐まで全長約800km、深さ約7,000〜8,000m。南ほど深く、相模トラフと接する付近では最大深度8,058mに達する。太平洋プレートが北アメリカプレートの下に沈み込む位置にあたる。太平洋プレートの移動速度は年間10cmといわれ、海溝の陸側ではマグニチュード8.0をこす巨大地震を発生させる。2011(平成23)年3月11日の東北地方太平洋沖地震の震源は、この海溝の陸側の広大な範囲。

:相模(さがみ)トラフ ②[3] トラフとは舟状海盆(しゅうじょうかいぼん)と呼ばれる水深6,000mより浅い海底の溝。プレートの沈み込み帯にあたる点では海溝と同じだが、堆積作用によって浅い盆状の凹地おうちとなる場合がある。日本海溝から相模湾まで、長さ約250km、深さ約1,000mと浅い。フィリピン海プレート・ユーラシアプレート・太平洋プレート・北アメリカプレートの4枚が重なり合う複雑な構造をもつ。巨大地震の多発地帯であり、1703(元禄(げんろく)16)年の元禄大地震、1923(大正12)年の関東地震(関東大震災)の震源域が含まれる。

火山帯 ① 火山が集中する幅100〜200km程度の細長い地帯をいう。この地帯の海溝側の縁が火山前線。この前線から海溝側には火山はない。

火山前線(火山フロント) ③[3]

:東日本火山帯 ①[2] 千島列島・北海道から中部地方まで、フォッサマグナの北東側の火山帯の総称。従来の千島・那須(なす)・鳥海(ちょうかい)・富士・乗鞍(のりくら)の各火山帯に属する火山と白山(はくさん)火山およびその周辺の火山群を含む。

西南日本弧 ① フォッサマグナに2分される本州弧の南西部分で、ユーラシアプレートに含まれる。南側に南海トラフを伴う。東北日本弧に比べて現在の島弧の活動は弱い。山陰地方から九州中央部を西日本火山帯が走る。

西南日本 ②

：**南海トラフ** ③[6] 紀伊半島南東沖から四国の南にかけて細長くのびる舟状海盆。フィリピン海プレートがユーラシアプレートの下に沈み込む位置にあたる。東海地震・東南海地震・南海地震と呼ばれる3連動地震の震源となってきた地域で、大規模な津波の発生が危惧(きぐ)されている。なお、南海トラフのうち、駿河湾内にある部分は駿河トラフと呼ばれる。 **駿河(するが)トラフ** ①

：**西日本火山帯** ①[2] 日本海側の大山(だいせん)火山帯から九州中央部を南北に連なる霧島(きりしま)火山帯までを含む火山帯の総称。

中央構造線 ③[6] 西南日本を内帯と外帯とに分ける断層線。諏訪湖南方の杖突峠(つえつきとうげ)付近から赤石山脈西縁を通り、伊勢湾、紀伊半島の櫛田川(くしだがわ)および紀ノ川(きのかわ)の谷、四国の吉野川の谷を経て、四国を横断する。全長約900km。各地に大規模な断層地形がみられる。

：**内帯** ③[3] 西南日本の中央構造線より北側の部分。中国や朝鮮半島など、大陸側の地塊(ちかい)の一部とみられる。断層で変位したため、外帯ほど帯状構造は顕著ではない。

：**外帯** ③[3] 西南日本の中央構造線より南側の部分。中央構造線に沿った帯状の地質構造を示す。北から三波川(さんばがわ)帯・秩父帯・四万十帯に区分され、南ほど形成年代が新しい。

千島弧(ちしまこ) ① 千島列島とカムチャツカ半島南部を含む、長さ約2,000kmに及ぶ島弧。南東側に千島・カムチャツカ海溝が並行し、中央部を千島火山帯が走る。

：**千島列島** ③[7] → p.223

：**千島・カムチャツカ海溝** ③[5] カムチャツカ半島の南東縁から千島列島の南側を通って、北海道襟裳岬の南東沖まで連なる海溝。長さ約2,200km、深さは北部では約6,000m、南部では9,000mをこす。太平洋プレートが北アメリカプレートに沈み込む場所にあたる。

伊豆・小笠原弧(いずおがさわらこ) ① 伊豆諸島から小笠原諸島に連なる島弧。東側に伊豆小笠原海溝が並行する。小笠原諸島母島東方の小笠原海台(かいだい)で南方のマリアナ弧と分ける。

伊豆諸島 ③[3]

：**小笠原諸島** ③[4] → p.168

：**伊豆・小笠原海溝** ③[6] 伊豆諸島・小笠原諸島の東側に沿う海溝。相模トラフとの分岐点で北の日本海溝と接し、小笠原海台で南のマリアナ海溝と接する。全長約850km。太平洋プレートがフィリピン海プレートの下に沈み込む位置にあたる。

琉球弧(りゅうきゅうこ) ① 南西諸島弧ともいう。九州南部東方沖から薩南(さつなん)諸島・沖縄諸島・先島(さきしま)諸島へと続く島弧。南東側に南西諸島海溝が並行する。

：**南西諸島** ③[3] 九州南端から台湾にかけて連なる島嶼群(とうしょぐん)の総称。太平洋と東シナ海を分ける。種子島(たねがしま)・屋久島(やくしま)から奄美(あまみ)群島までの薩南諸島、沖縄諸島、宮古(みやこ)・八重山(やえやま)列島からなる先島諸島、尖閣(せんかく)諸島、大東(だいとう)諸島が含まれる。

：**南西諸島海溝** ③[4] 南西諸島の南東側に沿う海溝。琉球海溝ともいう。全長約1,350km、幅約60km、最大深度7,460m。ユーラシアプレートの下にフィリピン海プレートが沈み込む位置にあたる。

ii ―― 日本の山地・山脈

分水嶺(ぶんすいれい) ① 隣接する流域の境界。分水界ともいう。奥羽(おうう)山脈や中国山脈など、地域全体の背骨をなす脊梁(せきりょう)山脈の稜線を連ねた線をさすことが一般的である。

日高山脈(ひだかさんみゃく) [1] 北海道中央部、狩勝峠(かりかちとうげ)から襟裳岬まで南北に走る山脈。長さ約150km、平均高度は約1,500m。最高峰は幌尻岳(ぽろしりだけ)(標高2,052m)。山頂付近には最終氷期の山岳氷河がつくったカール(圏谷(けんこく))がみられる。

北上高地(きたかみこうち) [1] 岩手県東部を中心に、北は青森県八戸(はちのへ)、南は宮城県牡鹿(おしか)半島までのびる山地。北上山地ともいう。南北約260km、東西約75kmの広がりをもち、高地部はなだらかな隆起準平原。最高峰は早池峰山(はやちねさん)(標高1,917m)。

関東山地 ①[1] 関東地方の西縁を区切る山脈。群馬・長野・山梨・埼玉・東京の県境をなし、南北に連なる。本州の分水界の1つで、西は信濃川水系、東は利根川水系となる。

日本アルプス [2] 本州の中部地方にある飛驒・木曽・赤石の3つの山脈の総称。飛驒山脈を調査したイギリス人の鉱山技師W.ゴーランド(1842〜1922)が、1881年に刊行された『日本案内』の中で「日本アルプス」と呼んだのがはじまり。その後、小島烏水(こじまうすい)(1873〜1948)が、飛驒山脈を北アルプス、木曽山脈を中央アルプス、赤石山脈を南アルプスとした。

：**飛驒山脈(ひださんみゃく)** ①[2] 日本アルプスのうち、

最も北にある山脈。白馬岳・剱岳・槍ヶ岳・奥穂高岳・乗鞍岳など、標高3,000m級の険しい山々が連なる。山頂付近にはカール(圏谷)などの氷河地形がみられ、夏でも多くの雪渓が残る。

北アルプス ①[1]

：**木曽山脈** ①[2] 飛驒山脈と赤石山脈の間にある山脈。木曽谷と伊那盆地に挟まれた地塁山地で、南は美濃三河高原に移行する。最高峰駒ヶ岳（標高2,956m）の東側には千畳敷カールがある。

：**赤石山脈** ①[2] 日本アルプスのうち最も南にある山脈。東をフォッサマグナ、西を中央構造線に区切られる。最高峰の北岳（標高3,193m）をはじめ、甲斐駒ヶ岳・仙丈ヶ岳・塩見岳・荒川岳・赤石岳など3,000m級の山々が連なり、長野・静岡・山梨の県境をなす。

紀伊山地 ②[2] 中央構造線が走る櫛田川および紀ノ川以南の紀伊半島を構成する山地の総称。最高峰は八経ヶ岳（標高1,915m）。温暖多雨の地で林業が盛ん。山麓ではミカンの栽培が行なわれる。吉野熊野国立公園に指定されている。

中国山地 ③[1] 中国地方を東西に走る山地。山陰・山陽の分水嶺をなす。氷ノ山（標高1,510m）ほか、主稜は1,000mをこえるが、全体的には侵食の進んだ緩やかな起伏を示す。山地南部に広がる吉備高原は隆起準平原。古くは砂鉄を産し、その製錬跡が各地にみられる。現在は牧畜が盛ん。

四国山地 ③[1] 四国中央部を東西に走る壮年期の山地。中央構造線の南、西南日本外帯山地の1つ。最高峰の石鎚山（標高1,982m）をはじめ、1,500m以上の山々が連なる。

筑紫山地 ① 佐賀・福岡・大分にまたがる北九州の山地。背振山地・三郡山地・貫山地・企救山地などの地塊の総称。

九州山地 ②[1] 九州中央部を北東から南西方向に走る壮年期の山地。最高峰の祖母山（標高1,756m）をはじめ、国見岳・市房山などの峰が連なる。山地は降雨に恵まれ電源地帯をなすとともに、林業が盛んである。五家荘・米良荘・椎葉など、平家の落人の隠れ里が起源とされる山間集落がある。

iii ―― 日本の平野・半島

関東平野 ③[2] 関東地方の中央部に広がる日本最大の平野。周辺が隆起し、中心部が相対的に沈降する関東造盆地運動によって形成された。平野の周辺は多摩・狭山などの丘陵地域。最も広い面積を占めるのが武蔵野台地・相模原台地・下総台地などの台地。低地は利根川・荒川・多摩川などの沖積低地。

濃尾平野 ②[4] 岐阜・愛知の両県にまたがる沖積平野。木曽川・長良川・揖斐川の下流域は17世紀以降の干拓新田が広がる。洪水から集落を守る輪中が発達している。

大阪平野 [1] 大阪府の大部分と大阪湾沿岸を占める近畿地方最大の平野。千里山・枚方などの丘陵地域、豊中・交野などの台地および淀川・大和川などの低地を含む。

室戸岬（むろとざき） [2] 四国南東端にあり、南西端の足摺岬とともに土佐湾をいだく岬。冬も温暖で亜熱帯植物が繁茂する。台風の進路にあたり暴風日数が多い。

iv ―― 日本の河川・湖沼

❶河川

岩木川 [1] 白神山地に源を発して青森県の西部を北流し、十三湖を経て日本海にそそぐ河川。下流域は三角州が発達した米作地帯。中流域ではリンゴ栽培が盛ん。

最上川 ① 飯豊・朝日の両山地を源とし、米沢・山形・新庄の各盆地を北流し、庄内平野を形成して、酒田で日本海にそそぐ。かつては舟運が発達し、各盆地を結ぶ大動脈であった。

：**庄内平野** ①[1] → p.103

阿賀野川 ①[1] 福島・栃木県境の荒海山を水源とする阿賀川に日橋川・只見川をあわせる。新潟県で阿賀野川となり、新潟市の東で日本海にそそぐ。上流域は電源地帯。河口北東部には新潟東港が建設され、臨海工業地域を形成する。

信濃川 ③[5] 長野県から新潟県へ流れて日本海へそそぐ河川。全長は約367kmで全国第1位。長野県では千曲川と呼ばれ、埼玉・山梨・長野県の県境にある甲武信ヶ岳に源を発して北流し、長野市で飛驒山脈の槍ヶ岳に源を発する犀川をあわせる。さらに新潟県に入って信濃川となり、谷川岳を水源とする魚野川をあわせる。新潟平野は信濃川と阿賀野川の沖積平野。

千曲川 ①[4]

利根川 ③[6] 群馬・新潟の県境にある丹後山に源を発して関東平野を貫流し、千葉県銚子市で太平洋にそそぐ河川。全長は約322kmで全国第2位、流域面積は全国第1位。かつては、現在の江戸川が本流で東京湾にそそいでいたが、江戸時代初期に瀬替せがえを行なって現在の流路をとるようになった。

:**江戸川** ①[2] 瀬替えが行なわれる以前の利根川の本流。千葉県北西端の関宿町(せきやどまち)(現、野田市)で利根川より分流し、埼玉県・千葉県・東京都との境を南流し、東京湾にそそぐ。近世は利根水運で栄えたが、現在は農業用水源、東京都・千葉県の上水道源になっている。

片品川 ③[2] → p.34

多摩川(たまがわ) ①[2] 山梨県北東部、秩父山地(ちちぶさんち)の笠取山(かさとりやま)に源を発し、羽田(はねだ)で東京湾にそそぐ河川。全長は約138km。江戸時代から東京の上水源として利用されてきた。上流に奥多摩湖(小河内(おごうち)ダム)、中流部に小作(おざく)および羽村(はむら)の取水堰(しゅすいせき)がある。

黒部川(くろべがわ) ①[3] 飛騨山脈北部の鷲羽岳(わしばだけ)に源を発し、富山県の東部を流れて富山湾にそそぐ河川。水量が豊富で高低差があり、上流部は深い峡谷となっているために、電源開発が進められてきた。黒部ダムの建設によって黒部湖ができ、最も大きな黒部川第四発電所は出力33万7,000kw。下流部では扇状地が形成され、海面下まで続いている。 **黒部川扇状地** [1]

常願寺川(じょうがんじがわ) ③[5] 富山県東部の立山連峰を源とし、富山湾にそそぐ河川。下流部では富山平野の東部を占める扇状地を形成する。急流であるため電力開発が進み、流域には8つのダムと27の水力発電所がある。

木曽三川(きそさんせん) ① 濃尾平野を流れる木曽川・長良川・揖斐川の総称。濃尾三川とも呼ばれる。長良川と揖斐川は最下流で合流して伊勢湾にそそぐ。下流域には、水害を防ぐために集落を堤防で囲んだ輪中がつくられてきた。

:**木曽川**(きそがわ) ②[5] 飛騨山脈南部に源を発し、長野・岐阜・愛知県を流れ、三重県の北東端で伊勢湾にそそぐ河川。全長227km。流域には30近い発電所が建設されている。上流の木曽地方は檜の天然林に恵まれ、日本3大美林の1つとなっている。

:**長良川**(ながらがわ) ①[2] 岐阜県北西部の大日ヶ岳(だいにちがたけ)に源を発し、三重県に入って揖斐川と合流して伊勢湾にそそぐ河川。鵜飼(うかい)で知られる清流で、本流にダムが1つもない河川。1994(平成6)年に河口堰ができるまでは、本州で唯一の堰のない河川であった。

:**揖斐川**(いびがわ) ①[2] 岐阜県と福井県の県境にある冠山(かんむりやま)に源を発して岐阜県西端を南流し、河口付近の三重県桑名で長良川と合流して伊勢湾にそそぐ河川。

吉野川(よしのがわ) ②[1] 四国山地、石鎚山付近に源を発して東流し、徳島市付近で紀伊水道にそそぐ河川。中・下流部は中央構造線に沿って流れ、地溝を埋めて徳島平野をつくる。

❷湖沼

霞ヶ浦(かすみがうら) ① 茨城県にある海跡湖(かいせきこ)。面積168km²、湖面の標高0m、最大深度11.9m。1,000年ほど前までは銚子方面から入り込んだ入江があったが、利根川の流路変更により急速に埋められ、現在の形になった。多くの栄養物質が周囲の田畑から供給され、湖底まで高温のため有機物の分解が盛んで、富栄養湖となっている。

諏訪湖(すわこ) [2] 長野県中央部にあるフォッサマグナの中の断層湖。糸魚川・静岡構造線と中央構造線が交差する場所にある。天竜川(てんりゅうがわ)の水源。最大深度が7.6mという浅い湖で、日本でも有数の富栄養湖。冬季は全面結氷し、大音響とともに湖面の氷が競(せ)りあがる「御神渡(おみわた)り」が知られる。

琵琶湖(びわこ) ①[2] 滋賀県近江盆地にある日本最大の面積と貯水量をもつ湖。約400〜600万年前にできた世界有数の古代湖。断層湖であるが、地殻変動によって徐々に北へ移動した。長い間自立した水系を形成していたため、固有種も多い。湖水は周辺地域の上水・工業用水・農業用水として利用されている。

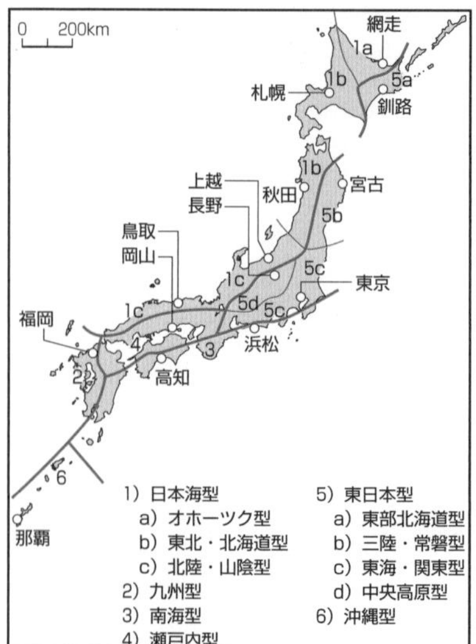

日本の気候区(関口武による)

日本の気候

i —— 日本の気候区分

日本海型 ②1 関口武によって区分された日本の気候区の6つの大区分の1つ。北海道の大部分と本州の日本海側が含まれる。多雪地帯の多くがこの気候に属し、日本海沿岸部では秋と冬の雷日数の多さも特徴。気温の条件などから、オホーツク型、東北・北海道型、北陸・山陰型の3つに区分される。

オホーツク型 ②1

：**東北・北海道型** ①1 1・2月の月平均気温0℃以下が条件。より寒冷なオホーツク型では、12〜3月までの月平均気温が0℃以下となる。降雪量が多いので、冬季の月降水量が100㎜をこえる地点が多い。

：**北陸・山陰型** 1 オホーツク型、東北・北海道型よりはやや暖かく、最寒月でも平均気温は0℃以上。北陸型もほぼ同じ気候区。降雪量が多く、最も降水量の多い月が冬季になる所が多い。 **北陸型** ①

南海型 ②1 関口武による6つの大区分の1つ。南房総・伊豆半島から紀伊半島・四国・九州に至る太平洋岸が含まれる。黒潮(日本海流)の影響を受けるために温暖で、梅雨前線と秋雨前線、さらに台風の影響を強く受けるので、6・9月に降水量が多くなる。

東部北海道型 ①1 東日本型を4つに中区分した気候区の1つ。脊梁(せきりょう)山脈の東側に位置するため、冬季は乾燥して晴天の日が多く、放射冷却のために寒冷となる。一方、8・9月に降水量が多くなるのが特徴。類似した気候を示す東北地方北部の太平洋岸を含めて、「東部北海道・三陸型」として分類する場合もある。

東部北海道・三陸型 ①

東海・南関東型 ① 関口武によって区分された東日本型の中の1つである東海・関東型とほぼ同じ。冬は乾燥して晴天の日が多く、降水量も少ない。一方、梅雨前線の影響を受ける6月、秋雨前線と台風の影響を受ける9・10月には降水量が多くなる。「関東・東海気候区」と呼ばれたり、冬の気温がやや低くなる地域を含めて「関東・常磐型」として区分する場合もある。

関東・常磐(じょうばん)型 ①

ii —— 季節の変化と気団

シベリア気団 ②4 秋から冬にかけてシベリアに滞留する、低温で乾燥した寒帯大陸性気団。この気団はシベリア高気圧の東半分を構成する。冬に発達して日本列島に北西季節風を吹きだし、日本列島まで南下すると寒波となる。また、日本海を通過する際に水蒸気が供給されるため、日本海側に大量の降雪をもたらす。

シベリア高気圧 ③
北西季節風 ①2

オホーツク海気団 ②3 6〜9月にかけてオホーツク海上に発生する寒帯海洋性気団。オホーツク海高気圧のほぼ全域を構成し、小笠原気団との間に梅雨前線と秋雨前線をつくる。この気団から吹きだす冷涼・多湿の北東風をやませといい、東北地方の太平洋側に冷害をもたらす。

オホーツク海高気圧 ②

：**やませ** ③4 初夏から秋にかけて、オホーツク海気団から吹きだす冷涼・多湿の北東風。北海道・東北・関東の太平洋側に吹き込む地方風で、とくに梅雨明け後に吹く冷たい風をさすことが多い。長引くと冷害を引きおこすが、脊梁山脈をこえることは少ないので、日本海側への影響は小さい。

小笠原気団(おがさわらきだん) ②4 太平洋北西部のフィリ

ピン東方沖から小笠原諸島にある気団。亜熱帯高圧帯の支配下にある熱帯海洋性気団。日本の夏を支配する小笠原高気圧を構成し、夏には高温多湿の南東季節風を吹きだす。

：**太平洋高気圧** ② 亜熱帯高圧帯の中の高気圧の１つ。北太平洋の北太平洋高気圧と、南太平洋の南太平洋高気圧がある。日本の南の海上にある小笠原高気圧は北太平洋高気圧の一部。

猛暑日 ①④ 日最高気温が35℃を超えた日のことを指す。30℃を超えた日を真夏日、25℃を超えた日を真夏日という。群馬県桐生市では2023年の猛暑日が46日で国内歴代最高を記録。埼玉県熊谷市で45日、京都府京都市で43日で過去の記録を更新した。

梅雨(ばいう) ③⑤ 初夏に日本やチャンチヤン（長江）流域でみられる雨季。北のオホーツク海気団と南の小笠原気団の間に停滞性の梅雨前線ができて雨天が続く。年によるずれはあるが、沖縄では５月中旬から６月中旬、関東では６月初旬から７月中旬、東北では６月中旬から７月下旬が一般的。

梅雨前線 ③⑦

秋雨(あきさめ)**（秋霖**(しゅうりん)**）** ③⑤ ９～10月にかけて、日本列島で比較的長く続く雨。南岸に秋雨前線が停滞して雨をもたらす。台風が接近して前線を刺激すると集中豪雨が発生し、大きな被害をだすことがある。

秋雨前線 ②⑤

温帯低気圧 ②① 温帯地方に発達する前線を伴う低気圧。南北の温度差をエネルギーとして発達し、その温度差を調整する役割を果たしている。寒帯前線上で発生し、前線上を移動するので移動性低気圧ともいう。日本は、中国または東シナ海で発生する移動性低気圧の経路にあたるので、天気は西から東へと変化する。

三寒四温(さんかんしおん) ①① 寒い日が３日続くと次に暖かい日が４日訪れるという、７日間で寒暖が繰り返される冬の天気の周期性を表わした言葉。もともとは、朝鮮半島や中国北東部の冬の天候を表わしたもの。日本でも冬の天候を表わすものであったが、近年は春先の天候の特徴を表わすのにも用いられる。

日本の自然災害と防災

自然災害 ③⑦ 非日常的な自然現象によって発生する被害。地震災害、火山災害、暴風雨・豪雪・洪水・高潮などの風水害や地すべり・土石流などの土砂災害などがある。災害の規模は発生した場所の社会条件によって異なる。人口が集中した地帯で発生し、適切な防災対策や危機管理がなされなかった場合に被害は大きくなる。

i ――地震と地震・津波災害

北海道南西沖地震 ②② 1993（平成５）年７月12日の夜に、北アメリカプレートとユーラシアプレートの境界部を震源として発生した地震。マグニチュード7.8。震源に最も近い奥尻島(おくしりとう)は地震発生の数分後に津波に襲われ、南端の青苗(あおなえ)地区を中心に、死者・行方不明者230人の被害をだした。津波の最大波高は31m。

北海道胆振(いぶり)**東部地震** ①⑤ 2018（平成30）年９月６日未明（午前３時過ぎ）に発生した地震。震源は胆振地方中東部でマグニチュード6.7、厚真町では北海道で初の震度７を観測。全国的にも震度７を観測したのは熊本地震以来。この地震によって苫東厚真過量発電所が緊急停止、最終的に一部の離島などを除く道内全域の295万戸が停電となる大規模停電（ブラックアウト）が発生した。札幌市内では液状化現象がおき、住宅が傾いたり道路が陥没したりするなどの被害がみられた。

明治三陸地震 ② 1896（明治29）年に発生した、岩手県釜石(かまいし)市東方を震源とする海溝型地震。マグニチュード8.2～8.5の巨大地震で、最大波高38.2mに及ぶ大津波を発生させ、沿岸に大きな被害を与えた。死者・行方不明者は２万1,959人にのぼった。この地震を契機に「三陸地震」の名称が定着した。

昭和三陸地震 ③ 1933（昭和８）年３月３日の深夜、明治三陸地震とほぼ同じ地域を震源として発生した地震。マグニチュード8.1と推定された。揺れによる被害は少なかったが、直後に発生した大津波によって、死者1,522人、行方不明者1,524人の犠牲がでた。行方不明者が多いのは、津波の引き波で海中にさらわれた人々が多かったためと考えられる。

チリ地震津波 ①① 1960（昭和35）年、現地時間５月22日午後３時頃のチリ地震によって発生し、太平洋を横断して日本の太平洋岸を襲った津波。チリ地震はチリ中南部沖のチリ海溝を震源とする巨大地震。マグニチュード9.5で、現在まで観測された世界最大規模の地震。津波は太平洋を平均時速750kmで横断し、15時間後にはハワイ諸島を襲い、22時間後の日本時間5月24日の未明には日本の太平洋岸に達した。波高6mをこえる津波が三陸海岸を中心に襲い、死者142人にのぼる被害がでた。2010年にもマグニチュード8.8のチリ地震がおきて津波が発生。日本でも大津波警報がだされたが、三陸沿岸で観測された津波は2m未満で、被害は免れた。

東北地方太平洋沖地震 ③[7] 2011（平成23）年3月11日、宮城県北部の牡鹿半島の東南130kmの日本海溝の陸側を震源として発生した地震。この地震による災害は、報道機関によって「東日本大震災」と命名された。震源域は幅約200km、長さ約500kmに及び、マグニチュード9.0という日本史上最大の規模で、1900年以降では2004年のスマトラ沖地震に次いで世界第4位の規模をもつ巨大地震。これによって発生した大津波は、岩手県大船渡(おおふなと)で最大波高40.1mに達し、東北地方から茨城・千葉県の太平洋岸に大きな被害をもたらした。津波は日本だけでなく、環太平洋地域の国々でも観測された。津波被害の大きかった岩手・宮城・福島県の3県を中心に死者・行方不明者は約2万2,010人に達した。各地で地盤の液状化も発生し、沿岸の埋立地を中心に大きな被害をだした。 **東日本大震災** ②[5]

関東大震災 ①[2] 1923（大正12）年9月1日に発生した大正関東地震による地震災害。震源は相模湾(さがみわん)、神奈川県東部・房総半島南部を含む相模トラフ沿いの広い範囲に及び、マグニチュードは7.9。ほぼ200〜400年周期で発生すると考えられ、江戸時代の元禄地震（1703年）も同様の地震と考えられている。人口集中地域を襲った地震のため被害は大きく、建物の崩壊・火災・山崩れ・津波などが発生して死者・行方不明者は約10万5,000人。日本史上最悪の自然災害となった。 **関東地震** ②[3]

東海地震 ①[1] 近い将来、駿河湾および静岡県の内陸部を震源域として発生すると予測される、マグニチュード8をこえる海溝型の巨大地震。東南海地震・南海地震と連動して発生することが多い。1854（安政(あんせい)元）年の東南海地震では駿河湾まで震源域となったが、1944（昭和19）年の地震では駿河湾は震源とならなかったので、安政以来約160年間もひずみが蓄積されていることになる。 **安政東海地震** [2]

東南海地震 ②[2] 遠州灘から紀伊半島沖の南海トラフを震源として、100〜150年周期で発生すると予想される海溝型地震。元来、「東南海地震」とは1944（昭和19）年に発生した紀伊半島沖を震源とする地震をさすものであったが、現在では同一地域で発生した過去の地震も含めた総称として用いられるようになってきた。 **昭和東南海地震** [3]

南海地震 ②[2] 紀伊水道沖から四国南方沖の南海トラフを震源とする海溝型地震。元来は、1946（昭和21）年に発生した昭和南海地震をさす名称であったが、安政東海地震の32日後におきた安政南海地震、1707（宝永4）年に発生した宝永地震など、南海道を震源とする地震の総称としても用いられる。宝永地震は、東南海地震・東海地震と連動し、津波や山体崩壊を発生させて大きな被害を与えた。地震の49日後には富士山の宝永噴火が発生した。噴火と地震の因果関係が指摘されている。 **昭和南海地震** [3]

岩手・宮城内陸地震 [1] 2008（平成20）年6月14日、岩手県内陸南部の深さ8kmを震源として発生したマグニチュード7.2の直下型地震。震度6強を観測した岩手県奥州市と宮城県栗原市に被害が集中した。山間地であったため、人的被害は死者17人、行方不明者6人、負傷者426人に留まったが、山体崩壊や土砂崩れなどの土砂災害が頻発した。

中越地震(ちゅうえつじしん) ②[2] 2004（平成16）年10月23日、新潟県中越地方を震源として発生した地震。北東ー南西方向の逆断層による直下型地震。マグニチュード6.8、川口町で最大震度7を記録。余震が長引いたため、避難生活が長期化したことも犠牲者を増やす結果を招いた。死者68人、負傷者約4,800人。山間地にある旧山古志村(やまこしむら)（現、長岡市）は完全に孤立し、全村避難を余儀なくされた。

中越沖地震 [2] 2007（平成19）年7月16日に発生した新潟県中越地方沖を震源とする地震。マグニチュード6.8、最大震度6強を記録。新潟県内の被害は死者15人、住宅全壊が1,331。東京電力柏崎刈羽(かしわざきかりわ)原子力発電所の原子炉の一部が破損し、微量の放射能漏れが確認された。

濃尾地震(のうびじしん) [2] 1891（明治24）年10月28日、現在の岐阜県本巣(もとす)市を震源として発生した内陸型地震。濃尾平野を中心に明治年間で最大の被害をもたらした。マグニチュード8.0と推定され、内陸型地震としては日本史上最大といわれる。死者は7,273人、住宅全壊は14万余にのぼった。延長約100kmにわたって追跡できる根尾谷(ねおだに)断層を出現させたことでも知られる。余震はその後10年間も続いた。

兵庫県南部地震 ③[7] 1995(平成7)年1月17日の早朝に発生した、淡路島北部を震源とするマグニチュード7.3の直下型地震。神戸市を中心に淡路島・兵庫県南部に大きな被害をだした。死者は6,436人、負傷者約4万人、住宅全壊10万余、被害総額は10兆円にのぼった。気象庁の命名によるこの名称とは別に、「阪神・淡路大震災」と呼ばれることもある。淡路島北西部の海岸沿いには地震断層(野島断層)が現われ、震源分布から、その延長は神戸市の直下まで及んだと考えられる。

阪神・淡路大震災 ①[6]

:**淡路島**(あわじしま) [2] 瀬戸内海東端に位置し、瀬戸内海最大の島。台地・丘陵が大部分を占める。野島断層などの断層も多い。明石海峡大橋で本州と、鳴門大橋で四国と結ぶ。

:**野島断層**(のじまだんそう) [1] 淡路島の北西岸に沿って明石海峡へ続く活断層。兵庫県南部地震では最大210cmの右横ずれ、120cmの西落ちの変位を生じた。兵庫県南部地震の震源断層の延長部分にあたる。現在、淡路島の北淡(ほくだん)震災記念公園に天然記念物として保存されている。

熊本地震 ③[5] 2016(平成28)年4月14日以降、熊本県から大分県にかけて発生した一連の地震。熊本県では4月14日と16日に2回の震度7を観測したが、気象庁はマグニチュード7.5を記録した16日の地震を本震とした。それ以降は大分県中部でも地震が頻発し、震度3以上の余震は両県で500回をこえた。いずれも内陸の活断層の活動によるもので、最初の大きな揺れが引き金となって、次々と隣り合う断層帯を動かした誘発地震である。建物の倒壊や土砂崩れなどによって50人が死亡し、関連死も合わせると犠牲者は258人に上り、直後は18万人が避難生活を余儀なくされた。

ii ――火山と火山災害

洞爺火山(とうやかざん) [1] 北海道南部、内浦(うちうら)湾の北にある洞爺カルデラとその周辺の火山群の総称。洞爺湖は約11万年前の巨大爆発で生まれたカルデラ湖。湖中央の中島は約5万年前に誕生した火口丘と溶岩ドームからなる。カルデラの南東側には有珠山や昭和新山などの火山がある。湖の南には洞爺湖温泉があり、観光地として賑(にぎ)わっている。

洞爺湖温泉 ①

:**有珠山**(うすざん) ②[6] 洞爺湖の南東にある標高733mの活火山。20世紀だけでも4回の噴火があり、最も活動的な火山の1つ。ケイ酸を多く含む酸性のマグマで、粘性が大きく爆発的な噴火を繰り返して溶岩円頂丘などをつくることが特徴。山麓には溶岩円頂丘が成長した昭和新山や金比羅(こんぴら)山がある。最も近い噴火は2000(平成12)年で、活動は3月末から8月まで続き、火山弾の噴出や降灰によって大きな被害をだした。

磐梯山(ばんだいさん) [3] 福島県猪苗代湖(いなわしろこ)の北にある活火山。標高1,816mの成層火山。1888(明治21)年に大規模な水蒸気爆発をおこした。これによって山体が崩壊し、岩屑(がんせつ)なだれ、泥流が発生。北麓の村々が埋没して死者477人。桧原湖(ひばらこ)・小野川湖(おのがわこ)・秋元湖(あきもとこ)・五色沼(ごしきぬま)などの湖沼群が生まれた。

:**水蒸気爆発** ① 地下水が高温のマグマに熱せられて水蒸気を生じ、その圧力が高まって噴火すること。火山灰や噴石などの噴出物は火口周辺の岩片のみで、マグマに由来する成分を含まないことでマグマ噴火やマグマ水蒸気噴火と区別される。

浅間山(あさまやま) [6] 群馬・長野県の県境にある標高2,568mの活火山。最も近い噴火は1783(天明(てんめい)3)年。北斜面に火砕流が流れ、続いて山腹斜面に堆積していた噴出物が岩屑なだれとなって流下、泥流と化して北麓の鎌原村(かんばらむら)を襲い、吾妻川(あがつまがわ)を堰き止めて洪水が発生。洪水流は利根川下流域に及んだ。最後に鬼押出(おにおしだし)溶岩流を噴出して活動は収束した。10万人の死者をだした天明の飢饉は浅間山の噴火によるエアロゾルの増加による気温低下が原因とされているが、疑問は多い。大飢饉はすでに噴火以前から始まっている。加えて、大飢饉の前にはアイスランドのラキ火山で大噴火が発生し、そのエアロゾルの効果の方が大きいとの説も有力である。

御嶽山 [5] 長野・岐阜の県境にある標高3,057mの成層火山。噴火警戒レベル1(平常)の活火山であったが、2014(平成26)年9月27日に水蒸気爆発、小規模な火砕流も発生した。紅葉シーズンのため登山者が多く、火口周辺では噴石などによって58名が死亡、5名が行方不明となる戦後最悪の火山災害となった。噴火予知の難しさや火山情報の提供・避難体制の整備などが新たな課題となった。

噴石 ②[6]

富士山 ③[6] 山梨・静岡県の県境にある成層火山。標高3,776mで日本最高峰。約８万年前から古富士の大規模な噴火が始まり、約1.1万年前の噴火で現在の新富士の山体がつくられた。2,000年前頃まではおもに中央火口からの噴火であったが、それ以降は北北西─南南東に並ぶ側火山からの噴火に変わった。最も新しい噴火は宝永噴火で、以後300年間噴火していない。2013（平成25)年に、「富士山─信仰の対象と芸術の源泉」として、世界文化遺産に登録された。

：**宝永噴火**(ほうえいふんか) [1] 1707（宝永４）年に発生した富士山の噴火。噴煙は上空20kmの成層圏に達し、日中にもかかわらず、約100km離れた江戸市中も日光をさえぎられて暗くなり、４～５cmの火山灰が積もった。南東斜面に３つの火口がつくられ、互いに重なり合うように並んでいる。南海トラフを震源とする巨大地震である宝永地震の49日後に発生した噴火で、プレート運動と噴火の因果関係を指摘する説もある。

宝永地震 [1]

箱根山(はこねやま) [3] 神奈川県箱根町から静岡県境にまたがる火山の総称。二重の外輪山(がいりんざん)に囲まれたカルデラの内側に堰止湖の芦ノ湖と、冠ヶ岳(かんむりがだけ)や神山(かみやま)などの中央火口丘があり、現在も大涌谷(おおわくだに)などでは噴気がみられる。首都圏からも近く、古くから温泉保養地して賑わってきた。

伊豆大島 [2] 伊豆諸島の北端に位置する伊豆諸島最大の島。行政区は東京都大島町。水深400mほどの海底からそびえる伊豆大島火山の陸上部分。中央火口丘である三原山(みはらやま)の高さは764m。30～40年の周期で噴火を繰り返しており、1986(昭和61)年の噴火では溶岩の流出や噴石の降下などが発生し、全島民が避難を余儀なくされた。

三宅島(みやけじま) [3] 伊豆諸島の島。雄山(おやま)を中心に噴火を繰り返し、気象庁は活動度Ａの活火山に指定して、常時観測の対象としている。最も近い噴火は2000(平成12)年７月から開始。噴石が飛び、火砕流も発生したため、９月に全島民が避難。2005(平成17)年２月から帰島が始まったが、有毒な火山ガスの流出は続いている。ガスマスク携帯義務は緩和されたものの、一部地域への立入り制限は継続している。以前から、ほぼ20年周期で噴火が繰り返され、玄武岩質(げんぶがんしつ)の溶岩流が集落を飲み込む被害も発生している。

西之島 ②[1] 小笠原諸島父島の西130kmにある無人島。山頂部が海面上に現れた火山島で、海底との比高は4,000mに達する。最も新しい噴火は2013(平成25)年から始まり、間に休止期を挟むものの、活発な火山活動は現在も継続している。噴火のたびに溶岩が噴出して島は拡大を続けて旧島と一体化し、2020年６月の面積は4.1km²、最高標高は200mに達した。

雲仙普賢岳(うんぜんふげんだけ) [5] 長崎県島原半島にある雲仙火山の中の１つ。1792(寛政(かんせい)４)年には眉山(まゆやま)の山体崩壊で発生した波高50mの津波によって、対岸の死者・行方不明者は１万5,000人に達した。現在の平成新山を形成した噴火は、1989～95(平成元～７)年まで続いた。とくに1991(平成３)年６月３日には大規模な火砕流が発生し、報道関係者や消防隊員など43人の死者をだした。

阿蘇山(あそさん) ①[5] 熊本県東部にある世界有数のカルデラ・外輪山を含む火山の総称。カルデラ内部には成層火山・火砕丘・溶岩ドームなどが東西に配列して中央火口丘を形成する。約９万年前に発生した４回目の巨大カルデラ噴火の火砕流は、ほぼ九州の北半分を覆ったといわれる。現在の活動は中岳火口に限られており、数年の間隔をおいて１～２年の活動期が認められる。

阿蘇カルデラ ① → p.25

霧島山(きりしまやま)（**新燃岳**(しんもえだけ)）[4] 霧島山は宮崎・鹿児島県の県境に広がる火山群の総称。現在も活発に活動を続ける新燃岳もその中の１つ。最も新しい噴火は2018(平成30)年で、鹿児島空港を発着する航空機が欠航するなどの影響がでた。

桜島(さくらじま) [6] 鹿児島県錦江湾(きんこうわん)奥にある活火山。姶良(あいら)カルデラを形成した約2.5万年前の巨大噴火のあとに活動を開始した複合成層火山。山腹には多くの側火山(そっかざん)がある。1914(大正３)年の噴火で発生した溶岩流によって大隅(おおすみ)半島と陸続きになった。歴史時代に入ってからの噴火はすべて南岳山頂火口と側火口によるもので、現在も頻繁に噴火を繰り返している。

開聞岳(かいもんだけ) ② 鹿児島県薩摩半島の南端にある、標高924mの小規模な火山。玄武岩質の成層火山の上に安山(あんざん)岩質の溶岩円頂丘がのる複式火山。過去1,000年以上、噴火の記録はない。別名は薩摩富士。

口永良部島(くちのえらぶじま) [4] 鹿児島県にある大隈諸島の島。近年は新岳火口での噴火を繰り返している。2020年２月の噴火では、噴石が火口から600mまで飛散、火口から南西側へ火砕流が発生した。その際の噴火で火口縁上に7,000mの噴煙が上がったと気象衛星画像から推測されている。

iii――気象災害と土砂災害

❶気象災害

水害 ②[5] 河川や海の水位が上昇することで発生する災害をいう。集中豪雨による河川の氾濫、台風による高潮などが多い。

：**洪水** ③[7] 大雨などで河川の流量が増大し、氾濫した水によって陸地が水浸しになったり、水没したりする自然災害。台風や集中豪雨によるものが多いが、多雪地帯の融雪期に発生することもある。

：**外水氾濫** ③[7] 大雨が降って河川の水が堤防からあふれたり、堤防が決壊して河川の水が流れ込んだりして浸水すること。

：**内水氾濫** ③[7] 排水施設の能力をこえる大雨が降って、側溝やマンホールから水があふれだし浸水すること。また、本流の河川に対して、支流の河川の水位が上がって水があふれ出すことをさす場合もある。

：**都市型水害** ③[3] 大都市に特有の水害で、近年、各地で増加傾向にある。地表がアスファルトやコンクリートで覆われているために吸水できず、短時間に下水管や河川に水が集中し、あふれだして洪水が発生する。河川の多くがコンクリートで護岸され、直線化されていることも原因の1つである。

集中豪雨 ③[5] 狭い地域に大量に降る雨のこと。1時間の降雨量が100mmをこえるような雨が観測されることもある。寒冷前線の通過、梅雨末期の湿舌(しつぜつ)の出現、台風の接近などによることが多く、山間地では土石流の原因となる。

局地的大雨 ①[4] 狭い範囲に数十mm程度の激しく急な降雨が数十分続く状態をさす。一部の報道機関では「ゲリラ豪雨」と呼ばれることがあるが、気象庁では使用していない。突発的であるため都市河川の増水などに注意が必要である。

線状降水帯 ②[2] 雨雲(積乱雲)が次々に発生し、列になって積乱雲群となる。その積乱雲群が通過もしくは停滞していくことで線のように降水域ができること。線は数十kmから数百mの長さをもつ。気象庁は顕著な大雨に関する気象情報の発表で、2021年6月から「線状降水帯」という言葉を用いることにしている。

高潮(たかしお) ③[7] 平常より海水面が高くなる現象。台風などの強い低気圧の接近に伴う海水位の上昇とあわせて、海水が強風に吹き寄せられて潮位が上昇することが原因。大量の海水が防波堤をこえると海岸沿いの土地が浸水して被害が発生する。満潮と重なると被害はさらに大きくなる。日本では、伊勢湾台風による高潮被害が知られている。

：**伊勢湾台風**(いせわんたいふう) ①[1] 1959(昭和34)年9月26日、潮岬(しおのみさき)に上陸し、紀伊半島～東海地方にかけて甚大な被害を及ぼした台風。死者・行方不明者は5,098人にのぼり、明治時代以降最大の犠牲者をだした。3,000人以上の死者をだした1934(昭和9)年の室戸(むろと)台風、1945(昭和20)年の枕崎(まくらざき)台風とともに昭和の3大台風と呼ばれる。多くの死者をだした原因の1つが高潮で、名古屋港では+5.31mの潮位を記録し、防波堤や堤防を破壊して一帯を水没させた。

冷害 ③[2] 春から夏にかけての生長期に異常低温が続くことによって発生する農作物の被害。日本では東北地方から北海道で発生する水稲の被害が顕著である。

雪害 ①[3] 降雪によって引き起こされる災害。積雪による雪崩や交通障害、雪道での運転中または歩行中の事故など豪雪地帯以外でも災害が起こりうる。

：**雪崩**(なだれ) ②[3] 積もった雪が重力によって山腹の斜面を崩れ落ちること。表層雪崩と全層雪崩がある。表層雪崩は降雪の多い時期に起こることが多く、崩れ落ちるスピードが速く被害も大きくなる傾向がある。全層雪崩は雪解けの時期とも重なる春先に起こることが多い。

トルネード ②[4] 英語でtornadoは竜巻の意。地上から上空にのびる渦巻状の激しい上昇気流をいう。巨大な積乱雲の下に発生するもので、時速数十km～100kmに及ぶ猛烈な風を伴い、暴風による被害が発生する。寿命が短いので局所的だが、壊滅的な被害をもたらす。アメリカ合衆国では中央部の平原地帯を中心に、年間1,300個も発生している。日本では年平均17個と少ないが、近年は増加傾向にあり、地球温暖化とともにさらに増加することが心配される。

干ばつ ③[4] 長期間にわたって続く水不足の状態。旱魃(かんばつ)と同義。旱は「ひでり」、魃は「ひでりの神」の意。日本では夏の小笠原高気圧の勢力が強く、極端に降水量が少ない年に発生することが多い。土壌が乾燥して作物が育たないなどの干害をもたらす。

干害(かんがい) ①

❷土砂災害

土砂災害 ③[7] 土砂の崩落や流下に伴って発生する災害。集中豪雨や地震・火山などによる土石流・急傾斜地の崩壊・地すべりによって発生する。

土砂災害警戒区域 [2]
土砂災害特別警戒区域 [2]

土石流(どせきりゅう) ③[7] 泥・砂・礫・岩塊(がんかい)などが水と一体となって高速で流下する現象。古くは山津波とも呼ばれた。一般には、流れ出たものの水分の割合が高い場合は鉄砲水、土砂の割合が高い場合は土石流とされる。集中豪雨や雪融けが急に進んだ場合などに発生し、山麓の集落や耕地に大きな被害を与える。 **鉄砲水**(てっぽうみず) [1]

山崩れ ① 山地斜面の基盤岩石の一部やその上にのる土壌などの風化砕屑物(ふうかさいせつぶつ)が急激に崩落する現象。豪雨・地震・地下水などを原因とする。

土砂崩れ [3] 山崩れと同様に、斜面崩壊・山腹崩壊の1種。山体の全体ではなく、斜面の表層部を構成する土壌や岩屑が崩落する現象をさす。より小規模なものは一般に崖崩れと呼ばれるが、明確な定義はない。豪雨や地震を誘引として発生することが多い。

：**崖崩れ** [7] 集中豪雨や地震などにより、傾斜地の地盤がゆるんで斜面が崩壊し、重力によって斜面の下方に向かって崩れ落ちる現象のこと。

地すべり ①[6] 狭義には、地下のすべり面を境に上部の斜面を構成する物質が下方へ滑動(かつどう)する現象。すべり面に大量の水が入り込んだ場合に発生しやすい。基盤岩石の性質に影響され、蛇紋岩(じゃもんがん)や結晶片岩(けっしょうへんがん)、さらに泥岩地帯で多発する。また、広義には、すべり面の有無にかかわらず、山崩れ・土砂崩れなどの崩壊や斜面物質の下方への流動などをさし、斜面運動の同義語として用いられることがある。

iv ―― 災害への対応と防災

治水(ちすい) ①[5] 川の氾濫や高潮の被害から住居や耕地を守ること。堤防を築く、流路を変更する、遊水池を設けるなど様々な方法がある。ただし、速やかな排水が都市型水害を誘発する場合もあり、自然条件を考慮した施策が求められている。

霞堤(かすみてい) [3] 不連続な堤防で、洪水時には開口部から逆流させて洪水流を弱める機能をもつ。上流で氾濫した水流も、霞堤の開口部を通って河川に戻ることができる。江戸時代に愛知県豊川水系につくられたものがよく知られる。

遊水池(ゆうすいち) **(遊水地)** [3] 下流の水害を軽減するため、洪水流を一時的に貯留させる地。遊水地と表記する場合もあるが、明確な区別はない。平野部に広い面積を必要とするため、国内では新たに設置することは難しい。栃木・群馬・茨城・埼玉県の4県にまたがる渡良瀬(わたらせ)遊水地が代表的。当初は足尾(あしお)銅山からの鉱毒を沈殿させることを目的につくられたが、現在はおもに治水と利水のための土地となっている。

砂防(さぼう)**ダム** ①[3] 土砂災害を防止するために、山間地の渓流などに設置された小規模なダム。砂防堰堤(えんてい)ともいわれる。土石流の勢いを弱めるなどの効果がある。近年は巨石や流木のみを食い止めることを目的に、ダム中央部を鋼鉄の枠だけにして水流を速やかに通す透過型(とうかがた)砂防堰堤が増えている。

洪水対策用地下河川 [1] 洪水流を分流させ、他の河川や海に放流するために地下に建設された遊水・排水施設。大都市の地表には新たな水路を開削する余地はないので、地下に大規模なトンネルをつくる。最も大規模なものは首都圏外郭(がいかく)放水路。埼玉県の国道16号の地下50mにあり、延長6.3km、直径10m。すでに稼動しており、洪水を直径30m、深さ60mの巨大な5本の縦坑(たてこう)に貯留し、地下トンネルで江戸川に放水している。大阪府北東部の寝屋川(ねやがわ)にも北部と南部2本の地下水路の建設が進められ、寝屋川北部地下河川が2021年3月に供用を開始した。

：**洪水対策用地下調整池** [2] 大都市の水害を軽減することを目的に、洪水を地下に貯留する施設。東京の神田川・環状七号線地下調節池は第一期、第二期工事を経て54万m^3を取り込む調整池として使用されており、周辺地域の洪水被害の軽減に役立っている。2017年には白子川調整池が完成、さらにこれらの調整池をつなぐ環状7号線地下広域調整池を2025年度完成に向けて建設中。

ハザードマップ(防災地図) ③[7] → p.9

ハザードマップポータルサイト [2] 国土交通省が開設するサイト。身の回りの災害リスクを知る「重ねるハザードマップ」と自治体のハザードマップが閲覧できる「わがまちハザードマップ」がある。わがまちハザードマップは自治体のサイトにリンクされており、誰でも洪水・津波・土砂災害・火山災害などのハザードマップをみることができる。

火山ハザードマップ [2]

土砂災害ハザードマップ [2]

洪水ハザードマップ [1] ハザードマップの内容は自治体ごとに多様であるが、過去に発生した水害の被害状況をもとに、大雨により河川などが増水し、洪水になった場合の浸水予想区域と、浸水深を示した地図をもとに、避難所や水害時の注意事項を記載したものが多い。

水害ハザードマップ [1]

地震ハザードマップ [2] 地震発生の確率やその規模、被害予測は、直下型地震か海洋型地震かというような地震の種類、自治体の位置する環境により大きく異なる。そのためハザードマップは地域の状況にあわせて多様である。一般に、急傾斜地崩壊の危険性、火災によって建物が全壊・焼失する可能性などを表示した建物被害予測マップのほか、震度予測マップ、液状化危険度マップ、家庭でできる地震防災対策などを掲載していることが多い。

津波ハザードマップ [4] 一人の犠牲者もださないことを旗印に、津波に襲われた場合の浸水予測区域を着色するなどして示し、避難目標となる津波一時避難場所、津波避難経路及び避難経路を記載するとともに、日頃の防災訓練参加への呼びかけや緊急避難通報への対応の仕方などが記されている。

自助 ①[6] 自然災害への備えや発生時のことを考え、家族を含め自分自身の身の安全を自分で守ること。普段から避難経路の確認や家族の安否確認の方法、防災用品の準備などを行なう。災害発生時も自治体やメディアからの情報を得つつ速やかに避難行動に移すことが重要である。

共助 ①[6] 自然災害への備えや発生時のことを考え、近隣の住民や地域・コミュニティを構成する人同士で助け合っていくこと。災害発生時には、単身の高齢者が家屋からの避難するを協力したり、近隣に声がけして避難行動したりすることなどがあげられる。

公助 ①[7] 自然災害への備えや発生時のことを考え、警察、消防、自衛隊などをはじめとする国や地方公共団体が救命・救護活動や災害対策にあたることをさす。

タイムライン [4] 防災行動計画ともいう。起こりうる自然災害について「いつ」「誰が」「何を行なう」かに着目して時系列にまとめて整理したもの。国や市町村、地域、住民それぞれの役割を明確にし、事前に備えておくことで防災・減災につながる。

正常性バイアス [2] 自然災害に見舞われるなど危険が高い状況にあっても自分は大丈夫だろうと異常を正常と捉えて心理的に平静を保とうとする状態をさす。災害を過小評価してしまうことになり、避難行動の妨げになってしまうことがある。

津波避難タワー ①[3] 津波に襲われた際、避難所や高台などに避難するのが難しい場合に逃げ込むための一時的な施設。津波ハザードマップにも位置が記される。鉄骨の骨組みで数mから十数mの高さがある。同じような施設として津波避難ビルがあり、建物の高層階や屋上へ避難する。

津波避難ビル [3]

自然災害伝承碑 ①[5] 過去にその土地で発生したさまざまな自然災害の様子を記した石碑や記念碑。その当時の被害の様子を知ることができ、これから起こりうる災害への備えにも役立つ。国土地理院は2018（平成30）年に発生した西日本豪雨を契機として2019（令和元）年に地形図の図式を一部改正し、自然災害伝承碑の地図記号を制定した。2021年からは重ねるハザードマップにも掲載されている。

：**西日本豪雨** ①[2] 気象庁が命名した平成30年7月豪雨のことをさす。台風7号および梅雨前線などにより集中豪雨が発生した。平成になってからの水害では初めて死者が100人を超え、中部地方以西の西日本一帯に甚大な被害を及ぼした。

6 環境問題

世界の環境問題

i——地球温暖化

地球温暖化 ③7 地表の大気や海水の平均温度が上昇する現象。自然の気候変動による場合もあるが、一般的には人間活動に伴って大気中に放出される二酸化炭素やメタンなどの温室効果ガスの影響が大きい。海水の膨張や氷河の融解による海面の上昇、洪水・干ばつ・熱帯低気圧の発達などの異常気象を発生させることが指摘されている。

：**温室効果ガス** ③7 大気中に放出された赤外線を吸収し、その時にだす熱エネルギーを地表に放射して気温を上昇させる大気成分。二酸化炭素がその代表であるが、メタン・フロン・亜酸化窒素なども温室効果ガスに含まれる。 **二酸化炭素** ③7

排出量取引 1 環境汚染物質の排出量を削減するための経済的な方策。国・自治体・企業などにあらかじめ排出権を割り当て、それを上回る所と下回る所で権利を売買し合う制度。二酸化炭素などの温室効果ガスや廃棄物処理などの事例がある。

：**海面上昇** ③5 気候の変化に伴って海水面は上昇と下降を繰り返してきた。最終氷期の極相期(きょくそうき)には、世界の海面が120mも低下していた。20世紀後半からは、地球温暖化に伴う氷河の融解と、海水の膨張による海面上昇が懸念されている。ツバルやモルディブなどのサンゴ礁の島々からなる国では、水没を心配して環境難民の認定を求める声もある。

気候変動枠組条約 ③6「気候変動に関する国際連合枠組条約」United Nations Framework Convention on Climate Change、略称UNFCCC。地球温暖化防止条約ともいう。地球温暖化防止に関する初めての条約。二酸化炭素やメタンなどの温室効果ガスの排出量を削減し、気候変動に伴う様々な悪影響を防止するための条約。2023年現在、全国連加盟国198カ国・地域が参加。事務局はドイツのボンにある。

：**気候変動枠組条約締約国会議（COP）** ③2 気候変動枠組条約の交渉会議の最高意思決定機関。1995年にベルリンで開かれた第1回締約国会議（COP 1）から2023年にドバイ（アラブ首長国連邦）で開かれた第28回締約国会議（COP28）まで計28回開催されている。なおCOPとは、「締約国会議」Conference of the Partiesの略で、環境問題に限らず、多くの国際条約の最高決定機関として設置されているもので、気候変動枠組条約や生物多様性条約の締約国会議だけをさすものではない。

：**気候変動枠組み条約第3回締結国会議** ①1 1997年12月に京都で開催された（COP 3）。地球温暖化防止京都会議とも呼ばれる。温室効果ガスの具体的な削減目標を定めた「京都議定書」を採択した。

：**京都議定書** ③6 2008〜12年の5年間で、先進国全体で温室効果ガスの排出量を、1990年を基準として5.2％削減することを決定。温室効果ガスは二酸化炭素・メタンなど6種類。削減率は国や地域ごとに異なり、日本6％、アメリカ合衆国7％、EU 8％など。削減目標を達成するために排出量を売買するなどの京都メカニズムも盛り込まれた。最大の排出国である中国などに削減義務はなく、2001年にはアメリカ合衆国が議定書からの離脱を表明するなど、その効果を疑問視する声もあった。2020年以降、京都議定書以後の地球温暖化対策の枠組みはパリ協定に受け継がれる。

：**パリ協定** ③7 1997年の京都議定書に代わる気候変動に関する新しい枠組。2015年にパリで開催された気候変動枠組条約の第21回締約国会議（COP21）で採択された。世界共通の長期目標として、世界の平均気温の上昇を産業革命前と比較して2℃より十分低く抑えること、1.5℃に抑える努力を追求することを目的とする。この目標を達成するため、国際社会は今世紀後半に、世界全体の温室効果ガス排出量を実質的にゼロにすること、つまり「脱炭素社会」の実現を目指している。

適応 ①2 気候変動への備えに関する考え方で、現在起きている影響または起こりうる影響を最小限に抑え、新たな気候条件に合わせてよりよい生活ができるように備えていくこと。農作物の品種改良や異常気象への防災・減災などがあげられる。一方、気候変動の原因になっている二酸化炭素などの温室効果ガスを削減し、気候変動そのものを抑制していく考え方を緩和と呼ぶ。 **緩和** ①2

カーボンニュートラル ②2 メタンや二酸化炭素などの温室効果ガスについて、排出量と吸収量・除去量を均衡にしてバランスをとることにより、二酸化炭素排出量を全体としてゼロにする考え方をいう。カーボンニュートラルの実現は脱炭素社会を目指すうえで重要になっている。

IPCC(気候変動に関する政府間パネル) Intergovernmental Panel on Climate Change ③[4] 人間活動に起因する気候変動の影響やその緩和に関する最新の科学的・社会経済学的知見を集約し、評価や助言を行なう国際機関。報告書の数値資料や知見は京都議定書の基礎資料となった。1988年に、UNEP(国連環境計画)と世界気象機関(WMO)により設立された。

ii――越境する汚染

大気汚染 ③[7] 人間の健康を脅かすほどに、大気中の微細な粒子や気体成分が増加する現象。大気汚染物質は火山噴火や砂嵐などの自然現象に起因するものもあるが、人間活動によるものが多い。工場から排出されるガスや煤塵、自動車の排気ガスなどが汚染源となっている。とくに経済発展を急ぐ新興国の都市で悪化しており、喘息などの疾患に苦しむ人が増加している。

大気汚染物質 ②[4]

:**スモッグ** ①[3] 煙(smoke)と霧(fog)の合成語。スモッグは風のない夜から朝にかけて、地表付近の空気が冷えた時、煙や排気ガスが淀むような場合に発生する。以前のスモッグは石炭の煤煙混じりのものであったが、現在は石油の燃焼に伴って発生する亜硫酸ガスや一酸化炭素を多量に含むガスに変わっている。

:**光化学スモッグ** ③[1] 工場や自動車の排気ガスと紫外線の光化学反応による汚染物質を含むスモッグ。排気ガス中に含まれる炭化水素と窒素酸化物は、光化学反応によりオキシダントという有毒物質をつくり、目やのどの痛みなどの粘膜刺激症状をおこす。

越境大気汚染 ① 国境をこえて広がる大気汚染とそれに伴う環境破壊。1970年代初め、中部ヨーロッパの工業地帯から排出された硫黄酸化物が大気の流れにのって移動し、スカンディナヴィア半島に酸性雨を降らせたことで注目された。最近の日本では、中国から飛来するものを含む微小な浮遊粒子状物質(PM2.5)の濃度が上昇し、健康への影響が懸念されている。

:**PM2.5** ③[5] 大気中を漂う直径が2.5μm(マイクロメートル)以下の微粒子。火山灰など自然由来のものもあるが、大部分は化石燃料を燃焼させて発生する二酸化硫黄が大気中で酸化して生成されたもの。火力発電所や自動車の排ガスが主な発生源。吸い込むと肺の奥に吸着されるため、喘息・気管支炎・肺がんなど、呼吸器系や循環器系の疾病を引きおこす。

長距離越境大気汚染条約 ③「国連欧州経済委員会による越境大気汚染に関する国際条約」。「ジュネーヴ条約」と略称されることもあるが、捕虜の扱いを定めたものなど様々な「ジュネーヴ条約」があるので注意。1979年締結。ヨーロッパ諸国とアメリカ合衆国・カナダなど49カ国が加盟。日本は加盟していない。酸性雨の原因となる越境大気汚染の防止が目的。1985年に硫黄酸化物の削減を定めたヘルシンキ議定書、1988年には窒素酸化物の削減を定めたソフィア議定書が採択され、規制が強化されてきた。

海洋汚染 ③[6] 海域に排出・投棄された物質による海水の汚染。油田やタンカーなどからの原油流出、自然界で分解されないプラスチック製品の漂流、原子力発電所の事故に伴う汚染水の流出など、原因は様々。魚介類の大量死、特定の生物の異常発生などを引きおこし、生態系の上位にたつ生物種への有害物質の蓄積によって人間の健康被害を発生させる場合もある。

海洋プラスチックごみ ①

マイクロプラスチック ③[3]

富栄養化 ①[1] 水域に栄養物質が増加する現象。本来はできたばかりの貧栄養湖が富栄養湖へと移りかわっていく過程をさした用語。近年は、人間の活動によって水中の窒素化合物やリンの濃度が上昇する現象をさす場合が多い。極端な場合は赤潮や青潮を引きおこすため、公害や環境問題として考えられるようになった。

:**赤潮** ①[2] 富栄養化の進んだ内湾や内海で発生し、植物プランクトンの大量発生によって水の色が赤褐色、または茶褐色に変化する現象。プランクトンが死んで海底に堆積・分解されると、大量の酸素を消費して一時的な無酸素状態となるため、魚類など水域の生物が死滅する。

バーゼル条約 ①「有害廃棄物の国境を越える移動及びその処分の規制に関するバーゼル条約」。UNEP(国連環境計画)が1989年にスイスのバーゼルで採択。1980年代にヨーロッパからアフリカへの有害廃棄物の不正輸出が相次いだことが採択の背景にある。

輸出の許可制・事前審査を導入し、不正な輸出入については政府の引取り義務を定めた。日本政府は国内法として、1993年に「特定有害廃棄物等の輸出入等の規制に関する法律」、通称「バーゼル法」を制定した。

森林破壊 ②③ 人類の活動が拡大することに伴う森林面積の減少。歴史的に早くから開発が進んだ温帯林はすでに森林の多くを失い、近年は有用材の伐採や焼畑による熱帯林の減少が問題となってきた。熱帯林の伐採が規制されるようになった現在、用材やチップの供給源は冷帯林に移行しており、その減少が心配されている。

熱帯林の破壊（熱帯林の減少） ③⑤ 熱帯に分布する森林が開発によって急速に減少しており、その速度は毎年1,500万haに達する。これは北海道・九州・四国をあわせた面積に相当する。熱帯林には熱帯雨林・熱帯季節林・マングローブ林などが含まれる。いずれも多様な生物資源の宝庫であり、その減少は生物多様性の減少を招くので、地球的な環境問題の1つと考えられている。

：**アマゾン開発** ③⑤ 1970年には、世界銀行の融資を受けて、「土地なき人を人なき土地へ」のスローガンのもと、100万人規模のアマゾン移住計画が始まった。さらに1974年には、日本のJICA(ジャイカ)の融資で、「大カラジャス計画」がスタートした。世界最大の埋蔵量をもつカラジャス鉄鉱山の開発とそれに伴う鉄道・道路網の整備、農牧業開発、さらにツクルイダムの建設も含まれる。製鉄工場で使用する木炭をつくるための木材の採取、入植者の焼畑、牧場開発などによって、毎年、東京都の10倍もの面積の熱帯林が失われているといわれる。このままでは、2050年にはアマゾンの熱帯林の40%が消失すると予測されている。

：**アマゾン横断道路** ②③ アマゾンへの入植を進めるために、人と物資の輸送を目的に国家事業として建設された道路。トランスアマゾニアンハイウェイともいう。大西洋岸の都市からペルー国境まで総延長5,000km以上に及ぶ。衛星写真からは道路に沿って「フィッシュボーン」と呼ばれる魚の骨の形をした伐採跡地が拡大してきた様子が確認でき、熱帯林破壊の代表例となった。

：**カリマンタン島（ボルネオ）** ③⑤ 東南アジアにある世界第3位の面積をもつ島。中央を赤道が横断する。北はマレーシア領とブルネイ、南はインドネシア領である。全域が熱帯雨林に覆われた島であったが、木材採取や焼畑によって多くの森林が減少した。近年は油ヤシプランテーションの拡大が森林減少を加速させている。伝統的な生活を続ける先住民の生活が脅かされたり、オランウータンなどの野生動物が絶滅の危機に瀕している。

砂漠化 ③⑦ 乾燥地域で植生が失われて土壌侵食が進み、不毛の土地が拡大していくこと。植生が失われるとダストストーム（砂塵嵐）が発生しやすくなり、より広い範囲に被害を拡大させる。降水量の減少による干ばつだけでなく、人間活動が自然の回復力を上回ったことがおもな原因。発展途上地域での過耕作・過放牧・薪炭材の採取に加え、灌漑農業地域で土壌の塩性化が進行していることも原因の1つである。

：**過耕作** ③③ 永続的な農耕のサイクルをこえる耕地の過剰な利用。地力が低下するため、砂漠化の一因となる。サバナなどの焼畑農業地域では、森林の回復を待つため一定期間をおいて火入れを行なっていたが、人口増加などでより多くの食糧生産が必要になると回復を待たずに火入れが行なわれ、荒地が拡大した。

：**過放牧** ③④ 牧草など飼料の成長・生産を上回る過剰な放牧。牧草の再生産が追いつかず砂漠化を引きおこす。サハラ砂漠の周辺では、人口密度の増加に伴い、飼養家畜が増加して牧草が食べ尽くされ、裸地が拡大している。

：**過伐採** ③③ 自然の回復力を上回って樹木を伐採し、森林を減少もしくは消滅させること。発展途上国では家庭用燃料として薪炭の需要が多く、人口増加によってその量はますます増加している。とくに乾燥地域ではもともと樹木が少ないうえに再生産に長い時間を要するので、森林の減少は急速に進行する。 **薪炭材** ③②

：**サヘル** ③⑦ アラビア語で「岸辺」の意。サハラ砂漠の南縁に沿って帯状に広がる半乾燥地域。年降水量は200〜800mmであるが、年による変動が激しい。気候変動による干ばつと人口増加による過放牧・過耕作および薪炭の採取などによって砂漠化が拡大し、餓死者や難民が発生した。

：**黄砂**(こうさ) ③① 黄土高原などの内陸アジアの乾燥地域から日本に運ばれる細粒の土壌。レスと呼ばれる風成土(ふうせいど)の1つ。北西の季節風が強まる冬から春先にかけて多く、中国内陸部の砂漠化が進行するにつれて、日本で黄砂が観測される日数も飛躍的に増加している。

塩害 ②3 塩分が植物の生育などに何らかの障害を引きおこすこと。台風などの自然災害に伴って潮風や海水が侵入して植物に被害を与える場合も含まれるが、人間の開発によって、乾燥地域で土壌の塩性化が進み、作物が生育できない状態となることをさす場合が多い。

：**土壌の塩性化** ①1 灌漑農地で塩類が集積する現象。土壌の塩類化ともいう。乾燥地域で灌漑を施すと、土壌中の塩分を溶かし込んだ地下水が毛細管現象によって吸い上げられ、地表に塩分が集積する。これが進行すると作物の栽培が不可能な不毛の土地となり、砂漠化が拡大する要因ともなる。

土壌の塩類化 ①2

土壌侵食 5 土壌が雨滴・流水・風などの作用によって流され飛散すること。肥沃な表土が失われ、地力が低下し荒廃する。自然の侵食作用による場合もあるが、森林破壊や砂漠化、過剰な耕作による土壌の劣化などによっても発生し、植生の復元が困難になる。アメリカ合衆国では、機械化と過剰な連作によって土壌侵食が進んだが、等高線耕作を行なって土壌の保全を図ってきた。

：**土壌の流出** ① 流水や風によって地表面の土壌が失われること。森林の伐採や過耕作・過放牧などによって植生が失われて地表が裸地化することで進行する。土壌が失われると植生の回復が困難になって保水力が低下し、洪水などが発生しやすくなる。

：**土壌の劣化** 1 肥沃な土壌が失われて植物を育てる力が著しく低下すること。植生の破壊による表土の侵食、乾燥地域での灌漑による塩類の集積、酸性化、化学物質による汚染など、様々な原因がある。土壌の植物生産力が低下すると、耕作や放牧ができない荒地が拡大し、乾燥地域では砂漠化の要因ともなる。

等高線耕作 ②1 → p.83

砂漠化対処条約 ②3「深刻な干ばつ又は砂漠化に直面する国(特にアフリカの国)において砂漠化に対処するための国連条約」。1994年採択。略称UNCCD。2024年1月現在、締約国は197カ国・地域とEU。国際的な連携によって、砂漠化の深刻な影響を受けている国々、とくにアフリカ諸国の砂漠化を防止し、干ばつの影響を緩和することを目的としている。

iii――様々な環境問題

オゾン層 ③5 成層圏の高度25km付近でオゾンが集中している気層。オゾンは酸素の同素体O_3。対流圏にも存在するが、大気中の90%がオゾン層に集まる。地上の生物に有害な波長が長い太陽からの紫外線の大部分をオゾン層が吸収している。

成層圏のオゾン ①　**対流圏のオゾン** ①

：**オゾンホール** ②6 オゾン層の下部に生じたオゾン濃度の極めて薄い部分。南極上空のものが最も大規模で年々拡大していることが観測されており、北極でも小規模ながら確認されている。

：**フロン** ③6 塩素化・フッ素化されたメタンやエタンをさす一般的な名称。適度の溶解性があり、冷媒・洗浄溶剤・発泡剤として大量に使用されてきた。環境中に排出されても化学的にほとんど変化せず、一部が光化学反応によってオゾンを分解している。また、温室効果ガスとしても環境に与える影響は大きい。

ウィーン条約 ②「オゾン層保護に関するウィーン条約」。UNEP(国連環境計画)が中心となって、1985年に採択、88年に発効した。2021年現在、締約国数はEUを含む198カ国。オゾン層を破壊する物質や人間活動の規制、オゾン層保護のための研究や観測など、国際協力の基本的枠組を決定。この条約に基づいて具体的に規制を定めたのがモントリオール議定書である。

：**モントリオール議定書** ③3「オゾン層を破壊する物質に関するモントリオール議定書」。1987年採択。ウィーン条約のもとで、オゾン層を破壊する物質を特定し、その生産や消費を規制することを狙いとしている。2021年現在、締約国はEUを含む198カ国。議定書の発効により、96年までに特定フロン・四塩化(しえんか)炭素などが、その後、順次代替フロンなどが全廃された。

酸性雨(さんせいう) ③7 酸性度の高い雨滴(うてき)や雪。化石燃料の燃焼によって大気中に放出された硫黄酸化物や窒素酸化物が、大気中の化学反応によって硫酸イオン・硝酸イオンに変化して降水に取り込まれることで発生する。湖沼や土壌の酸性化による生物の死滅、森林の枯死、大理石の溶食などの被害を発生させる。ドイツのシュヴァルツヴァルトでは、1970年代に、広範囲にわたって樹木の立枯れや衰退が確認され、酸性雨によるものとして注目を浴びた。

: **湖沼の酸性化** [2] 酸性雨が流れ込んで湖が酸性化されること。かつて氷床に覆われていた北ヨーロッパや五大湖周辺などは、土壌が未発達で酸性化に対する緩衝能力が低いため、酸性化しやすい。魚類などの水生生物が減少するなどの影響が現われ、その対策として空中からの石灰散布などによる中和が行なわれている。

: **土壌の酸性化** [1] 土壌の酸性度が高まること。雨によってアルカリ性の石灰分が流出したり、硫安(りゅうあん)などの硫黄分を含む化学肥料の散布によっても進行する。酸性雨からの酸が土壌に入ると、植物の生育に必要なカルシウムイオンなどが溶けだして失われる。さらに進行すると有害なアルミニウムイオンが溶けだして植物の生育を妨げるようになる。

: **シュヴァルツヴァルト** ①[1] ドイツ南西端、ライン地溝帯の東側に位置する山地。ドイツ語で「黒い森」の意。植林された常緑針葉樹のトウヒが密生して黒っぽくみえることに由来した地名。北部には温泉保養地として有名なバーデン＝バーデン、南部には環境首都として知られるフライブルクがある。

酸性霧(さんせいむ) ①[1] 酸性の霧で、広義の酸性雨に含まれる。酸性雨より酸性度が高いことが多く、被害も深刻である。霧は水滴に比べて細かいので、植物の葉や幹に与える影響が大きい。

: **硫黄酸化物**(いおうさんかぶつ) ③[4] 化学式からSOxと呼ばれる硫黄の酸化物。石油や石炭などの硫黄分が含まれる化石燃料を燃焼させると発生する。自然界では火山ガスに含まれる。水と反応して硫酸や亜硫酸を生じる。

: **窒素酸化物**(ちっそさんかぶつ) ③[4] 化学式からNOxと呼ばれる窒素の酸化物。物質が高温・高圧で燃えることで、空気中の窒素と酸素が反応して生成される。自動車の排気ガスはこの例。ほかにも窒素化合物を含む石炭などを燃焼させた場合に発生する。光化学反応によって光化学スモッグを生成する。

日本の公害・環境問題

公害 ③[3] 事業活動をはじめとする様々な人間の活動によって、自然環境を構成する諸要素のバランスが破壊され、生活環境の悪化や人間の生命・健康に関わる被害が生じること。日本では1960年代以降、工業生産の急増や人口の都市集中を背景に公害が激化し、大きな社会問題となった。

四大公害病 ② 1950年代半ばから70年代前半までの高度経済成長期を中心に発生し、地域住民に甚大な被害を及ぼした公害に伴う疾患。水俣病・新潟水俣病・イタイイタイ病・四日市ぜんそくの4つが含まれる。いずれも有害物質の発生源が特定され、裁判では原告側が勝訴した。しかし、その後も公害病の認定をめぐって、多くの課題を残している。

: **水俣病**(みなまたびょう) ①[1] 熊本県南西部の水俣湾沿岸で、1953(昭和28)年頃から発生したメチル水銀中毒症。新日本窒素肥料水俣工場の排水中に含まれるメチル水銀を魚介類が摂取し、食物連鎖を通じて魚類に生体濃縮され、これを食べた沿岸住民に中枢神経疾患が発生した。手足や口のしびれ、言語障害、視野狭窄(しやきょうさく)、難聴などの症状が現われて歩行困難、臓器不全から死に至る場合もあった。胎盤を通じて発症する胎児性水俣病もあり、Minamata の名で、公害病の恐ろしさを世界に示した事例となった。

: **新潟水俣病（第二水俣病）** ① 新潟県阿賀野川(あがのがわ)下流域で発生した、水俣病と同様の症状をもつ有機水銀中毒症。昭和電工鹿瀬かのせ工場の廃液に含まれていた有機水銀が、川の魚介類の摂取を通じて人体に蓄積された。「第二水俣病」「阿賀野川有機水銀中毒」とも呼ばれる。四大公害病の中では最も遅い1965(昭和40)年に確認された。

: **イタイイタイ病** ①[1] 富山県神通川(じんづうがわ)下流域で、1910〜70年代に多発したカドミウム中毒症状。患者が「いたいいたい」と泣き叫ぶことから名づけられた。上流の岐阜県にある三井金属鉱業神岡(かみおか)事業所の未処理排水中に含まれるカドミウムによる、長期にわたる多発性の尿管機能異常症と骨軟化症が認められた。カドミウムを含む米・野菜・水などを摂取し続けることによって発症に至る。

: **四日市(よっかいち)ぜんそく** ① 三重県四日市市と南側の隣接地域で発生した集団喘息(ぜんそく)障害。1960年代の高度経済成長期から本格的に操業を始めた石油化学コンビナートによる大気汚染が原因。中東の硫黄分の多い石油を使ったため、大量の亜硫酸ガス（SO_2）が発生し、地域住民に気管支炎や気管支喘息などの呼吸器疾患を多発させた。症状がひどいと呼吸困難から死に至る場合がある。

公害対策基本法 ② 公害防止についての、事業者・国・地方公共団体・国民の責務を明らかにするとともに、公害防止の基本的施策を示した法律。1967(昭和42)年制定、70(昭和45)年改正。法律に定められている公害の種類は、大気汚染・水質汚濁・土壌汚染・地盤沈下・騒音・振動・悪臭の7つで、一般に典型七公害と呼ばれる。1993(平成5)年、その精神は環境基本法に受け継がれ、新しい法律の成立とともに廃止された。

環境基本法 ② 1993(平成5)年制定。公害対策基本法を引き継ぎ、環境に関する日本の政策の基本的な方向を示した法律。基本理念を定め、国・地方公共団体・事業者および国民の責務を明らかにし、環境の保全に関する施策の基本を定めた。1994(平成6)年には、循環・共生・参加・国際的取組みの長期目標を定めた環境基本計画を策定した。

環境保全

i ―― 環境を守る取組み

環境保全 [1] 環境破壊の進行を食い止め、人々の健康や生活のために必要な環境を維持すること。その手段としては、環境の悪化を防ぐ法律の整備、開発の影響を事前に調査・評価する環境アセスメント、自然災害の発生を防止する治山・治水事業、緑化運動、自然保護運動など、様々なものがある。

石垣島 [2] 沖縄県先島(さきしま)諸島にある隆起サンゴ礁の島。八重山(やえやま)列島の中心で、人口は約5万人(2016年)。ジェット旅客機の就航を可能にするために長い滑走路をもつ新空港を計画。当初は、島の東海岸の白保(しらほ)地区が候補地になったが、世界的にも貴重なサンゴ礁の保護運動がおきて、1989(平成元)年に白保埋立てを撤回。その後も候補地をめぐって二転三転したが、様々な環境保全策を講じたうえで、海上埋立てをせずに白保集落北部に建設することを決定。2006(平成18)年着工、2013(平成25)年3月に「南(ぱい)ぬ島石垣空港」の名称で新空港が開港した。

ナショナルトラスト運動 [1] 国民から寄せられる基金をもとに、自治体や民間団体が自然環境や歴史的環境を守る運動。イギリスではすでに19世紀に始まる長い歴史をもつ。日本では、北海道の知床(しれとこ)半島で国立公園内の民有地を買い取って保全した「知床100平方メートル運動」や、和歌山県天神崎(てんじんざき)の自然保護運動などがある。

里山(さとやま) [3] 山間地の集落や農地とそれに隣接した森林地域。人間生活と関わり合うことでつくりあげられた生態系をもつ。災害から集落を守ったり、キノコや木の実、薪炭・肥料などを供給してきた。人が手入れをすることで守られてきた自然であり、手入れを怠ると荒廃する。

アグロフォレストリー ③[2] 樹木を育てながら、樹間で農作物の栽培や家畜の飼育を行なう農林業。地域によって樹木の種類や家畜・農作物が異なるので、様々な組合せが可能になる。インドネシアのジャワ島では、チークやマホガニーなどの有用材の間でパイナップルやトウモロコシを栽培している。土壌流失を防いだり、家畜の排泄物が肥料になるなどの効果があり、より持続的な土地利用が可能になる。その土地の樹木を育てることは、生物多様性の保全に役立つことも期待される。

ii ―― 国際的な取組み

生物多様性条約 ③[3]「生物の多様性に関する条約」Convention on Biological Diversity、略称 CBD。生物多様性の保全と継続的な利用、遺伝子資源から生まれる利益を公平に配分することを目的とする。2018年現在、アメリカ合衆国を除く全国連加盟国とEUなど196団体が参加。ただし、アメリカ合衆国はバイオ産業が不利益を受けるとして未締結。遺伝子資源をめぐって、それを利用しようとする先進国と、資源をもち利益の配分を求める発展途上国が厳しい対立を続けている。 **生物多様性** ③[7]

ワシントン条約 ②[3]「絶滅のおそれのある野生動植物の種の国際取引に関する条約」。略称CITES。1972年の国連人間環境会議の勧告を受け、アメリカ合衆国政府と国際自然保護連合(IUCN)が中心となって1973年に採択。2020年7月現在、加盟国は183カ国。国際取引を規制することで、野生動植物の保護を図る。生物のほか、剥製(はくせい)・毛皮・牙なども規制の対象となっている。危機の度合いによって3段階に区分し、商業取引を禁止したり、輸出入に許可制を導入したりしている。近年は、クジラ類に加えて、クロマグロやニホンウナギが規制対象として議論されており、日本人の食生活に影響することも予想される。

ラムサール条約 ③[3]「特に水鳥の生息地として国際的に重要な湿地に関する条約」。

1971年、イランのカスピ海沿岸の都市ラムサールで採択。多様な生態系をもつ湿地の保全が目的。2021年8月現在、締約国は171カ国で、世界で2,431カ所が登録。日本の登録地は、釧路湿原・尾瀬(おぜ)・谷津干潟・藤前(ふじまえ)干潟など52カ所。

：釧路湿原(くしろしつげん) [2] 北海道東部の釧路平野にある日本最大の湿原。泥炭が堆積し、ヨシ・スゲ類、ハンノキ林が広がり、一部にはミズゴケも生育。カモ類・ハクチョウ類の渡りの中継地・越冬地であり、タンチョウの繁殖地。大型の猛禽類(もうきんるい)であるシマフクロウ・オジロワシ・オオワシの生息地でもある。1980(昭和55)年、日本で最も早くラムサール条約に登録された。

国連人間環境会議 ③[4] 環境問題に関する最初の大規模な国際会議。1972年6月、113カ国の代表が参加してスウェーデンの首都ストックホルムで開催された。「かけがえのない地球 Only One Earth」をキャッチフレーズとし、環境問題が人類共通の課題となったことを世界に印象づけた。「人間環境宣言」を採択し、その後の「世界遺産条約」の採択や「UNEP(国連環境計画)」設立の契機となった。同時に、開発が環境問題を引きおこすとする先進国と、貧困の克服のためには開発が必要であるとする発展途上国が鋭く対立した会議でもあった。

かけがえのない地球　Only One Earth ②[1]

：人間環境宣言 ②[2] 人間環境の保全と保全に関する原則を定めた7項目の前文と26の原則からなる宣言。国連人間環境会議で採択されたので、開催都市に因(ちな)んでストックホルム宣言とも呼ばれる。この宣言は、1985年のウィーン条約、1992年のリオ宣言や気候変動枠組条約にも再録されている。

：UNEP(ユネップ、国連環境計画) United Nations Environment Programme ③[2]人間環境宣言の理念を実行に移すため、国連の環境問題に関する活動と調整の機関として1972年に設立された。オゾン層を破壊する物質に関するモントリオール議定書の事務局をつとめ、ワシントン条約・バーゼル条約・生物多様性条約などの管理を行なっている。本部はケニアのナイロビ。

地球サミット ②[4]「地球サミット」とは、一般には1992年にブラジルのリオデジャネイロで開催された「環境と開発に関する国際連合会議」をさすが、この理念を受け継いで開催された、2002年の「持続可能な開発に関する国際首脳会議」、2012年の「国連持続可能な開発会議」も「地球サミット」と呼ばれることがある。

：持続可能な開発に関する世界首脳会議 ①[1] 2002年8～9月、南アフリカ共和国のヨハネスブルグで開催された環境問題に関する国連主催の首脳会議。リオデジャネイロの国連環境開発会議から10年が経過したのを機に開催されたので「リオ+10」ともいう。「アジェンダ21」を具体化させるための行動計画や、持続可能な開発を進めるための政治的意志を示す「ヨハネスブルグ宣言」を採択した。

環境と開発に関する国際連合会議 [3] 国連が主催し、1992年にリオデジャネイロで開催された環境と開発をテーマとして172カ国の首脳が参加した国際会議。United Nations Conference on Environment and Development, 略称UNCED。「持続可能な開発」を理念に、「環境と開発に関するリオ宣言」・森林に関する原則声明・気候変動枠組条約・生物多様性条約などを採択した。具体的に行動計画を示した「アジェンダ21」も採択された。

：持続可能な開発 ③[2] 将来の世代が享受する経済的・社会的利益を損なわない範囲で環境を利用していこうとする考え方。1987年、環境と開発に関する世界委員会が提案、国連環境開発会議でも確認され、国連機関や各国政府の開発協力の主要理念の1つとなっている。

持続可能な社会 ①[6]

：アジェンダ21 [1] agendaとは「課題」。21世紀に向けた課題の意。人口問題・大気汚染・野生動物の保護など、全40章の行動計画からなり、環境保全に関する包括的な行動指針を示す。

MDGs(ミレニアム開発目標) Millennium Development Goals [3] 2000年9月に開催された国連ミレニアムサミットの国連ミレニアム宣言を基にまとめられ2001年に策定された。2015年までの国際的な開発目標。極度の貧困と飢餓の撲滅、ジェンダー平等と女性の地位向上、幼児死亡率の減少など8つのゴール(目標)と21のターゲットがある。

SDGs(持続可能な開発目標) Sustainable Development Goals ③[7] 2015年9月の国連サミットで採択された「持続可能な開発のための2030アジェンダ」にある2030年までの開発目標。「誰も置き去りにしない社会」を理念にかかげ、17のゴールと169のターゲットからなる。これらの目標の達成に向けて世界中で取組みが進んでいる。
目標 1 貧困をなくそう
目標 2 飢餓をゼロに
目標 3 すべての人に健康と福祉を
目標 4 質の高い教育をみんなに
目標 5 ジェンダー平等を実現しよう
目標 6 安全な水とトイレを世界中に
目標 7 エネルギーをみんなに そしてクリーンに
目標 8 働きがいも経済成長も
目標 9 産業と技術革新の基盤をつくろう
目標 10 人や国の不平等をなくそう
目標 11 住み続けられるまちづくりを
目標 12 つくる責任 つかう責任
目標 13 気候変動に具体的な対策を
目標 14 海の豊かさを守ろう
目標 15 陸の豊かさも守ろう
目標 16 平和と公正をすべての人に
目標 17 パートナーシップで目標を達成しよう

マイクロファイナンス 3 低所得者・貧困層を対象に融資や貸し付けを行なう小規模金融のこと。一般には、ある程度の収入がないと融資は受けられないが、無担保であったり少額であったりしても融資を受けることができるため事業の継続や自立への援助となり、貧困からの脱却が見込まれる。

BOPビジネス ②2 低所得者・貧困層を対象に製品やサービスを提供・供給するビジネス。例えばマラリア対策の蚊帳（蚊をよけるためのネット）を販売することで、感染症の予防となって購入者の生活面・健康面が改善されるとともに、市場規模が大きいので販売する企業も発展できる。

感染症 ②3 病原体やウイルスが直接体内に入る、もしくはそれらが付着した食品を摂取することで取り込まれて体内で増殖する病気。風邪やインフルエンザといったものから結核、コレラ、マラリア、デング熱、エイズ（AIDS）などさまざまな種類がある。インフルエンザは過去にはスペイン風邪と呼ばれ世界的な大流行（パンデミック）となり、多くの死亡者を出した。また、新型コロナウイルス感染症（COVID-19）は2020年以降世界的な大流行となり、世界全体にわたる人的交流を阻害して飲食業や観光業といった多くの産業に影響を与えた。また対面で行っていたものがリモートとなるなど生活様式の変更を余儀なくされた。

結核 ②2 **コレラ** 4
エイズ（AIDS） ②3
新型コロナウイルス感染症（COVID-19） ③5

ジェンダー ②3 社会的・文化的な性差とも呼ばれる。男性・女性などといった生物学的性差も含め、現代社会では多様性のある性が認知されるようになった。性全体に対してジェンダーという言葉を用いることもある。

iii —— 国立公園・ジオパーク

国立公園 ①2 国が景勝地や貴重な自然景観が残る地域を指定し、それを保護・管理する公園。1872年に指定されたアメリカ合衆国のイエローストーン国立公園が世界最初。日本では環境大臣が指定する自然公園の1つであり、環境省が管理する。2007（平成19）年に尾瀬、2012（平成24）年に屋久島（やくしま）、2014（平成26）年に沖縄の慶良間けらま諸島が指定され、さらに、2017（平成29）年に、鹿児島県の奄美群島ならびにその周辺海域が指定され、現在34カ所となった。なお、管理が都道府県に委託されているものは国定公園と呼ばれる。

バンフ国立公園 ① カナダのアルバータ州西部にある国立公園。1887年、カナダで最初に設立された国立公園で、世界でも3番目に古い。カナディアンロッキー観光の拠点で、トレッキング・キャンプ・乗馬・スキーなど、様々なアクティビティを楽しむことができる。

ヨセミテ国立公園 ① アメリカ合衆国カリフォルニア州の中央部、シエラネヴァダ山脈の西麓に広がる自然保護を目的とする国立公園。1890年に国立公園に指定、1984年に世界自然遺産に登録された。氷河の侵食を受けた花崗岩（かこうがん）の絶壁と滝、ジャイアントセコイアの巨木などが多くの観光客をひきつけている。

アンボセリ国立公園 ① ケニア南部、キリマンジャロの北麓に広がる国立公園。中央には干上がったアンボセリ湖の湿地帯があって、多くの野生動物が観察できる。かつてはクロサイとライオンがみられたが、現在は大幅に減少している。かわって、周辺の開発と密猟を逃れて多くのゾウが集まるようになり、一部では植生が破壊されて砂漠化が進行している。2010年の干ばつでは草食動物の8割が死んで、生態系に大きな影響を与えた。

ジオパーク [4] 地球科学的に重要な地形や地質を保全し、それと関わる文化的資源も含めて、教育や観光のために活用することで、持続的な活用を図ることを目的とする自然公園。ジオパークを訪ねるジオツーリズムも行なわれている。2004年にユネスコが支援して世界ジオパークネットワークが発足した。世界各国から推薦のあったものを審査し、認定するシステムが生まれた。日本では糸魚川(いといがわ)・洞爺湖有珠山・島原半島など9地域が加盟。さらに43地域が日本ジオパークネットワークに加盟している(2020年)。なお、日本ジオパークには、世界ジオパーク9地域も含まれている。

：**洞爺湖有珠山(とうやこうすざん)ジオパーク** [1] 洞爺湖と有珠山を中心にその周辺地域を含むジオパーク。2008(平成20)年に日本ジオパークネットワークに加盟、2009(平成21)年には糸魚川・島原半島とともに世界ジオパークネットワークへの加盟が認定された。火山活動で形成された地形や地質とともに、周辺の縄文遺跡群も含む。「変貌する大地と人間との共生の歴史」がテーマとなっている。

：**島原(しまばら)半島ジオパーク** [3] 長崎県島原半島にある雲仙(うんぜん)火山を中心としたジオパーク。2009年に世界ジオパークに認定。眉山(まゆやま)崩壊によって死者1万5,000人に達した1792(寛政(かんせい)4)年の「島原大変肥後(ひご)迷惑」や死者43人の大火砕流を発生させた1989〜95(平成元〜7)年まで続いた雲仙普賢岳の噴火など、たびたび火山災害に見舞われながらも復興してきた人々が暮らす「活火山と人との共生」がテーマとなっている。

雲仙普賢岳 [5] → p.70

第2章 資源と産業

1 農牧業

農牧業の発達と成立条件

i ―― 農牧業の発達

狩猟・採集 ①[2] 衣食住に必要な生活物資を野生の動植物から得ること。狩猟・漁労・採集経済ともいう。最も原始的な経済段階で、未開社会において普遍的にみられた。現在でも、熱帯や乾燥帯などで生活する民族の一部にみられる。
狩猟 ①[4]　**採集** ①[2]

地中海農耕文化 ① 種子によって繁殖する冬作物を中心とした農耕文化。麦作混合農耕文化ともいう。冬が温暖湿潤な地中海東岸が起源地で、ヨーロッパや西アジアに広がった。主作物は小麦・大麦・ライ麦などの麦類とエンドウなどの豆類。発生当初から家畜飼育との結びつきが強い。このほか農耕文化には、高温多湿の東南アジアを起源地とする根栽農耕文化、夏が高温多湿の西アフリカのニジェール川流域を起源地とするサバナ農耕文化、メキシコ高原やアンデス山地を起源地とする新大陸農耕文化がある。

ii ―― 農牧業の自然的条件

栽培限界 ③[4] 作物が栽培できなくなる限界線。基本的には生育期間の気温や降水量などの自然的条件によって決まるが、技術の進歩などによって変動する。最暖月の月平均気温10℃、年降水量500mmの線がほぼ農業限界と一致する。

等高線耕作 ②[1] 傾斜地において、等高線に沿って畝(うね)をつくり、帯状に作物を作付けする耕作方法。土壌侵食や肥料の流出を防ぐことが目的で、アメリカ合衆国などに多くみられる。

棚田(たなだ) ③[6] 傾斜地につくられた階段状の水田。山地が多く、人口に比べ耕地が少ない水田耕作地域にみられる。華南・ルソン島・ジャワ島や日本の中国山地・中央高地などに多い。長野県姨捨(おばすて)は、小さな棚田のそれぞれの水田に夜の月を映しだすことから、「田毎(たごと)の月」として知られる。近年日本では、山間地と平地の中山間地域の一部などで、地元の農民が棚田での農作業希望者を募集し、米づくりの体験と収穫した米を得る棚田オーナー制がみられる。
中山間(ちゅうさんかん)地域 ③[1]

段々畑(だんだんばたけ) ①[1] 傾斜地につくられた階段状の畑。棚田は1つ1つの耕地が平坦であるのに対し、段々畑は緩斜面となっていることが多い。

乾地農法 ①[1] 乾燥地域において、灌漑を用いないで作物を栽培する耕作方法。乾燥農法ともいい、この方法を用いて行なわれる農業を乾燥農業という。基本的には二圃式(にほしき)の土地利用で、耕地を深く耕し、降雨をしみ込ませたあと、さらに浅く耕して毛細管現象を断ち、わずかな降雨を有効に利用する。アメリカ合衆国中部のグレートプレーンズやオーストラリア・中国の華北などにみられる。
乾燥農業 ①

土地改良 ① 土地の農業生産力を高めるため、不利な生産条件を改良すること。灌漑施設の整備、排水溝の改善、性質の異なる土壌を混入して土壌の性格を改良する客土(きゃくど)、施肥(せひ)、互いの耕地を交換し、分散していた耕地を併合して農作業の効率化を図る交換分合、耕地整理などがある。

灌漑(かんがい) ③[6] 農作物の栽培に必要な水を人工的に耕地に供給すること。河川水・湖沼水・溜池(ためいけ)・地下水が用いられる。水田地域のほか、乾燥気候や地中海性気候の畑作地域に多くみられる。

灌漑用水 [3] 水田の灌漑など、農業経営のために使われる用水。農業用水ともいう。河川水が最も多いが、湖沼水・溜池・地下水も利用される。
農業用水 ①[2]

地下水路 ③[7] 隧道(ずいどう)に水を導いて地下水を利用する用水路。乾燥が著しい所では、導水中の蒸発を防ぐため数十kmにも及ぶものがある。イランのカナート、アフガニスタンのカレーズ、北アフリカのフォガラ、中国のカンアルチン(坎児井)などがある。

iii——農牧業の社会的条件

❶耕作法

単一耕作(モノカルチャー) ②[3] 同一耕地に1種類の農作物だけを広い範囲にわたって栽培すること。単作ともいう。作業や栽培管理の能率が高いことが利点であるが、気候災害や栽培作物の価格変動による影響を受けやすい。日本の北陸地方の米作地帯や熱帯・亜熱帯のプランテーションが典型。

二毛作(にもうさく) ①[1] 1年間に2種類の農作物を同一耕地に栽培すること。気候が温暖な地域にみられ、華中はその代表的な地域である。

二期作(にきさく) ③[5] 1年の間に同じ農作物を同一耕地に2回栽培すること。一般に水稲栽培で行なわれ、ジャワ島・トンキンデルタ・華南・台湾などにみられる。1年間に同じ農作物を同一耕地に3回栽培することを三期作という。

連作(れんさく) [1] 同じ農作物を同一耕地に毎年栽培すること。一般に連作すると年々収穫量が減少するが、水稲は水が養分を運び土壌の劣化を防ぐため、畑作物より弊害は少ない。アジアの水田地帯に多くみられる。

輪作(りんさく) ②[1] 同一耕地に異なった農作物を年ごとに一定の順序で循環的に作付けすること。地力の消耗を防ぎ、労働力も合理的に配分できる。穀物・根菜類・牧草などを組み合わせたヨーロッパの農牧業に多くみられる。

直播(じかま)き ②[1] 農作物の種子を、収穫する耕地に直接播く方法。苗代なわしろから田植えをする移植の対語。アメリカ大陸の大規模な水田地帯では稲も直播きされるほか、麦・豆・ジャガイモなど畑作物に多くみられる。

❷生産手段と経営形態

自営農 ① 経営耕地の全部、またはそのほとんどが自己の所有地である農家。自作農ともいう。第二次世界大戦前の日本では、自営農は全農家の約3割に過ぎなかったが、戦後の農地改革により自営農が9割を占めるようになった。

大土地所有制 ③[4] 広大な農牧場に多数の雇用労働者を定住させ、責任者の管理のもとに経営を行なう農業制度。大規模だが、一般に粗放的である。南ヨーロッパやラテンアメリカなどにみられる。

トラクター ① 耕耘(こううん)や播種(はしゅ)などを行なう農業機械を牽引(けんいん)するための特殊な車。大農経営がみられる北アメリカ・ヨーロッパなどで多く利用されている。

コンバイン ① 農地を移動しながら刈取と脱穀を同時に行なう農業機械。北アメリカやヨーロッパの小麦地帯などで多く使用されている。

冷凍船 ③[2] 0℃以下にまで冷却できる冷凍設備をもった貨物船。1870年代にアルゼンチンからヨーロッパへの生肉の輸出に利用されたのが最初。いまでは水産物・乳製品・野菜などの生鮮食料品の輸送にも使用されている。

肥料 [1] 農作物の生育を助けるため、人工的に土中に補充される栄養分。とくに、窒素(ちっそ)・燐酸(りんさん)・カリウムは多く消費されるため補充が必要で、これらを肥料の3要素という。動植物を原料とする有機肥料と化学工業で生産される無機肥料(化学肥料)とに分けられる。

:化学肥料 ③[3] 化学薬品または無機化合物よりつくられた無機肥料。中国・アメリカ合衆国・インドなどを主要生産国とする窒素肥料の硫安(りゅうあん)、燐酸肥料の過燐酸石灰、カナダ・ロシア・ベラルーシなどを主要生産国とするカリ肥料の硫化カリなどがある。化学肥料の多くは水溶性で吸収されやすく、貯蔵がきき、運搬に便利である。

有機農業 ① 堆肥(たいひ)・厩肥(きゅうひ)・緑肥(りょくひ)などを使用し、無機肥料や農薬などを使わずに、作物を栽培する農業。近年、経費的には割高だが、食品の安全性の観点から、有機栽培が注目されている。

スマートアグリ(スマート農業) ② 情報通信技術(ICT)や人工知能(AI)を利用して温度や湿度、養分などを自動的に管理して行なう農業。例としてドローンを利用した農薬散布や人工知能による農薬散布量の提案など。また園芸農業のなかでも花卉(かき)や野菜などのハウス栽培で広がっている。

:ドローン ③[3] → p.13

土地生産性 ③[5] 単位面積あたりの土地生産力の大きさをいう。一般的に労働力や肥料の投下量に比例する。地域的には東アジアや西ヨーロッパで高く、ラテンアメリカやオーストラリアの新大陸などで低い。

労働生産性 ③[5] 単位時間あたりの労働によって得られる生産量の大きさをいう。一般的に機械化、栽培技術の進歩、労働者の質的向上などに比例する。地域的にはアジアやアフリカで低く、北アメリカやオーストラリアの新大陸などで高い。

集約的農業(しゅうやくてきのうぎょう) ②[1] 単位面積あたりの肥料や労働力の投下量が大きく、土地利用率も高い農業のこと。園芸農業や東アジアの水田農業などがこれにあたる。

粗放的農業(そほうてきのうぎょう) ①[1] 単位面積あたりの肥料や労働力の投下量が少なく、収穫量や土地利用率も低い農業。原始的農業や新大陸の企業的穀物農業などがこれにあたる。

牧畜(ぼくちく) ②[3] 乳・肉・毛などを得ることを目的として家畜を飼育する産業。家畜として、飼育地の自然環境や需要に対応し、牛・馬・豚・羊のほか、乾燥地ではラクダ、寒冷地ではトナカイ、山地ではリャマ・アルパカなどが飼育される。飼育形態として、舎飼(しゃが)い・遊牧・移牧・放牧などがある。

:放牧 ③[4] 牛や羊などの家畜を草地に放し飼いにすること。舎飼い・遊牧の対語。放牧の形態には、ある一定時間に限る時間制限放牧、1日を通して放牧する昼夜放牧、1年中放牧する年間放牧などがある。一般的に牧草を育成するため、一定期間ごとに放牧地を循環させる方法がとられている。

灌漑農業 ③[5] 河川・湖沼・溜池・地下水などから人工的に水を導くことによって成立する農業。灌漑によって収穫量が安定・増加する。モンスーンアジアの稲作のほか、西アジア・地中海沿岸・アメリカ合衆国などの乾燥地域にみられる。

自給的農業 ③[6] 自家消費が生産物の販売よりも経営の主体となっている農牧業。原始的農業がその例で、アジア・アフリカなどに多くみられる。経済の発達に伴って次第に商業的農牧業へと転化する。

商業的農業 ③[6] 生産物の販売が経営の主体となっている農業。企業的農業ともいう。プランテーション・商業的穀物農業・酪農などがその例。一般的にヨーロッパや新大陸に多くみられる。　**企業的農業** ③[5]

適地適作 ③[5] その土地の自然的条件や社会的条件に最も適した作物を選び、栽培する生産方式。農畜産物の販売を主目的とする企業的農牧業地域において、とくによくみられる。北アメリカや西ヨーロッパの農牧業地域がその例。

農業の共同化 ① 個人経営の農業に対し、生産手段の共有、生産計画に基づく共同作業など、集団で農業を経営すること。かつて、社会主義諸国などに多くみられた。

主要農畜産物

i 作物の種類

自給作物 [2] 生産者または生産国が自ら消費することを目的に栽培する作物。商品作物または換金作物の対語。焼畑農業で栽培される穀物やイモ類はその代表例。同じ作物でも農業経営の方法が異なれば商品作物となるので、分類は便宜的である。

商品作物 ③[7] 商品として市場に出荷することを目的として栽培される農作物。換金作物ともいう。自給作物の対語。一般的に経済の発達に伴って商品作物の割合は増加する。プランテーション作物や園芸農業の野菜・果実が代表例。　**換金**(かんきん)**作物** ①[1]

食用作物 ① 人間の食用に供するため栽培される作物。家畜の餌(えさ)を目的に栽培される飼料作物の対語。1年草の穀物・野菜のほか、樹木性の果樹や嗜好(しこう)作物などがある。

穀物 ③[2] 米や小麦などイネ科の作物に、豆類やソバなどを加えた作物の総称。デンプン・タンパク質に富み、人間の食料や家畜の飼料として農業生産の中心となっている。

:三大穀物 ②[2] 穀物のうち、生産量が多く、世界の多くの人々に消費されている米・小麦・トウモロコシをいう。米は主としてアジア、小麦は欧米の主食用穀物、トウモロコシは南アメリカ・アフリカなどで食用になるが、大部分は飼料として利用されている。

:雑穀(ざっこく) ③[3] 穀物のうち、米と麦類を除く、穀物の総称。英語のミレットに対応する語。モロコシ・アワ・キビ・ヒエなどがある。

根菜類 ③[1] ニンジン・ゴボウ・大根など、主として肥大した地下茎(ちかけい)や根を食用とする野菜の総称。食用のほか、テンサイ・カブなどのように、工芸作物や飼料作物としても栽培される。

花卉(かき) ③[3] 鑑賞するための草花や観葉植物などの総称。園芸農業の1つとして、温室・ビニールハウス・露地などで栽培される。

切り花 ②[3]
バラ ②[1]　**チューリップ** [1]

樹木作物 ③ 樹木性の作物の総称。果実のほか、樹皮・樹液などの収穫を目的として栽培される。ブドウ・オリーブ・コーヒー・コルクガシ・ゴムノキなどがある。

果樹作物 ①[1] オレンジ・リンゴ・ブドウな

ど、果実を得ることを目的に栽培される作物。一般的に資本や労働力を集約的に投下し、特産地化をめざして栽培されることが多い。

柑橘類(かんきつるい) ③[1] オレンジ・レモン・グレープフルーツなどのミカン類の総称。寒さに弱く、温帯の冬季温暖な地域で栽培される。地中海性気候の灌漑地域はその代表的地域。

工芸作物 ②[1] 工業原料に利用するために栽培される作物の総称。綿花などの繊維作物、オリーブなどの油脂作物、サトウキビなどの糖料作物、藍(あい)などの染料作物、ケシなどの薬用作物、タバコなどの嗜好作物などがある。

油脂(ゆし)**作物** ①[1] 油脂をとる目的で栽培される作物。アメリカ合衆国の綿実(めんじつ)、ウクライナ・ロシアのヒマワリ、中国・インドの落花生、中国・カナダのナタネ、熱帯地方の油ヤシ、地中海沿岸地方のオリーブなどがある。

油脂原料 [1]

飼料作物 ③[1] 家畜の飼料用として栽培される作物。エン麦など種実(しゅじつ)を飼料とする種実作物、トウモロコシなどの青刈り作物、クローバーなどの牧草類、テンサイなどの根菜類などがある。

牧草 ③[5] クローバーやアルファルファなど家畜の飼料用として栽培される草。生草(なまくさ)または干草として家畜に与えられる。混合農業・酪農・企業的牧畜地域などで栽培される。

:**アルファルファ** ① 栄養価に富む豆科の完全牧草。耐乾性があり、地力の回復にも役立つ。世界各地で栽培されるが、アルゼンチンのパンパでの肉牛飼育に大きな役割を果たしている。

ii ——穀物

稲 ③[5] 小麦と並ぶ世界の2大食料の1つ。インドのアッサム地方から中国のユンナン(雲南)を結ぶ地方が原産地。世界の約90%がモンスーンアジアで生産されている。生育期間中は高温多雨で、17～18℃の気温と1,000mm以上の年降水量を必要とする。

米 ③[7]

:**ジャポニカ種** ③[4] 粒型(つぶがた)が短く丸い粘りけの多い米。単位面積あたりの収量は多いが、栽培に手間がかかり、病虫害に弱い。日本・朝鮮半島・中国北部・地中海沿岸・アメリカ合衆国などが主産地である。

:**インディカ種** ②[4] 粒型が細長く、粘りけが少ない米。インド・東南アジアから中国南部に分布し、ピラフやカレー、炒飯(チャーハン)などに適する。

:**水稲**(すいとう) [2] 水田で栽培される稲。苗は苗代から植え変える場合(田植)と、直播きの場合とがある。一般的に単位面積あたりの収穫量は陸稲に比べて高い。日本では99%が水稲。

:**浮稲**(うきいね) ①[2] 減水期に直播きされ、水位の上昇につれ穂先を水面からだして生長する稲。東南アジアやインドなどの低湿地帯にみられる。単位面積あたりの収穫量は低い。

:**陸稲**(りくとう) ①[3] 畑で栽培される稲。一般に水稲より収穫量・品質が落ちる。東南アジア、インドのアッサム地方、ブラジルなどでは焼畑で栽培される。

小麦 ③[7] イネ科の穀物で、米と並ぶ世界の2大食料の1つ。西アジアあるいはカフカス地方が原産地で、現在、世界で最も広く栽培されている。生育期間4カ月は月平均気温14℃、成熟期は20℃を必要とし、年降水量500～750mmが最適。主産地は温帯や冷帯の半乾燥地帯である。

:**冬小麦** ③[4] 秋から初冬にかけて種を播き、初夏から夏にかけて収穫する小麦。秋播き小麦ともいう。春小麦より温暖な地方で栽培され、世界の小麦生産の大半を占める。

:**春小麦** ③[4] 春に種を播き、秋に収穫する小麦。寒冷なため冬小麦が栽培できない高緯度地方にみられる。日本では北海道で栽培されている。

:**小麦カレンダー** ③ 世界各地の小麦の収穫時期を月別に図示し、収穫時期や端境期のずれがわかるようにしたもの。北半球では3～10月、南半球では11～2月に収穫を迎える所が多い。

端境期 ②[3]

ライ麦 ③[7] 耐寒性が強く、砂質土壌を好む麦の1種。小麦より不利な条件の所でも栽培できる。黒パン・ウィスキーの原料のほか、家畜の飼料にもなる。ドイツ・ポーランド・ロシアなどが主要生産国。

黒パン ③[4]

エン麦(ばく) ③[3] 冷涼湿潤な気候に適する麦の1種。カラス麦あるいはオート麦ともいう。寒冷な地方は春播き、やや温暖な地方は冬播きで、青刈り飼料用は初秋播きが多い。栄養分に富み、家畜の飼料となるほか、オートミールとして利用される。ロシア・カナダなどが主要生産国。

大麦 ③[6] 耐寒性・耐乾性が強く、極地近くから赤道付近まで広範囲に栽培される麦の1種。飼料のほか、ビール・みそ・醬油などの原料となっている。ロシア・フランス・ウクライナ・ドイツ・オーストラリア・スペイン・カナダなどが主要生産国。

トウモロコシ ③7 小麦・米に次ぐ世界の主要穀物。温暖多雨の気候に適し、熱帯アメリカが原産地。アンデス地方・アジア・アフリカでは食用の割合が高く、北アメリカやヨーロッパでは青刈りにして飼料とすることが多い。

ミレット 1 モロコシ・キビ・アワ・ヒエなどの雑穀の総称。低温・乾燥・高温などの環境に強く、不利な条件の土地でも栽培が可能。アジアやアフリカの一部では食用となっている。インド・中国・ナイジェリア・ニジェールが主要生産国。

モロコシ ②3 アフリカを原産地とするイネ科の雑穀。ソルガムともいう。食用としては北緯48度付近が北限だが、飼料用はさらに高緯度地方でも栽培可能。アフリカ・インドでは主食。 **ソルガム** ②3

キビ ①2 東アジアで古くから栽培されている雑穀の1種。昔は食用に利用されたが、現在は菓子・アルコールの原料や飼料に用いられる。

アワ ①1 排水良好な土地に適する雑穀の1種。干ばつや冷害時の重要な食料としてインド・ナイジェリア・ニジェール・中国などで栽培される。日本では、現在は菓子・アルコールの原料や小鳥の飼料などに用いられる。

ヒエ ①1 インドや中国で古くから栽培されている雑穀の1種。やせ地に強く栽培期間が短いので、山間地の作物として利用されてきた。近年は飼料としても用いられる。

コウリャン ③2 乾燥気候に強く、やせた土壌でも栽培可能なモロコシ類の1種。原産地は熱帯アフリカだが、亜熱帯から冷帯にかけて広く栽培される。中国の東北地方から華北にかけての地域が主産地。

穀倉地帯 ②1 穀物を大量に生産し、それらを他地域にも供給できる地域。北アメリカのプレーリー、西シベリアからウクライナにかけての黒土地帯、南アメリカのパンパ、インドシナ半島のデルタ地帯など。

iii —— イモ類・豆類

ジャガイモ ③7 アンデス地方を原産地とする冷涼な気候を好むイモ類の1種。アメリカ合衆国やヨーロッパでは重要な食料であるほか、飼料やアルコールの原料としても利用される。中国・インド・ロシアなどが主要生産国。

キャッサバ ③7 ラテンアメリカを原産地とする根茎（こんけい）作物。マニオクともいう。ダリアの根茎に似たイモから、タピオカと呼ばれるデンプン質の粉が得られ、パンや菓子にして食用とするほか、織物の糊（のり）の原料ともなる。青酸（せいさん）を含むものが多いため、料理法を工夫する必要がある。熱帯アフリカ・東南アジア・ブラジルが主産地。
マニオク ②5
タピオカ ③6

タロイモ ③7 東南アジアが原産地と推定されるイモ類の1種。日本のサトイモに似ており、根茎部のほか、若い葉も食用となる。味ではヤムイモに、収穫量ではキャッサバに劣る。オセアニアの島々や熱帯アフリカ住民の主食となっている。

ヤムイモ ③5 中国南部・東南アジアを原産地とするイモ類の1種。多くの種類があるが、温帯種のナガイモと熱帯種のダイジョウに大別される。東南アジア・東インド諸島・熱帯アフリカ・オセアニアなどで栽培される。一般に味がよく、ゆでたり、焼いたり、粉にしたりして食べる。

大豆 ③7 アジア東部を原産地とする豆科の作物。気候に対する適応力が強く、短期間で実るため、寒冷地から熱帯地方まで広く栽培される。食用や醤油・豆腐・油脂の原料のほか、その粕（かす）を肥料や飼料として用い、アメリカ合衆国では青刈りにして飼料として利用する。アメリカ合衆国・ブラジル・アルゼンチンなどが主要生産国。

落花生（らっかせい） ①2 南アメリカを原産地とする豆科の作物。生長期には高温と湿潤、収穫期には乾燥を必要とする。種子は食用・油脂原料・飼料・肥料などに利用される。中国・インドなどが主要生産国。

iv —— 果実類

オレンジ ③4 インドを原産地とする柑橘類の1種。品種改良が進み、現在では100種以上もある。地中海性気候を好み、中国・ブラジル・インド・アメリカ合衆国などが主産地。

ミカン ① ミカン科の中でとくに温州（うんしゅう）ミカンのことをいう。日本原産で、鹿児島県長島町に原木が残っている。江戸時代には栽培地が九州一円に限られていたが、明治時代以降、東日本へも拡大した。また、中国やアメリカ合衆国南部にも伝わり、「サツマオレンジ」の名で栽培されている。

レモン ②[1] インドを原産地とする柑橘類の1種。果肉は多汁で酸味が強い。生食あるいは果汁として利用されるほか、化粧品の原料にもなる。インド・メキシコ・中国・トルコなどが主要生産国。

グレープフルーツ ① 18世紀に西インド諸島で発見された柑橘類の1種。中国、ベトナム、アメリカ合衆国のフロリダ半島が主産地。

リンゴ [3] 冷涼な気候を好む果実の1種。原産地は西アジア。ほとんどが生食用だが、缶詰・料理・菓子の材料にもなる。中国・トルコ・アメリカ合衆国が主要生産国。日本では青森県と長野県が2大生産県。

ブドウ ③[6] 薄い果皮(かひ)に包まれた房状の果実。原産地はカフカス地方のカスピ海沿岸地域。高温乾燥の地中海性気候を好み、果実の中で生産量が最も多い。生食用または乾燥して食用にするほか、ジャム・果汁・ワインの原料として利用される。地中海沿岸地方のほか、中国・アメリカ合衆国が主産地。

オリーブ ③[7] → p.51

バナナ ③[7] インドを原産地とするバショウ科の熱帯果実。多くの品種があり、生食・料理用のほか、アルコールの醸造(じょうぞう)用にも利用される。インド・中国・フィリピン・エクアドル・ブラジルが主要生産国。カリブ海沿岸諸国ではアメリカ合衆国資本によるプランテーション経営がみられる。

パイナップル ①[1] ブラジルを原産地とする熱帯果実。生食のほか、果汁をとったり、缶詰にする。タイ・ブラジル・コスタリカ・フィリピンなどが主要生産国。ハワイ諸島では日本人移民によってプランテーションとして発達した。

v ―― 工芸作物・嗜好作物

綿花(めんか) ③[7] 生育期は高温多雨、収穫期は乾燥する気候に適するアオイ科の繊維原料。排水のよい肥沃な砂質土壌を好む。種子を包む白色の繊維は主として綿繊維の原料として利用される。現在、天然繊維の中で最も消費量が多い。

桑(くわ) [3] 温帯地方を中心に生育するクワ科の落葉高木。葉を養蚕(ようさん)に利用する。乏水性のやせ地でも育つため、日本では扇状地や洪積台地などで栽培されている。

麻(あさ) ②[2] 綿のような種子毛(しゅしもう)繊維以外の植物性長繊維、またはその繊維が摂れる植物の総称。狭義には大麻(たいま)をさし、そのほかに衣料用・工業用として亜麻(あま)・苧麻(ちょま)、包装用としてジュート、綱索(こうさく)用としてマニラ麻・サイザル麻などがある。

:**ジュート(黄麻(こうま))** ③[3] インドを原産地とするシナノキ科の草の茎からとる繊維原料。高温多湿なガンジスデルタが主産地。穀物や砂糖を入れる袋の原料となる。

天然ゴム ③[7] 熱帯雨林気候に適するアマゾン盆地を原産地とする樹木作物。幹に傷をつけ、その傷口から分泌する乳状液を利用する。19世紀末から20世紀初頭に、アマゾン川河口のベレン(旧名パラ)から大量に輸出され、ゴムブームをおこした。自動車工業の発達とともにプランテーションでの栽培が増加した。現在では東南アジアが主産地。

油ヤシ ③[7] 高温多湿の気候を好む西アフリカを原産地とするヤシの1種。果肉に約60%の油(パーム油)、種子の胚乳(はいにゅう)に約55%の油(パーム核油)を含む。食用のほか、石けん・ロウソクなどの原料となる。インドネシア・マレーシアなどの東南アジアと、ナイジェリアなどのギニア湾岸地方が主産地。
パーム油 ③[7]

ココヤシ ③[7] 高温多雨の気候を好む東南アジアを原産地とするヤシの1種。果実をココナッツといい、実からは胚乳を乾燥させた油脂原料のコプラが得られる。果実中の水は飲料、果肉の繊維はロープ、幹は建築材、葉は屋根材として利用される。フィリピンとインドネシアが2大生産国。オセアニアの島々では重要な生産物になっている。
ココナッツ [2]　**コプラ** ①[3]

ナツメヤシ ③[7] 乾燥気候を好むイラクまたは地中海沿岸のオアシスを原産地とするヤシの1種。デーツともいう。実は食用のほか、ヤシ油やジャムの原料となる。また、樹液を発酵させてヤシ酒をつくる。西アジアから北アフリカの乾燥地方が主産地。
デーツ ①[4]

コルクガシ ③[5] 地中海性気候を好むブナ科の硬葉樹(こうようじゅ)。樹皮から採取するコルクは、断熱・防水・防音性に優れ、瓶の栓・断熱板・床板などに用いる。スペイン・ポルトガルなど地中海沿岸地方が主産地。

タバコ ①[1] 熱帯アメリカを原産地とし、喫煙を目的として栽培される工芸作物。コロンブスによりヨーロッパへ伝えられた。気候に対する適応性が強く、冷温帯から熱帯まで栽培可能。中国・インド・ブラジル・アメリカ合衆国などが主要生産国。ブルガリア・トルコ・キューバなどでは重要な輸出品となっている。

サトウキビ ③7 ブラジルを主産地とし、砂糖をとる目的で栽培されるイネ科の多年性作物。甘蔗(かんしゃ)ともいう。生育期は高温多雨、収穫期は乾燥するサバナ気候やモンスーン気候が適する。ブラジルとインドが2大生産国で、キューバはこの作物の単一耕作で有名。日本では奄美大島(あまみおおしま)・沖縄で栽培される。

テンサイ ③7 冷涼乾燥な気候を好む根菜類の1種。ビートまたは砂糖大根ともいう。砂糖の原料となるほか、葉やしぼり粕は飼料となる。糖分の少ない品種は飼料用ビートとして利用される。

ナタネ ②1 種子に含まれる油の採取を目的として栽培される油脂作物。原産地は北ヨーロッパあるいはシベリアと考えられており、中国・カナダ・インド・オーストラリアなどで栽培が盛ん。

ヒマワリ ②1 北アメリカを原産地とするキク科の1年草。種子は食用油の原料となる。ロシア・ウクライナ・アルゼンチンなどが主要生産国。

ゴマ 1 アフリカ原産といわれる油脂作物。高温多照を好み、砂丘でも地下水層にまで根が達し、干ばつに強い。含油率は40〜55%と高く、種子は食用にされるほか、搾油(さくゆ)カスは飼料や肥料として利用される。スーダン・ミャンマー・タンザニア・インドなどが主要生産国。

ソバ ①2 冷涼な気候を好むタデ科の1年草。種子を製粉してソバ粉として利用する。気象災害に強く、救荒(きゅうこう)作物としての価値が高い。ロシア・中国が主産地で、日本では北海道が全国の約半分を生産する。

茶 ③7 東アジアを原産地とするツバキ科の常緑樹。若葉を加工し、嗜好飲料として利用する。高温多雨で排水良好な土地に適する。その収穫には多量の労働力を必要とし、インドやスリランカではプランテーション、中国や日本では各農家で小規模に生産されることが多い。

:緑茶 ①2 生葉を蒸したり炒(い)ったりして加熱したあと、焙炉(ほいろ)の中で揉(も)みながら乾燥させたもの。葉中の葉緑素の分解を妨げているので緑色となる。カフェイン・ビタミンCに富む。

:紅茶 ①4 生葉を発酵させたのち乾燥させ、黒色を呈するように加工した製茶の総称。独特の香気(こうき)がある。生産量は緑茶より多く、インドやスリランカが主要生産国。

:ウーロン(烏龍)茶 ①4 完全発酵の紅茶と無発酵の緑茶の中間の性質をもつ半発酵茶。主産地は中国のチョーチヤン(浙江)・フーチエン(福建)両省だったが、19世紀後半に台湾にも伝わった。

コーヒー ③7 生育期には高温多雨、結実期には乾燥を好む嗜好作物。原産地はエチオピアのカッファ(Kaffa)地方で、コーヒーの語源となっている。排水が良好で昼夜の気温差が大きい高原が適地。ブラジル・ベトナム・インドネシア・コロンビアが主要生産国。プランテーションで栽培されることが多い。 **カッファ地方** 1

カカオ ③7 高温多雨の気候を好む熱帯アメリカの低地を原産地とする嗜好作物。チョコレートやココアの原料として利用される。西アフリカのギニア湾岸が主産地で、ここでは地元民の小規模経営が中心である。
チョコレート ①7 **ココア** ①2

香辛料(こうしんりょう) ②4 料理・飲物・加工食品などに芳香・風味などを与えるために利用するもの。スパイスともいう。特殊な植物の種子・葉・茎・樹皮・根など、多くは乾燥した製品で、防腐・防カビの効果もある。ヨーロッパでは獣肉料理を主とするため防腐・防臭の上から欠くことができず、ヨーロッパ人がアジアに進出する最初の動機ともなった。 **スパイス** ①

:コショウ ①3 インド南部を原産地とするツル性の常緑多年性植物で、香辛料作物の1種。果実・種子は辛味と香気があり、料理やソーセージなどの食肉加工品の調味料に用いられる。インド・東南アジア・ブラジルが主産地。

:ナツメグ ① マルク諸島を原産地とする、ニクズクの種子から得られる香辛料。インド・インドネシアが主要生産国。

:クローブ ① マルク諸島原産の丁字(ちょうじ)のつぼみから得られる香料。乾燥させた花は辛味と甘味をもつ香辛料。ザンジバル島をはじめアフリカ東岸が主産地。

vi —— 家畜と畜産物

牛 ③7 労役(ろうえき)用のほか、乳・肉を得ることをおもな目的として飼育される大型家畜。羊に比べ、比較的降水量が多く、熱帯から冷温帯の地域で飼われる。おもな用途によって、肉用種・乳用種・役用種・兼用種などに分けられる。頭数ではブラジル・インド・アメリカ合衆国・エチオピアなどに多い。

:**肉牛** ③7 牛肉を得ることを目的として飼育される牛。主として混合農業地域や企業的牧畜地域で飼われる。ショートホーンという短角種やヘレフォード種が代表的。日本の在来種では黒毛和牛が中心。牛肉の生産はアメリカ合衆国・ブラジル・中国・アルゼンチンなどに多い。 **牛肉** ③7 **ヘレフォード種** ②6

:**乳牛** ③7 牛乳を得ることを目的として飼育される牛。ホルスタイン種やジャージー種などが代表的。温帯・冷温帯の冷涼な地域に多く分布し、酪農地域が飼育の中心。日本では北海道が最大の飼育地。 **ホルスタイン種** ③7

:**水牛** ②2 中国南部から東南アジア・南アジアで飼育される牛の1種。高温に強く、粗飼料に耐える。インドや東南アジアでは水田耕作や運搬のほか、牛乳の搾乳や牛肉生産にも利用されている。

:**ヤク** ②2 チベットや中国西部の高原に分布するウシ科の家畜。体毛がふさふさしており、尾も房毛(ふさげ)をなしている。力が強く、荷物運搬に使われるほか、毛・乳・肉・糞も利用される。

豚 ③7 野生の猪(いのしし)を家畜化したもので、主として肉を得る目的で飼育される家畜の1種。環境に対する適応力が強く、世界各地で飼われているが、混合農業地域などに多くみられる。中国・アメリカ合衆国・ブラジルなどに多い。

羊 ③7 毛・皮・肉・乳を得ることを目的として飼育される家畜の1種。牛に比べ、降水量が少なく、温暖・冷涼な地域で飼われる。遊牧地域や企業的牧畜地域が飼育の中心。頭数では中国・インド・オーストラリア・ナイジェリアなどに多い。

:**羊毛** ③5 羊の体毛で、弾力に富み、吸水性・保温力が大きい天然繊維。紡織繊維としてはメリノ種が最も優れ、その他の在来種は編物用・カーペット用として利用される。中国・オーストラリア・ニュージーランドなどが主要生産国。

:**メリノ種** ②6 スペインを原産地とする毛用種の羊。白くて細長い良質の羊毛が得られ、産毛量も多い。オーストラリアをはじめ、ヨーロッパや南北アメリカなど、世界各地で飼われている。

:**コリデール種** ①3 ニュージーランドを原産地とする毛肉兼用種の羊。湿気に強く、体質強健で繁殖力にすぐれている。ニュージーランドでは北島に多い。

:**ロムニー種** ①3 長毛で肉羊種として知られる羊。ニュージーランドなどで飼育されている。

ヤギ ③4 主として毛や乳を得ることを目的として飼育される家畜。環境に対する適応性が強く、乾燥地方や山岳地方などの比較的やせ地でも飼われるが、低温には弱い。遊牧地域や地中海式農業地域の一部にみられ、インドや中国などに多い。

馬 ③4 人や物資を運搬したり、食用・農耕用に利用することを目的に飼育する大型家畜。分布範囲は広く、とくに交通の発達していなかった時代には、最も重要な交通手段であった。アメリカ合衆国・メキシコ・ブラジル・モンゴルなどに多い。

ラクダ ③6 荷役(にやく)のほか、毛や肉などを得ることを目的に飼育される乾燥に強い大型家畜。遊牧地域では荷役運搬用に使われるほか、毛はカーペットやメリヤスの原料となる。ソマリアやスーダンなどに多い。

アルパカ ③6 主として毛を得ることを目的として、アンデス山地で飼育されるラクダ科の家畜。毛は絹糸状(けんしじょう)で光沢があり、耐久性もあるので、夏服地やカーペットなどの原料となる。

リャマ ③6 荷役のほか、肉・毛・皮を得ることを目的として、アンデス山地中で飼育されるラクダ科の家畜。高山地帯の荒地の生活によく耐え、毛は織物、皮は履物、糞は燃料、脂肪は灯火(とうか)に用いられる。

トナカイ(カリブー) ③7 北極地方にすむシカ科の草食動物。寒さに強く、地衣(ちい)類や蘚苔(せんたい)類をおもな食料とする。サーミなどが行なう遊牧の主要な家畜で、そり引きの使役(しえき)のほか、肉や乳は食料、皮は衣服やテント、骨や角は道具などに用いられる。

鶏(にわとり) 1 肉や卵を得ることを目的に飼育される家禽(かきん)。現在は極地を除く全世界で飼養され、十数羽を飼育する零細なものから数千〜数万羽の専業養鶏まで多様である。また、デンマークでは乳牛や豚の飼育と組み合わせて飼養される。鶏卵(けいらん)の主要生産国は中国・アメリカ合衆国など。 **養鶏**(ようけい) ①1

乳製品 ②4 家畜の乳から得られる製品。牛乳を原料とし、酪農地域での生産が多い。生乳・クリーム・ヨーグルト・チーズ・バターなどがある。

:**生乳**(せいにゅう) ③1 牛などから搾乳(さくにゅう)した原乳。牛の原乳に殺菌などを施し、飲料に適した牛乳は鮮度を必要とするため、大消費地の近郊から出荷される場合が多い。

:ヨーグルト ①2 濃縮した脱脂乳(だっしにゅう)に乳酸菌を加えて発酵・凝固させた乳製品の1種。消化がよく、生きた乳酸菌を含むので、整腸効果がある。

:チーズ ③4 牛乳を凝固・発酵させてつくる乳製品の1つ。タンパク質や脂肪分を主成分とし栄養価が高い。酪農地域の中では消費地から比較的離れた地域での生産が多い。アメリカ合衆国・ドイツ・フランスなどが主要生産国。

:バター ③4 脂肪を主成分とする乳製品の1種。酪農地域の中では消費地から比較的離れた地域での生産が多い。インド・アメリカ合衆国・パキスタンなどが主要生産国。

農牧業地域の諸形態

i —— 農牧業の地域区分

ホイットルセー D. Whittlesey ③1 1890〜1956 世界の農牧業地域の区分を行なったアメリカ合衆国の地理学者。家畜や作物の組合せ、生産物の商品化の程度、集約度などの指標から世界の農牧業を13に区分した。

ii —— 原始的農牧業

焼畑農業 ③4 樹林地や原野を切り払い、焼いてできた畑に、草木灰(そうもくかい)を唯一の肥料として、アワ・ヒエなどの雑穀や陸稲、キャッサバ・ヤムイモなどを栽培する農業。ハックと呼ばれる掘り棒で地面に穴をあけるほか、ほとんど手入れをせず、雑草や害虫が発生するため、土地生産性は低く、焼畑は数年で放棄される。原始的農業地域に多くみられる。

焼畑 ③6 **掘り棒** ①

粗放的定住農業 ②3 耕地は数年ごとに移動するが、耕作者は一定の場所に定住する畑作農業。焼畑農業と同様の自給作物を栽培するが、比較的肥沃な土壌をもつ地域や外部との連絡がとりやすい地域では、一部でココヤシ・カカオなども栽培する。

遊牧 ③7 自然の草と水を求めて、家畜とともに一定の地域を移動する牧畜。乳・肉・毛・皮など家畜の生産物に依存した自給的生活を営む。羊・ヤギなどを主要家畜とするアジア中央部から北アフリカにかけての乾燥地域、およびトナカイを主要家畜とする北極圏の寒冷地域にみられる。

:遊牧民 ②3 遊牧を営む人々の総称。アラビア半島のベドウィン、中央アジアのモンゴル人、北アフリカのトゥアレグ人、スカンディナヴィア半島のサーミなど。

iii —— アジア式農業

集約的稲作農業 ③5 季節風の影響を受けるモンスーンアジアの沖積平野などにみられる、稲作を中心とした集約的農業。アジア式稲作農業ともいう。水田での栽培が中心で、経営規模が小さく、自給的傾向が強い。東アジアは灌漑が整い、技術も高いが、東南アジア・南アジアは灌漑や技術などが遅れ、土地生産性はやや低い。

集約的自給的稲作農業 1
モンスーンアジア ③3
稲作 ③7 **水田** ①3

集約的畑作農業 ③5 アジアの冷涼・乾燥した地域にみられる畑作を中心とした集約的農業。アジア式畑作農業ともいう。経営規模が小さく、自給的傾向が強い。小麦・アワ・キビ・コウリャンなどの自給作物のほか、綿花・大豆・落花生などの換金作物も栽培する。中国の東北地区・華北、インドのデカン高原・パンジャブ地方などが中心。

畑作 ③6
集約的自給的畑作農業 1

オアシス農業 ③4 乾燥地域で、地下水・湧水・外来河川などの水で灌漑し、穀物・綿花・果実などを集約的に栽培する農業。ナイル川流域やメソポタミア地方のほか、イラン高原やサハラ砂漠などにみられる。水の管理が厳しく、水の所有と結びついた地主制度が存在する。

iv —— ヨーロッパ式農牧業

混合農業 ③7 主穀と飼料作物を栽培し、牛・豚などの肉用家畜や家禽の飼育・販売を主目的とする農業。ヨーロッパ式農牧業を代表する有畜農業の1つ。小麦やライ麦などの食用作物と、エン麦・トウモロコシ・根菜類・牧草などの飼料作物が輪作によって栽培される。

:商業的な混合農業 ③ 飼料作物の比重が高く、畜産物の販売に重点をおくもので、機械・肥料などを積極的に利用し、土地生産性や労働生産性が高い。西ヨーロッパ、アメリカ合衆国のとうもろこし地帯、アルゼンチンのパンパなどにみられる。

酪農(らくのう) ③7 飼料作物を栽培して乳牛を飼育し、酪製品の販売を目的として行なわれる

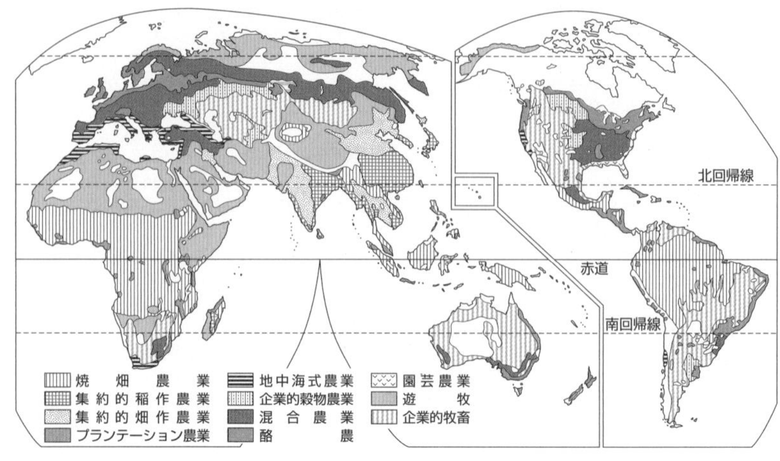

世界の農牧業地域

農業。冷涼・湿潤な気候で消費地に近い地域に発達する。消費地に近接した地域では生乳・クリーム、遠隔地ではバター・チーズの生産が多い。牧草・根菜類・エン麦やライ麦などの穀物を輪作する。設備・技術とも優れた集約的経営。西ヨーロッパの北海沿岸やアメリカ合衆国の五大湖沿岸などに発達している。

地中海式農業 ③7 地中海性気候を利用して、耐乾性の強い樹木作物と自給用の穀物を栽培する農業。高温乾燥の夏はオリーブ・ブドウ・柑橘類・コルクガシなどの生産を行ない、温暖湿潤な冬は小麦などを栽培する。また、羊やヤギなどの移牧も営まれ、灌漑が普及している。地中海沿岸のほか、カリフォルニア・チリ中部などにみられる。新大陸では果樹栽培が中心である。

園芸農業 ③7 都市への出荷を目的として、野菜・果樹・花卉などを集約的に栽培する農業。一般に経営面積は小さいが、資本・労働力・肥料を大量に投下するため土地生産性が高い。大都市周辺にみられ、とくにヨーロッパの北海・地中海沿岸、北アメリカの大西洋沿岸地方で発達が著しい。

:近郊農業 ③3 大都市の近郊で行なわれる園芸農業。葉菜類などの野菜や花卉などを多毛作で栽培するほか、庭木の生産も盛ん。土地生産性が極めて高い。世界各地の大都市の周辺にみられる。

:トラックファーミング(輸送園芸) ③1 消費地の遠隔地で行なわれる園芸農業。遠郊農業ともいう。消費地より温暖な気候を利用した暖地農業、冷涼な気候を利用した高冷地農業などがある。地域によって栽培する作物が特化している場合が多い。

:促成栽培 ①2 温室やビニールハウスなどの施設を使って作物の成育を人為的に促進させ、出荷時期を早める栽培方法。温暖地でのキュウリ・トマトなどの野菜や花卉の栽培はその例。最近では大都市周辺にもみられる。 **トマト** ①3

:施設園芸 ①1 ガラス温室やビニールハウスなどの加温・保温施設を用いて行なわれる園芸農業。温暖地や大都市近郊にみられる。資本の投下量が大きいが、最盛期と重ならないように時期をずらして出荷でき、収益が高い。

ハウス①1 **ビニールハウス** ①1

:温室栽培 1 ビニールやガラスの温室で、人工的に気温を調節しながら園芸作物などをつくる栽培法。促成栽培や抑制栽培で用いられ、おもに冬期に野菜・果実・花卉など収益性の高い作物を栽培する。日本では太平洋沿岸地域に多くみられる。

v ―― 新大陸・熱帯の企業的農牧業

企業的穀物農業(商業的穀物農業) ②3 小麦などの穀物を大規模に栽培し、その販売に重点をおく農業。機械化の進んだ大規模な粗放的農業で、労働生産性は極めて高い。

新大陸やロシアなどの半乾燥地域を中心に分布する。　**企業的穀物・畑作農業** ①[1]

カントリーエレベーター [1] 穀物の生産地近くに立地したもみ殻をつけたまま穀物を貯蔵する大規模な倉庫。これに対し、ウィニペグやカンザスシティのように穀物の集散地に立地したものをターミナルエレベーター、ニューヨークやニューオーリンズのように輸出港に立地したものをポートエレベーターという。搬入・搬出の作業は機械化され、企業的穀物農業が発達するアメリカ合衆国やカナダに多くみられる。

穀物エレベーター ①

ポートエレベーター ①

企業的牧畜(企業的放牧) ③[5] 牧場で生産される畜産物の販売をおもな目的とする大規模な牧畜。商業的牧畜ともいう。家畜の品種改良、飼育方法の改善などが積極的に行なわれ、労働生産性は高いが、粗放的である。新大陸のステップ気候地域を中心に分布する。

プランテーション農業 ③[7] 熱帯・亜熱帯にみられる大規模な商業的農園農業。一般に、欧米人が資本や技術を提供し、地元民や移民の安価・豊富な労働力を利用して、商品作物を大量に単一耕作する。園内に加工施設をもつ場合がある。おもな作物は熱帯・亜熱帯特産の天然ゴム・油ヤシなどの工芸作物や茶・コーヒーなどの嗜好作物で、世界市場への輸出を目的とする。世界の景気変動の影響を受けやすく、近年では地元民が経営したり、作物を多角化する傾向などがみられる。

世界の農牧業地域

i —— 東アジアの農牧業

セマウル(新しい村)運動 [3] 1970年から韓国政府が始めた農村開発や環境浄化のための活動。農道の拡張、橋の建設、水利開発、共同栽培の育成、住宅改良などをおもな内容とする「新しい村」の建設が目標。

人民公社 ③[4] 農業ばかりでなく、工業・商業・教育・軍事・文化・行政を一体化した中国の地域組織。1958年、郷ごうを単位に高級合作社(がっさくしゃ)を統合して生まれた。その数は最盛期には約8万で、規模は小さいもので1万数千人、大きいもので9万人以上の人口があった。しかし、生産性の低下や労働意欲の減退がみられ、1980年代には解体され、現在は生産責任制が導入されている。

生産責任制 ③[2] 1980年代から始まった中国農村における個別農家に生産を請け負わせる制度。生産請負制ともいう。農民の生産意欲を高めるため、個体戸と呼ばれる個人経営者が家族単位で就農することを定めた。現在では、割当量を供出した残りは個人のものとする包幹到戸(ほうかんとうこ)の制度が最も普及している。

億元戸(おくげんこ) [1] 中国農村の変動の中で、年間収入が1億元をこえる裕福な農家をいう。生産責任制の普及により、魚の養殖、家畜や家禽の飼育を専門に行なう専業戸の中に多くみられる。

東北地方(中国) ③[2] 中国東北部、ヘイロンチヤン(黒竜江)・チーリン(吉林)・リヤオニン(遼寧)の3省からなる地方。第二次世界大戦前は満州国として日本の支配下にあった。トンペイ(東北)平原を中心に肥沃な農業地域が広がり、南部は石炭・石油などの鉱産資源が豊富で、中国の重化学工業地域となっている。　**満州国** [1]

トンペイ(東北)平原 ②[1] 中国東北部、大・小シンアンリン(興安嶺)山脈とチャンパイ(チャンベク、長白)山脈の間に広がる中国最大の平原。ソンホワ川(松花江)・リヤオ川(遼河)が流れる肥沃な黒土地帯で、大豆・アワ・コウリャン・小麦・トウモロコシなどの生産が多くみられる。

リヤオ川(遼河(りょうが)**)** ①[1]

華北 ③[3] 中国の黄河流域一帯をさす地域名。北はインシャン(陰山)山脈から、南はチンリン(秦嶺)山脈とホワイ川(淮河)を結ぶ線までの間をいう。最も古くから文明の栄えた地域で、重要な畑作地帯であるとともに、工業も発達している。

ホワペイ(華北)平原 ③[1] 中国東部に位置する、ホワンホー(黄河)がつくった沖積平野。タイハン(太行)山脈から広がる大扇状地と下流の沖積平野からなる。表層には黄土高原から運ばれた黄土が堆積。中原(ちゅうげん)と呼ばれ、古代文明の発祥以来、政治権力の中心であった。肥沃な土壌に恵まれ、畑作を中心とした農業が発達している。

ホワンホー(黄河(こうが)**)** ③[5] チンハイ(青海)省中部に源を発し、黄土高原から華北平原を流れ、ボーハイ(渤海)にそそぐ中国第2の長さをもつ河川。多量の泥砂(でいさ)を流すため、中・下流にかけて河床が上昇し、しばしば氾濫を繰り返して、下流部では天井川

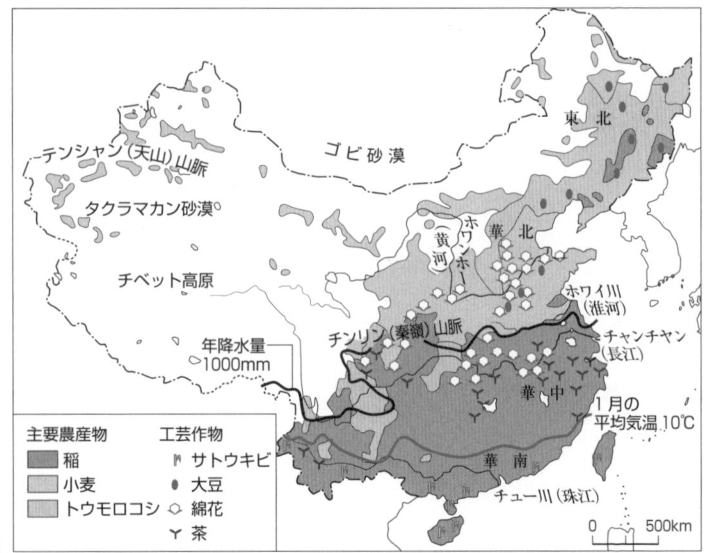

中国の農牧業地域

となっている。1950年以降、水土保持工事やダムの建設によって洪水を防止し、発電・灌漑の成果もあがった。1970年代から頻発する断流（川の流れが海に届かない）が課題となった。支流のウェイ川（渭河）流域は古代中国文明の発祥地で、冬小麦や綿花などの畑作が盛ん。

ホワイ川（淮河） ③3 中国東部、ホワンホー（黄河）とチャンチヤン（長江）との間を東流する河川。中華人民共和国の成立後、スーペイ（蘇北）灌漑運河の建設など、大規模な治水事業が実施された。ホワイ川は古くから中国の畑作地域と水田地域の境界線として知られている。

チンリン（秦嶺）＝ホワイ川（淮河）線 ①1 中国における畑作と稲作とのおおよその境界。この線は年降水量800～1,000mmの等降雨量線とほぼ一致する。近年は、この線の北部まで稲作が進出している。

華中 ③ 中国の中東部、チャンチヤン（長江）の中・下流部をさす地域名。北はチンリン（秦嶺）山脈とホワイ川（淮河）の線から南はナンリン（南嶺）山脈までの間をいう。長江の形成した沖積平野を中心とし、米などの二毛作が行なわれるほか、石炭や鉄鉱石などの地下資源が豊富で、中国の経済・産業の中心地の1つである。

チャンチヤン（長江） ③5 チベット高原北東部に源を発し、スーチョワン（四川）盆地を経て、東シナ海にそそぐ。流程約6,300kmに及ぶ中国最長の河川。古くから河川交通の大動脈として利用されてきた。流域は稲作を中心とした農業が盛んで、チョンチン（重慶）・ウーハン（武漢）・ナンキン（南京）・シャンハイ（上海）などの大都市が分布する。

スーチョワン（四川）盆地 ③5 チャンチヤン（長江）の上流に位置する構造盆地。地質時代には内陸湖であった。夏は高温、冬は温暖な気候で、米や茶が栽培されるほか、養蚕や桐油の生産も盛ん。石炭や鉄鉱石などの鉱産資源も豊富である。

サンシャ（三峡）ダム ①1 中国中部、チャンチヤン（長江）中流域の峡谷に建設されたダム。2009年完成。洪水調節・発電などに利用される。その効果や環境への影響などの問題点も指摘されている。

華南 ③1 中国南部、ナンリン（南嶺）山脈以南のチュー川（珠江）流域一帯をさす地域名。丘陵が広く、チュー川下流域を除けば平野は少ない。海岸は沈水海岸となっている。大部分が温暖冬季少雨気候で、米の二期作が行なわれるほか、茶・サトウキビ・ミカンなども栽培される。華僑の出身地として知られる。中心都市はコワンチョウ（広州）。

チュー川（珠江） ③2 ユンコイ（雲貴）高

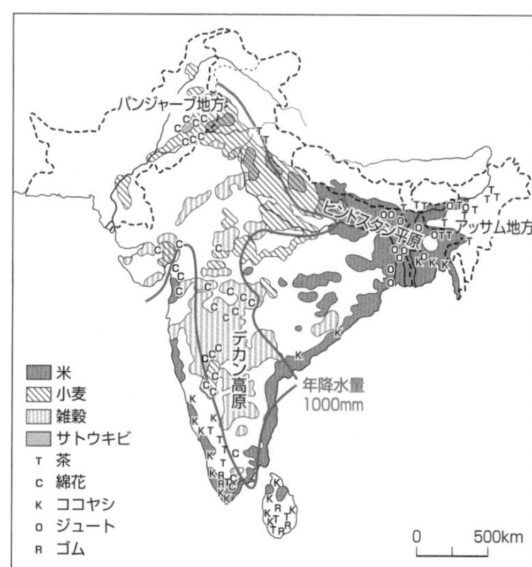

南アジアの農牧業地域

原を水源とするシー川（西江）に、ペイ川（北江）・トン川（東江）をあわせて南シナ海にそそぐ。華南の河川交通の中心。流域には山地が多く、下流の三角州では水稲二期作がみられる。

タリム盆地 ③[2] 中国西部、シンチヤンウイグル（新疆維吾爾）自治区の南半を占める内陸盆地。盆地の大部分はタクラマカン砂漠で、砂漠北縁をタリム川が流れる。盆地周縁のオアシスでは綿花・小麦・トウモロコシ・果実を栽培する。オアシスを結んで北縁と南縁をシルクロードが走る。

カンアルチン（坎児井） ① 乾燥地域の地下用水路の中国における呼称。シンチヤンウイグル（新疆維吾爾）自治区にみられる。

ii ―― 東南アジア・南アジアの農牧業

緑の革命 ③[7] 品種改良や栽培技術の改善を行なって高収量の農産物を生産し、発展途上地域の食料問題の解消を図ろうとする技術革新のこと。インドでは食用穀物の自給に役立ったが、高収量品種の栽培には多額の資本と高度な技術が必要であるため、その普及には地域による差がみられる。

白い革命 ③[6] インドでは、1970年代後半以降、経済成長に伴って、ミルク・鶏肉・野菜などの需要が高まり、とくにミルクは飲用のほか各種乳製品の原料としての消費が急増している。この現象は「白い革命」と呼ばれ、「緑の革命」の恩恵を受けなかった貧しい農民の収入源となっている。

ピンクの革命 ③[3] 1990年代以降のインドでは、鶏肉をはじめとする食肉の生産と消費の増加が顕著である。この様子を色やこれまでの革命になぞらえてピンクの革命またはピンク革命と呼ばれる。ヒンドゥー教やイスラームの信者の多いインドでは、宗教禁忌があって牛肉や豚肉を食べることができない人が多いが、鶏肉は宗教上の問題が少なく多くの人が食べられる。なお、インドには宗教上の理由もあって肉類を食さない菜食主義者（ベジタリアン）と呼ばれる住民も多い。 **菜食主義者** [2]

ホン川 ①[2] 中国南部、ユンナン（雲南）省に源を発し、ベトナム北部を流れてトンキン湾にそそぐ河川。流域はベトナムの経済活動の中心地域で、下流のトンキンデルタでは米の二期作がみられる。この地域の産米（さんまい）をトンキン米という。

メコン川 ③[7] チベット高原を水源とし、ベトナム南部で南シナ海にそそぐ国際河川。全長約4,400km。下流は増水期と減水期の水量の差が大きい。古くは1956年からナムプンダム（タイ）・ナムグムダム（ラオス）など多目的ダムの建設が進められた。1992年からはアジア開発銀行を中心に、流域6カ国を結ぶ交通・通信の整備、産業や貿易などへの投資の促進、電力供給の増加などの開発が進められている。

:大メコン圏 ③ → p.211

ホーチミン ③5 メコンデルタの中心に位置するベトナム最大の都市。旧称サイゴン。水陸交通の便に恵まれ、農産物の集散地として発展した。ここから輸出される米はサイゴン米と呼ばれる。商工業が発達し、ゴムやチーク材なども輸出する貿易港。

サイゴン ①2

チャオプラヤ川(メナム川) ③6 タイ中部を流れる同国最大の河川。ラオス・ミャンマー国境付近の山地に源を発し、南流してタイランド(シャム)湾にそそぐ。河口付近に広大なデルタが形成され、流域は世界有数の米作地帯。下流域には浮稲が栽培され、商業的米作もみられる。この地域の産米はタイ米と呼ばれる。

コラート台地 ①1 タイ北東部、東に向かい緩やかに傾斜し、メコン川流域にまで続く台地。比較的乾燥しており雨季の水田耕作が一般的であるが、近年は飼料作物の栽培と商業的牧畜が行なわれるようになった。

エーヤワディー川(イラワジ川) ③6 ミャンマー北部に源を発し、同国の中央部を流れ、アンダマン海にそそぐ河川。水上交通の大動脈となっているほか、中・下流域には平野が開け、米の栽培が盛ん。河口付近には広大なデルタが形成され、商業的米作もみられる。産米はヤンゴン(旧ラングーン)に集められ、ヤンゴン米として出荷される。

サルウィン川 ①1 ミャンマー東部を貫流し、アンダマン海のマルタバン湾にそそぐ河川。ほとんど全流域が山岳・高原地帯で、峡谷をなす。河口付近に沖積平野を形成し米作が行なわれる。

マレー半島 ③5 インドシナ半島の南部に突きだした半島。中央部を数条の山脈が走り、西岸はマラッカ海峡を隔ててスマトラ島と対置する。熱帯雨林気候に属し、年降水量2,000mm以上。ゴムの世界的な生産地で、そのプランテーションと錫(すず)鉱山は西岸に集中している。

ルソン島 ③5 フィリピン北部に位置する同国最大の島。環太平洋造山帯に属し、火山が多い。モンスーンの影響を受け、米の二期作がみられるほか、ココヤシ・タバコ・サトウキビなどが栽培される。棚田も有名。銅などの鉱産資源も豊富である。

ミンダナオ島 ③2 フィリピン南部に位置する同国第2位の面積をもつ島。環太平洋造山帯に属し、山地が多い。米・ココヤシ・パイナップルなどを産するが、マニラ麻(アバカ)の生産でも知られる。バナナのプランテーションも開かれている。ニッケル・銅・金の鉱産資源などを産出する。西半部はイスラーム教徒が多く、一時、モロ族が反政府運動を行なった。

ジャワ島 ③6 インドネシア中部に位置する同国の中心的な島。オランダ統治時代から集約的な米作が発達し、現在では二期作も行なわれるほか、ゴム・サトウキビ・茶・コーヒーなどが栽培される。インドネシアの人口の半分以上が居住し、人口密度は世界有数。

アッサム地方 ③5 インド東部の地方名。北部にブラマプトラ川が流れ、南部にアッサム丘陵がある。河谷(かこく)は水田、丘陵地はプランテーションによる茶栽培が盛んで、同国の茶生産の50%以上を占める。丘陵南部のチェラプンジで、1860年8月から61年7月までの1年間で世界最多雨量2万6,467mmを記録した。

ダージリン ③4 インド北東部、ヒマラヤ南麓(なんろく)に位置する高地保養都市。避暑地として発展した。標高2,183m。茶の産地として知られる。

パンジャーブ地方 ③3 パキスタン北部からインド北西部を占めるインダス川中流域の地方名。パキスタンのラホールを中心とする。「パンジャーブ」とはペルシア語で「5つの川」を意味し、インダス川の5支流に由来する。乾燥気候に属するが、イギリス植民地時代から灌漑網が発達し、小麦や綿花の生産が多い。古代インダス文明の発祥地。

ラホール ①2

iii ——西アジアの農牧業

ティグリス川 ③4 トルコの山地に源を発し、イラク北部を南東へ流れ、ユーフラテス川と合流してペルシア湾にそそぐ河川。ユーフラテス川との合流点より下流部はシャトルアラブ川という。代表的な外来河川で、流域一帯は、灌漑によるオアシス農業が発達し、ナツメヤシ・小麦・米・綿花・タバコなどが栽培される。

ユーフラテス川 ③4 トルコの山地に源を発し、シリア・イラクの中央部を南東に流れ、ティグリス川と合流してペルシア湾にそそぐ河川。代表的な外来河川で、流域一帯はオアシス農業が発達し、ナツメヤシ・小麦・ブドウ・タバコなどの生産が多い。

メソポタミア ②2 イラク中部を流れるティグリス川・ユーフラテス川に挟まれた地

方名。ギリシャ語で「河間地方」の意で、「肥沃な三日月地帯」、あるいは「黄金の三日月地帯」とも呼ばれる。河川沿いを除いてほとんどが砂漠・半砂漠。灌漑によりナツメヤシ・麦類などが栽培され、オアシス農業の代表的な地域である。世界最古といわれるメソポタミア文明の発祥地。

カナート ③⑦ イランの乾燥地域にみられる地下用水路。山麓の扇状地において地下水を水源とし、蒸発を防ぐため地下に水路を設けたもので、末端には耕地が開け、集落が立地する。途中には施工・修理・通風のため立坑(たてあな)が掘られている。耕地はカナートの所有者が地主となっている場合が多い。

カレーズ ③③ アフガニスタンの乾燥地域にみられる地下用水路。イランのカナートと同様の構造をもち、オアシス農業の成立に大きな役割を果たしている。

iv ――アフリカの農牧業

ナイル三角州(デルタ) ② カイロ・アレクサンドリア・ポートサイドを結ぶ巨大な円弧状三角州。面積約2.2万km^2。ナイル川が運搬・堆積した肥沃な土壌に恵まれ、綿花・小麦・トウモロコシ・米などの生産が盛ん。

アスワンハイダム ① エジプト南東部、ナイル川中流部の、アスワンダムより約7km上流に建設された多目的ダム。旧ソ連の援助により、1970年に完成。ダム上流に人造湖ナセル湖が出現した。ダムの完成により発電能力が増加し、新農地の灌漑面積も拡大した。しかし、蒸発や漏水(ろうすい)で大量の水が失われるようになり、下流では洪水のもたらす肥沃な土壌が失われたり、河川の侵食力が増して堤防の破壊が進み、河口付近の海岸線が後退するなどのマイナス面もみられる。

ホワイトハイランド ① 東アフリカ、ケニア山周辺の白人が入植した高原。温暖な気候と肥沃な土壌に恵まれ、植民地時代にイギリス人を中心とするヨーロッパ人が独占的にコーヒーや茶などのプランテーションを発達させた。独立後は政府が一部を買い上げ、農民を入植させている。

ナイロビ ③④ 1,700～1,800mの高原に位置するケニアの首都。コーヒー・茶・サイザル麻の集散地であるとともに、各種商工業が発達。交通の要地で、国際会議も多く開催される。UNEP(国連環境計画)の事務局の所在地。

ニジェール川 ③⑦ アフリカ西部、ギニア山地に源を発し、北東に流れてサハラ砂漠南部を経たのち、南東に流れてギニア湾にそそぐ河川。全長約4,200km。外来河川の1つで、中・上流にはオアシス農業がみられるほか、河口付近には広大なデルタが形成され、油田地帯となっている。

ラゴス ③③ ギニア湾沿岸に位置するナイジェリアの旧首都。かつては奴隷貿易の根拠地であった。現在は商工業が発達し、農産物などを輸出する港湾都市である。

フォガラ ③⑤ 北アフリカの乾燥地域にみられる地下用水路。イランのカナートと同様の構造をもち、オアシス農業の成立に大きな役割を果たしている。

v ――ヨーロッパの農牧業

二圃式農業(にほしきのうぎょう) ③① 耕地を2つに分け、耕作と休耕を毎年交互に繰り返す農法。三圃式農業より起源が古く、地中海沿岸などで行なわれていた。

三圃式農業(さんぽしきのうぎょう) ③② 耕地を3つに分け、それぞれを冬作地・夏作地・休閑地として毎年これを交代させる農法。中世のヨーロッパで広く行なわれていた。冬作物として小麦またはライ麦、夏作物として大麦またはエン麦などが栽培された。休閑地には地力保持のため家畜を放牧し、その排泄物で地力の回復を図った。近世になると、休閑地にカブや牧草を栽培する改良三圃式農業へ移行し、土地生産性が向上した。

休閑地(きゅうかんち) ③①　**冬作物** ②

囲い込み運動(エンクロージャー) ① 共有地や開放耕地を垣根や柵で囲い、私有の耕地や牧場とすること。イギリスにおいてみられ、第1次(15～16世紀)は中世の毛織物業の発達に対応して牧羊を目的に、第2次(18～19世紀)は産業革命に伴う農業生産の拡大を目的として行なわれた。土地を失った農民は、工業労働者として都市に流入した。

ラティフンディオ ① ローマ帝国時代に行なわれていた大土地所有制。奴隷を使用し、主として果樹栽培に従事させた。現在、南ヨーロッパやラテンアメリカにみられる大土地所有制もこの流れをくむものである。

ユーラン(ユトランド)半島 ① ヨーロッパ北部、北海とバルト海を分ける北へ突きだした半島。中北部はデンマーク領、南部はドイツ領。氷食の低平な平野からなり、世界的な酪農地域で、人口密度も高い。半島

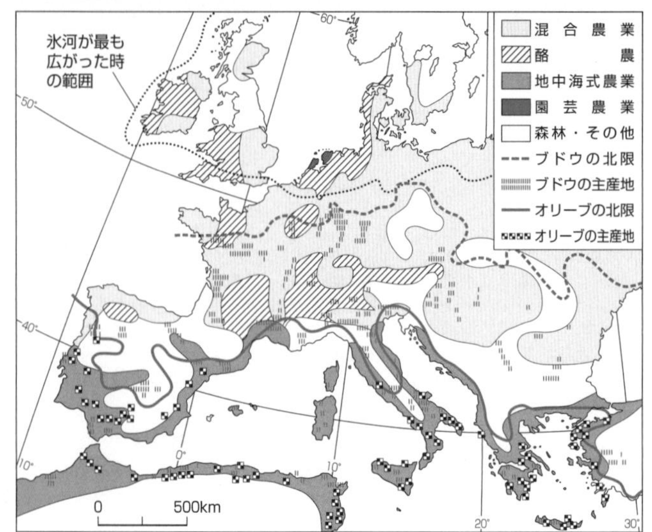

ヨーロッパの
農牧業地域

の根元を北海バルト海運河(キール運河)が横切っている。

シャンパーニュ地方 ① パリ盆地の東部一帯をさす地方名。セーヌ川の本・支流が流れ、ケスタ地形が発達する。ブドウ栽培が盛んで、シャンパン酒の生産で知られる。

ブルゴーニュ地方 ①[1] パリ盆地の南東縁、ソーヌ川流域一帯をさす地方名。世界的なブドウの産地。ソーヌ川とセーヌ川を結ぶブルゴーニュ運河が通じている。

ブルターニュ地方 [1] フランス西部、ブルターニュ半島一帯をさす地方名。古期造山帯に属し、丘陵性の地形で、海岸はリアス海岸。西岸海洋性気候で、穀物と飼料作物が輪作され、酪農が盛ん。近年、電子部品工場が進出したが、過疎化もみられる。

ロアール川 ②[4] フランス中部を東から西に流れ、ビスケー湾にそそぐ川。中流域の段丘ではブドウの栽培が盛んで、ワインの生産地域。下流地域は野菜栽培が行なわれる。港湾部では工業が発達している。

ポルダー ②[3] 低湿地の干拓によって造成された土地をいうが、一般にオランダからベルギーにかけての干拓地をさす。オランダは13世紀頃から干拓を行なってきた。国土の約4分の1は海抜高度が0m以下。干拓地は堤防をめぐらして海水の侵入を防ぎ、牧草地や農地として利用。とくに、集約的な酪農が発達している。

:干拓(かんたく) ② 土地造成方法の1つ。河川・湖沼・海などに堤防を築き、堤防内部の水を排除して陸地を造成すること。世界的にはオランダのポルダーが有名。日本では八郎潟(はちろうがた)・児島湾(こじまわん)・有明海の干拓が知られている。埋立てとは異なる。

移牧(いぼく) ③[4] 定住地をもつ農民が、家畜の群れを季節ごとに異なる場所へ移動させながら行なう牧畜の一形態。地中海沿岸では羊やヤギ、アルプス地方では乳牛が代表的な家畜で、夏は高地の牧場で飼育し、冬は麓の村で舎飼いする。

アルプス地方 ①[1]

アルプ ②[1] 森林限界線から雪線(せっせん)までの間にある高地牧場。アルムともいう。アルプスの名称もこれに由来する。村落や組合単位の共同所有地で、羊・ヤギ・乳牛などを夏の間放牧する。

バレンシア ② スペイン中東部、地中海に面する港湾都市。周辺はオリーブ・ブドウのほか、企業的な米作が盛ん。絹織物・食品工業なども発達している。

アンダルシア地方 [1] スペインの南部、モレーナ山脈以南の地中海に隣接した一帯をさす地方名。温暖な地中海性気候の地域で、オリーブ・ブドウ・オレンジの栽培が盛ん。おもな都市にセビリア・コルドバ・グラナダなどがある。アルハンブラ宮殿など、イスラーム文化の影響が残る。

ポー川 ② アルプス山脈に源を発し、イタリア北部を東流して、アドリア海にそそぐ同

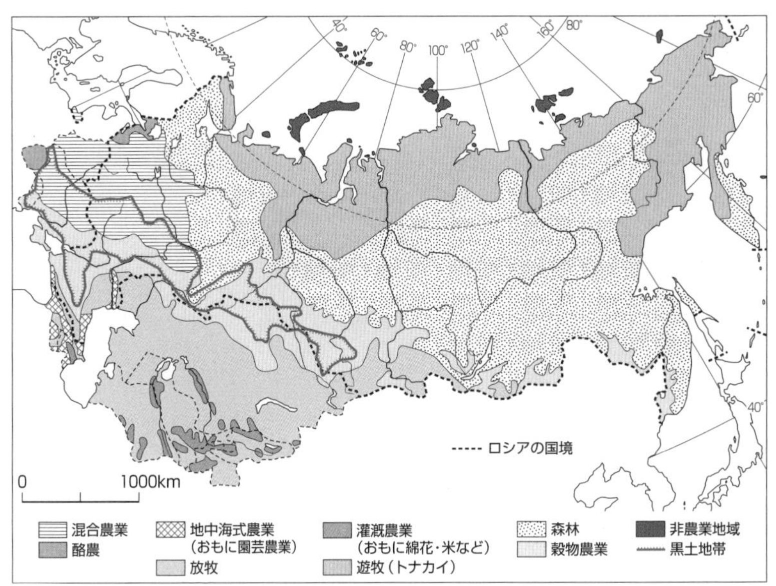

ロシア周辺諸国の農牧業地域

国最大の河川。河口付近ではデルタを形成。流域のパダノ＝ヴェネタ平野はイタリア第１の穀倉地帯。水力発電も盛んで、ミラノやトリノに電力を供給している。

シチリア島 ①3 イタリア半島の南部に位置する地中海最大の島。全体的に山がちで、果樹栽培を中心とした地中海式農業が発達。イタリアの後進地域の１つで、大土地所有制が残る。硫黄・岩塩・石油などを産し、近年、石油化学工業の進出もみられる。

vi ――ロシアの農牧業

集団農業 ①1 生産手段が公有化され、国家の指導・計画に基づいて行なわれる農業。社会主義農業ともいう。社会主義国に多くみられた。国営農場と協同組合組織などの集団農場とがある。集団化の程度は国によって異なっていた。

コルホーズ(集団農場) ③1 農業機械などの生産手段を共有し、共同作業によって運営する協同組合的な旧ソ連の農業組織。国有地を永久的に借用し、国家の農業生産計画に基づいて生産・販売が行なわれた。旧ソ連の農地の約３分の１を占め、農民数では約半数がこれに属していた。生産効率が悪いため旧ソ連経済のアキレス腱とされ、集団請負制や個人請負制などが導入された。

ソフホーズ(国営農場) ③1 土地をはじめ、農業機械などの生産手段や生産物がすべて国有とされる旧ソ連の国営農業組織。ここで働く農民は国家公務員。初期はコルホーズに対する模範農場・実験農場の性格をもっていたが、のちに経営の合理化を図るためコルホーズからの転換もみられた。乾燥地や寒冷地などの新開地に多く、大規模化・機械化農法がとられていた。

ダーチャ(別荘) ③4 ロシアの一般市民が大都市郊外に所有する簡素な別荘。都市居住者の約半数がもち、週末や夏休みなどに出かける。付属する菜園では野菜や果物を自給用に栽培し、ジャムなどの保存食をつくるなど、人々の食卓を支える役割を果たしている。

vii ――アングロアメリカの農牧業

ホームステッド法 ② アメリカ合衆国において自営農を創設するために制定された法律。1862年に成立。公有地に５年間定住し、開墾した者に対し、土地160エーカー(約65ha)を無償交付することを決めた。自営農地法ともいう。これにより中央平原の開拓が促進された。

西経100度線 ②2 アメリカ合衆国において、年降水量500mmの等降水量線とほぼ一致

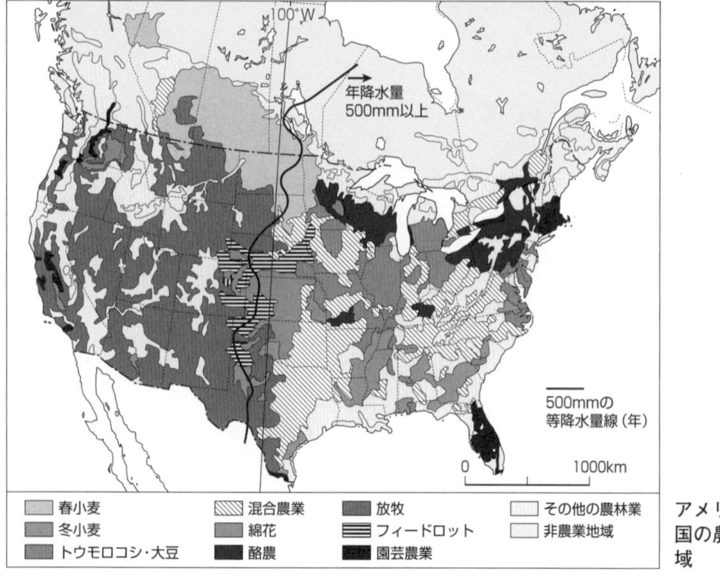

アメリカ合衆国の農牧業地域

し、東の農業地帯と西の牧畜地帯とを分けるおおよその境界線。乾燥農法やセンターピボット方式による灌漑農業などの導入により、境界線周辺の地域でトウモロコシ・小麦などの栽培が盛んである。

プレーリー ③[4] ミシシッピ川以西からロッキー山脈東麓に広がる長草草原の平原。アメリカ合衆国中部からカナダ南部に及ぶ。土壌は肥沃なプレーリー土からなり、小麦・トウモロコシ・大豆などが栽培され、世界有数の穀倉地帯となっている。

グレートプレーンズ ③[7] ロッキー山脈の東部に広がる台地状の大平原。ステップ気候に属し、土壌が肥沃で、灌漑によりトウモロコシ・小麦などが栽培されるほか、牛の大放牧地帯となっている。

:**オガララ帯水層** ①[2] グレートプレーンズ中央部付近の地下に帯水している地下水。この地下水は数千年にわたって貯えられたもので、日本の国土面積の約1.2倍にも及ぶ。この地下水の利用により、センターピボット方式の灌漑農法が発達したが、近年は地下水位の低下が著しく、限りある資源の有効利用について検討されている。

アグリビジネス ③[7] 農産物の生産から加工・貯蔵・運搬・販売などの農業関連産業の総称。種子の開発をはじめとして、肥料生産、農業機械の製造、食肉やパンの加工など農産物の生産から加工・流通・消費に至る食料供給体系(フードシステム)全体を統轄する。生産資材や肥料・農薬を供給し、農産物の買取りなどを通して、農民に大きな影響力をもつ。アメリカ合衆国で発達している。

食料供給体系(フードシステム) ②

穀物メジャー ③[7] 穀物の国際流通を支配する多国籍穀物商社。巨大な穀物倉庫や輸送手段をもち、穀物の集荷・貯蔵・運搬・販売を独占的に営むほか、肥料や種子の開発、農産物の加工、農業機械の製造などにも進出している。また、世界各地から情報を集め、農産物の国際価格に大きな影響力を及ぼしている。

酪農地帯(デイリーベルト) ③ 北アメリカの農業地帯の1つで、ニューイングランドから五大湖沿岸にかけて広がる。冷涼湿潤な気候と大消費地を背景に成立。家族労働を中心とした集約的経営で、規模はヨーロッパの酪農地域より大きい。大消費市場への距離との関係からニューイングランド地方では生乳、中部のミシガン州ではバター、西部のウィスコンシン州ではチーズの生産が多い。

トウモロコシ地帯(コーンベルト) ③[2] 北

アメリカの農業地帯の1つで、アメリカ合衆国の中西部に広がる。アイオワ州・オハイオ州・インディアナ州・イリノイ州・ミズーリ州が中心。温暖湿潤な気候と肥沃なプレーリー土に恵まれ、トウモロコシや大豆を飼料として肉牛や豚を飼育する混合農業が盛ん。トウモロコシ・大豆地帯ともいう。高度に機械化され、労働生産性が極めて高い。

フィードロット ③7 アメリカ合衆国に多くみられる肉牛肥育場。粗飼料で育てられた生後18カ月ほどの牛を、約5カ月間、濃厚飼料で集中的に肥育する。従来はトウモロコシ地帯に多かったが、近年は西部の放牧地帯が中心となっている。

肥育 ①3

春小麦地帯 ② 北アメリカの農業地帯の1つで、カナダのアルバータ州からアメリカ合衆国のサウスダコタ州にかけて広がる。ステップ気候と肥沃な土壌を利用し、大陸横断鉄道の開通に伴って発達。経営規模が大きく、機械化された粗放的経営。乾燥農法やガーネット種などの導入により収穫量が安定し、良質の硬質小麦が生産される。

冬小麦地帯 ② 北アメリカの農業地帯の1つで、カンザス州を中心に広がる。冬小麦の栽培を中心とする企業的穀物農業地域だが、トウモロコシや大豆との輪作もみられる。乾燥農法を取り入れている。経営規模は春小麦地帯に比べてやや小さい。コロンビア盆地にも冬小麦地帯がみられる。

センターピボット ③5 乾燥・半乾燥地域にみられる灌漑農法。360°回転するアームで、地下水の散水・施肥・農薬散布などを行なう。おもにアメリカ合衆国のグレートプレーンズで利用される。空からみると「緑の円盤」か「コイン」を並べたようにみえる。

カンザスシティ ③2 ミズーリ川とカンザス川の合流点に位置する冬小麦地帯の中心地の1つ。ミズーリ川を挟んでミズーリ・カンザスの両州に同名の市がある。農畜産物の集散地として知られる。大規模な家畜市場があり、製粉などの食品工業や農業機械・石油精製工業などが発達している。

綿花地帯(コットンベルト) ② 北アメリカの農業地帯の1つで、ミシシッピ州・ジョージア州を中心に広がる。北限は無霜期間200日以上、南限は秋の降水量250mm以下、西限は年降水量500mm以上。黒人奴隷を労働力とするプランテーションとして成立し、第二次世界大戦後は機械化が進む。最近は大豆・トウモロコシなどの栽培地域が拡大し、家畜の飼育頭数も増えて、多角化が進んでいる。また、綿花の栽培も、ミシシッピ川下流地方に集中するほか、テキサス州・オクラホマ州・カリフォルニア州などにも拡散している。

フロリダ半島 ③3 アメリカ合衆国南東部、大西洋とメキシコ湾とを分ける半島。フロリダ州の大部分を占める。温暖な亜熱帯性気候で、南端はサバナ気候。地形は平坦で、湖沼や低湿地が多い。オレンジ・グレープフルーツなどの果実や野菜の園芸農業が発達。近年、電子工業などの先端技術産業が集積し、エレクトロニクスベルトと呼ばれる。南部にマイアミを中心とする観光保養地、中東部にケネディ宇宙センターがある。

セントラルヴァレー ② 海岸山脈とシエラネヴァダ山脈の間にある地溝盆地。カリフォルニア盆地ともいう。盆地の中央をサンワキン川とサクラメント川が流れ、灌漑によって柑橘類やブドウなどの果実・野菜・綿花・米などが栽培される。東部の大市場の遠郊農業地域ともなっている。中部のサンノゼ付近には半導体・集積回路などの先端技術産業が集積し、シリコンヴァレーと呼ばれる。

ウィニペグ ③ カナダ中南部、ウィニペグ湖近くに位置する農畜産物の集散地。周辺は春小麦地帯で、カナダ有数の小麦取引所がある。製粉業や農業機械などの工業が発達し、交通の要地でもある。

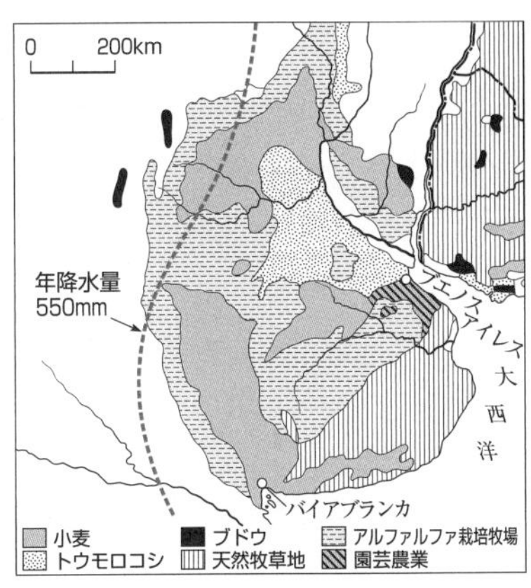

パンパの農牧業地域

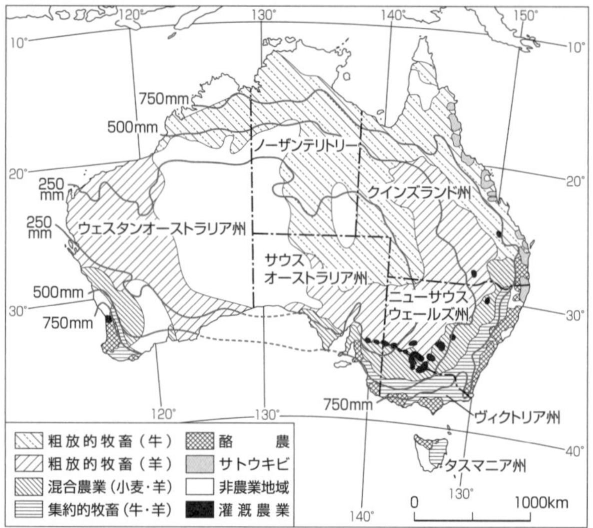

オセアニアの農牧業地域

viii――ラテンアメリカの農牧業

アシエンダ ②1 メキシコ・ペルー・チリなど、ラテンアメリカ諸国にみられる大土地所有制に基づく大農園。地主は行政・司法の権限をもち、農民を分益小作として利用する。彼らは保守的で技術革新には消極的であり、農牧業停滞の原因となっている。

ファゼンダ ③1 ブラジルにみられる大土地所有制に基づく大農園。大地主はコロノと呼ばれる労働者と契約を結び、賃労働をさせたり、耕地を貸して請負耕作をさせたりする。コーヒーのほか、サトウキビや綿花などを栽培する。

エスタンシア ②1 アルゼンチンの大土地所有制に基づく大牧場または大農園。地主の直営農場と小作人の経営する農場とをあわせもつことが多い。土地生産性が低く、機械化も十分進まず、農牧業停滞の原因とされる。

:ガウチョ 1 エスタンシアで働く牧夫(ぼくふ)。先住民のインディオと白人との混血（メスチソ）が多い。

ベレン ②2 アマゾン川の河口付近に位置する商業都市。パラ州の州都。アマゾン流域を後背地にもち、天然ゴム・カカオ・タバコ・ジュート・コショウなどの集散地で、輸出港でもある。

ラプラタ川 ③5 アルゼンチンとウルグアイの国境をなす川。パラナ川とウルグアイ川の合流地点から河口までをさす。川幅は河口で200km以上で、エスチュアリー（三角江(さんかくこう)）をなしている。ラプラタ水系流域はパンパと呼ばれる大農牧業地域で、小麦・トウモロコシの栽培や牧牛が盛ん。

パンパ ③7 ブエノスアイレスを中心に広がる半径約600kmの温帯草原。東部の湿潤パンパと西部の乾燥パンパに分けられる。肥沃な土壌に恵まれ、小麦・トウモロコシの栽培や牛・羊の飼育が盛ん。アルゼンチン・ウルグアイの農牧業の中心地。

:湿潤パンパ ③2 ブエノスアイレスを中心に広がるパンパの東部、年降水量550mm以上の地域。小麦・トウモロコシや牧草のアルファルファの栽培が盛んで、肉牛を中心とした牧畜が発達する。

:乾燥パンパ ③3 パンパのうち、年降水量550mm未満の地域。パンパの西半分を占める。ステップ気候を示し、牧羊が盛ん。

パタゴニア ②2 アルゼンチン・チリ両国の南部をさす地方名。寒冷な南西風が卓越する半乾燥の台地で、牧羊が盛ん。一般にはアルゼンチン南部の地方名として用いられることが多い。

ix――オセアニアの農牧業

マリー川(マレー川) ①1 オーストラリアアルプス山脈に源を発し、西流してインド洋にそそぐ河川。流域は肥沃で、スノーウィーマウンテンズ計画の灌漑により小麦などの栽培が盛んになった。

マリーダーリング盆地 ②[1] オーストラリア南東部、マリー川とダーリング川の流域に広がる盆地。灌漑設備の整ったマリー川流域は同国の重要な農牧業地域で、小麦栽培と牧羊が盛ん。 **ダーリング川** ①

スノーウィーマウンテンズ計画 ① オーストラリア南東部の地域開発計画。スノーウィー山地から流れでるスノーウィー川をダムで堰き止め、オーストラリアアルプス山脈をトンネルで抜き、マリー川へ流す計画。マリー川の増水により小麦栽培の安定と家畜飼育の増大、電力供給の増加をめざす。

ブリズベン ③[6] オーストラリアの東部に位置する港湾都市。クインズランド州の州都。羊毛・砂糖・食肉・鉱産物などの輸出港。造船・化学・食品工業などが発達する。

x ―― 日本の農牧業

専業農家 ② 農業を本業とし、世帯員中に農外従事者がいない農家。この区分は明治以降、1994(平成６)年まで用いられたもの。専業農家は北海道や九州地方に比較的多かった。近年、徐々に減少する傾向にある。

兼業農家 ② 世帯員の中に農外従事者がおり、農業収入と農業外収入とによって家計を維持している農家。高度経済成長期以後増加が著しく、1980年代には全農家の80%以上を占めていた。大都市周辺や日本海側の諸県などに比較的多くみられた。

主業農家 ② 1995(平成７)年より新しく取り入れられた農家分類で、販売農家のうち、農業からの収入が半分以上で、65歳未満の農業従事60日以上の者がいる農家。全農家の約５分の１を占め、北海道では７割以上となっている。

準主業農家 ① 農業以外からの収入が半分以上で、65歳未満の農業従事60日以上の者がいる農家。全農家の約５分の１で、関東地方などでその割合が高い。

副業的農家 ① 農業以外からの収入が半分以上で、65歳未満の農業従事60日以上の者がいない農家。全農家の半分以上を占め、北陸や東海・近畿地方でその割合が高い。

生産調整(減反(げんたん)) ③ 食糧管理特別会計の赤字と古米在庫量の減少を目的として、1969(昭和44)年から実施された米の生産制限政策。初めは奨励金をだして休耕する方法がとられたが、1978(昭和53)年からは転作を原則とする減反が進められた。その後、強制的な生産調整は廃止され、現在では自主流通米としての銘柄米が各地で生産されている。さらに2018年度から、主食米の生産数量配分は廃止された。

養蚕(ようさん) [2] 蚕(かいこ)を飼育して繭(まゆ)を生産する産業。第二次世界大戦前までは農家の現金収入源として重要であったが、化学繊維の普及などにより、現在は生産が減少している。北関東・東北地方などで盛ん。

津軽平野(つがるへいや) [1] 青森県北西部、岩木川(いわきがわ)流域に広がる沖積平野。岩木川河口の十三湖(じゅうさんこ)には典型的な三角州が発達している。流域一帯は水田単作地帯、中流域ではリンゴ栽培が盛ん。

庄内平野(しょうないへいや) ①[1] 山形県北西部、最上川(もがみがわ)と赤川(あかがわ)が形成した沖積平野。日本海には南北約30kmの砂丘が発達する。近世以降、水田化が進み、庄内米で知られる穀倉地帯となっている。江戸時代、鶴岡は政治の中心で、外港の酒田(さかた)は米の積出港として栄えた。酒田付近に天然ガスの埋蔵がみられる。

勝沼(かつぬま) ① 山梨県中部、甲州(こうしゅう)市の旧町。甲府盆地東部の日川(ひかわ)扇状地上に位置し、古くからブドウの栽培地として知られる。近年は観光客用のブドウ園が増加。ワインも多産する。甲州街道の旧宿場町。

房総半島(ぼうそうはんとう) ②[1] 千葉県の大部分を占め、太平洋と東京湾とを分ける半島。中北部は下総台地、東部は九十九里(くじゅうくり)平野、南部には海岸段丘もみられる。温暖多雨で、花卉や野菜などの輸送園芸が盛ん。

６次産業化 ②[3] 農業や漁業などの第１次産業が生産物を加工して製品にしたり（２次産業）、その製品を販売したり（３次産業）して生産物に付加価値をつけて収入を増やす農業経営の多角化をあらわした言葉。農家民宿や農家レストランなどがその例。

地理的表示保護（制度） ②[3] 特定の地域と結びついた商品を保護するために作られた制度。日本では夕張メロンや八丁味噌など農産品の地理的表示 (GI) が登録され、GIマークの使用が認められている。EUにおいてもチーズやウインナーなど地域の特産品を保護するために、生産・加工・製造のどれか一つがその地域で行われなければならない地理的表示保護 (PGI) 制度のほか、特定の地域で継承された技術で作られた産品を対象にした原産地呼称制度 (PDO) が行われている。 **原産地呼称制度** ②[2]

2 林業

森林と林産資源

林産資源 ① 森林から得られる資源。各種の用材・薪炭材、キノコをはじめとする山菜類、クリやクルミなどの木の実、ゴム・漆に代表される樹脂などがある。

天然林 ② 人間の影響がほとんど加わっていない森林。自然林・原始林・原生林ともいう。アマゾン川流域のセルバをはじめとする熱帯雨林地域、高緯度地方のタイガ地域、あるいは高山地方に分布する。

人工林 ③ 原野や自然林伐採跡などに、人工造林(人の力で苗木などを定着させる)、または天然更新(天然に散布された種子などの再生を図る)などに手入れを行なって育てた森林。早くから林業が発達した先進国では、人工林の比重が大きい。一般に経済性の高い樹種が選ばれ、単一の樹種からなる均質な林相を示す場合が多い。

:植林 ③[3] 苗木を林地に植え、手入れを行ないながら人工林をつくること。秋田杉や吉野杉の森林、ヴァルトと呼ばれるドイツの森林も植林によるものである。

防風林 [1] 風の強い地域で、耕地や家屋を守るために設けられた保安林。内陸防風林と海岸防風林とがあり、一般に細長く造林される。

製材業 ① 原木を製材機械で加工し、板材や角材を生産する工業。また、単板から合板に加工する工業。原木が容積・重量ともに大きいので、ほとんどが原料産地に立地する。

用材 ③[2] 産業用に用いられる木材。燃料として用いられる薪炭材の対語。その用途によって、建築・家具・船舶・坑木・枕木などに分けられる。

合板 ③[1] 薄く切った単板を接着剤で張り合わせた板。奇数の単板を繊維方向が直角になるように交互に張る。合板用としてはラワン材が多く、化粧張りの木材として、ケヤキ・スギ・マホガニー・チークなどが用いられる。

世界の林業地域

i ―― 熱帯林

チーク ②[1] インド・タイ・ミャンマー・マレーシアなどに産するタマツヅラ科の高木。材質は堅硬でひずみが少なく、油分を含むため、虫害や鉄による腐敗を防ぐ。船材・建築材・車両材などに用いられる。

ラワン ②[1] フィリピン、カリマンタン島(ボルネオ)などに産するフタバガキ科の高木。材質は一般に淡紅色をなし、美しい。合板材・床材・家具材などに用いられる。

ユーカリ ①[2] オーストラリア原産のフトモモ科に属する高木。熱帯から亜熱帯にかけて300種以上の種類が分布する。葉からユーカリ油をとり、薬品や香料として利用される。

ii ―― 温帯林

シイ(椎) ②[1] 日本列島の中部以南の暖地に分布するブナ科の常緑広葉樹。材質はやや硬くて弾力に富み、建築材として土台・屋根板などに用いられる。また、シイタケ栽培の原木としても用いられる。

カシ(樫) ② 温帯・亜熱帯に分布するブナ科の常緑広葉樹。材質は強くて弾力性に富み、湿気にも強いので、船舶・車両などに用いられる。薪炭材でもあり、防風林や屋敷森としても用いられる。

クス(樟) [1] 日本の関東以南、台湾・中国本土に分布するクスノキ科の常緑広葉樹。材質は芳香をもち、建築材・楽器・船材などに用いられる。材油から樟脳を生産する。

ブナ(橅) ③[3] ブナ科の落葉広葉樹。一般に温帯多雨気候の地に多く分布し、西岸海洋性気候をブナ気候と呼ぶことがある。日本では北海道から九州にかけて広く分布する。建築材・家具材・床板・合板・パルプ材として利用され、薪炭材にも用いられる。

ナラ(楢) ②[2] 北半球の温帯に広く分布するブナ科の落葉広葉樹。材質は硬く緻密で、建築材・家具・洋酒の樽材などに用いられる。また、シイタケ栽培の原木や薪炭材としても利用される。

スギ(杉) ② 本州から九州にかけて自生するスギ科の常緑針葉樹。有用材として古くから多方面に利用されている。建築材・家具材・電柱・樽材・包装・船舶・橋・箸・下駄などのほか、樹皮は屋根葺(ふき)用、葉は線香・抹香(まっこう)の原料、そのほか庭木・盆栽・並木などとしても利用される。

ヒノキ(檜) ② 福島県以西の本州・四国・九州に分布するヒノキ科の常緑針葉樹。材質は木目が直通で精緻、腐りにくく保存性に優れ、芳香や光沢があり、日本建築の最高材となっている。

モミ(樅) ②[1] 岩手県以南の本州・四国・九州に広く自生するマツ科の常緑針葉樹。ツガとともに落葉広葉樹との混合林を形成することが多い。建築・家具・箱・樽材などのほか、パルプ材としても用いられる。

シュヴァルツヴァルト ②[2] → p.77

屋久杉 ② → p.168

iii ―― 亜寒帯林(冷帯林)

トウヒ(唐檜) ③[1] マツ科の常緑針葉樹。本州中部の山地に多く自生する。北海道に産するエゾマツの変種とされ、建築材・土木用材・船舶材・パルプ材などに多く用いられる。

エゾマツ(蝦夷松) ② マツ科の常緑針葉樹。北海道・サハリン(樺太)・千島・沿海州・中国・朝鮮に自生する。パルプ材に適し、建築・包装・楽器などに用いられる。

カラマツ(唐松) ③[1] マツ科の落葉針葉樹。アジア・ヨーロッパ・北アメリカの温帯から亜寒帯にかけて広く分布し、日本では北海道の平地、本州の中部以北の高山地方に自生する。耐湿性があるため、建物の土台・橋・坑木などに用いられる。

アルハンゲリスク ① ロシア北西部、白海にそそぐ北ドヴィナ川の河口より40kmの地点に位置する港湾都市。木材加工、木材輸出港として知られ、水産加工も盛んである。港は10月から4月まで凍結する。

3 水産業

水産業の発達とその条件

水産業 ③[1] 水中に生息する動植物などを資源とする産業。漁業・養殖・水産加工業が含まれる。世界の主要な水産国として、中国・ペルー・日本・インドネシア・アメリカ合衆国などがあげられる。

漁業 ③[2] 水産業の一部門で、魚類や貝類の魚介類および海草類を採取する産業。漁業の歴史は農牧業よりも古く、漁具や漁法の発達に伴い漁場は拡大し、漁獲物も多様化した。海洋を中心に行なわれる海面漁業と、河川・湖沼など内水面で行なわれる内水面漁業とがある。

魚介類 ③[2]　**内水面漁業** ①

潮境(しおざかい) ③ 水温・塩分などの性質の異なる海水が接する所。暖流と寒流が出会う所で、海面上の境界は潮目とも呼ばれる。ここでは渦流(かりゅう)による上昇流がおこり、海底に沈澱(ちんでん)した栄養分が上昇してプランクトンが多く、よい漁場となる場合が多い。

潮目(しおめ) ③

湧昇流(ゆうしょうりゅう) ③ 水深200〜300mほどの中層の寒冷な海水が上昇し、海面に湧きでてつくる海水の流れ。上昇流ともいう。南アメリカのペルー沖、アンゴラからガボンにかけてのアフリカの西岸沖などがその例。プランクトンが発生し好漁場となる。

プランクトン ③[1] 水中の浮遊微生物の総称。水中の無機塩(栄養塩)類を餌(えさ)とする植物性プランクトンと、これを餌とする動物性プランクトンがある。

大陸棚(たいりくだな) ③[7] 海岸から緩やかに傾斜しながら続く水深約200mまでの棚状の海底。以前に大陸の一部として陸上にあったものが、沈水して形成されたと考えられている。好漁場をなすとともに、海底資源開発で注目を集めている。

浅堆(せんたい)(バンク) ③[1] 大陸棚のうち、とくに水深の浅い部分。一般にプランクトンが豊富で魚類の産卵・生育に適して好漁場となることが多い。

沿岸漁業(えんがんぎょぎょう) ③[1] 海岸から遠くない、自国の領海内で行なわれる漁業。日本では漁船を使用しないか、無動力船および動力10トン未満の漁船を使用する漁業をいう。採貝・採藻・定置網・地引き網漁業などを含む。この漁業に従事するのは、大部分が零細な兼業漁家である。

沖合漁業(おきあいぎょぎょう) ③[1] 一般に200海里内の漁業専管水域において航海日数２週間以内で行なわれる漁業。20～200トンの漁船を所有し、労働者を雇用する中規模の漁業経営によるものが多い。大衆魚を大量に供給している。

遠洋漁業(えんようぎょぎょう) ③[1] 漁業根拠地から遠隔の漁場に出漁して行なう漁業。漁船の動力化・大型化に伴って発達したものであり、大規模な漁業会社によって行なわれることが多い。以西底引網(いせいそこびきあみ)漁業、マグロ延縄(はえなわ)漁業、カツオ一本釣り漁業、サケ・マス流網(ながしあみ)漁業などはその例。

捕鯨(ほげい) ① 鯨を捕獲する漁業。10世紀頃から世界各地で行なわれてきたが、乱獲により資源量が減少している。IWC（国際捕鯨委員会）は1988年より商業捕鯨を全面禁止。調査捕鯨とグリーンランドおよびアラスカのイヌイットなどの伝統的な捕鯨が認められている。日本は2018年IWCを脱退、商業捕鯨を再開。

IWC(国際捕鯨委員会) ①
商業捕鯨 ①

寒海魚(かんかいぎょ) ① 10℃以下を好適水温とする寒流系の魚類。サケ・マス・タラ・ニシン・サンマなど。

サケ ②[2]　**マス** ①[1]　**タラ** ①[2]
ニシン ①[1]　**スケトウダラ** ①

暖海魚(だんかいぎょ) ① 10℃以上を好適水温とする暖流系の魚類。マグロ・カツオは水温20℃以上の比較的高い水温に生息し、イワシ・ブリ・サバは10～20℃の水温の水域に生息する。

カツオ ②

マグロ ③[1] 暖海系の大型回遊魚(かいゆうぎょ)。クロマグロはホンマグロともいい、体長約３m、体重350kgに達する。太平洋の熱帯・温帯に広く分布し、日本近海に多い。ミナミマグロは南半球に棲息し、クロマグロと同様に美味で、水産業上の価値が高い。いずれも資源量が減少し、漁獲量が制限されている。日本は世界第１位のマグロの消費国であり、マグロの養殖技術の開発も進められている。

クロマグロ ②[1]

世界の主要漁場

漁場 ③[1] 水産資源に恵まれ、漁業が盛んな水域。プランクトンの繁殖、大陸棚や浅堆（バンク）の発達、潮境（潮目）・湧昇流の発生、優れた漁業技術、消費市場、漁港の発達などの条件が備わっている必要がある。

太平洋北西部(北西太平洋)漁場 ③ 日本列島を中心に、カムチャツカ半島から千島列島にかけてのオホーツク海・日本海・黄海・東シナ海に広がる漁場。日本・韓国・ロシア・中国などが出漁し、漁獲高は世界一。親潮（千島海流）・黒潮（日本海流）の会合点であり、大陸棚や浅堆（バンク）にも恵まれて魚種も多い。北部ではサケ・マス・スケトウダラ・カレイ・カニ、南部ではイワシ・サバ・カツオ・マグロなどが多く、大部分が食用に供される。

カムチャツカ半島 ②[3]
黄海(こうかい) ③[2]　**カニ** ①

稚内(わっかない) ②[1] 北海道北部、宗谷(そうや)海峡にのぞむ水産都市。沖合・遠洋漁業の根拠地で、スケトウダラ・ホッケ・タラなどの水揚げが多い。カニ缶詰やチクワなどの水産加工も盛ん。

根室(ねむろ) ①[1] 北海道東端、根室半島にある水産都市。サケ・タラ・カニ・コンブなどの水揚げが多く、とくにカニの缶詰業などの水産加工も盛ん。根室海峡を挟んで国後島(くなしりとう)に面する。

函館(はこだて) ①[2] 北海道南部、津軽(つがる)海峡に面する港湾・工業都市。北洋漁業の根拠地で、水産加工・セメント工業などが盛ん。

釧路(くしろ) ②[1] 北海道東部、太平洋にのぞむ商工業・水産都市。明治以後、北洋漁業の根拠地として発展したが、近年は沿岸漁業の割合が高くなっている。水揚量は日本有数で、冷凍倉庫や水産加工工場が立地する。タラ・サンマ・コンブなどの水揚げが多い。

八戸(はちのへ) [1] 青森県南東部、太平洋沿岸に位置する水産・工業都市。南部藩の旧城下町。遠洋漁業の根拠地で、日本有数の水揚量があり、水産加工も盛ん。肥料・セメント・鉄鋼などのほか、製紙・金属などの工業も発達している。

銚子(ちょうし) ①[2] 千葉県北東部、利根川(とねがわ)河口に位置する水産都市。遠洋漁業の根拠地で、日本有数の水揚量がある。大きな魚市場が立地し、水産加工・造船などの関連産業もみられる。

太平洋中西部漁場 ③ 太平洋の経度180度以西、北緯20度からオーストラリア北端に至る海域で、南シナ海・ジャワ海・南太平洋諸島周辺などの漁場が中心。おもな出漁国は、インドネシア・フィリピン・ベトナム。カツオ・マグロ・イワシ・エビ・タコなどがおもな漁獲物。

太平洋南東部(南東太平洋)漁場 ③ 南アメリカのペルー・チリ沿岸に広がる漁場。ペルー(フンボルト)海流と冷水の湧昇により、好漁場を形成し、アンチョビーの漁獲が多い。おもな出漁国はペルーとチリ。

アンチョビ(カタクチイワシ) ① イワシの1種で、カタクチイワシ科の魚。ペルー・チリ沖での漁獲が知られ、その多くは飼料として乾燥・粉砕したフィッシュミール(魚粉)に加工される。

大西洋北東部(北東大西洋)漁場 ③ 北海を中心として、アイスランド沖合からビスケー湾に広がる漁場。寒暖両海流が会合し、大陸棚やドッガーバンク・グレートフィッシャーバンクなどの浅堆(せんたい)が発達する好漁場で、ニシン・タラ・カレイ・サバなどの漁獲が多い。大消費市場をひかえて最も古くから開発された漁場。おもな出漁国は、イギリス・アイスランド・ノルウェー・デンマーク・スペインなど。

:ドッガーバンク ① 北海の中央部に位置する浅堆(バンク)。水深13〜25mで、タラ・カレイ・ニシンなどの好漁場。「ドッガー」は「トロール船」を意味するオランダ語に由来する。

ムルマンスク ①[1] ロシア北西部、北極海に面する港湾都市。暖流の影響で不凍港(ふとうこう)。漁業基地で、水産加工が盛んなほか、木材工業なども発達する。海軍基地でもある。

大西洋北西部(北西大西洋)漁場 ③ ニューファンドランド島近海からノヴァスコシア半島、ニューイングランド沖合にかけて広がる漁場。大陸棚やグランドバンクなどの浅堆が発達し、寒流のラブラドル海流と暖流のメキシコ湾流が会合する好漁場で、タラ・ニシン・サケの漁獲が多い。おもな出漁国は、アメリカ合衆国・カナダなど。

ニューファンドランド島 ① カナダ南東部、セントローレンス川の河口沖合の大西洋上に位置する島。周辺水域では寒暖両流が会合し、グランドバンクなどもあって、世界的な漁場として知られる。セントジョンズが代表的漁港。

インド洋西部漁場 ③ インド半島南部を走る東経80度線より西部のインド洋を中心とする漁場。海岸線が比較的単調で、漁獲量は太平洋北西部漁場の5分の1程度である。出漁国はインドが中心で、そのほか、パキスタン・イランなど。イワシ類・エビ類などの水揚げが多い。

水産養殖と水産加工

栽培漁業(さいばいぎょぎょう) ②[1] 人工的に孵化(ふか)した稚魚(ちぎょ)を海面に放流し、これらが成長したのち再捕獲する漁業。河川・湖沼・養殖池の特別区画にだけ放流して育てる養殖業と区別される。魚種としては、クルマエビ・マダイ・カレイなどがある。

養殖業(ようしょくぎょう) ③[4] 魚類・貝類・海草類などを人工的に管理・育成すること。資源の枯渇や200海里漁業専管水域の設定により、水産養殖の重要性が増している。

:海面養殖業 ① 入江や湾などの海域で行なわれる水産養殖業。ハマチ(ブリ)・ホタテ貝・エビ・真珠・カキ・ノリなどの養殖が盛ん。

:内水面養殖業 ① 河川や湖、養殖池などの水域で行なわれる水産養殖業。ウナギなどの養殖が盛ん。

:エビ ③[3] 日本での漁獲がこの30年間で半減する一方、近年は輸入量が急増し、輸入魚介類の首位を占める。とくに東南アジア・インドからの輸入が多く、現地資本との合弁会社も設立されている。養殖地の増設でマングローブが消失し、病気予防のための薬品で土壌が汚染されるなどの問題もおきている。

:真珠 [3] 真珠がとれる貝類に、人工的に核を挿入して養殖する。日本ではアコヤ貝、オーストラリア北方のアラフラ海では白蝶貝(しろちょうがい)が用いられる。日本の真珠養殖は世界的に知られ、三重県の英虞湾・五ヶ所湾(ごかしょわん)、長崎県の大村湾などで行なわれている。

:カキ(牡蠣) [3] いかだから水中に吊り下げる方式の垂下(すいか)養殖が最も多く、アメリカ合衆国のチェサピーク湾や波静かなリアス海岸などが好適地。日本では広島湾と松島湾が2大産地。

:ホタテ [1] イタヤガイ科の二枚貝。能登(のと)半島、銚子(ちょうし)以北からオホーツク海、朝鮮半島、沿海州にかけての浅海の砂礫底に生息する。陸奥(むつ)湾などが産地として知られている。

:ノリ(海苔) [1] 河川が流入する波静かな遠浅の海が好適地。ノリ養殖は江戸時代から現在の東京湾で行なわれていたが、海水の汚濁や埋立てなどにより、今では兵庫県や北九州諸県での生産が多い。

:ウナギ [2] 食用の大部分を占める養殖ウナ

ギは、川を遡上してくる稚魚を採取し、養殖池で養育する。日本では愛知県と鹿児島県が２大産地。

英虞湾(あごわん) 4 三重県南東部、伊勢湾の湾口に突出した志摩半島南部の湾。溺おぼれ谷の地形を利用し、真珠養殖の発祥地として知られる。現在も日本有数の真珠養殖地である。

水産加工 ① 水産物を加工する工業。水産製造業ともいう。塩干物・燻製(くんせい)・冷凍などの貯蔵食品と缶詰などの食品加工、魚粉・魚肥(ぎょひ)・魚油の製造などがある。

フィッシュミール(魚粉(ぎょふん)**)** ③ イワシ・サンマ・タラなどを乾燥・粉砕したもので、家畜や養殖魚の飼料・肥料として利用される。ことにアンチョビー(カタクチイワシ)の魚粉が知られている。

4 食料問題

食料問題 ③7 食料の需要と供給の地域的不均衡などから生じる問題。先進国では、農牧業の技術水準が高く、生産量が多い。また、豊かな経済力を背景に発展途上国からの輸入も可能で、飽食の傾向がみられる。一方、発展途上国では、人口増加に食料生産が追いつかず、食料不足や栄養不良の人々がみられる。一時的には、先進国からの食料援助も有効だが、発展途上国での農業の近代化が必要で、そのための国際的な協力が求められている。

食料自給率 ③4 国民が消費する食料のうち、国内生産でまかなえる比率。農産物や水産物などの品目ごとに計算し、それらを総合したもの。自給率の低下は国内経済の不安定化につながることが多い。

:**穀物自給率** ① 食用や飼料に用いられる穀物のうち、国内生産でまかなえる比率。日本の穀物自給率は主要先進国の中では最低で、2018(平成30)年現在、約28%である。

オリジナルカロリー ① 牛肉・卵などの畜産物から摂取するカロリーを、それが含有するカロリーではなく、これらを生産するのに要した飼料のもつカロリーで計算したもの。

フードマイレージ ②2 農産物の量 (t) に食料の生産地から食卓までの距離 (km) を掛けて算出される値。輸入農産物が環境に与える負荷を数値化するために考えられた指標。食料輸入を見直す必要性がその背景にある。

トレーサビリティ ②2 食品が生産加工され、販売されて消費者に届くまでの流通経路について、追跡が可能な状態をいう。最近では食品が世界各地から供給され、食の安全が強く求められるようになったことが背景にある。

バーチャルウォーター(仮想水) ②3 食料を他国から輸入した場合、その食料を生産するのに使われた水も間接的に輸入したことになるが、この水のことをいう。農作物に比べ、畜産物は飼料作物の生産に用いられた水を計算に入れるので大きくなる。日本をはじめ、食料の大輸入国は多量の水を消費していることになる。この観点は水資源利用のポイントとなる。

地産地消 ②7 その地域で生産された農産物を、その地域内で消費すること。この考え方は消費者の食に対する安心・安全への関心の高まりから生まれ、生産物を市場へ輸送するエネルギーの削減など、環境への負荷低下を期待したものである。

品種改良 ③④ 生物の遺伝質を改善して、作物や家畜の新しい種類をつくりだすこと。収穫量の増加、品質の改良、生産の安定などが目的である。

遺伝資源 1 遺伝子をもつ資源のことで、地球上のすべての生物がこれにあたる。熱帯林地域にはその約半数が棲息しているといわれている。多様な遺伝子が存在することで安定した生態系が維持され、組み換え技術によって品種改良も行なわれている。

:**遺伝子組み換え作物** ③5 害虫・農薬に対する抵抗・耐性、日持ちするなどのために、特定の遺伝子を組み込んで、省力やコスト低減などに役立つよう改良された作物。世界で初めて商品化されたのは、1994年、アメリカ合衆国で開発された日持ちをよくしたトマト。開発はアグリビジネスなどで行なわれ、現在では穀物や飼料作物などにも及んでいる。しかし、安全性を疑問視する声があり、遺伝子組み換え食品に対する健康への影響などが懸念(けねん)されている。

高収量品種 ③④「緑の革命」に用いられている、収穫量の多い米や小麦の新品種。国際稲研究所が開発した「ミラクルライス」と呼ばれるIR-8や、国際トウモロコシ＝小麦改良センターで育成されたメキシコ種小麦・トウモロコシなどはその例である。

多収量品種 ①1

ネリカ米 ②5 コートジボワールに本部をおく「西アフリカ稲開発協会」が、乾燥や病虫害に強いアフリカ種と高収量のアジア種の稲を交配して開発した新種の陸稲。アフリカでの貧困対策と食料確保の切札として期待されている。ネリカ（NERICA）はNew Rice for Africaの略。

残留農薬 ② 散布されたあとも、農作物中や土壌中に残留する農薬。自然のままでは分解されにくく、その毒性が問題となる。人畜に被害を及ぼすおそれのある農薬については法律で規制されている。

FAO（国連食糧農業機関） Food and Agriculture Organization ② 国連の専門機関の1つ。各国民の栄養と生活水準の向上、食糧と農産物の増産および分配の改善などを目的として1945年に設立された。

WFP（国連世界食糧計画） World Food Programme ①④ 食料援助を通して、発展途上国の経済社会開発や、自然災害および地域紛争などによって生じた食料の緊急事態の改善を図ることを目的に設定された国連の専門機関の1つ。1961年設立。世銀グループを除いて国連内では最大級の援助活動をしている。 **食料援助** ③5

栄養不足人口 ③④ 健康と体重を維持し、軽度の活動を行なうために必要な栄養を十分に摂取できない人々。FAO（国連食糧農業機関）では世界に6億9,000万人存在すると推計している。地域的には、特にサハラ砂漠以南のアフリカで高い。

フードデザート ①3 食の砂漠化とも呼ばれ、生活環境の悪化などにより生鮮食品の入手をはじめとする健康的な食生活が困難な地域をさす。日本の場合、公共交通機関の衰退により食料品店へのアクセスが難しい中山間地域や、シャッター街となっている地方都市の中心商店街、高齢の単身者が多く住む団地などでこの課題に直面している。

食品ロス ②7 売れ残ってしまったものや食べ残してしまったものなど本来は食べられるのに廃棄されてしまう食品。環境省の推計によると、2021（令和3）年度の日本の食品ロスは523万トンで、外食産業や食品工場などの事業系が279万トン、家庭からの廃棄が244万トンとなっている。

フードバンク 5 製造工程で問題が生じて流通させることができなくなった食品（規格外品）を企業から引き取ったり寄贈されたりして、食料が必要とされる人や団体へ無償で提供する活動や団体のこと。活動は世界各地で行われており、食品ロスを減らすことにもつながっている。

5 エネルギー・資源

エネルギー・鉱産資源の種類と開発

エネルギー資源 ③[7] 熱・光・動力などの源となるエネルギーを供給する資源。人力・畜力などの生物的資源と、風力・水力・薪炭・石炭・石油・天然ガス・ウラン鉱などの非生物資源(天然資源)とがある。
畜力(ちくりょく) ②[1]

一次エネルギー ③[6] 天然のままの物資を形をかえないで利用するエネルギーの総称。エネルギー供給源の第1段階で、水力・風力・潮力・薪(まき)・石炭・石油・天然ガスなどがある。早くから利用されたものが多い。

二次エネルギー ③[5] 一次エネルギーを加工・変形したエネルギーの総称。木炭・コークス・電力・液化石油ガス・液化天然ガスなどがある。

：**木炭(もくたん)** [2] 空気を遮断して木材を加熱し、炭化させたもの。日本では昔から家庭用燃料として利用されてきたが、現在では石油や天然ガスの普及により需要が減少している。

：**コークス** ②[1] 粘結性(ねんけつせい)の強い石炭を高温で乾留(かんりゅう)してつくる固体燃料。製鉄用・カーバイト製造用・鋳物(いもの)用・燃料用など用途が多様で、とくに製鉄用は強粘結炭が使用される。

化石燃料 ③[7] 地質時代の動植物が枯死(こし)し、地圧と地熱の影響で生じたエネルギー源の総称。石炭・石油・天然ガスなどがある。

自然エネルギー ①[1] 自然現象によって生じるエネルギーの総称。水力・風力・潮力・波力・太陽熱・地熱など。これらは更新可能な無限エネルギーで、今後、より一層の利用が期待されている。

：**水力エネルギー** ③[5] 河川などの流水によるエネルギー。古くは水車の利用が盛んであったが、現在は発電などに用いられる。

：**風力エネルギー** ③[7] 風によるエネルギー。以前は風車によって製粉・揚排水(ようはいすい)などに利用されていたが、現在は風力発電などが進められている。

：**波力(はりょく)エネルギー** ②[2] 海の波の運動によるエネルギー。波力発電は実験段階では成功しているが、実用化には多くの課題がある。

：**太陽エネルギー** [2] 太陽熱や太陽光によるエネルギー。日本では新エネルギーの中で最も発電量が多い。また、太陽熱を利用した暖房や給湯などが実用化されている。
太陽光エネルギー ③[4]
太陽熱エネルギー ③[3]

：**地熱(ちねつ)エネルギー** ③[5] 蒸気や温泉水を媒体として運ばれてくる地球内部の熱エネルギー。発電のほか、農業・室内暖房・鉱工業などに利用される。

水素エネルギー ①[2] 水素を燃焼させるなどして得られるエネルギー。水素は無尽蔵(むじんぞう)で、燃焼させても大気汚染の心配がなく、ガソリンに比べ3倍の発電効率がある。将来、自動車やジェット機の燃料として期待されるが、水素の製造・輸送・貯蔵などの技術とコストの低減などに課題がある。

原子力エネルギー ②[4] 原子核反応を人為的に制御し、その反応から得られるエネルギーで、核エネルギーともいう。ウラン・プルトニウム・重水素などの核分裂により、巨大なエネルギーが放出される。発電に利用されるが、安全性や放射能廃棄物の処理などに課題を残している。

バイオマスエネルギー ③[6] 生物資源(バイオマス)から得られる自然界の循環型エネルギー。古くは薪や木炭、牛糞などの廃棄物を利用していたが、近年はサトウキビなどを発酵させてつくられるバイオエタノールなど、自動車燃料としての利用が進んでいる。
バイオマス燃料 ①[2]

鉱産資源 ③[6] 地下に埋蔵されている有用な鉱物や岩石の総称。エネルギー資源・金属資源・非金属資源に分けられる。一般に埋蔵地が偏在し、これらの資源をめぐる国際紛争も多い。

金属資源 ②[1] 金属としての性質をもつ鉱物資源の総称。鉄と、銅・鉛・ボーキサイトなどの非鉄金属に区分される。近代工業を支える基礎資源として重要である。

：**非鉄金属** ② 鉄以外の金属の総称。銅・鉛・亜鉛・錫(すず)・ニッケル・タングステン・クロム・マンガン・金・銀・白金(はっきん)(プラチナ)などをさす。このうち、金・銀・白金は貴金属ともいう。
貴金属 ②

：**精錬(せいれん)** ① 鉱石から金属を取りだし、鋳造(ちゅうぞう)や圧延(あつえん)などの加工に向く地金(じがね)とする技術。精錬所は鉱産地に立地することが多い。精錬の過程で煙害(えんがい)や鉱毒(こうどく)により、周辺の環境が悪化する場合がある。

非金属資源 ①[1] 金属としての性質をもたな

い鉱物資源の総称。石灰石・珪砂(けいさ)・陶土・硫黄・ダイヤモンドなど。

海底資源 ③[4] 海底または湖底に埋蔵されているエネルギー・鉱物資源をいう。エネルギー資源では石炭・石油・天然ガス、鉱物資源ではレアメタルなど。多くは開発しやすい大陸棚中の資源が注目され、排他的経済水域との関係で取り上げられることがある。太平洋などの海洋底にみられるマンガン団塊も、今後の利用が期待されている。

埋蔵量(まいぞうりょう) ③[4] 地下に埋もれている鉱産資源の量。新しい発見や採掘技術の発達などにより、埋蔵量が増加する場合もみられる。

:確認埋蔵量 ① 現在の技術と経済的コストで採掘可能な、すでに発見されている埋蔵量。

:可採年数(かさいねんすう) ②[2] 鉱産資源が採掘可能な耐用年数。現在の確認埋蔵量を年間生産量で除したもの。

露天掘り(ろてんぼり) ③[3] 坑道を掘らず、直接地表から鉱産物を削り取る採掘方法。鉱床が露出しているか、地下の浅い所に埋蔵されている場合に行なわれ、一般に採鉱能率や安全性が高い。キルナ鉄山(スウェーデン)やビンガム銅山(アメリカ合衆国)など。

石炭

石炭 ③[7] 地質時代の植物が堆積・埋没し、長期間の炭化作用によって可燃性の物質となったもの。特に石炭紀(ほぼ3億5,900万〜2億9,900万年前)は、気候が温暖湿潤で、シダ類などの植物が繁茂(はんも)して森林を形成した。この時代の植物が炭化し、現在、良質の石炭となっている。2020年現在、世界エネルギー総消費量の約3割を占めている。

原料炭 ① 直接燃料としてではなく、工業原料として利用する石炭。薬品や肥料などを生産する石炭化学工業や鉄鋼業のコークスの原料となる。無煙炭や強粘結性の瀝青炭(れきせいたん)が用いられる。

石炭のガス化 ① 石炭を高温で乾留(かんりゅう)して燃料ガス化すること。水素とメタンを主成分とし、都市ガスや工業用燃料・合成ガス用燃料に利用される。

ヨークシャー炭田 ① イギリスのペニン山脈東麓に分布する炭田。埋蔵量は同国最大で、良質の粘結炭を産出する。リーズなどの工業発展の基礎となった。

ルール炭田 ③[3] ドイツ中西部、ライン川の支流ルール川沿岸に分布する西ヨーロッパ有数の炭田。良質の瀝青炭を豊富に産出し、ドイツ工業発展の原動力となってきた。近年、出炭量は低下している。

ザール炭田 ②[1] ドイツ中西部、フランスとの国境付近に位置する炭田。埋蔵量は多いが、品質はやや劣る。近くのロレーヌ鉄山と結び、ザール地方の工業発展の原動力となってきた。その所属をめぐってフランスとの間に係争を繰り返してきた。

ザクセン炭田 ① ドイツ中東部、エルツ山脈北麓に位置する炭田。褐炭の産地で、ドレスデン・ケムニッツ・ライプツィヒなどの工業発展を支えてきた。

シロンスク炭田 ③ ポーランド南西部、スデーティ山脈の北部に位置する東ヨーロッパ最大の炭田。シュレジエン炭田ともいう。同国の重工業地域の基盤をなしている。

ロッキー炭田 ①[1] カナダ南西部、ブリティッシュコロンビア州とアルバータ州の州境、ロッキー山脈の東麓にある炭田。カナダ有数の炭田で、出炭量が増加している。

アパラチア炭田 ③[3] アメリカ合衆国東部、アパラチア山脈西麓にある同国有数の炭田。無煙炭や強粘結性の瀝青炭が露天掘りされる。埋蔵量が多く、製鉄用石炭として大西洋岸や五大湖沿岸などの工業地域へ運ばれるほか、外国にも輸出される。

中央炭田 ①[1] アメリカ合衆国中部、五大湖南部一帯に広がる炭田の総称。ミシシッピ川東部、イリノイ・インディアナ両州に分布する東部中央炭田は、イリノイ炭田とも呼ばれ、炭層は薄いが機械化された露天掘りで、主として五大湖沿岸工業地域へ運ばれる。ミシシッピ川西岸、アイオア・ミズーリ両州に分布する西部中央炭田はミズーリ炭田とも呼ばれる。

西部炭田 ① アメリカ合衆国西部、ワイオミング州のロッキー山脈沿いに分布する炭田。露天掘りで、出炭量では同国有数である。

ペチョラ炭田 ②[3] ロシア北西部、ウラル山脈北部西麓からペチョラ川流域にかけて分布する炭田。サンクトペテルブルクなどにコークス炭を供給している。

ドネツ炭田 ③[2] ウクライナ南東部に位置する世界有数の炭田。無煙炭や製鉄に適する強粘結性の瀝青炭を産出し、クリヴィーリフ(クリヴォイログ)鉄山と結んでドニエプル工業地域を形成する原動力となった。

クズネツク炭田 ②[2] ロシア中央部、シベリア南部に位置する同国有数の炭田。良質の瀝青炭を産出し、クズネツク工業地域の基盤となっている。シベリアへの工業進出の誘因ともなった炭田で、かつてはウラル地方へも大量に送られていた。

カラガンダ炭田 ③ カザフスタン北東部に位置する炭田。良質の粘結炭を産出し、開発当初はウラル地方への供給がおもであったが、近年は付近の鉄鉱や銅と結びついて独自の工業地域の形成にも役立っている。

レナ炭田 ① ロシアのシベリア東部、サハ自治共和国のレナ川中・上流域に分布する炭田。埋蔵量が多く、瀝青炭などを産出するが、交通などの整備が遅れているため未開発な所が多い。

フーシュン(撫順)炭田 ②[1] 中国東北部にある同国有数の炭田。第二次世界大戦前、日本の資本によって開発されたもので、良質の粘結炭を産出し、露天掘りで知られる。アンシャン(鞍山)の鉄鉱石と結び、この地域の工業発展の基盤となった。

タートン(大同)炭田 ③[1] 中国、シャンシー(山西)省北部に位置する炭田。第二次世界大戦後に開発され、埋蔵量も多く、華北工業地域のほか、パオトウ(包頭)などにも送られている。

ダモダル炭田 ②[1] インド北東部、ダモダル川流域に分布する同国有数の炭田。ボカロ・ラニガンジなどの炭田からなる。シングブームで産出される鉄鉱石と結ばれ、同国東部工業地域の重要な動力資源の供給地となっている。

モウラ炭田 ③[2] オーストラリア、クインズランド州東部に位置する炭田。日本の資本によって開発され、良質の粘結炭が日本に輸出されている。

ボウエン炭田 ①[1] オーストラリア、クインズランド州東部、グレートディヴァイディング山脈山麓にある炭田。硫黄分の少ない瀝青炭や無煙炭を産出し、その出炭量は同国でも有数。その開発には日本の資本も参加している。

トランスヴァール炭田 ② 南アフリカ共和国、東部のドラケンスバーグ山脈付近に分布する炭田。ここから産出する石炭は同国の主要な輸出品の1つとなっている。

石油・天然ガス

石油 ③[7] 地質時代の海棲(かいせい)生物が地圧と地熱の影響で分解し、炭化水素を主とする可燃性の液体になったもの。一般に、新生代第三紀層の背斜(はいしゃ)構造の部分に多く埋蔵されている。2018年現在、世界エネルギー総消費量のうち、約33%で首位を占めている。

:製油所 ① 原油を精製して、揮発油(きはつゆ)・灯油・重油などを生成する工場。大規模な製油所の周辺には、合成樹脂や合成繊維などの石油化学製品を製造する工場が立地し、コンビナート化している場合がある。かつては油田地帯に立地したが、現在は消費地に近接して立地する場合が多い。

:原油 ①[4] 油井(ゆせい)から取りだされたままの液状炭化水素を主成分とする天然化合物。蒸留することによってガソリン(揮発油)・ナフサ・灯油・軽油などが生成される。

:ガソリン ②[2] 原油を常圧蒸留した時の、沸点30〜200℃の揮発性石油留分(りゅうぶん)。揮発油ともいう。自動車や航空機エンジンの燃料に用いられるほか、工業用ガソリンとして利用される。

:軽油 ② 原油を常圧蒸留した時の、沸点200〜350℃の石油留分。ガスオイルともいう。自動車用などのディーゼル機関の燃料としておもに使われるほか、バーナー燃料・機械洗浄用などとして広く使用される。

:重油 ②[1] 原油を常圧蒸留して得られる重質の残油。工業用ボイラー・加熱炉、そのほかの燃料として使用される。

オイルシェール(油母頁岩(ゆぼけつがん)) ① 平均約10%の石油とほぼ同質の油を含んだ粘土質の堆積岩。砂状に堆積したものはオイルサンド(油砂)・タールサンドともいう。この層を熱すると油の蒸気や可燃性のガスが発生し、これを回収して合成石油とする。近年、採掘技術の進歩により石油代替資源として注目され、その埋蔵量は原油の2倍以上といわれる。オイルシェールはアメリカ合衆国、オイルサンドはカナダやベネズエラなどに多い。 **オイルサンド(油砂(ゆさ))** ③[1]
タールサンド ①

シェールオイル ③[4] シェール(頁岩)層から採掘される石油をいう。地下2,000〜3,000mに広く存在する頁岩層から水平掘削する技術がアメリカ合衆国で開発され、生産が拡大した。このため、世界の石油の資源量が増加し、可採年数は40年から100年に伸びたといわれる。2017年頃からアメリカ合衆国の石油製品の輸出が次第に増加、世界の石油需給に大きな影響を与えている。

海底油田 ①[3] 海底に分布する油田。採掘技術の進歩により、大陸棚中の石油を直接海面上に掘りだすことが多くなった。ペルシア湾・メキシコ湾・北海などにみられる。

利権料 ① 産油国が、メジャー（国際石油資本）などに原油の採掘権を認めた対価として受け取る利益。かつては利益折半（りえきせっぱん）方式が多くみられたが、近年は産油国側の割合が増大し、また国有化まで進んでいることが多い。

パイプライン ③[6] 石油や天然ガスなどの流体をポンプの圧力で流し送る輸送管。遠隔操作により、中・長距離を大量・安価に送ることができる。

:ドルジバ(友好)パイプライン ① ロシアのヴォルガ＝ウラル油田から東ヨーロッパ諸国に送油するために敷設された石油パイプライン。コメコン解体後もさらに延長され、西ヨーロッパ諸国への油送管としても利用されている。

:BTCパイプライン ②[1] カスピ海沿岸のバクー(B)からジョージア(グルジア)のトビリシ(T)を経て、地中海沿岸のトルコのジェイハン(C)に至る石油パイプライン。このラインはカスピ海周辺の石油をヨーロッパなどに安定的に供給するため、通過国のほか、イギリスやアメリカ合衆国の企業により建設・運営されている。

ジェイハン ②[1]

アルバータ油田 ①[1] カナダ南西部、アルバータ州のロッキー山脈の北部にある油田。州都エドモントン付近に、第二次世界大戦後、石油や天然ガスが発見され、近年はオイルサンドの開発でも注目されている。

ノーススロープ油田 ① アメリカ合衆国、アラスカ州北部の油田の総称。1968年に発見され、良質な原油を産出する。

:プルドーベイ油田 ①[3] アメリカ合衆国、アラスカ州北部の北極海に面する油田。1968年に発見され、埋蔵量では同国最大といわれる。ノーススロープ油田の中心。トランスアラスカパイプラインによって、太平洋岸のヴァルディーズまで送油される。

内陸油田 ②[1] アメリカ合衆国中央部、オクラホマ・カンザス・テキサス州に分布する同国有数の油田。パイプラインが五大湖沿岸や大西洋沿岸に通じ、これらの工業地域へのエネルギー供給地の1つ。

カリフォルニア油田 ②[2] アメリカ合衆国西部、カリフォルニア州の油田の総称。19世紀末に発見され、20世紀初頭には同国最大の産油量を示したが、現在は内陸油田・メキシコ湾岸油田に次いでいる。

メキシコ湾岸油田 ②[3] アメリカ合衆国南東部、テキサス・ルイジアナ州の海岸地帯を中心に分布する同国有数の油田。海底油田の開発も進んでいる。

レフォルマ油田 ① メキシコ南部、テワンテペク地峡東部に位置する油田。同国の主要油田の1つで、近年は産油量が増加している。

マラカイボ油田 ②[2] ベネズエラ北西部に位置する同国有数の油田。現在では湖底からも採油されている。原油は沖合のオランダ領アルバ・キュラソー両島で精油されるほか、湖内の掘り込み港からも直接積みだされる。

北海油田 ③[4] ヨーロッパの北海にある海底油田の総称。1960年に発見され、埋蔵・産出量ともヨーロッパ最大。イギリス水域内にあるフォーティーズ油田（スコットランドのピーターヘッドへ送油）、ノルウェー水域内のエコフィスク油田（イギリスのミドルズブラへ送油）などが中心。オランダ・デンマーク水域内にも広がる。水深が大きく荒海のため、生産費は高い。

バクー油田 ③[1] アゼルバイジャンのカスピ海西岸に分布する油田。旧ソ連で最も早く開発され、第二次世界大戦前までは同国最大の産油量を示したが、戦後は減産している。

ヴォルガ＝ウラル油田(ウラル＝ヴォルガ油田) ③[3] ロシア西部、ヴォルガ川中流域からウラル山脈西麓にかけ分布する油田の総称。ロシア革命後に開発され、第2バクー油田ともいわれた。ペルミ・ウファ・クイビシェフなどの油田が中心。

チュメニ油田 ③[5] ロシア中北部、オビ川流域の西シベリア低地に分布する油田の総称。西シベリア油田・第3バクー油田ともいう。1959年に発見され、64年から開発された。埋蔵量・生産量が多く、硫黄分の少ない良質の石油を産出する。

オハ油田 ①[1] ロシア東部オホーツク海西部のサハリン(樺太)北部に位置する油田。天然ガスも産出する。第二次世界大戦前、樺太の北緯50度以南が日本の領土となっていた頃は、日本により開発が進められ、現在は国際プロジェクトが組まれて、日本も参加している。ハバロフスクまでパイプラインが通じる。サハリンの中心都市はユジノサハリンスク。

サハリン(樺太) ③[7]

南樺太 [1]　**ユジノサハリンスク** ①

ペルシア湾(ペルシャ湾) ③[7] イランとアラビア半島に囲まれた湾。アラビア湾ともいう。南東部のホルムズ海峡を経てアラビア海に通じる。沿岸一帯は石油の埋蔵量が多く、海底油田の開発も盛ん。世界の石油供給地の中心地の1つ。

:**ホルムズ海峡** ②1 ペルシア湾とアラビア海のオマーン湾との間に位置する海峡。ペルシア湾岸は世界有数の産油地域であり、この海峡を経て世界各地に送油されるため、戦略的に重要な地域となっている。

キルクーク油田 ①1 イラク北東部、クルジスタンに位置する同国有数の油田。地中海沿岸のシリアのバーニヤース、レバノンのタラブルスにパイプラインが通じている。

ガワール油田 ②2 サウジアラビア東部に位置する同国有数の油田。国営の石油会社サウジ=アラムコによって開発され、埋蔵量・産出量とも世界最大級の規模をもつ。

ハシメサウド油田 ① アルジェリア中東部、サハラ砂漠中に位置する油田。1956年より採掘が開始され、地中海沿岸までパイプラインで送油されている。

ニジェールデルタ 1 ナイジェリア南部、ニジェール川の河口のギニア湾岸に広がるデルタ。広大なデルタは油田地帯となっており、パイプラインで結ばれたポートハーコートが原油積出港である。

ターチン(大慶)油田 ③5 中国東北部、ヘイロンチヤン(黒竜江)省の南部にある同国最大の油田。1960年から開発が始められ、ペキン(北京)およびターリエン(大連)までパイプラインが敷設されている。

ションリー(勝利)油田 ①1 中国中東部、シャントン(山東)省のホワンホー(黄河)河口付近に位置する産出量が同国有数の油田。パイプラインがチンタオ(青島)・チーナン(済南)に通じている。

ユイメン(玉門)油田 ①1 中国西部、カンスー(甘粛)省西部に位置する油田。1930年頃に開発され、パイプラインなどでランチョウ(蘭州)へ送油し、精製されている。なお、ユイメンは古くから西域への交通の要地となっている。

スマトラ島 ③6 インドネシア西部に位置する面積世界第6位の島。マラッカ海峡を挟み、マレー半島に面する。西部は新期褶曲(しゅうきょく)山地が走り、東部は平野で、タバコ・茶・ゴムなどが栽培される。また、パレンバン油田をはじめとする石油の産出量が多い。 **パレンバン油田**①1

ミナス油田 ① インドネシア西部、スマトラ島の中部にある同国有数の油田。低硫黄石油を産出することで知られ、日本へも大量に輸出されている。

サラワク州 ①1 マレーシアの東部、カリマンタン島(ボルネオ)の北部に位置する州。ゴム・木材・石油・ボーキサイトなどを産出する。ブルネイとの国境付近には、産出量がマレーシア最大のミリ油田がある。

天然ガス ③7 地下から発生する可燃性の炭化水素ガス。現在、世界エネルギー総消費量の約4分の1を占め、ロシア・イランなどに埋蔵量が多い。主要産出国はアメリカ合衆国とロシア。

シェールガス ③6 地下2,000〜3,000mにある微細な粒子からなる頁岩(けつがん)(シェール)の岩盤中に閉じ込められた天然ガス。強い水圧で岩盤に亀裂を入れ、取りだす。近年、井戸掘り技術の進歩や原油価格の上昇で採算があうようになり、北アメリカを中心に開発が進められている。このガスの利用で天然ガスの可採年数は60年から250年以上にまでのびたといわれる。なお、掘削活動による地下水や地表水の汚染問題の解決が課題となっている。

LNG(液化天然ガス) ③3 天然ガスを冷却・加圧して液状にしたもの。メタンを主成分とし、硫黄を含まない無公害のエネルギーで発電用の燃料や都市ガスとして利用される。日本はインドネシア・マレーシア・オーストラリアなどから輸入している。 **LNGタンカー** ①2

LPG(液化石油ガス) ②1 石油精製工場・石油化学工場で副産物として発生するプロパン・ブタンなどの混合ガスを加圧し、液状にしたもの。都市ガスに比べ、発熱量が高く、家庭用・自動車用の燃料として利用される。

メタンハイドレート ③6 低温・高圧の条件のもとで、地中のメタンガスが固体となったもの。おもに水深200m以下の大陸棚の縁辺部、シベリアなどの永久凍土層下に存在する。日本でも南海トラフや上越沖などの日本海の海底に埋蔵すると考えられ、現在、探鉱・掘削技術の開発が進められている。 **メタンガス** ①2

都市ガス ①4 工業的に製造され、都市の家庭や工場に供給される燃料ガス。石炭系の石炭ガス・水性ガス、石油系のオイルガス・液化石油ガス・天然ガスを原料として利用している。日本ではかつて石炭ガスを主体としていたが、現在では液化天然ガスが中心である。

ヤクート天然ガス田 [1] ロシア東部、レナ川中流域に分布する天然ガス田。石油も産出する。埋蔵量は多いが、輸送条件などが不十分で、日本もこの資源の開発に協力している。

電力

電力 ③[7] 産業用・動力用・光熱用として利用される二次エネルギー。石炭や石油などに比べて貯蔵ができず、遠距離輸送がしにくいなどの欠点がある。

火力発電 ③[5] 石炭・石油などの燃焼により生じた高温・高圧の蒸気でタービンを回転させて電気を得る方法。発電所の建設に制約されることが少なく、用水が豊富で電力需要の大きい大都市に多く立地する。

水力発電 ③[6] 水の落下エネルギーによりタービンを回転させて電気を得る方法。火力発電に比べて動力費は安いが、建設費が高く、消費地から遠いなどの欠点がある。

多目的ダム ② 洪水調整、舟航の安定、発電、工業用水、都市用水の確保など、多目的な利用を図ることを目的として建設されたダム。TVA以降、世界各地のダム建設のモデルタイプの1つとなった。

TVA(テネシー川流域開発公社) Tennessee Valley Authority ① ニューディール政策の一環として1933年に設立。テネシー川流域に約30の多目的ダムを建設し、水量調節と舟航(しゅうこう)の安定を図るとともに、失業者救済と地域住民の生活向上をめざした開発公社。テネシー川流域には、電力を求めてアルミニウム・化学肥料などの工業とともに、原子力産業も立地した。

フーヴァーダム [1] アメリカ合衆国南西部、コロラド川総合開発の一環として建設されたダム。1936年完成。ダムによってできた人造湖をミード湖という。ダムの完成によって、洪水調節のほか、ロサンゼルスへ電力と飲料水を供給し、インピリアル谷への灌漑を行なっている。

コロンビア川 ① カナダロッキー山脈に源を発し、アメリカ合衆国のワシントン・オレゴン州境を流れて太平洋にそそぐ川。全長約2,000km。CVA(コロンビア流域総合開発)が実施され、グランドクーリーダム(1942年完成)など多数の多目的ダムが建設された。開発によりコロンビア盆地の灌漑が行なわれ、スポーケン・ポートランドのアルミニウム工業、シアトルの航空機工業などが盛んになった。コロンビア川はサケの漁獲でも知られている。

イタイプダム ① ラプラタ川支流パラナ川の中流部にパラナ川の総合開発の一環として、ブラジル・パラグアイ両国が共同で建設したダム。1984年に送電を開始し、その発電能力は世界最大級の規模である。

パラナ川 ②[2]

アンガラ川 ①[1] ロシアの東シベリア、バイカル湖から流出する唯一の河川で、エニセイ川の支流。水量が豊かで、季節による変化が少ないため、流域には大規模な発電所が建設されている。周辺は森林資源や鉱産資源が豊富であり、シベリア開発の重点地区の1つになっている。

ブラーツク ①[1] ロシア、シベリア中南部、エニセイ川の支流アンガラ川中流に位置する工業都市。ブラーツク水力発電所(450万kw)の建設に伴って発展した。家具製造・アルミニウム工業などが発達する。

原子力発電 ③[7] 核分裂の際に生じる熱を利用して、蒸気でタービンを回転させて電気を得る方法。安全性や廃棄物の処理などに問題を残している。2021年現在、発電量ではアメリカ合衆国が、一国の総発電量に占める割合ではフランスが世界第1位である。2011(平成23)年3月の福島第一原子力発電所の事故以来、見直しや検討が課題となっている。

原子力発電所 ③[4]

核燃料サイクル ②[1] 原子炉の燃料である核燃料の探鉱・採鉱、製錬から燃料体への加工、原子炉での使用、使用済燃料の再生処理による燃料物資の回収、燃料体への再加工という一連の経過をいう。このサイクルの確立は核燃料の経済性の向上に役立つが、使用済燃料の再生処理が環境問題と関連して重要な課題となっている。

:核燃料 ②[1] 原子核分裂をおこして、高エネルギーを放出する物質。自然に存在するウラン235、人工元素プルトニウム、トリウム232がある。濃縮ウランは天然ウラン中の核分裂性の比率を人工的に高めたもの。

:使用済み核燃料 ①[2] → p.121

:高速増殖炉(こうそくぞうしょくろ)もんじゅ ① 福井県敦賀(つるが)市にあり、2016年に廃炉が決定し撤去されることになった。運転中に消費される核燃料よりも多量の新核分裂物質を、高速中性子を使って生産する原子炉。

地熱発電 ③[7] 地下にある高温の熱水や蒸気を利用して行なう発電。ニュージーランドやイタリアで早くから開発され、ニュージーランドのワイラケイ発電所は地熱発電所として最大の出力をもつ。日本でも大分県八丁原地熱発電所などで実用化されている。

ワイラケイ ①1

八丁原(はっちょうばる)**地熱発電所** 1

風力発電 ③6 風の力を利用して行なう発電。一定方向に強い風が吹く地域に適しており、偏西風が卓越するカリフォルニアおよびオランダやデンマークなどで多く導入されている。騒音を避けるため、海上(洋上)に建設される場合もある。

潮力発電(ちょうりょくはつでん) 1 潮の干満による潮位差を利用して行なう発電。干満差の大きい入江を閉め切り、外側と内側に水位差をつくり、その間を移動する海水によって発電機を回す。フランスのランス川河口などで実用化されている。

波力発電 ②2 海面の波の上下運動のエネルギーを利用して行なう発電。海上に装置を浮かべ、波の運動によっておこる空気の流れでタービンを回し、発電する。灯台や浮標などの小規模なものに実用化されている。

太陽熱発電 1 多数の反射板を敷地に並べて太陽熱を集め、この熱の利用によって得た蒸気で発電を行なう。日本ではサンシャイン計画の一環として取り上げられたが、実用化されなかった。

太陽光発電 ③6 シリコンなどの半導体でできた太陽電池を使い、光のエネルギーを直接電気に変えるもの。日本では、近年、買取り価格が高めに設定され、パネルのコストダウン化も進んだため、普及が著しい。

太陽光 ③6　**メガソーラー** ①3

バイオマス発電 ①2 動植物や微生物の中で、燃料に転化できる生物エネルギーであるバイオマスを利用した発電。廃材や家畜の糞尿、一般家庭からでるごみなどを燃料として、直接燃やしたり、ガス化して発電する。

:廃棄物発電 ① 生ごみ・紙・プラスチックなどの家庭ごみを燃料として行なう発電。ごみの減量化や資源の有効利用に役立つが、燃焼中に発生するダイオキシンなどの処理に課題がある。

鉄鉱石

鉄鉱石 ③7 鉄の原料となる鉱産資源。近代文明の基礎資源で、地殻に含まれている量はボーキサイトに次いで多い。埋蔵量はオーストラリア・ブラジル・ロシアなどに多く、産出量はオーストラリア・ブラジル・中国などに多い。

ラブラドル鉄鉱床 1 カナダ北東部、ラブラドル半島中央部に位置する同国最大の鉄鉱山。1954年よりアメリカ合衆国によって開発され、良質の鉄鉱石を産出する。おもにアメリカ合衆国や西ヨーロッパに輸出されている。

メサビ ③4 アメリカ合衆国、スペリオル湖の北西部沿岸一帯に分布する同国最大の鉄鉱山。赤鉄鉱を産出し、大部分が露天掘りである。近年、富鉱が減少し、タコナイト(鉄分30%程度の貧鉱)も利用されている。ダルースから積みだされ、五大湖沿岸の鉄鋼都市へ送られる。

セロボリバル ② ベネズエラ東部、ギアナ山地北麓に位置する同国最大の鉄鉱山。高品位の赤鉄鉱を産出し、アメリカ合衆国などに輸出されている。

イタビラ ③1 ブラジル南東部、ミナスジェライス州に位置する鉄鉱山。良質の赤鉄鉱を産出し、埋蔵量も豊富。大西洋岸のヴィトリア港からアメリカ合衆国や日本などへ輸出される。　**ヴィトリア** ①

カラジャス ③2 ブラジル中北部、パラ州のブラジル高原北縁に位置する鉄鉱山。1967年に発見され、世界有数の埋蔵量をもち、良質の鉄鉱石を産出する。大西洋岸のサンルイスとカラジャス鉄道で結ばれ、輸出される。

サンルイス ②

カラジャス鉄道 1

ロレーヌ ③2 フランス北東部、モーゼル川上流域に位置する同国最大の鉄鉱石産地。ミネット鉱(燐分(りんぶん)を含む褐鉄鉱(かってっこう)の貧鉱)を産出し、中心都市のメスやナンシーには鉄鋼業を中心とする重工業も発達している。その所属をめぐって、古くからドイツとの間に係争がみられた。

キルナ ③1 スウェーデン北部に位置する同国有数の鉄鉱山。良質の磁鉄鉱(じてっこう)を産出し、ヨーロッパ各地やアメリカ合衆国などへ輸出される。

ナルヴィク ① ノルウェー北部に位置する大西洋岸の港湾都市。不凍港(ふとうこう)で、キルナ・イェリヴァレの鉄鉱石を冬季に積みだす港として知られる。

イェリヴァレ ①

ビルバオ ② スペイン北部、ビスケー湾岸近くに位置する鉄鉱山。良質の赤鉄鉱が露天掘りで採掘され、造船・機械工業が発達した。現在は閉山。

クリヴィーリフ(クリヴォイログ) ③[2] ウクライナ南部に位置する世界有数の鉄鉱山。良質の赤鉄鉱を産出し、ドネツ炭田と結んでドネプル工業地域を形成している。

アンシャン(鞍山) ③[1] → p.130

ターイエ(大冶) ①[1] 中国、フーペイ(湖北)省東部に位置する華中最大の鉄鉱山。ピンシャン(萍郷)炭田と結び、ウーハン(武漢)鉄鋼コンビナートを成立させている。

シングブーム ②[1] インド東部、ジャルカンド州南東部の地方名。鉄鉱石・マンガン・銅などの産出が多く、北部のダモダル炭田と結びついて、重工業地域を形成している。

ゴア ① インド半島中西部、アラビア海にのぞむ政府直轄地であったが、1987年に州となった。旧ポルトガル領。付近で鉄鉱石・マンガンなどを産出し、中心都市パナジ港から日本などへ輸出される。

アイアンノブ ① オーストラリア南部、サウスオーストラリア州南部に位置する鉄鉱産地。早くから開発され、スペンサー湾奥の積出港ワイアラとは鉄鉱輸送用の鉄道で結ばれている。

マウントホエールバック(マウントニューマン) ③[4] ウェスタンオーストラリア州北西部、ピルバラ地区に位置する同国有数の鉄鉱山。1960年以降、日本の資本と技術協力を得て開発され、産出量が急増した。露天掘りで、積出港ポートヘッドランドとは鉄道で結ばれる。鉱山町名はマウントニューマン。

ピルバラ地区 ②[3]

ポートヘッドランド ②[4]

トムプライス ② ウェスタンオーストラリア州北西部、ピルバラ地区に位置する鉄鉱石産出地の1つ。鉄鉱石は西部海岸のダンピア港から輸出される。

ダンピア ②[2]

非鉄金属・非金属

銅 ③[6] 淡い赤味を帯びた金属。最も古くから利用された金属の1つ。伸張性に富み、加工しやすく、電気伝導性が高い。電気産業の発展とともに需要が増大し、電線や合金としての利用が多い。チリ・ペルー・中国・アメリカ合衆国・コンゴ民主共和国などが主要産出国。

鉛(なまり) ③[1] 青白色で光沢があり、空気に触れると鉛色になる金属。蓄電池としての利用のほか、無機薬品・電線被覆(ひふく)・鉛管・活字などに用いられる。中国・オーストラリア・ペルーなどが主要産出国。

亜鉛(あえん) ③[3] 鉛よりやや硬くてもろい青白色の金属。展延性(てんえんせい)に富み、加工しやすい。メッキなど鉄類の防食用に使用される。鉛とともに産出することが多い。中国・オーストラリア・ペルーなどが主要産出国。

錫(すず) ③[4] 光沢のある銀白色の金属。展延性・耐食性(たいしょくせい)に富み、青銅・ハンダ・活字などの合金用や錫メッキとして用いられる。中国・ミャンマー・インドネシア・ブラジル・ペルーなどが主要産出国。

ボーキサイト ③[7] 茶褐色をしたアルミニウムの原鉱石。熱帯・亜熱帯の高温多湿地域に多く分布し、産出量は鉄鉱石に次ぐ。オーストラリア・中国・ブラジル・インド・ギニア・ジャマイカなどが主要産出国。

レアメタル(希少金属(きしょうきんぞく)**)** ③[7] 地球上での存在量が少ないか、純粋な金属として取りだすことが困難な金属。合金・半導体・磁性・超電導などの材料に用いられ、電子工業や新金属などの先端技術産業での需要が高い。コバルト・クロム・モリブデン・マンガン・ニッケル・チタン・バナジウム・タングステン・ジルコン・アンチモン・バリウムなどがある。

:**レアアース(希土類**(きどるい)**)** ③[4] レアメタルの一種で、17種類の元素(希土類)の総称。ジスプロシウムはエコカーの小型モーター、セリウムはパソコン部品の研磨剤など、先端技術製品の製造に不可欠で、「産業のビタミン」と呼ばれる。中国が世界生産量の60%以上を占める。日本では南鳥島の海底にその存在が知られているが、商業化が可能かどうか検討中である。

ニッケル ③[4] 銀白色の金属。耐食性・耐熱性に優れ、各種の合金として利用される。ロシア・インドネシア・フィリピン・オーストラリア・カナダなどが主要産出国。

マンガン ③[3] 銀灰色の硬くてもろい金属。合金にして特殊鋼などに用いる。南アフリカ共和国・オーストラリア・ガボンなどが主要産出国。

タングステン ③[2] 灰白色の光沢のある融点度の高い金属。鉄との合金によって耐熱金属や電球のフィラメントなどに利用される。中国・ベトナムなどが主要産出国。

クロム ③[3] 銀白色の硬い金属。錆(さ)びず、硬い特性を生かしてメッキ用やステンレスの合金用などに利用される。南アフリカ共和国・トルコ・インド・フィンランドなどが主要産出国。

チタン ③[4] 光沢のある白色の軽金属。軽くて耐食性・耐熱性に優れ、ジェットエンジンやロケットの部品などに用いられる。オーストラリア・南アフリカ共和国・中国・モザンビークなどが主要産出国。

コバルト ③[4] 灰白色の金属。超硬質材料などの合金のほか、陶磁器に青色を帯びさせる着色材などに使用される。コンゴ民主共和国・カナダ・ロシア・フィリピン・オーストラリアなどが主要産出国。

バナジウム ①[1] 銅灰色の硬くて展延性のある金属。特殊鋼や特殊合金材として利用される。中国・南アフリカ共和国・ロシアなどが主要生産国。

モリブデン ① 銀白色の光沢のある金属。展延性があり、合金材のほか、半導体や超電導の材料として利用される。中国・アメリカ合衆国・チリなどが主要産出国。

リチウム ③[3] 銀白色で、柔らかく、金属の中で最も軽いレアメタル。パソコン・携帯電話・電気自動車などに使われるリチウムイオン電池の原料。チリ・オーストラリア・アルゼンチン・中国などが主要産出国。

金 ③[5] 光沢のある黄金色の貴金属。展延性に富み、装身具などに利用されるほか、国際通貨として貿易の決済に用いられる。中国・オーストラリア・アメリカ合衆国・ロシアなどが主要産出国。

白金(はっきん)(プラチナ) ②[4] 銀白色の光沢をもつ貴金属。展延性に富み、触媒(しょくばい)として利用される。南アフリカ共和国・ロシア・ジンバブエ・カナダが主要産出国。

銀 ③[2] 光沢のある白色の貴金属。展延性に富み、熱・電気の最良導体。補助貨幣として用いられるほか、写真感光材・装身具・工芸品・電気機器などに利用される。メキシコ・ペルー・中国・ロシア・ポーランドなどが主要生産国。

ダイヤモンド ③[4] 結晶質の炭素からなる最も硬い鉱物。装飾用と工業用があり、装飾用は青白色が最高級とされるが、無色・淡黄色・淡褐色などもある。工業用は研削(けんさく)・研磨(けんま)・砥石(といし)・ボーリングの切削材などに用いられる。ロシア・ボツワナ・コンゴ民主共和国・オーストラリア・南アフリカ共和国・カナダなどが主要産出国。

ウラン ③[6] 天然に存在する最も重い元素で、核分裂により巨大な熱を放出する。原鉱はカザフスタン・カナダ・オーストラリア・ウズベキスタン・ナミビアなどに多く、日本では岡山・鳥取県境の人形峠(にんぎょうとうげ)などに産出する。

リン鉱石 [1] 過燐酸(かりんさん)石灰などの燐酸肥料の原料となる鉱石。原鉱は乾燥地域に多い燐灰石(りんかいせき)のような無機的成因のものと、グアノなどの有機的成因のものとに分けられる。中国・モロッコ・アメリカ合衆国などが主要産出国。

石灰石(せっかいせき) ③[3] 炭酸カルシウムを主成分とする堆積岩。セメントや化学肥料などの原料として用いられる。

硫黄(いおう) ①[1] 淡黄色の非金属資源。火山に産出する天然硫黄と硫化鉱(りゅうかこう)からとるものとがある。化学工業の原料として重要で、火薬・硫酸(りゅうさん)・硫安(りゅうあん)・合成ゴムなどの生産に用いられる。アメリカ合衆国・ロシア・カナダ・中国などが主要産出国。

サドバリ ①[1] カナダ南東部、ヒューロン湖北部に位置する世界有数のニッケル鉱産出地。銅・白金なども産出する。

ビンガム ②[1] アメリカ合衆国西部、ユタ州の北部に位置する世界有数の銅鉱山。大規模な露天掘りが行なわれ、金・銀・鉛なども産出する。

ビュート ① アメリカ合衆国北西部、モンタナ州西部のロッキー山脈中に位置する同国有数の銅鉱山。ほかに、錫や鉛なども産出する。

セロデパスコ ① ペルー中部、標高約4,300mのアンデス山脈中に位置する露天掘りの銅鉱山。かつては南アメリカ最大の銀山であったが、現在は銅のほか、亜鉛・鉛などを産出する。

エスコンディーダ ②[1] チリ北部、アンデス山中に位置する世界有数の銅鉱山。開発は1991年で、2018年現在、産出量が世界最大である。

チュキカマタ ②[1] チリ北部、乾燥高原上に位置する露天掘りの銅鉱山。アメリカ合衆国の資本により開発されたが、現在では国有化されている。鉱石は太平洋岸のアントファガスタから輸出される。

カッパーベルト ③[2] アフリカ中部、コンゴ民主共和国南東部のカタンガ州からザンビアの北部にかけて分布する銅鉱床地帯。コッパーベルトともいう。20世紀初頭、鉄道の開通以後に開発が進み、現在多くの銅鉱山が集中している。

ノリリスク ③ ロシア中北部、北極圏内に位置する鉱業都市。1935年に鉱物資源開発のために建設された。ニッケル・銅・コバルトの冶金コンビナートがある。

ポトシ [1] ボリビア南部、アンデス山脈中の鉱山都市。標高3,935mの高所に位置し、錫の産出地として有名で、銅や銀の産出もみられる。

ウユニ塩原 ③[1] ボリビア南西部、アンデス山脈中の標高3,760mに位置する世界最大級の塩湖。大量の塩の蓄積層の下に莫大なリチウムが埋蔵されていることから、その開発が世界の注目を集めている。

ユンコイ(雲貴)高原 ②[1] 中国南部、ユンナン(雲南)・コイチョウ(貴州)両省にまたがる高原。チャンチヤン(長江)の南側に位置する。起伏の大きな地形で、気候は温和。錫をはじめ鉱産資源が豊富。低地では米・サトウキビの栽培が盛ん。少数民族が多い。

マウントアイザ ③[4] オーストラリア、クインズランド州北西部に位置する鉱山都市。鉛・亜鉛のほか、銅・銀などを産出し、太平洋岸の積出港タウンズヴィルへ鉄道が通じている。

ブロークンヒル ①[2] オーストラリア、ニューサウスウェールズ州西部に位置する鉱山都市。鉛・亜鉛・銀の世界有数の産出地。鉱石は約350km南西のポートピリーに運ばれて、精錬される。

ウェイパ ③[4] オーストラリア北東部、ケープヨーク半島西岸に位置する同国有数のボーキサイト産出地。露天掘りされ、日本などへ輸出されている。

ゴヴ ①[2] オーストラリア北部、アーネムランド半島のカーペンタリア湾近くに位置するボーキサイトの産出地。開発は新しいが、産出量は同国有数で、世界各地に輸出される。

アーネムランド半島 ②[1]

ミールヌイ ②[1] ロシア東部、ヤクート共和国南西部に位置する鉱山都市。1956年にダイヤモンドが発見され、現在では同国有数の産出地として知られる。

カルグーリー ②[1] オーストラリア、ウェスタンオーストラリア州南部の砂漠地帯に位置する金鉱都市。19世紀末に金鉱が発見され、以後に発達した。アネクメーネ(非居住地域)の中のエクメーネ(居住地域)の代表例で、用水は500km以上西方の州都パース付近のダムから送水される。

ニューカレドニア ③[3] メラネシア南西部、オーストラリアの東北沖合に位置するフランス領の島。世界的なニッケルの産出地で、クロム・鉄鉱石・マンガンなども産出する。ヌーメアは同島の政治・経済の中心地で、鉱産物のほか、コプラなどの積出港でもある。

6 資源・エネルギー問題

エネルギー革命 ③7 使用するエネルギー資源に対する需要上の大きな変革のこと。動力革命ともいう。一般には1960年代にみられた石炭から石油・天然ガスへの大きな転換をさす。

再生可能エネルギー ③7 繰り返し利用可能なエネルギー。太陽・風力・波力・水力・バイオマスなどのように、地球の自然現象の中で、繰り返し生起しているもののうち、利用できるエネルギー。産業革命以前は再生可能なエネルギーが中心であった。

枯渇(こかつ)性エネルギー ②2 石炭・石油・天然ガスの化石燃料などのように、利用すれば枯渇していく有限なエネルギー。化石燃料は産業革命後に消費が増大し、近代工業の発展を促し、生活向上に役立った。しかし一方で、資源獲得紛争や二酸化炭素の大量発生など環境問題を発生させている。

リサイクルエネルギー ① ごみを焼却する際の熱を利用して発電するなど、もとの型をかえて新たにつくりだされたエネルギー。資源の有効利用と廃棄物の減量にも役立っている。

クリーンエネルギー ①1 環境汚染をおこさないエネルギーの総称。典型的なものとして太陽熱・水力・風力・潮力などがある。

省エネルギー ③5 産業・生活・社会活動の全般にわたってエネルギーの消費量を節減すること。資源全般にわたる場合は省資源という。石油危機以後、主として先進国で取り上げられ、エネルギーの効率的な利用が進められている。 **省資源** 1

代替(だいたい)エネルギー ③4 現在の主要エネルギー源である化石燃料にかわる新しいエネルギー源の総称。化石燃料は将来枯渇が予想されるため、無限の再生可能エネルギー、原子力エネルギー、生物エネルギーなどの利用が考えられている。

新エネルギー 1 石炭や石油などの現在消費量が多いエネルギーに対して、今後に開発・利用が期待されるエネルギーの総称。太陽熱・太陽光・風力・潮力・地熱などの再生可能エネルギーが中心。これらは分布の偏在が少なく、繰り返し利用が可能で、地球環境への負荷も少ないが、コストや自然条件に左右されるなどの課題がある。

コジェネレーションシステム ③2 発電の際にでる熱を冷暖房や給湯などに使うことによって有効に利用し、エネルギー効率を高めるしくみ。自治体の中には、1つのビルに発電機を設置し、地域全体に冷水や蒸気を配管で送り、地域冷暖房を行なっている所がある。発電に伴う大気汚染への対策が必要である。

バイオエタノール ③7 サトウキビやトウモロコシなど、植物の糖やでんぷんを発酵させてつくるアルコール。ガソリンに混ぜて自動車の燃料として使用する。原料となる食物がその成長過程で二酸化炭素を吸収するので、石油代替エネルギーとして燃焼させた際の排出量はゼロとみなされ、アメリカ合衆国やブラジルなどで導入が進んでいる。

ハイブリッドカー ③1 ガソリンエンジンと発電機を併用した自動車。市街地走行などの低速時にはモーターのみ、高速走行時にはエンジンと併用する。燃費がよく排気ガスも少ないことから、環境に優しい車とされる。

電気自動車(EV) Electorical Vehicle ③5 電力をエネルギー源とし、電気を蓄えたバッテリーでモーターを動かして自動車を走行させる。走行時に二酸化炭素や窒素酸化物を排出しないので環境対策の一つといわれているが、製造や処分の過程においては二酸化炭素を排出する。

燃料電池 1 水素と空気中の酸素を結合させる化学発電システム。水の電気分解の逆。様々な用途が考えられるが、自動車の動力とする開発が盛んで、究極の無公害車となる。すでに一部で販売されているが、高価なため一般的ではない。水素供給のシステムをつくることも課題である。

スマートハウス ② 二酸化炭素(CO_2)排出削減を実現する省エネ住宅。風力・太陽光発電や蓄電、家電製品の制御などを家庭内で行ない、エネルギー効率が最適となるように設計された住宅。従来の浪費型から循環型社会への変化をめざす中で発想されてきた。

スマートグリッド ③5 従来の大型発電所からの送電だけでなく、各種の自然エネルギーを活用し、住宅やオフィスなど小規模なネットワークの中で効率よく電力を分配する地域エネルギー管理システム。

ベストミックス ①1 電力分野でのベストミックスとは、さまざまなエネルギーや発電方法をそれぞれの強みを生かして組み合わせ効率よく供給したり使用したりすること。これによりエネルギーの安定供給を目指す。

メジャー(国際石油資本) ③6 巨大な資本と高度な技術をもち、採掘・輸送・精製・販売などをあわせ行なう国際的な石油会社。長年、西アジアや北アフリカなどの油田開発に大きな力を発揮していたが、OPEC(石油輸出国機構)やロシア・中国などの国営企業の出現により、相対的に地位が低下した。かつては世界で7社存在したが、石油価格の下落などにより大型合併が進み、現在ではエクソンモービル、ロイヤル＝ダッチ＝シェル、BP(ブリティッシュペトロリアム)、シェブロンなどに再編されている。

資源ナショナリズム ③7 発展途上国などにみられる、自国内の天然資源に対する主権の確立や、それらをもとに自国の経済発展を図ろうとする動き。1950年代から活発になり、個々の国ばかりでなく、現在では各種の資源カルテルが結成されている。

資源カルテル ① 発展途上国を中心に資源を保有する国々が、生産・販売の利益を守るために結成した組織や機構。メジャー(国際石油資本)に対抗し、1960年につくられたOPEC(石油輸出国機構)が最初。現在は銅やボーキサイトにもみられる。

OPEC(石油輸出国機構) Organization of the Petroleum Exporting Countries ③7 世界の主要石油輸出国が石油政策の調整や原油価格の安定化などを目的として1960年に結成した国際機関。石油資源の国有化や原油価格の引上げなどに大きな影響を与えた。2023年末現在、加盟国はサウジアラビアなど13カ国。

OAPEC(アラブ石油輸出国機構) Organization of Arab Petroleum Exporting countries ② アラブ産油諸国が石油戦略活動を共同で行なうため、1968年に設立した地域機構。第4次中東戦争の際、原油供給削減措置を実施し、世界に石油危機をもたらした。2023年現在、サウジアラビア・エジプトなど10カ国が加盟。

石油危機(オイルショック・第1次石油危機) ③7 1973年の第4次中東戦争をきっかけにおきた石油不足とそれに伴う世界的な経済混乱。イスラエルの協力国に対し、石油の輸出制限を実施したことや、OAPEC諸国が大幅に原油価格を引き上げたことによって生じた。これ以後、先進国を中心に省エネルギー政策が進められた。

:第2次石油危機 ②2 1979年のイラン革命以後、OPEC諸国による大幅な原油価格の引上げによって生じた石油市場の混乱。

シェール革命 ③4 2000年代後半以降にアメリカ合衆国で地下深くに薄く広く存在する石油や天然ガスを水平採掘する技術が開発され、それに伴って生じたエネルギー需給の変化とそれに係わる情勢の変革をいう。世界のシェールオイル、シェールガスの資源量は膨大で、従来より可採年数は2倍以上に伸びたといわれる。この変革は化石燃料の資源枯渇論を後退させたが、開発には化学物質を含んだ大量の水を高圧で岩盤層に注入する必要があり、地下水の汚染や環境に与える影響などが課題となっている。

石油備蓄 ②1 生産量や供給量の低下、価格高騰などに備えて石油を蓄えておくこと。日本では約90日分の使用量を備蓄目標とし、全国10カ所の国家石油備蓄基地と民間から借り上げた石油タンクに貯蔵している。

放射性廃棄物 ①2 放射性物質を含む廃棄物。核廃棄物ともいう。原子力発電所や、核燃料の製造工場および処理工場などから気体・液体・固体で排出される。含まれる放射能が人体に害を与えなくなるまで隔離しなければならないが、まだその処理技術が確立されておらず、核エネルギー利用の大きな障害となっている。

:使用済み核燃料 ①2 原子炉で使用し終えた核燃料。普通約1%のプルトニウムと3〜5%の核分裂生成物が含まれ、ウランは95%程度がそのまま残っている。これらは回収して再処理すれば、核燃料として再利用できる。

ムルロア環礁(かんしょう) 1 ポリネシアに属するフランス領トゥアモトゥ諸島の無人島。1966年からフランスの核実験場。1975年までは大気中実験、その後は地下実験に切り替えられたが、周辺の放射能汚染が懸念されている。

スリーマイル島 ② アメリカ合衆国ペンシルヴェニア州、サスケハンナ川中流部の川中島で、原子力発電所の所在地。1979年3月、第2号炉から大量の放射能が外部にもれ、付近の住民が一時避難する事故がおきた。事故の評価尺度はレベル5。

チョルノービリ(チェルノブイリ)原発事故 ③2 1986年4月、ウクライナの首都キーウ(キエフ)の北方約100kmに位置する原子力発電所の爆発事故。4号機の建物が破壊される大事故が発生し、多数の被爆者をだしたほか、国境をこえた地球規模の放射能汚染をもたらした。この事故の評価尺度はレベル7であった。

福島第一原子力発電所 ③5 2011（平成23）年3月11日、東北地方太平洋沖地震により発生した福島県大熊町・双葉町に位置する福島第一原子力発電所が被災した。地震発生当時、運転中の3基と定期検査中の1基は地震動と津波によって電源が喪失し、冷却が不能となった。1〜3号機はメルトダウン（炉心溶融）、1・3・4号機では水素爆発。大量の放射性物質が広範囲に放出され、空中・海中・地下水・土壌などが汚染された。事故の評価尺度はレベル7で、世界最悪。年間に換算した放射線量が2011年度末で50ミリシーベルトをこえ、事故から6年が過ぎた現在も、故郷に戻れぬ人は6万人に及ぶ（2017年）。一方、汚染された食品などが出荷停止となるほか、放射能汚染水、除染による汚染土、膨大な汚染がれきの処理など解決すべき問題は多い。なお、事故をおこした4基の原発は40年かけて廃炉にする予定。

都市鉱山 ③6 ごみとして大量に破棄される家電製品や携帯電話などの電子機器には、回収・解体して再生すれば、再利用が可能な金やレアメタルなどが多く含まれている。これらの資源は都市に多く存在するため、これを鉱山に見立てて都市鉱山という。その活用には、リサイクル技術の確立と経費を含めた法制度の整備が必要である。

e-waste ①3 電子廃棄物または電気電子廃棄物とも呼ばれる。使用済みのパソコンや家電、携帯電話などの電子・電気機器が中古で利用されずにリサイクルまたは処分されるもの。世界保健機関（WHO）の報告によると2019年には世界で5.360万トンもの電子廃棄物が発生し、正式にリサイクルされたのはそのうちの17.4%にすぎないとされる。適切な方法でリサイクルしないと鉛などの有害物質が環境や人体に悪影響を及ぼすと懸念されている。

3R ③1 リデュース（Reduce）、リユース（Reuse）、リサイクル（Recycle）の総称で、3つの頭文字が命名の由来。リデュースは減らすことを意味し、製造過程での資源量を減らしたり、廃棄物を減らすことである。リユースは繰り返し使うことを意味し、分品や製品の再利用を行なう。リサイクルは廃棄物を再び資源や材料として利用することをいう。これらに関連して耐久性の高い製品を製造したり、使用済みになった製品を回収したり、リサイクルの技術を改良することなどもこの取組みに含まれる。

5R 1 3Rにリペア（Repair）、リフューズ（Refuse）が加わったものをさす。リペアは修理すること、リフューズは英語で「断る、拒む」を意味し、不要なものを購入しない、もらわないことである。

7 工業

工業の発達と種類

i —— 工業の発達

手工業 ①②　簡単な道具類と熟練した手作業により、おもに客の注文に応じて、加工生産する工業形態。近代以前の工業にみられた形態だが、現在でも陶磁器など伝統的な工芸品を製造する一部にその形態がみられる。

家内制手工業 ①　自宅で家族や少数の使用人(職人など)を用いて加工生産する工業形態。一般に小規模で、生産性が低い。近代以前に発展した工業形態だが、現在でも伝統産業や下請け企業などの一部にみられる。

工場制手工業（マニュファクチュア） ②①　資本家が多くの労働者を集め、工場内で道具と手工業的技術を用い、分業により加工生産を営む工業形態。製品の品質統一と大量生産が可能となった。問屋制家内工業と工場制機械工業の中間形態である。

工場制機械工業 ③②　大資本をもとに多くの労働者を工場に集め、機械によって均一な製品を大量生産する近代的な工業形態。工場制工業または近代工業ともいう。18世紀後半の産業革命以後に発展したもので、現在の工業形態の主流を占めている。

産業革命 ③⑦　18世紀後半以降のイギリスに始まる道具から機械への技術革新と、これに伴う産業・経済・社会の大変革をいう。19世紀の半ば頃までに世界の先進地域へ波及し、日本では19世紀末頃から進行した。製鋼法や内燃機関の発明、電気の利用などによる19世紀後半からの重化学工業化を第2次産業革命と呼ぶこともある。

：蒸気機関 ②④　蒸気を動力源として用いる装置の総称。1769年のワットによる蒸気機関の改良は動力革命をもたらし、20世紀初頭まで工場の動力や交通機関の動力として中心的に用いられた。

：内燃機関 ②①　蒸気機関などのように、機関外部のボイラーで加熱する外燃機関に対し、内部で燃料の燃焼を行なう機関の総称。実用的な内燃機関は1860年にルノアールが開発したものが最初で、現在ではガス・ガソリン・ディーゼル機関などがある。

世界の工場 ③⑦　産業革命以後、19世紀のイギリスの経済力と国際的な地位をさす場合に用いられる言葉。世界で最初に産業革命を達成したイギリスは、自国の植民地をはじめ世界各地から原料を輸入し、本国で加工生産した製品を世界市場に輸出して、巨額の富を得た。現在では、20世紀末から各種工業が著しく成長した中国を「世界の工場」と呼んでいる。

技術革新（イノベーション） ③④　科学技術の飛躍的な発達をもとに、生産や販売などの方式・規模などの急激な変化・変容をさす。とくに、第二次世界大戦後のエレクトロニクスの発達は、生産工程、経営・運営方式、生活様式などに大きな影響を与えた。現代企業は、コストの削減や市場拡大などのために、絶えず技術革新が求められている。

大量生産方式 ①⑤　規格化された製品を連続的に大量に生産する方式。流れ作業方式(コンベア＝システム)などが好例。近代工業の特色の1つで、生産工程の合理化とコストダウンをもたらした。

：フォードシステム ①①　アメリカの自動車会社フォードが導入した大量生産方式。部品の統一と徹底した流れ作業（1913年にベルトコンベアの採用）によって組立て時間を短縮して、低価格化を図り、市場を拡大した。

先端技術産業（ハイテク産業） ③⑦　高度な技術や最先端の技術を用いて工業製品などを加工生産する産業の総称。コンピュータや半導体などの電子工業、セラミックスや光ファイバーなどの新素材産業、バイオテクノロジーを利用・応用した産業、航空機や人工衛星などの航空宇宙産業など、多方面にわたる。

新素材 ①①

セラミックス ①

：ソフトウェア産業 ②①　コンピュータを制御・利用するためのプログラム体系や技術を開発する産業。情報通信技術の開発や発達により、各種産業の研究開発やサービスの拡大と関連する。

産業構造の高度化 ①①　国や地域の産業構成や産業間の結びつきが産業構造。その産業構造が、より付加価値の高いあり方に変化することを産業構造の高度化という。産業活動の内容が第1次産業から第2次産業中心に変化する工業化、消費財工業から生産財工業に移行する重化学工業化、労働集約型工業から資本集約型工業へ、さらに知識集約型工業や第3次産業の比重が増大する経済の情報化・サービス化などをさす。

産業構成 ①　**産業構造** ③[3]

産業の空洞化 ③[5] 為替の変動や安価な工業製品の輸入増加などを背景に、国内のある企業が安い労働力や用地、市場の拡大などを求めて海外に生産拠点を移すことで、その地域の産業が衰退する現象。雇用機会の減少や地域経済の衰退などの問題も生じる。

NIEs（新興工業経済地域） Newly Industrializing Economies ③[1] 発展途上国の中で、工業製品の輸出を中心に、20世紀後半から急速に工業化を進めた国や地域の総称。かつてはNICs（新興工業国）と呼ばれた。韓国・シンガポール・ホンコン（香港）・台湾はアジアNIEsといわれ、そのほかブラジル・メキシコ・ギリシャ・スペインなどを含む。政府主導の輸出指向型工業化が特色で、軽工業品から重工業品まで各種工業品の生産・輸出が盛んである。

アジアNIEs ③[6]

輸入代替型工業 ③[3] 国内産業を育成するために、これまで輸入に依存してきた消費財などを、国内で加工生産する工業の総称。軽工業や鉄鋼業など、各種工業が含まれる。

輸出指向型工業 ③[7] 輸出を目的に加工生産する工業の総称。発展途上国が工業化を進めるために、輸出加工区などの工業団地を造成し、安価な労働力などを利用して、外国から誘致した労働集約的な工業、繊維工業や機械工業などに多くみられる。

：**輸出加工区** ③[5] 輸出を条件に企業を誘致する工業団地。原料や部品の輸入関税の免除や国内税の減免などの優遇措置を取り、現地の安価な労働力を利用する。自由貿易地区ともいう。中国の経済特区もその例。タイ・マレーシアなどの工業団地に多く設置されている。

保税輸出加工区 ①

自由貿易地区 ①[2]

合弁企業 ① 新しい事業や海外に進出する場合に、複数の企業が出資して設立した企業。海外進出の場合、外国の政府や外国企業と国内企業が共同出資して、設立・運営される。現地の安価な労働力や資源などを活用し、新たな市場を拡大するために、発展途上国へ進出する場合などにみられる。

ノックダウン輸出 ① 完成品を輸出せず、各々の部品を輸出し、現地の企業に生産（組立て）や販売を委託する方法。現地の労働力や資源が利用でき、関税などが有利となる。相手国にとっては工業化のきっかけとなる。

BRICS（ブリックス） ③[6] 経済発展が著しいブラジル・ロシア・インド・中国の４カ国をBRICsと称したが、2011年以降、南アフリカ共和国が含まれ、５カ国をBRICSと表記している。広大な国土、豊かな資源を有する人口大国である。様々な経済・社会改革を推し進め、比較的高い経済成長率を達成し、世界経済に大きな影響を与えている。2024年１月にサウジアラビア・エジプトなど５カ国が新たに加わった。

ii ―― 工業の種類

軽工業 ③[6] 主として日常生活に用いる比較的重量の軽い製品をつくる工業の総称。消費財工業に多く、繊維・食品・雑貨などの工業がある。

重工業 ③[5] 高度な技術と大資本を用いて、主として生産活動に利用される比較的重量の重い製品をつくる工業の総称。代表的なものとして鉄鋼・金属・機械などの工業がある。

重化学工業 ②[3] 重工業と化学工業をあわせた工業の総称。近代工業の基幹となるもので、高度な技術と大資本を必要とし、オートメーション化も進んでいる。この２つの工業は相互に関連する所が多く、コンビナートを形成しやすい。

生産財工業 ① 工業や農業などの生産活動に用いる資材をつくる工業の総称。鉄鋼・機械などの工業を含み、一般に高度な技術と大資本を必要とする。

消費財工業 ② 日常生活に用いる資材をつくる工業の総称。生産財工業の対語。消費財は、家具・テレビ・自動車など、比較的長い期間使用できるものを耐久消費財、食品・衣服・日用雑貨などを非耐久消費財、または日用消費財とに分けられる。

耐久消費財 ②[1]

基礎素材型工業 ② 各種工業の基礎的な原材料となる製品をつくる工業の総称。鉄などの金属、石油精製、木材、パルプなどの工業をさす。

労働集約型工業 ①[5] 生産コストの中で、労働費の比重が大きい工業。繊維、雑貨、電気器具の組立てなどの工業。安価な労働力が豊富に得られる地域に発達しやすい。

資本集約型工業 ① 生産コストの中で、多額の設備費を必要とする工業。重厚長大型の産業である鉄鋼業、装置工業とも呼ばれる石油化学工業などが代表例。一般に大企業に多いが、近年はエレクトロニクスを利用した資本集約度の高い中小企業も増えている。

知識集約型産業 ②[1] 生産活動に専門的な知識や高度な技術を必要とする産業。コンピュータ・航空機・海洋開発などの研究開発集約産業、公害防止機器・教育機器・数値制御工作機械など高度な組立て工業、高級衣類・住宅調度品・電気音楽機器などファッション産業、情報処理・コンサルティング・ソフトウェア開発など知識産業に分けられている。研究開発でつくられた知識・技術は知的財産権として保護される。

知識産業 ①[1]

：**知的財産権** ③[3] 創意・工夫、発明、創作など人間の様々な知的な創造活動によって新たに創りだされた財産に関する権利。著作権、特許権、商標権、実用新案権、意匠権などの総称。グローバル化やデジタル化が進み、不正なコピーなどが多発し、国際間でも保護のあり方が論議されている。

：**ベンチャービジネス（ベンチャー企業）** ②[2] 新しい技術や製品を開発し、新しい市場を開拓して、成長している新興の創造的企業。電気・電子工業や情報通信産業など知識集約的な産業に多い。アメリカ合衆国のシリコンバレーで多くのベンチャービジネスが輩出した。

：**コンテンツ産業** ③[5] 映画、アニメ、ゲーム、書籍、音楽等の制作・流通を担う産業の総称。ICT（情報通信技術）産業の急速な発展などを背景として、今後高い成長が見込まれる。クリエーターなどの人材、提携企業の多様性、情報の質や量などの点から東京圏に集中している。

地場産業（じばさんぎょう） ③[3] 近代以前からその地域の原料や技術などと結びついて発達した、地域性の強い産業。工芸品の生産など、伝統的な在来工業も含まれる。木工品・酒造・陶磁器・漆器（しっき）・織物などがあり、特産地化している場合が多い。また、高度な技術を生かして広い市場をもつ産業もある。

伝統産業 ①[1]　**伝統工芸** ①

農村工業 ① 歴史的には中世のギルドに対抗して発展した、農民経営の工業生産や問屋制家内工業のこと。一般的には、原料や余剰労働力を求めて農村に立地する工業の総称。食料・繊維などの特産物の加工のほか、最近では金属・機械工業の下請け工場の進出もみられる。

各種工業

i ―― 繊維工業

繊維工業（せんいこうぎょう） ③[2] 天然繊維や化学繊維を加工して、糸や織物を生産する工業。天然繊維を原料とする綿・羊毛・絹工業などは、原料や労働力などを主要な立地条件とし、近代工業の先駆けとなった場合が多い。

：**紡績** ③ 綿・羊毛・麻などの天然繊維から織物用の糸をつくる（紡（つむ）ぐ）こと。綿糸をつくる綿紡績をさすことが多い。繭（まゆ）から生糸をつくる場合は製糸という。

：**織物工業** [1] 糸を用いて布を織る工業。

アパレル産業（服飾産業（ふくしょくさんぎょう）**）** ③[1] 布を裁断して衣服などの製品をつくる工業。一般に労働力指向型が多いが、ファッション性が求められる高級品は、需要と情報が豊富な大都市に立地することが多い。

縫製業 ③[2]

天然繊維 ③ 動物・植物・鉱物からとれる天然産の繊維の総称。化学繊維の対語。絹・羊毛・カシミヤなどの動物繊維、木綿（もめん）・麻などの植物繊維、石綿（製造禁止）、ガラス繊維などの鉱物繊維がある。天然繊維は古くから利用されてきたが、化学繊維の普及により、消費割合は減少しつつある。

化学繊維 ③[1] 化学的に加工・処理してつくられた繊維の総称。人造繊維ともいう。天然繊維を原料とするレーヨンなどの再生繊維と、アセテートなどの半合成繊維、天然の繊維素以外の原料から化学的に合成してつくられる合成繊維とがある。技術革新により、新しい素材が開発されている。

：**合成繊維** ① 天然の繊維素以外の原料である石油・石炭などから、化学的に高分子の結合をつくりだして繊維としたもの。ナイロン・ビニール・アクリル・ポリエステルなどがある。

炭素繊維 ①[1] 原料はアクリル繊維、ピッチ（石油・石炭から取れる）など。これらの原料を高温で炭化してつくった繊維。他の合成樹脂などと組み合わせて、軽くて強い素材となる。航空機・人工衛星・自動車から医療機器・建築材料、そして、釣り竿・テニスラケット・ゴルフのシャフトなど、用途は多様である。

綿工業 ①[1] 綿花を原料として綿織物をつくる工業。アジアの在来工業であったが、イギリスの産業革命で近代工業へと発展した。

第二次世界大戦前まではイギリス・日本などが主要生産国。近年は中国・インド・パキスタンなど、安価な労働力が得やすく、原料の生産が盛んな国に中心が移行している。

毛織物工業 ① 羊・ヤギ・ヤクなどの動物の毛を原料とする織物工業。羊毛工業が中心で、トルコ・中国・日本が主要生産国である。

絹織物工業 1 生糸を原料とし、絹織物をつくる工業。日本では北関東などの製糸業の盛んな地域にみられる原料立地型、京都などの消費立地型、北陸地方などの労働力立地型に分けられる。外国ではリヨン（フランス）、ミラノ（イタリア）、パターソン（アメリカ合衆国）などで発達した。現在は、中国・ロシア・ベラルーシ・ベトナムの生産が多い。

：**生糸**(きいと) ①1 繭から取りだした繭糸(けんし)を撚(よ)り合わせた糸。光沢があり、肌ざわりのよい高級な天然繊維で、絹織物の原料。

ジュート（黄麻(こうま)）工業 ①1 ジュート（黄麻）を原料とし、穀物や砂糖を入れる麻袋などを製造する工業。インド・バングラデシュなどで盛ん。

ii —— 金属工業

金属工業 1 鉄鉱石・銅鉱・ボーキサイトなどの金属資源を精錬・加工する工業の総称。原料から鉄鋼業と非鉄金属工業とに分けられる。機械工業とともに重工業の基盤をなす。

鉄鋼業(てっこうぎょう) ③5 鉄鉱石を原料として各種の鋼材をつくる製鉄・製鋼業。強粘結炭(きょうねんけつたん)を用いて鉄鉱石を溶鉱炉(ようこうろ)（高炉）で還元して銑鉄(せんてつ)をつくる製銑(せいせん)部門、銑鉄を精錬して粗鋼など鋼鉄をつくる製鋼部門、鋼鉄を圧延(あつえん)して鋼板・鋼管などの鋼材に加工する圧延部門に分かれる。近代工業の基幹産業。産業革命時には石炭・鉄鉱石産地に立地したが、技術の進歩や国内資源の枯渇(こかつ)に伴って資源の輸入に便利な臨海部に立地するようになった。中国が世界の粗鋼生産の約50％を占め、ほかに日本・インド・アメリカ合衆国・ロシア・韓国などで粗鋼生産が多い。

鉄鋼 ③3　**製鉄業** ②
高炉(こうろ) ②　**粗鋼** ②

：**銑鋼一貫製鉄所**(せんこういっかんせいてつじょ) ② 鉄鋼業における製銑・製鋼・圧延の3部門を、同一敷地内で連続的に行なう工場。生産の合理化と能率の向上が図られ、世界の主要メーカーの工場は銑鋼一貫である。

アルミニウム工業 1 ボーキサイトを原料としてつくられる中間製品のアルミナを、電気分解してアルミニウムをつくる工業。とくにアルミナからアルミニウムを精錬する工程では大量の電力を消費するため、安価な電力の得やすい地域に立地する。中国が生産量の約50％を占めるほか、ロシア・カナダなどが主要生産国である。近年、豊富な電力をもとに、アラブ首長国連邦の生産が伸びている。 **アルミ精錬** ①1

：**アルミナ** ① アルミニウムの原料となる酸化アルミニウムの通称。ボーキサイトに苛性(かせい)ソーダを作用させて製造する。この工業は原料の産地か、原料の搬入に便利な港湾に立地しやすいが、アルミニウムの生産まで一貫して行なう場合は電源地帯にも立地する。

：**アルミニウム** ③2 アルミナを原料としてつくられる軽金属。耐食性(たいしょくせい)・電気伝導性・展延性に優れ、航空機の素材として利用されるほか、建築・車両・日用品などに幅広く用いられる。

iii —— 機械工業

機械工業 ②2 一般機械・輸送用機械・電気機械・精密機械・兵器を製造する工業。高度な技術を用いて各種の部品を組立てるため、多くの関連産業が発達し、総合的な工業地域を形成する。一般に、消費地や輸送に便利な交通要地に立地する。

組立型工業 ②3 各種の部品を集め、これを組立てて完成品に仕上げる工業の総称。機械工業はその典型で、広範囲な関連工業を必要とし、流れ作業による各種の部品を組立てることを特色とする。

産業用ロボット ① 人間の各種機能を代替する自動化機械のこと。自動車工業・電気機械工業などの広い分野で利用されている。

輸送用機器 1 自動車工業・造船業・航空機工業などで生産される交通・運搬に関わる機器。

自動車工業 ③4 乗用車・トラック・バス・自動二輪車など、ガソリン・ディーゼル機関などによって走る車両をつくる工業。総合的な組立て型工業で、大資本と広大な敷地、多くの労働力などを必要とし、関連工業が発達する消費地の近くに立地しやすい。徹底した分業と流れ作業方式による大量生産が特徴。近年ではマイクロエレクトロニクス(ME)の利用で多品種少量生産が可能。デトロイト・ウォルフスブルク(ドイツ)・パリ・コヴェントリ(イギリス)・豊田などは世界的に知られた「自動車の街」。日本・アメリカ・ドイツ・フランスが主要な自動車生産国であったが、近年は中国・韓国・インド・ブラジルなどで生産が増えている。

造船業 ③[1] 船舶を建造・改造・修理する工業。総合的な組立て型工業で、大資本と高度な技術を必要とする。各種の工業製品を生産する工業地域に近接した波静かな湾入部に立地しやすい。また、屋外作業が多いことから晴天日数の多いことも有利な条件となっている。韓国・中国・日本が船舶の主要生産国。

航空機産業 ③[4] 飛行機・ヘリコプターなどをつくる工業。20世紀に入ってから、軍需産業と結びついて急速に発展。大資本と高度な技術を必要とし、アメリカ合衆国・イギリス・フランスなどの先進国で盛ん。

宇宙産業 [1] ロケット・人工衛星、および関連するエレクトロニクス機器、打上げや追跡用の施設など、宇宙開発に必要な資材の開発・設計・製作に関わる産業。航空機産業との結びつきが強く、先端技術を用いた研究開発・知識集約型の産業である。

航空宇宙産業 ③[4]

電気機械工業 ② 発電機・変圧器などの重電機、照明用の機械器具、冷蔵庫・洗濯機など家庭用電気機械器具(家電)、情報通信機械器具、電子機械器具などをつくる工業。産業用・家庭用機器として広い分野にまたがり、各産業の基幹となっている。高度な技術を必要とし、消費地に立地するほか、組立ての比重が高い場合は安価な労働力の得やすい農村部や発展途上国にも立地する。中国・アメリカ合衆国・ドイツ・日本・韓国・シンガポールなどの生産量が多い。

：**家電** ②[1] 冷蔵庫・洗濯機などのいわゆる白物(しろもの)家電、テレビ・DVDプレーヤーなどの映像・音響関係、パソコン・ファックスなどの情報家電など、家庭用の電気機械器具をいう。

電子工業 [1] 電子(エレクトロン)の働きを利用した機器をつくる工業。エレクトロニクス産業ともいう。コンピュータ・通信機器などの産業用・民生用電子機器、半導体などの電子部品など。その製品は各種の工業、情報・通信など広い分野に応用されている。第二次世界大戦後に急速に発展し、先端技術を利用するため、アメリカ合衆国・日本・ドイツで発達した。近年では、中国・韓国・東南アジア諸国の生産が増加している。

エレクトロニクス産業 ③[3]

：**半導体** ③[4] 伝導体と絶縁体との中間的な性質をもった物質の総称。ゲルマニウム・シリコンなどが代表例。その性質を利用してつくられる半導体チップは、トランジスタから集積回路(IC)、大規模集積回路(LSI)、超大規模集積回路(超LSI)へと発展している。

集積回路(IC) ③[4]

集積回路(IC)工業 ①

：**多品種少量生産** ② 顧客のニーズに対応して、多様な種類の製品を効率よく生産する方式。集積回路(IC)や大規模集積回路(LSI)などを利用・応用したエレクトロニクス技術の発展で、生産・加工・品質管理などの広い分野で効率化・柔軟化が図られ、多品種少量生産が可能となった。

精密機械工業 ①[2] 光学機器・医療機器・理化学機器・時計などの機械をつくる工業の総称。高品質の材料、高度な加工技術を必要とし、アメリカ合衆国・スイス・ドイツ・日本などで盛ん。近年、中国・韓国・東南アジア諸国の生産が増加している。

iv ――化学工業

化学工業 ③[1] 各種の原料を化学的に処理して、原料とは異なった性質の物資を製造する工業の総称。製品は医薬品を含む化学薬品・化学肥料・化学繊維・合成樹脂・塗料・染料などがある。高度な技術、大規模な設備、多額の資本を必要とするため先進国に発達し、燃料・動力・水に恵まれた所に立地する。

医薬品 ②[4]

石油精製業 ① 原油に熱や圧力を加えて、石油ガス・ガソリン・ナフサ・灯油・軽油・重油などの石油製品をつくる工業。原料産地にみられるほか、輸入に便利な港湾地域に立地する。

：**ナフサ** ③ 石油精製の過程でできる石油化学工業の原料。ナフサを分解してできるエチレン・プロピレン・ブタン・ブチレンなどが石油化学の原材料となる。

石油化学工業 ③[1] 石油・天然ガスを原料として、薬品・肥料・合成樹脂・合成繊維・合成ゴムなどをつくる工業。石油精製工業と結びつき、原料の供給から製品の生産まで各工場が互いに結合したコンビナートを形成する。広大な用地と用水に恵まれた臨海工業地域に立地することが多い。

：**石油化学コンビナート** ③[1] 石油精製工場を中心に、原料や中間製品がタンクやパイプで相互に結合され、生産施設や工程が有機的に配置された工業地域。日本では鹿嶋(かしま)・市原・川崎・四日市(よっかいち)・水島・大分などの太平洋ベルトに分布する。

：**プラスチック** ③[2] 熱や圧力を加えると変形する性質をもつ高分子化合物の総称。耐腐食性・耐水性に優れ軽くて丈夫なため、日用品・工業原料などに広く用いられる。不要になっても腐らず、焼却すると有毒ガスがでるなど廃棄物処理に問題があったが、高温での熱処理ができるようになった。

窯業(ようぎょう) ①[2] 原料の粘土・ケイ砂・石灰石などを窯(かま)で焼き、陶磁器・セメント・ガラス・瓦(かわら)などをつくる工業の総称。陶磁器技法を利用したファインセラミックスなども含まれる。一般に原料の重量が大きいため原料産地に立地しやすい。

：**セメント工業** ③[1] 石灰石・粘土などを原料に、セメントを製造する工業。原料の豊富な所に立地しやすい。日本では各地に分布するが、秩父(ちちぶ)・宇部(うべ)などが古くからの生産地である。

v ――その他の工業

製紙・パルプ工業 ②[1] 植物原料（多くは木材チップ）や古紙を機械的・化学的に処理して植物繊維(パルプ)を取りだすパルプ工業と、パルプから各種の紙（段ボールなどを含む）を製造する工業の総称。パルプ生産は、原木と軟水の豊富な所に立地し、アメリカ合衆国・ブラジル・カナダ・中国などで生産量が多い。製紙工場も電力と軟水が豊富で、パルプ産地に近い原料指向型の立地になるが、輸入パルプを利用する場合は、市場指向型の立地になりやすい。
パルプ ③[2]

食品工業 ② 農産・畜産・水産・林産物を加工して、食料品を製造する工業。製品は多様で、一般に中小規模の工場が多いが、製粉・醸造(じょうぞう)・缶詰などには近代的で大規模な工場もみられる。 **製粉** [1]

：**ビール工業** ③[3] 醸造業の1つで、大麦・ホップなどをおもな原料として、アルコール飲料であるビールをつくる工業。製品の重量が大きな割に価格が安く、空瓶(からびん)の回収にも費用がかかるため、消費地に立地しやすい。ミュンヘン・ミルウォーキー（アメリカ合衆国）・プルゼニュ（チェコ）・札幌などで盛ん。日本では大手メーカーの工場が大消費地近くに立地しているが、近年、地ビールといわれる中小工場が各地に展開している。

：**ワイン** ③[4] ブドウの果汁を発酵させたブドウ酒のこと。ブドウの産地でもあるイタリア・スペイン・フランス・中国・アメリカ合衆国が主要生産国。

出版・印刷業 ③[1] 新聞や書籍などの出版・印刷に関連する工業の総称。学術・文化の中心地で、情報の得やすい大都市に立地しやすい。ライプツィヒ（ドイツ）・パリ・ニューヨーク・ロンドン・東京などに発達する。

工業立地と工業地域の形成

工業立地 ③[1] 工業が合理的な経営を営むために選定した場所に位置すること。工業の種類により立地条件の組合せが異なり、同じ工業でも時代によって変化する。立地条件には用水・用地・原料・燃料・労働力・交通・消費地(市場)などがあり、相互に関連している。

：**立地条件** ③ 工業がある場所を選んで生産活動を営む場合、最大限の効果・利益を上げることを考慮する。その立地と工業の分布を規定する用水・原料・燃料・労働力・消費地(市場)などの要因を立地因子といい、立地因子を含めて気候や地形、交通の利便性など広く立地に影響する条件を立地条件という。 **立地因子** ②

：**ウェーバー** Alfred Weber ③ 1868～1958
工業立地論を体系化したドイツの経済学者。工業立地は、生産費が最小になる場合を選ぶとし、立地条件の中では輸送費が基礎で、労働費がこれを変位させるとした。

原料（原料地）指向型工業 ③[1] 原料産地に立地しやすい工業。資源立地型・資源依存型工業ともいう。製品コストに占める原料の輸送コストが大きい場合にみられる。製糸・パルプ・セメント・陶磁器、および初期の鉄鋼などの工業が好例である。
原料産地立地 [1]

労働力指向型工業 ③ 労働力の得やすい場所に立地する工業。未熟練ではあるが安価で豊富な労働力を求める場合と、高度な技術をもつ労働力を求める場合とがある。繊維工業や各種の組立て型工業などが好例。

電力指向型工業 ① コストに占める電力費用が大きいため、電力が豊富で得やすい場所に立地する工業。アルミニウム工業などが好例である。

市場指向型工業 ②1 製品の消費市場に立地しやすい工業。消費地指向型工業ともいう。製品の重量が大きかったり、破損しやすい工業や、市場の情報・流行をとくに重要視する工業などにみられる。ビール醸造、出版・印刷、衣服などの工業が好例である。

消費地指向 ②1

交通指向型工業 ③1 交通の便利な所に立地しやすい工業。原料の輸入港周辺に集積しやすい石油精製、石油化学工業、鉄鋼業などが好例。また、製品が小さく、付加価値の高いエレクトロニクス工業などは、空港や高速道路のインターチェンジ付近に集積しやすい。

集積(しゅうせき)の利益 ② 関連する工場が工業地域に集中して立地し、技術の提携や各施設の共同利用など、また情報の交換などで生産コストを削減して生産性をあげること。同じ種類の工業が集積しやすいが、次第に集積の利益を求めて異なる種類の工業も立地するようになり、より複合的・総合的な工業地域となる。 **集積** ②1

:集積指向型工業 ③2 自動車工業や電気機械工業が代表例。これらの工業では、部品の調達や製品間のつながりなど、関連する企業の裾野(すその)が広く、集積の利益を求めて各種関連する工場や同種の工場が集積する。

工業地域 ③4 多くの工場が集中し、ほかの産業よりも工業生産の比重が優位を占めている地域。交通路などに沿って帯状に分布する場合が多く、工業地帯ともいう。

工業地帯 ①

コンビナート ③ 原料・燃料・生産施設などを計画的・合理的・有機的に結び、生産性の向上をめざしてつくられた工業地域。もともと旧ソ連の計画的に配置された工業地域の呼称として用いられたが、現在では、石油化学工業や鉄鋼業などのように、原料や製品を有機的に結びつけた、各種工場の集合状態をさす場合にも用いられる。

工業団地 ③1 工場を集団的・計画的に進出させるために造成された地区。国や地方自治体などによって建設される場合が多く、中小工場などを集団的に誘致する。工業団地と商業団地をあわせて企業団地ともいう。また、輸出加工区・自由貿易地域なども工業団地の例である。

臨海工業地帯 ② 海岸地域に形成された工業地帯。内陸工業地帯の対語。埋立地や干拓地に立地し、専用港をもっている場合が多い。原材料の入手や製品の搬出に有利で、鉄鋼・石油化学・製粉などの素材加工型工業が立地しやすい。日本などの原材料や燃料の輸入割合の多い国によくみられる。

ファブレス企業 ②1 全ての生産工程を外部に委託し、自社では生産にかかわらず製造設備をもたない企業のこと。食品・衣料・玩具・コンピュータなどさまざまな分野にみられる。

スタートアップ企業 ③ 新たに企業を立ち上げる個人や企業をさすが、これまでにないアイデアで革新をすすめ起業から短期間で急成長を成し遂げた企業に対して使われる用語である。

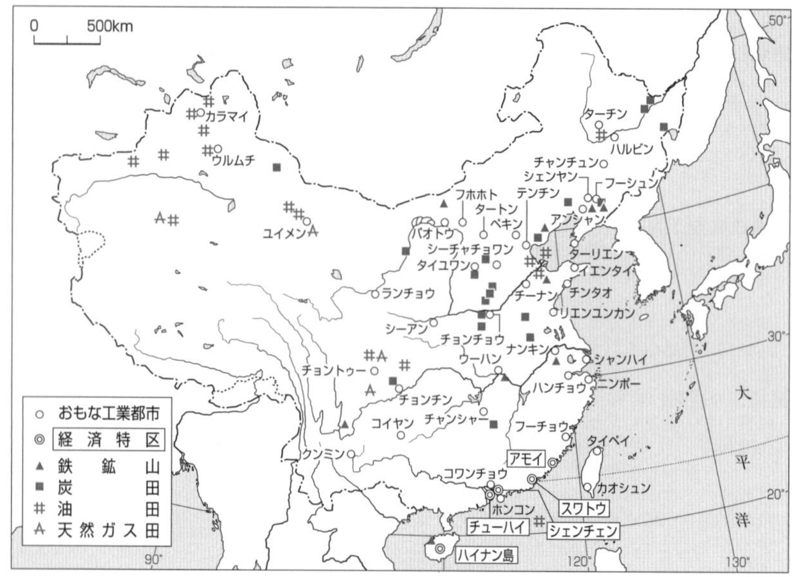

中国の工業地域

世界の工業地域

i ―― アジア・アフリカの工業地域

❶東アジア

経済特区 ③[7] 外国の資本や技術の導入を目的に、経済的な優遇措置が与えられた中国領内の特別地域。改革開放政策の一環として、1979年以降にシェンチェン(深圳)・チューハイ(珠海)・スワトウ(汕頭)・アモイ(厦門)・ハイナン(海南)島の沿岸5カ所に設定された。

経済技術開発区 ③[3] 中国において経済特区に次ぐ開発地区として、1984年以降に沿岸開放都市を指定。とくに、テンチン(天津)・チンタオ(青島)・シャンハイ(上海)など14地区を経済技術開発区として、先端技術産業の誘致と先端技術の国内への波及効果をめざした。その後、数多くが経済技術開発区に指定され、1992年以降は内陸部にも指定された。　**沿海開放都市** ①

郷鎮企業(ごうちんきぎょう) ③[4] 中国の地方行政単位である郷や鎮、あるいは個人が経営する企業。国営企業の対語。人民公社解体後の自由化とともに、1984年頃から農村の余剰労働力を吸収して急増した。工業生産と輸出拡大に大きな役割を果たしている。

チャンチュン(長春) ②[3] 中国北東部、トンペイ(東北)平原のほぼ中央に位置するチーリン(吉林)省の省都。交通の要地で農産物の集散地。自動車・車両などの機械工業が盛んなほか、紡織・食品工業などが発達。電子工業やバイオ産業も発展している。

ハルビン(哈爾浜) ③[2] 中国北東部、ソンホワ川(松花江)沿岸の工業都市。交通の要地で19世紀にロシアが建設した都市。機械・化学・織物・製紙などの工業が発達、開発地区にバイオ・IT産業が立地している。

アンシャン(鞍山) ③[1] 中国北東部、リヤオニン(遼寧)省東部に位置する鉱工業都市。豊富な鉄鉱石とフーシュン(撫順)などの石炭を背景に、鉄鋼コンビナートを形成した。鉄鋼・機械・化学などの工業が盛ん。外国企業の誘致や技術のハイテク化を進める。

シェンヤン(瀋陽(しんよう)**)** ③[4] 中国北東部、リヤオ川(遼河)支流沿岸に位置する工業都市。東北地区の政治・経済・文化の中心地の1つ。周辺の豊富な地下資源を背景に、機械・化学・繊維・食品などの工業が発達した。IT企業も立地し、産業振興策がとられている。

ターリエン（大連） ②4 中国北東部、リヤオトン（遼東）半島の最南端に位置し、黄海に面する港湾都市。造船などの機械工業のほか、化学・食品・繊維などの工業が発達。また、IT産業の育成を図るとともに、日本などの外国企業を多く誘致している。

ペキン（北京） ③7 中国中東部、華北平原の北西端に位置する同国の首都。中央直轄市の１つで、政治・経済・文化・交通の中心地。歴史的な都市として観光地も多い。付近の石炭などをもとに郊外のシーチンシャン（石景山）に鉄鋼業が立地、自動車などの機械工業や化学工業のほか、各種軽工業が総合的に発達する。北西部の中関村に先端技術産業が集積している。

テンチン（天津） ③5 中国中東部、ハイ川（海河）沿岸にある港湾・商工業都市。中央直轄市の１つ。ペキン（北京）の外港で、華北最大の貿易港。石炭・鉄鉱石・石油などの供給を受け、鉄鋼・機械・紡績・食品などの工業が発達している。先端技術の研究・開発機関も多い。

チンタオ（青島） ②2 中国中部、シャントン（山東）半島南部に位置する港湾・工業都市。漁港・軍港も兼ね、車両・機械・紡績・食品などの工業が発達。イエンタイ（煙台）などとともに経済技術開発区に指定されている。

シーアン（西安） ③7 中国東部、ウェイ川（渭河）の盆地にあるシャンシー（陝西）省の省都。旧称は長安、古都として観光地も多い。西北区東部の政治・経済・文化の中心都市で、紡績・機械・化学などの工業が発達している。先端技術産業も立地する。

パオトウ（包頭） ①1 中国北部、黄河中流に位置する内モンゴル（内蒙古）自治区の商工業都市。交通の要地で、家畜・毛皮・農産物の集散地。鉄鉱石を産出し、タートン（大同）の石炭などと結びついて、鉄鋼コンビナートが建設されている。付近の鉱区ではレアアースを産出する。

シャンハイ（上海） ③7 中国東部、チャンチヤン（長江）の三角州に位置する同国最大の港湾・商工業都市。中央直轄市の１つ。大消費地を背景に、紡績・食品・出版・印刷などの軽工業や、鉄鋼・機械・化学などの工業が総合的に発達。郊外のパオシャン（宝山）製鉄所は日本の出資と技術協力で建設された。プートン（浦東）地区などで開発が急速に進んでいる。

：**プートン（浦東）新区** ③1 シャンハイ（上海）市域東部、ホワンプー川（黄浦江）とチャンチヤン（長江）に区切られた地区。上海浦東国際空港が立地し、輸出加工区、ハイテク工業団地、金融センター、観光・レジャー施設などの建設、開発計画が進んでいる。

ハンチョウ（杭州） ②2 中国中東部、東シナ海に面するチョーチヤン（浙江）省の省都。ハンチョウ（杭州）湾にそそぐチェンタン川（銭塘江）左岸に位置する水陸交通の要地で、繊維・金属・機械工業が発達。経済技術開発区の指定を受け、IT・バイオ産業などの先端技術産業も立地している。

ナンキン（南京） ③4 中国中東部、チャンチヤン（長江）下流沿岸に位置するチヤンスー（江蘇）省の省都。南部を拠点とした古代の王朝や国民政府時代の首都。古都として観光地も多い。水陸交通の要地で、古くから絹織物などの繊維産業が盛ん。現中国になって鉄鋼・機械・化学などの工業が発達した。開発区にIT・バイオ産業などが立地している。

ウーハン（武漢） ③2 中国東部、チャンチヤン（長江）とハン川（漢水）の合流点に位置するフーペイ（湖北）省の省都。水陸交通の要地で、古くから商工業が発達。ターイエ（大冶）の鉄鉱石とピンシャン（萍郷）の石炭を結び、鉄鋼コンビナートが建設され、造船・自動車・機械などの重工業が発達した。開発区に先端技術産業が集まる。

チョンチン（重慶） ③6 中国西部、スーチョワン（四川）盆地南東部に位置する商工業都市。中央直轄市。長江中流の水陸交通の要地で、スーチョワン炭田などを背景に、鉄鋼・機械・化学・繊維・食品などの工業が発達。開発区には多くのIT企業や外国企業が集まっている。

チョントゥー（成都） ③4 中国西部、スーチョワン（四川）盆地北西部に位置するスーチョワン省の省都。水陸交通の要地で、農産物の集散地。石炭などの鉱産資源を背景に、機械・化学工業が発達。ほかに、絹・漆器などの工業も盛ん。開発区には自動車・電子工業が立地している。

コワンチョウ（広州） ③5 中国南東部、チュー川（珠江）の三角州上に位置するコワントン（広東）省の省都。華南で最大の貿易港。鉄鋼・機械・紡績・食品などの工業が発達している。シェンチェン（深圳）・ホンコン（香港）とともに華南経済圏の中心都市。開発区に多くの先端技術産業が立地し、外国企業も多く進出している。

シェンチェン（深圳） ③[7] 中国南東部、ホンコン(香港)に隣接する経済特区。最も早く特区の指定を受け、外国企業が早くから進出し、電子・IT・バイオ産業などの先端技術産業を中心に、機械・化学など各種工業が発達している。

アモイ（廈門） ③[5] 中国南東部、フーチエン(福建)省南部の港湾都市。農水産物の集散地で貿易港。華僑(かきょう)の送出港の1つ。機械・食品加工などの工業が発達。経済特区に指定され、外国企業が進出し、電機を中心に先端技術産業が集まる。

スワトウ（汕頭） ③[5] 中国、コワントン(広東)省東部の港湾・工業都市。古くから繊維工業が発達。経済特区に指定され、電子・バイオなどの先端技術産業が立地している。

チューハイ（珠海） ②[3] 中国、コワントン(広東)省南部、チュー川(珠江)デルタ南部に位置する工業都市。マカオに接する経済特区。外国企業を誘致して、電子・繊維・食品工業が立地。輸出向けの生産が多い。

ハイナン（海南）省 ②[1] 中国、コワントン(広東)省南部に位置する島。シールー(石碌)やティエンツー(田独)などで鉄鉱石が産出するほか、熱帯性の工芸作物が栽培される。1988年、省に昇格、経済特区に指定された。省都はハイコウ(海口)。

ハイナン(海南)島 ②[3]

ホンコン（香港） ③[6] 中国南東部、チュー川(珠江)河口にある旧イギリス直轄植民地。1997年7月1日に中国へ返還。特別行政区。カオルン(九竜)半島およびホンコン(香港)島などからなり、中継貿易港として発展。さらに、繊維・機械などの工業化が進む。アジアNIEsを構成する1つ。復帰後、中国本土に進出する企業も多い。産業構成も金融・貿易・商業など第3次産業の割合が増加。水上生活者の蛋民(たんみん)もみられる。

クンミン（昆明） ③[4] 中国南部、ユンコイ(雲貴)高原に位置するユンナン(雲南)省の省都。交通の要地で、繊維・機械・化学などの工業が発達する。開発区に先端技術産業を誘致している。

ランチョウ（蘭州） ③[3] 中国中部、黄河上流域に位置するカンスー(甘粛)省の省都。古くからシルクロードへの入口として栄え、現在も交通の要地。ユイメン(玉門)から石油パイプラインが通じ、石油精製を中心とした化学工業のほか、鉄鋼・機械工業も発達した。開発区に先端技術産業を誘致。

ウルムチ（烏魯木斉） ③[4] 中国北西部、テンシャン(天山)山脈北麓に位置するシンチヤンウイグル(新疆維吾爾)自治区の中心都市。かつてのテンシャン北路の要地で、現在、中国西部地区における最大都市。近年は、石油その他の地下資源が開発され、石油化学・紡績などの工業が発達している。西部大開発の拠点の1つ。

西部大開発 ③[5] 中国で、開発の遅れた西部の内陸地域を発展させ、沿岸部との格差を是正するための計画。2001年から、交通基盤の整備、資源開発、産業の育成、環境保全などを目的として開発が進められている。チンツァン(青蔵)鉄道の建設、東部に送電するための電力開発、タリム盆地などの天然ガス田開発、長江など南部の水を黄河流域・ペキン・テンチン(天津)まで導水する「南水北調事業」などがある。

南水北調 [1]

タイペイ（台北） ③[4] 中国南東部、台湾島北部に位置する同島の中心都市。中央官庁・金融業・通信サービスなどが集中し、紡績・食品・機械などの工業が発達。IT産業も集まる。

カオシュン（高雄） ①[1] 中国南東部、台湾島南西部に位置する商工業都市。同島有数の貿易港で、漁港でもある。セメント・アルミニウムなどの工業が発達している。郊外に輸出加工区があり、電機・電子工業などが立地する。

ハン川（漢江(ハンガン)）の奇跡 ③[4] 1960年代後半からの韓国経済の高度成長のこと。鉄鋼・機械・石油化学など重化学工業化が進み、韓国はアジアNIEsを構成する1つとなった。首都ソウルを流れるハン川(漢江)に因(ちな)む名称。 **ハン川(漢江)** ③[5]

ソウル ③[5] 韓国北西部、ハン川(漢江)の下流沿岸に位置する同国の首都。ミョンドン(明洞)からナムデムン(南大門)広場が中心繁華街。14世紀の朝鮮王朝以来の古都。交通の要地で、機械・化学・食品・繊維などの工業が発達している。ソウル＝インチョン(仁川)工業地域を形成し、多くの先端技術産業が集まる。

インチョン（仁川） ③[5] 韓国北西部、黄海に面する港湾・工業都市。6広域市の1つ。ソウルの外港で、輸入原料による鉄鋼業のほか、食品・繊維・機械などの工業が発達。潮の干満の差が大きいことで知られる。

インチョン(仁川)国際空港 [4] →p.158

テジョン（大田） ③[2] 韓国中部の商工業都市。ソウルとプサン(釜山)を結ぶ鉄道のほぼ中間に位置し、交通の要地。6広域市の1つ。農畜産物の集散地から発展し、繊維・製紙・醸造業なども発展した。1993年にエキスポ(国際博覧会)開催。先端技術産業も集積。

テグ(大邱) ③④ 韓国中南部、ナクトン川(洛東江)中流に位置し、6広域市の1つ。交通の要地で農産物の集散地。繊維工業のほか、陶磁器・製紙・機械・金属などが盛んで、工業団地にIT・バイオなど先端技術産業が集まる。

クワンジュ(光州) ③④ 韓国南西部に位置する工業都市。6広域市の1つ。農産物などの物資の集散地。繊維・食品加工のほか、自動車工業が発達。最近では先端技術産業も集積する。

プサン(釜山) ③⑤ 韓国南東部、朝鮮海峡に面する同国最大の港湾都市。6広域市の1つ。日韓を結ぶ交通の要地。繊維・化学・造船などの工業が盛んで、漁港でもあり、水産加工業も発達した。工業団地に先端技術産業が立地する。

プサン(釜山)港 ①①

ウルサン(蔚山) ③④ 韓国南東部、日本海に面する港湾都市。6広域市の1つ。日韓を結ぶ交通の要地で、漁港でもあり、水産加工が盛ん。石油化学コンビナートが建設され、繊維・自動車・造船・化学などの工業が発達している。工業団地に先端技術産業が立地する。

ポハン(浦項) ③③ 韓国南東部、日本海にのぞむ港湾・工業都市。漁業基地・農産物の集散地でもある。第二次世界大戦後、日本企業の協力で総合製鉄所が建設され、その粗鋼生産量は世界有数である。

チャンウォン(昌原) ③② 韓国南東部、プサン(釜山)の西方に位置する工業都市である。1974年に機械工業基地として旧チャンウォン(昌原)市が建設され、2010年に、近隣のマサン(馬山)やチネ(鎮海)市(軍港)と合併し、新しく広域の昌原市が発足した。旧馬山市は1970年に「輸出自由区(自由貿易地区)」を設置し、外国資本を積極的に誘致した。繊維・金属・機械・電子などの工業が発達した。

マサン(馬山) ①

ピョンヤン(平壌) ③⑤ 北朝鮮南西部、テドン川(大同江)下流の丘陵上にある同国の首都。付近から産出する石炭・鉄鉱石とスープン(水豊)発電所などの水力発電を利用して、機械・鉄鋼・紡績・食品などの工業が発達。同国最大の工業都市でもある。

テドン川(大同江) ①

チョンジン(清津) ③① 北朝鮮北東部、日本海に面する工業都市。ケーマ(蓋馬)高原の鉄鉱石などを基礎に、コンビナートが建設された。鉄鋼・機械など重工業が発達している。

ケソン工業団地 ② 北朝鮮南部、韓国との軍事境界線付近に位置するケソン(開城)市郊外の経済特別区内の工業団地。南北経済協力事業の一環として2004年12月に操業開始。繊維・機械など多くの韓国企業が資金・技術を、北朝鮮が労働力を提供している。時々の政治状況で操業が停止される。

トマン川(豆満江) ① チャンパイ(チャンベク、長白)山脈を水源としてロシア・中国・北朝鮮の国境を流れる。中国名はツーメン川(図們江)。ロシア・中国・北朝鮮・韓国・モンゴルによりこの流域を、貿易・工業などの国際的な交流の拠点とする開発計画がある。北朝鮮のラソン(羅先)地区は自由貿易地域。

❷東南アジア

バンコク ③⑦ チャオプラヤ川の河口付近に位置するタイの首都。同国最大の商工業都市で、米・ゴムなどの輸出港でもある。郊外に輸出加工区や工業団地を設け、輸出指向型の工業化を進めた。自動車・自動車部品・電機・機械・繊維・食品加工・製紙などの各種工業が発達。ハイテク産業の誘致を進め、日本企業も多く進出している。王宮・寺院など史跡が多い。

クアラルンプール ③⑦ マレー半島南西部に位置するマレーシアの首都。付近に錫(すず)鉱を産出し、ゴムや油ヤシのプランテーションも盛ん。華人(華僑)が人口の過半を占め、次いでインド人・マレー人が多い。輸出加工区・工業団地では、電機・電子・化学・機械などの工業が発達している。IT産業など先端技術産業の誘致を進めている。

ジョージタウン ① マレー半島中部西岸沖に位置するペナン島の中心市街地(現市名はペナン島市)。マラッカ海峡の戦略的要地で、旧イギリス植民地。錫・ゴムの中継貿易で栄える。輸出加工区が設置され、電機・電子などの工業が発達。観光地としても知られる。

ジュロン工業団地 ① シンガポール南西部にある工業団地。1961年からの造成で、東南アジアで最も古い工業団地。日本など外国企業を誘致、繊維・食品加工・玩具などの軽工業から始まり、造船・鉄鋼・機械などの重工業が発達した。石油化学は沿岸に造成されたジュロン島などに立地。電子・IT・バイオ産業も発達している。

ジャカルタ ③7 ジャワ島の北西部にあるインドネシアの首都。港町として早くから開け、17世紀オランダがバタヴィアと改称し、東洋貿易の基地として発展。インドネシアの政治・商業・工業の中心地。首都圏に輸出加工区を設置、電機・機械・化学・繊維・食品加工などの工業が発達している。

バタヴィア 1

マニラ ③7 ルソン島の南西部に位置するフィリピンの首都。農産物の集散・加工・輸出を中心として発展した同国最大の都市。ケソンシティなど、周辺の自治体とともに大マニラ市(マニラ首都圏〈メトロマニラ〉)を形成。首都近郊に輸出加工区を設置、電機・自動車・化学などの工業を誘致した。また、IT産業など先端技術産業の誘致も進めている。

ダヴァオ ②1 フィリピン南部、ミンダナオ島南東岸に位置する港湾都市。マニラ麻(アバカ)の積出港。第二次世界大戦前、日本人入植者がマニラ麻を栽培し、産地を形成した。1960年代からバナナ農園が拡大。木材の積出港で、木材加工業も発達。マニラに次ぐ大都市圏が形成され、近年はIT産業の誘致が進められている。

ハノイ ③7 ホン川のデルタに位置するベトナム社会主義共和国の首都。同国の政治・経済・文化の中心地。食品・繊維などがおもな工業であったが、郊外に工業団地が建設され、機械・電機・電子・化学などの工業が発達。IT産業や研究機関など、先端技術産業の誘致も進められている。

❸南アジア

コルカタ ③7 インド北東部、ガンジス川の支流フーグリー川沿岸に位置するウェストベンガル州の州都。旧カルカッタ。イギリスによるインド支配の根拠地の1つで、インド東部の政治・経済・文化の中心地。米・ジュートなどの農産物の集散地であるとともに、同国有数の貿易港でもある。ジュート・繊維・金属・機械・化学・食品などの工業が発達している。

アサンソル ② インド北東部、ダモダル川中流域に位置する工業都市。ダモダル炭田地域にあり、シングブームの鉄鉱石と結びついて、鉄鋼・機械などの工業が発達した。

ジャムシェドプル ③ インド北東部、ジャルカンド州南東部に位置する同国有数の鉄鋼業都市。1907年、タタ財閥により同国最初の製鉄所が建設され発展した。機械・車両などの工業も盛ん。 **タタ財閥** ①1

ラウルケラ ① インド北東部、オリッサ州北部に位置する鉱工業都市。付近に産する石炭・鉄鉱石を背景に、旧西ドイツの援助で建設された国営製鉄所がある。機械・セメントなどの工業も盛ん。

ダモダル川 ② インド東部を流れベンガル湾へ向かって流れる川。この流域で大規模な地域開発が実施された。アメリカ合衆国のTVA(テネシー川流域開発公社)をモデルとして、1948年にDVC(ダモダル川流域開発公社)を設立、コロンボ計画に基づく先進国からの資金・技術援助で推進された。ダモダル川流域に多目的ダムを建設し、灌漑、洪水調節、舟運の安定を図るとともに、ダモダル炭田地域の工業都市へ電力を供給した。また、下流域の平野に灌漑用水を供給した。

ムンバイ ③7 インド中西部、アラビア海に面する港湾・商工業都市。旧ボンベイ。イギリスによるインド支配の根拠地の1つ。マハーラーシュトラ州の州都。同国最大の貿易港。綿工業の中心地であるほか、機械・石油化学・ダイヤモンド加工・食品などの工業が発達。IT産業も立地している。

ボンベイ ①2

アーメダバード ②3 インド北西部、カンバート湾の北方に位置するグジャラート州の中心都市。農産物の集散地で、同国の代表的な綿工業都市の1つ。化学・窯業・皮革工業も発達するほか、宝石・金銀細工などの手工業でも知られる。

チェンナイ ③7 インド南東部、ベンガル湾にのぞむ港湾・商工業都市。旧マドラス。タミルナドゥ州の州都で、この地方の文化の中心地。綿織物・皮革をはじめ、アルミニウム・窯業・自動車・石油精製などの工業が発達している。また、IT企業の進出も多い。

ベンガルール(バンガロール) ③7 インド南部、デカン高原上にあるカルナータカ州の州都。インド南部の経済・文化の中心地で、避暑地としても有名。繊維工業のほか、工作機械・時計などの機械工業が発達している。IT産業などの先端技術産業の中心地である。2014年にバンガロールからベンガルールへの改称が認められた。

ハイデラバード ③5 インド南部、デカン高原に位置するテランガナ州の州都。旧王国の首都。綿工業・機械工業が発達。1990年代に入って、ハイテク工業団地が建設され、IT産業が集積している。

ダッカ ③[4] バングラデシュ南部、ガンジス川の三角州上に位置する同国の首都で、行政・経済・文化の中心地。18世紀まではモスリン(綿織物)の生産地として知られ、現在はジュート工業が盛ん。繊維のほか金属・機械も発達し、近年は電子・電機工業の立地も増えている。

チッタゴン ① バングラデシュ南東部、ベンガル湾にのぞむ港湾都市。ジュートや茶の積出港として発展。郊外に工業団地がつくられ、繊維のほか鉄鋼・機械・化学などの工業が発達している。

カラチ ②[3] パキスタン南部、インダスデルタに位置する港湾都市。旧首都で同国の経済・産業の中心都市。小麦・米・綿花などの集散地・輸出港で、鉄鋼・機械・繊維などの工業も発達している。

❹西アジア・中央アジア

ジッダ ① サウジアラビア中西部、紅海(こうかい)に面した港湾都市。聖地メッカ巡礼の外港。首都リヤドに次ぐ同国第2の都市。工業団地に石油精製・淡水化プラントが立地。国際空港の整備を含む都市の再開発が進む。

アンカラ ①[2] アナトリア高原中央部に位置するトルコの首都で、農産物取引の中心地。1923年のトルコ共和国成立後、イスタンブールにかわる首都として新市街を計画的に建設。機械・金属・織物・木材工業などが盛ん。

イスタンブール ③[7] トルコ北西部、ボスポラス海峡に面する同国最大の港湾・商工業都市。旧称ビザンティウム・コンスタンティノープル。東ローマ帝国・オスマン帝国の首都。アジアとヨーロッパを結ぶ交通の要地で、同国最大の貿易港。造船・機械・化学・織物・皮革・タバコ・セメントなどの工業が発達している。旧市街地全体が世界文化遺産に指定され、国際的な観光都市である。

テルアヴィヴ ②[2] イスラエル中西部、地中海に面した商工業都市。エルサレムにかわって、多くの大使館などが集まる。繊維・機械などの工業が発達し、市域に隣接して世界有数のダイヤモンド取引所も立地。郊外の工業団地に先端技術産業が集積している。

バクー ③[6] カスピ海中西岸に位置するアゼルバイジャンの首都。バクー油田の中心都市で、石油精製・石油化学などの工業が発達。BTCパイプラインの起点である。

トビリシ ③[2] カフカス山脈南麓に位置するジョージア(グルジア)の首都。カフカス山脈をこえる交通の要地で、繊維・食品加工・機械などの工業が発達。BTCパイプラインが通過している。

タシケント ②[2] ウズベキスタン北東部に位置する同国の首都。中央アジア最大の都市で、シルクロードの要衝地(ようしょうち)。周辺の綿花栽培を背景に綿工業が盛んなほか、各種機械・食品工業が発達している。

サマルカンド ②[3] ウズベキスタン南東部、アムダリア川上流域にある中央アジア最古の都市。古くからシルクロードに沿った交通の要地として栄えた。繊維・食品・機械などの工業が発達している。タシケントとともに中央アジア工業地域の中心都市。

ブハラ ① ウズベキスタン中部に位置するイスラーム教の聖地・歴史都市。綿工業が発達。油田・ガス田の開発が進み、関連工業が発達している。

❺アフリカ

ダカール ③[3] 西アフリカ、セネガルの首都。アフリカ大陸の最西端、ヴェルデ(ヴェール)岬に位置する。水陸交通の要地で、落花生の積出港として発展。食品加工や繊維・機械工業が発達。沖合のゴレ島は、かつて奴隷貿易の拠点の1つであった。

アクラ ②[3] ガーナ南東部、ギニア湾岸に位置する同国の首都。カカオの積出港として発展し、ガーナの政治・経済・文化の中心地。アルミニウム・機械のほか、石油精製などの工業が発達。テマが外港。野口英世(のぐちひでよ)の没地でもある。

ザンベジ川 ③[4] アフリカ南部、ザンビア北西部・アンゴラ北東部に源を発し、ザンビア・ジンバブエ国境を東流し、モザンビークでインド洋にそそぐ。ザンビア・ジンバブエ国境地帯にカリバダムが建設、銅精錬に利用されている。中流のヴィクトリア滝はイギリスの探検家リヴィングストンが命名した。

ヨハネスバーグ ③[3] 南アフリカ共和国北東部の高原上にある鉱工業都市で、金鉱の発見とともに発展。同国第1の都市で、化学・繊維・鉄鋼などの工業が発達している。

ケープタウン ③[7] 南アフリカ共和国西南端に位置する貿易都市。ヨーロッパとアジアを結ぶアフリカ航路の中継港として大航海時代から発展した。国会が設置され、同国の立法面の首都。造船・機械・農水産加工などの工業も盛ん。

ii ——ヨーロッパの工業地域

青いバナナ（ブルーバナナ） ③[5] イギリス南西部からベネルクス3国、ルール工業地帯、ライン川流域を経てイタリア北部にかけて各種工業が集積している地域。バナナの形をしているところから命名された。EU統合の進展により結びつきが強まり、EU経済の中心地域となっている。

重工業三角地帯 ②[3] 北フランス・ルール・ザールおよびロレーヌを結ぶ重工業地域。炭田と鉄鉱産地とが結びつき、鉄鋼・機械・化学工業が集積した。

グラスゴー ①[1] イギリス北部、クライド川河口に位置する港湾・工業都市。早くから繊維工業が発達し、付近に産出する石炭を基盤に、鉄鋼・造船・化学など重工業も発達した。重工業が衰退する1980年代から都心部の再開発を進めて、サービス業や電子工業などのハイテク産業を誘致した。

ミドルズブラ ② イギリス中東部、北海沿岸のティーズ川河口に位置する工業都市。付近の鉄山・炭田を背景に、鉄鋼・造船・機械などの工業が発達した。北海油田の開発で、エコフィスク油田からパイプラインが通じ、石油精製・石油化学工業が立地している。

ランカシャー地方 ② イギリス中西部、ペニン山脈西麓の地方。産業革命発祥の地で、マンチェスター・リヴァプールなどの工業都市が分布する。ランカシャー炭田、マージー川と水運、海上交通や貿易などを背景に近代工業としての綿織物工業が発達した。機械・化学などの工業も盛んになり、イギリスの代表的な工業地域を形成した。近年は、IT産業・ソフトウェア産業などの知識集約型産業などの誘致、住宅整備、観光開発など地域の活性化・再開発が進められている。

マンチェスター ②[1] イギリス中西部、ランカシャー地方の工業都市。産業革命発祥の地で、綿工業で有名なほか、機械・化学・鉄鋼などの工業が発達した。運河によってマージー川河口に位置する港湾都市リヴァプールと結ばれる。近年、金融、ハイテク産業や研究機関の誘致など再開発が進んだ。

リヴァプール ③ イギリス中西部、アイリッシュ海にそそぐマージー川の河口に位置する港湾都市。有数の貿易港。マンチェスターと結び、産業革命発祥の地。繊維・製粉・製糖のほか、造船などの各種機械工業が発達した。近年、産業遺跡の保存、工場の跡地の再開発、住宅環境の整備、先端技術産業の誘致など再開発を進めた。再開発の結果、2021年に「海商都市リヴァプール」は世界文化遺産から抹消された。

ヨークシャー地方 ②[1] イギリス中東部、ペニン山脈東麓の地方。リーズ・ブラッドフォード・シェフィールドなどの工業都市が分布。産業革命期に、ヨークシャー炭田、ハンバー川の水運と用水を基盤に近代工業としての毛織物工業が発達した。のちに、鉄鋼業・自動車工業などの重工業も盛んになり、イギリスの代表的な工業地域を形成した。近年は、先端技術産業、金融・保険などのサービス産業などの誘致、住宅整備などで再開発を進めている。

ミッドランド地方 ① イギリス中南部、ペニン山脈の南部に位置する重工業地域。鉄鉱産地とミッドランド炭田を背景に鉄鋼業・機械などの工業が発達し、同国有数の工業地域となった。製鉄所の黒煙で覆われていたことから、この地方は「ブラックカントリー（黒郷）」と呼ばれた。代表的な工業都市として、鉄鋼のバーミンガム、自動車のコヴェントリなどがある。IT産業も誘致され、多様化が進む。

バーミンガム ③[4] イギリス中南部、ミッドランドにある工業都市。鉄道・運河に恵まれ、付近から産出する鉄鉱石や石炭を背景に、鉄鋼・機械・金属・化学などの重工業の発達が著しい。先端技術産業の立地や文化施設の充実など、「ブラックカントリー」からの変容が進む。

ロンドン ③[7] イギリス南東部、テムズ川の下流に位置する首都。ローマ時代に起源をもち、17世紀以降は世界の経済・金融の中心として発達した。発祥の地シティにCBD（中心業務地区）があり、世界の大企業の本社、金融・情報・サービスなどの中枢機能が集積している。第二次世界大戦後、大ロンドン計画を実施。港湾、大消費地、豊富な労働力を背景に各種工業が発達する総合的な工業地域を形成したが、製造業は減少し、ドックランズなどの再開発が進む。

:**大ロンドン計画** ②[3] →p.183

:**ドックランズ** ②[6] →p.184

パリ ③[7] フランス中北部、パリ盆地の中心に位置する同国の首都。セーヌ川の川中島

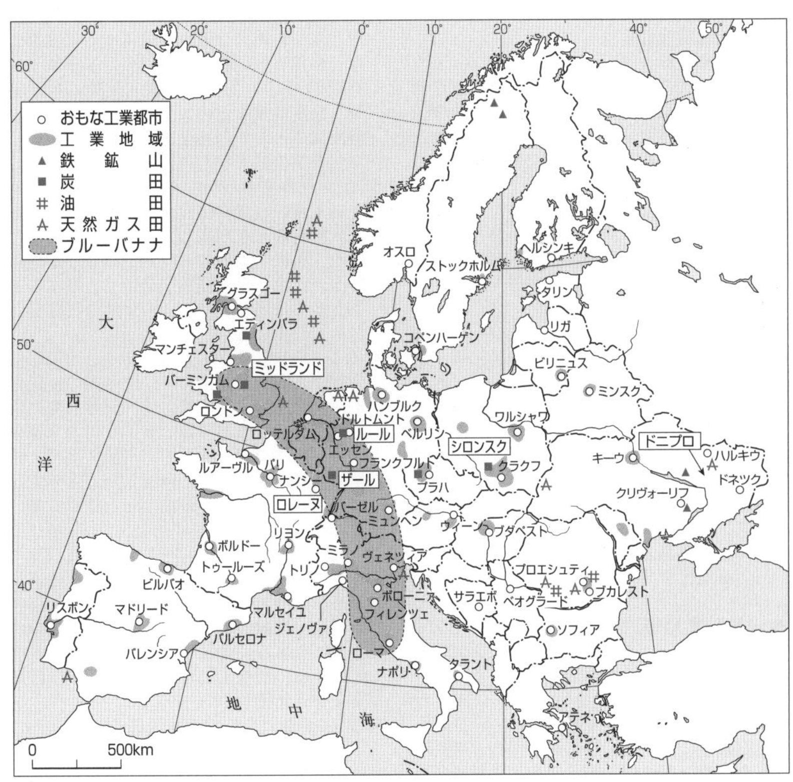

ヨーロッパの工業地域

であるシテ島にローマ人が植民都市を建設したのが起源。同国の政治・金融・商工業・文化・観光の中心地で、世界のファッション・芸術の中心地の1つでもある。衣服・化粧品などの大都市型工業が盛んであるほか、自動車・電気機器などの機械、製薬などの化学工業も発達している。ラ＝デファンス地区などで再開発が進む。

：ラ＝デファンス地区 ② →p.184

ルアーヴル ② フランス北西部、セーヌ川河口付近に位置する港湾都市。マルセイユに次ぐ貿易港で、原油など輸入原材料を利用した石油化学工業、造船・機械・食品などの工業が発達した。

ダンケルク ②[1] フランス北部、ドーヴァー海峡に面する港湾都市。同国有数の貿易港で、港を中心に石油化学・造船・食品工業が発達している。第二次世界大戦後、輸入鉄鉱石を用いる臨海型の製鉄所が建設された。

ストラスブール ①[1] フランス北東部、ドイツとの国境に接するアルザス地方の中心都市。ローヌ＝ライン運河やマルヌ＝ライン運河の起点で、交通の要地。マルセイユからパイプラインが通じ、石油化学工業が立地。食品・機械などの工業も発達している。1994年からトラムを導入、環境を重視した都市として知られる。ヨーロッパ議会がおかれている。

リヨン ③[3] フランス中東部、ローヌ川とその支流ソーヌ川の合流点に位置する工業都市。ローマ人によって建設された植民都市が起源で、水陸交通の要地。家内工業による伝統的な絹工業のほか、化学繊維・自動車・機械・電子などの工業が発達している。また、パリに次ぐ大都市圏を形成し、金融・情報機能も集積している。

トゥールーズ ③[6] フランス南西部、ガロンヌ川中流に位置する商工業都市。農産物の集散地であるほか、繊維・機械・化学工業が発達し、とくに航空機産業で知られ、EUの協力体制のもとで生産が行なわれている。

ボルドー ② フランス南西部、ガロンヌ川下流に広がるメドック地方の中心都市。周辺はブドウの栽培が盛んで、ワインの醸造・輸出港として知られる。航空機・電子・化学などの工業も発達した。

マルセイユ ③[3] フランス南部、ローヌ川河口近くに位置し、地中海リヨン湾に面する同国有数の港湾都市。ギリシャ時代に起源をもち、古くから中継貿易港として繁栄。近年、工業港としての性格を強め、造船・石油精製・化学・機械・食品・繊維などの工業が発達した。

フォス ③[1] フランス南部、マルセイユの西郊に、マルセイユの新港として建設された港湾・工業都市。輸入原料を利用して、精油・石油化学・鉄鋼などの工業が立地している。

ルール工業地域 ③[2] ドイツ北西部、ライン川支流のリッペ川とルール川の間に位置するヨーロッパ最大の工業地域。ルール炭田とライン川の水運を背景に、鉄鋼・機械・化学などの工業が発達した。石炭産業の斜陽化により、産業遺跡の保存・活用や文化事業の活性化、先端技術産業の誘致などの再開発が進められている。主要工業都市として、エッセン・ドルトムント・デュースブルクなどがある。

:ルール炭田 ③[3] →p.111

エッセン ① ドイツ北西部、ルール川の沿岸にあるルール工業地域の中心都市。ルール炭田上にあり、鉄鋼・金属・化学・機械・繊維などの各種の工業が発達した。産業遺跡の保存、住宅地域の整備などで再開発が進む。音楽・美術などのイベントが増加、文化都市への転換を進めている。

ドルトムント ②[1] ドイツ北西部、ルール地方に位置し、鉄鋼・機械工業が発達した。鉄道・道路交通の要地であるとともに、ドルトムント＝エムス運河によってライン川・北海とも通じる。ビール工業の街としても知られた。1970年代以降、地域を支える重工業が衰退し、地域の再開発を進めて、先端技術産業の集積を図っている。

デュースブルク ③ ドイツ北西部、ライン川とルール川の合流点に位置する工業都市。ルール地方への門戸にあたり、ヨーロッパ有数の河港をもつ。鉄鋼・金属・石油精製・精密機械などの工業が発達している。物流拠点としての再生、産業遺跡の保存、文化事業の拡大など再開発を進めている。

デュッセルドルフ ① ドイツ北西部、ライン川下流の右岸に位置する商工業都市。輸入鉄鉱石などを利用して鉄鋼業が発達したほか、製紙・ガラス・化学工業などが盛ん。外国の商社や金融機関が集中し、日本の企業も多く進出している。市街地の再開発が進められている。

ケルン ①[2] ドイツ中西部、ライン川沿岸に位置する商工業都市。ローマ帝国の植民都市に起源をもち、中世にはハンザ同盟の中心都市の1つであった。ライン川の水運や鉄道・道路交通の要地で、機械・繊維・化学・食品などの工業が発達した。近年では、情報産業・先端技術産業なども集積している。

フランクフルト ③[5] ドイツ中西部、ライン川の支流マイン川沿岸に位置する商工業都市。水陸および航空交通の要地で、同国の経済・金融の中心地。国際金融市場の中心地でもある。金属・化学・食品工業、自動車などの機械工業が発達し、近年はIT産業なども集積している。

マンハイム ① ドイツ中西部、ライン川とネッカー川の合流点に位置する商工業都市。ライン川有数の河港で、陸上交通の要地でもある。自動車・電機・化学などの工業、先端技術産業が発達している。

シュツットガルト ③[1] ドイツ南西部、ライン川の支流ネッカー川沿岸にある商工業都市。河港をもつ交通の要地で、商業の中心地にもなっている。自動車・光学機械・製靴・食品工業などが発達し、電機・先端技術産業、出版・印刷業も盛んである。

フライブルク ②[3] ドイツ南西部、シュヴァルツヴァルト南麓に位置する工業都市。化学・繊維・電機・木材加工などの工業が発達している。都心への自動車の乗入れ禁止や太陽光発電の普及など、環境問題に積極的に取り組んでいる。

バイエルン地方 ① ドイツ南東部に広がる工業地域。周辺の農産物などを背景に、食品加工・繊維・機械などの工業が発達している。ミュンヘン・ニュルンベルクなどが中心都市。1980年代以降、ITやバイオテクノロジーなどの先端技術産業を中心に成長が著しい。各種研究機関も集積している。

ミュンヘン ③6 ドイツ南東部、バイエルン州の中心都市。交通の要地で、伝統的なビール醸造のほか、電気機械、精密機械、光学機械、出版・印刷などの工業が発達した。近年は、先端技術産業が成長している。

ザール地域 ① ドイツ中西部、フランスとの国境に近いモーゼル川の支流ザール川流域に位置する工業地域。石炭産地のため、かつてドイツ・フランスの係争地となった。ザール炭田を基礎に、ロレーヌの鉄鉱石などと結びついて、ザールブリュッケンなどに製鉄をはじめ、各種の工業が発達した。石炭・製鉄などの産業の斜陽化により、再開発が進められている。

：**ザール炭田** ②1 →p.111

ハンブルク ③6 ドイツ北部、エルベ川沿いの港湾・工業都市。中世のハンザ同盟の中心都市として発展し、ドイツ最大の貿易港。造船・化学・機械などの工業が発達した。近年は、航空機産業やバイオ産業などを誘致し、産業構造の転換と市街地再開発を進める。

ヴォルフスブルク ②1 ドイツ中北部に位置する工業都市。自動車工業が発達し、企業城下町である。

ザクセン地方 ① ドイツ中東部、チェコとの国境に位置するエルツ山脈北麓から、エルベ川上流域に広がる地方。ドレスデン・ライプツィヒ・ケムニッツ・ハレなどの工業都市が分布する。ザクセン炭田を背景に金属・機械・自動車・繊維・陶磁器などの工業が発達。近年、エレクトロニクス工業など先端技術産業も集まる。

ブリュッセル ③6 ベルギー中部に位置する同国の首都。鉄道交通の要地で、機械・繊維などの工業が発達するほか、第3次産業が盛ん。首都地域はベルギーの連邦を構成する3つの地域の1つ。EUやNATOの本部がおかれる国際都市でもある。

ブルッヘ ①1 ベルギー北西部、フランドル地方にある商工業・観光都市。ハンザ同盟都市で、毛織物工業が発達。醸造業、出版・印刷などの工業も盛ん。ブルッヘはオランダ語で、「橋」を意味する。フランス語名はブルージュ。

アムステルダム ③5 オランダ中西部、アイセル湖に面する同国の首都。ハンザ同盟都市としての起源をもち、17世紀に世界貿易の中心地となった。同国第2の港で、運河により北海やライン川と結ばれている。国際金融都市。伝統的なダイヤモンド研磨業のほか、造船・機械・化学・食品などの工業が発達している。

ロッテルダム ③5 オランダ南西部、ライン川とマース川下流分流の新マース川にのぞむ港湾・工業都市。EUの玄関口として広大な後背地をもち、世界有数の貿易港。造船業のほか、石油化学・鉄鋼・機械工業などの発達が著しい。河口付近にユーロポートが建設されている。

：**ユーロポート** ③1 オランダ西部、ロッテルダム西方の新マース川河口にある港湾地区。ECの玄関口として、1958年に着工。ルール工業地域などを後背地にもち、中継貿易港として重要なほか、石油化学工業などが立地する。

コペンハーゲン ③3 シェラン島東岸に位置するデンマークの首都。北ヨーロッパの商業・交通の中心地で、造船・機械・繊維・醸造・製陶などの工業が発達した。隣国スウェーデンのマルメを含む広域地域にバイオ産業などの先端技術産業が集積する。臨海部の再開発も進んでいる。

オスロ ①4 ノルウェー南東部、フィヨルドの湾奥に位置する同国の首都。港湾都市。電力が豊富で、造船などの機械・金属・化学などの工業が発達し、近接する工業団地には先端技術産業も集積している。閉鎖された造船所や倉庫跡地などで、臨海地域の再開発が進んでいる。

ストックホルム ③6 スウェーデン南東部、バルト海とメーラレン湖とを結ぶ水道に面する同国の首都で、政治・経済・文化・交通の中心地。食品・機械・造船などの工業が発達した。電子・電機工業やIT産業・金融機関も集積している。

チューリヒ ③2 スイス中北部、チューリヒ湖北岸に位置する同国最大の都市。繊維工業や精密機械などの機械工業、電子工業などが発達。国際的な金融・商業の中心地の1つ。

バーゼル ③1 スイス北部、フランス・ドイツとの国境近くに位置する商工業都市。チューリヒ・ジュネーヴに次ぐスイス第3の都市で、ライン川水運の遡航の終点にある河港。機械・化学・絹織物工業などが発達している。

マドリード ③7 スペイン中部、メセタの台地上に位置する同国の首都で、政治・経済・文化の中心地であり、交通の要地。織物・食品・家具などの軽工業のほか、機械・化学などの工業が発達。企業の中枢機関や金融機関が集積し、都心の再開発が進む。観光資源も豊富である。

バルセロナ ③7 スペイン南東部、地中海に面する港湾・商工業都市。エブロ川流域一帯のカタルーニャ地方の中心都市で、繊維・自動車・航空機・電機・化学などの工業が発達。臨海部の工業地域の再開発や、金融機関・商社などが集まる都心部の再開発が進められている。観光資源も豊富である。

ミラノ ③6 イタリア北部、アルプス山脈南麓に位置する商工業都市。アルプス越えとパダノ＝ヴェネタ平野を結ぶ交通の要地。豊富な水力発電と湧水(ゆうすい)を利用して、絹工業をはじめとする繊維工業のほか、自動車・航空機・電機・化学などの各種工業が発達。都心の再開発が進み、トリノ・ジェノヴァと高速道路で結ばれている。

トリノ ③2 イタリア北西部、パダノ＝ヴェネタ平野の西端に位置する工業都市。自動車工業の中心地。ほかに、機械・繊維・食品などの工業も発達。近年、脱自動車産業に向けて都市再開発が進み、知識集約型産業や先端技術産業の誘致が進められている。

ジェノヴァ ②1 イタリア北西部、地中海に面する同国有数の港湾都市。ローマ時代に起源をもち、十字軍や地中海貿易の中継地として発展した。鉄鋼や造船・化学・機械などの工業が発達。都心部や港湾部の再開発が進み、先端技術産業やIT産業の導入も図られている。

ヴェネツィア ②2 イタリア北東部、アドリア海の湾奥に位置する港湾都市。中世に東方貿易の中心地として繁栄。「水の都」として知られ、観光・文化都市として有名。ガラス・宝石・皮革・レースなどの工芸品の生産が盛ん。金属・化学・機械などの工業も発達した。地盤沈下などの環境問題がおきている。

フィレンツェ ③3 イタリア中北部、アペニン山脈南麓に位置する観光・工業都市。中世には毛織物・絹織物工業で繁栄し、近世にはルネサンス発祥の地となった。聖堂・宮殿・美術館などが多く、観光地としても知られる。皮革・製靴・陶器・繊維・精密機械などの工業が発達している。

サードイタリー（第3のイタリア） ③3 ヴェネツィア・ボローニャ・フィレンツェなど、中世以来の伝統的な技術をもった職人たちが集積している地域のこと。繊維・皮革・宝飾・家具・各種機械などが盛ん。職人技術と先端技術とを結びつけ、生産者間のネットワークも密接で、市場の動向などに柔軟に対応する。近代工業が発達した北部、農業中心の南部とは異なることから、「第3のイタリア」と呼ばれる。

タラント ③1 イタリア南部、イタリア半島南端のタラント湾奥に位置する港湾都市。かつては軍港として重要であったが、第二次世界大戦後は南部開発の拠点として鉄鋼コンビナートが建設された。造船・化学・繊維工業も盛ん。

プラハ ③6 チェコ西部、ボヘミア盆地の中央部に位置する同国の首都で、政治・経済・文化の中心地。国際列車が集中する交通の要地。自動車・航空機・工作機械などの機械工業のほか、繊維、ガラス、出版・印刷などの工業も発達した。

ブダペスト ③4 ハンガリー中部、ドナウ川沿岸に位置する同国の首都。右岸のブダは政治・文化、左岸のペストは商工業の機能をもつ双子都市。電機・自動車・機械・金属工業などが発達している。

ブカレスト ①3 ルーマニア南部、ルーマニア平原（ワラキア盆地）にある同国の首都。ルーマニア語でブクレシュチという。ルーマニアの政治・経済・文化の中心地で、交通の要地。第二次世界大戦後、重工業が発展し、機械・化学・繊維・食品加工などの工業が発達。1974年に世界人口会議が開催された。

サラエボ ①2 ボスニア＝ヘルツェゴビナ中西部、ディナルアルプス山脈東麓に位置する同国の首都。鉄鋼・機械・石油化学工業が発達したがボスニア紛争で広い地域が破壊された。紛争終了後、復興と再開発につとめる。

ザグレブ ②2 クロアチア中北部、サヴァ川沿岸に位置する同国の首都。皮革・繊維・機械・化学などの工業が発達した。

ミンスク ①2 ベラルーシ中部に位置する同国の首都で、交通の要地。トラクター・自動車・農業機械・精密機械などの工業が発達している。

ドネツ炭田 ③2 →p.111

クリヴィーリフ（クリヴォイログ） ③2 →p.117

ドニプロ（ドニエプロペトロフスク） ① ウクライナ南東部、ドニプロ（ドニエプル）川下流沿岸にある工業都市。ドネツ炭田とクリヴィーリフ（クリヴォイログ）鉄山のほぼ中間に位置し、ドニプロ(ドニエプル)川の水運・水力発電を利用して、鉄鋼・機械・化学のほか、製紙・食品などの工業が発達した。

ドニプロ(ドニエプル)川 ①[1]

キーウ(キエフ) ③[4] ウクライナ中北部、ドニエプル川中流沿岸に位置する同国の首都。交通の要地で、ウクライナの政治・経済・文化の中心地。精密機械など各種機械工業や織物・食品工業が盛ん。

オディシャ(オデッサ) ① ウクライナ南西部、黒海の北西岸に位置する港湾・工業都市。農産物の集散地で、穀物の輸出港として発展。造船・機械・石油化学などの工業が発達した。

iii ―― ロシアの工業地域

モスクワ ③[7] ロシア中西部、東ヨーロッパ平原の中央部に位置する同国の首都で、政治・経済・文化の中心地。市内には「要塞(ようさい)」を意味するクレムリン宮殿(大統領府がおかれている)、レーニン廟のある赤の広場、ボリショイ劇場などがある。鉄道などの交通の要地で、機械・化学・繊維などの各種工業が発達。金融機関も集積、商業施設も増加。都心部の再開発計画モスクワ国際ビジネスセンター(モスクワ=シティ)の建設が進む。 **クレムリン** [1]

ニジニーノヴゴロド ②[2] ロシア中西部、ヴォルガ川とその支流のオカ川の合流点に位置する河川・航空・鉄道交通の要地。自動車・造船などの輸送機械や化学・食品などの工業が発達。作家ゴーリキーの生誕地で、一時、市名を「ゴーリキー」としたが、1990年に旧名に復した。

サンクトペテルブルク ③[5] ロシア北西部、バルト海のフィンランド湾奥のネヴァ川河口に位置する港湾・商工業都市。1712年、モスクワから遷都し、1918年までロシア帝国の首都。1914年以降、ペトログラード・レニングラードと改称。1991年に旧名に復した。造船・電機・精密機器などの機械工業のほか、化学・金属・繊維・食品などの工業が複合的に発達している。

ヴォルゴグラード ② ロシア南西部、ヴォルガ川下流沿岸に位置する河港・工業都市。市の南にあるヴォルガ=ドン運河を通じてドン川・黒海につながる交通の要地である。ヴォルガ川の水力発電を利用して、トラクター・造船などの機械工業のほか、アルミニウム・石油精製・化学などの工業が発達している。

ウファ ① ロシア中西部、ウラル山脈の南西方にある鉱工業都市。ヴォルガ=ウラル油田にあり、石油精製・石油化学・機械などの工業が発達している。

マグニトゴルスク ②[2] ロシア中西部、ウラル山脈南東麓、ウラル川沿岸に位置する鉱工業都市。ロシア革命後、付近から産出する鉄鉱石を基礎に、鉄鋼・金属などの重工業が発達した。近年は、鉄鉱石の枯渇(こかつ)が懸念されている。

チェリャビンスク ① ロシア中西部、ウラル山脈南東麓に位置する工業都市。シベリア鉄道の起点。豊富な鉱産資源を基礎に鉄鋼・機械・化学などの重工業が発達している。

エカテリンブルク ③[1] ロシア中西部、ウラル山脈東麓に位置する工業都市。豊富な鉱産資源を基礎に鉄鋼・機械・化学などの工業が発達。ウラル地方の文化・科学の中心地である。

オムスク ②[2] ロシアの西シベリア南部、オビ川の支流イルティシ川中流沿岸に位置する工業都市。交通の要地でもあり、石油化学・機械などの工業が発達している。

クズネツク炭田 ②[2] → p.111

ノヴォクズネツク ②[1] ロシアの西シベリア南東部、クズネツク炭田の中心都市。鉄鋼・アルミニウム・機械・化学などの工業が発達し、ロシアの冶金(やきん)工業の中心地である。

ノヴォシビルスク ③[2] ロシアの西シベリア南東部、シベリア鉄道とオビ川が交差する所に位置する工業都市。鉄鋼・機械・食品などの各種工業が発達。市名は「新しいシベリアの街」の意味で、シベリア開発の拠点となった都市。市近郊のアカデムゴロドクはシベリア全域を統括(とうかつ)する学術・研究地区。

クラスノヤルスク ①[2] ロシアのシベリア中南部、シベリア鉄道とエニセイ川が交差する所に位置する河港・工業都市で、交通の要地。付近のクラスノヤルスク発電所の豊富な電力を利用して、アルミニウム・機械・造船・製紙・パルプ・化学などの工業が発達している。

イルクーツク ③[7] ロシア南東部、バイカル湖南西部に位置する工業都市。水・陸・航空交通の要地で、シベリア東部における政治・経済・文化の中心地。製鉄・アルミニウム・機械・木材加工などの工業が発達

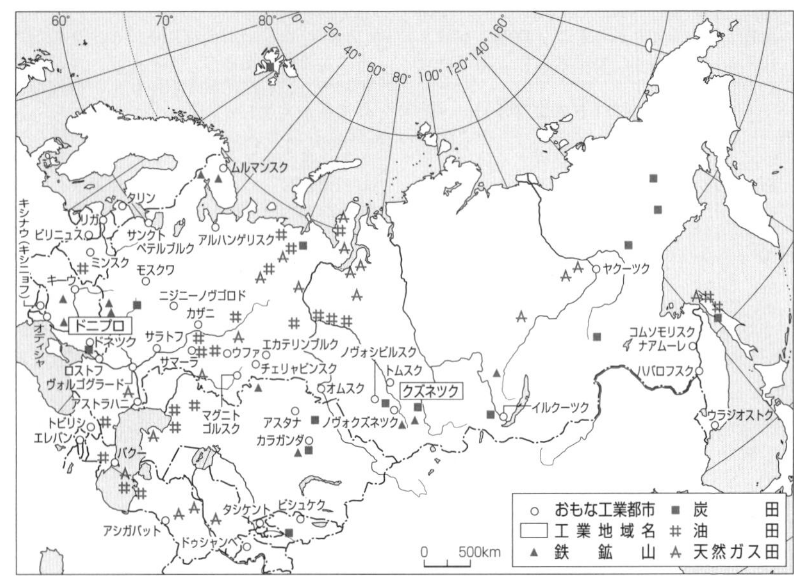

ロシアと周辺諸国の工業地域

している。

ヤクーツク ②④ ロシア中東部、レナ川中流沿岸に位置するサハ共和国の首都。毛皮交易の中心地で、皮革工業が発達する一方で、森林資源とレナ炭田を背景に、木材・化学工業などが発達している。また、ダイヤモンド加工も盛んである。

ハバロフスク ②① ロシア南東部、アムール川とウスリー川の合流点にある商工業都市。極東地方の政治・文化・経済の中心地で、各種の機械・金属・化学・繊維・石油化学・食品などの工業が発達した。

ウラジオストク ③⑦ ロシア南東部、沿海州南端の日本海に面する港湾都市。シベリア鉄道の東の起点で軍港・漁港。かつて軍港として外国人の立入りが禁止され、貿易港としての役割はナホトカに移ったが、現在は自由港。水産・食品加工が盛んなほか、造船・機械などの工業も発達した。再開発が進行し、自動車工業・天然ガスプラントなどの誘致が進んでいる。 **ナホトカ** ②①

iv —— アングロアメリカの工業地域

モントリオール ③⑤ カナダ南東部、セントローレンス海路の起点に位置する同国有数の商工業都市。繊維工業をはじめ、製材・パルプ・アルミニウム・機械などの各種工業が発達。小麦・木材・パルプの積出港で、同国の商業活動の一大中心地。フランス系住民が多い。

オタワ ①② カナダ南東部、オンタリオ州東部に位置する同国の首都。政治・文化の中心地で、製材・パルプ・製紙工業が発達するほか、印刷・出版業も盛ん。先端技術産業も集積している。

トロント ③⑤ カナダ南東部、オンタリオ湖北西岸に位置する同国有数の商工業都市。農業機械・自動車・パルプ工業に加えてICT産業が発達。小麦の集散地であり、商業活動も活発で、金融機関も集積している。

エドモントン ③ カナダ南西部、アルバータ州のほぼ中央に位置する鉱工業都市。毛皮交易の拠点、小麦の集散地として発展。アルバータ油田の中心で、石油精製・石油化学工業が発達した。パイプラインがモントリオール・ヴァンクーヴァーにのびる。

カルガリー ③② カナダ南西部、アルバータ州中南部に位置する工業都市。家畜の取引所としても知られる。20世紀初めに油田が開発されてから、石油精製・石油化学などの工業が発達している。

ヴァンクーヴァー ②[5] カナダ南西部、太平洋岸に位置する港湾・商工業都市。太平洋岸における同国有数の良港で、大陸横断鉄道の起点でもある交通の要地。豊富な水力発電と林産・鉱産資源を背景に、パルプ・製紙・機械・造船などの工業が発達。小麦・木材・パルプの積出港であるが、近年はIT産業も立地する。トロントと並ぶ金融センターである。

フロストベルト（スノーベルト、ラストベルト） ③[5] アメリカ合衆国の北緯37度以北に位置する州をさす。鉄鋼や自動車工業の斜陽化など、産業構造の変化に伴って衰退している地域。産業の再建や地域の再開発が進められている。1970年代以降、工業化が進んだ北緯37度以南のサンベルトに対する語として用いられる。

ニューイングランド地方 ① アメリカ合衆国北東部のメーン・ニューハンプシャー・ヴァーモント・マサチューセッツ・ロードアイランド・コネティカットの6州。イギリス植民地として開拓。早くから繊維工業を中心に工業化が進んだ。技術と大消費地を背景に、高級繊維製品・皮革製品のほか、エレクトロニクス・精密機械・造船業などが発達した。ボストンが中心都市。

ボストン ③[6] アメリカ合衆国北東部、ニューイングランド地方の中心都市。漁業・海運業が発達した港湾都市。いち早く工業化を進め、繊維・織物・機械工業のほか、印刷・出版業が発達。とくに、ハイウェー（ルート128）沿いに各種の電子工業が集積し、この地域をエレクトロニクスハイウェーと呼ぶ。

エレクトロニクスハイウェー ③

ニューヨーク ③[7] アメリカ合衆国北東部、ハドソン川河口に位置する同国最大の商工業都市。被服、出版・印刷、食品などの大都市型工業のほか、機械・造船・化学などの工業が発達。世界の政治・経済の中心地であり、大貿易港でもある。再開発が進められ、シリコンアレーと呼ばれるソーホー地区にマルチメディア産業・IT産業が集積している。

：マンハッタン ②[3] →p.180

：ウォール街 ③[2] →p.180

：ソーホー地区 ①[1] →p.185

ニューヨーク州 ②[1] アメリカ合衆国北東部の州。州都オールバニ。17世紀初頭、ハドソン川流域にオランダ植民地ニューネーデルラントを建設（ニューヨーク市の旧名ニューアムステルダム）。17世紀中頃、イギリス植民地となった。1825年、エリー運河（現、ニューヨークステイトバージ運河）建設に伴って商業活動が活発化し、その後の産業革命を経て、各種工業が発達した。製造品出荷額は北東部ではペンシルヴェニア州に次ぐ。中心都市ニューヨーク。エリー湖岸に工業都市バッファローがある。酪農や野菜・果実の生産も盛ん。カナダとの国境、エリー湖とオンタリオ湖の間にナイアガラ滝が位置する。

フィラデルフィア ③[1] アメリカ合衆国北東部、デラウェア湾奥に位置する商工業都市。1776年、独立宣言を発した都市で、1790〜1800年まで同国の首都であった。有数の貿易港で、鉄鋼・機械・石油化学などの工業が発達。再開発が進んだ都心部はビジネス街であるが、歴史的な都市として観光も盛んである。

ボルティモア ③[2] アメリカ合衆国北東部、チェサピーク湾奥に位置する商工業都市。水陸交通の要地で、鉄鋼・造船・機械・食品などの工業が発達。1960年代後半から港湾地区の再開発が進んだ。

五大湖沿岸地域 ①[3] アメリカ合衆国北東部、五大湖南岸一帯の地域で同国有数の工業地域となっている。アパラチア・イリノイ炭田、スペリオル湖岸の鉄鉱石、五大湖の水運などを基盤に各種の工業が発達した。主要工業都市として、デトロイト・シカゴ・ピッツバーグ・クリーヴランドなどがある。サンベルトの発展や途上国の工業化などで停滞したが、各地で再開発が進められている。

ピッツバーグ ③[4] アメリカ合衆国北東部、オハイオ川沿岸に位置する鉄鋼業都市。アパラチア炭田の中心にあり、「鉄の都」として有名。金属・機械・化学工業なども発達している。鉄鋼業の衰退に伴って再開発が進み、バイオ産業などの先端技術産業が集積している。

デトロイト ③[6] アメリカ合衆国北東部、ヒューロン湖とエリー湖の中間に位置する自動車工業都市。各種自動車関連工業が集積。工場の閉鎖、人口の流出などで地域は衰退し、新しい産業の復興と市街地再開発が課題だが、2013年に財政破綻した。

クリーヴランド ② アメリカ合衆国北東部、エリー湖南岸に位置する工業都市。アパラチア炭田とメサビなどの鉄鉱石が五大湖の

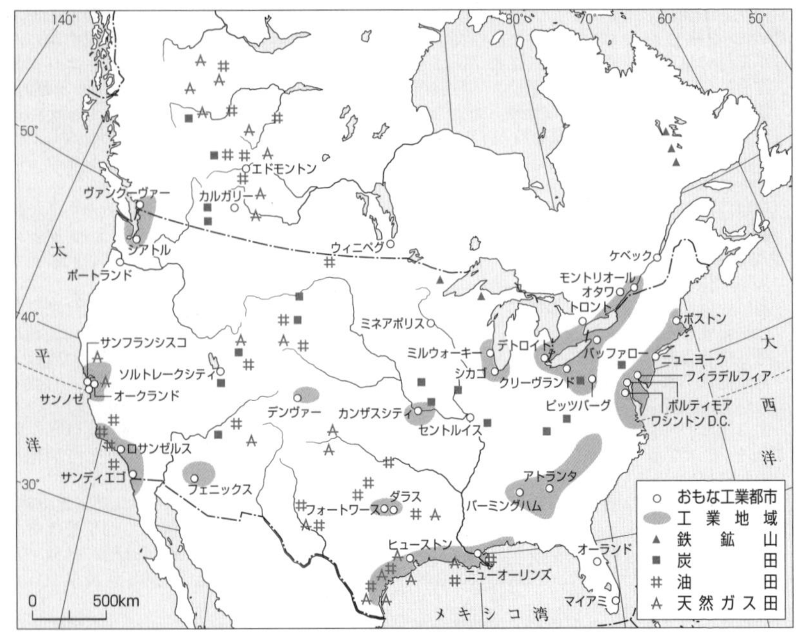

アングロアメリカの工業地域

水運で結ばれ、鉄鋼業や自動車・電機などの機械工業、化学工業が発展。従来の製造業の停滞や移転に伴って、先端技術産業の立地や金融・保険・医療など、他の産業への転換などで再開発が進む。

シカゴ ③⑦ アメリカ合衆国中北部、ミシガン湖の南西岸に位置する商工業都市。水陸交通の要地でニューヨーク、ロサンゼルスに次ぐ同国第3の人口をもつ。穀物や家畜の取引所があり、農畜産物の集散地。農業機械・鉄鋼・自動車のほか、食肉・缶詰・製粉などの食品工業も盛ん。従来型の製造業の停滞に伴って、先端技術産業の誘致や金融・情報・サービスなどの新しい産業への転換などで再開発が進む。都心部ではシアーズタワーなどの超高層建築が並ぶ。

ミルウォーキー ② アメリカ合衆国中北部、ミシガン湖西岸に位置する工業都市。鉄鋼・機械・自動車などの重工業が発達した。ドイツ系の住民が多く、ビール工業でも知られる。重工業の停滞に伴って、都心部の再開発を進める。

セントルイス ②② アメリカ合衆国中部、ミシシッピ川とミズーリ川の合流点近くに位置する商工業都市。トウモロコシ地帯の中心都市で、農畜産物の集散地として発展。交通の要地。炭田を基盤に、鉄鋼・自動車・航空機・農業機械・食品加工などの工業が発達したが、製造業が郊外に移り、市街地の再開発が課題となっている。

ミネアポリス ③ アメリカ合衆国中北部、ミネソタ州のミシシッピ川右岸に位置する商工業都市。対岸のセントポールは双子都市。小麦地帯にあり、製粉業や農業機械などの工業が発達。最近はIT産業や先端技術産業が集積し、市街地の再開発も進み、大規模なショッピングモールがつくられている。

カンザスシティ ③② →p.101

デンヴァー ③③ アメリカ合衆国中西部、ロッキー山脈東麓に位置する商工業都市。コロラド州の州都。農牧業地域に位置し、また鉱産資源も豊かなことから食品工業や鉱業、冶金(やきん)工業が発達。さらに航空宇宙産業が立地するとともに、エレクトロニクスや半導体などの先端技術産業も集積している。

オクラホマシティ ① オクラホマ州の州都。肥沃な農業地帯に位置し、畜産物や綿花の集散地として発展。食品工業が中心であったが、油田開発後、航空機・電機・機械などの工業が発達した。

サンベルト ③[5] アメリカ合衆国南部のカリフォルニア州から、アリゾナ州を経てメキシコ湾岸に至る北緯37度以南の温暖な地域をさす。地価が安く、広い土地が得られ、低賃金労働力を確保しやすいため、1970年代以降、航空宇宙産業や電子工業などの先端技術産業を中心に工場の進出が著しく、企業や人口の集中がみられる。

リサーチトライアングル（リサーチトライアングルパーク） ③[1] アメリカ合衆国南東部、ノースカロライナ州の東部で、研究開発機関やIT・バイオ産業などの先端技術産業が集積する地域である。中心都市はローリーとダラム。

ローリー ① アメリカ合衆国南東部、ノースカロライナ州の州都。滝線都市の1つで、繊維・印刷などの工業が発達。ダラムとともにリサーチトライアングルパークの中心都市で、先端技術産業が集積している。

アトランタ ③[7] アメリカ合衆国南東部、アパラチア山脈東麓に位置するジョージア州の州都。綿工業や自動車などの機械工業が発達。近年は、IT・バイオ産業などが成長している。

バーミングハム ③ アメリカ合衆国南東部、アパラチア山脈南西麓に位置する鉱工業都市。付近に産する鉄鉱石・石炭を基盤に鉄鋼業が発達。近年は、自動車産業や先端医療産業などが基幹産業として盛んである。

エレクトロニクスベルト ③[2] アメリカ合衆国南部、フロリダ州で集積回路、航空宇宙産業、ソフトウェア産業など先端技術産業が集積する地域。中心都市はタンパとオーランド。ケープカナヴェラルにケネディ宇宙センターがある。

タンパ ③[1] アメリカ合衆国南東部、フロリダ州西部の港湾都市。東部のオーランドと結ぶ地域に、半導体生産など先端技術産業が集積している。　**オーランド** ②[2]

マイアミ ③[4] →p.183

シリコンプレーン ③[2] アメリカ合衆国南部、テキサス州で、集積回路、航空宇宙産業などの先端技術産業が集積している地域をさす。代表的な都市はダラス・フォートワース・ヒューストン・オースティンなど。

ダラス ③[4] アメリカ合衆国中南部、テキサス州に位置する商工業都市。綿花の集散地から発達し、内陸油田の開発とともに石油精製・石油化学工業が発達。航空機産業が立地し、近年では、IT産業・電子工業など、先端技術産業が集積している。

ヒューストン ③[6] アメリカ合衆国南部、テキサス州のメキシコ湾岸に位置する港湾・工業都市。綿花・石油・米などの積出港。メキシコ湾岸油田を背景に、石油精製・石油化学工業が発達。第二次世界大戦後、航空宇宙産業も立地。近年は、先端医療産業などの先端技術産業も集積。

ニューオーリンズ ③[5] アメリカ合衆国南部、ミシシッピ川河口にある港湾・工業都市。フランス人によって建設された町として知られる。低湿地に広がり、2005年にハリケーンの襲来で大きな被害を受けた。交通の要地で、同国有数の貿易港。石油関連工業のほか、食品・航空機工業も発達。

シリコンデザート ③ アメリカ合衆国南西部、アリゾナ州の州都フェニックス周辺地域の呼称。エレクトロニクス産業・IT産業・ソフトウェア産業などの先端技術産業が集積している。

フェニックス ③[3] アメリカ合衆国南西部、アリゾナ州南部に位置する州都。温暖で乾燥した気候から観光保養地として発展し、柑橘類・野菜栽培などの農業も盛ん。1990年代から航空機・電子工業など、ハイテク産業が発達している。

サンフランシスコ ③[7] アメリカ合衆国西部、太平洋沿岸に位置する商工業都市。19世紀中頃、金鉱の発見と大陸横断鉄道の建設後に発展。陸・海・空路の要地で、有数の貿易港。工業製品とともに穀物・果物の輸出も多い。自動車・造船・電気機械・食品加工などの工業が発達し、先端技術産業も集積する。日本人・中国人も多い。国際的な観光都市でもある。

シリコンヴァレー ③[7] アメリカ合衆国西部、カリフォルニア州のサンタクララヴァレーのサンノゼ付近の地域をさす。半導体・集積回路などの先端技術産業が集積し、IT産業の拠点となっている。

サンノゼ ③[3] アメリカ合衆国西部、カリフォルニア州中部サンフランシスコ湾南岸に位置する工業都市。隣接するサンタクララと大都市圏をつくる。エレクトロニクス関係の工場進出が著しく、同国の半導体生産の一大中心地となっている。

ロサンゼルス ③7 アメリカ合衆国南西部、カリフォルニア州南部の太平洋岸に位置する商工業都市。ニューヨークに次いで第2の人口をもち、陸・海・空路の要地。カリフォルニア油田を背景とした石油関連産業のほか、自動車・航空機・電子などの工業も盛ん。観光地として知られ、ハリウッドを中心とする映画産業も有名である。

ハリウッド ①4

サンディエゴ ③4 アメリカ合衆国南西部、メキシコとの国境近くに位置する港湾都市。農産物の集散地で漁港・貿易港・軍港。造船・化学・食品などの工業とともに、航空機・電子などの先端技術産業も発達している。観光・保養都市でもある。

シアトル ③7 アメリカ合衆国北西部、太平洋岸北部のピュージェット湾奥に位置する工業都市。陸・海・空路の要地。豊かな森林資源を背景に、製材・製紙・パルプなどの工業が発達し、木材などの輸出港となっている。コロンビア川の水力資源を利用して、アルミニウム工業が盛んなほか、航空機工業・電子工業も発達。太平洋北東部漁場の基地でもある。

ポートランド ③3 アメリカ合衆国北西部、オレゴン州、コロンビア川の支流に位置する工業・港湾都市。小麦・木材の輸出港であるとともに、製材・製紙・造船・アルミニウムなどの工業が発達。1990年代頃からはハイテク産業が集積し、シアトルとともにシリコンフォレストと呼ばれている。

v ―― ラテンアメリカの工業地域

メキシコシティ ③7 メキシコ中央部、アナワク高原上に位置する同国の首都。政治・文化の中心地で、人口は同国最大。アステカ王国の古都。鉄鋼・自動車・化学・繊維などの各種工業が発達。大気汚染や交通渋滞、広大なスラムなど都市問題が深刻化している。

マキラドーラ ②1 メキシコとアメリカ合衆国との国境沿いに位置するティファナ・シウダーファレスなどに1960年代後半から設置された保税輸出加工区をさす。電気・電子機器などの工場が多く進出した。NAFTA(ナフタ)(北米自由貿易協定)の設立で一部免税が制限されたが、国境沿い以外にも設置されている。また、メキシコ以外にも中南アメリカ諸国で同様の保税輸出加工区を設置している国もある。

サンパウロ ③5 ブラジル南部、ブラジル高原上に位置する同国最大の商工業都市。19世紀後半以降、コーヒーの集散地として発展。綿工業をはじめとする繊維工業や自動車・電機・電子・化学・食品などの各種工業が発達している。サントスが外港で、コーヒー・自動車・各種機械が輸出される。日系人人口も多い。CBD(中心業務地区)の都心部の再開発が進む。

サントス 1

リオデジャネイロ ③6 ブラジル南東部、大西洋岸の商工業都市。旧首都。世界有数の美港で、観光地としても知られる。コーヒー・砂糖などの積出港で、自動車・機械・化学・金属・繊維などの工業も発達。港湾地区の再開発や都市基盤の整備が課題。広大なファベーラが広がる。

ベロオリゾンテ ① ブラジル南東部、ブラジル高原上に建設された計画都市で、同国有数の工業都市。付近に産する鉄鉱石・マンガン・金などの鉱産資源を背景に、鉄鋼業や自動車・石油化学などの重工業が発達した。

マナオス(マナウス) ③2 ブラジル北部、アマゾン川河口から約1,500km上流に位置する河港都市。水陸交通の要地で、ゴム・コーヒーなどの集散地として発展。外洋船が遡航(そこう)し、1967年、マナオス゠フリー゠ゾーン(保税輸出加工区)に指定、電子・精密機械工業も発達。ゴム・木材の積出港でもある。

ブエノスアイレス ③7 アルゼンチン東部、ラプラタ川河口に位置する同国の首都。政治・経済・文化の中心地。交通の要地で、パンパの農牧業地帯を後背地として発展。農産加工のほか、金属・化学・自動車などの各種工業が発達している。

vi ―― オセアニアの工業地域

シドニー ③7 オーストラリア南東部、ニューサウスウェールズ州の州都。同国の経済・文化の中心で、最大の人口をもつ。世界有数の美港で観光地として知られる。小麦や羊毛などを積みだす同国最大の貿易港で、造船・化学・食品などの工業が発達している。港湾部は再開発で商業・観光地域に変容した。

ポートケンブラ ①1 オーストラリア南東部、ニューサウスウェールズ州の都市ウーロンゴンの工業・港湾地区で、石炭の積出港。炭田を背景に鉄鋼業が立地する。

ニューカッスル ③4 オーストラリア南東

部、ニューサウスウェールズ州に位置する港湾・工業都市。石炭の積出港で、鉄鋼・造船などの工業が発達。ワインの産地でもある。

メルボルン ③6 オーストラリア南部、ヴィクトリア州の州都。シドニーと並ぶ同国の産業・経済・文化の中心都市。バス海峡に面する港湾都市で、羊毛・小麦・食肉などの輸出港。自動車・機械・化学などの工業のほか、航空機・IT産業も発達している。港湾部の再開発が進む。

アデレード ③3 オーストラリア中南部、サウスオーストラリア州の州都。金属・自動車・機械・化学・繊維などの工業が発達するほか、羊毛・小麦・鉱産物の積出港として知られる。

パース ③4 オーストラリア南西部、ウェスタンオーストラリア州の州都。カルグーリーの金鉱など、鉱山開発以後に発展。フリマントルが外港。農畜産物の集散地で、機械・化学などの工業も発達している。大陸横断鉄道の西の起点で観光地。

ダーウィン ③5 オーストラリア北部の港湾都市。ノーザンテリトリーの州都。ボーキサイトなど、鉱産資源の開発とともに発展した。ティモール海の石油・ガス開発が進む。大陸縦断鉄道でアリススプリングス・アデレードと結ぶ。

ウェリントン ③5 ニュージーランド北島南部、クック海峡に面する同国の首都。ニュージーランドの政治・経済の中心都市。羊毛や酪製品の輸出港。機械・食品などの工業が発達している。

オークランド ②5 ニュージーランド北島北部、オークランド半島に位置する同国最大の商工業都市。酪製品・羊毛などの集散地で貿易港。食品加工・鉄鋼・機械などの工業が発達している。

クライストチャーチ ①3 ニュージーランド南島中部、東部沿岸に位置する商工業都市。南島の経済・金融の中心地。食品加工・繊維・機械などの工業が発達。2011年2月の地震により大きな被害を受けた。

vii —— 日本の工業地域

高度経済成長 ②3 経済成長率が極めて高い状態のこと。1955(昭和30)年から70(昭和45)年にかけての日本の経済発展をさし、軽工業から重化学工業への質的転換、石炭から石油へのエネルギーの転換や工業地域の拡大が進んだ。他方、地域格差、過密と過疎、公害などの諸問題が発生した。

太平洋ベルト ③1 京浜・中京・阪神・北九州の4大工業地帯をはじめ、その間に位置する東海・瀬戸内などの工業地域を含めた太平洋岸の帯状の地域。鉄道・自動車・港湾などの交通機関や施設が整い、工業の集積、人口の集中がみられる。公害や過密による問題も多い。

札幌(さっぽろ) ③3 北海道中西部、豊平(とよひら)川の扇状地に広がる政令指定都市。道庁の所在地で、北海道の政治・経済・文化の中心地。1869(明治2)年、開拓使がおかれ、碁盤目状の道路網をもつ都市が建設された。ビール・乳製品などの食品工業のほか、金属・機械・印刷などの工業が発達。IT・バイオ関連などの先端技術産業が駅周辺やテクノパークに集まる。

旭川(あさひかわ) ①2 北海道中部、上川盆地の中心に位置する商工業都市。中核市。明治中頃、屯田兵(とんでんへい)が入植し、その後は軍都として栄えた。農林産物の集散地。パルプ・製紙・食品・家具など各種工業が発達している。

秋田 ②1 秋田県中西部、雄物川(おものがわ)の河口、日本海に面する県庁所在地、中核市。旧城下町。製材・パルプ・化学・非鉄金属・醸造などの工業が発達し、IT産業の誘致を進めている。付近に八橋(やばせ)油田がある。

高崎(たかさき) 1 群馬県中南部にある商工業都市。中核市。旧城下町で、中山道の宿場町として発展。明治以降は繊維・食品工業、第二次世界大戦後は機械・化学などの工業が発達した。道路交通・鉄道交通の要地。

太田(おおた) 1 群馬県南東部の工業都市。旧宿場町。第二次世界大戦中に軍需工業が立地、戦後は自動車工業を中心に電機・機械工業が盛んとなる。隣接する大泉町と同様、外国人労働者が多い。

大泉町(おおいずみまち) ②1 群馬県南東部、太田市に隣接。第二次世界大戦中に軍需工業が立地し、戦後は電機・自動車・機械工業などが発達した。南米からの日系人が多く働き、外国人比率が高い。

京浜工業地帯 ③1 東京都・神奈川県に広がる総合的な工業地帯。広大な工場用地、原料の輸入や製品の搬出に便利な港湾、巨大な消費市場などをおもな立地条件として成立。鉄鋼・機械・化学などの重工業をはじめ、各種の軽工業が総合的に発達し、とくに機械、出版・印刷、雑貨などの工業に特色がある。工場の過密化や公害の発生で、外縁部への拡大が著しい。東京・川崎・横浜などの臨海部では鉄鋼や化学工業、相模原・八王子などの内陸部では機械工業が発達する。近年、工場の移転が増え、大規模な住宅団地の形成など工場跡地の再開発が進んでいる。

東京 ③[7] 東京湾の湾奥に位置し、江戸川から多摩川にかけての低地と台地にかけて広がる日本の首都。狭義には東京23区をさす。城下町を起源とし、日本の政治・経済・文化の中心地。都市域は各種の機能地域に分化し、都心部では昼間人口の増加、夜間人口の減少がみられたが、近年は都心回帰で増加傾向にある。東部の低地には化学工業、南部の臨海地域や内陸部には電気・自動車などの関連産業が発達するほか、出版・印刷、食品、日用雑貨などの大都市型の各種工業が盛ん。また、IT企業などの先端技術産業も多く集積する。

東京湾 ②[3]

川崎 ①[1] 神奈川県東部、東京湾に面する工業都市。政令指定都市。多摩川下流の渡河地点(とかちてん)に位置した宿場町、川崎大師の門前町から発展。沿岸の埋立地には鉄鋼・石油化学コンビナートなどが発達し、内陸部では各種の機械工業が盛ん。また、工業団地に先端技術産業や研究開発機関も集積している。

横浜 [3] 神奈川県東部、東京湾にのぞむ県庁所在地。政令指定都市。1859(安政(あんせい)6)年の開港以来、東京の外港として発展。日本の代表的な貿易港の1つ。沿岸の埋立地に鉄鋼・造船・化学・電機などの重化学工業が立地するほか、食品をはじめとする各種の工業が発達している。沿岸部での再開発、内陸部での住宅地化が進んだ。

新潟 ②[2] 新潟県中部、信濃川(しなのがわ)と阿賀野川(あがのがわ)の河口に位置する県庁所在地。政令指定都市。江戸時代に西回り航路の寄港地として発展し、現在は日本海沿岸の重要な貿易港の1つ。新産業都市に指定された際に、新潟東港が開港。石油精製・金属・化学などの工業が発達した。

長岡 [1] 新潟県中央部、新潟平野南部の商工業都市。旧城下町。繊維・機械工業が発達し、信濃川テクノポリスの中心都市。機械金属加工の優れた技術を生かした産業の集積を進める。

福井 ①[2] 福井平野の中央部に位置する福井県の県庁所在地。旧城下町。古くから絹織物の生産で知られ、北陸機業地域の中心都市となっている。繊維・化学・機械・食品工業が盛ん。

浜松 [1] 静岡県南西部、浜名湖(はまなこ)東岸に位置する商工業都市。政令指定都市。城下町・宿場町として発展。繊維・オートバイ・自動車・楽器などの工業が盛んで、外国人労働者も多い。テクノポリスに指定され、光学・電子産業などの先端技術産業や研究機関が集積している。

名古屋 ③[3] 愛知県西部、伊勢湾奥に位置する県庁所在地。政令指定都市。江戸時代、徳川御三家筆頭の城下町として発展。第二次世界大戦前は繊維・食品・木工などの軽工業が中心であったが、戦後は臨海埋立地に機械・鉄鋼・化学工業が立地。中京工業地帯の中心的な都市で、先端技術産業の集積を進める。

伊勢湾 ①[1]

豊田(とよた) ③[2] 愛知県中部、矢作川(やはぎがわ)中流沿岸に位置する自動車工業都市で、企業城下町。中核市。自動車の組立て工場のほか、多数の下請け関連企業が集積する。

四日市(よっかいち) ③ 三重県北東部、伊勢湾の西岸に位置する港湾・工業都市。中世は市場町、近世は宿場町として繁栄したが、明治以降、食品・陶磁器・紡績などの軽工業が発達した。第二次世界大戦後、臨海部に大規模な石油化学コンビナートが立地し、石油精製・化学肥料・機械などの工業が盛んとなった。四日市ぜんそくなどの公害問題も発生。電子工業などの先端産業を誘致するなど「石油」依存からの脱皮を進めている。

阪神工業地帯 ③ 大阪府・兵庫県を中心に広がる総合工業地帯。大阪などの商業資本と周辺農村の地場産業、恵まれた海上・河川交通、淀川(よどがわ)の用水、大消費市場などを背景に発達。内陸部では繊維・醸造、淀川沿岸では電気機械・食品など、臨海埋立地には鉄鋼・石油化学・機械工業などが発達した。また、湾岸南の泉南(せんなん)地区は古くから繊維工業が発達。素材型の重工業地域からの転換が課題である。主要工業都市として、大阪・神戸・尼崎(あまがさき)・堺(さかい)などがある。

大阪 ③[3] 大阪湾奥の淀川河口に位置する日本有数の商工業都市。府庁所在地・政令指定都市。古代は難波(なにわ)の地で、豊臣秀吉の大坂城築城後に大きく発展。近世は各地の米や特産物が集まり、日本最大の商業都市として繁栄した。現在、臨海部では金属・機械・化学などの重工業が発達し、大阪平野の内陸部では食品・電気機械などの工業が盛んである。都心部や臨海部の再開発が進む。

大阪港 ①

京都 ③[1] 京都府南東部、京都盆地の中心に位置する観光・文化都市。府庁所在地・政令指定都市。平安京の建設以来、明治維新までの日本の首都。碁盤目状の街路をもち、寺社が多い。西陣織(にしじんおり)・清水焼(きよみずやき)・京人形・伏見(ふしみ)の酒などの伝統工業が知られるほか、南部や西部には電機・機械・繊維・化学などの工業も発達している。

神戸(こうべ) ③[3] 兵庫県南東部、大阪湾北岸にある商工業都市。県庁所在地・政令指定都市。神戸港(旧兵庫港、古くは大輪田泊(おおわだのとまり))は横浜と並ぶ日本の代表的な貿易港。六甲山地の山麓から海岸地域にかけて、住宅・商業・工業地域が分布。金属・鉄鋼・化学などの工業が発達し、灘(なだ)地方は醸造業で知られる。阪神・淡路大震災後、復興計画とともに神戸空港開港、医療産業都市構想など新しい都市づくりを進める。

尼崎(あまがさき) ① 兵庫県南東部、大阪湾に面する重化学工業都市。中核市。阪神工業地帯の中心都市として、紡績・化学・金属・鉄鋼・機械などの工業が発達。重化学工業化に伴って、大気汚染・地盤沈下・騒音などの公害が深刻化したため、公害対策・環境保全につとめる。阪神・淡路大震災後の復興と、新しい産業の誘致や中小企業の活性化など新しい都市づくりを進める。

瀬戸内海(せとないかい) ①[2] 西日本、近畿・中国・四国・九州地方の沿岸で囲まれ、大小多数の島々と灘と呼ばれる海域からなる。外海とは瀬戸と呼ばれる狭い水路でつながる。古くから漁業が盛んで、内陸水路の大動脈として水運も栄え、各地に港町が発達した。沿岸では古くから繊維・造船などの工業が発達。第二次世界大戦後の高度経済成長期には、沿岸の埋立てによって工業用地を造成、鉄鋼・石油化学などの重工業化が進んだ。海水の富栄養化による赤潮(あかしお)の発生は漁業に大きな影響を与える。沿岸のおもな工業都市に、倉敷・福山・呉(くれ)・広島・岩国(いわくに)・徳山(現周南(しゅうなん))・宇部・新居浜(にいはま)などがある。

倉敷(くらしき) [3] 岡山県南西部、瀬戸内海沿岸の高梁川(たかはしがわ)河口付近にある商工業都市。中核市。江戸時代までは物資の集散地、積出港として繁栄。古くから綿織物が盛んで、明治以降紡績業が発達した。また、藺草(いぐさ)による畳表(たたみおもて)の生産で知られた。高度経済成長期に岡山県南新産業都市に指定され、高梁川河口の水島地区に工業用地が整備され、製鉄・鉄鋼コンビナートなどが立地した。

広島 ③[3] 広島県南西部、太田川の三角州に位置する県庁所在地。旧城下町。1945(昭和20)年8月6日、世界で最初の原爆投下により廃墟(はいきょ)と化したが、平和都市をめざす都市計画で復興。政令指定都市で、中国地方の経済・文化の中心都市。鉄鋼・自動車関連の機械工業などが盛ん。広島駅周辺の再開発が進んでいる。

福山(ふくやま) [1] 広島県東部、芦田川(あしだがわ)河口に位置する商工業都市。中核市。旧城下町。第二次世界大戦中から金属工業・機械工業が発達。工業整備特別地域の指定を受け、重化学工業化が進展。鉄鋼・機械・電子などの工業が発達した。

宇部(うべ) ①[1] 山口県南西部、周防灘(すおうなだ)に面する鉱工業都市。炭田を基盤に鉄鋼・セメントなどの石炭関連の鉱工業が発達したが、炭鉱閉山後は化学工業などが発達。1983(昭和58)年のテクノポリス指定後、工業団地を造成、電子工業などの誘致を図る。また、独自の方式による環境対策にも取り組む。

北九州工業地帯 ③ 北九州市を中心に、関門(かんもん)海峡から洞海湾(どうかいわん)一帯にかけて広がる工業地帯。筑豊(ちくほう)・三池炭田と中国からの原料輸入に適する港湾を背景に、官営の八幡製鉄所が立地したのがはじまり。鉄鋼・化学などの中間製品の生産に特色をもち、機械工業の比重は低かった。しかし近年は、自動車・自動車部品の生産が増加し、また、電子・電機などの新しい産業や研究開発機関などが集積している。

八幡製鉄所(やはたせいてつじょ) ①[1]

北九州 ②[2] 福岡県北部、関門海峡に面する工業都市。若松(わかまつ)・八幡・戸畑(とばた)・小倉(こくら)・門司(もじ)の5市が合併した政令指定都市。鉄鋼業・化学工業を中心に重化学工業が盛ん。近年は、自動車・電機・半導体などの工業も立地。製鉄所の一部跡地にはテーマパークや商業施設が建設された。また、リサイクル・リユース事業などの育成を図るエコタウン構想を進める。

福岡 ③[2] 福岡県北西部、博多湾に面する県庁所在地。政令指定都市で九州地方の政治・経済などの中心都市。東アジアへの玄関口の1つ。城下町であった福岡と、港町・商業町として栄えた博多とからなる。食品加工・電機・印刷などの都市型の工業に加えて、先端技術産業も集積する。博多織・博多人形などの伝統工芸も知られている。また、沿岸漁業・水産加工も盛んである。

長崎 ①[3] 長崎県南部、長崎半島と西彼杵半島(にしそのぎはんとう)の基部に位置する県庁所在地。中核市。1571(元亀(げんき)2)年以来、ポルトガルとの貿易港として発展。江戸時代は外国人居留地として出島(でじま)を構築し、対オランダ・清(中国)貿易などの唯一の外国貿易港であった。明治以後、造船工業が発達。水産業も盛んで、水揚量が多い。1945(昭和20)年8月9日、広島に続いて原爆が投下され、浦上(うらかみ)地区を中心に広く破壊されたが、戦後に復興。観光都市としても知られる。

延岡(のべおか) ① 宮崎県北東部、五ヶ瀬川(ごかせがわ)河口に位置する工業都市。豊富な工業用水と電力などを背景に、硫安(りゅうあん)・薬品・化学繊維などの化学工業が発達。新産業都市日向(ひゅうが)・延岡地区の中心都市。中心市街地の活性化など再開発を進める。

8 第3次産業

商業

i —— 商業

商業 ③[3] 買った商品をまた売ることによる、生産者と消費者との間の財と貨幣の交換の媒介を通して、利益を得ることを生業(せいぎょう)とするもの。

金融業 ②[3] 企業・家計(個人)・金融機関・財政(政府)などの間で、資金の融通・貸借を仲立ちする業者・機関。基本的には、資金が余っている部門(日本の場合には家計部門)から、資金が不足する部門(企業部門)への資金を融通することが業務。各種銀行・証券会社・保険会社・信用組合などが含まれる。金融の自由化・国際化が進み、日本にも多くの外資系の金融機関が参入し、様々な金融商品が売りだされている。

小売業 ③[2] 生産者や卸売り業者から仕入れた商品を、最終消費者に分けて販売することを業務とすること。

卸売業 ③[2] 生産者・製造業と小売業者の中間に位置して、流通活動を担当する業者。生産・製造と販売・市場に関する情報も仲介する。複雑な流通過程は価格を押し上げ、消費者の負担増につながる。一方、直販や通販など生産者と小売業者、生産者と消費者が直接取引きすることが増え、卸売業の形態にも変化がみられる。

サービス業 ③[1] 様々なサービスを提供することを業務とすること。金融・保険・設計・デザイン・宣伝などを扱う生産関連サービス業などと、飲食・理容・娯楽などを扱う消費関連サービス業、教育・医療・福祉などを扱う社会関連サービス業などに分けられる。また、第3次産業全体を広い意味でサービス業と呼ぶ場合もある。

ii —— 経済圏

商圏 ③[2] 特定の商業中心地について、その商業活動の影響が及ぶ範囲。経済活動の影響が及ぶ範囲を表わす経済圏のうち、卸売業の場合の卸売商圏、小売商の顧客圏域(小売商圏)、消費者が日常的な買い物を行なっている圏域(買い物圏)とほぼ同義。定期市のような一時的に商取引の行なわれる土地の場合には市場圏という。

消費行動 [1] 消費活動全般をさす言葉。とくに買い物・外食・旅行・観劇などの消費者の行動を伴う活動に対して使われることが多い。

最寄り品 ②[1] 食料品・日用品など、毎日のように購入の対象となる商品のこと。住居に比較的近い場所や小規模な店で購入するのが一般的である。

買い回り品 ②[1] 家具などの耐久消費財や家電品・高級服や宝飾品など、日常的には購入せず、同種の商品を比較しながら計画的に購入する対象となる商品のこと。品揃(しなぞろ)えが豊富な大規模店や専門店で購入するのが一般的である。

iii ――商業形態

スーパーマーケット ③[1] 大型小売店の1つ。セルフサービス方式で、広大な売り場面積をもち、少ない従業員で、日用雑貨・食料品などを大量・廉価に販売する。1930年代にアメリカ合衆国に始まり、全世界に急速に普及した。

コンビニエンスストア ③[4] 多様な品揃えをもち、長時間の営業を行なう小売店。スーパーマーケットよりも小規模であるが、年中無休や深夜営業を行なうことによって、消費者にその便利さを提供している。近年、環境への影響や節電・人手不足のために、深夜営業が再検討されている。

百貨店 ②[3] デパート。衣料品や家庭用品を中心に最寄り品から買い回り品まで、豊富な品揃えとそれぞれの商品事業ごとに部門別管理をしている大規模な総合小売店。19世紀後半からパリをはじめ、欧米で多くのデパートが登場し、都市人口の増大とともに成長していった。日本では江戸時代の呉服屋が発展して1904(明治37)年に三越(みつこし)が開店したのを皮切りに、鉄道のターミナルを中心に多くの百貨店が開業した。また、文化的な施設や娯楽施設を店内に設けて、多数の顧客を集めている。しかし、1970年代からスーパーマーケットなどが流通革命の中で発展し、デパートの地位は後退している。

ショッピングセンター ③[4] 郊外への人口の急速な拡散とモータリゼーションの急激な普及に伴い、開発業者の手によって郊外の広大な敷地に駐車場を設け、小売業・飲食店・サービス業などの異種の店を多数集めた集団的商業集積施設。都心商店街が駐車スペースを設けることができなくて、集客力を高めることが困難になったことが背景にある。百貨店などが核になる大規模なものから、食品スーパーを核にした小規模なものまである。さらに、映画館・ゲームセンター・スポーツ施設に銀行・郵便局・役所の窓口まで備えた大規模な複合型ショッピングセンターが相次いで建設されている。一方、都心や副都心などにも駐車場をもたないで、駅ビルの地下を利用したり、再開発地を利用したりするショッピングセンターも建設されている。

ショッピングモール ②[5]

ロードサイド型店舗 ②[3] 国道などの通行量の多い幹線道路沿いに、自動車やバイクを使って訪れる客をターゲットにして営業する店舗。ファストフード店、ファミリーレストラン、ドラッグストア、カー用品店などが立地する。

外食産業 ① 内食(ないしょく)(家庭内の食事)、中食(なかしょく)(家庭で既製の惣菜・弁当を食べること)に対して、レストランや食堂などで食事を提供する産業。ファミリーレストランやファストフード店の普及によって発展した。食品メーカーや商社などが外食産業を支えるとともにチェーン店が多い。冷凍技術の向上やモータリゼーションなども、外食産業が発展した背景にある。

ファストフード ③[6] 注文するとすぐに供されて食べられる食品。ハンバーガー・フライドチキン・ホットドッグなどが代表例。日本の駅そばや牛丼・回転寿司なども同類。店舗のチェーンストア化が進み、いつでもどこでも同じ味とサービスを受けることができる。2003年、世界保健機関はファストフードは肥満につながると報告した。

アウトレットモール ② メーカーが季節外れの商品や流行遅れの売残り商品を、処分することを目的に運営する直営店をアウトレット(はけ口)という。価格は安いが、自社製品しかおかないため、集客力が劣るのを回避する目的で、他の店と一緒に複合商業施設(モール)を形成することが多い。また、都心部の専門店との競合を避けるために、郊外の広大な敷地に駐車場を設け、広域から集客できるショッピングセンターとなっている場合が多い。アメリカ合衆国で1980年代に発展した。日本では1990年代の価格破壊の時期に登場した。御殿場(ごてんば)や軽井沢(かるいざわ)などの観光地型と都市近郊立地型とがある。

通信販売 ②[2] 無店舗販売の1つ。新聞・テレビ・ラジオ・カタログなどで商品の宣伝を行ない、郵便や電話・インターネットなどの通信によって注文をとり、商品を販売する方法。19世紀後半に、アメリカ合衆国で地方の農民を対象にしたカタログ販売が開始されたのが起源とされる。日本においては、大正時代からすでに行なわれていたが、一般に普及するのは第二次世界大戦後になってからで、1960年代にカタログ販売が始まり、70年代からはテレビショッピング・ラジオショッピングが行なわれるようになった。1980年代後半には、女性の社会進出や宅配便サービスの拡充により、さらに90年代のインターネットの急速な普及によっていっそう拡大した。

POS（販売時点情報管理）システム point of sales system ② 商品が販売された時、レジスターで精算処理するとともに商品に付けられているバーコードをスキャナーで読み取り、販売地域・在庫・仕入れなど商品について、あらゆる情報をコンピュータで分析、管理するシステム。小売と流通の効率化を促した。

電子商取引（eコマース） ③5 電子的な手段を用いてモノやサービスの売買が行われること。情報通信技術の進歩により、対面だけでなく遠隔からでも買い物ができるようになった。インターネットショッピングも電子商取引の一例。代金の支払いはクレジットカードなどによるキャッシュレス決済で行われる。

iv ――その他

バザール ②4 イスラーム圏の都市にみられる恒久的な商業地区。市場（いちば）。ペルシア語。アラビア語ではスークという。迷路のように入り組んだ狭い屋根つきの通りの両側に、業種ごとにまとまった商店や職人の工房が軒を連ねる。 **スーク** ①1

ファッション ① デザイン・色・素材など流行性の高い衣服などの商品を企画・開発・生産する産業。多様化した市場や消費者のニーズに応え、新たに流行を創出するため、大きな市場と情報が集積する大都市に立地する。パリ・ロンドン・ニューヨーク・東京・ミラノなどのほか、最近ではソウルやバンコクの産業が急成長している。

商業以外の第3次産業

物流 ③1 生産されたモノが最終消費者に届くまでの一連の流れのこと。輸送・保管・荷役（にやく）・包装・流通加工・情報管理などの仕事に大きく分けられる。 **倉庫業** ②

：**運輸業** ③1 鉄道やトラック、船舶などの輸送手段を用いて、旅客の運搬や物流でのモノの運搬を行なうことを生業とする。

流通センター ① 流通活動の拠点。配送センター・トラックターミナル・倉庫団地などの流通関連施設が集中的に立地している。大都市の交通渋滞の緩和と、貨物輸送用大型トラックの都心乗入れを減らすため、大都市郊外の幹線道路沿いに建設されている。1966(昭和41)年に、流通業務市街地の整備に関する法律が施行され、東京・大阪・名古屋・札幌・福岡などで計画・建設が進められた。また、同じ頃から中小地方都市でも卸売センターや問屋団地などの名称で、整備が進められた。

ジャストインタイム ② 製造業や物流業界で用いられる用語で、必要な時に必要な量を必要な分だけ生産する方式。在庫を必要最低限まで減らして効率化をはかることができる。製造工程で後の工程にあたる部門がが前工程に対して数量を発注したり、製品や部品を引き取ったりする。物流業界においては製造工程での在庫切れなどが起きないよう運搬・保管だけでなく数量管理などが求められる。

サプライチェーン ②1 材料調達・製造・販売・消費までの一連の流れと各工程間でのやり取りがチェーン(鎖)でつながっているように見えることからこのように呼ばれている。商品を製造する工業や物資や商品を運搬する運輸業などで用いられている言葉である。

第3章 交通・通信、観光、貿易

1 交通・通信

世界の交通網

i —— 交通の発達

交通 ③7 人間および物資の場所的移動のこと。産業革命後の交通機関の発達に伴い、旅客や貨物をより高速・大量に輸送できるようになった。輸送経路により陸上交通・水上交通・航空交通に3大別される。

空間距離 ① 2地点間の実際の距離。絶対距離・物理的距離ともいう。

時間距離 ③6 2地点間を移動するために要する時間によって測られる距離。絶対距離の対語。1時間で移動できる距離は、18世紀のイギリスの駅馬車で約13km、今日のジェット旅客機で約1,000km、人工衛星で約2万9,000kmに増大し、時間距離は急速に短縮している。

シルクロード ③5 アジアの内陸部を東西に貫き、中国とヨーロッパを結んだ古代の隊商路。中国の生糸や絹を西方にもたらしたことから、こう呼ばれる。何本かのルートがあるが、シーアン(西安、かつての長安)から、テンシャン(天山)山脈の北側(天山北路)、あるいは南側(天山南路)を通り、中央アジア・イラン高原北部・メソポタミアを経て地中海沿岸に至るオアシスの道が有名である。

トゥルファン(吐魯番) ① 中国、シンチヤンウイグル(新疆維吾爾)自治区、かつてのテンシャン(天山)南路沿いのオアシス都市。付近にはヤールホト(交河故城)、カラホージョ(高昌故城)などの遺跡がある。カレーズを利用した灌漑が行なわれ、ブドウや綿花が栽培される。

:トゥルファン盆地 ① テンシャン(天山)山脈の山麓、新疆維吾爾(シンチヤンウイグル)自治区に位置する盆地。盆地の大部分は海抜500m以下で、一部は海面より低い。テンシャン山脈の雪解け水を利用したカンアルチン(カレーズ)と呼ばれる長大な地下水路が数多く建設され灌漑に使われてきた。綿花や瓜、ブドウの生産が盛ん。

カシ(喀什、カシュガル) ③2 中国北西部、シンチヤンウイグル(新疆維吾爾)自治区西部に位置するオアシス都市。シルクロード沿いの重要な交易都市で、小麦や果実、畜産物の生産が多い。

海のシルクロード 1 アジアとヨーロッパを結んだ古代の東西交易路の1つ。中国南部からインドシナ半島沿岸・マレー半島を通り、インド洋沿岸・アラビア海・紅海などを経てヨーロッパに至る。オアシスの道に対して、海の道と呼ぶことがある。

隊商(たいしょう) **(キャラバン)** ②3 砂漠や山岳地帯などの交通機関の未整備な地方で、ラクダやラバ、ヤクなどの背に荷物をのせて輸送する商人の一団。キャラバン(ペルシャ語で集団を意味する語)ともいう。隊商の行動ルートは、サハラ砂漠の南北横断ルートや中央アジアを通り、ローマと長安を結んだシルクロードなどが有名。

東海道 1 7世紀後半〜9世紀頃までの律令時代には、畿内から東にのびる本州太平洋側中部の地域、あるいは都と東国の国府を結ぶ海寄りの道をさす。江戸時代には五街道の1つ。江戸の日本橋を起点に京都三条大橋を結び、沿線には53の宿駅がおかれた。

中山道(なかせんどう) 2 江戸時代の五街道の1つ。日本橋を起点として、木曽谷(きそだに)を通り滋賀県草津(くさつ)で東海道に合流する。沿道の宿駅67駅。

旅客輸送 ③1 人を運搬すること。日本で最大の輸送手段は自動車で、かつての鉄道輸送の地位を奪った。しかし、鉄道は都市内部および都市間の高速輸送手段としての需要が多く、国際的にはその地位は高い。

貨物輸送 ③ 貨物自動車・貨物列車・貨物船・エアカーゴなどの輸送手段を用い、物資を運搬すること。日本では自動車輸送の割合が最も高く、内航海運の割合がこれに次ぐ。かつて大きな割合を占めた鉄道輸送は、自動車にその地位を奪われ、大幅に減少した。

モーダルシフト ③2 環境を考慮して、貨物輸送をトラックなどの自動車から鉄道や船舶など大量に輸送できたり、再生可能エネルーを動力源にした交通機関に輸送手段を変えること。

ii ――陸上交通

陸上交通 ③[3] 道路交通や鉄道交通などの陸上の交通。水上交通や航空交通に対する交通形態。かつては人力や畜力に依存していた交通手段は、産業革命以降に鉄道と自動車が中心となり、現在は両交通手段が競合関係にある。

鉄道交通 ③[6] 鉄道を利用した交通。旅客・貨物を、比較的長距離にわたって、大量・高速・安全・安価に輸送する。建設時に多額の資本を要し、維持運営費も大きい。産業革命以降に急速に発達し、各地の産業・地域開発・社会生活に大きな影響を与えた。20世紀後半以降、自動車交通や航空交通の発達によって、活躍分野は狭められている。

大陸横断鉄道 ② 大陸を東西に横断する鉄道。アメリカ合衆国とカナダの大西洋岸と太平洋岸を結ぶ数本の大陸横断鉄道、モスクワと極東のウラジオストクを結ぶシベリア鉄道、オーストラリアではインド洋岸のパースと太平洋岸のシドニーを結ぶグレートサザン鉄道、南アメリカのアンデス横断鉄道などがある。

シベリア鉄道 ②[4] モスクワとウラジオストクを結ぶ鉄道。1904年に開通。全長 9,297 km。狭義にはチェリャビンスク以東からウラジオストクまでの7,416kmをさす。ロシアの東方進出やシベリア開発に大きな役割を果たした。貨物輸送が中心であるが、特急旅客列車ロシア号がモスクワ―ウラジオストク間を 7 日間で結ぶ。

バイカル＝アムール(バム)鉄道 ① バイカル湖近くのタイシェトでシベリア鉄道から分かれ、コムソモリスクナアムーレでアムール川を渡り、日本海に面したソヴィエツカヤガヴァニ港へ至る。1984年に開通。第 2 シベリア鉄道とも呼ばれ、沿線の資源開発が期待されている。

チンツァン(青蔵)鉄道 ②[1] チンハイ(青海)省のシーニン(西寧)とチベット自治区のラサを結ぶ鉄道。全長1,956km、2006年に完成。平均標高4,000mと世界で最も高い地点を走る高原鉄道である。

タンザン鉄道 ② タンザニアのダルエスサラームとザンビアのカピリムポシを結ぶ鉄道。ザンビアの銅鉱石を輸出することを目的に、中華人民共和国の援助で建設された。1975年に完成、全長1,859km。

地下鉄 ②[2] 地下を走り、路面交通に関係なく高速度運転ができる大都市の旅客大量輸送機関。1863年にロンドンで運行を開始したのが最初。現在は郊外鉄道と接続し、通勤客を直接都心に運ぶことができる。

高架鉄道 [1] 踏切の混雑をなくすため、道路と立体交差させた鉄道。郊外部では盛土が多く、市街地では鉄筋コンクリートや鉄骨に支えられた高架橋を走る。

路面電車(トラム) ①[2] 道路を走る軽量旅客輸送交通機関。市電あるいは都電の名で呼ばれて各地で活躍していたが、自動車の増加による交通渋滞のため多くの都市で撤去された。地上からすぐ乗車することができ、高齢者や幼児にも優しい交通機関として復活の動きがある。

LRT(ライトレール交通) ③[3] 鉄道を用いた新しい都市交通システム、Light Rail Transitの略称。アメリカ合衆国では従来の路面電車と高速鉄道の中間型の交通機関。市街地では路面電車のように手軽に利用でき、郊外にでると高速鉄道となる。日本では次世代型路面電車システムのこと。専用軌道をもつため渋滞に巻き込まれることなく、大量の乗客を輸送できる。また、低床化(ていしょうか)を図る。

パークアンドライド ③[4] 都市内交通の混雑を防ぐため、自動車を都市郊外の駐車場にとめ、鉄道やバスに乗りかえて都心部に入る方式。ヨーロッパではドイツを中心に、都市の総合交通対策として積極的に導入されている。

高速鉄道 ③[4] 都市間および都心と郊外とを結び、多数の旅客を高速で輸送する鉄道。大都市では都心と郊外を結ぶ高速鉄道網が発達し、通勤・通学客や買い物客を運ぶ。都市間高速鉄道としては、日本の新幹線、韓国のKTX、フランスのTGV、イギリスのHST、ドイツのICEなどがある。

新幹線 ③[3] 日本の高速鉄道。レール間の幅 1,435mmの標準軌道を採用、高速運行により都市間の旅客輸送に果たす鉄道交通の役割を再認識させた。他の交通機関と立体交差する専用軌道をもつ通常の新幹線のほかに、従来の狭軌(きょうき)を標準軌道に切りかえただけのミニ新幹線がある。日本最初の新幹線である東京と新大阪を結ぶ東海道新幹線は、全長552.6km、1964(昭和39)年に開通した。

TGV ①[2] フランスの新幹線。1981年にパリ一リヨン間を結ぶパリ南東線の開通以降、各地に路線を拡大している。最高時速320km。日本の新幹線と異なり、在来線からTGVの専用軌道に列車を乗り入れることができる。

ICE Inter City Express ①[2] ドイツの高速列車。最高速度300km/時でドイツおよびヨーロッパ各地の主要都市を結んでいる。主要路線では1～2時間間隔で定期的に運行され、これを基準にその他の列車のダイヤが決まる。

ユーロトンネル ①[1] ドーヴァー海峡を結ぶ海底鉄道トンネル。英仏海峡トンネル・ドーヴァー海峡トンネル・チャネル＝トンネルともいう。全長50.5km、海底部分37.9km、1994年に完成。

：ドーヴァー海峡 ①[1] イギリス南東岸とフランス北岸を隔てる海峡で、イギリス海峡と北海を結ぶ。フランスではカレー海峡と呼ぶ。幅はおよそ34km、1994年にユーロトンネルが開通した。

ユーロスター ②[1] ユーロトンネルを通りロンドン一パリ間を2時間15分で結ぶ特急列車。

リニアモーターカー ① リニアモーターにより駆動する鉄道車両のこと。磁気浮上（じきふじょう）式と鉄輪（てつりん）式がある。

リニア中央新幹線 ②[1] 超電導磁気浮上式によるリニア中央新幹線は、東京一名古屋間で2027年の先行開業、東京一大阪間で2037年の全線開業をめざして計画が進められている。東京一名古屋間を最速で40分で結ぶ予定。

自動車交通 ③[6] 自動車による交通。陸上交通の中心的な役割を果たす。20世紀に入り、鉄道を補う交通機関として発達したが、自動車性能の向上と自動車専用道路の拡充により、近年は鉄道交通にかわる交通機関として発展が著しい。弾力性に富み、戸口から戸口への輸送が可能で輸送費も安いが、輸送単位は小さい。

モータリゼーション ③[5] 自動車が普及し、日常生活の様々な場面で自動車への依存が高まること。日本では1960年代以降、自動車保有台数が急増し、モータリゼーションが進んだ。

ロードプライシング制度 ③[3] 社会的な様々な目的のために、公共道路のおもに自家用車などの通行に一定の課金を行なう制度。混雑や渋滞を緩和するためや、都市部の環境を守るためなどに行なわれることが多い。シンガポール・ノルウェー（オスロ・ベルゲン・トロンハイム）・イギリス（ロンドン）・スウェーデン（ストックホルム）・イタリア（ミラノ）などで実施されている。

高速道路 ③[3] 輸送の効率化を図るために設けられた自動車専用道路。ハイウェイともいう。車線の中央分離を明確にし、他の道路とは立体交差する。高速道路の発達に伴い、ジャンクションやインターチェンジによって他の自動車道路と接続し、国土全体をカバーする自動車道路網が形成される。アメリカ合衆国のフリーウェイ、ドイツのアウトバーン、イタリアのアウトストラーダ、フランスのオートルートなどが知られる。 **アウトバーン** [1]

フリーウェイ [1] アメリカ合衆国の最上位の幹線道路に位置づけられている高速道路。インターステートハイウェイ（州間高速道路）や都市高速道路がこれにあたる。往路と復路が分離され、信号が無く、一般道路とは立体交差し、出入りを規制している。

インターチェンジ ③[1] 一般道路と高速自動車道路との間の出入り口。出入りする際の道路はそれぞれ対向車線と立体交差し、円滑な車の流れが確保される。高速道路を手軽に利用できるため、インターチェンジ付近には工業団地や流通センターが立地することが多い。

東名（とうめい）高速道路 ① 東京都・神奈川県・静岡県・愛知県を通り、東京と愛知県小牧（こまき）市を結ぶ高速自動車道路。全長346.8km。小牧ジャンクションで中央自動車道路、小牧インターチェンジで名神高速道路に連絡する。東海道ベルトの輸送の大動脈となっているほか、沿線地域の開発の進展に大きな役割を果たしている。道路延長約347km。

名神（めいしん）高速道路 ① 愛知県小牧市の小牧インターチェンジを起点とし、岐阜県・滋賀県・京都府・大阪府を経由し兵庫県西宮（にしのみや）市の西宮インターチェンジに至る高速道路。道路延長約190km。

iii —— 水上交通

水運 [3] 船舶を用い、水路を利用して旅客や貨物を輸送する水上交通のこと。船舶は重量物や容積の大きい貨物を大量・安価に、かつ長距離を迅速（じんそく）・安全に運搬することができるため、水運は国際貿易に欠くことができない輸送手段となっている。

港湾（こうわん） [1] 船舶が安全に出入りし停泊できる水域。水上交通と陸上交通との接点となる港のこと。日本の場合、港湾法の適用を受ける港湾と、漁業法の適用を受ける漁港とに区別される。港湾はさらに特定重要港湾・重要港湾・地方港湾に分けられる。特定重要港湾は、外国との貿易上とくに重要な港湾で、2011(平成23)年、名称が国際戦略港湾および国際拠点港湾に変更された。

中継貿易港(ちゅうけいぼうえきこう)(なかつぎぼうえきこう) ② 生産物の輸出地と輸入地の間にあって、一時的に商品を陸揚げ・保管したり、加工を加えたあとに再輸出する港湾。一般に海上交通の要地にあり、輸出入品に関税をかけない自由貿易港となっている場合が多い。シンガポール・ホンコン(香港)・ロッテルダムなど。

中継貿易 ②3

ランドブリッジ ①2 国家間の貨物の輸送を水上交通だけでなく鉄道やトラックの陸上交通などと組み合わせて複数の交通機関によって行なう国際的な輸送手段。シベリアランドブリッジは、シベリア鉄道と船舶を組み合わせて日本をはじめとする東アジアから西アジア・中央アジア・ヨーロッパなどを結ぶ輸送ルートである。

船舶(せんぱく) ③4 水上の輸送機関である船のこと。中世頃までは櫂(かい)を用いることが多かったが、中世末頃から近世にかけて帆船(はんせん)が発達し、産業革命以降は汽船が主役となった。現代は、船舶の大型化・高速化・専用船化が進んでいる。

タンカー ③3 原油を専門に輸送する船舶。輸送の効率化を図るため、スーパータンカー(3万重量トン以上)、マンモスタンカー(6万重量トン以上)、モンスタータンカー(10万重量トン以上)と次第に巨大化している。タンカーの事故による原油流出が海洋汚染をおこし、深刻な問題となることが多い。メタンガスを冷却・液化し、高圧を加えて運搬する装置をもった液化天然(石油)ガス専用船のことをLNGタンカーと呼ぶこともある。

ばら積み船 ②1 穀物・鉱石類・石炭・木材・スチールパイプなどの工業原材料や生活資源を、ばら積みのまま輸送する貨物船。バルクキャリアとも呼ばれる。1隻で多様な用途に対応する船舶や穀物専用船・鉱石専用船のような専用船がある。

鉱石運搬船 ①

コンテナ船 ③4 荷造りの手間と交通機関相互間の積みかえの手間を省くことができるコンテナを、専門に輸送する貨物船。貨物の積みこみと積みおろしの時間を大幅に短縮することができ、輸送の効率化に変革をもたらした。

:コンテナ 1 貨物輸送に利用する金属製の大型容器。荷造りの手間と、輸送機関がかわるごとに貨物を再分類し積み替える手間を省き、送り主と受け主との間をドアツードアで運ぶ高速一貫輸送システムの形成に役立っている。

コンテナ埠頭(ふとう) ① コンテナの積込みや積みおろしが便利なようにコンテナ船専用の係留ドックをそなえた埠頭。大型のクレーンを備え、コンテナを運ぶ車両が動き回れるように広いスペースをもつコンテナターミナルが確保されている。

コンテナターミナル ①1

水上交通 ②1 河川や運河、海洋などの水部を利用した交通。古代の海上交通は主として沿岸航路であったが、帆船建造技術の進歩や羅針盤の利用などにより大洋航行が可能になり、19世紀初めのフルトンによる汽船の発明以降、飛躍的発展を遂げた。今日では船舶の大型化・高速化・専用化が進み、国際貿易に大きな役割を果たしている。近年、夏期における北極海の海氷の減少に伴って、シベリアの沖を通り北ヨーロッパと東アジアを結ぶ北極海航路が、新たな海上輸送ルートとして国際的に注目を浴びている。

北極海航路 ①1

マゼラン海峡 ③2 南アメリカ大陸最南端とその南に位置するフエゴ島などとの間の海峡。全長約600km。1520年、マゼランが世界周航途上にここを通過したことから名づけられた。1914年のパナマ運河開通までは太平洋と大西洋を結ぶ重要航路であった。狭い海峡に早い潮流と多くの暗礁(あんしょう)が広がり、航海の難所として知られる。

:フエゴ島 ②1 南アメリカ大陸本土とマゼラン海峡を隔てて位置するフエゴ諸島の主島。面積は約4.8万km^2。西半分をチリ、東半分をアルゼンチンが領有。気候は西岸海洋性気候、またはツンドラ気候に属する。南アメリカ大陸南端のホーン岬は、この島の南に位置するホーン島にある。これらの島と南極大陸の間には荒れる海として知られるドレーク海峡がある。 **ホーン岬** ①1

マラッカ海峡 ③4 マレー半島とスマトラ島を分ける国際海峡。全長約800km、幅約50〜320km。古くからヨーロッパと東アジアを結ぶ海上交通の要地。現在も主要航路の1つであり、とくにタンカーの航行が多い。

：**ムラカ（マラッカ）** ①2 マラッカ海峡に面するマレーシアの港湾都市。東西貿易における香辛料の重要な中継港として栄えた。2008年、歴史的な町並みがユネスコの世界文化遺産に登録された。

ジブラルタル海峡 ②3 ヨーロッパのイベリア半島とアフリカの北端を隔て、大西洋と地中海を結ぶ海上交通の要地。海峡の幅は約14〜44kmであり、北岸にイギリス領のジブラルタル、南岸にスペイン領のセウタがある。

ボスポラス海峡 ③3 トルコ北西部、黒海とマルマラ海を結ぶ国際海峡。長さ約32km、幅約１〜2.5km。ダーダネルス海峡とともに、アジアとヨーロッパの境界をなし、黒海と地中海とを結ぶ水路となっている。２本の道路橋が架かるほか、2013年には海底鉄道トンネルが開通した。

運河 ③3 陸地を掘り下げてつくられた人工的な水路。内陸の河川や湖沼を結ぶ内陸運河と、２つの海洋を結ぶ海洋運河とがある。運河の歴史は古く、紀元前に建設されたものもあるが、とくに産業革命以降、貨物輸送の増大に伴って各地で建設が進んだ。

：**閘門式運河**（こうもんしきうんが） ①2 閘門（水門）を利用して船舶を通過させる方式の運河。２つの閘門が一組となり、その間を閘室という。入り口の閘門を開き、船を入れてからこれを閉じ、次いで閘室内の水位を、次に進む水路の水位と同じにしてから出口の閘門を開いて船を進ませる。パナマ運河がその代表的なものである。なお、閘門式運河にたいして、運河全体が同一水平面からなる運河を水平式運河と呼ぶ。スエズ運河がその代表的なものである。

スエズ運河 ②4 エジプト北東部、スエズ地峡を南北に走り紅海と地中海とを結ぶ運河。途中に閘門をもたない水平式運河で、全長約160km（建設当時）。レセップス（フランス）により工事が進められ、1869年に開通した。ヨーロッパと南・東南・東アジア、東アフリカ、オセアニアを結ぶ近道。

パナマ運河 ②4 中央アメリカ最南部、パナマ地峡を東西に横断し、太平洋とカリブ海を結ぶ閘門式運河。全長約80km。アメリカ合衆国により1914年に開通した。運河に沿う幅16kmの運河地帯はアメリカ合衆国の租借地（そしゃくち）となっていたが、1999年末にパナマに返還された。

：**パナマ地峡**（ちきょう） ②2 パナマ共和国に位置し、南北両アメリカ大陸を結ぶ陸地の最狭部。カリブ海岸のコロンと、太平洋岸のパナマ湾にのぞむパナマ市との間でその距離は約64kmにすぎず、ここにパナマ運河が建設されている。

内陸水路交通 ①1 河川・湖沼・運河などの内陸にある水域を利用した水上交通。貨物を大量・安価に輸送する交通として、ヨーロッパや北アメリカの五大湖地方などで発達が著しい。

ライン川 ③7 スイスのアルプス山脈に源を発し、ドイツ・フランス国境からドイツ内を流れ、オランダで北海にそそぐ国際河川。全長約1,200km。流域には石炭や鉄鉱石の産地があり、ライン川の水運と結びついて重化学工業地域を形成している。沿岸にはバーゼル・ケルン・ストラスブール・デュースブルクなどの河港が発達し、ヨーロッパの水上交通の大動脈となっている。

マイン川 ① ドイツ南部バイエルン地方に源を発し、西流してマインツでライン川に合流する。全長約500km。上流はマイン＝ドナウ運河によりドナウ川と結ばれる。

マイン＝ドナウ運河 ①ドイツ南部ライン川の支流マイン川とドナウ川の支流アルトミュール川を結ぶ運河。ライン＝マイン＝ドナウ運河ともいう。運河の全長は約171km、通航のため多数の閘門が設けられている。1992年完成。この運河により、ヨーロッパを横断し、北海と黒海を結ぶ水運が可能となった。

ドナウ川 ③6 →p.59

ミッテルラント運河 ① 北ドイツ平原南部を東西に、エムス川・ヴェーザー川・エルベ川を結ぶ運河。全長約330km。途中に水位を15mせり上げるヨーロッパ有数の閘門があり、1,000トンの船が航行可能である。

モーゼル川 ① ライン川の支流。フランスのアルザス地方に源を発し、北流してコブレンツ付近でライン川にそそぐ。全長約500km。流域のフランス領内では鉄鉱石を産し、ドイツ領内ではブドウの生産が多い。閘門を備えた運河化工事が1964年に完成。コブレンツからロレーヌのメスまでの約300kmの区間で、中型船舶が航行できるようになった。

ローヌ川 ②1 スイス西部に源を発し、レマン湖を経てフランス南東部を流れ、地中海にそそぐ河川。運河によってライン川、ロアール川などと結ばれている。流域にはソーヌ川との合流点に位置するリヨンをはじめ、ジュネーヴ・アヴィニョン・アルルなどの都市がある。

ヴォルガ川 ③5 モスクワ北西部のヴァルダイ丘陵に源を発し、ロシア平原を南流してカスピ海にそそぐヨーロッパ最長の河川。全長約3,700km。モスクワ川とモスクワ運河で、ドン川とヴォルガ＝ドン運河で結ばれ、黒海・カスピ海・白海・バルト海をつなぐ内陸水路の大動脈を形成している。

ミシシッピ川 ③5 アメリカ合衆国中央部を南流する河川。上流はプレーリーを、中・下流は北アメリカ中央平原を流れ、ニューオーリンズ付近でメキシコ湾にそそぐ。全長約3,800km、最長の支流ミズーリ川を含めた全長は約6,000km。支流を含め約2万5,900kmほどが航行可能。流域は世界的な農業地帯で河口には鳥趾状三角州(ちょうしじょうさんかくす)が発達する。 **ミズーリ川** ①

セントローレンス川 ①2 オンタリオ湖北東部に発し、北アメリカ北東部を流れ、大西洋にそそぐ河川。全長約3,000km。沿岸にはモントリオール・ケベックなどの都市がある。かつて外洋船舶はモントリオールまでしか航行できなかったが、セントローレンス海路の完成により、五大湖まで航行が可能となった。しかし上流域は12～4月まで凍結のために航行できない。

ハドソン川 ①1 アメリカ合衆国ニューヨーク州東部を流れ、ニューヨーク市で大西洋にそそぐ河川。全長約500km。中流部にあるオールバニのすぐ北で、エリー湖を結ぶニューヨークステートバージ運河とつながっており、五大湖の水上交通と結びついた水運の盛んな河川である。

国際河川 ③4 2カ国以上の領域を流れ、条約により外国船舶の自由航行が認められている河川。ライン川・ドナウ川・エルベ川・アマゾン川・メコン川などがその例。

iv ―― 航空交通

航空交通 ③ 航空機を利用した交通。高速であるが輸送量が小さく運賃が高い。従来は旅客輸送が中心で、貨物輸送は郵便物などの特殊なものに限られていた。最近は集積回路(IC)などの軽量で高価な貨物や、生鮮食品の輸送も行なわれている。最も迅速に2地点間を結ぶ輸送手段として、先進国を中心に発達しているが、陸上交通の未発達な地域においても大きな役割を果たしている。

格安航空会社(LCC) Low Cost Carrier ③6 既存の大手航空会社の運賃より安価な運賃で運航する航空会社。航空規制の緩和が進んだ1980年代半ばから運行が増加。日本でも1990年代後半から参入。小型機や統一機種の利用など運航コストの低減、機内設備の簡素化、機内サービスの簡略化、航空券販売コストの低減などにより格安の運賃を設定している。航空利用者は増加したが、航空会社間の競争が激しくなった。

航空路 ① 定期便の航空機が飛行する経路のこと。航空機は地形的な制約を受けることが少ないため、一般に飛行する2つの地域間の最短コースが選ばれる。主要な航空路は誘導電波や地上の航空管制センターにより管理され、航行の安全性が保たれている。

ハブ空港 ③7 拠点となる空港。自転車の車輪の主軸受け(ハブ)が、まわりにスポークを広げるように、周囲に放射状の航空路をもつ中心となる空港。幹線航空路であるハブ空港に発着便を集中させ、周辺の空港へは乗換え便を就航させることで、航空機の効率的な運用が可能となる。

インチョン(仁川)国際空港 4 大韓民国(韓国)仁川広域市にある国際空港。干潟(ひがた)を埋め立て、2001年に開港した。大韓航空およびアシアナ航空のハブ空港である。ソウルへの国際線空港として機能しており、空港名が「ソウル」と表示されることが多い。

ドバイ国際空港 ③ アラブ首長国連邦のドバイにある国際空港。中東地域のハブ空港であり、アジアとヨーロッパ、アフリカとの連絡拠点でもある。世界最大規模の乗降客数をもつ。

アンカレジ ①6 アメリカ合衆国アラスカ州南部の港湾都市で、航空交通の要衝地(ようしょうち)。航空機の航続距離が短く、旧ソ連上空を飛行できなかった時代には、北極回り空路の中継基地であったが、現在その重要性は低下している。

成田国際空港(新東京国際空港) ③5 千葉県成田市三里塚(さんりづか)地区に建設された国際空港。1978(昭和53)年の開港。成田市は成田国際空港が建設されて以来、航空交通都市としての性格を強めている。

羽田空港(東京国際空港) ②4 東京都大田区、多摩川河口に位置する国際空港。成田空港完成以降、発着便のほとんどが国内線となったが、空港の拡張と発着便数の拡張に伴い、国際定期便が運行されている。

関西国際空港 ③3 大阪府の泉州(せんしゅう)沖約5kmにつくられた人工島に建設された空港。これまで大阪国際空港が伊丹(いたみ)市を中心とした住宅地にあり騒音公害が深刻化したため、24時間利用可能な国際空港として、1994(平成6)年に開港した。

中部国際空港 ①[2] 愛知県常滑(とこなめ)市の知多(ちた)半島沖、伊勢湾海上の人工島に2005(平成17)年に開港した国際空港。

航空貨物 ③[1] これまで航空機は旅客輸送を中心としてきたが、航空機の大型化・高速化に伴い、電子機器や生鮮食料品などを中心に、航空貨物が増大している。エアカーゴとも呼ばれている。」

通信

人工衛星 ①[6] 宇宙や地球に関する探査や通信の中継地点などの目的で宇宙空間に打ち上げられた人工物体。世界最初の人工衛星はスプートニク1号で、1957年に旧ソ連により打ち上げられた。

静止衛星 [3] 地球のまわりを地球の自転速度と同じスピードでまわり、地上からは静止してみえる人工衛星。赤道上空3万6,000kmの高度に打ち上げると、その公転周期はほぼ24時間となり静止衛星となる。通信衛星・放送衛星・気象衛星などに用いられる。

通信衛星 [1] 遠隔地(えんかくち)相互のデータ通信を可能にするために開発された人工衛星。地上から発信された電波を受信し、その電波を増幅して地上へと送り返す「通信の中継基地」として活用されている。

衛星通信 [1]

インテルサット(国際電気通信衛星機構、INTELSAT) International Telecommunication Satellite Organization [1] 国際通信に通信衛星を活用するために、1964年に発足した国際機関。ワシントンに本部をおき、アメリカ合衆国・日本など11カ国の参加と140カ国以上の通信事業者からの出資により運営されている。太平洋上・インド洋上・大西洋上に多くの通信衛星を打ち上げ、各国に設置された地球局を結んで国際的な通信サービスを提供している。

NASA(アメリカ航空宇宙局) National Aeronautics and Space Administration [1] アメリカ合衆国の宇宙開発機関。1958年に発足。アポロ計画やスペースシャトルの打上げなどを推進し、国際宇宙ステーションの建設を進めるなど、宇宙産業の発展を図っている。本部はワシントン。

海底ケーブル ①[4] 海底に敷設(ふせつ)された情報や電力を送るためのケーブル。19世紀中頃から大西洋・太平洋・インド洋などに敷設・利用された。第二次世界大戦後、銅を導体とした同軸ケーブルが普及し、電信・電話・TV放送などの通信システムは向上した。さらに、1970年代から光ファイバーケーブルの実用化が進み、高速で大容量の情報の送受信が可能となった。

海底ケーブル網 ③[4]

光ファイバーケーブル ①[4] ガラスやプラスチックの細い繊維でできた光をよく通す通信ケーブル。コンピュータの電気信号を、レーザーを使って光に変換、そのレーザー光を光ファイバーに通して情報を送信する。銅を導体とした同軸ケーブルと比べて、信号の精度の低下が少なく、高速で大容量、長距離間のデータ通信が可能になった。

光ファイバー海底ケーブル ①[1]

情報通信機器 ② 情報・データを送受信するための機器・機械のこと。パーソナルコンピュータ(PC)や携帯電話・タブレット端末などをさしていうことが多い。ほかに、固定電話・ファクシミリなども含まれる。

：**ファクシミリ** ② 写真・文書・図版などを電気的信号にかえ、通信回線を利用して遠隔地に電送する通信機器。電話回線を利用することができ、操作が容易なため、テレックスや電信にかわって利用が盛んとなった。

：**携帯電話** ③[3] 無線通信を利用したもち歩き可能な電話。基地局と呼ばれる有線ネットワークの中継点と電話機との間を無線通信で結び、会話やメールの送受信だけではなく、様々な通信サービスにアクセスすることができる。

スマートフォン ③[6] パソコンの機能をあわせもち、インターネットとの親和性が高い多機能携帯電話。

インターネット ③[7] 世界各国のコンピュータ通信網を、電話回線・衛星回線・専用回線などを利用して相互に接続した巨大なコンピュータネットワーク。全体を統括するコンピュータが存在しない分散型のネットワークで、全世界に無数に分散するサーバーコンピュータが相互に接続され、サービスを提供し合うことで成り立っている。

：**ウェブサイト** ②[5] インターネット上に公開されている文章や画像などを含むひとまとまりの情報。Webブラウザと呼ばれるソフトウェアを用いたり、情報のある場所を指定することで、文章や画像を表示することができる。

:インターネットショッピング ① インターネット上のオンラインショップで買い物をすること。オンラインショッピング・ネット通販ともいう。商品保管・展示経費や流通経費を削減できるため、消費者は相対的に安価な商品を購入できる。

オンラインショッピング ②

SNS(ソーシャル・ネットワーキング・サービス) ③6 Social Networking Serviceの略称。スマートフォン・パソコンを介して人と人とのつながりをつくるサービスの総称。代表的な交流サイトとしてフェイスブック、ライン、インスタグラムなどがある。

情報化社会 1 情報量が増え、情報の売買、伝達処理能力が重要な役割をもつ社会。20世紀後半以降、情報産業と情報の処理・伝達技術の進展により、これまでとは異なった価値観やライフスタイルが形成されつつある状況に対してつけられた言葉。このような傾向がさらに強まると予想される未来の社会を高度情報化社会と呼ぶこともある。

高度情報化社会 ②1

情報通信技術(ICT) ③7 コンピュータを使った情報伝達・通信の応用技術の一般的な総称。1990年代以降の、インターネットや携帯電話の急速な普及が情報処理と通信の境界を取り払った。現在では、各種情報の共有には不可欠な存在となり、インターネットバンキングやEコマース(電子商取引)などが急速に広まった。その一方で、情報漏洩(ろうえい)などのセキュリティの問題が課題の1つ。情報技術(IT)とほぼ同義。

情報通信産業 ③2 情報の収集・処理・開発・販売・サービスなどを行なう産業の総称。情報関連産業と同義。電気通信産業、放送産業、印刷・出版産業など。衛星放送・衛星通信・コンピュータの発達、光ファイバーの利用など、技術の革新やメディアの多様化によって、情報に関わる産業がソフト・ハード面ともに発達し、その分野も多様化している。

情報通信技術産業 ①3

データセンター ① 大量のデータを保管するために大量のサーバーやルーターなどを収容し、高速のインターネット接続サービスを提供する施設。企業などが自前のサーバーを設置する場所を提供するサービスと、サーバーの貸しだしとシステムの運用管理を代行するサービスなどがある。地震などの災害を受けにくいこと、安定した電力の供給が得られること、厳重なセキュリティ対策が施されていることなど立地条件は厳しい。

情報技術革命(IT革命) Information Technology Revolution 1 コンピュータやインターネットをはじめとし、情報技術の発展によって生じる社会の大きな変化。新しい情報メディアの開発や普及、電子商取引の拡大などで、ビジネスとして大きな市場が形成され、情報技術の導入で社会生活も大きくかわっていくものと考えられる。

情報格差(デジタルデバイド) ③7 パソコンやインターネットなどの情報や情報技術を利用できる者と、できない者との間に生じる格差。個人間・地域間・国家間など様々な段階がある。国際的には情報技術を駆使してますます発展を遂げる先進国と、資金難やインフラストラクチャーの未整備などで情報技術を活用できない発展途上国との間の経済格差の拡大が問題となっている。

2 貿易と経済圏

国際分業の発達と貿易

国際分業 ③7 各国がそれぞれに最も適した商品をつくり、国際貿易を通じてその交換を行なうこと。国際分業を通じて各国の産業が国際経済の全体構造の中で、一定の役割をもつように組み込まれることで、国際分業体制が形成される。

垂直分業 ③2 先進国と発展途上国との間にみられる国際分業の一形態。先進国が工業製品を、発展途上国が原材料・燃料・食料などの一次産品を生産し、相互に補完し合う。

垂直貿易 2 先進国と発展途上国との間の貿易。南北貿易ともいう。一般に発展途上国からは原材料・食料が輸出され、先進国からは工業製品が輸出される。

水平分業 ③2 主として先進国間にみられる国際分業の一形態。先進国がそれぞれより有利な製品の生産を行ない、相互に特色ある工業製品を輸出入する経済関係。

水平貿易 2 先進国相互間の貿易。垂直貿易の対語。主として工業製品が相互に輸出入される。

保護貿易 ③4 国家が輸入品に輸入関税をかけたり、輸出品に輸出奨励金をかけるなど、国内産業の保護を目的とした貿易。統制貿易ともいう。外国との競争から国内市場を守り、自国産業の保護・育成を目的としている。第一次世界大戦後、保護主義の傾向が強まり、世界貿易が縮小するとともに国際的な対立が激化し、第二次世界大戦の原因の1つとなった。

自由貿易 ③3 国際間の商品・サービスの取引に際して、政府が関税や数量制限、輸出補助金などの手段により貿易を制限したり促進したりすることなく、自由に輸出入を行なわせること。保護貿易の対語。第二次世界大戦後、資本主義諸国はGATT・IMF体制と呼ばれる自由貿易体制をつくり、自由貿易の拡大を図ってきた。このような貿易自由化の方向は現在のWTO（世界貿易機関）にも受け継がれている。

加工貿易 ③2 原材料や燃料を輸入し、これらを製品や半製品に加工して輸出する貿易。資源に恵まれないが技術水準が高く、豊富な労働力をもつ国にみられる。日本やドイツ、近年は、工業化の著しい発展途上諸国などがその例。

サービス貿易 ③2 農産物や自動車などの物品の輸出入に対して、運輸・情報通信・金融・旅行・建設・コンサルタントなどのサービス業の国際取引をいう。1980年代以降、世界貿易の中でサービス貿易の割合が増加しており、WTO（世界貿易機関）でもその自由化について検討している。

:コールセンター ③3 顧客への電話対応業務を専門に行なう事業所。人件費の安い複数の国にコールセンターをもち、時差を利用して24時間対応を行なう企業が増えている。サービス貿易の一形態である。

技術貿易 ②1 国家間での特許権のやり取りやノウハウといった技術指導などの技術の提供(輸出)と供与(輸入)を行う国際的な取引のこと。

貿易収支 ① 国際収支のうち、商品の輸出入の収支。輸出と輸入の差額。アメリカ合衆国は大幅な赤字、日本も近年は赤字となっている。貿易赤字の減少・増加は、通貨に対する需要の増減につながるため、自国通貨の相場にも影響を及ぼす。

現代世界の貿易の現状と課題

i ——貿易の拡大と自由貿易

貿易自由化 1 自由貿易を推進すること。自由貿易の利益は、国際分業によって得られるが、関税などの貿易障壁が高すぎると国際分業がおきなくなる。このため、貿易自由化のためには関税などを撤廃し、貿易取引を自由に行ない、経済活動を活性化させることが必要となる。

自由貿易体制 ① 国家間の経済障壁を除去して、自由貿易の推進を図る国際体制。1995年以前はGATT、以降はWTO（世界貿易機関）がその推進母体となっている。

GATT(ガット)**（関税及び貿易に関する一般協定）** General Agreement on Tariffs and Trade ③4 関税や輸入制限などの貿易上の障壁をなくし、貿易を活発にするための国際貿易機構。第二次世界大戦後の国際貿易の発展に大きな役割を果たした。ウルグアイ＝ラウンドが1993年に終結したことを受けて、GATTはより権限を強化したWTO（世界貿易機関）へと発展的に解消した。WTOは1995年に発足した。

ウルグアイ＝ラウンド ① 1986年にはじまり、

1993年に合意されたGATTの多角的貿易交渉。日本の米輸入と絡んだ農産物貿易自由化交渉が注目を集めた。そのほか、従来の農業・繊維・資源などに加えて、金融・情報・通信などのサービス貿易や知的財産権などについて関税の一括引下げなどを協議した。

WTO（世界貿易機関） World Trade Organization ③7 GATTウルグアイ＝ラウンドが終結したあとを受けて、1995年に発足した国連の関連機関。世界貿易の自由化を推進するルールづくりと、そのルールを守らせる役割をもつ。モノの貿易だけでなく、サービス貿易や知的財産権も対象としており、紛争処理能力も強化された。

関税 ③4 輸入品に課せられる国税。財政収入を得ることをおもな目的として課せられる財政関税と、国内産業の育成をおもな目的とする保護関税とがある。

：関税同盟 1 国家間で結ばれた関税についての協定。加盟国間で関税の引下げや撤廃を行なって貿易の自由化を図り、域外取引には共通関税を設けて加盟国間の結束と利益確保にあたることを目的とする。ベネルクス関税同盟などがその例。

IMF（国際通貨基金） International Monetary Fund ②4 為替(かわせ)相場の安定と国際貿易の促進を図るために設けられた国際連合の専門機関。加盟各国から自国通貨による出資を求め、経済再建をめざす国に融資を行ない、第二次世界大戦後の貿易の拡大に重要な役割を果たしてきた。しかし、ドル危機以降の変動為替相場制の導入により、ドル基準の固定相場制は維持できなくなり、IMFも経済危機に陥った加盟国に対する短期融資などが中心となった。

固定相場制 1 各国政府間で、自国通貨と外貨の交換比率を固定・維持する制度。1944年に自由貿易や資本移動の促進を目的に、金1オンス＝35ドルと定め、常にドルと金は交換可能とされた。しかし、ドルの大量流失に伴い、1973年に先進各国は変動相場制へと移行した。 **変動相場制** ①1

国際金融センター 1 内外の金融機関が多数存在し、国境をこえた資本取引や債券の発行など、国際的な資金取引が活発に行なわれる大都市をさす。ニューヨーク・ロンドン・東京は3大国際金融センターと呼ばれる。

自由貿易地域 ① 域内あるいは加盟国相互間の関税を撤廃することにより、貿易拡大をめざす地域や国々の経済統合の一形態。対外的な関税については加盟国の自主性に任せるので、共通関税を設ける関税同盟よりは統合の度合いが低い。自由貿易圏ともいう。EFTA・NAFTAなど。

自由貿易圏 ①

FTA（自由貿易協定） Free Trade Agreement ③7 関税や数量制限、サービス貿易を行なううえで規制などを取り除く自由貿易地域の結成を目的とした、2国間以上の国際協定。WTO（世界貿易機関）による多角的貿易交渉が進展しない中、利害関係を共有しやすい国同士の間で結ばれることが多い。

EPA（経済連携協定） Economic Partnership Agreement ③7 単に関税を撤廃するなどの通商上の障壁を取り除くだけでなく、サービス・投資・電子商取引など、様々な分野での連携を強化し、締約国間の経済取引の円滑化を図る国際協定。

CPTPP（環太平洋パートナーシップに関する包括的及び先進的な協定） Comprehensive and Progressive Agreement for Trans-Pacific Partnership ③7 2006年のシンガポール・ブルネイ・ニュージーランド・チリの4カ国の交渉から始まった経済連携協定。09年にアメリカ合衆国・オーストラリア・ペルー・マレーシア・ベトナムが、12年にカナダ・メキシコが、13年に日本が参加、太平洋を取り囲む12カ国が交渉参加国。関税撤廃のほか、様々な非関税障壁の撤廃をめざして交渉が進められている。日本では国内農業の保護、食の安全性、医療保険制度の保護などの点から課題が指摘されている。2017年、アメリカ合衆国は不参加を表明。2018年12月、アメリカ合衆国を除く11カ国はCPTPP（環太平洋パートナーシップに関する包括的及び先進的な協定〈TPP11〉）を発効。2023年7月にイギリスの加盟を承認した。

ii ―― 経済のグローバル化

グローバル化 ③7 人々の動きや商品の移動、貨幣の流通や金融、文化活動や学術交流に至るまで、様々な活動が地球規模で行なわれるようになること。グローバリゼーションともいう。1990年代以降はとくに経済のグローバル化が強調され、金融の自由化や情報通信システムの国際化が加速された。

国際化 1

経済開放政策 ① 国内産業を保護するため

の優遇措置や対外規制を撤廃し、貿易の自由化や外国企業の資本進出を容認する経済政策。経済開放政策を推進する体制を経済開放体制と呼ぶ。経済開放体制を中国の社会主義計画経済から社会主義市場経済への移行、インドの混合経済から市場経済への移行について限定して用いる場合もある。

多国籍企業 ③[7] 海外の各地にその国の国籍をもつ現地法人としての子会社を展開し、原材料の調達や生産・販売活動を世界的な視野にたって行なっている大企業。世界企業(グローバル企業)ともいう。

世界企業(グローバル企業) [1]

企業内地域間分業 [1] 多くの多国籍企業が進めた企業内の国際分業。企業が利潤を求めて、研究開発、生産工程、販売などの配置と労働力や資金などの配分を海外の諸条件を考慮し、最適な分業体制として構築、グローバルな最適化を図る。そのため、本国の本社と海外の子会社、海外の子会社同士での企業内の国際貿易が増大した。

外国資本 ② 外国企業や他国の政府などにより国外から投下・融資される資本。経済のグローバル化が進み、多国籍企業の活動が拡大する中で、その割合は増大している。

外資系企業 ①[1] 国外に本社をもつ企業。今まで多国籍企業と呼ばれる大企業が主体であった自国外での企業活動は、経済の国際化に伴い中小企業をも含んだ広がりをみせている。

直接投資 ① 海外に資本を投下して、鉱山の開発や工場などの経営を行ない、そこから直接利潤を獲得すること。最近の日本では、借款(しゃっかん)や外国企業への証券投資などの間接投資よりも、日本の企業による直接投資の割合が高まっている。

開発輸入 ①[1] 先進工業国が発展途上国に資本や技術を投入して、資源を開発して輸入する方式。資源を安価に、しかも安定的に確保することを目的として行なわれる。鉱産資源や木材などでこの方式がとられる。

タックスヘイヴン ① 租税避難地・低課税地域ともいう。外国企業に対して非課税か、きわめて低率の課税しか行なわない国や地域。多国籍企業などが節税目的で利用することが多い。バヌアツ、バハマなど。

iii —— 貿易の地域差

経済格差 ③[4] 地域間、産業間あるいは国家間の豊かさの差。国家間の場合には、GNPやGDPの金額の大きさで計ることが多い。

GDP(国内総生産) Gross Domestic Product ③[4] 国内で1年間に生産された財とサービスの合計。最終生産物を市場価格で合計し、そこから中間生産物を差し引いて計算する。付加価値の合計であり、一国の経済規模を示す指標に用いられる。

GNI(国民総所得) Gross National Income ③[5] 経済活動の指標を所得の面から見直そうとしたもので、GDP(国内総生産)に海外からの所得の純受取りを加えたもの。国外から働きにきている就業者への賃金(国内から国外への支払い)や、国外への投資に対する支払い(国外からの国内への支払い)が反映される。

モノカルチャー経済 ③[6] 一国の経済が特定の一次産品の生産や輸出に依存する経済体制。生産量や国際価格の変動によって、国全体の経済が左右されやすいという欠点をもつ。かつてはブラジル(コーヒー)、ホンジュラス(バナナ)、スリランカ(茶)、ガーナ(カカオ)など発展途上国に多くみられる経済体制であったが、近年はモノカルチャー経済からの脱皮が図られている。

一次産品 ③[6] 自然に直接働きかけて獲得し、工業製品としての加工がほとんど加えられていない商品。農畜産物・林産物・水産物・鉱産物などがその例。工業製品に比べて市場価格の変動が激しいため、一次産品の輸出依存度の大きい発展途上国の経済は不安定になる。

フェアトレード(公正な貿易) ②[7] 世界経済や流通システムのひずみによって、生産物に対する正当な報酬が得られない人々や地域に対して、対等なパートナーシップによる公正な賃金を支払い、自立することをめざす貿易。

UNCTAD(国連貿易開発会議) United Nations Conference on Trade and Development ②[1] 発展途上国の貿易・開発問題の検討を目的とした国連の常設機関。第1回会議は1964年に開かれ、一次産品への貿易障壁の除去、発展途上国の工業製品に対する特恵とっけい関税などが決議された。「援助より貿易を」をスローガンとしている。

対外債務(たいがいさいむ) ①[2] 外国から借りている資本(借金)のこと。総資本輸入額が総資本輸出額よりも大きいと発生する。他国に支払う金額が、受け取る金額よりも多い国を債務国という。

債務国 ①

累積債務(るいせきさいむ) ③[2] 外国から借りた資本が、

その元金と利子を含め、返済が困難なほどに大きくなったこと。経常収支が恒常的に赤字である発展途上国や、急速な工業化で外資を導入したために累積債務の増大で経済危機をまねいている国があり、その国は累積債務国と呼ばれる。IMFと世界銀行は、1人あたりGNPが低く累積債務の割合が輸出額や国民生産額に比べて極めて高い国を重債務貧困国と定義し、債務を放棄し、救済の対象国としている。

アジア通貨危機 ③[3] 対ドル固定相場制を採用していたタイ通貨バーツが、1997年に変動相場制に移行したことで貨幣価値が下がり、この影響がインドネシアや韓国など周辺諸国に波及して深刻な金融不安が生じたこと。高い経済成長を実現したこれらの諸国には、海外から大量の投機的な資本が流入していたが、通貨危機に伴う外国資本の流出や為替変動による対外債務の急増などで、急激な信用収縮と不良債権の増加をまねき、深刻な景気後退が生じた。

日本の貿易の現状と課題

貿易摩擦(ぼうえきまさつ) ③[4] 貿易に関する関係国間の利害の対立。貿易相手国との間の貿易収支が著しく不均衡な場合には、国内経済に悪影響を及ぼし、貿易摩擦が生じることが多い。

経済摩擦 [1] 国際収支の不均衡などの経済問題を、一方の国が外交交渉で取り上げ、相手国に是正を迫ることで生じる摩擦。日米間、日欧間、欧米間、先進国と発展途上国間などでみられる。要求は、特定商品の輸出規制や、特定分野の市場開放、相手国の財政・金融政策改革要求など、広い範囲に及ぶ。

日米貿易摩擦 ③[1] 日米間の経済に関する利害の対立。とくに貿易に関する利害対立が大きい。日本はアメリカ合衆国に対して、貿易収支が大幅な黒字になっているため、アメリカ合衆国は日本に対して自動車や鉄鋼輸出の自主規制、農畜産物貿易の自由化を求めている。

農産物の貿易自由化 ③ 農産物の輸出入に際し、輸出補助金や輸入数量制限、関税などを撤廃して貿易拡大を図ろうとする動き。自由化はとくにアメリカ合衆国が強く要求しており、GATTウルグアイ＝ラウンドなどで討議され、CPTPP（環太平洋パートナーシップに関する包括的及び先進的な協定)でも課題となっている。

セーフガード（緊急輸入制限） ② GATTの特例に基づく緊急輸入制限措置。ある輸入品が急増し、これと競合する自国の産業が重大な被害を受ける恐れのある場合、その品目について、輸入の制限もしくは禁止することができる。セーフガードはWTO協定に引き継がれている。

3 観光

世界と日本の観光業

i ――観光

観光 ③7 他の地域の文物や風俗・風景などをみたり体験したりすること。英語のツーリズムの訳語。日本ではサイトシーイング(名所見物)の方が意味合いとしては近い。

リゾート ③2 保養地または行楽地。周遊型の観光・旅行の場所よりも、滞在型で余暇を過ごす場所・地域をさす場合が多い。山岳(スキー)リゾート、マリン(海浜)リゾート、スパ(温泉)リゾート、ゴルフリゾートなどがある。1987(昭和62)年に総合保養地域整備法(リゾート法)が制定され、全国で41道府県42地域が指定されたが、バブル崩壊後、環境破壊などの問題点が指摘され、反対運動もおき、廃止された構想も多い。 **海浜リゾート** ①

バカンス ③5 フランス語で休暇のこと。とくに夏の2～3カ月間、おもに海辺の保養地や田舎暮らしなどをしてゆっくりと過ごす場合などをいう。

インバウンド ③4 英語で「外から中に入る」という意味で、日本のインバウンド観光といえば、外国人観光客が日本を訪れること(訪日旅行)をさす。訪日外国人観光客は、2013年に初めて1,000万人を超え、2019年には3,188万人で過去最高を記録した。しかし、2020年は新型コロナウイルスの世界的流行の影響で激減、観光業や飲食業は業績不振に陥った。新型コロナウイルスの沈静化もあって2023年以降は訪日外国人も増加して復調の兆しを見せる。

アウトバウンド ②2 英語で「内から外に出る」という意味で、日本人観光客が外国を訪問するアウトバンド観光をさす。日本人出国者数は1980年代に成田空港の開港や円高などもあって増加し、1990年に1,000万人を突破した。1990年代後半から横ばい状態であったが2019年に2,008万人と過去最高を記録。インバウンド観光と同様に新型コロナウイルスの影響で2020年は激減した。

ビザ(査証) ①3 入国しようとする外国人に対して旅券(パスポート)が正しいものであり、入国にも問題ないことを入国先の国家が事前に示す証書。日本では観光ビザのような短期滞在のビザと一般ビザや就業ビザなどの就労・長期滞在のビザがある。また、短期滞在についてビザがなくても入国を認めるケースがあり、日本では約70の国・地域に居住する外国人に対してビザなし渡航を認めている。 **観光ビザ** ①4

温泉 ③5 地下のマグマを熱源とする火山性温泉と、火山とは無関係の非火山性温泉とがある。日本の温泉は火山性温泉がほとんどである。日本では1948(昭和23)年制定の温泉法により、次のように定義されている。泉源の水温が25℃以上(25℃未満は鉱泉または冷泉)。または炭酸イオン(HCO_3^-)・塩素イオン(cl^-)・硫酸イオン(SO_4^{2-})・金属イオンなどの種々の決められた溶解物質のうち、どれか1つが規定以上含まれている湧水をいう。

テーマパーク ③2 ある特定のテーマに基づいてつくられ、演出が加えられている公園または遊園地などの恒常的施設。1955年、アメリカ合衆国カリフォルニア州に開園したディズニーランドが本格的なテーマパークのはじまり。幅広い客層をターゲットにし、疑似体験をさせることを主眼とする。博物館・ホテル・商業施設などを併設している場合も多い。日本では1983(昭和58)年の東京ディズニーランドに続いて、長崎のハウステンボス(1992〈平成4〉年開業)、大阪のユニバーサルスタジオジャパン(2001〈平成13〉年開業)など、各地に様々なテーマパークが出現したが、平成不況の影響もあって閉園した所も多かった。

ワーキングホリデー ③2 1980年に日本とオーストラリア間で結ばれた、滞在費を補うための一定の就労条件つき査証、およびその休暇旅行制度。両国の若者を中心に、互いに相手国の生活や文化を体験することを目的にしている。対象は18歳から30歳まで。滞在は最長1年。協定国・地域はオーストラリア・ニュージーランド・カナダ・韓国・フランス・ドイツ・イギリス・アイルランド・デンマーク・(台湾)・(香港)・ノルウェー・ポルトガル・ポーランド・スロバキア・オーストリア・ハンガリー・スペイン・アルゼンチン・チェコ・チリ・アイスランドなど29の国・地域(2023年)。

グリーンツーリズム(農村観光) ③5 自然が豊かな農山漁村にゆっくりと滞在し、その地域の生活や文化、人とのふれあい、農林漁業体験を楽しむ余暇の過ごし方。ヨーロッパで生まれ、地域住民が主体となって、都市住民を受け入れ、交流を図ってきた。イギリスではルーラルツーリズム、フランスではツーリズムベール(緑の旅行)とも呼ばれている。日本では、1994(平成６)年に「農山漁村滞在型余暇活動のための基盤整備の促進に関する法律」(農山漁村余暇法)が制定された。

エコツーリズム ③[6] 持続可能な環境保全を考えながら自然環境および文化・歴史などを学び体験することに主眼をおいた観光。環境省が中心となり2007(平成19)年「エコツーリズム推進法」が制定された。環境保全・観光振興・地域振興・環境教育をおもな目的とし、環境保全のためのルールづくりやガイドの養成などを積極的に行なうよう求めている。地域をあげての取組みは、埼玉県飯能(はんのう)市・沖縄県西表島(いりおもてじま)などに具体的な事例がみられる。

トレッキング ② 自然景観を楽しみながら時間をかけて山麓を歩くこと。特別な装備や訓練も不要で、誰でも簡単に楽しむことができ、中高年や女性に人気がある。ヒマラヤ山麓やロッキー山脈などで盛んに行なわれている。1960年代にネパール政府が観光を振興するために使いだした言葉だといわれる。語源は「移動する」という意味のオランダ語。リバートレッキング・スノートレッキングなど様々なトレッキングが考案されている。

オーバーツーリズム ②[3] 一部の地域や期間・時間帯に観光客が集中することで、交通渋滞や騒音、ゴミ問題が発生して観光地に居住する住民の生活の質が低下したり、旅行者の満足度が低下したりすることが課題となっている。観光客の分散のための観光ルートの設定や交通渋滞を緩和するためにパークアンドライドを活用するなど対策が求められている。

ii ――観光地

チェジュ(済州)島 ③[2] 韓国の南、東シナ海に浮かぶ火山島。標高1,950mのハルラ山は成層火山。周辺の洞窟群も含めて世界遺産。15世紀初めまでは耽羅(たんら)という独立した王国が存在した。温暖な気候に恵まれ、韓国の代表的な観光地。日本からも多くの観光客が訪れる。島原ジオパークと姉妹提携を結ぶ。

キョンジュ(慶州) ① 韓国南東部の観光都市。新羅(しんら)時代の首都で、古墳や寺院が多い。石窟庵(ソックラム)と仏国寺(プルグクサ)などのほかに、多数の歴史的遺産や伝統的民俗村が世界遺産に登録されている。栃木県日光市と観光姉妹都市協定を結んでいる。

プーケット ②[1] タイ南部のマレー半島西岸に位置する面積約800km²の花崗岩(かこうがん)でできた島。かつては錫(すず)の大鉱床、ゴム・ヤシ・コショウのプランテーションが発達していた。住民はタイ人のほかに中国人(華人)が多い。風光明媚(ふうこうめいび)な海に面したビーチを有しており、ダイビングなどのマリンスポーツに代表される観光開発が進められている。2004年のスマトラ沖地震の際には、大津波により甚大な被害を受けた。

ギーザ(ギザ) [1] カイロ市からナイル川を挟んで反対側(西側)約20kmに位置する。南西に世界遺産のケオプス(クフ)・メンカウラー・カフラーの３大ピラミッド群がある。マムルーク王朝時代(13～16世紀)には栄えたが、19世紀以降は寂(さび)れた。近年は、カイロ都市圏に含まれ、カイロの富裕層の住宅地となっている。

ツェルマット [1] スイス南部、アルプス山中に位置する観光保養都市。マッターホルン北東麓の標高1,620mに位置する。アルプス登山口の景勝地。市街地から自動車を締めだしている。

コートダジュール ①[1] フランス南東部、プロヴァンス地方の地中海沿岸の地域。温暖な気候と美しい風景に恵まれ、19世紀半ば以降、観光保養地として発展した。地中海性気候の乾燥する夏には、フランスをはじめ北部のヨーロッパから、太陽の光を求めて大勢の観光客がバカンスを楽しみに訪れる。

ニース ③[1] フランスの南東部、コートダジュールの中心的な海岸保養都市。19世紀半ばからヨーロッパ貴族の高級避寒地として発展した。温暖な気候に恵まれ、１年を通して観光客が訪れる。イタリアとの国境に近く、帰属をめぐる歴史がある。

カンヌ ① フランス南東部、ニースの南西約30kmに位置するコートダジュールの海岸保養都市。温暖な気候と美しい風景に恵まれる。19世紀中頃、王侯貴族が訪れる高級リゾートとして発展した。毎年５月には国際映画祭が開催され、世界中から注目を集める。

ホノルル ②[3] アメリカ合衆国、ハワイ州の州都で、オアフ島に位置する国際的観光都市。温暖な気候とサンゴ礁、亜熱帯特有の植物などの観光保養都市として知られ、ワイキキのビーチにはホテルやレストランが建ち並ぶ。「太平洋の十字路」と称される海・空交通の要地でもあり、軍港や国際商業港・国際空港がある。

ロングビーチ ① アメリカ合衆国、カリフォルニア州南部、ロサンゼルス市の南約30kmの太平洋岸に位置する海岸保養都市。温暖な気候、美しい風景に恵まれ、早くから観光都市として発展した。ロサンゼルス市の郊外に位置し、港湾・油田・軍事施設などが設けられ、経済都市・港湾としての性格が強く、ボーイング社などの企業の拠点ともなっている。

ゴールドコースト ②[1] オーストラリアのブリズベン近くの亜熱帯気候に属する海浜保養地。ホテルやレストラン、ショッピングセンターが並ぶ国際的な観光地。高齢者向けのコンドミニアムなどがある。海岸ではサーフィンの世界選手権が行なわれるなど、サーフィンスポットとしても知られる。

ケアンズ ②[3] オーストラリア北東部、クインズランド州東岸の港湾都市。オーストラリア北部地域の鉱石・砂糖などの積出港となっている。グレートバリアリーフ内のトリニティー湾にのぞむため、グリーンアイランド国立公園やグレートバリアリーフ探勝(たんしょう)の出発地で、観光客が多い。日本からの直行便もある。

iii ——世界遺産

世界遺産条約 ②[1]「世界の文化遺産および自然遺産の保護に関する条約」の通称。1972年のユネスコ総会で採択。1978年にイエローストーンやガラパゴス諸島など、12件が初めて登録された。2023年現在、195カ国が締結し、世界で1,199件が登録。締約国には、人類が共有すべき普遍的な価値をもつ遺産の保護・保存における国際的援助体制の確立および将来の世代への伝達を義務づけている。自然遺産（生物多様性や景観美）・文化遺産（建造物や遺跡）・さらにその双方を満たす複合遺産に区分される。日本では、自然遺産として屋久島・白神山地・知床・小笠原諸島など5件が、文化遺産として法隆寺・姫路城・原爆ドーム・熊野古道(くまのこどう)・平泉・富士山など20件が登録されたが、複合遺産はない。近年の登録としては、2016(平成28)年に、国立西洋美術館本館が「ル・コルビュジエの建築と都市計画」の一部として、2017(平成29)年には、福岡県の「神宿る島宗像(むなかた)・沖ノ島と関連遺産群」が、2018(平成30)年には、「長崎と天草地方の潜伏キリシタン関連遺産」が、2019(令和元)年には、「百舌鳥(もず)・古市古墳群」が、2021(令和3)年には、「北海道・北東北の縄文遺跡群」が文化遺産に、同年には「奄美大島、徳之島、沖縄島北部及び西表島」が自然遺産に登録された。

世界遺産 ③[7]　**自然遺産** ③[3]
文化遺産 ③[3]　**複合遺産** ②[1]

：**ボロブドゥール** ①[1] ジャワ島の中部にある9世紀の大乗仏教の遺跡。世界最大の仏教寺院。直径115mの基盤の上に9層の階段ピラミッド状の廊下やテラスが重なり、その中に合計432体の仏像（小寺院）が納められている。72の鐘塔(しょうとう)と、中心には約35mの塔がそびえる。この塔によって全体がストゥーパ(仏塔)の形をなし、釈尊の一生を示す彫刻が施されている。幾何学的で均整のとれた建物は、立体的な曼荼羅(まんだら)ともいわれ、須弥山(しゅみせん)を模したものともいわれる。火山の噴火により、一時埋没していたとされるが、1814年に再発見、発掘された。近年は、再び崩壊が激しくなり、ユネスコが中心になり保存修復が図られた。1980年からは日本が技術協力をして観光と地域振興を図る事業が展開された。1991年に世界文化遺産に登録された。

：**フエ** ①[3] ベトナムの古都。紀元前3世紀には町ができていたとされる。248年にチャム(占)人により占拠され、10世紀にはチャム人の王国(チャンパ王国)の中心都市の1つとなった。19世紀にはベトナム（阮(ぐえん)朝）の首都となった。王宮・城壁・王陵博物館などがあり、博物館には歴史的な遺物が多い。町を流れるフオン川(香江)の河港で、南シナ海につながる。ベトナム戦争の激戦地となり、多くの建物が破壊された。1993年に旧王宮や歴代皇帝の墓などが世界文化遺産に登録された。

：**マラケシ（マラケシュ）** [1] モロッコ中南部のアトラス山脈の山麓に位置するマラケシ州の州都。旧市街は、1985年に世界文化遺産に登録された。この町は、1070年頃からベルベル人による最初のイスラーム王朝(ムラービト朝)の都として築かれた。その後、サハラ砂漠を縦断する隊商の起終点として、またイスラーム文化・芸術の中心地として栄えた。現在の旧市街(メディナ)は、迷路のように狭い路地が走り、モロッコでは最大規模のスーク(市場)に小さな商店がひしめく。クトービアモスクのミナレット、バイーヤ宮殿、サード朝の大廟墓群、バルアベ陵、アグダル庭園などが点在する。なかでも、かつて公開処刑場であったとされるジャマエルフナ広場は、ユネスコの無形遺産に選ばれている。

フェス ① モロッコ中北部のフェス州の州都。ラバトの東198kmに位置する歴史的宗教都市。９世紀に建設され、交通の要衝として発達した。壮大なモスクが建ち並ぶイスラーム教徒の聖地をなす旧市街と王宮のある南西部の新市街、ヨーロッパ人が建設した近代的な都市とからなる。1981年に旧市街が世界文化遺産に登録された。

ジェンネ ①[1] マリ中部のニジェール川とバニ川に挟まれた中州に位置する。古くから交通の要衝として栄え、金・穀物・生活物資などの取引が行なわれた。14世紀のマリ帝国時代に絶頂期を迎え、イスラーム教が伝えられ、モスクが建設された。20世紀に再建されたモスクは、泥のモスクとして有名で、骨格にしたヤシの木が突出する独特の様式をもっている。1988年に旧市街が世界文化遺産に登録された。

マチュピチュ ②[1] ペルー南部にある15世紀のインカ帝国の遺跡。クスコの北西約70km、標高2,430mに位置し、谷底から約665m上の尾根上にある。1911年７月にアメリカ人探検家ビンガム (H. Bingham) が発見したとされる。広大な石造りの建造物が残り、解明されていない部分も多い。現在は要塞ではなく、太陽神を祀(まつ)り、太陽を観測するための建物群であったとの説が有力である。1983年に世界文化遺産に登録された。

❶日本の世界自然遺産

白神山地(しらかみさんち) ③[1] 青森県と秋田県にまたがる標高１,100～１,200m級の山地。世界的なブナの原生林が広がることから、1993(平成５)年に屋久島とともに日本で最初の世界自然遺産として登録された。総面積13万haのうち、中央部の核心地域１万7,000haが世界自然遺産登録地となった。

屋久島(やくしま) ③[2] 鹿児島県大隅(おおすみ)半島の南南西にある島。1993(平成５)年に世界自然遺産として登録された。島の面積の21%が世界自然遺産に登録。標高０mの海岸から1,935mの九州最高峰の宮之浦岳(みやのうらだけ)まで、亜熱帯から亜寒帯までの植物が分布し、固有種も豊富なことから「東洋のガラパゴス」と呼ばれる。標高約500mの山地には屋久杉の巨木が残されている。

：**縄文杉(じょうもんすぎ)** ① 屋久島を象徴するスギの古木。屋久島の山岳地帯に生育するスギで、樹齢1,000年以上のものは屋久杉と呼ばれる。その中でも縄文杉は根回りが16mにも達する最大の巨木。推定樹齢は3,000年をこえる。

：**屋久杉** [1] 屋久島に自生するスギの中で、樹齢1,000年をこすものを屋久杉と呼ぶ。なかでも樹高30m、根回り43mに達し、樹齢3,000年以上と推定される縄文杉は、屋久島を代表する巨木。

知床(しれとこ) ②[1] 北海道の北東端、オホーツク海に突きだした知床半島とその沿岸海域。中央部には火山が連なり、切り立った海岸線に囲まれている。流氷が接岸する最南端に位置し、豊富な魚介類とそれを捕食する猛禽類(もうきんるい)やヒグマなど、海と陸の食物連鎖がみられる貴重な自然環境が評価されて、2005(平成17)年、世界自然遺産に登録された。

小笠原諸島(おがさわらしょとう) ③[4] 東京の南南東約1,000kmの太平洋上にある火山列島で、弧状列島である伊豆小笠原弧の一部。行政区は東京都小笠原村。英語名 “Bonin Islands”、江戸時代の「無人島」に由来。一度も大陸や大きな島と陸続きになったことがない洋島で、固有種の割合が高く、とくに陸産貝類(カタツムリの仲間)や植物などに、進化の過程がわかる貴重な証拠が残されていることが評価され、2011(平成23)年、世界自然遺産に登録された。

❷日本の世界文化遺産

法隆寺地域(ほうりゅうじちいき)の仏教建造物 ②[1] 法隆寺は607 (推古(すいこ)天皇15) 年に創建され、古代寺院の姿をそのまま現在に伝える仏教施設。聖徳太子 (厩戸王(うまやとおう)) ゆかりの寺院。金堂・五重塔などの西院伽藍 (現存する最古の木造建築物群) と夢殿などの東院伽藍からなる。法起寺(ほっきじ)とともに1993(平成５)年に世界文化遺産として日本で最初に登録された。

姫路城(ひめじじょう) ②[1] 別名白鷺城(しらさぎじょう)。国宝。創建は1346 (正平(しょうへい)元・貞和(じょうわ)２) 年とされるが1609 (慶長(けいちょう)14) 年に池田輝政(いけだてるまさ)が築いた城郭が、数次の大改修を経て現在にまで伝えられている。第二次世界大戦の空襲にも焼失することなく、江戸時代のままの姿を現在に残している。中曲輪(なかぐるわ)より内側が1993(平成５)年に日本で最初の世界文化遺産に登録された。2015(平成27)年まで平成の大修理が行なわれた。

古都京都の文化財 ②[1] 上賀茂(かみがも)神社・下

(注)「明治日本の産業革命遺産」,「奄美大島，徳之島，沖縄島北部及び西表島」,「北海道・北東北の縄文遺跡群」は複数の県に遺産が点在するため省略。

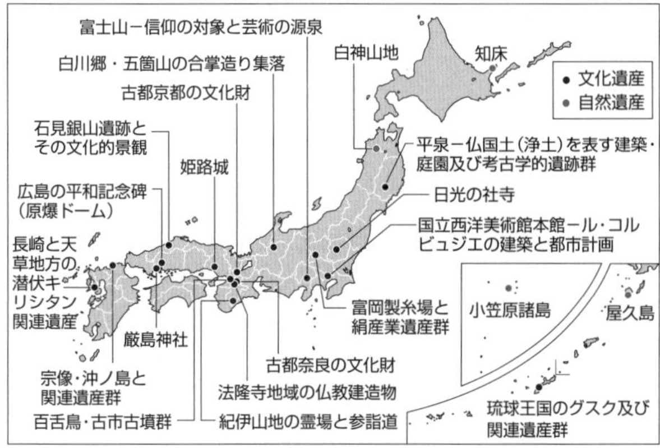

日本の世界遺産

鴨(しもがも)神社・東寺(とうじ)・清水寺(きよみずでら)・延暦(えんりゃく)寺・醍醐(だいご)寺・仁和(にんな)寺・平等院・西芳(さいほう)寺（苔寺(こけでら)）・金閣寺・銀閣寺・龍安(りょうあん)寺・西本願寺・二条城など、17カ所の寺社とその周辺部。建築様式や庭園が日本の文化的伝統の創出とその後の世界に与えた影響が大きいとして、1994(平成６)年、世界文化遺産として登録された。

白川郷(しらかわごう)・五箇山(ごかやま)の合掌造(がっしょうづく)り集落 ②[1] 白川郷は岐阜県大野郡白川村にあり、五箇山は富山県南砺(なんと)市に位置する。いずれも庄川の流域に位置し、白川郷が上流域である。合掌造りは、切妻造りの屋根裏に、２層ないし３層の空間をもつ大型家屋である。急勾配の茅葺(かやぶ)き屋根をもち、手を合わせた合掌した姿に似ているところから「合掌造り」と呼ばれる。この特徴ある家屋の形は、豪雪地帯で雪下し作業の軽減を期待し、さらに屋根裏を養蚕業に活用したためといわれている。保全や補修に多くの人手と費用がかかるなどの問題がある。1994(平成６)年、世界文化遺産として登録された。

原爆ドーム ②[2] 広島市に投下された原子爆弾の惨禍を現代に伝えるために残された平和記念碑(被爆建造物)。もとは広島県産業奨励館。1996(平成８)年に世界文化遺産として登録された。「２度と同じ過ちを繰り返さないように」との戒(いまし)めや願いを込めて、「負の世界遺産」と呼ばれている。

厳島神社(いつくしまじんじゃ) ②[1] 広島県宮島（厳島）にある神社。安芸国一宮(あきのくにいちのみや)。平安時代に平家一門から崇拝を受け、平清盛(たいらのきよもり)により社殿が現在の規模に造営された。本社拝殿や回廊・平家納経(のうきょう)などは国宝。大鳥居・五重塔は重要文化財。これら海上に浮かぶ建物群と背後の弥山(みせん)を含む森林域が1996(平成８)年に世界遺産として登録された。

古都奈良の文化財 ②[1] 東大寺（正倉院(しょうそういん)含む）・興福(こうふく)寺・春日大社(かすがたいしゃ)・元興(がんごう)寺・薬師(やくし)寺・唐招提寺(とうしょうだいじ)・平城宮跡・春日山原始林の８件。日本建築と日本美術は日本の文化発展の証左(しょうさ)であり、日本と中国・朝鮮半島との文化交流を示すものとして、1998(平成10)年に世界文化遺産として登録された。

日光(にっこう)の社寺 ②[1] 日光東照宮(とうしょうぐう)・日光二荒山(ふたらさん)神社・日光山輪王(りんのう)寺の103棟の建造物群と周辺の文化的景観。陽明門(ようめいもん)などの国宝のほか、神輿舎(しんよしゃ)などの重要文化財が多数含まれる。1999 (平成11) 年に世界文化遺産として登録された。

琉球王国(りゅうきゅうおうこく)のグスク及び関連遺産群 ②[1] 沖縄本島南部に位置する旧琉球王国の遺跡群。今帰仁城跡(なきじんじょうあと)・座喜味城跡(ざきみじょうあと)・勝連城跡(かつれんじょうあと)・中城城跡(なかぐすくじょうあと)・首里城跡(しゅりじょうあと)・園比屋武御嶽石門(そのひゃんうたきいしもん)・玉陵(たまうどぅん)・識名園(しきなえん)・斎場御嶽(せーふぁうたき)の９カ所。2000(平成12)年に世界文化遺産として登録された。

紀伊山地(きいさんち)の霊場(れいじょう)と参詣道(さんけいみち) ②[1] 和歌山県・奈良県・三重県にまたがる吉野・大峯(おおみね)、熊野三山、高野山(こうやさん)の３つの霊場と熊野参詣道、大峯奥駈道(おおくかけみち)、高野山町石道。金峯山寺(きんぷせんじ)本堂・金剛峯寺(こんごうぶじ)不動堂などの国宝４件と熊野那智大社(なちたいしゃ)などの国重要文化財23件を含む。2004（平成

16)年に世界文化遺産に登録された。

石見銀山遺跡(いわみぎんざんいせき)とその文化的景観 ②1
島根県大田(おおだ)市にある戦国時代から江戸時代まで銀を産出した日本最大の銀山跡。銀山柵内のほか、代官所跡や羅漢(らかん)寺五百羅漢と街道や港町など周辺の文化遺産が2007(平成19)年に世界文化遺産として登録された。

平泉(ひらいずみ)―仏国土(浄土)を表す建築・庭園及び考古学的遺跡群 ②1 平安時代末期の仏教寺院や浄土庭園が現世の浄土を表現したものであり、現代にまでその文化が継承されていることが評価されて、中尊寺(ちゅうそんじ)・毛越寺(もうつうじ)・観自在王院跡などの5つの資産が2011(平成23)年、世界文化遺産に登録。東日本大震災のわずか3カ月後の登録であり、東北復興につながるものとして歓迎された。

富士山 ③6 →p.69

第4章 人口、村落・都市

1 人口

人口分布・人口増減

アネクメーネ（非居住地域） Anökumene ③[2] 無居住地域ともいう。人類が常住していない地域。砂漠・寒冷地域・高山地域などに分布し、全陸地面積の約10％を占める。

エクメーネ（居住地域） Ökumene ③[2] 人類が常住し、生活を営んでいる地域。歴史とともに拡大し、全陸地面積の約90％を占める。

人口分布 ③[3] 地球上に人口が広がり散らばっている状態。気候・地形・土壌・水などの自然環境や地域の生産様式などの社会環境の相違により、人口分布は不均等となっている。その結果、世界人口の３分の２はアジアとヨーロッパに分布し、南半球の人口は約10％にすぎない。

人口密度 ③[5] 人口を土地の面積で除した単位面積（一般には１km^2）あたりの人口で、人口分布の粗密を表わす。世界の人口密度は、１km^2あたり60人（2020年）であり、自然環境や社会環境の地域的な相違によって生じる粗密の差は大きい。

国勢調査 ①[2] １国の人口や産業などに関して、期日を定めて行なう調査。英語ではセンサス。日本では1920（大正９）年に第１回国勢調査が行なわれ、以来、５年ごとの10月１日に実施している。

自然増加 ③[4] 出生数と死亡数の差。出生数が死亡数を下回る場合は、人口の自然減少となる。なお、出生率から死亡率を引いたものを自然増加率という。日本では、2005（平成17）年に死亡率が出生率を上回り、自然増加率は減少に転じた。

死亡率 ③[7] 総人口に対する死亡数の割合。百分率（％）、または千分率（‰(パーミル)）で表わす。

出生率 ③[7] 総人口に対する出生数の割合。百分率（％）、または千分率（‰）で表わす。

人口増加率 ③[6] 一定期間における、ある地域の総人口に対する人口増加の割合。千分率（‰）で表わされる。自然増加と社会増加があるが、世界全体の人口増加は自然増加によるものである。世界人口は、経済や医療の発達が著しい産業革命以降、急速に増加しはじめた。人口増加がさらに加速したのは、第二次世界大戦後で、発展途上国が医療や衛生状態を改善し、死亡率を低下させたことが要因である。

合計特殊出生率(しゅっしょうりつ) ③[7] １人の女性が生涯に何人子どもを産むかを示す数値。15歳から49歳までの各年齢の女性がその年に出産した数値の平均を足し合わせたもの。先進国の多くは2.0以下で、アフリカなどの発展途上国は3.0以上も多く、世界全体では約2.3である。乳幼児死亡率の低い先進国では、現在の人口を維持するためには2.1前後が必要とされる（人口置換水準）。日本は第二次世界大戦後のベビーブームでは4.0をこえていたが、1970年代後半には2.0以下、2005（平成17）年には1.26と最も低くなった。なお、2022（令和４）年の合計特殊出生率も1.26である。

人口置換(おきかえ(ちかん))水準 ②[3]

人口転換・人口移動

多産多死 ③[7] 出生率・死亡率ともに高い人口の自然増減の一形態。人口増加は緩慢な人口漸増(ぜんぞう)型となる。アフリカ・南アジア・西アジア・ラテンアメリカなどの発展途上国の一部にみられる。

多産少死 ③[6] 出生率は高いが、死亡率が低い人口の自然増減の一形態。人口増加が著しく、人口急増型となる。東南アジア・ラテンアメリカなどに多く、近代化が進行中の発展途上国にみられる。

少産少死 ③[7] 出生率・死亡率ともに低い人口の自然増減の一形態。人口増加は低く安定していて、人口漸増型あるいは人口停滞型となる。ヨーロッパ・アングロアメリカ・日本など先進国にみられる。

人口転換（人口革命） ③[5] 人口増減の形が多産多死型から多産少死型へ、さらに少産少死型へ変化すること。

乳幼児死亡率 ②[4] １歳未満の乳児と６歳未満の幼児を合わせた死亡率。乳児や幼児は病気などに対する抵抗力が成人に比べて弱いため、発展途上国ではその死亡率が高い。近代的な医療技術が導入されたり、公衆衛生が改善されたりすると低下し、人口増加の原因の1つとなる。

乳児死亡率 ②4

平均寿命 ③4 0歳の平均余命。先進工業国で長く、発展途上国で短い。

ベビーブーム ①2 出生数が大量に増加すること。第二次世界大戦を挟む数年間は、日本の経済・社会が激変しており、出生率は低下した。しかし、戦後の1947〜49(昭和22〜24)年にはその反動として毎年250万人をこえる大量の出生があり(第1次ベビーブーム)、人口が急増した。同様の現象は欧米諸国でもみられた。

マルサス T. R. Malthus ①1 1766〜1834 イギリスの経済学者。西ヨーロッパが産業革命の進展に伴って増大する人口に悩んでいた頃、その著『人口論』で、人口は等比級数的(1・2・4・8・16……)に増加するが、食糧は等差級数的(1・2・3・4・5……)にしか増加しないため、過剰人口による食糧不足で、貧困と悪徳が発生すると警告した。

人口移動 ③4 人間が移動すること。その理由は経済的・政治的・民族的・宗教的など多様である。移動の様式には、期間により永久的移動と一時的移動があり、範囲により国際移動と国内移動がある。また、通勤・通学も日移動、または振り子移動と呼ばれ、人口移動の一形態である。

社会増加 ③4 ある地域への移入人口とそこからの移出人口との差。社会増減。ある地域の総人口に対する移入人口・移出人口の割合をそれぞれ移入率・移出率といい、その差を社会増加率という。

出稼(でかせ)**ぎ** ①3 人口の一時的移動の1つの形態で、特定の時期や季節のみの人口移動。季節移動。農閑期を利用する酒造りの職人(杜氏(とうじ))、また農産物の収穫や大都市での土木建設に従事するための出稼ぎなどがある。

出稼ぎ労働者 ②5

民工潮(みんこうちょう) ①1 中国において、改革開放政策以降、農村部から沿岸部の都市部に労働者として押し寄せてきた農村出身の単純労働者のことを民工(農民の工業労働者という意味)という。中国の経済発展を底辺で支えてきた。労働条件は次第に改善されているものの、差別なども加わり、依然厳しい状態にある。民工潮とは、そういう人々の大きな人口移動の動きのこと。

農村戸籍・都市戸籍 ②3 中国の戸籍制度。農村に居住する者には「農村戸籍」、都市に居住する者には「都市戸籍」を与え、自由に移動することを制限した。その結果、都市と農村の経済・公共福祉の格差が大きくなった。改革開放政策のもとで都市へ流入する人が増え、戸籍をもたずに都市に居住する人が増えた。戸籍がないと子供の教育や医療などをはじめとする福祉サービスを受けることができない。中国政府は2025年までに戸籍制度の一部撤廃や緩和を宣言しており、格差の解消への取組みが進められようとしている。

移民 ③7 国外への移住者。移動の様式には永久的移動と一時的移動がある。前者の例としては、ヨーロッパから南北アメリカ大陸・オセアニアへの移民など。後者の例としては、イタリア・トルコからドイツ・スイスへの出稼ぎなどや、メキシコからカリフォルニアへの出稼ぎ農民などがある。

日系人 ③7 日本人の海外移住者とその子孫。日系移民は、1868(明治元)年、153人の日本人がハワイへ渡ったのが最初。ハワイでのサトウキビの栽培、カリフォルニアでの米・野菜の栽培、ブラジルでのコーヒー・綿花の栽培などで成功した例も多い。2022(令和4)年現在、海外の日系人は推定400万人で、最も多いのはブラジルの約190万人、次いでアメリカ合衆国の約150万人である。

華僑(かきょう) ③2 国外に移住した中国人。「僑」は異境や外国に暮らす人の意味がある。人口過剰や政情不安などの理由で、中国南部のフーチェン(福建)省やコワントン(広東)省などからおもに東南アジアなどに移住し、現地の商業・経済分野で活躍する人が多い。一般に勤勉で蓄財に優れ、本国の親戚に送金するなど、一種の出稼ぎの形態をとってきたが、近年では現地の国籍を得て定着している人が多い。

華人 ③6 おもに東南アジアなどの現地で生まれ、その国の国籍を取得して定着している中国人。国外へ移住したが、国籍を取得していない1世の中国人を華僑と呼び、2世以降を華人と区別して称する場合もある。また、国籍の有無に関わりなく華僑と同義に使い、一般に中国系住民を総称して華人と称する場合もある。

印僑(いんきょう) ③1 おもに19世紀のイギリス植民地時代に、インドから東南アジアやインド洋周辺諸国、および中南米に移住したインド人。現地の経済分野で活躍する人が多い。現在では、中東への出稼ぎ労働や欧米でIT産業などで活躍するインド系住民も多い。なお、印僑とは華僑に対してつくられた造語であるとされる。

開拓前線（フロンティア） ③ アメリカ合衆国の西部開拓において、開拓地と未開地の境界をいう。アメリカ合衆国では、植民が開始された17世紀からフロンティア（開拓前線）が消滅する19世紀末まで、東部の定住地帯から西へ向かう継続的な人口移動現象（西漸運動）がみられた。それによって未開地であった西部が農地にかわり、街が次々にできていった。西部開拓は、自由と平等というアメリカ的な価値観を具現化させる最も理想的な空間とされ、多くの開拓者をひきつけた。しかし、それは先住民ネイティブアメリカン（インディアン）たちにとっては悲惨な歴史の幕開けであった。

ゴールドラッシュ ③[5] 19世紀中頃から末にかけて、新しく発見された金鉱に、一攫千金を夢みて多くの人々が押しかけた現象。1848年にカリフォルニアで始まり、アメリカ西部のコロラド州やサウスダコタ州の乾燥地帯のほかに、アラスカやユーコンの寒冷地、オーストラリアの砂漠などに、にわかに鉱山都市を出現させた。

人口構成

人口構成 ③[3] 年齢・性・産業・職業・居住地など、人口の属性による区分。地域的な特徴を示し、他地域や過去との比較などによって、人口政策や人口問題を考える際の重要な指標となる。

年齢別人口構成 ③[1] 人口を年齢別に区分した人口構成。一国の人口政策にとって重要な指標となる。さらに性別に区分することによって、人口ピラミッドで表わすことができる。

年少人口 ③[7] 15歳未満の人口。2020年の世界平均は25.4％。アジアやアフリカの発展途上国では人口の半数近くが年少人口で占められている。一方、先進国や東欧諸国では15％以下の国が多い。発展途上国の平均が27.2％であるのに対して、先進国の平均は16.4％。日本は12.4％（2020年）。

生産年齢人口 ③[7] 15歳以上65歳未満の人口（発展途上国では老年人口が少ないので、60歳未満の人口で産出する場合が多い）。生産に携わることのできる年齢層に該当する人口という意味。その国の生産能力を示す尺度の1つとなる。

老年人口 ③[6] 65歳以上の人口。日本の総務省の統計では「高齢者人口」という用語が使用されている。（なお、発展途上国では老年人口が少ないので60歳以上を老年人口とする場合が多い。その一方、高齢化の進む日本では75歳以上とする意見もある）。老年人口の割合（高齢化率）は2021年で世界平均は9.6％。国連では、総人口に占める老年人口の割合が7％に達すると、高齢化社会であるとした。14％以上が高齢社会。21％以上を超高齢社会という。日本は、1970（昭和45）年に7.1％、1995（平成7）年に14.6％、2007（平成19）年に21.5％、2023（令和5）年に29.1％になった。

高齢化率 ②[5]　**高齢者人口** ①[1]

人口ボーナス ②[1] 人口構成で年少人口と老年人口の割合が低く、生産年齢人口の割合が高い状態をさす。労働力が豊富で経済成長を見込め、消費活動も盛んになる。一方、教育の充実や雇用の確保が必要となったり、急速な人口増への調整が必要となったりする場合がある。

人口オーナス ② 人口構成で年少人口と老年人口の割合が高く、生産年齢人口の割合が低い状態をさす。年少人口と老年人口を養う生産年齢人口が少ないため、社会保障支出など経済的な負担が増加して労働市場や経済成長の縮小となる場合がある。

人口ピラミッド ③[6] 性別・年齢別人口構成をグラフ化したもの。中央の縦軸に年齢をとり、左右に男女別の人口数または構成割合をとり、棒グラフで表わす。通常は、年齢を重ねるにつれて死亡者数が増えるので、底辺が広く上にいくに従って狭くなるのでピラミッド型を示す。しかし、日本のような少子高齢化社会では人口構成はピラミッド型を示さない。このグラフは過去の人口の自然増加（減少）や社会増加（減少）を示唆し、現在や将来の性別・年齢別人口構成の特徴を理解したり、予測したりするのに便利である。

富士山型（ピラミッド型） ③[5] 人口全体に占める低年齢層の割合が大きく、高年齢層が非常に小さい人口構成の型。人口が漸増する多産多死型、人口が急増する多産少死型にみられる。アジア・アフリカ・ラテンアメリカなどの発展途上国や戦前の日本にみられる形。多産多死型を富士山型、多産

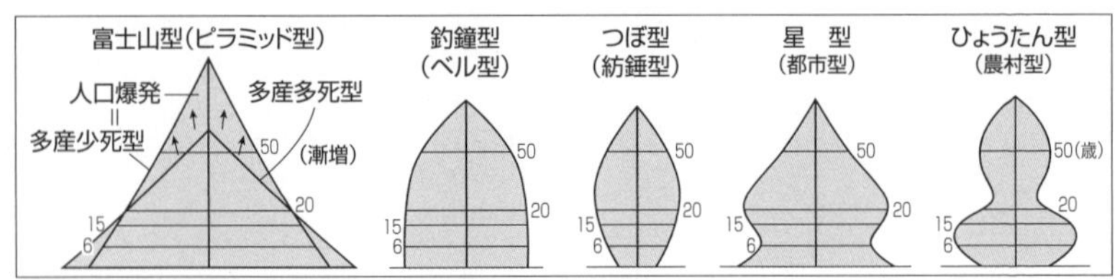

各種の人口ピラミッド

少死型をピラミッド型と分ける場合もある。

ピラミッド型 ③2

釣鐘型(ベル型) ③5 低年齢層と高年齢層の差が少ない人口構成の型。人口が漸増したり、増加が停滞する少産少死型にみられる。ヨーロッパ・アングロアメリカ・オセアニアなどの先進国に多くみられる形。

つぼ型(紡錘型) ③5 低年齢層よりも高年齢層の割合が大きい人口構成の型。釣鐘型よりさらに出生率が低下した場合にみられ、少子高齢化が進み、人口が停滞または減少する。フランス・ドイツ・日本などにみられる。若年労働力が不足し、国力衰退のおそれが懸念される。

星型 ③ つぼ型が出生数の回復によって、再び裾野が広がった型。地方レベルでは、周辺地域から労働者が流れ込んで就業人口が増加した場合にもこの型となり、都市型ともいう。

ひょうたん型 ③ 星型から再び出生数が減少したもの。地方レベルでは、労働人口が周辺の都市に流出し、高齢者層と若年齢者層が残される型。農村型ともいう。

産業別人口構成 ③3 産業人口を産業部門別に区別した人口構成。国や地域の産業構造、経済の発達程度により異なる。イギリスの経済学者コーリン＝クラーク (Colin Clark 1905〜89) により第1次産業・第2次産業・第3次産業に分類された。また、ペティ＝クラークの法則により、産業の発展に伴って第1次産業から第2次産業へ、さらに第3次産業へと国民所得の比重がシフトしていくとされた。

第1次産業 ③3 農業・牧畜業・林業・水産業・狩猟業の各産業をさす。また、コーリン＝クラークによる分類では鉱業を第1次産業に区分している。人間が自然に働きかけて直接富を得る産業で、一般に第2次産業や第3次産業に比べて生産性が低い。

第2次産業 ③4 鉱業・製造業・建設業の各産業をさす。第1次産業の生産物の加工を主とする。コーリン＝クラークは電気・ガス製造業も第2次産業に分類しているが、日本では第3次産業に分類するのが慣例である。

第3次産業 ③4 商業・金融業・運輸通信業・サービス業・公務・自由業の各産業をさす。第1次産業・第2次産業に分類できない産業はすべて第3次産業に分類される。産業構造の高度化に伴って発達してくる。

2 人口問題

人口問題 ③[7] 人口が食糧・経済力や生活空間に対して均衡を失った時に生ずる問題の総称。時代や国・地域によりその問題は様々である。先進国では、少子化や高齢化が、途上国では過剰人口による飢餓や貧困、都市への人口集中が問題となっている。

人口支持力 ③ ある環境条件の地域において居住する人々を扶養できる力。地域の食料生産や輸入量を含めた食料供給の力に同じ。人口扶養力や環境収容力ともいう。ドイツの地理学者ペンク (Albrecht Penck) は地球上における収容可能な人口数を可容人口といい、Z (人類の総数) =LP/nで示した (Lは全陸地、Pは地表単位の平均生産、nは各人の平均食料需要量)。

人口爆発 ③[7] 人口が爆発的に増加する現象。産業革命期のヨーロッパ・北アメリカを中心とした第1次人口爆発と、第二次世界大戦後の発展途上国を中心とした第2次人口爆発がある。第2次人口爆発は医療の普及による死亡率の急減に対し、高い出生率が続いたために生じた。これにより、食料問題や雇用問題などが発生している。

世界人口会議 [1] 人口爆発などの人類を危機に陥れる人口問題に対処するため、1974年にルーマニアのブカレストで開かれた国連主催の人口問題の国際会議。

国際人口開発会議 (ICPD) International Conference on Population and Development ①[1] 1994年にエジプトのカイロで開催された国連主催の世界人口会議。人口の都市集中、高齢化、国際移動、人口と環境などの問題を解決するために話し合われた。さらに、家族計画を含むリプロダクティブ=ヘルス／ライツ (性と生殖に関する健康とその権利) という新しい概念が登場し、今後の人口開発プログラムの新しい指針として合意を得た。ここでは、家族計画を人口抑制の手段とするよりも、女性の人生に対する自己決定権を人権の一部として尊重する考え方が前面にだされた。

リプロダクティブ=ヘルス/ライツ (性と生殖に関する健康とその権利) ②[4]

人口抑制政策 ③[1] 出産の年齢や回数などを規制して、人口の増加を抑制しようとする政策。中国の晩婚奨励や一人っ子政策、インドの家族計画運動の推進などが代表的な例。

家族計画 ③[7] 出産を計画的に行ない、人口増加を抑制すること。健全な家庭経済を維持し、人口を抑制しようとする政府の政策の1つでもある。世界大恐慌の頃に欧米諸国で好んで使われた理念。単なる産児制限ではなく、生まれてくる子どもの幸せを考慮したもので、日本では第二次世界大戦後に普及した。人口増加が著しい発展途上国での普及、促進が期待される。

一人っ子政策 ③[7] 1979年から行なわれるようになった中国の人口抑制政策。「一人っ子」の家庭は、日常生活の様々な面で優遇された。その結果、出生率は低下したが、男女比のアンバランス、高齢化の進展、労働力不足の懸念などの問題が生じ、2015年に廃止された。

過疎(かそ) ③[4] 農山村地域から人口が流出し、活力が乏しくなった状態。商店・学校・医療機関などが閉鎖されて、社会生活を維持することが困難になる場合が多い。

限界集落 ③[3] 過疎化・高齢化が進み、経済的・社会的な共同生活の維持が困難になり存続が危ぶまれる状況に陥った集落。中山間村・山村・離島などにみられる。2019(令和元) 年の国土交通省の調査では、10年以内に消滅する可能性のある集落が454。いずれ消滅するであろうとされる集落が2,744集落あるとされた。過疎地域に指定された地域の集落のうち、住民の半数以上が65歳以上である集落は32.2%となった。

社会保障制度 ③[3] 日本の社会保障制度には、保険・医療・児童福祉・障害者福祉が含まれる社会福祉、生活保護や年金制度などの所得保障、労災保険や雇用保険の労災・雇用および公衆衛生がある。1990年代の後半から不況による財政難などの理由から、日本の社会保障制度の見直しが始まった。2000 (平成12) 年には介護保険法が施行された。

少子化 ②[6] 出生率の低下により、子どもの数が減少すること。日本の合計特殊出生率は2005年 (平成17) 年には1.26人と、人口動態統計史上、最も低い数字となった。原因は、女性の晩婚・晩産化、育児・教育費用の負担感の増加、住宅確保の難しさなどが考えられる。国は、「新エンゼルプラン」(仕事と子育ての両立支援など)、育児・介護休暇制度、保育施設の拡充などを行なっているが、減少傾向に歯止めはかかっていない。

少子化対策 ②

ワークライフバランス(WLB) Work Life Balance ③ 仕事と生活の調和をはかり、性別・年齢にかかわらず、誰もが働きやすい仕組み・社会をつくること。労働の多様化、女性の社会進出、家族形態の多様化、少子高齢化などに対応して、就労による経済的自立が可能な社会、健康で豊かな生活のための時間が確保できる社会、各個人が多様な働き方・生き方が選択できる社会の実現をめざしている。

育児休暇制度③1

高齢化 ③6 総人口に対する65歳以上の老年人口の割合が大きい社会。国際連合では、7%以上を高齢化が進んでいる社会(高齢化社会)と規定している。出生率の低下、平均寿命の伸びなどが原因となって先進工業国に多くみられる。老人福祉の施設の必要性、若年層の老人扶養の負担増などの問題がある。 **高齢化社会**②3

:**高齢社会** ②4 高齢化が進み、65歳以上の老年人口比率が14%以上の高い水準に達し、それが持続されている社会。日本は1994(平成6)年にこの水準に達している。なお、老年人口比率が21%以上の社会を超高齢社会という。日本は2007(平成19)年に21.5%になった。 **超高齢社会** ②3

少子高齢化 ③5 子どもの数が減り、それとは対照的に高齢者の数が増加すること。少子高齢化がさらに進んだ社会を少子高齢社会という。少子化は高齢化の最大要因である。日本では1975(昭和50)年には、15歳未満の年少人口は高齢人口の約3倍あった。しかし、1996(平成8)年にはほぼ同数になり、2016(平成28)年には、年少人口は老年人口の2分の1以下となった。少子高齢化は人口の減少を産み、景気の低迷や、社会保障負担の増加など、社会や経済に与える影響が懸念されている。

老人ホーム 3 高齢者のための居宅系福祉施設の一つ。地方公共団体や社会福祉法人が設置するものと営利法人が設置するものがある。前者には、常時介護が必要な人のための特別養護老人ホームと、養護老人ホーム、軽費老人ホーム(ケアハウスなど)がある。後者には、有料老人ホーム、サービス付き高齢者向け住宅、認知症の老人を対象にした認知症高齢者グループホームなどがある。高齢社会の到来で、需要はますます増えている。

人口減少社会 ② 出生数よりも死亡数の方が多く、継続して人口が減少している社会。少子高齢化とともに人口減少の時期を迎え、日本では、2010年代以降、継続して人口が減少している。過密の解消、環境保全、失業率の低下などのメリットも指摘されているが、生産年齢人口の減少による税収の減少・労働力不足・消費の停滞や、高齢者の増加による医療や社会福祉の負担増などが懸念され、生産性の向上、子育て支援、女性・高齢者の社会参加の増加など課題が多い。

外国人労働者 ③7 国境をこえて移動する労働者。移民労働者ともいう。西ヨーロッパの工業国、西アジアの産油国などでは多くの外国人労働者を受け入れ、労働力不足を補っている。移動先での経済状況が悪化すると、雇用不安に直面することがある。ドイツのガストアルバイター、ブラジルの日系移民などもその例である。

移民労働者 ①2

ガストアルバイター ①

不法就労者 ① 外国人で滞在期限を過ぎても国内で就労している者。また、就労目的で入国したのではないにもかかわらず就労している者。日本は、日系人を除いて単純労働者の受入れはしていない。不法就労者は、出入国管理法違反者として強制退去させられる。不法就労に関しては、雇用主にも刑罰が科せられる。

3 村落・都市

村落の立地と発達

集落 ③[3] 人の住む家屋が集合したもの。人口集中の状態や中心となる産業の相違などにより、村落と都市に分けられる。

村落 ③[1] 都市に対して用いられる語。都市より人口・人口密度・家屋密度が小さく、第1次産業従事者の割合が高い集落。

：**漁村** ① 住民が漁業を営む集落。半農半漁村の多い日本では純粋な意味での漁村は少ない。純漁村は農業に不都合な屈曲した岩石海岸などに多い。

輪中(わじゅう) ③[6] 洪水を防ぐため、周囲に堤防をめぐらせた所。集落は堤防に沿って列村を形成したり、堤防内の微高地に塊村(かいそん)をつくったりする。木曽川(きそがわ)・長良川(ながらがわ)・揖斐川(いびがわ)の下流域や利根川(とねがわ)、吉野川(よしのがわ)、筑後川(ちくごがわ)の下流域にみられる。洪水対策のために、母屋(おもや)よりも一段高い場所に水屋(水塚)を用意した輪中集落もみられる。

輪中集落 ③　**水屋**(みずや)(**水塚**(みつか)) ②[3]

納屋(なや) ② 倉庫のこと。農家では農作業に必要な農機具などを収納しておく。漁村では、漁業に必要な漁具(網や船など)を収納しておくための小屋。九十九里浜(くじゅうくりはま)の納屋集落は、もともと網小屋があった浜堤(ひんてい)などに、家を離れた次男などが集落をつくったもの。親村と子村の関係がある。

環濠集落(かんごうしゅうらく) ③ 防御や灌漑のための堀をめぐらせた集落。弥生時代にもみられるが、多くは中世に発達し、稗田(ひえだ)や竹ノ内(たけのうち)など奈良盆地に現存する。

丘上集落(きゅうじょうしゅうらく) ③ 外敵や野獣、マラリアなどの風土病を避けて、丘上に立地する集落。中世初期まで治安が悪かった地中海沿岸にみられる。

谷口集落(たにぐちしゅうらく) ② 河川が山から平野にでる境に形成される集落。山間部の産物と平野部の産物を交換するために市がたち、人々が集まることによって発達した集落が多い。水力を使った機(はた)業や繊維関係の産業が形成される場合が多く、山麓部の重要な経済拠点となる。集落は河岸段丘上に帯状に形成され、家屋は密集した形となることが多い。青梅(おうめ)(東京)・寄居(よりい)(埼玉)などの関東山地東麓に連続して形成された。

村落の発達

条里制(じょうりせい) ③ 大化改新(たいかのかいしん)で班田収授法(はんでんしゅうじゅほう)を実施するための耕地の区画制度。耕地を6町間隔で正方形に区切り、方6町を里と呼び、その中に方1町の区画を36つくり、これらを一の坪(つぼ)、二の坪と地番をつけて呼んだ。現在でも、道路・用水路などに格子状の遺構が残っている。

林地村(りんちそん) ③ 中世のドイツやポーランドの森林地域の開拓によって、新たに成立した集落。谷沿いの道路に沿って家屋が列状に並ぶ。その背後に、短冊状の細長い耕地・草地・森林がのびている。林地持分村(りんちもちぶんそん)・林隙村(りんげきそん)ともいう。

広場村(ひろばそん) ② 集落のうち、集落の中心に広場をもつ形態をとるもの。円村・環村に分類される。広場は集会場・市場・家畜の放牧場などに利用され、教会がある場合もある。ドイツのエルベ川流域の開拓当時、治安が悪かった地域によくみられる。

新田集落(しんでんしゅうらく) ③ 江戸時代になって開拓された田畑を新田といい、その新田を基盤として発展した集落。洪積台地・火山山麓・砂丘などの高燥地、低湿地・浅海・湖沼の干拓地に分布し、集落に新田という地名のついたものが多い。武蔵野(むさしの)台地や有明海(ありあけかい)沿岸に多くみられる。

屯田兵村(とんでんへいそん) ③ 明治時代、北海道の開拓と防御のために設けられた村落。屯田兵は平時は農業を営むが、非常時には武器をとり治安の維持にあたった。アメリカ合衆国のタウンシップ制を参考にして、200戸を1単位として整然とした碁盤目(ごばんめ)状の地割が行なわれた。

村落の形態

集村(しゅうそん) ③ 集落の平面形態の1つ。家屋が数十から数百連続している村落。日本では最も一般的にみられる。

：**塊村**(かいそん) ③ 集村の一形態。多くの家屋が不規則で塊状に密集する集落。西南日本に多い。

：**円村**(えんそん)(**環村**(かんそん)) ③ 集村の一形態。中央の円形ないし楕円形の広場や池を取り囲んで家屋が環状に分布している集落。広場は防御・集会・市場や家畜の追込みなど、多様に用いられた。ドイツからポーランドにかけて、中世の開拓集落に多い。北ヨーロッパのエルベ川以東のスラブ人集落にみられる広場村の一形態と考えられている。

：列村(列状村) ③ 集落の一形態。多くの家屋が列状に分布している集落。山麓の湧水線や自然堤防に沿ってみられる。

：路村 ③ 集村の一形態。多くの家屋が道路に沿って列状に分布している集落。新田集落などの開拓地に多い。宿場町など、道路への依存度が高い場合には街村という。

散村 ③ 集落の平面形態の1つ。家屋が1戸ずつ分散している村落。集落の発生が新しく、共同防衛・共同水汲み場などの必要がない場合や、アメリカ大陸やオーストラリア大陸などの大規模な機械化経営を行なう農業地帯などにみられる。

：砺波平野 ③ 富山県西部、庄川が形成する扇状地性の平野。平野中心の砺波市周辺には散村が発達している。

：タウンシップ制 ③ アメリカ合衆国やカナダで行なわれた公有地の分割制度。18世紀後半から19世紀前半にかけて実施された。6マイル(約9.6km)四方を1タウンシップとし、その36分の1を1セクション、その4分の1にあたる160エーカー(約65ha)に1農家を入植させた。格子状の道路網をもち、散村をなす。

都市と都市圏

都市 ③[7] 村落に対して用いられる語。村落より人口・人口密度・家屋密度が大きく、第2次・第3次産業従事者の割合が高い集落。

都市人口 ③[7] 都市に居住する人口。世界的な都市化の進展に伴って、都市人口が増大している。日本では3大都市圏の人口率は45%に及び、国土の3.4%の都市域(人口集中地区)に全人口の68.3%が集中している(2015年)。

都市圏 ③[6] 都市の影響・勢力の及ぶ領域。商圏・サービス圏・通勤圏などで表わす。

：3大都市圏 ③[4] 東京を中心とする首都圏、大阪を中心とする関西圏(京阪神大都市圏)、名古屋を中心とする中京圏をいう。

京阪神 ②

：首都圏 [2] 首都東京を核とした都市圏。京浜大都市圏ともいう。東京を中心として、千葉・埼玉・神奈川県など各地域が交通・通信網で密接に結ばれている。日本の政治・経済・学術・マスコミなど、あらゆる分野の中枢機能が集中して、日本最大の巨大都市圏を形成している。 **首都** ①[2]

首位都市(プライメートシティ) Primate city ③[5] 国の政治・経済・文化などの諸機能が集中し、人口が第1位となっている大都市をさす。一般に発展途上国では第2位以下の諸都市との都市間格差が大きい。メキシコシティやタイのバンコクなどその例。

郊外 ③[4] 都市の周辺地域。多くは都市に近い住宅地となる。もともとヨーロッパでは貴族や富裕な者が都市の窮屈な生活を離れ、田園地帯の自然に親しみ、ゆっくりする場所であったが、近代になって鉄道や道路網の整備などで、大都市へ通勤するサラリーマンの居住地域へと変化した。地価が都心を離れるにつれて低下することから、同じ地域には同じような生活レベルの人が集まるようになる。

都市の立地と形態

高山都市 ③[3] 低緯度地方の高原に、暑熱やマラリアなどの風土病を避けて立地する都市。高原都市ともいう。平均気温が15℃前後で常春気候であるが、気温の日較差が大きく、紫外線が強い。旅行者は高山病にかかりやすい。

：ボゴタ ②[6] コロンビアの首都。同国中央部のアンデス山中の標高2,540〜2,640mに位置する高山都市。商業・工業が発達する。年平均気温13.4℃。北緯4度35分。人口約783万人(2021年)。

：ラパス ③[4] ボリビアの事実上の首都(憲法上はスクレ)。同国西部のアンデス山中アルティプラノの標高3,600〜4,060mに位置する高山都市。年平均気温8.5℃。南緯16度30分。人口約96万人(2022年)。

直交路型道路網 ② 直線道路を直交させた道路網。世界中で最も普遍的にみられる。中国のチャンアン(長安)などの古代都市、日本の平城京・平安京などがその例。

放射直交路型道路網 ② 放射状道路と直線道路を組み合わせた道路網。ワシントンD.C.などがその例。

放射環状路型道路網 ②放射状道路と環状道路を組み合わせた道路網。モスクワやオーストラリアのキャンベラなどにみられる。

迷路型道路網 ② 袋小路や行止まりなどの道路が複雑に組み合わされている街路網。防御のためという説が有力。イランのテヘランやシリアのダマスカスなど、イスラーム圏の古都にみられる。

:テヘラン ③5 イラン北部、エルブールス山脈南麓に位置する同国の首都。1795年にカージャール朝の首都とされて以降繁栄した。袋小路の多い旧市街と、1934年以降建設された新市街からなる。織物・自動車・食品加工などの工業が発達している。

都市の発達

i——古代

バビロン 1 メソポタミアの古代文明の発祥地に成立した都市。バビロニアの首都で、世界最古の計画都市として知られる。

アテネ ③5 古代ギリシャの都市国家から発展した都市。ギリシャの首都。市内には遺跡が多く、国際的な観光都市でもある。

ローマ ③7 イタリア中部、テヴェレ川下流部に位置する同国の首都。古代ローマ帝国以来の古都で、史跡に富み、世界的な文化・観光都市。市内にカトリックの総本山であるバチカンがある。

チュニス ②4 チュニジアの首都。古代カルタゴの史跡がある。城壁で囲まれたカスバを中心とした旧市街とフランス人が建設した新市街とにより構成される。オリーブ・ワイン・リン鉱石の積出港。

チェンマイ ①1 チャオプラヤ川沿岸に位置するタイ北部最大の都市。13世紀に建設されたスコータイ王朝の古都。囲郭都市。周辺の盆地では稲作・野菜・果樹栽培が盛んであり、各種工業が発達している。スコータイ王朝は14世紀に衰え、アユタヤ王朝(1351〜1767) にかわった。古都アユタヤは交通の要地、かつて日本町が栄えた。

アユタヤ 2

平城京 ③ 8世紀、奈良時代の都として繁栄した古代都市。内容・外観ともに唐のチャンアン(長安)を模して建設された。碁盤目状の道路をもった計画都市。現在の奈良市の基礎をなす。 **奈良市** 2

ii——中世

城塞都市(じょうさいとし) **(城郭都市)** ② 周囲を城壁・木柵(もくさく)・土塁などの要塞(ようさい)で取り囲まれた都市。古代都市や中世ヨーロッパの都市に多く、外敵を防ぐために、夜間や危急の場合には城門が閉められた。囲郭都市(いかくとし)ともいう。

カルカソンヌ ① フランス南部にある城塞都市。3,000mにわたる二重の城壁と50をこえる塔をもち、城壁に囲まれた部分は「シテ」と呼ばれる。1997年に世界文化遺産に登録され、フランスの観光名所となっている。

ドゥブロヴニク ① クロアチアのアドリア海沿岸にある城塞都市。旧市街の街並みは「アドリア海の真珠」と表されるほど美しい。その旧市街は1979年に世界文化遺産に登録された。

ハンザ同盟都市 ①1 リューベック・ブレーメン・ハンブルクなど、中世後期に北ドイツのバルト海沿岸地域で貿易を独占する特権を有していた都市。ハンザとは古いドイツ語で、「団体」や「同盟」を意味する。神聖ローマ帝国の皇帝に忠誠を誓いながらも、相互に独立性を保つ緩やかな同盟だったが、経済同盟にとどまらず、時には政治的・軍事的同盟組織として機能し、中央組織はもたず、それぞれの都市独自の利害に基づいて自由に行動していたといわれる。

ブレーメン ①2 中世後期の北ドイツを中心に発達した自由都市ハンザ同盟の中心的都市。ウェーザー川の河口から約60km遡(さかのぼ)った地点に位置し、造船・航空機などの機械工業が盛ん。

iii——近世

城下町(じょうかまち) ②2 戦国時代末期から江戸時代初期にかけて、領主(大名)の居城を中心に建設された都市。日本の多くの都市の母体となった。防衛上から山・川・海などを背にした所や台地の先端に立地し、周囲に濠(ほり)や土塁をめぐらしたものが多くみられる。防衛のためにクランク状や丁(てい)字路(T字路)の街路が設けられたり、寺町・商人町・職人町など身分・職業別による町割を取り入れた計画都市でもある。

宿場町(しゅくばまち) ③3 江戸時代、おもな街道の中継点や分岐点などに、宿場を中心に問屋場(といやば)・旅籠屋(はたごや)・本陣(ほんじん)・茶店(ちゃみせ)などが集まって形成された町。東海道(とうかいどう)や中山道(なかせんどう)の宿場町がよく知られている。

門前町(もんぜんまち) ③2 有力な寺院を中心に、山門の前や境内(けいだい)に参詣者(さんけいしゃ)相手の土産物店・飲食店・旅館などが並ぶ町。

:成田(なりた) ①2 千葉県北部の下総(しもうさ)台地に位置する。真言宗智山派(しんごんしゅうちさんは)大本山の成田山新勝寺(しんしょうじ)の門前町として発達。初詣のほか、節分会・祇園会などには多くの参詣者が訪れる。

：**長野市** ②[2] 長野県北部、長野盆地の中央に位置する同県の県庁所在地で、宗教都市。善光寺(ぜんこうじ)の門前町で、北国街道(ほっこくかいどう)の宿場町でもあった。

：**日光市** [3] 栃木県西部に位置する観光都市。古くは二荒山(ふたらさん)神社、江戸時代からは日光東照宮(とうしょうぐう)の鳥居前町(とりいまえまち)として発達した。日光国立公園の表玄関として、国際的観光都市でもある。

iv ——近現代

衛星都市 ③[1] 中心都市の周辺に位置し、中心都市の機能の一部を分担している都市。住宅衛星都市・工業衛星都市などがある。サテライト＝タウンともいう。

メトロポリス（巨大都市） ③ 政治・経済・文化などの中心をなす大都市。大都市圏（メトロポリタンエリア）を形成し、周辺の中小都市や地域に大きな影響力をもつ。東京・ロンドン・ニューヨークなど。

大都市圏 ③[2] 大都市とその周辺地域で大都市と密接な関係をもつ範囲。大都市圏は、中心地域（都心）・周辺地域・外縁地域と同心円状に広がる場合が多い。都心には政治・経済・文化の中枢機能が発達し、周辺地域には都心部へ通勤・通学する人々の住宅街や商業地区などの市街地が形成される。外縁地域では近郊農業地域となる。周辺へ向けて市街化が進むため、ドーナツ化現象やスプロール現象がおきやすい。東京・パリ・ロサンゼルスなど。

メガロポリス（巨帯都市） ③ 連続する複数の都市が高速交通網や通信網で強固に結合され、全体が密接な相互関係をもちながら活動している巨大な都市化地帯。フランスの地理学者ゴットマン（J. Gottmann 1915〜94）が1964年にアメリカ合衆国北東部大西洋沿岸地域の都市（ボストン〜ワシントンD.C.）を示すのに用いた。

東海道メガロポリス ②

連接都市（コナーベーション） ② 市街地の拡大によって、隣接する複数の都市が連続して1つの都市域を形成した都市群。ルール地方、五大湖沿岸地方、京浜工業地帯などにみられる。

世界都市（グローバルシティ） ③[1] 国際金融や情報の中心機能が集まり、外国籍・多国籍企業の支店・事務所などが集中した都市。世界の政治・経済・文化と密接に結びついた都市。東京・ロンドン・ニューヨークなど。

都市の構造

都市の内部構造 ③ 都心の内部がCBD（中心業務地区）、小売業・卸売業地区、住宅地区、工業地区など特色ある都市機能により分化した状態をさす。その形状から、同心円型・扇形型・多核型などによって説明される。

：**同心円型(どうしんえんがた)（同心円モデル）** ③ 都心のCBDを囲み、漸移帯(ぜんいたい)（卸売・軽工業）、低級な住宅地帯、高級な住宅地帯、通勤者地帯の5つの地帯が同心円状に配置されるという理論。アメリカ合衆国の社会学者バージェス（E. W. Burgess 1886〜1966）による理論（1925年）。

：**扇形型(せんけいがた)（扇形モデル）** ③ セクターモデルともいう。都市地区、卸売・軽工業地区、下級住宅地区、中級住宅地区、高級住宅地区が扇型に地形や交通路に従って放射状に配置されるという理論。アメリカ合衆国の経済学者ホイト（H. Hoyt 1895〜1984）による理論。

：**多核型(たかくがた)（多核心モデル）** ③ 自動車交通の普及に伴って、中心業務・卸売・住宅などのそれぞれの機能は、中心性をもっていて、相互の関係から配置が決まるので、一般的な配置の法則はなく、多くの機能別の核心があるという理論。アメリカ合衆国の地理学者ハリス（C. D. Harris 1914〜2003）やウルマン（E. L. Ullman 1912〜76）による理論（1945年）。

都心 ③[1] 都市の景観上・機能上の中心地区。交通・通信が集中し、建築物の高層・立体化が進み、行政や経済の中枢管理機能が集まっている。

CBD（中心業務地区） Central Business District ③[4] 商・工・金融業などの本社、全国組織の本部などの中枢管理機能が集まっている地区。ビジネスセンターともいう。ニューヨークのマンハッタン地区、東京の丸の内・大手町地区、ロンドンのシティ地区などがその例。

中枢管理機能 ③

：**マンハッタン** ②[3] マンハッタン島からなるニューヨーク市の中心業務地区。ニューヨーク市を形成する5区の中で、人口密度が最も高く、摩天楼(まてんろう)で名高い高層ビルが建ち並ぶ。

：**ウォール街** ③[2] ニューヨーク市マンハッタン区南端に位置する通り。世界的な金融の中心地。古くて狭い通りに数多くの銀行・証券会社・商社などが並ぶ。

：シティ ①5 ロンドンの中心業務地区。世界経済の中心地の1つで、世界の金融機関・企業が活動している。銅・錫(すず)などの国際価格もここで決まる。

中心商店街 ①1 一般には、その都市の中心となる商店街で駅などの周辺に立地していることが多い。東京の内部構造の場合は小売業地区と卸売業地区があり、前者は銀座(ぎんざ)・日本橋(にほんばし)地区、後者は神田(かんだ)から浅草(あさくさ)にかけての問屋街が相当する。

ミョンドン（明洞） ① 韓国ソウルの中心部にある商業地区。ソウル駅から南大門(ナムデムン)を経て1kmほどの地域。美都波(ミドパ)・新世界・ロッテなどの大手デパートが集まり、ファッションを中心とした若者の街となっている。韓国最古のカトリック教会であるミョンドン聖堂がある。

ダウンタウン ① とくにアメリカ合衆国では都市の中心部を意味し、多くの企業・金融機関・デパートなどが集中している地区。新しく都市が拡大した場合には、旧市街地というような意味合いもある。「下町」というわけではない。

副都心 ③2 巨大都市で、都心の中枢管理機能の一部を分担する地区。都心と郊外を結ぶ交通上の結節点に立地することが多い。

：新宿(しんじゅく) ①2 東京の副都心の1つ。東京の西の玄関として、鉄道やバスなど各種交通機関のターミナルおよび結節点となっている。新宿副都心計画が進行して高層ビルが建ち並ぶ。

：渋谷(しぶや) ①1 東京の副都心の1つ。東京の南西の玄関として、各種交通機関のターミナルおよび結節点となっている。デパート・飲食店・映画館などが多く、繁華街。渋谷駅周辺は再開発が行われている。

都市の機能

i ——生産都市

工業都市 ②1 工業機能が卓越している都市。産業革命以後の工業化に伴い、急速に増加した。川崎・マンチェスター・デトロイトなど。

鉱業都市 ② 鉱山の開発を契機に発展した都市。採掘や精錬に関係する施設(工場)や従業員宿舎があり、鉱山関係の人口が多い都市。ポトシ（ボリビア）・チュキカマタ（チリ）・ヨハネスバーグ(南アフリカ)など。

ii ——交易都市

交易都市 ② 商業・金融・貿易・交通などの機能が卓越している都市。

：ハルツーム ③3 白ナイル・青ナイル川との合流点に位置するスーダンの首都。同国の政治・経済・文化の中心。白ナイル・青ナイル川の定期航路の基地でもある。

：イキトス 1 ペルー北東部のアマゾン川上流の町。標高は106m。河口から約3,500kmあるが、ここまで3,500t級の大型船が遡れる。19世紀後半から20世紀初頭にゴムブーム。船か飛行機を使わないと行けない町。人口約45万人(2021年)。現在はアマゾンツアーの出発点として観光拠点。

港湾都市 ①1 湾や運河の出入り口の港を中心に発達した都市。ポートサイド・ケープタウン・パナマ・アデンなど。

：アデン ②1 アラビア半島南端、アデン湾に面する港湾都市。イエメン共和国第2の都市。古くからインドとヨーロッパを結ぶ交通の要衝として発達。インド洋から湿った風が吹きつけ、年間を通して気温が高い。

商業都市 ② 問屋・卸小売・金融・保険などの商業機能が卓越している都市。最も普遍的にみられる都市。大阪・フランクフルト・ニューヨークなど。

：ベイルート ②1 レバノンの首都。中継貿易港・金融センター・観光地として繁栄。長期の内戦で破壊されたが、和平の進展で再開発が進む。西ベイルートはイスラーム教徒、東ベイルートはキリスト教徒の居住区。

：ダマスカス ③4 シリア南西部にある同国の首都。オアシスに立地し、古くから交易の中心地として発達した。大規模なスーク(市場)がある。

：バグダッド ③6 イラク中部、ティグリス川中流部に位置する同国の首都。8世紀にアッバース朝の首都として造営され、イスラーム世界の政治・経済・文化の中心地として栄えた。近年は、石油関連の工業が発達する。

iii ——消費都市

❶政治都市

政治都市 ③3 首都や県庁所在地などのように、政治や行政機能が集中した都市。自然発生的に生まれた都市もあるが、政争や機能的な面を考え、計画的につくられた都市も多い。

：**ケソンシティ** ① マニラ市北東に、1938年の国民議会の議決に基づいて建設された計画都市。マニラ市にかわる新首都として計画され、1948〜76年の間、首都となった。マニラ市とともにマニラ首都圏を構成する。フィリピン大学やマニラ大学がある。都市名は初代大統領ケソンに由来。

：**アブジャ** ①[3] ナイジェリアの中央部、連邦首府特別区に位置する都市。1991年よりナイジェリアの首都。1960年代後半のビアフラ内戦の反省から、特定の民族や社会集団に有利にならないように、部族対立の少ない地域を選んで15年をかけて建設された。

：**キャンベラ** ①[3] オーストラリア南東部に位置する同国の首都。メルボルンとシドニーの間の首都をめぐる対立のために、計画的に建設された都市で、放射環状路型道路網をもち、地域ごとに機能を分離している。特別区をなし､連邦政府直轄地となっており、政治的機能が特化した代表的な都市。

：**デリー** ③[7] インド北部に位置する同国の首都。20世紀初め、イギリスが首都デリー(オールドデリー)から移転して建設した計画都市がニューデリー。整然とした道路網・緑地帯をもち、ムガール帝国の首都オールドデリーとは対照的な都市空間を示す。首都はデリーに統一され、デリー首都圏の行政区がニューデリー。 **ニューデリー** [1]

：**ブラジリア** ③[4] ブラジル高原東部に位置する同国の首都。旧首都はリオデジャネイロ。1960年に内陸部開発の拠点として建設された計画都市で、平面形はジェット機に似ており、その頭部の三権広場に司法・立法・行政機関がおかれている。

：**ワシントンD.C.** ③[5] アメリカ合衆国東部のポトマック河畔に位置する同国の首都。いずれの州にも属さない連邦政府直轄地で、ワシントン＝コロンビア特別区を形成する。放射直交路型道路網をもつ計画都市。

：**ワルシャワ** ③[5] ポーランド東部、ヴィスワ川中流に面する同国の首都。中央ヨーロッパの文化・経済・政治の中心地。1611年にポーランド＝リトアニア共和国の首都となり発展。第二次世界大戦後はソ連の衛星国家。1989年に民主化が実現、歴史的なポーランド国家の首都となった。1980年に「ワルシャワ歴史地区」が世界文化遺産に登録された。

：**ウィーン** ③[7] オーストリア東部のドナウ川右岸に発達した同国の首都。交通の要衝・民族の結節点として発展。「音楽の都」と呼ばれる。第一次世界大戦までオーストリア＝ハンガリー帝国の首都。現在はオーストリアが永世中立国であるためIAEAやOPECなど国際機関の本部の集積地。

：**ベルリン** ③[7] 第二次世界大戦後、東ドイツ領内のかつての首都ベルリンは、東西2つのベルリンに分割された。しかし、1989年のベルリンの壁崩壊をきっかけとして、90年にドイツは統一を実現した。統一後、ベルリンは再びドイツの首都となった。

❷宗教都市

宗教都市 ③ 特定の宗教の発祥地・聖地などにつくられた都市。寺院やモスクなどを中心に、巡礼者・参拝者などを対象にした宿泊施設・飲食店・土産物屋などが多く存在する。

：**メッカ** ③[7] サウジアラビア中西部に位置する宗教都市。イスラームの聖地。イスラム教徒の毎日の礼拝はメッカに向かって行なわれる。信徒には一生に一度のカーバ神殿のあるメッカへの巡礼を課している。

：**メディナ** ①[2] サウジアラビア中西部、聖地メッカの北500kmに位置する宗教都市。ムハンマドの廟があるため、イスラームの聖地であり、ムスリムの魂の故郷といわれる。古くから隊商路の中継地でもある。

：**エルサレム** ③[7] イスラエル中東部に位置する同国の首都(国際的には未承認)。ユダヤ教の聖地である嘆きの壁、キリスト教の聖地である聖墳墓教会、イスラームの聖地であるアル・アクサモスクと、三大宗教の聖地が集まっている。各宗教間の争奪の対象となり、紛争が絶えない。11世紀から12世紀にかけての初期の十字軍は、キリスト教徒によるイスラム教徒からの聖地奪回のための大遠征であった。

聖墳墓教会 ①
アル・アクサモスク ①

：**ヴァラナシ** ③[4] インド北東部、ガンジス川中流部に位置する宗教都市。ヒンドゥー教・仏教・ジャイナ教の聖地とされる。この町を流れるガンジス川の近くで死ぬと、輪廻(りんね)から解脱(げだつ)ができるとされており、ヒンドゥー教徒はガンジス川のガート(川岸に設置された階段)で火葬され、遺灰をガンジス川に流すことを至福と考えている。ガンジス川で沐浴(もくよく)をし、祈りを捧げるために各地から訪れる。また、郊外には釈迦が初めて説法を行なったサールナート(鹿野苑(ろくやおん))がある。

ラサ ③[5] チベット（西蔵）自治区の中心都市。チベット仏教（ラマ教）の聖地。チベット語で「神の地」という意味。標高3,650mに位置する高山都市で、政治・経済・文化の中心地。「ナンコル」「バンコル」「リンコル」という環状の巡礼路がある。ポタラ宮とその周辺の建物群（トゥルナン寺など）は、1994年に世界文化遺産に登録された。

ソルトレークシティ ③[2] アメリカ合衆国ユタ州の州都。湖面標高1,282mのグレートソルト湖の沿岸に位置する。キリスト教系の新宗教であるモルモン教徒の開いた町。モルモン教の総本山のテンプルスクウェアがある。大陸横断鉄道の開通により発展し、鉄道・ハイウェイ・航空路が集まる交通の要衝である。ビンガム鉱山が近く、精鋼・製塩業をはじめとする各種工業が盛ん。2002年２月に第19回冬季オリンピックが開催された。

❸観光都市

観光保養都市 ③ 京都・鎌倉・アテネ・ホノルルなど、史跡・景勝地・気候などに恵まれ、多くの観光客が訪れる観光都市と、熱海・カンヌ・ニースなど、気候や風景に恵まれ、避暑・避寒・スポーツ・療養などを目的とする保養都市に分けることがある。ホノルル・カンクン・アカプルコ・ケアンズ・モンテカルロ・ソチなど、リゾートホテルを中心とした観光保養都市をリゾート都市と呼ぶ場合もある。

カイロ ③[5] ナイル川下流のデルタに位置するエジプトの首都。モスクや宮殿などの古い建築物を残す旧市街と、官庁やホテルが集まる新市街とからなる。アラブ・アフリカ圏の学術・文化の中心地で、世界的観光都市。商工業が発達している。

マイアミ ③[4] アメリカ合衆国のフロリダ半島東南端に位置する海岸保養都市。美しい海岸と亜熱帯性の温暖な気候に恵まれて、半島の東岸に連続している観光地の中心。

ラスヴェガス ①[1] アメリカ合衆国ネヴァダ州南部の観光都市。標高610mの砂漠に位置する。1820年頃、モルモン教徒によって開かれ、1930年代のフーバーダムの建設により人口が拡大し、発展した。賭博の州営化が歓楽地への発展を促した。現在は世界的に有名なカジノの町。ハイウェイ沿いに高級ホテルが林立する。

❹学園都市

学術都市 ② 学術研究都市・学研都市ともいう。学問や技術が地域文化や産業・経済に大きな影響を与えている都市。筑波研究学園都市・関西文化学術研究都市・北九州学術研究都市構想などがある。大学などの高等教育機関を中心に都市をとらえた場合には学園都市・大学都市と呼ぶこともある。

筑波研究学園都市 ③[1] 茨城県南部に建設された研究学園都市。1980（昭和55）年にほぼ計画は完成した。東京の過密対策と科学技術の振興のために計画的につくられた都市で、計画人口35万人。筑波大学や国の研究機関など約300が集中し、それらの施設を住宅が取り囲んでいる。2020（令和２）年現在の人口は約24万人。

関西文化学術研究都市 ② 京都・大阪・奈良の３府県にまたがる京阪奈丘陵に建設されている学術研究都市。1985（昭和60）年起工。各分野および学際的な学術・研究施設、情報センター、国際交流の施設などを配置し、産・官・学の協調を基調として、41万人規模の都市を建設しようとしている（2020〈令和２〉年で約25万人）。

ハイデルベルク ② ライン地溝帯のネッカー川の谷口に位置し、城山に中世の古城がそびえる古都。ドイツ最古の1386年創設のルプレヒト＝カール大学がある。ハイデルベルク城をはじめとして旧市街の歴史的建物の景観が美しく、「永遠に若く美しい」といわれる。

❺住宅都市

住宅都市 ① 都心への通勤者の住宅を中心に発達した、大都市周辺の都市。ベッドタウン。 **ベッドタウン** ①[1]

相模原市 [1] 神奈川県北部の住宅都市。相模川左岸の相模原台地の平坦な地形に発展し、東京に近いために住宅地とともに内陸工業が発達した。2003（平成15）年には中核都市となった。平成の大合併で周辺の４町（津久井町・城山町・相模湖町・藤野町）を合併し、人口は約70万人になった。2010（平成22）年に政令指定都市に移行し、緑区・中央区・南区の３区の行政区がある。リニア新幹線の中間駅が緑区の橋本に計画されている。

さいたま市 ①[2] 埼玉県南部の同県最大の人口を擁する県庁所在都市。2001（平成13）年５月、大宮・浦和・与野の３市が合併して成立、05（平成17）年には岩槻市を編入し、人口は約102万人になった。2003（平成15）年に全国で13番目の政令指定都市になり、市内に９つの行政区ができた。

iv ―― 都市計画

都市計画 3 都市問題を防止し、健康で文化的な生活のできる都市にするための都市の整備・建設計画。新都市の建設、既設都市の改造、広域都市計画など。

政令指定都市 1 地方自治法第252条の19による政令によって指定された人口50万以上の都市。道府県並みの行財政権や事務権限のうち、福祉・衛生・都市計画など一部が委譲される。また、市内にいくつかの区を設けて区役所をおき、区長以下の職員を配置させている。大阪・名古屋・京都・横浜・神戸・北九州・札幌・川崎・福岡・広島・仙台・千葉・さいたま・静岡・堺・新潟・浜松・岡山・相模原・熊本の20市。

:仙台 ②3 宮城県中東部、仙台湾に面する同県の県庁所在都市。東北地方の政治・経済・文化の中心都市。札幌・広島・福岡と並ぶ地方中核都市（第4次全国総合開発計画）。1989（平成元）年より政令指定都市。5つの行政区がある。

直轄市（ちょっかつし） ① 中央政府が直接管理する市。中国では、ペキン（北京）・シャンハイ（上海）・テンチン（天津）・チョンチン（重慶）の都市が指定され、省と同格の一級行政区画である。ロシアではモスクワとサンクトペテルブルクが連邦直轄市。

計画都市 ①1 計画的に建設された都市。平城京や平安京のように計画的に建設された都市は、古代から多い。現代でも新首都やイギリスをはじめ各国に建設されているニュータウンなど、計画的につくられた新都市が少なくない。

田園都市構想 ①1 大都市郊外の田園的環境をもつ地域に、計画的に建設された都市。大都市の環境悪化を防ぐため、都市機能と都市人口の分散を図る目的で、新たに建設された都市。1898年、イギリス人ハワード（E. Howard 1850～1928）が提唱したことにはじまる。イギリスのレッチワース・ウェリンガーデンシティ、日本の田園調布・洗足田園都市などがこれにあたる。

ハワード ①1　**レッチワース** ①1
ウェリンガーデンシティ ①2

大ロンドン計画 ②3 第二次世界大戦後、ロンドンの過密状態を解消するために、ロンドン大都市圏で行なわれた都市計画。既成市街地の周辺にグリーンベルトを設け、その外側にニュータウンを建設している。この理念は、イギリスだけでなく、諸外国における都市計画に大きな影響を与えた。

:ニュータウン ③6 大ロンドン計画の一環として建設された、ロンドン郊外の田園都市。ロンドンの過密化による弊害を避けるため、人口・工場・学校などを分散する目的で建設された。整然とした街路、庭つきのゆとりある宅地、完備された公共施設をもち、職住近接を特徴とする。ロンドン北部に建設されたスティーヴニジ・ハットフィールド、北東部のハーロー、東部のバジルトン、南部のクローリー、西部のブラックネルなど8都市がある。

ハットフィールド ②2
ハーロー ②3　**ブラックネル** ②2

:グリーンベルト（緑地帯） ②3 公園や植樹帯など、大都市の美観・防火・防災・公園・林地・農地などに利用されるほか、市街地の膨張防止のために設けられる。大ロンドン計画では、既成市街地のまわりにはグリーンベルトを設け、ニュータウンはその外側に建設された。

:職住近接 ①4 工場や事務所などの職場と住宅の両機能を同一都市内に確保すること。ロンドンのニュータウン建設の基本方針。単なるベッドタウンではない。

千里（せんり）**ニュータウン** ② 大阪市の北部に建設された住宅都市。豊中（とよなか）市・吹田（すいた）市にまたがる千里丘陵に日本のニュータウンの先駆けとして1961（昭和36）年着工。計画人口15万人。1975（昭和50）年の13万人をピークに人口は減り続けた。近年は集合住宅の建て替えが行われ、千里ニュータウン12住区の2020（令和2）年の人口は約103,000人で微増傾向。65歳以上の高齢化率は30%である。

多摩（たま）**ニュータウン** ③2 東京都南西部に建設された住宅都市。多摩・稲城（いなぎ）・町田（まちだ）・八王子（はちおうじ）の4市にまたがる多摩丘陵に首都圏整備計画の一環として1970（昭和45）年着工。計画人口34万2,000人。2023（令和4）年の人口は22万2,000人。

再開発 ③6 都市の既成市街地を合理的に整備し直し再生させること。移動した工場の跡地や港湾地区・埋立地などで、不良住宅の一掃、建物の不燃化・耐震化・高層化、道路の拡張、公園や緑地の増設などを図る都市計画。都市改造・都市再開発・市街地再開発と同義。ロンドン・パリ・シカゴなどで盛んに行なわれてきた。

ドックランズ ②6 イギリスの代表的な都市再開発地域。シティの東（イーストエンド）

に位置し、イギリスの貿易・海運業の発展に伴い、ドック・造船所などの各種港湾施設が集中していた。第二次世界大戦後のコンテナ化による物流革命に対応できずに衰退した。1980年代より再開発が進み、新しくオフィスビルやコンベンションセンター・マンション、スポーツ・レジャー施設が多く建設された。地下鉄も延伸され、20年間で人口は2倍の200万人以上になった。

ソーホー地区 ①[1] ニューヨークのマンハッタン南西部の地区。サウス＝ハウストン(South-Houston)の略。繊維工場や倉庫が建ち並ぶ地域だったが、第二次世界大戦後、工場の移転に伴って荒廃した。狭い通りや古い家屋が並ぶ。付近の古い倉庫群を利用して画家などの芸術家が住み着き、芸術家集住地区を形成した。その後、地価の高騰などで芸術家が移転し、近年では都市再開発の対象地区としてマルチ＝メディア産業のオフィスなどがおかれるようになった。

ラ＝デファンス地区 ② フランス中北部、パリ西郊のド＝ゴール広場の西約4.5kmに位置する新都市開発事業の中心地。1958年以来、パリ再開発事業の一環として、古い住宅を壊し、新しい公共施設・事務所・高級住宅群を建設している。パリ市内では建てることのできない高層ビルが林立している。グランダルシュ(新凱旋門(がいせんもん))がシンボル。

マレ地区 ① セーヌ川の右岸、パリの3区・4区。マレとは湿地・沼地の意。17世紀以降、貴族の居住区。18世紀以降衰退したが、1960年代後半から歴史的建造物の修復と保全が進められ、貴族の館や古い街並みが保存された。ヴォージュ広場、ピカソ美術館などで知られる。マレ地区を含む「パリのセーヌ河岸」は世界文化遺産。

ウォーターフロント開発 ③[2] 水際の開発。これまで倉庫や港湾施設などで占められていた水際地域の価値を見直し、新しくレジャー施設や業務用ビルを建設することにより、都市の再開発を行なうことをめざしている。ロンドンのテムズ川河畔、パリのセーヌ川河畔、東京の隅田川河畔や佃島(つくだじま)などで開発が進んだ。

みなとみらい21 ②[1] ウォーターフロント開発の一環として、横浜市が進めている都心臨海部の総合開発計画。旧三菱造船所・旧国鉄操車場・埠頭などの跡地に、埋立地を加えた186haに就業人口19万人、居住人口1万人の街区建設を計画。横浜市街地の一体化を図るとともに、高さ296mのランドマークタワーや国際会議場などが建設されている。

汐留(しおどめ) [1] 東京・新橋の旧汐留貨物駅の跡地に、超高層ビルや商業複合ビルを建設した大型再開発地域。31haの土地を11の街区に分けて就業人口6万人以上、居住人口約6,000人を計画。2002(平成14)年に開発が始まり、日本テレビ・電通・パナソニック電工などが進出している。

インフラストラクチャー(インフラ) ③[7] 社会生活を送るために必要な公共施設。公共の福祉を実現するために必要な施設やしくみ。社会資本。道路・港湾・鉄道・上下水道・ガス・電気・電話・学校・病院など。

ライフライン ①[5]「生命線」、一般に電気・ガス・水道・食料など、災害時に最優先で確保しなければならない輸送ルート。

v ―― 歴史的町並みと景観保存

景観(けいかん) ① 一般に景色・眺めのこと。とくに風情のある眺めを景観という。文化財保護法に基づき選定された、重要文化的景観というものがある。2006(平成18)年の近江八幡(おうみはちまん)の水郷の景観以来、岩手県遠野(とおの)や四万十川(しまんとがわ)など70件(2021年8月現在)が指定されている。開発などによる破壊から、地域の自然景観・文化景観・都市景観を保存・修景(しゅうけい)し、町づくり・地域おこしに生かそうとすることを景観保存(景観保護)という。ヨーロッパ各地でみられる歴史的景観を生かした都市再開発や、日本の町並み保存などの例が多い。 **街並み保全** ②[1]

歴史的景観 ① 歴史的建造物が自然と調和して、その地域のもつ独特な歴史と文化を表現したものとしてふさわしい景観。千葉県佐原(さわら)市(現、香取(かとり)市)、新潟県小木町(おぎまち)(現、佐渡(さど)市)、福岡県柳川(やながわ)市など、景観条例をつくり、保護に乗りだしている地域がみられる。

ボローニャ ②[1] イタリア中北部にあり、旧市街地に中世の都市景観を保存。新市街地に住宅団地などを建設。機械・化学工業が発達している。1200年より前に建設されたボローニャ大学の所在地。

4 居住・都市問題

居住問題

住み分け（セグリゲーション） ③1 所得水準・社会階層・民族などによる居住地が分離、住み分けられている現象。アメリカ合衆国やヨーロッパの大都市では、外国人労働者や移民が集中して居住する地域が多くみられる。

コリアタウン ① 韓国出身者が集中して居住・生活する地域。アメリカ合衆国のロサンゼルス・ニューヨーク・シカゴ、カナダのトロントなどにみられる。東京の新宿区大久保地区にも韓国出身者が多く、韓国料理店や韓国人を対象にした商店が多い。

チャイナタウン（中華街） ③3 東南アジアやアメリカ合衆国の都市の一部に、華僑・華人が集中して生活している地区。飲食店や宝石・服飾関係の営業を行なっている人が多い。日本では横浜や神戸にみられる。

日本人街 1 海外の都市において、日本人が集住、あるいはまとまって商店を経営している地域。アメリカ合衆国の都市にみられ、ロサンゼルスの日系コミュニティの中心的な1区画をリトルトウキョウという。第二次世界大戦後は、アフリカ系や韓国などほかのアジア系の人が流入して、日本人街の性格は衰退した。都市再開発の対象となり、都市の近代化が進んだ。

イタリア人街 ① とくに北アメリカにおける南イタリア出身者で構成するイタリア人コミュニティ。地縁・血縁に基づいた強固なエスニックコミュニティ（民族共同体）。出身地における信仰や祝祭、慣行を導入して生活が営まれている。リトルイタリー。

ハーレム地区 ①2 アメリカ合衆国ニューヨーク市のマンハッタン区北部の一角を占める住宅・商業地域。住民は黒人が圧倒的に多く、ヒスパニックがそれに次ぐ。1658年、オランダ人のピーター＝スイトベサントにより建設され、オランダのハールレムに因んで、ニュー＝ハーレムと呼ばれた。19世紀に郊外住宅地として発展し、1880年代には高級住宅地となる。20世紀に入り、多くの黒人が移り住み、第二次世界大戦後は、住宅状況が劣悪化し、スラム街となった。現在では、都市再開発が行なわれ、住宅の改修や州政府ビルの建設が進んでいる。

スラム（不良住宅街） ③7 大都市の都心部およびその周辺に、低所得の人々が居住することにより形成される住環境の悪い住宅街。ニューヨークのハーレム地区は黒人やプエルトリコ人が集まる。シカゴのブラックゲットー、ロンドンのイーストエンド、コルカタのバスティーなどもこの例。路上や空き地で生活するホームレスやストリート＝チルドレンなどが社会問題化している。

：ファベーラ ③5 ブラジルのリオデジャネイロ、アルゼンチンのブエノスアイレス、ベネズエラのカラカスなどの南米の大都市にみられるスラムの呼称。

：ストリートチルドレン ③3 家庭の保護を受けられなかったり、住む家がなかったりして、街頭で日雇い労働や物売りなどをして、その日暮らしをしている子どもたち。東南アジア・南アジアの都市などに多くみられる。

インフォーマルセクター ③5 国家や行政の指導を受けず、統計上にも記録されない経済活動をいう。従事する人は、一般に店舗をもたずに路上で移動しながら販売や行商を行なったり、再生資源になる廃棄物やごみなどを収集することで生計をたてている。発展途上国の都市部などにみられる。

都市問題

都市問題 ③7 都市化がもたらす社会生活上の諸問題。都市公害（大気汚染・騒音・振動・悪臭など）・都市災害・住宅不足・交通問題・ごみ問題など、困難な問題が多い。

都市化 ③4 都市の発展に伴い、都市周辺の農村部が農地の宅地化、工場・学校・商店の進出、通勤者の増加などで、都市的性格をもつようになる現象。また都市内部の建物の高層化、都市内部における機能分化、都心部の形成などの変化もあわせていう。

過密 ②2 都市に人口や産業が過度に集中した状態。都市施設が不十分で、居住空間の狭小・大気汚染・水質汚濁など、様々な環境の悪化を引きおこしている。

一極集中（型都市） ③2 1国の中で、政治・経済・文化などが1都市に極端に集中している状態。また、その都市。人口過密や住宅問題・都市公害・地価の高騰など、様々な都市問題が発生し、多極分散型の国づくりが期待される。

プル（Pull）型の人口移動 ①1 都市の産業

が発展して労働力の需要が高まることで都市に農村の労働力が引き寄せらる形で都市に人口が集中すること。

プッシュ(Push)型の人口移動 ①1 農村で人口が増加し、余剰となった人口が都市へ押し寄せる形で都市に人口が集中すること。

ストロー効果 ①2 高速鉄道や高速道路など交通網の整備によって都市間のアクセスが便利になると、小さい都市の人口や資本が大きい都市に吸い取られるかのように流出する現象をさす。ストロー効果とも呼ばれる。

夜間人口 ②2 ある地域における夜間の人口。常住人口と一致する。一方、通勤・通学などの移動人口を加減した昼間の人口を昼間人口という。大都市の都心部では、ドーナツ化現象が進むため、夜間人口が少なく、昼間人口が多い。逆に大都市の周辺部のいわゆるベッドタウンでは、夜間人口が多く、昼間人口が少ない。 **昼間人口** ②2

インナーシティ問題 ③7 大都市の都心部で住宅環境が悪化し、夜間人口が減って近隣関係などが崩れ、行政区の存立が危うくなるような地域(インナーシティ)が生まれること。都心の空洞化に伴い、治安・衛生環境が悪化することが多く、この地域の再開発・活性化が課題となっている。

ゲーテッドコミュニティ ①2 高所得者や同じような地位にいる人達が集まって居住し、フェンスや囲いを設けて住民以外の出入りを厳しく管理・制限している住宅地や地域のこと。防犯などに良いとされるが、周辺地域との隔絶が課題である。

スプロール現象 ③5 住宅や都市施設が無秩序(スプロール＝虫食い状)に郊外へ広がっていく現象。都市周辺の地価の安い場所を求めて住宅や工場が無秩序に建設され、農地・宅地・工場が混在する。

ドーナツ化現象 ③6 都市の発展に伴って都心部の人口が減少し、周辺部の人口が増加する現象。都心部の地価の高騰や生活環境の悪化、職住分離などが原因で生じる。

都市のスポンジ化 ② 都市の大きさは変わらないのに、人口が減って使われない家屋や空間が小さな穴のように増えていって都市の密度が低くなってしまうこと。郊外へ広がっていくスプロール現象と違い、都市の至るところで発生するのが特徴。

ジェントリフィケーション ③7 都市再開発において、都心部に近い場所に住宅を建設し、移り住むこと。とくに高額所得者が、職住近接と文化活動や買い物に便利な都心部に住居を構える傾向がみられる。地価の関係で、多くは高層住宅になる。

エッジシティ ① 都心部の環境悪化を嫌って、都市郊外に生まれた新しい形の人口および経済活動機能の集積地区。オフィスや商業施設など、独立した都市機能を有する。アメリカ合衆国の新聞記者ガローが1991年に命名した。自動車交通網の発達と、ネットワーク通信網の発達が背景にある。ロサンゼルス郊外のサンタアナ・アナハイムなどが典型例。「周縁都市」「ネットワークシティ」ともいう。

エコシティ ① 再生可能エネルギーの利用、省エネルギー対策など新しい技術やシステムのもと、環境への負荷が少ない、環境に配慮をした都市。1993(平成5)年から建設省(現在の国土交通省)が推進した「環境共生都市」、現在、政府が進める「環境モデル都市」、「環境未来都市」も広義のエコシティである。

:**コンパクトシティ** ③4 中心市街地の活性化をはかり、スプロール化など郊外への拡大を抑制し、市街地のスケールをコンパクトに保つとともに低炭素社会の実現をめざすエコシティ。自然との共生を図り、公共交通機関を拡充・整備、各種の都市機能の効率的な配置、都市環境の改善、地域社会の再生・活性化など快適な環境づくりをめざす。

:**サスティナブルシティ(持続可能な都市)** Sustainable City ①3 再生可能なエネルギーの利用を拡大するとともに、ICT(情報通信技術)を活用し、地域社会のエネルギーシステムの効率化をはかって低炭素社会の構築をめざすエコシティであるとともに、少子高齢化などの社会面、あるいは地域活性化などの経済面でも持続可能を考慮した街づくりを目指す都市。スマートシティなどの取組みも持続可能な街づくりの一つである。

スマートシティ ①2

第5章 生活文化、民族、国家

1 生活文化

衣の文化

ハンボク(韓服) ② 韓国の伝統的な民族衣装。曲線美と豊かな色彩に特徴がある。代表的なのはチョゴリという丈の短い上着と、パジという男性用の太めのズボン、あるいはチマという女性用の胸からのロングスカート風の衣装との組合せ。基本色は白で、季節や身分などによって着方、素材、色のあわせ方などに決まりがある。帽子や冠、髪飾りなどの付帯する小物や外套(がいとう)、官服・礼服・子ども用の服など多種に及ぶ。現代では、礼服として特別な場で着用する服として位置づけられている。

チマ・チョゴリ ①[1]

アオザイ ①[1] ベトナムの正装として着用する民族衣装。アオは着物、ザイは長いという意味。クワンという緩やかな長ズボンと組み合わせて着用する。中国(清(シン))の影響を受けて、立て襟(えり)と非対称な右前の打ち合わせで、体の線に沿った細身の仕立てで、くるぶしまで届く裾(すそ)に長いスリットが特徴。女子学生の制服に白いアオザイが用いられることも多い。ゆったりとした男性用のアオザイもある。

サリー ②[4] インド・スリランカ・バングラデシュ・パキスタン・ネパールなどの南アジアの女性が着る民族衣装。サリーとはサンスクリット語の「長い布」を意味する言葉が語源。その名の通り、幅約120cm、長さ5～9mの長方形の綿・絹・カシミヤなどでできた布。半袖または袖無しの短いブラウス(チョリ)と、くるぶし丈のペチコート(ガークラ)の上に着用する。インドでは、19世紀から20世紀にかけて、インドナショナリズムが高揚した時に標準化され、国民的衣装の地位を得た。本来は、地域によりそれぞれ特徴ある色や形・着方があった。

カンドゥーラ [3] 西アジアの男性が着る民族衣装。全身を白い布で覆い隠すことで紫外線や砂嵐から身を守ることができる。素材は伝統的にコットンであるが、現在はポリエステルも使用され、日本など外国製の生地もある。

ポンチョ ②[1] 南アメリカ、アンデス山地のインディオが着用していた外衣。貫頭衣。現在では、防寒用外衣、レインコート、リゾートウエアなどに広く利用されている。

ファストファッション ①[2] 流行を取り入れながらも低価格で大量に短いサイクルで生産・販売する業態またはブランドのこと。日本のユニクロやスウェーデンのH&Mなどがその例。

食の文化

中国料理 [3] 中国で発達した料理。食材が豊富で、味・栄養ともに優れた料理として知られる。広い国土で地域によって気候・風俗や産物が異なるため、地域色豊かな料理が発達した。油を使う、乾燥食品が多い、医食同源の考え方があるなど、共通の特徴が知られる。円卓を囲み、大皿で食するのも特徴である。

ペキン(北京)料理 [3] 山東料理に宮廷料理や各地の代表的な料理が加わったもの。脂肪の多い料理が特徴で、強力な火力を使って短時間に調理するため、子豚・鴨(かも)・鯉(こい)など大物の全形料理が発達した。小麦の生産が多い地域なので、麺類・饅頭・餅(ビエン)(平らの形の菓子)などの粉製品を多く使っている。

：**餃子(チャオツー)** ① 中華料理の点心(てんしん)の1つ。小麦粉に水を加えてこねた皮に、肉や野菜・エビなどの具を細かく刻んで練り合わせて包み、めでたいとされる馬蹄形(ばていけい)にして、焼いたり、ゆでたり、蒸したりしたもの。中国では水餃子が主流。満族の住む中国東北地方で食べられていたが、清の時代に中国全土に広まった。

シャンハイ(上海)料理 [3] チャンチヤン(長江)河口にあるシャンハイ(上海)は、農作物が豊富で、海産物にも恵まれている。醤油(ジャンヨウ)(中国の醤油)の特産地でもあり、味付けには醤油と砂糖が使われる。魚・カニ、そら豆・枝豆などの季節野菜、塩漬け菜・

もち米などを使ったものが多い。

カントン(広東)料理 [3]「広東人は、飛ぶものは飛行機以外なら、4本足のものは机以外なら何でも食べる」と俗にいわれるほど食材が豊富で、犬や蛇も食べる。フーチエン(福建)の「福寿全」(佛跳牆(フォーティヤオチァン))は、鱶(ふか)のひれ・海鼠(なまこ)・干し鮑(あわび)・貝柱・家鴨(あひる)・豚肉・羊肉・魚の腸・鶏肉など20種類の材料を紹興酒(しょうこうしゅ)の甕(かめ)の中で7～8時間加熱してつくる。

スーチョワン(四川(しせん))料理 ①[3] 盆地特有の湿気の多い気候風土を反映して辛みの強い料理が多く、とくにニンニク・トウガラシが使われ、トウガラシ味噌(豆板醤(トウバンジャン))で味を調える。麻婆豆腐が代表的。また、岩塩を使った漬け物が有名である。日本の高菜に似た葉の肥大化した茎をトウガラシに漬けたものは搾菜(チャーツァイ)という。

麻婆豆腐 ①[1]

饅頭(マントウ) ①[3] 小麦粉などで餡(あん)を包み、蒸した菓子。もとは、羊肉や豚肉を細かく刻んで小麦粉の皮で包んだもので、甘くはない。

キムチ ③[5] 朝鮮料理における漬け物の総称。塩漬けの野菜を主に、干した魚介類を加え、トウガラシ・ニンニク・ネギ・ショウガで味付ける。各地域・各家庭で味付けや製法が異なり、それぞれ特徴のあるものがつくられる。食卓には欠かせないもので、副食品となるほか、料理の材料にもなる。白菜のペチュキムチが代表的。

: **キムジャン** ③[2] この先の寒い冬に備え、大量にまとめてキムチを漬ける年に一度の行事。毎年11月ぐらいに行なう。2013年にはキムチづくりの行事や慣習がキムジャン文化としてユネスコの無形文化遺産に登録された。

トウガラシ ②[4] 熱帯アメリカ原産のナス科の多年草。辛いものだけでなく、甘いものもある。パプリカやピーマンもトウガラシと同品種。コロンブスによってヨーロッパにもたらされ、日本には16世紀頃に伝えられ、江戸時代に栽培が始まった。朝鮮半島には17世紀頃に日本から伝わったとされる。

フォー ①[4] 米の粉でつくった平麺のこと。ベトナムの屋台料理で、牛肉入りスープをかけたフォー＝ボー、鶏肉入りのフォー＝ガーが代表的。ライムと香草で風味をつける。

チャパティ ①[6] 小麦の全粒粉に食塩を入れた生地をつくり、発酵させないで1～2mmに薄くのばし、直径20cmほどの円盤状にして、油を用いずに熱した石版や鉄板で焼き上げたもの。インド・パキスタン・アフガニスタン・イランで好まれる。

ナン ②[6] 小麦粉の生地を発酵させて直火で焼き上げたもの。インドから西アジア、北アフリカで広く食される。インド北西部では、タンドリー＝チャパティという。タンドールは、竪穴式のつぼ型の釜のこと。この釜の側壁に貼りつけて焼く。

パスタ ①[3] イタリア語で「こねたもの」の意。マカロニ・スパゲッティなどの小麦粉を水や卵で練った食品の総称。パスタはメインディッシュの前にだされる料理である。

パエリア [1] スペインの地中海沿岸バレンシア地方の料理。特産の米に魚介類や肉・野菜類を豊富に加え、パエリア鍋という両手つきの円形の鍋で一緒に炊き込み、オリーブオイルで炒(いた)めてサフランで色をつけたもの。鍋ごと食卓にだす。各地でとれる産物を加えるので地方色が豊かである。

フランスパン [1] 100年ほど前にパリでつくられた、小麦とイーストと塩だけでつくられているパン。表面は堅く、中がふんわりとしているのが特徴。長さや重さ、切り口によってバゲットやバタールなど、様々な名称がある。

ソーセージ [1] 豚・牛・羊などの肉を塩漬けにし、挽肉にして腸などの内臓の袋物に詰めて(腸詰め)、煮たり燻製(くんせい)にしたり、乾燥させたりしたもの。本来は保存食。フランクフルトソーセージやウィンナーソーセージなどの水分の多いドメスティックソーセージと、サラミなどの水分の少ないドライソーセージがある。古代ギリシャの時代から存在していたと考えられるが、加工食品として出回るようになったのは18世紀のヨーロッパが最初である。

カーシャ(粥(かゆ)) [1] ロシア料理にだされる粥のこと。小麦・エン麦・そばなどの穀物を、粒状のまま煮て調理したもの。

ボルシチ [3] ロシア・ウクライナの代表的なスープ料理。テーブルビートを煮込むので、深紅色をしているのが特徴。具にはテーブルビートのほかにタマネギ・ジャガイモ・ニンジン・キャベツが使われ、肉あるいはキノコを煮だした汁を使う。

トルティーヤ ②[3] メキシコでは主食ともいわれるほどの代表的食べ物。トウモロコシの粉を練って薄く円形に伸ばして焼いたもの。肉・魚・野菜などの様々な具を挟んだものをタコス、熱したラードに通してから具を挟み、トウガラシソース（サルサ）をかけてチーズをのせたものをエンチラーダスという。なお、スペインではフライパンで丸く焼いたオムレツのことをトルティーヤという。 **タコス** [3]

チューニョ [4] アンデス山脈に住む先住民が考案したジャガイモを乾燥させた保存食。高地特有の寒暖の差が大きいことを利用したフリーズドライ食品。収穫したジャガイモを冬季に外にだしておくと中の水分が凍りぶよぶよになる。これを足で踏んで水分を搾り取り自然乾燥させる。食用にする時には再び水で戻し鍋などで煮込む。アンデスのジャガイモにはそのままでは食用に向かないものが多く、チューニョにすることで毒抜きをしているとする説もある。

住の文化

オンドル ③[4] 韓国の伝統的な家屋にみられる床暖房。かまどで火をたいて、その熱を床と地面の間の空間に通し、煙突から外にだす。かまどは調理に使うものである。韓国では近代的なマンションでも床暖房をつけることが多い。

ゲル（パオ） ③[7] モンゴルの遊牧民の移動式住居。円筒型の壁にドーム状の屋根を組み合わせたテントで、移動に便利なように組立式になっている。同様のものを中国ではパオ（包）、中央アジアではユルトという。 **ユルト** [1]

高床式住居 ③[6] 湿気や動物の被害を避けるために、床を高くした家屋。湿潤な東南アジアなどに多くみられる。なお、高緯度の凍土地帯では、建物内の暖房熱が凍土に伝わり地盤をとかすことを防ぐために、高床式家屋が建てられている。

日干しれんが ③[5] スペイン語でアドベ。乾燥地域の家の材料となる。北アフリカ・メキシコ・アフリカ西南部・中国などの乾燥地で使われる。粘土に石英（せきえい）や長石（ちょうせき）が混ざった土に藁（わら）を加えてよく練ってれんがの型に入れ、1～2週間、日に干して形成する。水に濡れると崩れやすく、地震には弱い。

イグルー ③[4] イヌイット（エスキモー）の冬の住居。氷や雪を固めて積み重ねてつくった半地下式の家。定住化が進み、現在はつくることのできる人も少なくなっている。

屋敷林 ②[2] 農家の屋敷内につくられた樹林。土地の境界を区分すると同時に、防風・防火・防砂・防雪などの防災効果を期待するものが多い。関東平野のケヤキ・カシ、島根県の出雲平野の築地松（ついじまつ）などがその典型。また、スギやヒノキなどを植えて用材や薪炭材（しんたんざい）としたり、落葉樹を植えることで落葉を畑の堆肥（たいひ）にしたりした。さらに、竹や果樹を植えて、経済的に利用したりした。屋敷森は農家の生活と密接に結びついた存在であるばかりでなく、農村独特の景観をつくりだしてきたが、近年は農家の減少や生活様式の変化により急速に減少している。

その他

カーニバル ②[5] ヨーロッパのカトリック社会で行なわれる、年に1度の祝祭。謝肉祭（しゃにくさい）のこと。季節の変化と農耕儀礼がもとで、復活祭直前の獣肉を断つ40日間（4旬節）の直前、3日ないし1週間ほどかけて行なわれる。「肉食禁止」（カルネムーレワレ）を語源とする。リオデジャネイロ（リオ）のカーニバルは、華やかな山車（だし）や派手な衣装のダンサーがパレードをし、世界中からの観光客で賑（にぎ）わう。日程は年によって異なるが、2月から3月初旬に行なわれる。

ジャズ ①[3] 20世紀初めにアメリカ黒人がつくった音楽。アフリカ黒人の様々な伝統音楽が融合されたため、発生当初から多様な様式がある。記録に残る最古のジャズ様式は、ルイジアナ州のニューオーリンズで生まれた。ジャズのプレイヤーはそれぞれの慣習に従い、即興演奏を行なう。

サンバ ②[2] ブラジルの代表的な民俗舞踊。大衆音楽。4分の2拍子で絶え間なく揺れ動くリズムが、アフリカからの影響を感じさせる。19世紀の終わり頃リオデジャネイロ郊外の工場にやってきた黒人労働者たちがもち込んだ風習と、カーニバルが融合したものとされている。第二次世界大戦後は、ジャズの影響を受けてボサノヴァが生まれた。なお、アルゼンチンにはブラジルのサンバとは全く別系統の舞踊音楽サンバがある。

タンゴ [1] アルゼンチンで生まれた舞踏会用ダンス音楽。20世紀の初めにラテンアメリカで普及し、その後、アメリカを通じてヨーロッパに広がった。当初は下層社会の音楽として蔑（さげす）まれたが、20世紀に入るとヨーロッパで大いに賞賛されて、その地歩を築いた。そのリズムはアフリカの踊りに起源するといわれるが、アルゼンチンタンゴはキューバのダンス音楽であるハバネラから影響などを受けているといわれる。

2 民族と宗教

人種と民族

i —— 人種

人種 [1] 身体的特徴によって便宜的に区分された人類の集団。皮膚・毛髪・目の色・骨格・頭・鼻の形・血液型などを分類の基準とする。厳密に分類することは不可能。

コーカソイド ① 淡紅白色から褐色の皮膚、黒色や金色の毛髪を特徴とする。原住地はカスピ海西岸のカフカス地方であったが、次第にヨーロッパ・アフリカ北部・インドに広がったとされる。

モンゴロイド ① 淡黄色から褐色の皮膚、黒色の毛髪を特徴とする。アジアを中心に分布し、トルコ・中央アジア・モンゴル・朝鮮の北方系と、中国・インドシナ方面の南方系とに大別される。

ネグロイド ① 褐色から黒褐色の皮膚、黒褐色の縮状毛を特徴とする。アフリカ中部以南に多いが、アフリカの北部や南北アメリカ大陸にも多数移住した。

人種のるつぼ（メルティングポット） [1] 先住民のネイティブアメリカン・ヨーロッパ系・アフリカ系・アジア系など、多様な人種・民族が混在しているアメリカ合衆国でとなえられた民族と社会・国家との関係についての考え方。多数で主流の文化に同化するのではなく、互いの人種・民族が融和し、共通した文化の形成をめざす社会のこと。

サラダボウル ②[5]「人種のるつぼ」に対して主張された、多文化主義的な考え方。多様な人種・民族集団がそれぞれの文化を尊重し、併存・協調することで豊かな文化・社会の形成をめざす。

ii —— 民族

民族 ③[7] 文化的特色によって区分された人類の集団。言語・宗教・社会組織・慣習・帰属意識などを分類の基準とする。しかし、これらすべての基準を考慮して分類することは困難である。

帰属意識 ①[3] 自分がその集団に属しているという意識。同じ言語・宗教・慣習などの文化を共有することにより生まれる。民族集団を区別するための重要な指標となるが、時代や状況によって様々な形や広がりに変化し、固定したものとはいえない。

民族意識 1

文化圏 ② 言語・宗教・衣食住などを指標として区分した、共通の文化的特色をもつ地域。世界を極北民族文化・ヨーロッパ文化・ラテンアメリカ文化・スラブ文化・中央アジア文化・東アジア文化・インドシナ文化・インド文化・中近東文化・黒人文化・マレー＝メラネシア＝ポリネシア文化の11文化地域に分類したイェーガー(Jaeger)の分類が知られている。

iii——世界の民族

漢民族(漢族) ③4 中国の人口の90%以上を占める民族。中国語を使用し、仏教や儒教を信仰している。

民族自治区(中国) ②1 中国の少数民族のうち、比較的数が多くまとまって住んでいる民族に、省レベルの自治権を認めた行政区画。チベット・内モンゴル・シンチヤンウイグル(新疆維吾爾)・コワンシーチョワン(広西壮)族・ニンシヤホイ(寧夏回)族の5つの自治区がある。省の下のレベルは自治州と呼ばれ、ユンナン(雲南)省の「シーサンバンナ(西双版納)タイ族自治州」やチーリン(吉林)省の「イエンピエン(延辺)朝鮮族自治州」などがある。また、県レベルのものとして「自治県」がある。

自治区(中国) ③2
自治州(中国) ②
自治県(中国) ②

チベット族 ③2 主としてユーラシア大陸中央部のチベット高原・ブータン・ネパール・インド・中国にまたがって居住する。チベット語を用い、チベット仏教(ラマ教)を信仰する。ヤクやヤギ、羊の遊牧を行ない、河川沿いの低地ではトウモロコシや小麦の栽培を行なう。

チベット自治区 ③4 中国南西部、チベット高原に位置し、粗放的な農業と牧畜が行なわれる。住民の多くはチベット族で、チベット仏教が信仰されてきた。第二次世界大戦後、中華人民共和国が支配、1965年チベット自治区となる。1956年、独立を求めてチベット動乱がおきた。現在も独立を求める動きが続いている。区都ラサ(拉薩)。

モンゴル族 ③2 モンゴルや中国北部に居住する民族。多くが牧畜を営む。モンゴル語を使用し、チベット仏教を信仰している者が多い。中国では、内モンゴル(内蒙古)自治区を形成している。

内モンゴル(内蒙古)自治区 ③2 中国北部、大部分がモンゴル高原の草原地帯からなり、中央部をホワンホー(黄河)が流れる。牧畜が主産業であるが、パオトウ(包頭)を中心に重工業が発達する。住民の約79%が漢民族、約18%がモンゴル族。区都フホホト(ホフホト、呼和浩特)。 **フホホト** ②1

ウイグル族 ③3 中国西部や中央アジアなどに居住するトルコ系民族で、牧畜やオアシス農業を営む。イスラーム教徒が多い。中国ではシンチヤンウイグル(新疆維吾爾)自治区を形成。

シンチヤンウイグル(新疆維吾爾)自治区 ③5 中国西部の乾燥地域。中央をテンシャン(天山)山脈が走り、その南にタリム盆地、北にジュンガル盆地、東にトゥルファン盆地が広がる。牧畜とオアシス農業が盛んで、大規模な油田開発が行なわれている。10以上の民族が居住するが、ウイグル族が全人口の約45%を占める。区都ウルムチ(烏魯木斉)。

チョワン(壮)族 ③1 中国南東部のベトナムとの国境付近に居住する農耕民。中国の少数民族のうちで最大の人口1,957万人(2020年)を擁し、コワンシーチョワン(広西壮)族自治区を形成している。

コワンシーチョワン(広西壮)族自治区 ③4 中国南部チュー川(珠江)の本流であるシー川(西江)の中流域を占め、石灰岩からなる低山性山地と盆地が広がる。コイリン(桂林)は景勝地として知られる。農業が中心産業で、米のほか、サトウキビ・タバコ・落花生・バナナなどを産出する。最大の人口をもつ住民は漢民族で約63%、次いでチョワン(壮)族が約31%を占める。区都ナンニン(南寧)。

ホイ(回)族 ③2 唐代(7世紀)以降、中国に移動してきたアラブ人を母体とし、イスラームを信仰している民族。中国でニンシヤホイ(寧夏回)族自治区を形成している。フイ族ともいう。

ニンシヤホイ(寧夏回)族自治区 ③2 中国北部、黄土高原の乾燥地域に位置し、牧畜が中心産業。漢民族が約64%、そのほかにホイ族が約35%、満族・モンゴル族などが居住。区都インチョワン(銀川)。

満族 ② 満州族ともいう。中国のリヤオニン(遼寧)省・ヘイロンチヤン(黒竜江)省・チーリン(吉林)省におもに居住し、人口は約1,040万人。中国語を話し、漢字を使用している。満族の王朝である清の時代は、1633年から1912年まで続いた。

ミャオ(苗)族 ③ 中国南部およびタイ・ミャンマー・ラオス・ベトナムの高地に居住する民族。移動式焼畑農業を行なっているが、ケシの栽培および交易に従事する者も多い。

イ族 ③1 中国のユンナン(雲南)省・コイチョウ(貴州)省・スーチョワン(四川)省などの高地に住む少数民族。中国国内の人口は約980万人。シナ＝チベット語族のイ語、表音文字のイ文字を使用する。

トン族 ② 中国のコイチョウ(貴州)省・フーナン(湖南)省・コワンシーチョワン(広西壮)族自治区に住む少数民族。人口は約350万人。木造高床式の住居に住み、農耕を営む。独特の建築物や民族衣装などが知られている。

タイ人 ①1 タイを中心に中国南部、インドシナ半島・マレー半島、インドのアッサム地方にかけて分布する。多くはタイ語を話し、仏教を信じ、稲作農耕民。タイ語はタイの公用語で、シナ＝チベット諸語に属するといわれるが、タイ＝カダイ語族やオーストロネシア語族に分類されるという考え方もある。

トルコ系民族 ①2 トルコおよびアナトリア半島を中心に、中央アジアからシベリアにかけての広大な地域に居住するアジア系民族。遊牧・オアシス農業を営む。トルコ系の言語を話し、イスラム教徒が多い。

カザフ人 ① 中央アジアのステップ地帯に住むトルコ系民族。カザフスタン共和国を中心に、ウズベキスタン共和国、中国のシンチヤンウイグル(新疆維吾爾)自治区、ロシアなどで多くが生活する。元来は遊牧民だが、近年は定住化・農耕民化が進んでいる。

タタール人 ③3 ロシア・ウクライナなどに分散しているトルコ系民族。ヴォルガ川中流域のヴォルガタタールの人口が最も多く、ロシア連邦内でタタールスタン共和国をつくっている。ほかに、シベリアタタール・アストラハンタタール・クリミアタタールがある。クリミアタタールは、旧ソ連のスターリン時代にウズベキスタンなどに強制移住させられた。クリミアへの復帰が進み、25〜30万人が帰還している。

サハ共和国 ②3 トルコ系ヤクート人(サハ人)が住むロシア連邦の共和国。サハとは「国」を意味するトルコ系の言葉。レナ川流域のほとんどを占める極寒の地で、針葉樹林とツンドラ地帯が広がる。森林資源に恵まれ、鉱物資源も金を中心にダイヤモンド・錫・石炭を産する。首都はヤクーツク。ヴェルホヤンスク・オイミャコンは北半球で最も低い気温を記録した寒極の町。

ブリヤート人 1 東シベリアのモンゴル系住民。ロシアやモンゴル、中華人民共和国(中国)に住む。ロシアではバイカル湖とその周辺におもに居住し、ブリヤート共和国をつくる。日本人と共通の遺伝子を多くもち、日本人のルーツの1つという説が注目されている。

ネネツ人 ①3 北ロシア、西シベリア北部のツンドラ地帯、エニセイ川中流域以北のタイガ地帯に住む先住民で、サモエードと呼ばれたこともある。おもに狩猟・漁労・農業を行ない、長距離を移動するトナカイ遊牧を営む者もいる。17世紀初頭にロシアの支配下に入り、現在はヤマロ＝ネネツ自治管区のほか、ネネツ自治管区に多くが居住する。

サーミ ②5 ラップランド(サーミランド)に居住する先住少数民族。ウラル語族のフィン＝ウゴル語派に属するサーミ語を使う。漁労・狩猟・採集やトナカイの遊牧を行なってきたが、今日では観光業やサービス業などに従事する人が多数を占める。北欧では、先住民の復権が進み、民族会議が形成され、サーミ語が公用語と定められている。なお、「ラップ」とはフィン語で「ものの端」を意味する侮蔑的な表現なので、今日では使われていない。ラップランドはスカンディナヴィア半島からコラ半島に至る地域の、ほぼ北極圏に含まれる地域のこと。スウェーデン・ノルウェー・フィンランド・ロシアの4カ国にまたがる。

ハンガリー人(マジャール人) ① フィン＝ウゴル語派のハンガリー語(マジャール語)を話す人々の自称。大多数はハンガリーに住む。ウラル山脈南部の遊牧民に起源をもつとされ、西進するに伴って、トルコ系やスラブ系諸族の影響を受け、9世紀後半にハンガリー盆地に独自の国家を建設した。その後も周囲のヨーロッパ諸国との交流の中で、次第に民族の独自性が失われつつある。ハンガリー語を民族の共有財産としている。ハンガリー語は書き言葉にラテン文字を使用している。セルビア共和国ヴォイヴォディナ自治州にも居住する。

ハンガリー語(マジャール語) ②2

アルバニア人 ② インド＝ヨーロッパ語族に属するアルバニア語を話す人々。バルカン半島に古くから居住。アルバニア本国のほか、コソボ・マケドニア・ギリシャ・南イタリア・トルコ・アメリカ合衆国に居住する。独自の文化を維持してきたが、オスマン帝国の時代に多くがイスラームに改宗した。コソボ自治州はセルビアからの分離独立運動をおこし、1998～99年の内戦を経て2008年に独立した。

アルバニア語 ①1

ベドウィン 5 アラビア半島を中心に、西アジアや北アフリカの乾燥地帯に居住するアラブ系遊牧民。羊・ヤギ・ラクダなどの遊牧を行ない、オアシスの定住農耕民との間で交易を行なってきた。イスラームの信仰が厚い。1950～60年代頃から、遊牧範囲の縮小、人口増加、石油産業の発展などで、遊牧をやめて都市に住む人が増えている。

ベルベル人（イマジグ人） ①1 マグレブ地方と呼ばれるアルジェリア・リビア・モロッコなどのサハラ砂漠とその北側を中心に、羊・ヤギ・ラクダなどの遊牧を行なう先住民。アフリカ＝アジア語族に属するベルベル諸語を用い、イスラームを信仰する。8～16世紀にかけて、サハラ交易を支えたトゥアレグ族はベルベル系の遊牧民である。

トゥアレグ人 1

マサイ人 1 サハラ＝ナイル諸語に属し、東アフリカのケニアからタンザニアにかけてのステップ地帯に居住する民族。牛の遊牧生活に誇りをもっているが、現在は定住する人々も多い。

フラ人 1 モーリタニアからカメルーンまで、西アフリカのサヘル地帯に居住する民族。ニジェール＝コルドファン諸語に属するフラニ語を話し、イスラームを信仰する。遊牧民を起源とする民族であったため、現在も牧畜を営む人が多い。

ネイティブアメリカン（インディアン） ③6 アメリカ大陸の先住民。先史時代に陸橋となっていたベーリング海峡を通り、ユーラシア大陸からアメリカ大陸へ渡ったモンゴロイドの末裔（まつえい）と考えられる。インディアン・インディオ・エスキモー（イヌイット）・アレウトなどの諸民族をさす。インディアンは北アメリカの先住民をさす。かなり高度な農耕文化をもっていたが、ヨーロッパ人の開拓で土地を追われたインディアンは、条件の悪い土地に設置された居留地に移住させられた。

エスキモー ②4 シベリア東部・アラスカ・カナダ・グリーンランドの北極海沿岸に居住しているアジア系の民族。狩猟や漁労を生業としている。北アメリカの先住民の1つ。ヨーロッパ人と接してからは、定住化が進み、生活や文化の変容が著しい。カナダではイヌイットと呼び、ヌナブト準州はイヌイットの自治州。

イヌイット ③7

インディオ（インディヘナ） ②3 中央アメリカ・南アメリカの先住民。インディオは、コロンブスがアメリカ大陸をインドと誤解したことに由来する呼称。インディアンはそれを英語読みにしたもの。インディヘナは、先住民を意味する言葉。英語のIndigenousにあたる。1960年代からインディオという用語には差別的ニュアンスが含まれていると判断され、インディヘナindígenaという語が用いられるようになった。

ヒスパニック（ラティーノ） ③7 メキシコ・キューバ・プエルトリコなどのスペイン語圏、とくにラテンアメリカからのアメリカ合衆国への移住者。白人・黒人を共に含み、人口増加率が高く、アメリカ合衆国総人口の約16％を占める。

ムラート ③4 ラテンアメリカのヨーロッパ系の移民とアフリカ系移民との混血。西インド諸島でムラートの構成比が高い。

メスチソ（メスチーソ） ③3 インディオとヨーロッパ系移民との混血。メスチゾともいう。スペイン語圏における呼称。とくにメキシコ・ホンジュラスなどの中央アメリカ諸国のほか、コロンビア・エクアドルなどでメスチソの構成比が高い。

アボリジニ（アボリジニー） ③5 オーストラリアの先住民。採集・狩猟民。ヨーロッパ人の移住当時は、人口は30～100万人と推定されたが、病気や土地収奪などによって数万人に減少した。「保護区」に収容されていたが、1960年代後半から国民として認められるようになった。土地の返還などの復権運動が進められている。

アボリジナル ①

アボリジナルピープル 1

マオリ ③7 ニュージーランドのポリネシア系先住民。1840年、イギリスとの間でワイタンギ条約を結び、主権を譲渡するが、条文の解釈の違いなどで対立が激化、1860年代にマオリ戦争がおきた。一時減少したマオリの人口は、全人口の約15％を占めるまでに回復し、イギリス系との混血もみられる。1975年以降ワイタンギ条約の見直しが進み、マオリ語を公用語とすることや、土地の返還など権利の復権が進められている。

アイヌ ②[3] 北海道・サハリン(樺太)・千島を中心に居住していた日本の少数先住民族。文字をもたなかった。北海道の開拓が始まった江戸時代末期から、進出した日本人により同化を強いられた。2008(平成20)年、「アイヌ民族を先住民族とすることを求める決議」が採択された。アイヌ語使用者は激減したが、最近になって言語の復興運動に力が入れられている。

言　語

i —— 言語

言語 ③[5] 人類は、言語によって複雑な社会生活を営み、文明を発達させてきた。口で音を発し、それを耳で聞いて了解する「音声言語(話し言葉)」と、文字で表わし、それを読んで了解する「文字言語(書き言葉)」がある。一般に「言語」という時は「音声言語」をさす。音声言語を有しない人類はいないが、文字言語をもたない民族は多い。音声言語は子どもの時から自然に習得するが、文字言語は特別な努力によって学習しないと身につかない。

語族 ③[2] 言語学上、互いに親族関係を有する諸言語、同一の祖語から分かれて発達してきたと認められる諸言語の一群。多くの場合、言語学上の証明によってのみ同じ語族とされるので、同一性がつかみにくい。英語からインドの言葉までを1つにしたインド＝ヨーロッパ語族が好例。1つの語族の中で、さらに一層親近関係をもつ言語のまとまりを「語派」という。英語とオランダ語がゲルマン語派、フランス語とスペイン語がラテン語派というような場合である。語派の場合は、語族よりも同一性がつかみやすい。

言語島 ① ある言語の分布地域の中に、あたかも島のように点在する異言語を使用する民族の居住地域。スラブ語系の民族の国々の中に位置するルーマニア(ラテン語系の民族)など。

公用語 ③[7] 国家が公に使用することを定めている言語。1国家1公用語が一般的であるが、複数の公用語をもつカナダ・スイス・ペルーなどの国もある。

準公用語 ①[2] 公用語に準じて広く用いられる言語。インドの場合、ヒンディー語を公用語としているが、この言語が用いられるのは首都周辺で、そのほかに憲法で認められている言語が22ある。多様な言語をもつインドでは、英語は全土で使用可能な言語として準公用語となっている。

共通語 [4] 方言差の大きい地域の人が、まとまって1つの民族として生活する上で、全地域に通じるように広まった言語。標準語ともいう。政治・経済・文化の中心地である地域の方言が基礎となる場合が多く、ラジオやテレビの普及が共通語の普及を促している。

国語 ①[4] ある国家の公的な言語のことで、国家語または公用語ともいう。ただし、国語という言葉には、国家が定めた象徴的な言語という意味合いが強い。英語のように1つの言語が複数の国語になる場合や、スイス・ベルギーのように1つの国家に複数の国語が存在する場合もある。

母語 ①[2] 人が生まれて最初に身につける言葉。母語は発音のパターンから思考様式まで深く個人に刻み込まれ、個人と言語共同体の結びつきを強めている。

混成語(クレオール語) ②[1] 旧植民地を支配した人々の言語と、先住民や移住してきた人々の言語が混合して独特の言語が形成され、次第に母語として使用されるようになった言語。クレオール語は、カリブ海地方・南北アメリカ・アフリカ・太平洋地域に存在する。

識字率 ①[6] 15歳以上の国民の中で、日常生活で使用する文字の読み書きができる人口の割合。一般的に、その国の国語を解せる人口の割合をいう。教育水準の高い国では識字率は高く、教育水準の低い国では、学校に通うことのできない者も多く、識字率は低い。識字率を文化水準や生活水準のバロメータとする場合もある。

表意文字 ① 漢字などの1字がある観念(意味)を表わす文字。中国から日本に入った漢字は、形態のほかに(例えば、木に対する「モク・ボク」などのいわゆる音)、日本語固有の単語をも表わすようになり(例えば、木に対する「き」などのいわゆる訓)、それらの音と訓は漢字を介して意味の上でも密接に連合している。

表音文字 ① 仮名・ローマ字・ロシア文字・アラビア文字のように、音を表わす文字。日本語の仮名のように音節を表示する「音節文字」と、アルファベットのように単音を表示する「単音文字」がある。

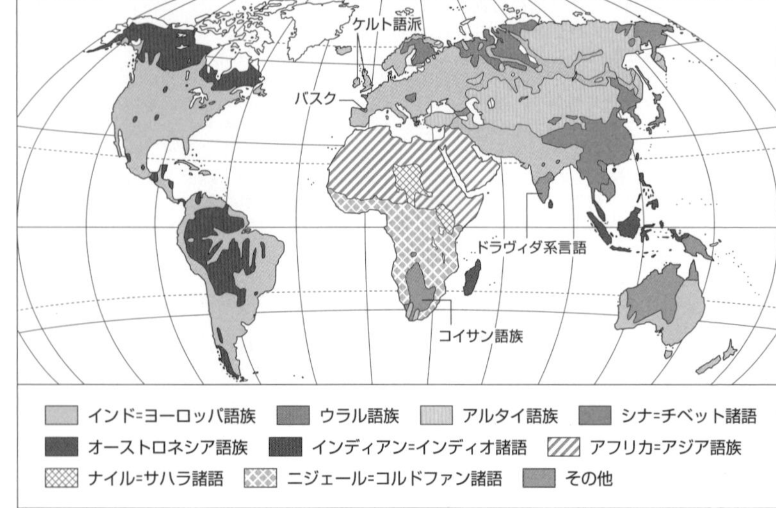

世界の言語分布

ii ——ウラル語族

ウラル語族 ③[2] ヨーロッパからウラル山脈東側の西シベリア周辺に及ぶ言語集団。フィン＝ウゴール語派とサモエード語派に大別される。さらに、フィン＝ウゴール語派は、フィンランド語・エストニア語・カレリア語などのフィン系と、ハンガリー語(マジャール語)などのウゴール系に区分される。基本的な語彙に音韻の対応がみられる。多様な名詞の格変化がみられるのが特徴。 **フィン＝ウゴール語派** ②[1]

フィン語 ① フィンランド語（フィンランドの公用語）・エストニア語(エストニアの公用語)・カレリア語(ロシア連邦カレリア共和国の公用語）など、ウラル語族のフィン＝ウゴール語派フィン系に属する言語の総称。発音は明快であるが、語形が複雑に変化する個性的な言語として知られる。

:フィンランド語 ②[2] フィンランドの公用語。民族叙事詩『カレワラ』はフィンランド語で書かれている。北ヨーロッパでも隣国のスウェーデン語・デンマーク語はインド＝ヨーロッパ語族のゲルマン語派に属し、フィンランド語とは異なる。

:エストニア語 ②[2] エストニア共和国の公用語。ロシアやアメリカ合衆国にも相当数話す人がいる。隣国のフィンランドのフィンランド語と特徴が近似している。バルト3国のうち、ラトビア語・リトアニア語はインド＝ヨーロッパ語族のバルト語派に属している。

iii ——アルタイ諸語

アルタイ諸語（アルタイ語族） ③[2] 東アジアからトルコまで広がる言語集団。モンゴル語派(モンゴル語・ブリヤート語など)、チュルク語派(トルコ語派)、ツングース＝マンチュー語派(満州語・エベンキ語など)からなる。ウラル語族との関連性が認められなくなり、アルタイ諸語と表記されることが多くなった。

モンゴル語 ① アルタイ諸語に属する言語で、モンゴル国、中国の内モンゴル（内蒙古）自治区・カンスー（甘粛）省・チンハイ（青海）省・シンチヤンウイグル（新疆維吾爾）自治区に住むモンゴル族の言語。「主語—目的語—述語」という基本語順をもち、文法的には日本語との共通点をもつ。文字は右から左に、また上から下に書くモンゴル文字は内モンゴル自治区で使用されている。

チュルク語派（トルコ語派） ② アルタイ諸語に属しているトルコ語系統の言語。トルコ・中央アジア・アルタイ山脈からシベリアに至る広大な地域で話される諸言語の総称。トルコ語のほかに、ウズベク語・アゼルバイジャン語・トルクメン語・ウイグル語・タタール語・サハ語などの言語が属する。語順は日本語と類似している(「主語→述語」「修飾語→被修飾語」)が、語彙にはロシア語やアラビア語の影響がみられる。

:トルコ語 ③[4] チュルク語派(トルコ語派)のうち、最も話者人口が多い。トルコ共和国の公用語。1928年より、アラビア文字にかわってラテン文字表記を採用した。アラビア語・ペルシア語・ギリシャ語などの影響を受けている。

iv ―― シナ=チベット諸語

シナ=チベット諸語 ③[3] 中国からインドシナ半島で用いられる諸言語。中国語などの中国語派と、チベット語・ミャンマー(ビルマ)語などのチベット=ビルマ語派に細分される。

中国語 ③[4] 漢字を用いた中国人の言語。漢語ともいう。文字で書けばほぼ共通しているが、話し言葉としてはコワントン(広東)語・シャンハイ(上海)語・フーチエン(福建)語・ハッカ(客家)語など、地域による違いが大きい。ペキン(北京)語を普通語(プートンホア)=標準語と指定している。

コワントン(広東)語 [1]
フーチエン(福建)語 [1]

漢字 ②[2] 中国の文字。現代の中国のほか、古代の漢字文化圏の中にあった日本や朝鮮半島でも使われている。エジプトの象形文字、メソポタミアの楔形(くさびがた)文字などと同じ古代文字に起源をもつ文字である。最古の漢字として紀元前15世紀の甲骨(こうこつ)文字まで遡(さかのぼ)ることができる。

漢字文化圏 ① 漢字とともに古代中国の文化的影響を受けた地域。中国・朝鮮半島・日本・ベトナムを含む文化圏をいう。

v ―― インド=ヨーロッパ語族

インド=ヨーロッパ語族 ③[3] ヨーロッパ系民族を中心とする言語集団。ゲルマン語派・ラテン語派(ロマンス語派)・スラブ語派・ケルト語派・インド=イラン語派などに分けられる。

❶ゲルマン系

ゲルマン語派 ②[4] インド=ヨーロッパ語族の1語派。北ゲルマン語群(スウェーデン語・デンマーク語など)、西ゲルマン語群(英語・ドイツ語・オランダ語など)に分けられる。

ゲルマン系民族 ①[1]

英語 ③[4] 西ゲルマン語群に属し、アングロ=サクソン人が築いたイングランドの言語。イギリスの世界進出を背景に、国際語として全世界で使用される言語。北アメリカやオーストラリア・ニュージーランドのほか、インドやケニアなど旧イギリス領植民地諸国では、公用語・準公用語として用いられている。

ドイツ語 ③[4] 西ゲルマン語群に属する言語。ドイツをはじめ、オーストリア・スイス、フランスのアルザス・ロレーヌ地方、イタリアの南チロル地方などでも用いられる国際語。日本では医学などの科学用語としての使用度が高い。

オランダ語 ③[3] 西ゲルマン語群に属する言語。オランダ本国以外に、南アメリカ大陸のスリナムでも使用されている。南アフリカ共和国のアフリカーンス語は、オランダ語から派生した言語。

❷ラテン系

ラテン語派 ②[4] インド=ヨーロッパ語族の1語派であるイタリック語派に属するフランス語・スペイン語・ポルトガル語・イタリア語・ルーマニア語など、ラテン系民族が使用する言語。ロマンス語派あるいはロマンス諸語ともいう。

ロマンス語派 ①[1]
ロマンス諸語 [1]
ラテン系民族 ①[3]

フランス語 ③[5] ラテン系民族のフランス人の言語。英語とともに国際語として広く用いられている。旧フランス植民地のカナダ・インドシナ半島諸国・アフリカ諸国などでも公用語あるいは外交用語として、重要な役割を果たしている。

イタリア語 ③[5] ラテン系民族のイタリア人の言語。古代ローマの言葉であるラテン語から派生した言語の1つで、もともとのラテン語に最も近いといわれる。イタリアのほかに、スイス南部のルガーノ地方、コルシカ島、バルカン半島のアドリア海沿岸などに分布している。

スペイン語 ③[5] ラテン系民族のスペイン人の言語。スペインのほか、ブラジルを除く大部分のラテンアメリカ諸国で公用語として使用されている国際語。15世紀以後、勢力をのばしたカスティリャ王国の言語が公用語化したもので、カスティリャ語ともいう。

カスティリャ語 ①[1]

カタルーニャ語 [3] ロマンス諸語に属し、

スペインのカタルーニャ地方、バレンシア地方、バレアレス諸島の地方公用語。アンドラ公国では公用語。カタロニア語ともいう。 **カタロニア語** ①

カタルーニャ地方 ②③ スペイン北東部、地中海に面し、ピレネー山脈の南に位置する自治州。州都バルセロナ。中世には、アンドラ＝カタルーニャ王国の隆盛とともに黄金期を迎えるが、その後は長い衰退期に入った。とくに、20世紀のスペイン内戦後は、フランコ政権により徹底的な弾圧を受けた。1978年以降、民主化されたスペインで、自治を一層求める運動が展開されている。

ポルトガル語 ③⑤ ラテン系民族のポルトガル人の言語。ポルトガルのほか、ブラジル・アンゴラ・モザンビークなど、旧ポルトガル植民地の公用語。フランス語やイタリア語などと同じロマンス諸語と呼ばれるラテン語派の言語。

ルーマニア語 ②④ ラテン系民族のルーマニア人の言語。ルーマニアのほか、モルドバ共和国、セルビア共和国内ヴォイヴォディナ自治州の公用語。ロマンス語派とも呼ばれるラテン語派の言語。

ロマンシュ語（レートロマン語） ②③ ロマンス諸語と呼ばれるラテン語派の言語。スイスの4つの公用語の1つ。

❸スラブ系

スラブ語派 ③④ 主として東ヨーロッパやヨーロッパロシアに居住するスラブ系民族の言語。東スラブ語群（ロシア語・ウクライナ語・ベラルーシ語など）、西スラブ語群（ポーランド語・チェコ語・スロバキア語など）、南スラブ語群（クロアチア語・セルビア語・マケドニア語・モンテネグロ語・ブルガリア語など）に分けられる。 **スラブ系民族** ③②

ロシア語 ③⑤ スラブ系民族のロシア人の言語。9世紀にキュリロスがギリシャ文字をもとに考案した、グラゴール文字から発達したキリル文字（ЦЕЁЖЗなど）を使う。 **キリル文字** ③①

ウクライナ語 ②④ ウクライナの公用語。東スラブ語群に属し、ロシア語やベラルーシ語と近縁。キリル文字を使う。近年、ラテン文字表記への変更が検討されている。

ポーランド語 ③④ ポーランドの公用語。西スラブ語群に属し、チェコ語・スロバキア語とは近縁。かつて、ポーランドの公用語であったラテン語の影響を受けている。

チェコ語 ②④ チェコの公用語。西スラブ語群に属する。とくに、ポーランド語やスロバキア語とは近縁。ラテン文字表記を用い、ラテン文字にない音は、補助記号を使って表現している。

スロベニア語 ①② スロベニアの公用語。南スラブ語群に属する。クロアチア語とともにラテン文字を使う。

クロアチア語 ①② クロアチアとボスニア＝ヘルツェゴビナの公用語。南スラブ語群に属するセルボクロアチア語の1つ。ラテン文字を使用。セルビア語とは近似。

セルビア語 ②② セルビア・ボスニア＝ヘルツェゴビナ・モンテネグロ・コソボの公用語。南スラブ語群に属するセルボクロアチア語の1つ。セルビア語ではキリル文字とラテン文字が併用される。クロアチア語とは近似。

❹その他のヨーロッパ系

ギリシャ語 ②② ギリシャとキプロスの公用語。インド＝ヨーロッパ語族に属するが、ほかの言語から独立した位置にある。現代ギリシャ語は古典ギリシャ語から派生、そのため成立はかなり古くまで遡るが、口語として現代ギリシャ語が普及するのは19世紀以後とされる。ギリシャ文字（ΔΘΣΦΩなど）を使う。

ケルト語派 ① インド＝ヨーロッパ語族に属するケルト系民族の言語。紀元前にはヨーロッパ全域に広がり、のちにローマ・ゲルマンの侵入により、圧迫・吸収されたケルト人の言語。現在は、アイルランド・イギリス・フランスの一部などの狭い範囲で使用されている。ケルト文化は古くからヨーロッパに広がり、ロンドンやパリの地名もケルト系言語から由来するといわれている。また、死語化した言語もあるが、人々の努力によって復活した言語もみられる。 **ケルト系民族** ①①

アイルランド語 ①② ケルト語派に属し、ゲール語の1つ。アイルランド共和国の第1公用語（第2公用語は英語）。

ウェールズ語 ①② ケルト語派に属する言語。イギリスのウェールズで使用される言語。英語におされ続ける中にあって、ウェールズ人の文化と伝統を伝える祭典などが行なわれるなど、ウェールズ語振興の動きが強い。1967年には英語と同等の扱いをすることを定めたウェールズ語法が成立した。また、1988年には、学校でウェールズ語が必修科目となった。

ブルトン語 ①2 ケルト語派に属する言語。フランスのブルターニュ半島西部で使用される。5～6世紀頃に、アングロ=サクソン人がイギリスに侵入した時、英仏海峡を渡ってきたケルト系民族の言語。

❺ペルシア系

ペルシア語 ③3 インド=ヨーロッパ語族インド=イラン語派に属する言語。イラン(ペルシア)人が使用するイランの公用語。イランのほか、タジキスタンやアフガニスタンに分布。アラビア文字から派生したペルシア文字を使用している。

インド=イラン語派 ②1

❻インド系

サンスクリット語 ①2 インド=ヨーロッパ語族、インド=イラン語派に属する古代インドの文章語。「完成された言語」を意味する。古くは梵語(ぼんご)とも呼ばれ、仏教関連の用語として取り入れられた。例えば、日本の「旦那(だんな)」「刹那(せつな)」「卒塔婆(そとば)」などはその一例。

パンジャブ(パンジャービー)語 ②1 インド=ヨーロッパ語族、インド=イラン語派に属する言語。インダス川上流のインド・パキスタンにまたがるパンジャーブ地方で使用され、インドのパンジャーブ州の公用語。

ヒンディー語 ③5 インド=ヨーロッパ語族、インド=イラン語派に属する言語で、インドの連邦公用語。インドではヒンディー語を話す人が多いため、インド政府は国語として全国に普及させようとしているが、反発もおきている。

ウルドゥ語 ③2 インド=ヨーロッパ語族、インド=イラン語派に属する言語。インド北部・パキスタンに分布。パキスタンの国語。インドのジャンム・カシミール州の公用語。

アッサム(アッサミー)語 ② インド=ヨーロッパ語族、インド=イラン語派に属する言語。インドの北東部アッサム州を中心に分布。インドのアッサム州の公用語。

カシミール(カシミーリー)語 ②1 インド=ヨーロッパ語族、インド=イラン語派に属する言語。カシミール地方の言語。

ネパール(ネパーリー)語 ②2 インド=ヨーロッパ語族、インド=イラン語派に属する言語。ネパール・ブータン・インド北部に分布。ネパールの公用語。インドのシッキム州の公用語。

ベンガル(ベンガリー)語 ②3 インド=ヨーロッパ語族、インド=イラン語派に属する言語。バングラデシュ・インドのウェストベンガル州周辺に分布。バングラデシュの公用語。インドのウェストベンガル州などの公用語。

グジャラート語 ②2 インド=ヨーロッパ語族、インド=イラン語派に属する言語。インド北西部グジャラート州周辺に分布。インドのグジャラート州の公用語。イギリスやアメリカ合衆国などにも話す人が多い。

vi ―― アフリカ=アジア語族

アフリカ=アジア語族 ②1 アラビア半島を中心とする西アジアから北アフリカに分布。アフロ=アジア語族ともいう。かつて使われたセム=ハム語族の名称が神話的であることから、アフロ=アジア語族と呼ぶようになった。アラビア語・ヘブライ語・エジプト語・アムハラ語・トゥアレグ語などの総称。

アフロ=アジア語族 ①1

アラビア語 ③7 アフリカ=アジア語族に属し、アラブ人の言語。アラビア文字を使用。もともとはアラビア半島の言語であったが、イスラーム教の聖典『クルアーン(コーラン)』の言語として、また通商用語として西アジア・北アフリカのイスラーム圏に広がった。また、イスラーム文化の発展を背景に、科学・化学用語に取り入れられたアラビア語も多い。 **アラビア文字** ②

:アラブ系民族(アラブ人) ③5 アフリカ=アジア語族に属するアラビア語を用い、多くはイスラーム教を信仰する民族の総称。西アジアから北アフリカに分布している。

ヘブライ語 ② アフリカ=アジア語族に属し、ユダヤ人の母語。イスラエルの公用語。『旧約聖書』に記されていた言語を、現代ヘブライ語として復活させた。

vii ―― ニジェール=コルドファン諸語など

ニジェール=コルドファン諸語 ③2 サハラ砂漠以南のアフリカで使用されている大部分の言語。その中で最も多数の言語グループはバントゥー語群である。スワヒリ語・キクユ語・ズールー語・コンゴ語・スワティ(スワジ)語・ツワナ語などが属するバントゥー語群だが、ほかにもフラニ語・イボ語・ヨルバ語・ウォロフ語など、多数の言語がある。

スワヒリ語 ③4 ニジェール=コルドファン諸語のバントゥー諸語に属する言語。アフリカ東岸の共通語・商用語。ケニアやタンザニアの国語である。

コイサン諸語（コイサン語族） ② 4,000年以上前から、カラハリ砂漠を中心に、南アフリカ一帯に居住している狩猟・採集民。

viii――オーストロネシア語族

オーストロネシア語族 ③1 台湾から東南アジアの島嶼部（とうしょぶ）、ニューギニア・メラネシアの一部を除くオセアニアにかけて分布する言語集団。マレー＝ポリネシア語族とも呼ばれる。台湾諸語・タガログ（フィリピノ）語・マレー語・ジャワ語・インドネシア語・フィジー語・タヒチ語・ハワイ語など。 **インドネシア語** ②2

マレー語 ③5 オーストロネシア語族のマレー＝ポリネシア語派に属し、マレー半島周辺で使用されるマレー系民族の言語。マレーシアではマレー語を「マレーシア語」(国語) に指定している。シンガポール・ブルネイでは公用語に指定されている。 **マレー系住民** ②2

タガログ語 ② フィリピンのルソン島の、マニラを中心に使われる言語。オーストロネシア語族のインドネシア語派に属する。表記は英語式。1937年にフィリピンの国語に指定され、公用語であるフィリピノ語(ピリピノ語)の元となった。 **フィリピノ語** ②

ix――その他の言語

インディアン＝インディオ諸語 ②1 南北アメリカ大陸、西インド諸島の先住民の言語。ヨーロッパ人の進出で死語になったものも多いが、マヤ語・ケチュア語・アイマラ語・グアラニー語などを話す人が多い。

ケチュア語 1 南アメリカ、アンデス山中に住むインディオ(インディヘナ)のケチュア族の言語。インカ帝国の遺産ともいえる言語で、エクアドル・ペルー・ボリビアなどのインディオの間で多く使用される。ペルーおよびボリビアでは公用語に指定されている。

アイマラ語 1 南アメリカ、アンデス山中に住むインディオ(インディヘナ)のアイマラ族の言語。ペルー・ボリビア・チリなどのインディオの間で多く使用され、ペルーおよびボリビアでは公用語に指定されている。

ドラヴィダ語族 ② インダス文明を築いたインドの先住民ドラヴィダ人の言語。タミル語・テルグ語など。ドラヴィダ人は、紀元前15世紀頃にアーリヤ人の進入によって追われ、現在はインド南部やスリランカに居住する。スリランカではヒンドゥー教徒のタミル人と仏教徒のシンハラ人との対立が長く続いた。

バスク語 ③4 フランスとスペインの国境付近に位置するバスク地方のバスク人が使用している言語。ほかの言語との系統性、関連性が不確かで、独立した言語とされている。

韓国・朝鮮語 ② 朝鮮民族が用いる言語。漢字と表音文字として考案されたハングルが使われる。アルタイ諸語との関係が指摘されているが、言語の系統関係は未確定である。 **ハングル** ③3

宗 教

i――宗教

宗教 ③7 神または絶対者に対する信仰、およびこれに伴う行事。どの民族も何らかの宗教をもっているが、原始宗教（アニミズムなど）から、哲学的・倫理的に高遠な教義をもつ宗教まで様々である。

世界宗教 ③5 世界中に布教を通して信者数を拡大させている宗教。仏教・キリスト教・イスラームなどは信者数が多く、民族をこえて世界中で広く信仰されている。仏教・キリスト教・イスラームで3大宗教と呼ばれることもある。

民族宗教 ③5 ある民族の文化形成の過程で生まれ、その民族のアイデンティティに大きく関わっている宗教。世界宗教の対語。民族の成立や形成に関しては、神話が存在する。基本的に生活形態と深く結びついているので、他の民族が受け入れるのは困難である。神道・道教・ヒンドゥー教・ユダヤ教などがある。

国教 ②1 国家から特別な地位を与えられ、保護されている宗教。財政面・行政面などで様々な優遇を受ける。政教分離と国家の世俗化の傾向の強まりとともに、国教制度は減少しつつある。北欧諸国・イギリス・サウジアラビア・イラク・イラン・タイなどで、国教制度をとっている。

アニミズム（精霊信仰） ②3 太陽・月をはじめ、あらゆる自然現象に霊魂の存在を認め、それを崇拝する原始宗教。呪術師（じゅじゅつし）や占い師が大きな役割を果たしている場合が多い。関係が深いものとして、自然物や

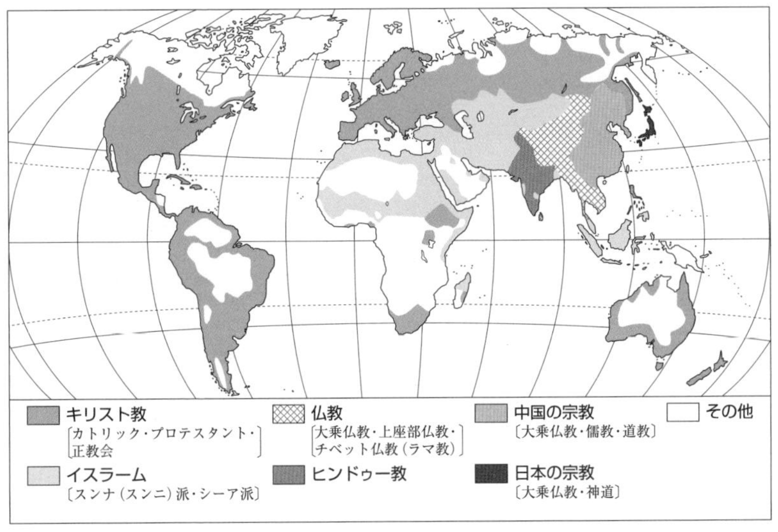

世界の宗教分布

自然現象そのものを崇拝の対象とする自然崇拝がある。 **自然崇拝** ①[2]

タブー [1] 宗教上で、神聖なものとして、または忌避なものとして、立ち入ったり、触れたり、使ったりすることを禁じられている場所・言葉・行為の類。イスラム教徒がアルコール類・豚を飲食しないことなどはその例。

安息日 [3] その日は労働を休んで休息し、礼拝をするなど神に対して思いを寄せる神聖な日。ユダヤ教やキリスト教で見られる。聖書によれば、主が天や地、そこにあるすべてのものを６日間でつくり、７日目は休息にあてたとあり、一週間のうちの１日（７日目）を休息日にする慣習ができた。

多神教 ①[2] 複数の神々を同時に崇拝する宗教。一神教の対語。農耕社会に比較的多くみられる。自然現象の人格化や、人間生活を映しだした様々な個性や容姿を与えられた神々に対しての信仰。民俗信仰の傾向が強く、日本の神道やヒンドゥー教に代表される。

一神教 ②[1] 信仰の対象とする神が１つであるとする宗教。ユダヤ教・キリスト教・イスラームなど。ヒンドゥー教や仏教などの多くの神々が存在する多神教の対語。

聖地 ②[3] 宗教上の特別な理由で神聖な土地とされる場所。その宗教の信徒のみが立ち入ることができ、他の宗教の信徒には立入りが許されないのが普通。聖地をめぐる対立が、民族・宗教間の紛争に発展する場合が多い。ユダヤ教・キリスト教・イスラームの聖地とされるエルサレムの帰属をめぐる問題は、歴史的な紛争をもたらしている。

ii ―― キリスト教

キリスト教 ③[7] パレスチナでユダヤ教を基礎とし、イエス＝キリストを救世主として信じる宗教。ヨーロッパの精神的支柱であり、近世以降のヨーロッパ人の海外進出により、世界各地に広まった。聖典は、『新約聖書』と『旧約聖書』。

イエス＝キリスト [4]

太陽暦 ② 太陽の運行に基づく１太陽年（365.2422日）を基本に、１年の日数を決めた暦法。平年を365日とする。起源はエジプトとされる。紀元前45年のローマでユリウス＝カエサルが４年に１度の閏年（うるうどし）（366日）を設けたユリウス暦を実施。16世紀にローマ教皇のグレゴリウス13世によってグレゴリオ暦（100で割り切れても400で割り切れない西暦は平年）が採用され、現在に至っている。ユリウス暦をグレゴリオ暦にかえたのは、カトリックの最も重要な行事である復活祭（イースター）を正確な時期に行なうためであったといわれる。

❶カトリック

カトリック ③7 本来は、キリスト教の普遍性を示し、教会・教派を示す概念ではないが、多くはローマ＝カトリック教会を中心として古代末期から中世にかけてヨーロッパに広まったキリスト教。南ヨーロッパ・ラテンアメリカ・東ヨーロッパの一部の国々に信徒が多い。ローマ教皇が最高権力者。

：**バチカン市国** ②5 イタリアの首都ローマの市内にある世界最小の独立国。都市国家。面積0.44km^2、人口511人(2021年)、カトリック世界の拠点。サンピエトロ大聖堂とバチカン宮殿を中心に、美術館・博物館・科学アカデミー・新聞社・放送局をもつ。国連未加盟国。

：**サンピエトロ大聖堂** ①1 バチカン市国にあるローマ＝カトリック教会の本山としての首席大聖堂。320年代にコンスタンティヌス１世によって創建された。面積約２万2,000m^2。イタリア＝バロック建築の頂点となる存在。堂内には、聖ペテロ座像（12世紀)、ミケランジェロのピエタ像（1500年)などがある。世界文化遺産。

❷正教・プロテスタント・その他

正教会（東方正教会） ③7 コンスタンティノープル(現イスタンブール)を中心として、東ローマ帝国からおもに東ヨーロッパに広まったキリスト教。聖像崇拝問題を契機として、ローマ＝カトリック教会と分裂した。ギリシャ正教ともいう。ロシア正教・セルビア正教・ジョージア(グルジア)正教・ルーマニア正教など、各国・各地域で教会組織が独立している。

ギリシャ正教 ①1

ロシア正教 ③4

プロテスタント ③7 16世紀のルターやカルヴァンらによる宗教改革以後、ローマ教会に抗議(プロテスト)して成立したキリスト教の諸派。北・西ヨーロッパ、北アメリカの国々に信徒が多い。

：**清教徒**(せいきょうと)**（ピューリタン）** ②1 16世紀後半、英国国教会のカトリック的な要素を取り去り、カルヴァンの教会改革に従って、徹底した改革を行なおうとしたプロテスタントの総称。ピルグリム＝ファーザーズと呼ばれる一団は、1620年に信仰の自由を求めて北アメリカに移住した。

キリスト教コプト派 ①1 エジプト・シリア・エチオピア・エリトリアなどに信者が多いキリスト教の宗派。コプト教やコプト正教会とも称するが、東方正教会とは異なる。エチオピアのコプト派は、エチオピア正教会として分離。 **コプト教** ①2

iii ―― ユダヤ教

ユダヤ教 ③7 ユダヤ人の宗教。唯一神ヤハウェ(エホバ)を信仰し、ヤハウェと契約したユダヤ人のみが救われると信じる（選民思想)。ローマ帝国の属州として国を失ったユダヤ人は、１～２世紀の反乱が鎮圧されると一層各地に離散した。シオニズムの動きを経て、第二次世界大戦後、かつての祖先の地にイスラエルを建国し、以後、イスラーム教を信仰するアラブ諸国との対立が続いている。 **ユダヤ人** ③7

：**嘆**(なげ)**きの壁** ②4 ユダヤ人にとって最も神聖な場所。エルサレムの旧市街に、紀元70年にローマ人によって破壊されたソロモン第２神殿(ヘロデ王時代)を取り囲む壁の一部が残されている。第３次中東戦争でイスラエルが東エルサレムを占領し、嘆きの壁をユダヤ人が自由に訪れることが可能になった。

iv ―― イスラーム(イスラム教)

イスラーム（イスラム教） ③7 ７世紀、アラビアの預言者ムハンマド(マホメット)により創始された宗教。唯一神アッラーの信仰を説く。聖典は『クルアーン(コーラン)』。北アフリカから西アジア・中央アジアにかけての乾燥地域に広まっているほか、モンスーンアジアのマレーシア・インドネシアなどでも信仰されている。聖地はメッカなど。

ムスリム(イスラム教徒) ③7

ムハンマド（マホメット） ③5 570頃～632 イスラームの創始者。最後の預言者と考えられている。メッカの名門クライシュ族ハーシム家に生まれ、幼くして両親を亡くす。40歳の時に神の啓示を受け、イスラーム教を創始した。

アッラー ③5 イスラームにおける唯一絶対神。この世界の創造神であり、最後の審判をくだす存在。アッラーとは、普通名詞の「神」に定冠詞がついたもの。固有名詞ではない。

『クルアーン（コーラン）』 ③6 イスラームの聖典。アラビア語で記され、イスラーム社会の日常生活を様々に規定しており、信徒はそれを実践している。それは、「六信五行」として表わされ、１日５回の礼拝、ラマダーン(断食月)の行などの規律が特徴である。

イスラーム暦 ③5 ムハンマドがメディナに聖遷(ヒジュラ)した622年7月16日を、紀元元年1月1日とする太陰暦。ヒジュラ暦ともいう。

:太陰暦 ②1 月の運行に基づいてつくられた暦。新月から新月までを1カ月とする。1カ月が28日間、ないし29日間となる。閏月を設けなければ、1年間は太陽暦に比べて11日ほど短いので、季節に連動していない。ヒジュラ暦や日本の旧暦など。

五行 ③2 ムスリム(イスラム教徒)が行なわなければならない5つの義務。信仰告白・礼拝・断食・喜捨・巡礼の5つ。

:信仰告白 ③3 ムスリムの五行の1つ。「アッラーのほかに神無く、ムハンマドは初の使徒である」という言葉をアラビア語で述べること。

:礼拝 ③4 アッラーへの感謝を中心に、1日5回決まった時間に決まった作法でメッカに向かって礼拝すること。

:断食 ③5 イスラーム暦の第9月(ラマダーン)の1カ月間、毎日、日の出から日没まで水を含む一切のものを口にしないこと。ムハンマドが厳しい断食の業を行なった時に、神の啓示を受けたという故事に基づいている。

ラマダーン(断食月) ②6

:喜捨(ザカート) ③3 貧しい人や恵まれない人に施しを行なうこと。サウジアラビアでは、国税としてザカート税がある。

:巡礼 ③6 イスラーム暦の第12月(ズール=ヒッジャ)の10日から13日に、聖地メッカのカーバ神殿に詣でること。健康で経済的に巡礼の可能な者は、一生に1度は必ず行かなければならない。巡礼そのものはムハンマド以前からメッカで行なわれていた慣習的なもの。また、巡礼の行程などの作法は、すべてムハンマドが行なったことと同じことを行なうようになっている。

:カーバ神殿 ②6 イスラームの聖地メッカにある神殿。ムハンマドがメッカを征服した際、カーバ神殿の多数の偶像を破壊して、イスラームの聖地にした。カーバとは「立方体」という意味。

モスク ③7 イスラームの礼拝堂。丸い屋根と針のように尖ったミナレット(尖塔)に特色がある。モスクとは神の前にかしづく所という意味。

:岩のドーム ② ムハンマドが昇天したとされる岩のある場所につくられたモスク。エルサレムの旧市街にあり、黄金のドームが輝いている。

スンナ(スンニ)派 ③6 イスラームの多数派・正統派に属する宗派。ムスリムの約90%を占める。スンナは「スンナ(ムハンマドの言行)に従う者」の意。

シーア派 ③6 イスラーム教の2大宗派の1つ。ムスリムの約10%を占める少数派で、多数派であるスンナ派と対立している。イランに多く、イラクやレバノン・シリアにも居住、国境をこえた政治勢力を形成している。

チャドル ②3 イランなどでの外出用の服装。頭の先から足下までを黒い1枚の布で覆い、顔だけをだすような服装。イスラームでは、女性が肌をだすことが禁じられているため、外出時の服装が決められている。比較的緩やかなスカーフのような被り物のヒジャブから目だけをみせるニカブ、目も網で覆うブルカまで、国や地域によって異なる。

ヒジャーブ(ヒジャブ) 4

ハラーム ①2 イスラームで許されていない食品。イスラームでは豚は汚らわしいものとして、肉をはじめエキスとして使用されているものも食べることはできない。また、アルコールが加えられたものも食べることはできない。

ハラール ③6 イスラームで許された食品。ハラールフードなどと呼ばれる。獣脂・ラード・ゼラチンなどを含んでいない食品や、アルコールを使用していない食品。定められた屠畜法による肉など。

ハラールフード ②4

イスラーム復興運動 ②1 19世紀後半から始まったイスラーム世界の復興をめざす思想的な潮流および活動。イスラーム世界の凋落は、西欧世界の侵略・支配と、これに対抗できない社会の無力さにあると考え、イスラーム復興には、西洋の支配、植民地主義に対する抵抗の立場を、伝統に対しては革新という立場をとる。

イスラーム原理主義 ①1 現代のイスラーム世界は本来あるべき姿ではないとして、コーランの教えに従ったイスラームの原点に回帰しようとする考え方。1979年にイランでパーレビ朝が倒され、ホメイニを指導者とするイラン・イスラーム共和国が成立したイラン革命以降、世界的に注目されるようになった。

v ——仏教

仏教 ③7 紀元前5世紀頃、インドでシャカ(釈迦)の教説によって展開された宗教。バラモン教の階級制を否定し、無常(絶対的なものの否定)と無我(固定的自我の否定)を説き、中道(禁欲主義と快楽主義の否定)の実践により、苦悩のない安住の地に至れるとした。聖地はブッダガヤなど。

ブッダガヤ(ブダガヤ) ②1 インド北東部ビハール州に位置する仏教の聖地。シャカが悟りを開いた場所。

大乗仏教 ③5 インドから北方の中国・朝鮮・日本などに伝わった仏教。北伝仏教ともいう。自己1人の完成のみならず、一切衆生の救済を念願する菩薩の道を説く。理想に至る大きな乗りものという意味で大乗と自称した。

上座仏教(上座部仏教) ③5 インドから南方のスリランカ・ミャンマー・タイなどに伝わった仏教。修行を通じ自己の悟りに至ることを目的とし、戒律が厳しい。小乗仏教・南伝仏教ともいわれる。

チベット仏教(ラマ教) ③7 仏教とチベットの民間信仰が結びついて成立した宗教。チベットを中心に中国西北部および東北地区・ネパール・モンゴルなどに広まった。ラマは「師」のことで、師から弟子への伝承を重んじる密教(秘密仏教)である。聖地はラサ。

托鉢 4 鉢をもって信者に食物を乞いながら歩くことをさし、中国では宋の時代からこの言葉が使われた。伝統的な宗教儀礼であり、ラオスの仏教徒による托鉢は早朝から行われ、在家の信者たちが食べ物を喜捨していく。

vi ——ヒンドゥー教

ヒンドゥー教 ③7 インド最大の信徒をもつ民族宗教。バラモン教に仏教やインド古来の宗教を取り入れて、5世紀頃までに宗教として確立した。インド人の行動の規範となる伝統的な制度や慣習の基盤となり、カースト制度との結びつきが強い。聖地はヴァラナシ(ベナレス)など。

カースト制 ③6 インドのヴァルナ＝ジャーティ制度。ヴァルナはバラモン・クシャトリヤ・ヴァイシャ・シュードラの4つの区分。ジャーティは生まれや職業によって2,000〜3,000に細分化されたものである。通常、カーストと呼んでいるのはジャーティのことである。カーストによる差別、とくにアウト＝カースト(ハリジャン)や指定種族と呼ばれる山間部の少数民族に対する差別は、1949年に憲法で否定された。カースト制はインドの社会生活に今もなお大きな影響を与えているが、工業化や農村社会の近代化の中で変容してきている。

ヴァルナ(四姓) ③4
ジャーティ(世襲的職業集団) ③5

：バラモン ③3 カースト上の身分で、最上位に位置する僧侶・司祭をいう。

：クシャトリヤ ③3 カースト上の身分で、2番目に位置する王侯・貴族・士族をいう。

：ヴァイシャ ③3 カースト上の身分で、3番目に位置する市民・平民で、商人・職人・農民をいう。

：シュードラ ③3 カースト上の身分で、最下位に位置する隷属民をいう。

：不可触民 ②4 カーストから除外された、より低い身分の階層。村の居住も中心部に上層カーストが住み、下層カーストがそれを取り巻いて周辺に、さらに離れた所に不可触民が住む構造がみられる。憲法でカーストによる身分差別が禁じられてから、ハリジャン(神の子)という呼称が使われるが、ダリット(貧しい人・抑圧されている人)と自称する人々も多い。

ハリジャン ②　**ダリット** ①3

沐浴 ②6 聖なるものに接する前に湯水で身体を浄めること。水のもつ聖なる力が罪・穢れを洗い流してくれるという信仰。様々な宗教で、河川・泉・滝などの水が浄めに使われた。キリスト教やユダヤ教の洗礼の儀式は、その延長上にあると考えられる。ヒンドゥー教では、ガンジス川の巡礼地ヴァラナシ(ベナレス)で行なわれる沐浴がよく知られ、ガンジス川の水は触れるだけであらゆる罪・穢れを洗い流してくれ、解脱に導くものとされている。

バラモン教 3 ヒンドゥー教の前身であり、中核となる宗教。司祭階級のバラモン(婆羅門。サンスクリットではブラーフマナ)を最上位に位置する階級制度(カースト制、ヴァルナ＝ジャーティ制度)を打ちたてた。5世紀頃までに、様々な民族宗教・民間信仰と融合を重ね、ヒンドゥー教へと展開していった。

バリ島 ③5 インドネシアのジャワ島の東に位置する火山島。イスラーム化したインドネシアの中で、バリ島にはヒンドゥー教徒が多く居住する。ガムラン音楽やケチャなど、独自の文化を残している。

アンコール＝ワット [2] カンボジア北西部シエムリエプ州のアンコール地域にある寺院。アンコール朝（802～1431頃）の最盛期に、スールヤヴァルマン２世（在位1113～45頃）が建立した代表的なヒンドゥー教寺院。その石造伽藍の規模は、東南アジア最大級。アンコール朝の衰退後、中央塔に仏像が安置され、上座部仏教の寺院へと改修された。世界文化遺産。

シク教 ③[6] 16世紀にイスラームの影響を受けたヒンドゥー教の改革運動で成立した宗教。インド北西部のパンジャーブ地方を中心に普及。ヒンドゥー教徒との対立が激しい。

ジャイナ教 ①[2] マハーヴィーラ（ヴァルダマーナ、紀元前６～前５世紀）を開祖とする、インドの宗教。徹底した不殺生（ふせっしょう）と苦行・禁欲主義で知られる。南インドに多く居住して商業に従事し、結束が固いことでも知られる。

儒教（じゅきょう） ③[7] 孔子（こうし）の教説を中心に形成された、宗教・倫理・政治思想である。修身（しゅうしん）・治国（ちこく）・平天下（へいてんか）を説き、中国の政治・社会・思想に強い影響を与えた。朝鮮や日本にも強い影響を与え、東洋文化の基盤となっている。

道教（どうきょう） ③[5] もともとは中国の呪術的な民間宗教。南北朝時代（４～６世紀）に老子を開祖とする道家の思想や仏教の教義を取り入れ、現世利益（げんせ(ぜ)りやく）の追求を重んじる宗教として普及した。広く民衆に受け入れられ、東洋文化の基盤となっている。

神道（しんとう） ③[6] 日本独自の伝統的な民族宗教。民間信仰・民俗信仰を基盤に、自然崇拝と祖先崇拝を複合、多くの神々を信仰し、祭祀（さいし）を重んじている。

3 国家と国家間結合

国家の領域と国境

i —— 国家の領域

国家 ③[4] 一定の領域と、憲法などで定められた排他的な統治権をもち、行政・経済・文化・社会などのあらゆる分野で一定の秩序のもとに国民を統合する政治的組織。国民・主権（統治権）・領域を国家の三要素という。 **国家の三要素** ②[2]

独立国 ②[2] 主権をもち、それを自由に行使できる国。

国民 ②[6] 法的には、国籍をもち１つの国家を成立させている人間集団。国民は自らの手で統治機構をつくり、様々な権利を確保するとともに、権利を維持するための義務を負う。

主権 ③[7] 国家構成の要素で、最高・独立・絶対の権力。対内的には国内の政治を決定し、対外的には国民と領域に対する外国の干渉を許さない統治権。

領域 ③[7] その国の主権の及ぶ範囲。国土ともいう。領土・領海・領空からなっている。

領土 ③[7] 国家の主権が及ぶ陸地。

領海 ③[7] 沿岸に一定の幅をもつ国家の主権が及ぶ海域。古くは大砲の着弾距離や基線（低潮線）から３海里を領海とするのが一般的であった。第３次国連海洋法会議で領海の範囲は、低潮線から最大限12海里に統一された。

接続水域 ③[5] 排他的経済水域と領海の緩衝帯。排他的経済水域の一部で、領海の外側から12海里（約22km）の領域をいう。領海の通関上、財政上、出入国管理上（密輸入や密入国）、衛生上（伝染病等）の法令違反の防止や違反処罰のために必要な規制をすることができる。

海里（かいり） ③[7] 海洋上の距離の単位。１海里は地球の円周の長さを360度とした時の１分の長さ。約1,852m。

基線（きせん）**（低潮線**（ていちょうせん）**）** ②[3] 大潮で最も水位が下がった干潮の際の、陸と海の境界線。最低潮位線ともいう。領海などの幅を計る起算点となる線。

領空 ③[6] 領土と領海の上空で、その国の主権が及ぶ空間。人工衛星が打ち上げられる宇宙空間は、国際的な空間として宇宙条約による取決めがある。

国境 ③[7] 国と国との境界。連続する境界線を国境線という。国家の領域の境界線をなし、国家の主権が及ぶ限界線でもある。

国境線 ①[2]

自然的国境 ③[7] 山脈・河川・海洋・湖沼などの自然物を境界として利用した国境。ヨーロッパなどの建国の歴史が古い国家間の国境に多い。

アムノック川（ヤールー川・鴨緑江(おうりょっこう)） ①[1] 朝鮮民主主義人民共和国（北朝鮮）と中華人民共和国(中国)の国境河川。北朝鮮ではアムノック川、中国ではヤールー川(鴨緑江)と呼ぶ。ペクト(白頭)山麓に源を発し、黄海に至る。日本の植民地時代、流域にスープン(水豊)ダムが建設された。下流部には中国タントン(丹東)と北朝鮮シニジュ(新義州)との間に中朝友誼橋(ちゅうちょうゆうぎきょう)が架かり、鉄道や車両による通行が可能である。

アムール川（黒竜江(こくりゅうこう)） ③[4] 中国とロシアの国境河川。シルカ川・アルグン川をあわせて両国の国境地帯を流れ、間宮海峡(タタール海峡)にそそぐ。上流まで航行可能であるが、冬季の６カ月は航行不可能となる。おもな支流はソンホワ川(松花江)・ウスリー川。

リオグランデ川 ③[5] ロッキー山脈南部に源を発し、メキシコ湾にそそぐ河川。アメリカ合衆国とメキシコの国境の東半分をなす。河道の変動が大きく、国境をめぐる両国対立の原因となった。

人為的国境 ③[7] 人工的な障壁や経緯線などを利用した国境。自然的国境に比べて隔離性に乏しい。人口密度が低く建国の歴史が比較的に新しい国家間の国境に多い。

数理的国境 ②[3] 経緯線や目標となる２点間を結ぶ直線を利用した国境。人為的国境の１つ。アメリカ合衆国とカナダの国境、アラスカとカナダの国境のような人口希薄地や、エジプト・リビア・スーダンなどの植民地分割の影響の残るアフリカに多い。

北緯49度 ①[3] アメリカ合衆国とカナダの国境。数理的国境の例。

西経141度 ①[1] アラスカ（アメリカ合衆国）とカナダの国境。数理的国境の例。

公海 ③[7] 領海および排他的経済水域の外側で、いずれの国にも属さない海洋。すべての国の船舶の自由な航行、漁業などの経済活動の自由、すなわち「公海自由の原則」が認められている。

国連海洋法条約 ③[6] 海洋に関する国際秩序の形成を目的とした条約。国連海洋法会議で検討を重ね、成案を得たもので、海洋法に関する国際連合条約とも呼ばれる。領海の幅および排他的経済水域の設定、海洋環境の保護についての国家の権利と義務の規定、平和目的のための海洋調査の推進などをおもな内容とする。1994年発効。

国連海洋法会議 ①

海洋法に関する国際連合条約 [1]

排他的経済水域(はいたてきけいざいすいいき) ③[7] 略称はEEZ (Exclusive Economic Zone)。国連海洋法条約において、領海の外側にあって海岸の基線から200海里の距離内に設定されている水域。資源の探査・開発・保存・管理に沿岸国の主権を認めている。航行・上空飛行・国際コミュニケーションの面では、公海と同じ性格をもつ。漁業専管水域も排他的経済水域の１つ。

EEZ ③[7]　**200海里** ③[7]

延長大陸棚 ①[2] 200海里内の海底とその地下をその国の大陸棚と認めているが、地形・地質的な繋がりがあれば大陸棚の延長が認められる。日本ではこれまでに18万km^2の海域を新たな大陸棚として設定した。天然資源開発などの主権的権利が認められ、その範囲がより広がることになる。

ii ―― 国家の形態

共和国 ② １国を代表する元首を国民の中から選び、一定期間統治権を委託している国家。アメリカ合衆国・フランス・インドなど。

福祉国家(ふくしこっか) ①[1] 国民が健康で文化的な生活を営むことができるように、社会保障制度（社会保険・公的扶助・社会福祉・公衆衛生など）の充実をめざす国家。おもにスウェーデンなど、北欧の諸国で進んでいる。

永世中立国(えいせいちゅうりつこく) [1] 将来、多国間で戦争がおきた場合、自国は中立であることを宣言し、他国もその中立を保障・承認している国。スイスやオーストリアがその例。

中央集権国家 ② １つの中央政府が全国民と全領域を直接的に支配する国。日本・フランスなど。

単一民族国家 ①[2] 国民が１つの民族から構成される国。純粋な単一民族国家は存在せず、国民の大部分が１つの民族からなっている国をさすことが多い。日本・ドイツ・フランス・イタリアなどをさすことがあるが、いずれも少数民族が存在する。

多民族国家 ③[7] 国民が２つ以上の民族から

なる国。複合民族国家ともいう。アジア・ヨーロッパにまたがり広大な国土をもつロシア、古い歴史をもち民族の交流が盛んな中国・インドなどや、多くの国から移民が集まるアメリカ合衆国やブラジルなどが代表例。2大民族の境界に位置するスイスやベルギーなども多民族国家として知られる。
複合民族国家 [1]

国民国家（民族国家） ③[1] 市民革命以後、近代的な市民意識の成長に伴い生まれた国家。国民あるいは民族としての一体感、および政治・経済・社会の共通性を基盤とする。共通の伝統や生活習慣を背景とする同族意識に支えられた民族国家としての性格が強い国もあるが、多くの国家は多かれ少なかれ多様な人種・民族から構成された多民族国家である。

連邦国家 ③[1] 複数の共和国・州などが、中央政府のもとに結合して形成された国家。中央政府は外交権のほか、州政府や共和国政府から委任された権限を行使する。州や共和国などの地方政府は、内政上の権限をもつ。スイス・ドイツ・アメリカ合衆国・ブラジル・ナイジェリア・ミャンマーなど。

自治共和国 ② 独立国の中に設けられた地方行政区域のうち、「国家内の国家」と呼べるほどに広汎(こうはん)な自治権をもつ行政組織。多民族国家であるロシアでは、ロシア民族に次いで有力な民族を中心に21の自治共和国が設定されている。人口のより少ない民族には、自治州・自治管区が設定されている。
自治管区 ③

一国二制度 ②[2] 中国政府が1997年のホンコン（香港）返還、および1999年のマカオ（澳門）返還に際してとった、政経分離の統治政策。ホンコン・マカオを特別行政区として、これまで通り資本主義に基づく経済社会制度を存続させるものとした。

宗主国(そうしゅこく) ③[5] 植民地に対する本国の呼び方。植民地は宗主国の経済的・文化的影響を受けやすい。

植民地 ③[7] 宗主国の政治的・経済的な支配下におかれ、自由な主権の行使ができない国や地域。宗主国の原料供給国、商品や資本の輸出地として従属化されている。第二次世界大戦前のアジア・アフリカは、ほとんどがヨーロッパの植民地であった。

植民地分割 ③[1] 帝国主義を背景として、19〜20世紀にかけて、アフリカや太平洋の島々が欧米列強の植民地に分割されたこと。

緩衝国 ① 利害が対立する国家の間にあって、その衝突を和らげる役目をする国。第二次世界大戦前、東南アジアでイギリス・フランス・オランダの植民地支配の対立の中で独立を守ったタイなどがその例。

同化政策 ① 植民地の宗主国が、支配地域の人々の言語・歴史・文化・生活様式などを圧殺し、自国民に同化させようとする政策。日本の朝鮮支配など。

同化主義 ③[1] 植民地支配などで、少数派の民族を、多数派の民族の中に吸収、混交させることで民族の統合を図る自民族中心主義のこと。

iii —— 日本の領域

北方領土 ③[7] →p.223

対馬海峡(つしまかいきょう) ②[1] 対馬・壱岐(いき)間の東水道、対馬・朝鮮半島南岸間の西水道からなる海峡。西水道は日本と韓国との国境となっている。海峡の幅は東水道・西水道とも約50km。暖流の対馬海流が流れ、イカ・アジ・サバなどの好漁場となっている。

対馬 [1] 九州本島と朝鮮半島の間の対馬海峡に位置する島。面積約700km^2、全面積の約88%を山地が占める。長崎県に属し、イカ一本釣りなどの沿岸漁業と、タイ・ハマチ・真珠などの養殖が盛んである。

竹島 ③[7] →p.223

沖縄 ③[3] 日本の西南部、最西端に位置する県で、琉球(りゅうきゅう)諸島（沖縄・宮古(みやこ)・八重山(やえやま)・尖閣(せんかく)諸島）と大東(だいとう)諸島からなる。県庁所在地は那覇。沖縄は第二次世界大戦末期に激戦地となった。大戦後、アメリカ合衆国の占領下にあったが、1972年に施政権が返還された。農業はサトウキビの栽培が盛ん。アメリカ合衆国の基地が集中している。尖閣諸島については中国が領土権を主張している。
那覇(なは) ②[3]

：尖閣諸島 ③[7] →p.223

与那国島(よなぐにじま) ③[7] 八重山列島西端の島。北緯24度27分05秒、東経122度55分57秒に位置する久部良(くぶら)地区西崎(いりざき)が日本最西端の地。西崎の先端にはトゥイシという岩礁がある。サトウキビ栽培・稲作・畜産（和牛）・カジキマグロ漁などが行なわれ、スキューバダイビングやトローリングなどの観光客も増えている。

沖ノ鳥島(おきのとりしま) ③[7] 日本の最南端（北緯20度25分31秒、東経136度04分11秒）の無人島。干潮時には東西約4.5km、南北約1.7kmの、満潮時には露岩のみの環礁(かんしょう)。水没をおそれて護岸工事を行ない、領土と200海里排他的経済水域(約40万km^2)が守られた。

南鳥島みなみとりしま ③7 北緯24度16分59秒、東経153度59分12秒の西太平洋にある島。日本の最東端に位置し、沖ノ鳥島とともに周囲に200海里排他的経済水域を確保している。低平な三角形の隆起サンゴ礁で、面積約1.5km^2。1898(明治31)年に日本の領土となり、第二次世界大戦前は肥料の原料となるグアノの採掘・カツオ漁・ヤシ栽培などが行なわれたが、戦後はアメリカ軍の統治下におかれ、マーカス島と呼ばれた。1968(昭和43)年に復帰し、東京都小笠原村に属する。気象庁や自衛隊の施設がある。付近の海底でのレアアースの埋蔵が注目されている。

国家群

i——国家群の形成

国家群 ①1 政治・経済・文化・軍事などで利害が一致する国々のグループ。協定や条約などを締結し、国家連合を形成する場合もある。イギリス連邦・EU(ヨーロッパ連合)・NATO(北大西洋条約機構)・ASEAN(東南アジア諸国連合)などはその例。

先進国 ③5 資本主義経済体制をとり、工業が発達し、経済的に豊かな国。アメリカ合衆国・カナダ・EU諸国・日本・オーストラリアなど、OECDに加盟している国をさす場合が多い。先進工業国・先進資本主義国もほぼ同様の意味をもつ。

先進工業国 ①1

サミット(主要国首脳会議) ① 主要国の首脳が、毎年1回定期的に会合して開く会議。インフレ・エネルギー・通貨・発展途上国への援助・テロ・地球環境など、国際的な問題を討議してきた。日本・アメリカ合衆国・イギリス・フランス・ドイツ・イタリア・カナダとEUに加え、1997年からロシアも正式参加した。しかし、ロシアはウクライナに対する軍事介入などが非難され、2024年現在は参加停止中である。ロシアを含む8カ国の集まりをG8をいい、ロシアを除く7カ国の集まりをG7という。

資本主義経済 2 誰でも自由に商品を生産・販売・消費することが許される経済。生産手段の私有と利潤追求の自由が認められ、商品の価格は市場での自由競争で決まる。産業革命後のイギリスにおいて確立し、その後、世界に広まった。

市場経済 ③3 市場での需要と供給の関係で決まる価格に応じて、生産者は生産量を消費者は購入量を決定していくしくみ。

資本主義国 ① 政治的には民主主義、経済的には競争による市場経済を基盤とする国家群。冷戦時代には、アメリカ合衆国・西ヨーロッパ諸国・日本・オーストラリアなどの西側資本主義国が資本主義陣営を形成し、東側の社会主義国家群と対峙たいじした。

資本主義陣営 ①1

資本主義体制 3

社会主義経済 2 生産手段の社会的所有と集団経営、計画経済を特色とする経済体制。ロシア革命後のソ連で初めて採用された。

社会主義 ③6

社会主義国 ② 社会主義経済体制と、それを実現するための共産党の独裁という政治体制をもつ国。ロシア革命後のソ連に始まり、第二次世界大戦後は東ヨーロッパ諸国や中国などに広まり、社会主義国家群を形成したが、現在は中国・北朝鮮・キューバなどの限られた国となった。

社会主義陣営 ①1

社会主義体制 3

計画経済 ③4 商品の生産・流通・販売などについて、政府や地方自治体の計画に基づいて運営される経済。旧ソ連をはじめとする社会主義国にみられたが、現在では資本主義国でも一部取り入れられている。

計画経済体制 ①

国営企業 ① 国家が経営する企業。市場経済導入前の社会主義国における代表的な経営形態であった。資本主義諸国でも最近まで、公益性の強い事業部門で導入されてきた。

社会主義市場経済 ①3 社会主義経済に市場経済システムを導入して、それまでの共産党と国家による計画経済を改め、市場経済を基礎として行政指導で経済調整を行なう体制。1993年に中国から始まった。

混合経済 ② 資本主義と社会主義双方の特色を兼ね備えた経済。社会保障費や公共投資の増大などにより、公共部門に対して政府がより大きな役割を担うようになった経済体制のこと。第二次世界大戦後のイギリスやフランスで取られたが、1980年代に、民営化、規制緩和など自由化政策が進められた。また、独立後のインドでも混合経済体制をとったが、1990年代に経済の自由化が進められた。

新興国 ②1 発展途上国のうち、経済成長が著しいまたは成長が見込まれる国々のこと。明確な定義はない。ブラジル・インド・中国・南アフリカ共和国などBRICSを構成する国のほか、メキシコやベトナムなどが含まれるとされる。

発展途上国 ③[5] 先進工業国に比べて、経済の発展が進んでいない国。開発途上国ともいう。ほとんどがかつて先進国の植民地で第二次世界大戦後に独立した国が多い。旧来からの身分関係や伝統的な社会構造が残存しており、モノカルチャー経済に依存する傾向が強く、国民所得も低い。

産油国 ①[3] 原油の産出量が多い国。国際的な原油需要の増大と資源ナショナリズムの台頭を背景に、オイルマネーあるいはオイルダラーと呼ばれる大量の外貨を獲得した。貿易収支は大幅な輸出超過で、1人あたりのGDPも多い。近年は、脱石油依存をめざして工業化や観光開発などを進める。

LDC(後発発展途上国) Least Developed Country ①[1] 発展途上国の中で最も開発が進んでいない国の総称。最貧国ともいう。国連は後発発展途上国の認定にあたり、所得水準が低いこと、人的資源に乏しいこと、経済的に脆弱であることの3つの基準を定めた。その数は2021年現在、46カ国である。

南北問題 ③[7] おもに北側に位置する先進工業国と南側に位置する発展途上国との間の経済格差と、そこから派生する様々な問題をいう。国連を中心として格差是正の努力と国際協力が行なわれているが、格差はむしろ拡大する傾向にある。

南南問題 ③[5] 発展途上国のうち、資源保有国や近年の工業化が進んだ途上国と、資源非保有国や最貧国などとの間の経済格差の拡大に伴う問題をいう。1970年代の石油を中心とする一次産品価格の値上げは、発展途上国間の経済格差を拡大させた。南南問題は発展途上国の足並みを乱す要因であり、南北問題の解決を一層困難にしている。

ii ―――政治的・軍事的結合

軍事同盟 ① 軍事的な結びつきによってつくられる国際関係。2カ国以上の国が相互の安全をめざして同盟を結び、同盟国が攻撃を受けた場合、ほかの同盟国が軍事行動をおこして助けることを内容とする条約を取り決める。

冷戦 ③[5] 第二次世界大戦後の、アメリカ合衆国・西ヨーロッパ諸国などの西側資本主義諸国と、旧ソ連・東ヨーロッパ諸国などの東側社会主義諸国との間の対立の構図。直接的な武力の行使を伴う熱戦には至らなかったので、冷戦という。第二次世界大戦後の国際政治は、基本的には東西の対立を軸にして動いてきたが、1989年のベルリンの壁崩壊、マルタ会談、1991年のソ連の解体によってその対立は解消され、冷戦時代は終わった。

NATO(北大西洋条約機構) North Atlantic Treaty Organization ③[4] 東西冷戦が激化した1949年、アメリカ合衆国・カナダと西ヨーロッパ諸国がつくった安全保障体制。アメリカ合衆国を中心に軍事同盟として東側勢力と対峙してきたが、冷戦終了後は、地域紛争を含めた危機管理型の安全保障体制にかわりつつある。1992年以降、ハンガリー・チェコ・ポーランドをはじめとする東欧諸国が加盟した。2023年にフィンランドが加盟。スウェーデンが加盟申請している。

WTO(ワルシャワ条約機構) Warsaw Treaty Organization ②[3] 旧ソ連と東ヨーロッパ諸国の安全保障条約。NATOに対抗して組織された。1955年成立、1991年に解散した。

日米安全保障条約 [1] 日本とアメリカ合衆国との間の安全保障条約。1951(昭和26)年成立。

SCO(上海協力機構) ② 中国と中央アジア諸国による地域的な機構として設立された。地域紛争への共同対処、エネルギー・金融など軍事・経済の両面での相互協力を行なう。加盟国は中国・ロシア・カザフスタン・キルギス・タジキスタン・ウズベキスタン・インド・パキスタン・イランの9カ国である。

アラブ連盟 ① アラブ諸国の独立と主権を守り、相互の結束を目的とした組織。本部はカイロ。ほぼ毎年開かれるアラブ首脳会議では、中東和平問題などを討議する。1945年成立。加盟国はパレスチナを含む21カ国1地域(2021年)。シリアは2011年より資格停止となっている。

アラブ諸国 ③ アラブ人が多数を占める国。政治的にはアラブ連盟加盟諸国とみなされることが多い。

CIS(独立国家共同体) Commonwealth of Independent States ③[5] 1991年、ソ連の解体によって創設された緩やかな結びつきの国家連合。正式加盟国9カ国(2021年)。

AU（アフリカ連合） African Union ③7 1963年に発足したアフリカ統一機構(OAU)を後継した組織。2002年設立。アフリカ諸国の主権と領土を守り、政治的・経済的に統合を進め、域内の平和と地位向上などをめざす。55の国・地域が加盟する世界最大級の地域機関である。

OAU(アフリカ統一機構) ②2

SICA（中米統合機構） ②1 1991年の中米機構憲章改定議定書(1992年発効)によって設立。地域の経済発展、治安の改善、気候変動対策などをテーマとし、域内の経済社会統合をめざす。加盟国はエルサルバドル、グアテマラ、コスタリカ、ドミニカ共和国、ニカラグア、パナマ、ベリーズ、ホンジュラスの8カ国。

UNASUR（南米諸国連合） ② 2004年に発足した南米共同体が2007年に現在の名称に改称された。事務局はエクアドルのキト。南アメリカ12カ国が参加国。社会的不平等の克服や貧困の撲滅、持続可能な資源の利用を可能にするエネルギー統合など南米全体の政治的経済的な統合をめざす。2010年代に活動が停滞したが、2023年に全加盟国の首脳会談が復活した。

iii ――経済的統合

経済統合 ①2 共通する利害関係にある国々が、国際分業と市場の拡大をめざして各国の市場を統合し、1つの共同市場を組織すること。関税障壁や輸出入規制を撤廃して自由貿易圏をつくり、さらにサービス・人・資金の移動までも自由にしようとする動き。EU(ヨーロッパ連合)・EEA(ヨーロッパ経済領域)・NAFTA(北米自由貿易協定)など。

市場統合 ①1

OECD（経済協力開発機構） Organization for Economic Cooperation and Development ②4 世界貿易の拡大、各国の経済成長の推進、発展途上国への援助などをめざす国際機構。1961年、マーシャルプラン(ヨーロッパ復興計画)の受入機関であったOEEC(ヨーロッパ経済協力機構)を改組して発足した。本部パリ。加盟国はヨーロッパ諸国・アメリカ合衆国・カナダ・日本・オーストラリアなど38カ国(2023年)。

APEC（アジア太平洋経済協力） Asia-Pacific Economic Cooperation ③7 1989年、オーストラリアの提唱で始まった経済協力組織。距離的に離れたアジア太平洋地域の諸国を結んで、貿易・投資の自由化と技術移転などで、地域協力の推進をめざしている。現在の参加国は、日本・アメリカ合衆国・中国・ロシア・韓国・ホンコン(香港)・台湾・シンガポール・タイ・オーストラリアなど19カ国2地域(2023年)。

環日本海地域 ① 日本・韓国・北朝鮮・モンゴル・中国東北地区・ロシア沿海州など、日本海をめぐる国や地域の間で経済交流を深め、1つの地域経済圏に育てあげようとする構想。例えば、極東ロシアの資源、日本や韓国などの資本や技術、中国の労働力を相互補完的に組み合わせる動きなどである。

一帯一路（構想） ③4 2013年に中国の習近平国会主席が提唱し、中国をはじめとするアジアとヨーロッパを「陸のシルクロード(シルクロード経済ベルト)」と「海のシルクロード(21世紀海上シルクロード)」で結び、広域経済圏として貿易を活性化させ、経済の発展をめざす構想をさす。ルート上の各国に中国が投資して行なうインフラ整備では、陸路での「中欧斑列」と呼ばれる貨物列車の導入、スリランカのハンバントータ港など海路での中継地となる港湾の建設が行われた。その一方で巨額の投資に対する債務の返済が困難になるなど、関係国の経済を圧迫させる課題もある。

シルクロード経済ベルト ②

21世紀海上シルクロード ②

AIIB（アジアインフラ投資銀行） Asian Infrastructure Investment Bank ①3 2015年に発足、2016年に開業。中国が主導するアジア地域を対象としたインフラ開発・整備への投資を行なう国際金融機関。中国が提唱する一帯一路構想でのインフラ整備の資金調達にも寄与するといわれている。加盟国・地域は2023年現在で100を超えるが、アジア開発銀行を主導するアメリカと日本は加盟していない。

ASEAN（東南アジア諸国連合） Association of South-East Asian Nations ③7 東南アジア諸国の経済を開発し、域内の平和・安定をめざす組織。貿易の拡大なども目的としている。1967年設立。1992年にはASEAN自由貿易地域の設立を決定。域内の非農産物の関税撤廃を目標に活動している。加盟国はタイ・フィリピン・マレーシア・シンガポール・インドネシアに加えて、1984年ブルネイ、95年ベトナム、97年ミャンマー・ラオス、99年カンボジアが加盟。

加盟10カ国を総称してASEAN10と呼ぶ。

ASEAN10 ①1

ASEAN共同体 ①1 2003年のASEAN首脳会議で採択されたASEANの将来像。2020年までに、ASEAN安全保障共同体、ASEAN経済共同体、ASEAN社会、文化共同体の設立をめざしている。

AEC（ASEAN経済共同体） ③5 2015年、ASEAN10カ国が調印・発足。統合的な経済組織として、財、サービス、投資、人の自由な移動と規制緩和をめざす。関税を撤廃し、より活発な貿易を促進、競争力向上で周辺の大国へ輸出拡大と、ASEAN域内のさらなる成長をめざす。

ASEANプラス3 ③2 地域交流の緊密なASEAN加盟国と日本・中国・韓国で協力していく枠組みのこと。

AFTA（ASEAN自由貿易地域） ASEAN Free Trade Area ③3 1992年のASEAN首脳会談で合意された地域経済協力の1つ。加盟国相互間の関税を引き下げ、ASEAN域内の貿易の拡大と投資を促進することを目的とする。

成長のトライアングル ② 1990年、シンガポール・マレーシア・インドネシアの3カ国で合意した地域経済協力計画。シンガポールの技術・資本と、マレーシア、インドネシアの豊富な労働力、近接地域であることによる安い輸送費などを背景に、衣類縫製や電気機械組立てなどの工業団地、大規模リゾート開発などが進められている。

大メコン圏 ③ メコン川流域6カ国（カンボジア、ラオス、ベトナム、タイ、ミャンマー及び中国雲南省・広西チョワン族自治区）のこと。アジア開発銀行の主催で、メコン川流域地域の経済開発プロジェクトが行なわれている。

SAARC（南アジア地域協力連合） South Asian Association for Regional Cooperation ②2 南アジア諸国の福祉の促進、生活水準の向上、文化の発展などをめざす組織。1985年設立。加盟国はインド・パキスタン・バングラデシュ・スリランカ・ネパール・ブータン・モルディブ・アフガニスタンの8カ国（2020年）。

SADC（南部アフリカ開発共同体） Southern African Development Community ① 南部アフリカ開発調整会議（SADCC）を改組し、1992年に設立された地域機関。加盟国間の経済統合や域内安全保障をめざす。ザンビア、タンザニア、ボツワナ、モザンビーク、アンゴラ、レソト、マラウイ、スワジランド、ジンバブエ、ナミビア、南アフリカ共和国、モーリシャス、セイシェル、コンゴ民主共和国、マダガスカル、コモロの16カ国が加盟（2018年現在）。事務局はボツワナの首都ハボローネ。

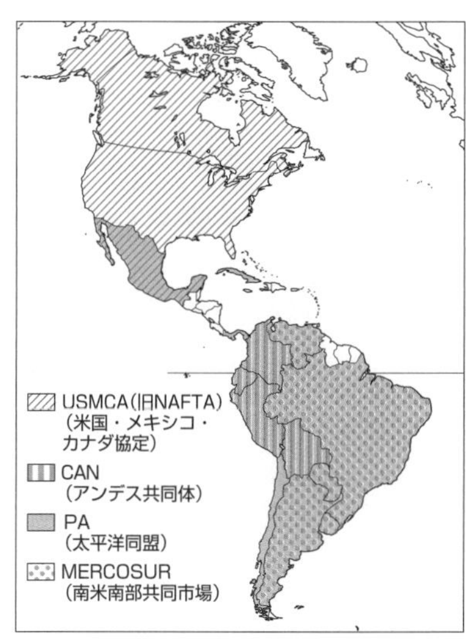

南北アメリカ大陸の経済的結びつき

ECOWAS（西アフリカ諸国経済共同体） Economic Community of West African States ① 関税障壁の撤廃や貿易振興などを通じた経済協力、独立の保障などを通じて、加盟国の経済・生活水準向上や政治的安定を図ることを目的とする。本部ナイジェリアのアブジャ、事務局はナイジェリアのラゴス。現在の加盟国は、ナイジェリア、ガーナ、セネガルなど西アフリカの15カ国。

NAFTA（北米自由貿易協定） North American Free Trade Agreement ③7 アメリカ合衆国とカナダ（すでに、1989年に自由貿易協定発効）に、メキシコを加えた大自由貿易市場の形成を目的とした協定。1994年設立。2020年、USMCA（米国・メキシコ・カナダ協定）の発効に伴い失効。

USMCA（米国・メキシコ・カナダ協定） United States-Mexico-Canada Agreement ③7 2020年7月1日に発効。NAFTAを構成していたアメリカ合衆国・メキシコ・カナダの3カ国による。NAFTAと比較すると、知的財産やデジタル貿易に関する条項が追加され、自動車と自動車部品の原産地規制が強化された。

CAN（アンデス共同体・アンデスグループ） ③[1] LAFTA（ラテンアメリカ自由貿易連合）内で不利な立場におかれたアンデス諸国が、地域の経済開発と均衡ある発展をめざして1969年に結成した地域共同体。加盟国はコロンビア・ペルー・ボリビア・エクアドル。本部はペルーのリマ。

MERCOSUR（メルコスール・南米南部共同市場） Mercado Común del Sur ③[7] 対外共通関税、域内で財・サービス・労働力の自由市場をめざす地域経済統合。1995年発足。加盟国はアルゼンチン・ブラジル・パラグアイ・ウルグアイ・ベネズエラ（資格停止）・ボリビア（批准待ち）。準加盟国はチリ・ペルー・コロンビア・エクアドル・ガイアナ・スリナム（2023年）。

PA（太平洋同盟） Alianza del Pacífico ①[1] ラテンアメリカの太平洋に面した国々で構成され、アジア・太平洋地域との連携を目的に2012年成立。加盟国はメキシコ、コロンビア、ペルー、チリの4カ国。

FTAA（米州自由貿易地域） Free Trade Area of the Americas ①[1] アメリカ合衆国が提唱する南北アメリカ大陸にまたがる自由貿易圏構想。交渉は中断（2018年現在）。

RCEP（地域的な包括的経済連携） Regional Comprehensive Economic Partnership ③[7] ASEAN10カ国、日本、韓国、中国、オーストラリア、ニュージーランドが参加する経済連携協定。RCEP協定とも呼ばれる。これらの国で世界の人口・GDP・輸出総額のそれぞれ3割を占める。投資や貿易を促進したり、サプライチェーンの効率化に向けたルールの整備を行ったりする。当初はインドも参加予定であったが現在も不参加となっている。

iv ―― EUの形成と発展

ベネルクス3国関税同盟 ②[2] ベルギー・オランダ・ルクセンブルクのベネルクス3国は、1947年に関税に関する協定を締結し、58年にはベネルクス経済同盟に発展した。小国である3国が域内関税を撤廃し、域外共通関税を設定して、域内市場の拡大と経済発展をめざしたEC（ヨーロッパ共同体）成立のモデルとなった。

ベネルクス3国 ③[2]

ECSC（ヨーロッパ石炭鉄鋼共同体） European Coal and Steel Community ③[4] 石炭と鉄鋼の生産および販売を共同で管理する組織。原加盟国はフランス・旧西ドイツ・イタリア・ベネルクス3国の6カ国。1952年、フランス外相シューマンの提唱により結成。

EEC（ヨーロッパ経済共同体） European Economic Community ③[4] フランス・旧西ドイツ・イタリア・ベネルクス3国の西ヨーロッパ6カ国からなる地域的経済統合。アメリカ合衆国と旧ソ連の2大経済圏に対抗して結成され、域内関税の撤廃、域外共通関税の設定、資本・労働力の移動の自由化などを定めた。1957年にローマ条約を承認することにより1958年発足。

EURATOM（ヨーロッパ原子力共同体） European Atomic Energy Communities ③[4] EEC加盟6カ国が原子力の利用と開発を共同で行なう組織。1958年結成。

EC（ヨーロッパ共同体） European Community ③[6] ECSC、EEC、EURATOMを統合した組織。1967年結成。本部はベルギーのブリュッセル。EEC原加盟国の6カ国をはじめとし、1973年にイギリス・アイルランド・デンマーク、81年にギリシャ、86年にスペイン・ポルトガルが加盟した。人口・国民総生産・貿易額・金保有量などで、アメリカ合衆国をしのぐ巨大な経済圏を形成した。

EU（ヨーロッパ連合） European Union ③[7] 1993年のマーストリヒト条約の発効に伴い、ECはEUに改組された。ヨーロッパ議会・ヨーロッパ委員会・閣僚委員会・ヨーロッパ裁判所が中心的な組織。EC12カ国に加えて、スウェーデン・フィンランド・オーストリアが加盟し、1995年より15カ国となった。また、より一層の連合の強化をめざし、新ヨーロッパ連合条約（アムステルダム条約）を1997年に採択した。2004年には東ヨーロッパ諸国を含め10カ国が、2007年には2カ国が、2013年にはクロアチアが加盟し、28カ国からなる組織へと発展した。2016年、イギリスは国民投票でEU離脱を選び、2020年に離脱した。

マーストリヒト条約（ヨーロッパ連合条約） ③[6] 1992年、EC加盟国がローマ条約を改正して採択したEUの建設と発展をめざす条約。ヨーロッパ中央銀行の設立、通貨統合、非関税障壁の撤廃などの経済統合の強化とともに、外交・安全保障政策などの政治統合もめざした。

シェンゲン協定 ③[7] EU統合に伴い、1985

年にルクセンブルクのシェンゲンで結ばれた協定。この協定により協定国間の国境における出入国審査が廃止され、航空機による移動も国内線扱いになった。

リスボン条約 ②[5] 2007年に調印、2009年12月に発効したEUの新しい基本条約。EUの政治的な統合を進め、EU理事会常任議長(EU大統領)の設置、運営の民主化・効率化のための機構改革、外交政策の重視(外相の設置)などが盛り込まれた。2005年、欧州憲法条約の批准が否決されたため、「憲法」「EUの旗・歌」などの規定は取り除かれた。 **欧州憲法条約** ①

ヨーロッパ議会 ①[2] EUの議会。本会議はフランスのストラスブールで開かれ、定員は700、加盟国国民の直接選挙で選ばれる。議員は国籍別ではなく、政党別に着席する。

EU理事会(ヨーロッパ連合理事会) ② EUの発展について協議し、政治指針や外交・安全保障政策の共通戦略の策定にあたるEUの最高意思決定機関。加盟国の政府首脳とEU委員会委員長で構成され、通常は年に4回開催される。リスボン条約で常任議長(EU大統領)が設置された。

ヨーロッパ委員会 ①[1] EUの基本条約に基づく決定が遵守され、公平に運営されるように図る機関。EU構成国から各1名の委員、計28人で構成される。

ヨーロッパ司法裁判所 ①[1] EUの基本条約や法令を掌握し、これらを適切に解釈し、域内において平等に運営することを目的に設立された裁判所。EUの最高裁判所。所在地はルクセンブルク。

ヨーロッパ中央銀行 ② EUの通貨である「ユーロ」が流通するユーロ圏の中央銀行。1998年設立、本店はフランクフルト。

ユーロ Euro ③[7] ヨーロッパ単一通貨。主にEU加盟国で使われている共通通貨。10年以上の準備期間を経て2002年から一般に流通した。EU加盟国での導入国は、1995年までに加盟した15カ国中イギリス(現在EU脱退)・デンマーク・スウェーデンを除く12カ国と、キプロス・マルタ・スロベニア・スロバキア・クロアチア・エストニア・ラトビア・リトアニアの20カ国(2023年)。
単一通貨 ③[3] **共通通貨** [1]

CAP(共通農業政策) ③[4] EU加盟国が農業の共同市場を運営するためにとっている共通政策。域外の安い農産物には輸入課徴金を課して流入を抑える。域内では農産物の

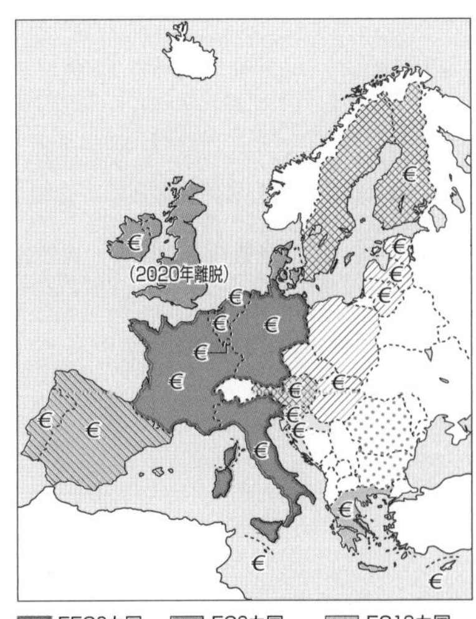

EEC6カ国(1958年統合) EC9カ国(1973年加盟) EC10カ国(1981年加盟)
EC12カ国(1986年加盟) EU15カ国(1995年加盟) EU25カ国(2004年加盟)
EU27カ国(2007年加盟) EU28カ国(2013年加盟)
€ EU加盟国でユーロを導入している国(2023年)

ヨーロッパ統合の歩み

統一価格を設定し、価格が下落する恐れが生じた場合は支持価格で買い支える。しかし、この農産物を域外に輸出する際には国際価格より高いために輸出補助金が必要で、これがEUの財政を圧迫する要因となっている。現在、制度改革が進められており、輸入量制限の緩和や、補助金の支給を、生産高に基づく支給から、農地の管理に基準をおく方式へと段階的に移行している。

輸出補助金 ③[2] 国際競争力が低く、国際価格よりも高い製品・産物の輸出を促進するために、国内価格よりも安く輸出し、その不足分を補う補助金。域内農業を保護しようとするEUの農産物輸出や、アメリカ合衆国の国際競争力の弱い農産物輸出に輸出補助金が支払われている。保護貿易政策の1つ。

輸入課徴金 ②[1] 輸入品に対して課せられる徴収金。いわゆる輸入関税とは異なる。EU諸国は共通農業政策を実施し、域外からの安い農畜産物に輸入課徴金をかけることによって、その値段を域内統一価格まで引き上げ、域内の農畜産物を保護している。

ERASMUS（エラスムス）計画 ① European Region Action Scheme for the Mobility of University Students の略称。EU加盟国間の学生・教員の流動化を促し、人材育成と教育の質の向上を図る計画。

ユーロリージョン ①[1] ヨーロッパにおいて国境を接する地方自治体などによる地方協力組織。国境地域の活性化をめざして、経済協力・観光開発・文化協力・自然保護・災害対策などを進めることを目的としている。

第II部

4 国際協力

国際連合（国連、UN） United Nations ③[7] 国際社会の平和と安全の維持、経済・社会の発展のための国際協力、国家間の友好強化などを目的とした国際的平和機構。1945年設立。国連本部所在地はニューヨーク。193カ国（2023年）で構成される。6つの主要機関と15の専門機関などをもち、国連憲章に定められたあらゆる問題について討議する。 **国連連合本部** [2]

国連総会 ①[2] すべての国連加盟国が参加する国連の会議。通常は毎年9月から開かれる。そのほかに特別総会・緊急総会を開くことができる。各加盟国は1票の権利を有しており、出席して投票した加盟国の過半数での決定となる。ただし、重要案件に関しては、3分の2以上の多数が必要となる。

国連安全保障理事会 ③[2] 国際連合の主要機関の1つ。国際社会の平和と安全を維持するために責任を負い、必要な措置をとる。常任理事国5カ国と非常任理事国10カ国で構成。常任理事国は、アメリカ合衆国・イギリス・フランス・ロシア・中国。非常任理事国は、アフリカ・中南米・西ヨーロッパは2カ国ずつ、アラブ・アジア・東ヨーロッパは1カ国ずつ選び、残る1カ国はアジアとアフリカの間で、交代で選ぶ。非常任理事国の任期は2年。

経済社会理事会 ②[1] 国際連合の主要機関の1つ。経済・社会・文化・教育・保健・福祉などに関する国際的な問題を調査・研究し、専門機関や加盟国に報告・勧告を行なう。

国際司法裁判所 ③[2] 国際連合の主要な司法機関。国家間の紛争はここで裁判されるが、裁判所が強制権をもたないため、当事国が同意しない限り裁判を始めることはできない。本部はオランダのハーグにある。

ILO（国際労働機関） International Labour Organization ②[1] 労働条件の改善と労働者の地位向上を、国際的に実現することをめざしている国連の専門機関。1919年設立、本部はジュネーヴにある。

WHO（世界保健機関） World Health Organization ③[3] 国連の専門機関。医療・衛生についての環境や技術の改善を通して、各国の国民の健康の保持と公衆衛生の向上をめざしている。本部はジュネーヴにある。

UNESCO（ユネスコ、国連教育科学文化機関） United Nations Educational, Scientific and Cultural Organization ③[5] 国連の専門機関。国際交流を通して教育・科学・文化の面で、世界の平和と安全に貢献することを目的としている。本部はパリにある。

UNICEF（ユニセフ、国連児童基金） United Nations Children's Fund ②[4] 国連総会において承認された特別機関の1つ。国連国際児童緊急基金（United Nations International Children's Emergency Fund）として発足し、1953年に改称したが、略称はそのまま残された。発展途上国の児童へ食料・医療品・医療など、緊急あるいは長期的援助を行なっている。本部はニューヨークにある。

PKO（国連平和維持活動） Peace Keeping Operations ②[2] 国際連合が、治安維持や監視のため小部隊や監視団を派遣して、事態の悪化や拡大を防止する活動。活動の一つに各国の軍隊等で構成されるPKF（国連平和維持軍）があり、兵力引離しや非武装地帯の確保、停戦監視などを任務とする。日本では1992（平成4）年、「国連平和維持活動等に対する協力に関する法律」（PKO協力法）が成立。アンゴラ・カンボジアをはじめ、中東のゴラン高原の監視団、東ティモール独立のための支援団、南スーダンへの施設整備および司令部要員などとして自衛隊を派遣した。

ODA（政府開発援助） Official Development Assistance ③[7] 先進国政府が発展途上国に対して行なっている援助。発展途上国の貧困からの脱却と社会の安全と健全な発展をめざして、無償または長期低利で融資を行なっている。OECD（経済協力開発機構）は、先進国がGNI（国民総所得）の0.7%を拠出するよう求めているが、実現されていない。

DAC（開発援助委員会） Development Assistance Committee [1] 発展途上国への援助問題を扱うOECD（経済協力開発機構）の下部機関。南北国間、とくに先進国の発展途上国に対する援助を調整・促進する。OECD加盟国中の29カ国とEUがメンバー。

DAC諸国 [1]

IBRD（国際復興開発銀行、世界銀行） International Bank for Reconstruction and Development ③[1] IMF（国際通貨基金）の姉妹組織でもある国連の専門機関。荒廃したヨーロッパ諸国への復興資金援助を主目的に1946年に設立。現在はおもに発展途上国の開発が対象となっている。本部はワシントンにある。

南極条約 ③ 南極の非軍事化と非領有を定めた国際条約。日本・アメリカ合衆国・旧ソ連など12カ国間で1959年に締結。

国境なき医師団 [1] 国際医療活動ボランティア団体。医師や看護師が登録されており、自然災害・戦争・難民救援など様々な場面で救援活動を行なっている。本部はベルギーのブリュッセルにある。

国際協力機構（JICA、ジャイカ） Japan International Cooperation Agency ①[7] 外務省所管の独立行政法人で、ODA（政府開発援助）実施機関の1つ。有償および無償の資金協力、技術協力、ボランティア派遣、国際緊急援助などの事業を通して発展途上国の経済・社会発展のための協力を行なっている。

青年海外協力隊（JOCV） [3] 技術・技能をもった青年を発展途上国に派遣し、その国づくりに協力してもらおうとする国際協力機構で、ボランティア派遣事業の1つ。青年海外協力隊（20〜39歳）より上の、高度な専門技術・知識や指導経験をもつ年齢層（40〜69歳）を対象としたシニア海外ボランティアもある。

NGO（非政府組織） Non Governmental Organizations ③[7] 平和や人権の問題などに積極的に取り組み、国際的な活動を行なっている民間の団体。国際赤十字社・アムネスティ＝インターナショナル・世界宗教者平和会議などがその例である。1992年の地球サミットの時にはNGO独自の地球憲章のほかに、NGOの目的とその行動を公約したNGO条約を発表した。

NPO（非営利組織） Non-Profit Organization ②[5] 利益を追求することなく、社会に有用なサービスを提供する組織。日本では、1998（平成10）年に特定非営利活動促進法（NPO法）が成立し、市民的活動などを行なう団体に法人格を与え、活動を促している。

ジュネーヴ ①[3] スイス南西部、レマン湖に面する都市。観光都市であるとともにWTO（世界貿易機関）・ILO（国際労働機関）・WHO（世界保健機関）など、多くの国際機関の本部がおかれている。

5 民族問題

人種差別

人種差別 ①1 特定の人種の優位を維持するために、それ以外の人種を政治的・経済的・社会的に差別すること。一般に有色人種に対する白色人種の偏見と差別は根強い。アメリカ合衆国の黒人・ネイティブアメリカンに対する差別をはじめ、様々な人種差別が存在する。

アパルトヘイト（人種隔離政策） ③3 南アフリカ共和国で行なわれた極端な人種差別政策。人口の約18%を占めるにすぎない白人が、黒人や混血のカラード・インド人などの住民に対して政治・経済・社会のあらゆる分野で差別を行なってきた。主にアフリカーナと呼ばれる白人の過半数を占める民族集団がアパルトヘイトの成立と維持に中心的な役割を果たした。黒人の抵抗運動、国際連合からの廃止勧告、経済制裁を受け、アパルトヘイトを支えてきた各種法律が1980年代後半から1991年にかけて撤廃された。1994年、全人種参加の議会選挙が行なわれ、ネルソン＝マンデラが大統領に就任し、南アフリカ共和国初の黒人政権が成立した。

白豪主義（はくごうしゅぎ） ③6「白人だけのオーストラリア」をめざした政策。オーストラリアでは、中国人などの移民が増加する19世紀中頃から、ヨーロッパ系住民の生活水準維持のため移民制限法が実施され、白豪主義政策が議会でも決議された。しかし、1970年代には、労働力不足、イギリスのEC（ヨーロッパ共同体）加盟などを背景に、アジア・太平洋地域とのつながりを密接にもとうとする政策がとられ、白豪主義は廃止された。オーストラリアはアジアからの移民も増加し、多文化社会への指向を強めている。

民族問題

民族紛争 ③6 民族間の政治的・経済的・社会的差別や対立により生じる紛争。複数の民族間の武力抗争。少数民族の主体的な自治を求める紛争、植民地支配のもとで複数国家に分裂させられた民族間の対立などがある。

先住民 ①6 ある地域に古くから住みついている民族。のちに他地域から入ってきた民族により様々な権利が奪われ、少数民族の立場におかれる場合も少なくない。アメリカ合衆国のネイティブアメリカン、オーストラリアのアボリジニ、ニュージーランドのマオリなどがその例である。

先住民族 ③2

少数民族（マイノリティ） ③6 多民族国家で、特定の民族が比較的多数を占めている中で、他の少数派をいう。フランスのブルトン人、スペインのバスク人、中国のウイグル族など。マイノリティという言葉は民族的な意味合いのほか、性的マイノリティなど社会的な少数派一般をさす言葉として用いられる。

ナショナリズム ② 他民族による政治的・経済的・文化的な支配を排除し、民族の自立や独立をめざす考え。第一次世界大戦後の東ヨーロッパ諸国の独立、第二次世界大戦後のアジア・アフリカ諸国の独立は、ナショナリズム(民族主義)に根ざしたものである。

多文化主義 ③7 1つの社会に複数の文化が混在することを積極的に評価しようという考え方。各民族の文化の独自性を尊重し、民族間の平等と協調のもとに国家や社会をつくっていこうとする考え方。

多文化共生 ②4 各民族の文化の独自性を理解して尊重し、民族間の平等と協調のもとにともに生きていくこと。

地域紛争 ②2 紛争の地域が特定地域に限定された武力紛争。国家間の対立による国際紛争と、1国の領土内で発生する内戦とがある。人種・民族・宗教・イデオロギー対立、貧富の格差、政府の正当性や覇権（はけん）をめぐる争いなど様々な形をとるが、背景に植民地支配の傷跡をもつ場合も少なくない。

内戦 ③1 国内における、政府勢力と反政府勢力の支配権や分離独立をめぐる紛争。反政府勢力同士での紛争の場合もあり、武力を伴う場合が多い。内戦は、あくまでも国内問題なので、外国が干渉することは国際法上認められない。ただし、人道援助や既存の政府の要請などで、他国が関わる例もある。

難民 ③7 宗教や人種、国籍、政治的意見または特定の社会集団に属するなどの理由で迫害を受けたり、迫害のおそれがあり他国へ逃げざるをえなかった人々。難民は1951年の難民条約や1966年の難民の地位に関する議定書によって、法的に保護されている。また、迫害から逃れるために国内で避難している人々は国内避難民または避難民と呼ばれている。

国内避難民 ②1　**避難民**①1

UNHCR（国連難民高等弁務官事務所） United Nations High Commissioner for Refugees ②3 難民の保護と難民の自発的な帰国または第三国での定住を援助する国連機関。1951年設置。本部はジュネーヴにある。

出入国管理及び難民認定法（入管法） 1 日本を出入りする人に対する入国規制・在留管理・退去強制などを取り決めた法令。日本人の出国や帰国も規定する。法務省入国管理局が出入国管理を行なっている。不法入国や超過滞在する外国人は入国前の状態に戻すため、また刑罰法令違反者や資格外就労を行なう者などは国外に追放される。なお、第二次世界大戦前から日本に居住する朝鮮・中国・台湾出身者（平和条約国籍離脱者）およびその子孫は、入管特例法により特別永住者と認定され滞在が認められている。1951（昭和26）年に施行。

在留外国人 ②1 90日間以上の中・長期にわたり在留資格をもって日本に滞在する外国人。在留資格別に見ると、永住者、技能実習、技術・人文知識・国際業務、留学の順に多い。国籍別では、中国・ベトナム・韓国・フィリピン・ブラジルの順に多い。

チベット独立運動 ③1 チベットの中国からの分離独立または高度な自治を要求した反政府運動。チベット仏教最高指導者ダライ＝ラマ14世のチベット亡命政府と中国政府による対話もあったが解決に至っていない。中国政府によってラサへ至る青蔵鉄道を建設して漢民族の流入を促したり、教育を中国語で行なう同化政策が行われるなど、チベット文化の存続が危惧されている。

朝鮮戦争 ③5 1950〜53年に大韓民国（韓国）と朝鮮民主主義人民共和国（北朝鮮）が、それぞれの支援国も交えて争われた地域紛争。1953年７月にパンムンジョム（板門店）において休戦協定が成立した。

北緯38度線 ①1 朝鮮半島を南北に分断する国境の役割を果たす緯線。朝鮮戦争後、この緯線の付近を軍事境界線とし、大韓民国（韓国）と朝鮮民主主義人民共和国（北朝鮮）の非武装中立地帯を設けた。

パンムンジョム（板門店（はんもんてん）） ②1 大韓民国（韓国）・朝鮮民主主義人民共和国（北朝鮮）の境をなす休戦ライン上に位置する。ソウルから北に約50km離れた非武装地帯内にある。1951年10月、朝鮮戦争の当事者である韓国・アメリカ軍（国連軍）と北朝鮮・中国軍の代表者がここで休戦会談を行ない、53年には休戦協定が結ばれた所。現在は韓国軍を中心とした国連軍と北朝鮮軍による共同管理となっている。南北会談が行なわれる会議場のほかに、観光客も訪れることのできる施設がある。

インドシナ難民 ①1 インドシナ半島において、第二次世界大戦後のフランスからの独立戦争、アメリカ合衆国とのベトナム戦争、それに続くベトナムやカンボジアにおける政情不安などの政治的混迷の過程で生じた難民。

ロヒンギャ ②5 ミャンマー西部のラカイン州に居住するムスリム。仏教徒が多いミャンマーでは少数派の民族集団である。政府の迫害から逃れるため、2017年にロヒンギャ約70万人が隣国バングラデシュへ越境難民として押し寄せた。

ブミプトラ政策 ③6 マレーシアにおけるマレー系優遇政策。ブミプトラはマレー半島の先住民をさす言葉。中国系に対して、比較的劣位にあるマレー系の政治的・経済的・社会的地位の向上をめざす。経済的な実権をもつ中国系の中にはこの政策に不満をもつ人が多く、しばしば対立する。

アチェ州 1 インドネシア、スマトラ島北端の州。東はマラッカ海峡、西はインド洋に面し、東西交通の要衝の地。イスラームが早くから定着。16世紀以降、アチェ王国がコショウ貿易で隆盛をきわめた。オランダ植民地時代には、その支配に対して激しい抵抗を示した。その後もインドネシア政府に対して、アチェ州の住民は独立を要求して長い内戦状態にあった。しかし、2004年のスマトラ沖地震の津波で大きな被害を受けて休戦、2005年に政府との間で和平協定が結ばれた。

カシミール紛争 ③2 1947年のインド・パキスタンの分離独立に際して、カシミールの帰属をめぐって引きおこされたインド・パキスタンの国境紛争。旧イギリス領インドからの独立の際、ヒンドゥー教徒であるカシミール藩王のインド帰属決定に対し、住民の大半を占めるムスリムが反乱をおこした。これを機にインド・パキスタン両国が出兵、インド＝パキスタン戦争に発展した。その後も紛争が続き、両国の核保有問題も絡んで、南アジア地域の不安定要因の1つとなっている。

インド=パキスタン戦争 ②

：**カシミール地方** ③④ インド・パキスタンの北部に位置する地方。インド・パキスタン間の紛争の地。ヒマラヤ山脈とカラコルム山脈に囲まれた山岳地帯。カシミア織で知られる毛織物の産地。風光明媚(ふうこうめいび)な山岳観光地としても知られる。

スリランカ民族紛争 ②① 多数を占める仏教徒のシンハラ人政府に対して、少数派ヒンドゥー教徒のタミル人勢力が分離独立を求めた紛争。イギリス植民地時代にタミル人が優遇され、独立後はシンハラ優遇政策がとられたことに起因する。1983年に内戦が始まり、2009年に終結した。

：**シンハラ(シンハリ)人** ②③ インド=ヨーロッパ語族に属する民族で、紀元前6世紀に北インドから移住してきた人々。スリランカの人口の約4分の3を占め、仏教徒が多い。北東部に住むヒンドゥー教徒のタミル人と対立。

シンハラ(シンハリ)語 ①

：**タミル人** ②④ インド先住民のドラヴィダ系、ヒンドゥー教徒が多い。インド南部やスリランカ北部に居住する。スリランカのタミル人は、植民地時代、南インドからプランテーション(とくに茶の栽培)の労働力として連行された人々の子孫。シンハラ人との民族的対立が続いた。タミル人の移民はスリランカや東南アジア各地、東・南アフリカ、西インド諸島にみられる。

タミル語 ②⑥

イラン革命(イラン・イスラーム革命) ③① 1979年、イランで行なわれた王制から共和制への革命。秘密警察・軍部とアメリカ合衆国によって支えられてきたパフレヴィー国王体制を、イスラームでシーア派の最高指導者ホメイニを中心とした反「近代化」の運動により打倒。イスラーム的な改革が進行した。

イラン=イラク戦争 ③② 1980年、イランとイラクの国境紛争に端を発した戦争。イラン革命の混乱に乗じて、イラクがイランに侵入することで始まった。国境となっているシャッタルアラブ川の帰属をめぐる問題が、直接的な原因。イラン政府がシーア派、イラクのフセイン政府がスンナ派であったことや、クルド人問題も絡んで紛争を複雑にした。1988年に休戦が成立した。

シャッタルアラブ川 ①

イラク戦争 ②③ 2003年、アメリカ合衆国が中心となり、イギリス・オーストラリアなどが加わって、フセイン政権の大量破壊兵器疑惑などを理由にイラクに侵攻した。大量破壊兵器はみつからなかったが、フセイン政権は崩壊し、正規軍同士の戦争は2003年中に終了した。2004年に暫定(ざんてい)政権が発足したが、その後もイラクの治安悪化が続いた。アメリカ軍の完全撤収は2011年末。

クルド人 ③⑤ トルコ・イラン・イラク・シリアなどにまたがるクルディスタンに居住する民族。イスラームを信仰。インド=ヨーロッパ語族に属するインド=イラン語派のクルド語を母語とし、牧畜や農耕に従事する。人口は2,500万～3,500万人といわれる。クルディスタンはオスマン帝国内にあったが、第一次世界大戦でオスマン帝国が敗れると、サイクス=ピコ協定やセーヴル条約・ローザンヌ条約により、トルコ・イラク・イラン・旧ソ連・シリアの5カ国に分断された。そのため、現在も自治・独立の要求が強い。独立運動や湾岸戦争、イラン=イラク戦争後のイラクによる弾圧、シリア内戦などで多数のクルド難民が生じた。

クルド人難民 ①

クルディスタン ②②

キプロス紛争 ③① 1960年、「キプロス共和国」としてイギリスから独立。1963年におこったトルコ系住民とギリシャ系住民との対立が、64年に内戦に発展した。1974年、ギリシャ軍事政権の支援を受けたギリシャ併合派のクーデタがおきると、トルコ系住民保護を理由にトルコ軍が侵攻。1983年、国土の約3分の1を占める北部に「北キプロス=トルコ共和国」の独立を宣言した。トルコ系住民のほとんどが「北キプロス」に居住、ギリシャ系住民は南部の「キプロス共和国」に居住している。現在、国連とEUには「キプロス共和国」だけが加盟している。

パレスチナ ③⑦ 西アジアのヨルダン川西岸から地中海東岸までの地方。ユダヤ教・キリスト教発祥の地。第一次世界大戦後、オスマン帝国領からイギリス委任統治領となった1948年のイスラエル建国以後、イスラエルとアラブ諸国の間でその支配をめぐって対立、4回に及ぶ中東戦争などの抗争が繰り返されてきた。今もなお完全な解決には至っておらず、国際的な課題(パレスチナ問題)となっている。1993年のパレスチナ自治政府の成立後は、「ヨルダン川西岸地区」「ガザ地区」を「パレスチナ」と呼ぶこともある。

:ヨルダン川 ③3 シリア南部、ヘルモン山などのあるアンティ＝レバノン山脈やゴラン高原に源を発し、ティベリアス（ガリラヤ）湖を経てレバノン・イスラエル・パレスチナ国境を流れ、死海にそそぐ国際河川。乾燥地域の貴重な水資源であり灌漑用水や工業用水として用いられ、水資源をめぐるトラブルも多い。

:死海 ③4 ヨルダン・イスラエル・パレスチナにまたがる塩湖。面積約900〜1,000km²。アフリカ大地溝帯の最も低い部分にあたり、湖面の高度は海面下約400m、最大水深は約426mである。ヨルダン川などの河川が流入するが、流出する河川はなく、蒸発が激しいために塩分含有率は海水の約10倍に達する。ヨルダン川上流では灌漑用水が取水され、湖面の低下・縮小が懸念(けねん)されている。

バルフォア宣言 ①1 第一次世界大戦中の1917年、ユダヤ人の協力を得てパレスチナを支配するオスマン帝国との戦いを優位に進めるため、当時のイギリス外相バルフォアが発した「パレスチナの地にユダヤ人の民族的郷土を建設することを承認」する宣言。ほぼ同じ時期、パレスチナにアラブ人国家の建設を約束する1915年の「フセイン＝マクマホン協定」、また、オスマン帝国の領土をイギリス・フランス・ロシアで分割する1916年の「サイクス＝ピコ協定」があり、この時期のイギリス外交政策が、この地域紛争を複雑にした原因と指摘されている。

シオニズム運動 ②1 ヨーロッパにおけるユダヤ人差別や虐殺を背景に、ユダヤ人の「約束の地」であるパレスチナに、ユダヤ人国家を再建しようとする運動。エルサレムの郊外にある「シオンの丘」に帰ろうという意味をもつ。19世紀末に始まった。1917年のバルフォア宣言を受けて、ユダヤ人のパレスチナへの移住が増加、第二次世界大戦中のホロコースト（ユダヤ人大虐殺）で移住は大きな流れとなり、1948年のイスラエル建国につながった。ユダヤ人の移住が進む一方で、パレスチナに住んでいた多くのアラブ人がその土地を追われた。

中東戦争 ③5 1948年のイスラエル建国以来、4回に及ぶイスラエルとアラブ諸国の戦争。1947年、国連はパレスチナをユダヤ人国家とアラブ人国家に分割、エルサレムを国際管理下におくというパレスチナ分割案を決議したが、アラブ諸国は拒否した。翌1948年イスラエルが建国、第1次中東戦争が勃発した。その結果、イスラエルは分割案よりも広い領土を支配し、多くのパレスチナ難民が生じた。1956年の第2次中東戦争は、エジプトのスエズ運河国有化に端を発したイギリス・フランス・イスラエルとエジプトとの戦争で、スエズ動乱ともいう。1967年の第3次中東戦争は、エジプト・シリア・ヨルダンとイスラエルとの戦争。イスラエルがゴラン高原・ヨルダン川西岸地区・ガザ地区・シナイ半島（1982年エジプトに返還）を占領した。占領地の拡大によってさらに多くのパレスチナ難民が生じた。1973年の第4次中東戦争は、第3次中東戦争で敗退したアラブ諸国が巻き返しを図った戦争。アラブ側は原油値上げ戦略をとり、石油危機（オイルショック）の要因となった。

パレスチナ難民 ②2

:ゴラン高原 ③3 イスラエル・レバノン・ヨルダン・シリアが国境を接する高原。第3次中東戦争以降、イスラエルが占領を続けている。ヨルダン川の水源の1つ。

PLO（パレスチナ解放機構） Palestine Liberation Organization ②3 イスラエルによるパレスチナ占領や入植に対し、アラブ連盟が1964年に創設。パレスチナ難民の祖国復帰、アラブ人によるパレスチナ国家の再建をめざす組織。1974年パレスチナ人の代表機関として国際連合オブザーバー組織の資格を得た。1993年、イスラエル政府との間で相互認定を行ない、パレスチナ暫定自治協定に調印、ヨルダン川西岸地域およびガザ地区に自治政府を組織することが認められた。自治政府は、2012年にユネスコ加盟。2013年には国連のオブザーバー国家の資格を得た。

インティファーダ ②1 イスラエルのパレスチナ軍事占領に対する民衆蜂起(ほうき)。第1次インティファーダは、1987年、イスラエル占領地ガザ地区でイスラエル人とパレスチナ人が衝突し、4人の死者がでたことを機に発生。1993年のオスロ合意およびパレスチナ自治政府の設立に伴い、沈静化した。第2次インティファーダは、イスラエルの政治指導者がイスラームの聖地であるアル・アクサモスクに入場したことを機に発生した。

パレスチナ暫定自治(ざんていじち) ②3 ヨルダン川西岸とガザ地区に認められた自治。1993年にイスラエルとPLOとの間で調印された暫定自治協定に基づく。第1段階として1994年にガザ地区とヨルダン川西岸地区のイェリコ(エリコ)で先行自治が始まり、その後も段階的に自治拡大が実施される予定であった。しかし、1995年、パレスチナ人の自治拡大に批判的なユダヤ人勢力が、自治交渉の立役者であったイスラエルのラビン首相を暗殺。また、第2次インティファーダの発生で自治交渉は暗礁に乗り上げた。

イェリコ(エリコ) ②④

:**ガザ地区** ③⑥ パレスチナ自治政府の行政区域の1つ。面積約360km²、人口約210万人(2023年)、中心都市ガザ。住民の大多数は第1次中東戦争で発生したパレスチナ難民とその子孫。ガザ地区からイスラエルは撤退したが、事実上イスラエルによって封鎖されており、住民は原則として地区外に出ることはできない。2023年にイスラーム原理主義組織ハマスによってイスラエルが襲撃されると、イスラエルはガザ地区への空爆を開始した。

:**ヨルダン川西岸地区** ③⑥ パレスチナ自治政府の行政区域の1つ。面積約5,860km²、人口約318万人 (2023年)、中心都市ラマッラ(自治政府の本部所在地)。住民の大多数は第1次中東戦争で発生したパレスチナ難民とその子孫。西岸地区は次のように3区分される。A地域は自治政府が行政権・警察権を握る地域、B地域は自治政府が行政権、イスラエル軍が警察権を握る地域、C地域はイスラエル軍が行政権・警察権をともに握る地域となる。C地区は住宅建築・井戸掘り・道路整備などすべてにイスラエル軍の許可が必要である。C地域はA・B両地域を分断・包囲するように配置されている。現在、イスラエルではヨルダン川西岸地区でのユダヤ人入植地を拡大し、その入植地をイスラエル領に取り込む分離壁の建設を進めている。 **分離壁** ②②

ビアフラ内戦 ① 1967～70年、ナイジェリアにおいて民族集団の対立から生じた内戦。1967年、イボ人がナイジェリアから分離・独立してビアフラ共和国の樹立を宣言したことに端を発し、イギリス・旧ソ連に支援されたハウサ人・フラベ(フラニ)人・ヨルバ人を中心とする連邦政府と、フランス・南アフリカの援助を受けたイボ人との間で内戦がおこった。1970年、イボ人の敗戦によって終結したが、多数の餓死者や死傷者がでた。ナイジェリア内戦ともいう。

:**イボ人** ① ナイジェリアの東部、ニジェール川下流域に居住する民族。ニジェール＝コンゴ語族に属するイボ語を話し、キリスト教徒が多く、勤勉で教育水準も周辺の民族に比べて高い。北部に居住するイスラーム教徒のハウサ人・フラベ人、政治権力を握る西部のヨルバ人との間に対立があり、1967～70年にビアフラ戦争が勃発した。居住地域に石油が産出する。

:**ハウサ人** ① おもにナイジェリア北部およびニジェール南部に居住する民族集団。ナイジェリアでは、ヨルバ人・イボ人とともに3大民族の1つ。ハウサ語を話し、イスラーム教を信仰する。アワ・ヒエ・トウモロコシなどの栽培を行なう農耕民で、13世紀頃からサハラ交易に従事するようになり、繁栄した。1904年、イギリスの支配下に入ったが、教育制度整備の遅れなどから南部のイボ人やヨルバ人に比べて官僚を輩出することができず、ナイジェリア国内での民族対立の原因の1つとなった。

:**ヨルバ人** ① ナイジェリア西南部に居住する西アフリカ民族集団。ハウサ人・イボ人とともにナイジェリアの3大民族をつくる。ニジェール＝コンゴ語族に属するヨルバ語を話し、キリスト教徒約60%、イスラーム教徒約30%。イバダンなどの都市国家を形成してきたが、1886年にイギリスの支配下におかれた。

ダールフール ②③ スーダン西部の州名。面積は日本よりも広く約50万km²。チャドに隣接したサバナからステップへと続く地域、西部には標高2,000m前後のマーラ山地がある。1956年、イギリスからスーダンが独立したが、独立後、アラブ系のスーダン政府と、ナイル＝サハラ語族系の住民を中心とした非アラブ系諸民族の対立が発生した。とくに、2003年、政府支援のアラブ系民兵と非アラブ系の反政府勢力との対立が激化し、内戦へと発展した。この内戦で非アラブ系住民に多大な被害が生じ、多くの難民や死者がでた。そのため、AU(アフリカ連合)と国連がPKO (平和維持活動) の派遣を行なったが、紛争は依然として続いている。水資源や土地問題に加えて、石油資源の利権などが問題を複雑化している。

ソマリア内戦 ③③ アフリカ東端、インド洋に突きでた「アフリカの角(つの)」と呼ばれる半島部に位置するソマリア民主共和国でおきた内戦。植民地時代、北部はイギリス、南部はイタリアに支配されてきた。1960年、単一国家として独立、冷戦時代は米ソ間の駆引きの舞台となった。冷戦後の1991年以降、氏族・宗派などを核にした武装勢力が全土に割拠かっきょし、事実上の無政府状態になった。国連はPKO(平和維持活動)のため、アメリカ軍を主体とした多国籍軍を派遣したが失敗し、撤退した。2006年、エチオピアの支援を受けた暫定政府が首都を制圧。2012年、ソマリア連邦共和国政府が発足した。しかし、その影響は南部地域に限られ、北東部は1998年に自治領宣言したプントランド、北部は1991年に独立宣言したソマリランド共和国が実効支配している。

ルワンダ内戦 ③3 アフリカ中央部のルワンダにおいて、フツ人の政府軍と民兵組織、ツチ人のルワンダ愛国戦線との間で行なわれた内戦、ルワンダ紛争とも。もともとフツ人もツチ人も古くから同じ地域に住み、同じ言語を話す人々で、その違いはフツ人が農耕民、ツチ人が牧畜民である。植民地時代に、ベルギーは人口の多数を占めるフツ人と少数派のツチ人を分け、分断統治を実施した。ベルギーからの独立後、対立が続いていたが、とくに1973年、クーデタでフツ人が政権をとると、ツチ人の難民が増加。1994年、飛行機事故によるフツ系大統領の死亡をきっかけに、フツ人がツチ人の大量虐殺を行なった。ルワンダ愛国戦線により内戦は終結したが、報復をおそれるフツ人は多数隣国へ難民として流出した。ルワンダのツチ人とフツ人との対立は、隣国のブルンジやコンゴ民主共和国でも内戦に発展した。

ツチ人 ②1 **フツ人** ②1

北アイルランド紛争 ③1 アイルランドは1937年、イギリスから自治領として独立した(完全な独立は1949年)。その際、スコットランドなどからの移民の多い北部6州は、イギリス領として残された。その北のアイルランドで、アイルランドへの帰属を望むケルト系カトリック住民と、多数を占めるイギリス系プロテスタント住民との対立がおこった。紛争は激化し、アイルランド系IRA(アイルランド共和軍)とプロテスタント系の過激派の間でテロが繰り返された。1998年に当事者間で和平合意が成立し、北アイルランド自治政府が発足した。のち一時凍結されたが、2005年IRAが武装解除し、2007年自治政府が復活した。

ベルギーの言語問題 ①1 ベルギー北部のオランダ系フラマン人と南部のフランス系ワロン人との対立。フラマン語はインド＝ヨーロッパ語族のゲルマン語派に属する言語。ワロン語はラテン語から派生したレートロマン語の1つ。ワロン地域ではフランス語が使用されている。南部の石炭産業の斜陽化も対立の要因の1つであった。問題解決のために、ベルギーはフラマン語・フランス語・ドイツ語の3言語共同体、フランデレン(フラマン)地域・ワロン地域・ブリュッセル地域の3地域の連邦制をとり、各共同体・地域に大幅な自治を認めている。

フラマン語 ①1 **ワロン語** ①1

バスク ①2 イベリア半島北部、ビスケー湾に面しスペインとフランスの国境地帯の地方名。バスク語を話しカトリックを信仰する民族が生活する。ビルバオ周辺では豊富な鉄鉱石が発見され、製鉄と造船業を中心に栄えてきた。スペイン・フランスに居住するバスク人は統一をめざし、バスク独立運動を展開。スペインではバスク人の自治が認められ、バスク自治州がおかれている。

チェチェン紛争 ③3 チェチェン共和国はロシア連邦南部のカフカス地方に位置し、コーカサス諸語を話すムスリムが多く居住する国。19世紀、ロシア帝国に支配されて以来、ソ連支配時代も含め独立運動を継続、また集団化や信仰の抑圧に対しても激しく抵抗した。1991年、ソ連崩壊に際してチェチェンは独立を宣言するが認められなかった。1994年、独立の動きを阻止するためにロシア軍が侵攻し、首都グロズヌイは壊滅的な被害を受け、ロシア軍が占拠(第1次チェチェン紛争)した。1999年、ロシア軍は再びグロズヌイを攻撃し、多数の民間人が犠牲となった(第2次チェチェン紛争)。一方、武装勢力もテロ活動を一層激化させ、モスクワ劇場占拠事件(2002年)、学校占拠事件(2004年)などを引きおこした。

チェチェン人 ②1

ナゴルノ＝カラバフ紛争 ③ アゼルバイジャン共和国のナゴルノ＝カラバフ自治州をめぐるアゼルバイジャンとのアルメニアの紛争。自治州は人口の約8割をアルメニア人が占める。1988年、州内のアルメニア人が、州の帰属をアゼルバイジャンからアルメニアに移すことを要求したが、アゼルバイジャン政府がこれを拒否して紛争が激化した。ロシア革命以前はアルメニアに帰属していたこの地域が、ソヴィエト政権の成立後に強権的にアゼルバイジャンに組み入れられたことが紛争の背景にある。2020年の紛争で3分の2の領土がアゼルバイジャンに返還され、2023年の紛争により残りの3分の1も返還されることになった。

ケベック州 ③3 カナダ東部の州。フランス系住民が多数を占め、カトリック教徒が多く、州の公用語はフランス語。そのため、主権の拡大、カナダからの分離・独立を求める動きが強い。州都はケベックで、最大の都市はモントリオール。

ヌナブト準州 ③3 カナダのイヌイットによる自治州。自らの土地と文化の保護を訴え、1999年に北西準州を分割して設立された。北極諸島の大部分を含み、カナダ領域の約5分の1に相当する面積をもつ。「ヌナブト」はイヌイットの言葉で、「わが大地」を意味する。州都イカルイト。公用語は英語・フランス語・イヌクティトゥット語。

WASP(ワスプ) White Anglo-Saxon Protestant ③7 アメリカ合衆国における白人エリート支配層をさす造語。白人・アングロサクソン系・プロテスタントの略。保守派が多い。

:**アングロサクソン** ③4 5世紀に大陸からイングランドに侵入し、イングランド王国を建設した西ゲルマン諸部族(アングロ族とサクソン族・ジュート族)の子孫。混血が進み、アングロサクソンと一括して呼ばれるようになった。一般には、イギリスから北米大陸に移住してきた人々の子孫をさす。

奴隷制 ①1 16世紀以降、南北アメリカ大陸には、1,000万人以上のアフリカ人が連行され、奴隷として、おもにプランテーションや鉱山の労働に従事させられた。アメリカ合衆国では南北戦争後に、ラテンアメリカ諸国では独立後に奴隷制が廃止された。
奴隷解放 ①

公民権運動 ②3 奴隷制度の廃止後も続けられた黒人差別に対する反対運動。アメリカ合衆国では黒人の公民権を認め、雇用・教育・選挙などでの差別を撤廃する公民権運動が、1950年代から60年代にかけて続けられた。マーティン=ルーサー=キング牧師(Martin Luther King Jr. 1929〜68)の活動が運動推進の大きな役割を果たした。

ウクライナ紛争 ②3 ロシアによるウクライナ領土侵略に及んだ軍事紛争。2014年にウクライナの南部にあるクリム(クリミア)半島がロシア軍に武力制圧され、ロシア軍の支配している状況下で住民投票を決行、その投票結果をもってウクライナからクリム(クリミア)地域は独立し、ロシアの一部となるという一方的な宣言がなされた。2022年にはロシアのウクライナに対する軍事侵攻が始まり、紛争がさらに激化して終結には至っていない。軍事侵攻により難民や避難民が多数発生している。
クリム(クリミア半島) ③4
クリミア危機 2

シリア内戦 ③4 2011年、シリア各地でおきた反政府デモを政権側が武力弾圧。反体制派のほか過激派組織ISIL(イスラーム国)など様々な勢力が入り乱れて複雑化。アメリカ主導の有志連合やロシアの軍事介入もあり、紛争は泥沼化している。国連によると30万人以上が命を奪われ、人口の半分以上が家を追われた。うち国外に逃れ、トルコ、レバノン、ヨルダンを中心に難民として登録されている人は500万人をこえる。
シリア難民 ③2

6 領土問題

領土問題 ③[7] 複数の国による領土権をめぐる紛争。地域間紛争の多くは、領土をめぐる問題である場合が多い。例えば、イラン＝イラク戦争の原因の1つに、シャッタルアラブ川の領有権をめぐる問題がある。

イラン＝イラク戦争 ③[2] → p.218

湾岸戦争 ③[3] 1990年8月、イラクがクウェートに侵攻したことに起因する戦争。アメリカ合衆国軍を中心とする多国籍軍の経済封鎖と軍事行動によって、1991年2月にイラク軍撤退(てったい)。イラク国内では北部のクルド人の自治権拡大要求や、南部でシーア派の反政府運動がおこったが鎮圧(ちんあつ)された。戦争によってペルシア湾および周辺の環境汚染が深刻化した。

フォークランド（マルビナス）諸島 ③[2] アルゼンチンの東約500kmの大西洋上に浮かぶイギリスの自治領。アルゼンチン側の呼び名はスペイン語でマルビナス諸島。イギリスとアルゼンチンとの間で領有権をめぐって対立がおこった。国連で解決を図ったが、1982年にアルゼンチン軍が侵攻、約10週間占拠したが、イギリスが奪還した（フォークランド紛争）。両国の国交が回復したのは1990年だが、領有権問題は棚上げにされている。

南沙群島(なんさぐんとう) ①[1] 南シナ海中部に位置する島嶼(とうしょ)。南沙諸島とも、スプラトリー諸島とも呼ぶ。面積約5km²。中国・フィリピン・ベトナム・マレーシア・ブルネイ・台湾が帰属をめぐって対立している。

南沙諸島 ②[1]

尖閣諸島(せんかくしょとう) ③[7] 八重山(やえやま)列島の石垣島(いしがきじま)の北北西約130～150kmの東シナ海に点在する無人の島嶼群。石垣市に属する。最大の島は魚釣島(うおつりじま)。総面積は約6km²。付近は大陸棚上にあるので、優れた漁場のほか、石油をはじめとする有望な地下資源の存在が期待されている。そのため中国・台湾が領有を主張している。

竹島(たけしま) ③[7] 島根県隠岐(おき)諸島の北西約160kmに位置する大小2つの岩礁(がんしょう)と周辺の数十の小さな岩礁からなる島。総面積は0.23km²。島根県隠岐郡隠岐の島町に属する。韓国は独立以降、領有権を主張して警備隊をおき実効支配している。韓国では「独島(トクト)」と呼ぶ。

北方領土(ほっぽうりょうど) ③[7] 南千島の択捉島・国後島・歯舞群島・色丹島とその周辺の領域。第二次世界大戦後、日本が千島列島と南樺太の領有を放棄したことについて、日本と旧ソ連・ロシアの間で見解が一致していないことから生じた問題。日本は、歴史的に固有の領土であるとして返還を要求している。しかし、ロシアは、ポツダム宣言が日本領土を本州・九州・四国・北海道とその周辺の島々に限定していること、およびサンフランシスコ平和条約において日本が千島列島を放棄したことを理由として、返還を拒否している。

サンフランシスコ平和条約 ③[7]

：**千島列島**(ちしまれっとう) ③[7] カムチャツカ半島と北海道の間に点在する火山性の弧状列島。1855（安政(あんせい)元）年の日露通好条約（日露和親条約）で択捉海峡（択捉島とウルップ島の間）が国境となり、1875（明治8）年の樺太・千島交換条約で千島全域が日本領土となった。日本は、第二次世界大戦後のサンフランシスコ平和条約で、ウルップ島以北は放棄したが、択捉島以南はその中に含まれないとして、「北方領土」の返還を求めている。千島列島のロシア側の呼称はクリル列島。

日露通好条約 ①[2]
日露和親条約 ②[5]

：**国後島**(くなしりとう) ③[7] 千島列島西南端に位置する千島列島第2の大きさをもつ火山島。知床(しれとこ)半島の東、幅約16kmの根室(ねむろ)海峡を挟んで北海道と、国後水道を挟んで択捉島と対峙(たいじ)する。面積は約1,500km²。沖縄本島よりも大きい。戦前は漁業のほか、林業や硫黄採取などが行なわれていた。

：**択捉島**(えとろふとう) ③[7] 千島列島の南西部に位置する千島列島最大の島。面積約3,200km²。幅約22kmの国後水道を挟んで国後島と、択捉水道を挟んでウルップ島と対峙する。典型的な火山島で、戦前は日本の北洋漁業の基地として、サケ・カニ・タラを中心とする水産業で賑(にぎ)わった。

：**歯舞群島**(はぼまいぐんとう) ③[7] 北海道根室半島納沙布岬(のさっぷみさき)の沖合に点在する島嶼群。水晶島(すいしょうとう)・勇留島(ゆりとう)・志発島(しぼつとう)・多楽島(たらくとう)など中小の島々からなる。総面積は約100km²。最も西の貝殻島(かいがらじま)までは納沙布岬から約4kmにある。昆布の宝庫として知られ、北海道産昆布の約40％を占める生産をあげていた時期もあった。戦前、最盛期には約6,000人が住んでいたが、戦後は全員が引き揚げた。東に色丹水道を挟んで色丹島がある。

：**色丹島**しこたんとう ③7 北海道根室半島納沙布岬の沖合約75kmに位置する面積約250km²の小島。第二次世界大戦前の常住人口は約1,200人。タラ・カニなどの好漁場をなし、捕鯨基地でもあったが、戦後は全員が引き揚げた。

：**樺太・千島交換条約** ③7 1875(明治８)年、駐露公使榎本武揚えのもとたけあきとロシアの首相兼外相ゴルナヤコフとの間で調印された日露国境画定条約。当時おこった両国人間の紛争を解決するため、サハリン(樺太)の一部に対する日本の所有権をロシアに譲り、かわりにウルップ(得撫)島以北の千島列島を日本に譲るという条約。1855(安政元)年の日露和親条約では、択捉以南を日本領、ウルップ以北をロシア領と定め、樺太では国境を定めず両国民雑居のままとした。

ウルップ(得撫)島 ③7 択捉島の北約40kmに位置する島。長さ約120km、幅約20kmの細長い島。日本はサンフランシスコ平和条約で領有権を放棄した。植生分布では温帯と亜寒帯の境界に位置し、この島以北では広葉樹林はみられない。海獣保護区に指定されており、「ラッコの島」とも呼ばれる。

第Ⅲ部

現代世界の地誌

第1章 東アジア

第Ⅲ部

1 自然環境

モンスーンアジア ③[3] → p.91
テベク(太白)山脈 ①[2] → p.28
ハムギョン(咸鏡)山脈 ①[1] → p.28
ペクト(白頭)山 ②[1] → p.25
テドン川(大同江) [1] → p.133
トマン川(豆満江) ① → p.133
ハン川(漢江) ③[5] → p.132
大シンアンリン(大興安嶺)山脈 ②[1] → p.28
トンペイ(東北)平原 ②[1] → p.93
アムノック川(ヤールー川・鴨緑江) ①[1] → p.206
リヤオ川(遼河) ①[1] → p.93
ホワペイ(華北)平原 ③[1] → p.93
ホワンツー(黄土)高原 ③[2] → p.54
:黄砂 ③[1] → p.76
ホワンホー(黄河) ③[5] → p.93
:サンシャ(三峡)ダム ①[1] → p.94
チンリン(秦嶺)山脈 ③[3] → p.28
ホワイ川(淮河) ③[3] → p.94
:チンリン(秦嶺)=ホワイ川(淮河)線 ①[1] → p.94
チャンチヤン(長江) ③[5] → p.94
スーチョワン(四川)盆地 ③[5] → p.94
:四川大地震 [2] → p.24
チュー川(珠江) ③[2] → p.95
ユンコイ(雲貴)高原 ②[1] → p.119
モンゴル高原 ③[3] → p.47
ゴビ砂漠 ③[4] → p.46
テンシャン(天山)山脈 ③[4] → p.28
クンルン(崑崙)山脈 ②[2] → p.28
チベット高原 ③[6] → p.28
タクラマカン砂漠 ③[5] → p.46
トゥルファン盆地 ① → p.153
タリム盆地 ③[3] → p.95
黄海 ③[2] → p.106
東シナ海 ③[5] → p.55
南シナ海 ③[7] → p.55
南沙群島 ①[1] → p.223

2 歴史的背景と社会

極東 ③[3] ユーラシア大陸の東端。「Far East」の訳。ヨーロッパを中心とした見方で、ヨーロッパから遠く離れた東の地域。ほぼ東アジアの地域と一致。ロシアのシベリア東部を含めることもある。
モンゴロイド ① → p.191
アルタイ語族(アルタイ諸語) ③[2] → p.196
ウラル語族 ③[2] → p.196
シナ=チベット諸語 ③[2] → p.197
漢民族(漢族) ③[4] → p.192
中国語 ③[4] → p.197
:コワントン(広東)語 [1] → p.197
:フーチエン(福建)語 [1] → p.197
漢字文化圏 ① → p.197
中国料理 [3] → p.188
大乗仏教 ③[5] → p.204
儒教 ③[7] → p.205
道教 ③[5] → p.205
シルクロード ③[5] → p.153
朝鮮半島 ③[5] アジア大陸東部、安定陸塊(あんていりくかい)に属する半島。東側に日本海、西側に黄海。東部寄りのテベク(太白)山脈が分水嶺(ぶんすいれい)。西に緩やかに傾斜し、南部・西部の海岸はリアス海岸。北部はチャンパイ(チャンベク、長白)山脈・ケマ(蓋馬)高原などの山がある。朝鮮戦争により、北緯38度線付近での大韓民国(韓国)と朝鮮民主主義人民共和国(北朝鮮)の分断が固定化された。
:朝鮮戦争 ③[5] → p.217
:北緯38度線 ①[1] → p.217
:パンムンジョム(板門店) ②[1] → p.217
ハングル ③[3] → p.200
ハンボク(韓服) ② → p.188
:チマ・チョゴリ ①[1] → p.188
オンドル ③[4] → p.190
集約的稲作農業 ③[5] → p.91
集約的畑作農業 ③[5] → p.91
アジアNIEs ③[6] → p.124
BRICS ③[6] → p.124
環日本海地域 ① → p.210

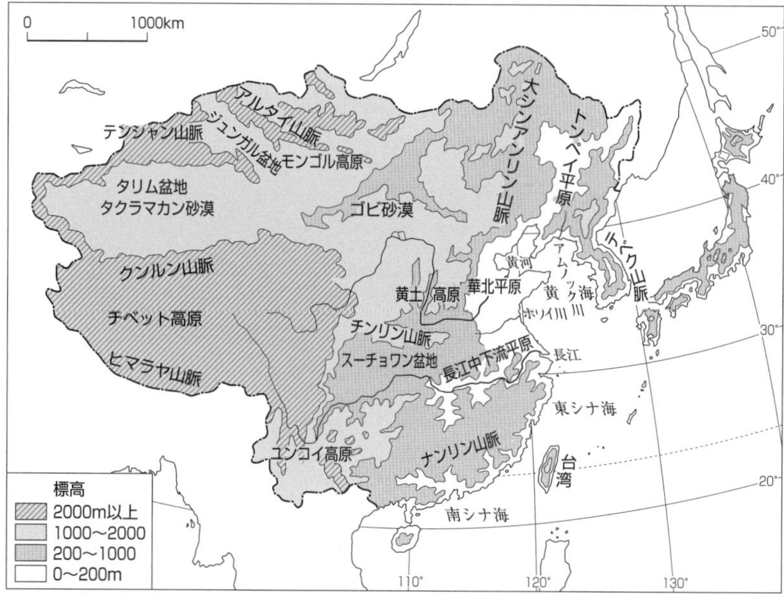

3 東アジアの国々

朝鮮半島

大韓民国（韓国） ③[7] 朝鮮半島の南半分に位置する共和国。首都ソウル。面積10.0万km^2、人口5,183万（2021年）。おもに朝鮮（韓）民族からなる。韓国語を用いる。宗教はキリスト教・仏教など。1910年、日本に併合されたが、第二次世界大戦後の1948年に独立。朝鮮民主主義人民共和国（北朝鮮）と北緯38度線付近の軍事境界線で接する。農業・水産業および繊維工業を中心とした産業構成であったが、1965年の日韓基本条約により日本との国交を回復し、日本からの援助もあって工業化が進んだ。製鉄・造船・自動車・石油化学・電機・電子工業などの重化学工業が発展。ICT産業やコンテンツ産業に力を入れる。アジアNIEsの1つ。1991年、国連に北朝鮮と同時加盟した。

日韓基本条約 ①[1]

韓国併合 ②

：**セマウル（新しい村）運動** [3] → p.93

：**ハン川（漢江）の奇跡** ③[4] → p.132

：**ソウル** ③[5] → p.132

：**ミョンドン（明洞）** ① → p.181

：**インチョン（仁川）** ③[5] → p.132

：**インチョン（仁川）国際空港** [4] → p.158

：**テジョン（大田）** ③[2] → p.132

：**テグ（大邱）** ③[4] → p.133

：**クワンジュ（光州）** ③[4] → p.133

：**ポハン（浦項）** ③[3] → p.133

：**プサン（釜山）** ③[5] → p.133

：**プサン（釜山）港** ①[1] → p.133

：**チャンウォン（昌原）** ③[2] → p.133

：**マサン（馬山）** ① → p.133

：**ウルサン（蔚山）** ③[4] → p.133

：**チェジュ（済州）島** ③[2] → p.166

朝鮮民主主義人民共和国（北朝鮮） ③[7] 朝鮮半島の北半分に位置する社会主義国。首都ピョンヤン（平壌）。面積12.1万km^2、人口2,597万（2021年）。おもに朝鮮民族からなる。朝鮮語を用いる。宗教は仏教・キリスト教など。1910年、日本に併合されたが、第二次世界大戦後の1948年に独立。石炭や非鉄金属などの地下資源や水力資源に恵まれ、金属・化学工業が盛ん。1951年から計画経済が実施され、生産性の向上をめざす活動はチョンリマ（千里馬）運動と呼ばれた。1980年代後半には自力更生政策を転換、

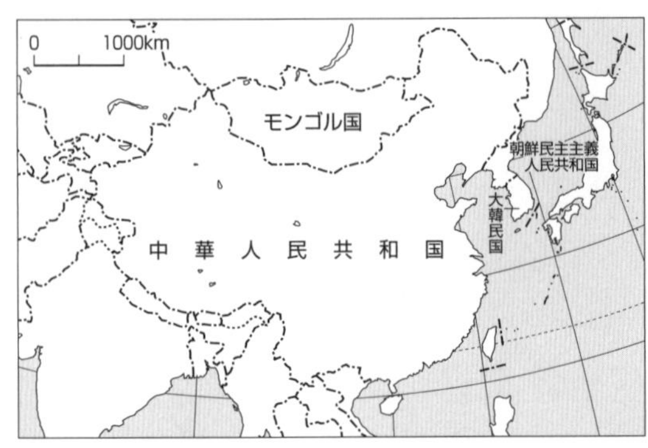

東アジアの国々

第III部

1991年、国連に韓国と同時に加盟。硬直した政治体制のもとで、外交・経済・食料などの困難な問題を多くかかえている。

：ピョンヤン（平壌） ③5 → p.133

：チョンジン（清津） ③1 → p.133

：ケソン工業団地 ② → p.133

モンゴル

モンゴル国 ③6 アジア中央部の内陸国で、ロシアと中国に国境を接する国。首都ウランバートル。面積156.4万km²、人口330万（2020年）。ハルハ人などほとんどがモンゴル系からなる。公用語はモンゴル語。宗教はチベット仏教（ラマ教）・伝統宗教など。北部はステップ地域、南部はモンゴル高原で、乾燥が著しくゴビ砂漠が広がる。1924年建国。1920年代から社会主義国であったが、1992年に社会主義体制を放棄、国名をモンゴル人民共和国からモンゴル国に改称。古くから遊牧が営まれ、畜産業が盛ん。また、モリブデン鉱のほか、銅・石炭などの鉱産資源が豊かである。

ウランバートル ③4

：モンゴル族 ③2 → p.192

：ゲル（パオ） ③7 → p.190

中華人民共和国

中華人民共和国 ③7 アジア大陸の東部に位置する社会主義国。首都ペキン（北京）。面積960.0万km²、人口14億2,589万（2021年、台湾を除く）。1949年建国。4中央直轄市、22省、5自治区、2特別行政区からなる。おもに漢民族だが、多様な少数民族が居住する。中国語（北京語が標準）を使用、多数の方言がある。宗教は道教・仏教・キリスト教・イスラーム教など。1970年代までは人民公社による農業と、自力更生政策による工業発展を目標とした。文化大革命の混乱期を経て、現在は改革開放政策を進め、積極的に市場経済を導入している。1990年代以降の工業生産の成長が著しく、「世界の工場」とも呼ばれ、BRICSの一国。地域格差・経済格差・大気汚染などの課題をかかえている。2018年以後、対米貿易摩擦拡大。

：一国二制度 ②2 → p.207

自治区（中国） ③2 → p.192

アヘン戦争 1 1840年、清（シン）がアヘンの密貿易を取り締まったことに端を発したイギリスと清との戦争。清の敗北後、1842年に締結された南京（ナンキン）条約で、ホンコン（香港）が割譲（かつじょう）され、コワンチョウ（広州）・フーチョウ（福州）・シャンハイ（上海）などの5港を開港。以後、欧米諸国の進出が進んだ。

日清戦争 ①1 1894～95年、朝鮮支配をめぐっての戦争。戦後の下関条約で、清は朝鮮への干渉を放棄。日本はリヤオトン（遼東）半島（三国干渉により放棄）・台湾・ポンフー（澎湖）列島を占領。とくに、台湾は1945年まで日本の植民地であった。日清戦争以後、日本の資本主義化・軍国主義化が進んだ。

人民公社 ③4 → p.93

文化大革命 ③2 1966年から77年まで、中国で展開された社会主義運動。既成の権威や技術に依存せず、大衆自身の創造性と積極性をいかす方針が強調された。しかし、文化大革命を推進した一派の逮捕後、毛沢東（もうたくとう）路線の継承をめぐる権力闘争としての性格が明らかになり、この間、国内の生産力も低下し、中国は国際的にも孤立した。現在はマイナスの評価が下されている。

改革開放政策 ③[7] 1977年に発表された4つ(農業・工業・国防・科学技術)の近代化政策以降の中国の政策。国づくりの基本政策を、旧来の社会主義的な経済システムから変更し、経済建設・生産力発展を重視した。また、対外的には開放政策を推進。外資導入のために、経済特区・経済技術開発区を設置している。

一人っ子政策 ③[7] → p.175

生産責任制 ③[2] → p.93

:億元戸 [1] → p.93

経済特区 ③[7] → p.130

経済技術開発区 ③[3] → p.130

:沿岸開放都市 ① → p.130

郷鎮企業 ③[4] → p.130

世界の工場 ③[7] → p.123

民工潮 ①[1] → p.172

西部大開発 ③[5] → p.132

:南水北調 [1] → p.132

中国の諸地域

i —— 東北

東北地方(中国) ③[2] → p.93

:満州国 [1] → p.93

ターチン(大慶)油田 ③[5] → p.114

ハルビン(哈爾浜) ③[2] → p.130

チャンチュン(長春) ②[3] → p.130

リヤオニン(遼寧)省 ①[2] 中国東北部、渤海に面する省。省都シェンヤン(瀋陽)。トンペイ(東北)平原に続くリヤオ川(遼河)の流域では、トウモロコシ・大豆の生産が多い。また、石炭・鉄鉱石などの鉱産資源を基礎に工業が発達。同国有数の重化学工業地域で、アンシャン(鞍山)・シェンヤン(瀋陽)などの工業都市がある。

:アンシャン(鞍山) ③[1] → p.130

:シェンヤン(瀋陽) ③[4] → p.130

:フーシュン(撫順)炭田 ②[1] → p.112

:ターリエン(大連) ②[4] → p.131

ii —— 内モンゴル

内モンゴル(内蒙古)自治区 ③[2] → p.192

:フホホト ②[1] → p.192

:パオトウ(包頭) ①[1] → p.131

iii —— 華北

華北 ③[3] → p.93

ペキン(北京) ③[7] → p.131

テンチン(天津) ③[5] → p.131

シャントン(山東)省 ②[2] 中国華北に位置し、シャントン(山東)半島と華北平原東部とからなる省。省都チーナン(済南)。小麦・コウリャン・綿花などの農業が盛ん。石炭・石油などを産出し、繊維・化学・機械などの工業がチンタオ(青島)を中心に発達。チンタオとともにイエンタイ(煙台)やウェイハイ(威海)などが経済技術開発区に指定され、開発が進んでいる。

:チンタオ(青島) ②[2] → p.131

:ションリー(勝利)油田 ①[1] → p.114

シャンシー(山西)省 ① 中国華北に位置し、その大部分が黄土高原からなる省。省都タイユワン(太原)。黄河が南流し、高原上では小麦やトウモロコシなどの畑作が中心。タートン(大同)炭田の石炭をはじめ、鉄鉱石などの鉱産資源が豊かで、金属・機械・化学など、工業が発展している。

:タートン(大同)炭田 ③[1] → p.112

iv —— 華中

華中 ③ → p.94

シャンハイ(上海) ③[7] → p.131

:プートン(浦東)新区 ③[1] → p.131

チヤンスー(江蘇)省 ①[2] 中国中東部、チャンチヤン(長江)下流、黄海に面する省。沖積平野からなり、湖沼が多く、クリークが発達する。「魚米の郷」と呼ばれ、米・小麦などの生産が多く、内水面漁業も盛ん。省都のナンキン(南京)のほか、ウーシー(無錫)・スーチョウ(蘇州)などで繊維・機械・電子などの工業が発達。工業生産の伸びが著しい。成長する沿海部の代表的な省。郷鎮企業も数多く発達している。

:ナンキン(南京) ③[4] → p.131

チョーチヤン(浙江)省 ②[2] 中国華中東部の省。省都ハンチョウ(杭州)。北部は代表的な米作地帯。茶・綿花・果実などの生産も盛ん。古くから繊維・食品加工などの工業が発達。チャンスー(江蘇)省・シャンハイ(上海)に接し、沿海部の工業開発が著しく、機械・電子・化学などの工業も盛ん。郷鎮企業も多く発達している。

:ハンチョウ(杭州) ②[2] → p.131

フーペイ(湖北)省 ①[4] 華中、トンチン(洞庭)湖の北部の省。米・茶・綿花などの生産が多く、豊かな農業地域が広がる。鉄鉱などの鉱産資源も豊かで、省都ウーハン(武漢)に鉄鋼コンビナートが建設。長江流域の開発の拠点である。
：**ウーハン(武漢)** ③2 → p.131
：**ターイエ(大冶)** ①1 → p.117
フーナン(湖南)省 ①4 華中、トンチン(洞庭)湖の南側に広がる省。省都チャンシャー(長沙)は経済技術開発区に指定。ホーペイ(湖北)省にまたがるトンチン湖周辺のリャンフー(両湖)平野は、古くから「湖広実れば天下足る」といわれた穀倉地帯。南部地域で、多様な鉱産資源を産出する。繊維・金属・機械などの工業が発達している。

v —— スーチョワン(四川)盆地

スーチョワン(四川)省 ①5 スーチョワン(四川)盆地を中心とする長江上流に位置する省。省都チョントゥー(成都)。米・麦・ナタネ・茶・サトウキビなどの生産が盛ん。石炭・鉄鉱石やレアメタルなどの鉱産資源も豊か。チョントゥーとチョンチン(重慶)が2大中心都市で、両市とも経済技術開発区に指定され、金属・機械・電子・化学などの工業が発達している。
：**チョンチン(重慶)** ③6 → p.131
：**チョントゥー(成都)** ③4 → p.131

vi —— 華南

華南 ③1 → p.94
コワントン(広東)省 ③4 中国華南に位置し、華南経済圏の中心的な省。省都コワンチョウ(広州)。北部は丘陵、南部はチュー川(珠江)の平野からなる。米の二期作地帯。茶の生産も多い。華僑の出身地。改革開放政策のもと、経済特区・経済技術開発区に指定された都市も多く、開発が進む。
：**コワンチョウ(広州)** ③5 → p.131
：**シェンチェン(深圳)** ③7 → p.132
：**スワトウ(汕頭)** ③5 → p.132
フーチエン(福建)省 ②3 中国南東部、台湾海峡を隔てて台湾と向き合う省。山地や丘陵が多く、温暖な気候を利用して、盆地や沿岸平野で水田二期作が行なわれている。商品作物として、茶・サトウキビ・ミカンなどの栽培が盛ん。華僑の出身地。食品・繊維工業などが発達。アモイ(厦門)が経済特区、省都フーチョウ(福州)が経済技術開発区に指定され、機械・電子・化学などの工業も発達している。
：**アモイ(厦門)** ③5 → p.132
ハイナン(海南)省 ②1 → p.132
コワンシーチョワン(広西壮)族自治区 ③4 → p.192
：**チョワン(壮)族** ③1 → p.192
：**コイリン(桂林)** ②4 → p.38
コイチョウ(貴州)省 ③4 中国南西部、ユンコイ(雲貴)高原東部に位置する省。省都コイヤン(貴陽)。林業・木材加工が盛ん。水銀・錫・石炭などの資源を産出する。金属・化学・機械工業が発達している。コイヤンにハイテク産業の誘致を図る。
コイヤン(貴陽) ②
：**トン族** ② → p.193
ユンナン(雲南)省 ①4 中国南西部、ミャンマー・ベトナム・ラオスと国境を接する省。省都クンミン(昆明)。大部分がユンコイ(雲貴)高原に属し、気候は温暖。米・冬小麦・トウモロコシ・茶・サトウキビなどの生産が多い。石炭・水銀・銅・錫などの鉱産資源が豊富。ミャオ(苗)族・タイ族・イ族など、多くの少数民族が居住する。国境を接する国々との交流が注目されている。
：**クンミン(昆明)** ③4 → p.132
：**ミャオ(苗)族** ③ → p.193
：**イ族** ③1 → p.193

vii —— 西部

シャンシー(陝西)省 ①1 中国北西部の省。北部は黄土高原が広がり、南部にはチンリン(秦嶺)山脈が位置する。ホワンホー(黄河)の支流のウェイ川(渭河)の中流に省都シーアン(西安)が位置する。石炭・石油などの鉱産資源が豊か。西部大開発の拠点地区の1つで、航空機産業など、ハイテク産業の育成を図る。
：**シーアン(西安)** ③7 → p.131
ニンシヤホイ(寧夏回)族自治区 ③2 → p.192
：**ホイ(回)族** ③2 → p.192
カンスー(甘粛)省 ②2 中国北西部の省。北にゴビ砂漠、東に黄土高原、南西部にチベット高原があり、黄河上流に位置する。中国と中央アジアを結ぶ交通の要地。乾燥地が広がり、牧畜と灌漑農業が行なわれている。ユイメン(玉門)の石油など、鉱産資源が豊か。省都ランチョウ(蘭州)を中心に鉄鋼・化学・機械工業が発達している。
：**ランチョウ(蘭州)** ③3 → p.132
：**ユイメン(玉門)油田** ①1 → p.114
シンチヤンウイグル(新疆維吾爾)自治区 ③5 → p.192
：**ウイグル族** ③3 → p.192
：**ウルムチ(烏魯木斉)** ③4 → p.132

：**カシ(喀什)** ③2 → p.153
：**トゥルファン(吐魯番)** ① → p.153
チンハイ(青海)省 ②1 中国西部、チベット高原の北東部に位置する省。省都シーニン(西寧)。大部分が標高3,000m以上の高原で、大陸性の寒冷な気候。黄河流域の谷底平野が農業地域で、春小麦・トウモロコシなどを栽培。チャイダム盆地などで羊・馬・牛・ヤクの牧畜が盛ん。銅・モリブデンなどの鉱産資源が豊か。電力も豊富でアルミニウム精錬が発達。チンツァン(青蔵)鉄道やパイプラインの建設など、西部大開発が進む。
チベット自治区 ③4 → p.192
：**チベット族** ③2 → p.192
：**ラサ** ③5 → p.183
：**チベット仏教(ラマ教)** ③7 → p.204
：**チンツァン(青蔵)鉄道** ②1 → p.154

viii —— ホンコン(香港)・マカオ(澳門)・台湾

ホンコン(香港) ③6 → p.132
マカオ(澳門) ②2 中国コワントン(広東)省南部にある旧ポルトガル植民地。16〜17世紀にポルトガルのアジア貿易の根拠地として繁栄。1999年の返還後は、一国二制度により特別行政区となっている。観光業が盛ん。
台湾 ③7 台湾島およびポンフー(澎湖)列島などからなる中国本土南東の島々。中心都市タイペイ(台北)。面積3.6万km^2、人口2,380万(2020年)。漢民族と少数の先住民(高砂族)からなる。また、漢民族を本省人と外省人に分けることがある。中国語・台湾語を用いる。宗教は仏教・道教・キリスト教など。1895年から1945年まで日本の植民地。1949年に国民党政府が移り、中華民国と称して本土の中華人民共和国政府と対立した。亜熱帯気候で、高温多雨。米・サトウキビ・パイナップル・バナナなどが栽培される。工業化が進み、アジアNIEsの1つ。 **中華民国** ①
タイペイ(台北) ③4 → p.132
カオシュン(高雄) ①1 → p.132

第2章 東南アジア

1 自然環境

モンスーンアジア ③[3] → p.91
インドシナ半島 ③[5] → p.29
コラート台地 ①[1] → p.96
エーヤワディー川（イラワジ川） ③[6] → p.96
サルウィン川 ①[1] → p.96
チャオプラヤ川（メナム川） ③[6] → p.96
メコン川 ③[7] → p.95
ホン川 ①[2] → p.95
マレー半島 ③[5] → p.96
カリマンタン島（ボルネオ） ③[5] → p.76
スラウェシ島 ③[6] → p.28
マルク（モルッカ）諸島 ①[2] インドネシア北東部の島嶼。古くから香料の産地として知られ、香料諸島と呼ばれた。K字形の最大の島はハルマヘラ島。
大スンダ列島 ①[2] → p.28
：スマトラ島 ③[6] → p.114
：スマトラ沖地震 ③[3] → p.23
：ジャワ島 ③[6] → p.96
：バリ島 ③[5] → p.204
フィリピン諸島 ③[2] → p.27
：ルソン島 ③[5] → p.96
：ピナトゥボ山 ②[3] → p.25
：ミンダナオ島 ③[2] → p.96
南シナ海 ③[7] → p.55
マラッカ海峡 ③[4] → p.156
ジャワ海 ③[1] → p.55
スンダ海峡 ①[1] → p.28
インド洋 ③[7] → p.54
インド洋大津波 ② → p.23

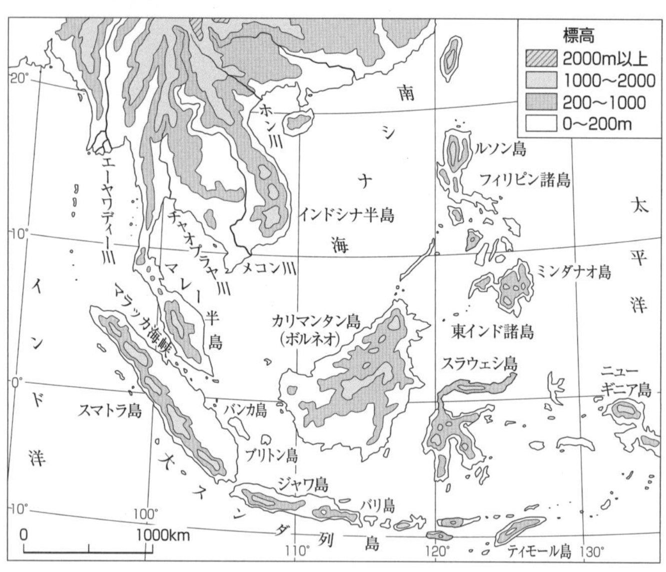

東南アジアの自然

2 歴史的背景と社会

オーストロネシア語族 ③1 → p.200
シナ=チベット諸語 ③2 → p.197
華人 ③6 → p.172
：華僑 ③2 → p.172
タミル人 ②4 → p.218
：印僑 ③1 → p.172
仏教 ③7 → p.204
：上座部仏教 ③5 → p.204
：大乗仏教 ③5 → p.204
イスラーム(イスラーム教) ③7 → p.202
集約的稲作農業 ③5 → p.91
：浮稲 ①2 → p.86
東インド会社 ①1 16世紀末から17世紀にかけて、イギリス・オランダ・フランスなどで設立された特権会社。東南アジア・南アジアとヨーロッパとの独占的な貿易と植民地経営を目的とした。
プランテーション農業 ③7 → p.93
ベトナム戦争 ①4 ベトナムの独立をめぐるインドシナ戦争で1954年にフランスが敗退。その時のジュネーヴ協定に反して、ベトナムは南北に分断された。アメリカ合衆国に支援されたベトナム共和国(南ベトナム)の独裁政権に反対して、1960年に南ベトナム解放民族戦線が結成され、内戦が激化。民族戦線とそれを支援するベトナム民主共和国(北ベトナム)にアメリカ合衆国軍などが攻撃してベトナム戦争は拡大、泥沼化した。北ベトナムを旧ソ連・中国が援助。1973年、パリ和平会談で和平協定に調印。1976年、北ベトナムによりベトナムが統一された。アメリカ合衆国の道義的・政治的・経済的威信(いしん)は失墜(しっつい)した。
：インドシナ難民 ①1 → p.217
緑の革命 ③7 → p.95
ASEAN(東南アジア諸国連合) ③7 → p.210
アジアNIEs ③6 → p.124
AFTA(ASEAN自由貿易地域) ③3 → p.211
APEC(アジア太平洋経済協力) ③7 → p.210
アジア通貨危機 ③3 → p.164
ASEANプラス3 ③2 → p.211
ASEAN共同体 ①1 → p.211
AEC(ASEAN経済共同体) ③5 → p.211
大メコン圏 ③ → p.211
成長のトライアングル ② → p.211
RCEP(地域的な包括的経済連携) ③7 → p.212

3 東南アジアの国々

ベトナム社会主義共和国 ③7 インドシナ半島の東半分を占める社会主義国。首都ハノイ。面積33.1万km²、人口9,747万（2021年）。ベトナム人がほとんどで、ほかにタイ系・中国系からなる。公用語はベトナム語。宗教は大乗仏教が多い。1884年からフランス植民地、1945年独立。独立後、インドシナ戦争・ベトナム戦争と紛争・内戦が続いたが、1976年に南北統一。農業は稲作が中心だが、近年、コーヒー豆の生産が増加。北部は石炭・石油などの鉱産資源が豊富。1986年からドイモイ（刷新）政策を進め、社会主義型市場経済による国づくりをめざす。繊維産業が中心だが、機械・電子などの工業が成長している。

ドイモイ（刷新） ③4

：**ハノイ** ③7 → p.134

：**ホーチミン** ③5 → p.96

：**フエ** ①3 → p.167

：**アオザイ** ①1 → p.188

：**フォー** ①4 → p.189

ラオス人民民主共和国 ③7 インドシナ半島北東部の内陸国。首都ビエンチャン。面積23.7万km²、人口743万（2021年）。ラオ人からなる。公用語はラオ語。宗教は上座部仏教が多い。1899年からフランス植民地、1953年完全独立。独立後の内戦を経て、1975年王制を廃止、人民民主共和国となる。主要な生産物は米とチーク材。電力も豊富で輸出する。1986年以降、市場開放などの改革政策を進める。

カンボジア王国 ③7 インドシナ半島南部の立憲君主国。首都プノンペン。面積18.1万km²、人口1,670万（2020年）。クメール人がほとんどで、ほかに中国系などからなる。公用語はカンボジア（クメール）語、宗教は上座部仏教。1863年からフランスの保護国、1953年完全独立、70年に王制から共和制に移行したが、内戦が激化。1979年ベトナム軍の侵攻後も内戦・混乱が続き、91年和平が成立、93年立憲君主制を採択。農業・繊維産業・観光業がおもな産業。

プノンペン ③6

：**アンコール＝ワット** 2 → p.205

ミャンマー連邦共和国 ③7 インドシナ半島の西部に位置する国。首都ネーピードー。旧首都ヤンゴン。面積67.7万km²、人口5,380万（2021年）。ミャンマー（ビルマ）人が多く、ほかにシャン人・カレン人などからなる。公用語はミャンマー（ビルマ）語。宗教は上座部仏教。1886年からイギリスの植民地、1948年にミャンマー連邦として独立。1974年、ビルマ社会主義共和国に変更し、1989年からミャンマー連邦、2011年軍政から民政に移管、現国名に変更。エーヤワディー（イラワジ）デルタを中心に米作が盛ん。チーク材・ゴムは重要な輸出品。2010年頃から経済改革と民主化が進んだが、2021年2月軍部によるクーデタ、政情不安定。

：**ヤンゴン** ③6 ミャンマー南部、エーヤワディーデルタに位置する同国の旧首都。旧称ラングーンを1989年、ヤンゴンに改称。2011年首都機能をネーピードーに移転。港湾都市で、米・木材・天然ガスなどの輸出港。繊維・製油・製材などの工業が立地。

ラングーン 1

タイ王国 ③7 インドシナ半島中部の立憲君主国。首都バンコク。面積51.3万km²、人口7,160万（2021年）。タイ人がほとんどで、中国系（華僑・華人）も多い。公用語はタイ語。宗教は上座部仏教がほとんど。周辺諸国が欧米諸国の植民地となる中で、緩衝国として独立を保持した。チャオプラヤ（メナム）川流域の米作を主産業とし、チーク材・天然ゴム・錫すずの生産も盛ん。第1の米の輸出国。バンコク周辺に輸出加工区・工業団地が造成され、自動車・電機・電子などの工業が成長した。

：**バンコク** ③7 → p.133

：**チェンマイ** ①1 → p.179

：**アユタヤ** 2 → p.179

：**プーケット** ②1 → p.166

：**緩衝国** ① → p.207

マレーシア ③7 マレー半島南部の11州とカリマンタン島（ボルネオ）のサバ・サラワク両州からなる立憲君主国。首都クアラルンプール。面積33.1万km²、人口3,357万（2021年）。マレー人が多く、ほかに中国系（華僑・華人）・インド系からなる。公用語はマレー語。ほかに、英語・中国語・タミル語も使われる。宗教もマレー人のイスラーム、中国系住民の仏教、インド系住民のヒンドゥー教と多様。1824年からイギリス植民地、1957年にマラヤ連邦として独立。1963年、シンガポールなどとマレーシア連邦を構成、65年分離。ゴム・錫・木材・パーム油、および石油・天然ガスの生産と輸出に依存していたが、日本やNIEs諸国を見習うルックイースト政策を掲げ、工業化を推進している。輸出加工区を設置し、電機・電子など輸出指向型の工業が成長した。

ルックイースト政策 ①[2]

：**ブミプトラ政策** ③[6] → p.217
：**サラワク州** ①[1] → p.114
：**クアラルンプール** ③[7] → p.133
：**ジョージタウン** ① → p.133
：**ムラカ(マラッカ)** ①[2] → p.157

シンガポール共和国 ③[7] マレー半島南端のシンガポール島と周辺の小島よりなる国。首都シンガポール（都市国家）。面積729 km²、人口594万（2021年）。中国系（華僑・華人）が４分の３を占め、ほかにマレー系・インド系からなる。公用語は英語・中国語・タミル語・マレー語。宗教は仏教・イスラーム・キリスト教・ヒンドゥー教など。1824年イギリス植民地、第二次世界大戦中に日本が占領。1959年自治権獲得。1963年、マレーシア連邦に属したが、1965年に分離独立。古くから中継貿易港として栄えたが、ジュロンに大規模な工業団地が建設され、工業化が進み、アジアNIEsの１つとなった。東部にハブ空港のチャンギ国際空港が位置し、その周辺の開発も進む。また、情報関連産業の育成とIT化を積極的に進めるとともに、国際金融センターとしても成長している。

：**ジュロン工業団地** ① → p.133

インドネシア共和国 ③[7] アジア南東部の大小約１万以上の島々とニューギニア島西半のパプア州(旧イリアンジャヤ)からなる国。首都ジャカルタ。面積191.1万km²、人口２億7,375万（2021年）。ジャワ人・スマトラ人などマレー系からなる。公用語はインドネシア語。各民族固有の言語は多数。宗教はイスラームがほとんど。1602年からオランダ植民地、1945年独立。ジャワ島・スマトラ島を中心に、ゴム・コーヒー・タバコなどの輸出用農産物が生産され、石油・天然ガスをはじめ、錫・ボーキサイト・ニッケルなどの鉱業も盛ん。首都周辺に輸出加工区や工業団地を形成し、工業化を進めている。

：**ジャカルタ** ③[7] → p.134
：**バタヴィア** [1] → p.134
：**パレンバン油田** ①[1] → p.114
：**ミナス油田** ① → p.114
：**ボロブドゥール** ①[1] → p.167
：**アチェ州** [1] → p.217

フィリピン共和国 ③[7] アジア大陸の南東、

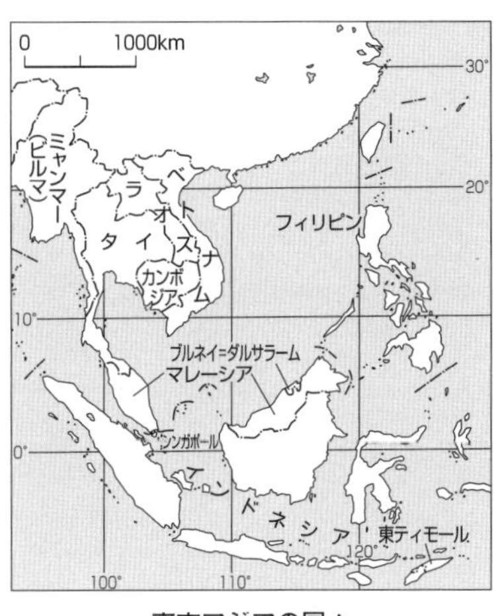

東南アジアの国々

南シナ海と太平洋の間にある約7,000余の島々からなる国。首都マニラ。面積30.0万km²、人口１億1,388万（2021年）。タガログ人・セブアノ人などマレー系からなる。公用語はフィリピノ語・英語。宗教はカトリックがほとんど。ミンダナオ島などにはイスラーム教が多い。1521年マゼランが来航、スペイン領。アメリカ・スペイン戦争(1898年)以後は、アメリカ合衆国領。1946年独立。米・トウモロコシのほか、マニラ麻(アバカ)・コプラ・バナナ・サトウキビなどを生産。ラワン材の生産も多い。輸出指向型の工業化を進め、電機・電子などの工業が成長した。ミンダナオ島では、イスラーム教徒のモロ人が分離独立をめざすミンダナオ紛争が続いた。2014年和平に合意したが、和平実現への課題も多い。

：**フィリピノ語** ② → p.200
：**タガログ語** ② → p.200
：**マニラ** ③[7] → p.134
：**ケソン(ケソンシティ)** ① → p.182
：**ダヴァオ** ②[1] → p.134

ブルネイ＝ダルサラーム国 ③[7] カリマンタン(ボルネオ)島北西部の王国。首都バンダルスリブガワン。面積5,765km²、人口45万(2021年)。マレー系が多く、ほかに中国系などからなる。公用語はマレー語。宗教はイスラームが多い。1888年からイギリス植民地、1984年独立。豊かな石油と天然ガスが経済を支える。

バンダルスリブガワン ①[2]

東ティモール民主共和国 ③6 小スンダ列島のティモール島のほぼ東半分と飛び地の島からなる。約3分の2が山岳地帯。首都ディリ。面積1.5万km^2、人口132万(2021年)。おもにメラネシア系からなる。公用語はテトゥン語・ポルトガル語。宗教はカトリック。ティモール島は19世紀半ばにポルトガルとオランダが分割領有。第二次世界大戦中は日本が占領。1945年、オランダ領であった西半部はインドネシア領となった。東半部はポルトガル領となったが、1974年ポルトガルが放棄、独立を宣言したが1976年インドネシアが併合。独立運動が進められ、1999年にはインドネシア軍が介入し、紛争が激化した。国連の暫定統治を経て2002年独立。コーヒー・石油の産出国。 **ティモール島** ③2

第3章 南アジア

1 自然環境

インド半島 ③[4] → p.30
南西モンスーン ②[1] → p.41
北東モンスーン ②[1] → p.41
ヒマラヤ山脈 ③[7] → p.28
：エヴェレスト山（チョモランマ・サガルマータ）③[4] → p.28
カラコルム山脈 ②[3] → p.28
パミール高原 ②[1] → p.28
ヒンドゥークシュ山脈 ①[2] → p.27
ヒンドスタン平原 ③[5] → p.21
ガンジス川 ③[7] → p.33
：ガンジスデルタ ① → p.33
ブラマプトラ川 ③[2] → p.33
インダス川 ③[7] → p.58
デカン高原 ③[7] → p.30
：レグール ③[2] → p.53
西ガーツ山脈 ③[3] → p.41
大インド（タール）砂漠 ③[4] → p.46
インド洋 ③[7] → p.54
：インド洋大津波 ② → p.23
ベンガル湾 ③[7] → p.42
サイクロン ③[7] → p.42

2 歴史的背景と社会

ドラヴィダ語族 ② → p.200
インド＝ヨーロッパ語族 ③[3] → p.197
インダス文明 ①[1] 紀元前2600年から紀元前1800年にかけて、インダス川上流に発達した古代文明で、世界4大文明の1つ。
サンスクリット語 ①[2] → p.199
ヒンドゥー教 ③[7] → p.204
カースト制 ③[6] → p.204
シク教 ③[6] → p.205
ジャイナ教 ①[2] → p.205
仏教 ③[7] → p.204
イスラーム（イスラム教）③[7] → p.202
：カシミール（カシミーリー）語 ②[1] → p.199
：カシミール紛争 ③[2] → p.217
パンジャーブ地方 ③[3] → p.96
：パンジャーブ（パンジャービー）語 ②[1] → p.199
SAARC（南アジア地域協力連合）②[2] → p.211

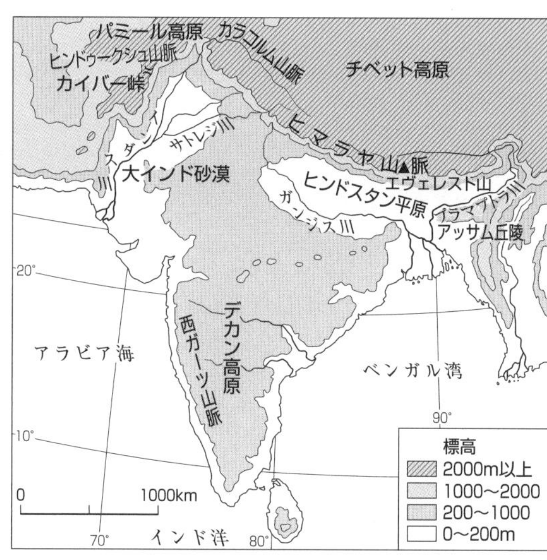

南アジアの自然

3 南アジアの国々

インド ③7 インド半島の大半を占め、29州とデリー首都圏など7連邦政府直轄地よりなる連邦共和国。首都デリー。面積328.7万km^2、人口14億0756万（2021年）。インド=イラン語派系諸民族とドラヴィダ系諸民族からなる。公用語はヒンディー語、英語は準公用語、憲法に記載された言語は22。宗教はヒンドゥー教がほとんどで、ほかにイスラーム・シーク教・仏教・ジャイナ教など。ムスリム(イスラム教徒)とヒンドゥー教徒、シーク教徒とヒンドゥー教徒との対立・抗争がしばしばおきる。1858年からイギリス植民地、1947年独立。米・小麦の代表的な生産国。緑の革命で生産量は増加。ほかに、茶・綿花・ジュート・サトウキビなどの生産が多い。独立後、混合経済体制の下、国営企業を中心に国産を重視、また政府の許認可制度のもとで民間企業の育成が図られ、軽工業から重工業までの工業化が進められた。より一層の生産性の拡大と生産の拡大をめざして、1990年代から本格的な経済開放政策を実施。情報関連産業など、先端技術産業の成長が著しい。BRICSの一国。

：**混合経済** ② → p.208
：**経済開放政策** ① → p.163
：**ヒンディー語** ③5 → p.199
：**ベンガル(ベンガリー)語** ②3 → p.199
：**グジャラート語** ②2 → p.199
：**アッサミー(アッサム)語** 1 → p.199
：**準公用語** ①2 → p.195
：**ダモダル炭田** ②1 → p.112
：**緑の革命** ③7 → p.95
：**白い革命** ③6 → p.95
：**ピンクの革命** ③3 → p.95
：**デリー** ③7 → p.182
：**ニューデリー** 1 → p.182
：**ヴァラナシ** ③4 → p.182
：**ブッダガヤ(ブダガヤ)** ②1 → p.204
：**コルカタ** ③7 → p.134
：**アサンソル** ② → p.134
：**ジャムシェドプル** ③ → p.134
：**シングブーム** ②1 → p.117
：**ラウルケラ** ① → p.134
：**ムンバイ** ③7 → p.134
：**アーメダバード** ②3 → p.134
：**チェンナイ** ③7 → p.134
：**ベンガルール(バンガロール)** ③7 → p.148
：**ハイデラバード** ③5 → p.134
：**ゴア** ① → p.117
：**カリカット** ① → p.8
：**アッサム地方** ③5 → p.96
：**チェラプンジ** ①1 → p.41
：**ダージリン** ③4 → p.96
：**サリー** ②4 → p.188
：**ナン** ②6 → p.189
：**チャパティ** ①6 → p.189

パキスタン=イスラム共和国 ③7 インド半島北西部に位置し、インダス川流域を国土にもつ国。首都イスラマバード。面積79.6万km^2（カシミールを含まず）、人口2億3,140万（2021年）。パンジャーブ人・パシュトゥーン人などインド=イラン語派系民族からなる。公用語は英語。ウルドゥ語は国語。宗教はイスラーム。1947年にイギリスから独立。インドを間にして東・西両パキスタンからなる飛地国（エクスクラーフェン）であったが、71年、東パキスタンはバングラデシュとして分離独立。パンジャーブ地方を中心として、灌漑農業により小麦・綿花の栽培が盛ん。米・小麦は緑の革命で増産。農業と繊維産業が主産業。カシミール問題などでしばしばインドと対立している。

：**ウルドゥ語** ③2 → p.199
：**カラチ** ②3 → p.135
：**ラホール** ①2 → p.96
：**イスラマバード** ①3 パキスタン北部に位置する同国の首都。ラワルピンディ近郊に、1959年から10年間かけて計画的に建設され、1969年に新首都。1959年まではカラチが首都。建設中の10年間はラワルピンディが臨時首都。近年は、IT産業が成長している。

バングラデシュ人民共和国 ③7 インド半島の北東部に位置する国。国土の大半はガンジス・ブラマプトラ両河川のデルタ地帯に位置する。首都ダッカ。面積14.8万km^2、人口1億6,936万（2021年）。おもにベンガル人からなる。公用語はベルガル（ベンガリー）語。宗教はイスラームがほとんどで、ほかにヒンドゥー教。パキスタンの一部（東パキスタン）であったが、1971年分離独立。米・ジュート・茶などを生産する農業と繊維産業が主産業。標高が低く、しばしば水害に見舞われる。

東パキスタン ①

：**ダッカ** ③4 → p.135
：**チッタゴン** ① → p.135

スリランカ民主社会主義共和国 ③7 ポー

ク海峡によりインド半島南東端と隔たる島国。首都スリジャヤワルダナプラコッテ。面積6.6万km^2、人口2,177万（2021年）。大多数のシンハラ（シンハリ）人と少数のタミル人などからなる。公用語はシンハラ語・タミル語。宗教はシンハラ人が仏教、タミル人がヒンドゥー教。1948年にセイロンとして独立。1972年、スリランカ共和国に改称、1978年より現国名。シンハラ・タミル両民族の間で紛争が続いたが、2009年に内戦終結。2004年12月のスマトラ沖地震では、津波により大きな被害を受けた。米と茶・天然ゴム・ココナッツが主要産物。1970年代後半からの経済自由化政策で、繊維産業が成長した。

スリジャヤワルダナプラコッテ ①3
セイロン ②2

：スリランカ民族紛争 ②1 → p.218
：シンハラ（シンハリ）人 ②3 → p.218
：タミル人 ②4 → p.218
：コロンボ ②3 スリランカの旧首都。インド航路の中心的な港湾都市として中継貿易が発達。首都移転後も同国の経済・商業の中心都市。

ネパール ③7 ヒンドスタン平原の北端からヒマラヤ山脈南斜面にかけて国土をもつ国。首都カトマンズ。面積14.7万km^2、人口3,004万（2021年）。インド＝イラン語派系のネパール人が多く、ほかにチベット系からなる。公用語はネパール（ネパーリー）語。宗教はヒンドゥー教がほとんど。主産業は低地の農業と高地の放牧、観光業。西アジアなどへの出稼ぎも多い。

カトマンズ ①4

：ネパール（ネパーリー）語 ②2 → p.199

ブータン王国 ③7 ヒマラヤ山脈東部の南斜面を占め、国土の大部分が標高2,000m

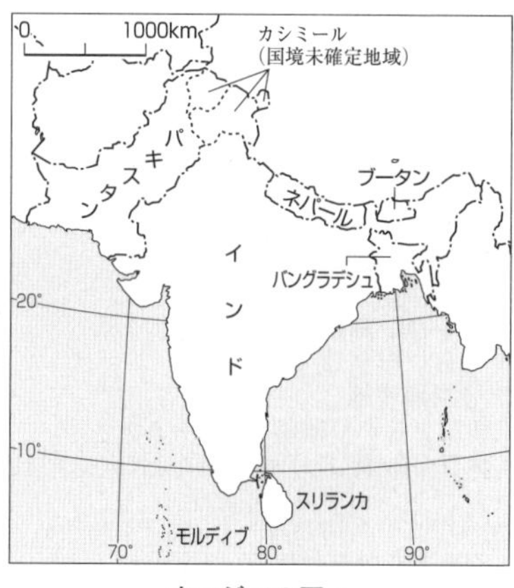

南アジアの国々

をこえる山岳国家。首都ティンプー。面積3.8万km^2、人口78万（2021年）。チベット系のブータン人がほとんどで、ほかにネパール系からなる。公用語はゾンカ語。宗教はチベット仏教（ラマ教）が多く、ほかにヒンドゥー教。国民総幸福量による国づくりを進める。主産業は農業と牧畜。水力発電による電力輸出が財政を支える。

モルディブ共和国 ③7 スリランカ南方、インド洋上のサンゴ礁の島々からなる国。首都マレ。面積300km^2、人口52万（2021年）。おもにモルディブ人（シンハラ系・ドラヴィダ系・アラブ系の混血）からなる。公用語はディベヒ語。宗教はイスラーム。1965年にイギリスから独立。コプラの生産と漁業に加えて観光が主産業。地球温暖化による海水面上昇が懸念(けねん)されている。

第4章

西アジアと中央アジア

1 自然環境

アナトリア高原 ③[1] → p.27
アラビア半島 ③[6] → p.30
アラブ楯状地 ① → p.30
：ルブアルハリ砂漠 ③[5] → p.46
：ネフド砂漠 ③[1] → p.46
ティグリス川 ③[4] → p.96
ユーフラテス川 ③[4] → p.96
：シャトルアラブ川 ① → p.218
エルブールズ山脈 ①[1] → p.27
ザグロス山脈 ②[1] → p.27
イラン高原 ③[1] → p.27
ヒンドゥークシュ山脈 ①[2] → p.27
地中海 ③[7] → p.54
：エーゲ海 ③[2] → p.55
黒海 ③[7] → p.55
：ボスポラス海峡 ③[3] → p.157
紅海 ③[7] → p.55
ペルシア湾（ペルシャ湾）③[7] → p.113
：ホルムズ海峡 ②[1] → p.114
アラビア海 ③[7] → p.55
死海 ③[4] → p.219
カラクーム砂漠 ③[1] → p.46
キジルクーム砂漠 ①[1] → p.46
アラル海 ③[7] → p.59
：アムダリア川 ③[7] → p.59
：シルダリア川 ③[7] → p.59
バルハシ湖 ②[3] → p.59
カフカス山脈 ③[3] → p.27

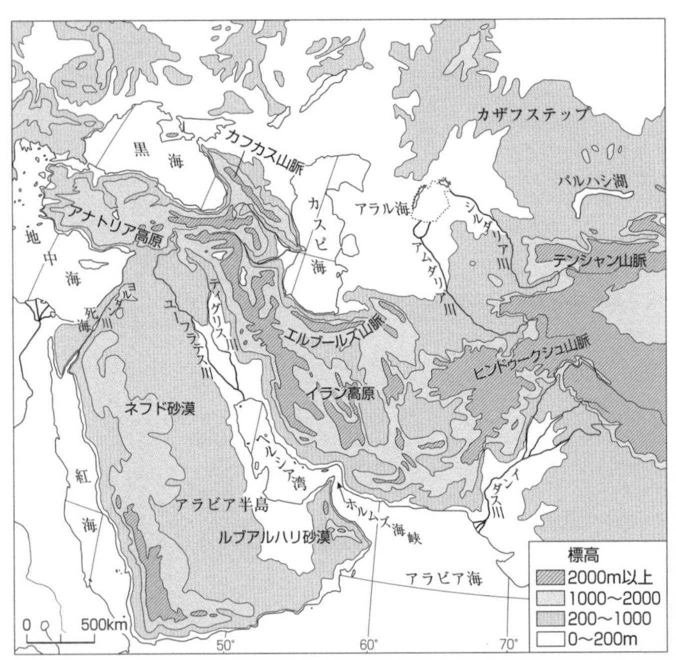

西アジア・中央アジアの自然

2 歴史的背景と社会

中東 2 極東・近東などとともに、ヨーロッパを中心としてみた時の地域の呼称。狭義ではオスマン帝国の領土であった小アジア(アナトリア高原)付近を近東、イラクからアフガニスタン付近を中東と呼んだが、あいまいな概念で、中近東ともいう。一般には西アジアから北アフリカの範囲を示す。

オスマン帝国 ①2 13世紀末に小アジアからおこったトルコ人のイスラーム国家。最盛期の16世紀に支配地は、東欧・バルカン半島・北アフリカ・イランを含む地域に拡大したが、たびたびヨーロッパ諸国と対立した。1922年トルコ革命で滅亡した。

メソポタミア ②2 → p.96
地中海農耕文化 ① → p.83
灌漑農業 ③5 → p.85
:オアシス ③7 → p.46
オアシス都市 ①1 → p.46
:日干しれんが ③5 → p.190
遊牧 ③7 → p.91
イスラーム(イスラム教) ③7 → p.202
:ムスリム(イスラム教徒) ③7 → p.202
:シーア派 ③6 → p.203
:スンナ(スンニ)派 ③6 → p.203
:イスラーム復興運動 ②1 → p.203
:イスラーム原理主義 ①1 → p.203
アフリカ=アジア語族 ②1 → p.199
アフロ=アジア語族 ①1 → p.199
アラブ系民族(アラブ人) ③5 → p.199
:アラビア語 ③7 → p.199
アラブ連盟 ① → p.209
アラブ諸国 ③ → p.209
ユダヤ教 ③7 → p.202
:ユダヤ人 ③7 → p.202
:シオニズム運動 ②1 → p.219
エルサレム ③7 → p.182
:嘆きの壁 ②4 → p.202
:岩のドーム ② → p.203
:アル・アクサモスク ① → p.182
:聖墳墓教会 ① → p.182
パレスチナ ③7 → p.218
:PLO(パレスチナ解放機構) ②3 → p.219
:インティファーダ ②1 → p.219
パレスチナ暫定自治 ②3 → p.219
:ヨルダン川西岸地区 ③6 → p.220
:分離壁 ②2 → p.220
:イェリコ(エリコ) ②4 → p.220
:ガザ地区 ③6 → p.220
中東戦争 ③5 → p.219
石油危機(オイルショック・第1次石油危機) ③7 → p.121
:OPEC(石油輸出国機構) ③7 → p.121
:OAPEC(アラブ石油輸出国機構) ② → p.121
イラン=イラク戦争 ③2 → p.218
湾岸戦争 ③3 → p.223
クルディスタン ②2 → p.218
:クルド人 ③5 → p.218
:クルド人難民 ① → p.218

3 西アジア・中央アジアの国々

西アジア

アフガニスタン＝イスラム共和国 ③7 中央アジア・イラン高原北東部を占める内陸国。首都カブール。面積65.3万km²、人口4,010万（2021年）。パシュトゥン人・タジク人などほとんどがインド＝イラン語派系からなる。公用語はパシュトゥー語・ダリ語。宗教はイスラーム。1919年にイギリスの保護領から独立。1979年左翼政権の存立を図るため旧ソ連軍が侵攻。1989年、旧ソ連軍の撤退後も内戦が激化。1992年社会主義政権崩壊後に現国名。1996年タリバン政権樹立、イスラーム法による支配を進めた。同時にイスラーム過激派勢力が増加。2001年9月11日同時多発テロの報復として、米・英軍が侵攻。反政府運動も加わってタリバン政権は崩壊、米・NATO軍に支えられた暫定（ざんてい）政権が成立。しかし政治的な対立と内戦が続く中で、タリバンは復活し首都を制圧、米・NATO軍はアフガニスタンからの撤退を余儀なくされた。

アフガニスタン紛争 ①1
アフガニスタン難民 ①

：**カレーズ** ③3 → p.97

イラン＝イスラム共和国 ③7 西アジアの高原地帯を占め、南はペルシア湾に、北はカスピ海にのぞむ国。首都テヘラン。面積163.1万km²、人口8,792万（2021年）。ペルシア人が多く、ほかにアゼルバイジャン人・クルド人などからなる。公用語はペルシア語。宗教はイスラーム（シーア派中心）。古代にはアケメネス朝やササン朝のペルシア帝国が成立。1906年に立憲君主国となり、1935年、国名をイランと改称。1963年からパフレヴィー国王による「白色革命」と呼ばれる社会革命が行なわれた。1979年のイラン革命によりホメイニを最高指導者とするイスラム共和国へ移行。1980〜88年、イラン＝イラク戦争。1979〜81年の在イラン米国大使館占拠以来、対米関係は悪化。核開発問題でも欧米諸国と対立したが、2014年核開発凍結。2015年最終合意。2016年サウジアラビアとの関係悪化。2018年アメリカ合衆国核合意破棄。経済は石油収入に依存。小麦・野菜・果実を栽培するオアシス農業や遊牧も盛ん。

：**ペルシア語** ③3 → p.199
：**テヘラン** ③5 → p.179
：**カナート** ③7 → p.97
：**イラン革命** ①1 → p.218

イラク共和国 ③7 ティグリス川・ユーフラテス川の流域を占めるアラビア半島基部の国。首都バグダッド。面積43.5万km²、人口4,353万（2021年）。アラブ人が多く、ほかにクルド人などからなる。公用語はアラビア語。宗教はイスラーム（シーア派が多い）。メソポタミアの肥沃な農業地帯で古代文明の発祥地。1921年にイラク王国が成立、58年に共和制に移行（イラク革命）。1980〜88年、イラン＝イラク戦争。1990年、クウェートに侵攻したが、多国籍軍との湾岸戦争に敗れ、壊滅的な被害を受けた。湾岸戦争後もクルド人やシーア派などを弾圧。2003年の大量破壊兵器査察問題などから米・英軍は武力行使（イラク戦争）に踏み切り、1979年から続いたフセイン政権は崩壊して米・英軍などの占領下、暫定政府がおかれた。2005年に新政権発足。2011年、米軍は撤退。2014年以後、北部をISIL（イスラーム国）に占拠されたが、2017年解放。政情は不安定。経済は石油に依存。第1次産業はオアシス農業や遊牧が中心である。

：**バビロン** 1 → p.179
：**バグダッド** ③6 → p.181
：**キルクーク油田** ①1 → p.114

サウジアラビア王国 ③7 アラビア半島の大部分を占め、国土の大部分は砂漠に覆われる。首都リヤド。面積220.7万km²、人口3,595万（2021年）。おもにアラブ人からなり、外国人労働者が多い。公用語はアラビア語。宗教はイスラーム。1902年建国、32年に現国名となる。イスラームの聖地メッカ・メディナをもつ。ベドウィンなど遊牧民も住む。ガワール油田など巨大な油田をもち、石油の生産・輸出に依存。道路など社会基盤の整備や工業化が進められている。2016年以後、イランと対立。

：**リヤド** ③6 サウジアラビアの首都。アラビア半島の北東部に位置し、ペルシア湾のダンマンと鉄道で結ばれる。

：**ジッダ** ① → p.135
：**メッカ** ③7 → p.182
：**カーバ神殿** ②6 → p.203
：**メディナ** ①2 → p.182
：**ベドウィン** 5 → p.194
：**ガワール油田** ②2 → p.114

クウェート国 ③7 アラビア半島北東部、

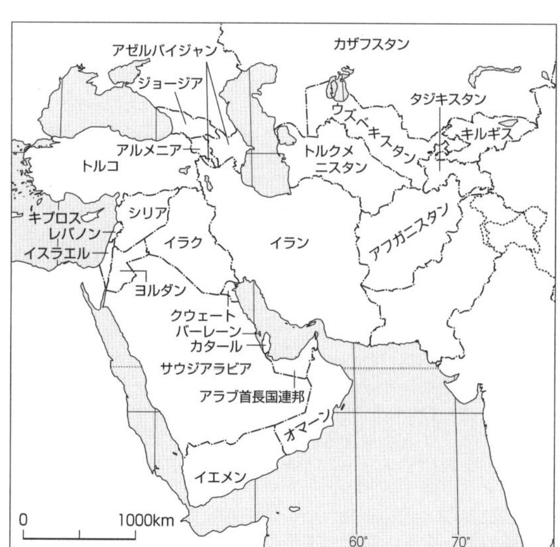

西アジア・中央アジアの国々

ペルシア湾にのぞむ立憲君主国。首都クウェート。面積1.8万km²、人口425万（2021年）。アラブ系のクウェート人が約半数、ほかに外国人労働者が多い。公用語はアラビア語。宗教はイスラーム。1899年にイギリス保護領。もともとペルシア湾岸の中継貿易地であったが、1938年の油田発見以降に発展。1961年独立。1990年イラク軍侵攻、湾岸戦争。豊富な石油収入を基礎に産業基盤の整備、福祉の充実を図っている。

バーレーン王国 ③6 ペルシア湾西岸、バーレーン島をはじめとする島々からなる王国。首都マナーマ。面積778km²、人口146万(2021年)。おもにアラブ人からなり、外国人労働者が多い。公用語はアラビア語。宗教はイスラーム(シーア派多い)。古くからの中継貿易地。1880年イギリスの保護領、1971年独立。石油・天然ガスの生産と輸出に依存。アルミ精錬や石油化学の工業化と国際金融センターをめざす。

カタール国 ③6 アラビア半島ペルシア湾岸の小半島を国土とする首長国。首都ドーハ。面積1.2万km²、人口269万（2021年）。おもにアラブ人からなり、外国人労働者が多い。公用語はアラビア語。宗教はイスラーム。第一次世界大戦後にイギリスの保護領、1971年独立。国土は砂漠地帯からなり、石油・天然ガスの生産と輸出に依存。工業化を進める。

アラブ首長国連邦 ③7 ペルシア湾岸にあるアブダビ・ドバイ・シャルジャ・アジュマーン・ウムアルカイワイン・ラスアルハイマ・フジャイラの7首長国からなる連邦国家。首都アブダビ。面積7.1万km²、人口937万(2021年)。おもにアラブ人からなり、外国人労働者が多い。公用語はアラビア語。宗教はイスラーム。1971年にイギリス保護領から独立。国土は大部分が砂漠であり、石油の生産と輸出に依存する。アブダビ・ドバイで工業団地を建設するなど、工業化につとめるとともに、リゾート・観光開発や金融立国などの産業の多角化を進める。ドバイ国際空港はハブ空港。

アブダビ ③3　**ドバイ** ③7

：ドバイ国際空港 ③ → p.158

オマーン国 ③7 アラビア半島南東端の首長国。首都マスカット。面積31.0万km²、人口452万（2021年）。おもにアラブ人からなり、外国人労働者が多い。公用語はアラビア語。宗教はイスラーム。閉鎖的な国であったが、1970年のクーデター以降、開放的な外交政策に転換。国名もマスカット＝オマーンから現在の名に改める。石油の生産と輸出に依存。

イエメン共和国 ③7 アラビア半島南端のアデン湾にのぞむイエメン民主人民共和国(南イエメン)と、紅海にのぞむイエメンアラブ共和国(北イエメン)が1990年に統合。首都サヌア。面積52.8万km²、人口3,298万(2020年)。おもにアラブ人からなる。公用語はアラビア語。宗教はイスラーム。北イエメンは1918年にオスマン帝国から独立、1962年王制から共和制に移行。南イエメンは1839年からイギリス植民地、1967年に独立。アデンは古くからの中継貿易港。1990年、南北が統一、「イエメン共和国」が成立。1994年にも南北対立。内戦終了後もテロや紛争が続き、政情不安定。2011年には「アラブの春」の影響で政権交代。以後も政権をめぐる対立が激しい。オアシスの灌漑農業が中心。経済は石油に依存している。

:アデン ②1 → p.181

レバノン共和国 ③7 地中海東岸に位置する古代フェニキアの故地(こち)。首都ベイルート。面積1.0万km²、人口559万(2021年)。おもにアラブ人からなる。公用語はアラビア語。宗教はイスラームとキリスト教に2分、さらに両宗教とも各派に分かれ、その構成は多様。1943年にフランスから独立。中継貿易・金融・観光で栄えたが、1975年以降、ムスリムとキリスト教徒の対立・内戦が激化。PLO(パレスチナ解放機構)勢力・イスラエル軍・シリア軍・英・米・仏軍も加わり、泥沼化。その後、PLOの退去、イスラエル軍の撤退を経て1990年に和平。国連平和維持軍(1978年～)やシリア軍(1976～2005年)が駐留。その後もシリアの介入やイスラエルの侵攻(2006年)、さらにシリア内戦などもあって、政情は不安定。経済の立直しが課題となっている。

:ベイルート ②1 → p.181

シリア=アラブ共和国 ③7 地中海東岸からティグリス川・ユーフラテス川上流域にかけて広がる国。首都ダマスカス。面積18.5万km²、人口2,132万(2021年)。おもにアラブ人からなる。公用語はアラビア語。宗教は多数がイスラームで、ほかにキリスト教など。1946年にフランスから独立。1958年エジプトとアラブ連合共和国を結成したが、61年分離。1967年、第3次中東戦争でゴラン高原をイスラエルが占領し、イスラエルと対立。アメリカとの関係も悪化。1976年、レバノン内戦に介入。国営企業の民営化など、市場経済への移行をめざしていたが、「アラブの春」の影響もあって2011年以降、反政府運動が活発化、さらに、欧米諸国が反政府勢力を、ロシアが政府側を支援、また2014年以後はISIL(イスラーム国)も加わり、内戦状態が深刻化した。石油産出国。オリーブの生産など地中海式農業が盛んだが、内戦で経済活動は停滞し、難民が増加。2019年ISIL地域は消滅。

:ダマスカス ③4 → p.181

:シリア内戦 ③4 → p.222

:シリア難民 ③2 → p.222

ヨルダン=ハシェミット王国 ③7 アラビア半島北西部に位置する王国。紅海の湾入であるアカバ湾でわずかに海洋への出口をもつ。首都アンマン。面積8.9万km²、人口1,115万(2021年)。おもにアラブ人からなる。公用語はアラビア語。宗教はイスラーム。1946年にイギリスから独立。1967年の第3次中東戦争で、イスラエルにヨルダン川西岸と東エルサレムを占領された。パレスチナ難民も多く、人口の70%はパレスチナ系。さらに近年はシリア難民も多い。アラブの穏健派で、イスラエルとも平和条約を結ぶ。国土の大部分が砂漠、遊牧などの牧畜とヨルダン川流域での小麦や果実の生産が主産業。リン鉱石を産出し、肥料生産も多い。

イスラエル国 ③7 地中海東岸に位置し、第二次世界大戦後に成立した国。首都エルサレム(国際的な承認を得ていない)。面積2.2万km²、人口890万(2021年)。ユダヤ人がほとんどで、ほかにアラブ人からなる。公用語はヘブライ語・アラビア語。宗教はユダヤ教、ほかにイスラーム・キリスト教。1948年、アラブ人が反対するなか、パレスチナに建国。周辺諸国と4回にわたる中東戦争が行なわれ、ヨルダン川西岸地区・ガザ地区・ゴラン高原など占領地を拡大。エジプト・ヨルダンとは和平条約を締結(ていけつ)したが、ほかのアラブ諸国とは対立している。1990年代から旧ソ連・東欧からの移民増加。占領地ではアラブ人の抵抗が増加。1993年、PLOとの間に和解が成立したが、国内の和平に反対する勢力の増加やパレスチナ人・イスラーム急進派のテロなどで和平決裂。以後、パレスチナ自治区へ侵攻・報復攻撃とパレスチナ側のテロ攻撃が繰り返されている。占領地の入植増加。キブツやモシャブで行なわれる農業では柑橘類(かんきつるい)・野菜などの生産が多い。ダイヤモンド加工・機械工業・IT産業・軍需(ぐんじゅ)産業などが発達している。

:ユダヤ人 ③7 → p.202

:ヘブライ語 ② → p.199

トルコ共和国 ③7 小アジア半島を中心としたアジアと、ダーダネルス海峡やボスポラス海峡を隔てたヨーロッパの2大陸にまたがる国。首都アンカラ。面積78.4万km²、人口8,478万(2021年)。トルコ人がほとんどで、ほかにクルド人などからなる。公用語はトルコ語。宗教はイスラーム。13世紀末に成立したオスマン帝国により広大な地域を支配したが、第一次世界大戦により崩壊、1923年に共和国となる。何度か軍政に移行したが、1983年以降は民政。外交は欧米と協調。ドイツなど西ヨーロッパ諸国への出稼ぎ労働者が多い。現在、EU加盟をめざす。国内に、クルド問題・キプロス問題などをかかえる。地中海式農業が盛ん。鉱産資源も豊富で各種工業が発達。2006年BTCパイプラインが稼働。観光業も盛ん。

:トルコ語 ③[4] → p.197
:アンカラ ①[2] → p.135
:イスタンブール ③[7] → p.135
:ジェイハン ②[1] → p.113
:トルコ西部地震 ①[1] → p.23

キプロス共和国 ③[6] トルコ南方、地中海上の島国。首都ニコシア。面積9,251km²、人口124万(2021年)。1571年にオスマン帝国領、1914年にイギリス領、1960年に独立したが、ギリシャ系住民とトルコ系住民の対立・紛争が激化。トルコ系住民は1983年に独立宣言を採択したが、国連は未承認。現在、ギリシャ系のキプロス共和国(公用語はギリシャ語、宗教はキプロス正教)と、トルコ系の北キプロス=トルコ共和国(公用語はトルコ語、宗教はイスラーム)が並存している。南のキプロス共和国は2004年にEUに加盟。農業は地中海式農業。観光業・金融業・運輸業が主産業である。

:キプロス紛争 ③[1] → p.218

中央アジア

中央アジア ③[7] カザフスタン・キルギス・タジキスタン・ウズベキスタン・トルクメニスタンの5カ国を含む地域。中国・イラン・アフガニスタンと国境を接し、イラン系・トルコ系の民族が大部分。乾燥地域が広がり、牧畜と灌漑による綿花栽培が盛ん。オアシス都市を結んでシルクロードが通じていた。

:ユルト [1] → p.190

カザフスタン共和国 ③[7] 中央アジアのステップと砂漠からなる国。首都アスタナ。面積272.5万km²、人口1,920万(2021年)。テュルク系のカザフ人が多く、ほかにロシア人・ウズベク人・ウクライナ人などからなる。公用語はロシア語、カザフ語は国語。宗教はイスラームが多く、ほかにキリスト(正教)教など。旧ソ連の構成国で、1991年に分離独立。CIS構成国。北部の黒土地帯は小麦の主産地。南部のシルダリア川流域は綿花の産地。南北両地域の中間は牧畜が盛ん。カラガンダの石炭、ジェズカズガンの銅鉱など鉱産資源が豊か。カスピ海沿岸では油田開発が進む。ウラン・レアメタルも豊か。2019年から2022年にかけて首都名をヌルスルタンに改称していた。

アスタナ(ヌルスルタン) ③[2]

:カラガンダ炭田 ③ → p.112

ウズベキスタン共和国 ③[7] 中央アジアのパミール高原の山麓からアラル海にかけて広がる国。首都タシケント。面積44.9万km²、人口3,408万(2021年)。テュルク系のウズベク人が多く、ほかにロシア人・タジク人などからなる。公用語はウズベク語。宗教はイスラームがほとんど。かつてはシルクロードの交易の地。14〜16世紀のタシケントはティムール朝の首都。旧ソ連の構成国で、1991年に分離独立。CIS構成国。オアシス農業が盛ん、とくに、アムダリア川流域は綿花の産地。灌漑用水の過剰な利用によりアラル海の水位の低下が深刻化。フェルガナ盆地で石油・天然ガス生産が増加。金・ウランも豊か。タシケント・サマルカンドなどで綿工業などの繊維工業が盛ん。

:タシケント ②[2] → p.135
:サマルカンド ②[3] → p.135
:ブハラ ① → p.135

トルクメニスタン ③[7] 中央アジアのアムダリア川流域からカスピ海南東部にかけて広がる国。首都アシガバット。面積48.8万km²、人口634万(2021年)。おもにテュルク系のトルクメン人からなる。公用語はトルクメン語。宗教はイスラーム。カラクーム砂漠が全体の約85%を占め、人口は南部の山沿いやオアシスに集中する。旧ソ連の構成国で、1991年に分離独立。永世中立国。砂漠地帯をカラクーム運河が貫流、農耕地が拡大し、綿花生産が増加。綿工業が盛ん。天然ガス・石油開発が進み、その生産と輸出に経済は依存している。

キルギス共和国 ③[7] 中央アジアのテンシャン(天山)山脈からパミール高原にかけての山岳地帯に広がる国。首都ビシュケク。面積20.0万km²、人口653万(2021年)。テュルク系のキルギス人が多く、ほかにウズベク人・ロシア人などからなる。公用語はキルギス語・ロシア語。宗教はイスラームが多い。旧ソ連の構成国で、1991年に分離独立。CIS構成国。牧畜が盛んで、フェルガナ盆地周辺では綿花栽培が行なわれる。原油・水銀・アンチモン・金鉱など鉱産資源も豊か。

タジキスタン共和国 ③6 パミール高原とその周辺の山岳地帯に位置する内陸国。首都ドゥシャンベ。面積14.1万km^2、人口975万(2021年)。イラン(ペルシア)系のタジク人がほとんどで、ほかにウズベク人などからなる。公用語はタジク語。宗教はイスラームがほとんど。旧ソ連の構成国で、1991年に分離独立。CIS構成国。綿花栽培や牧畜が主産業。綿工業が盛ん。豊富な電力をもとにアルミニウムの生産・輸出が多い。アンチモンなどのレアメタルも産出する。

第III部

カフカス地方

カフカス地方 ②1 黒海とカスピ海に挟まれた地方。中央部を新期造山帯のカフカス山脈が走る。気候は温暖で、柑橘類やブドウなどの果実のほか、茶・タバコ・穀物の栽培が盛んで、地中海式農業がみられる。石油・鉄鉱石・マンガンなどの鉱産資源が豊富で、石油化学工業や食品工業などの発達もみられる。カフカス山脈の南側に、アゼルバイジャン・アルメニア・ジョージア(グルジア)の3共和国がある。

アゼルバイジャン共和国 ③6 カスピ海に面し、イランと国境を接する国。首都バクー。面積8.7万km^2、人口1,031万(2021年)。テュルク系のアゼルバイジャン人からなり、ほかにアルメニア人。公用語はアゼルバイジャン語。宗教はイスラーム(シーア派多い)がほとんど。旧ソ連の構成国で、1991年に分離独立。CIS構成国。ナゴルノ＝カラバフ自治州問題でアルメニアと対立。アルメニアに隣接するナヒチェヴァン自治共和国はアゼルバイジャンの飛び地。古くから開発されたバクー油田・カスピ海油田・ガス田などが産業の基盤。バクーからトルコのジェイハンまでBTCパイプラインを建設。ブドウ・綿花などの栽培も盛ん。

：**バクー** ③6 → p.135
：**バクー油田** ③1 → p.113
：**BTCパイプライン** ②1 → p.113
：**ナゴルノ＝カラバフ紛争** ③ → p.221

アルメニア共和国 ③7 カフカス山脈の南に位置する内陸国。首都エレバン。面積3.0万km^2、人口297万(2021年)。インド＝ヨーロッパ語族に属するアルメニア人からなる。公用語はアルメニア語。宗教はアルメニア正教がほとんど。旧ソ連の構成国で、1991年に分離独立。CIS構成国。ナゴルノ＝カラバフ紛争でアゼルバイジャンと対立。農業は綿花・ブドウの栽培が中心。銅・モリブデンなどの鉱産資源も豊か。ダイヤモンド加工も主要産業の1つである。

エレバン ③2

ジョージア(グルジア) ③5 カフカス山脈の南に位置し、黒海に面する国。首都トビリシ。面積7.0万km^2、人口376万(2021年)。おもにカフカス系のジョージア人からなる。公用語はジョージア語。宗教はジョージア正教がほとんど。旧ソ連の構成国で、1991年に分離独立。2015年より日本での呼称がグルジアから「ジョージア」に変更。自治・独立を求める南オセチア自治州やアブハジア自治共和国をめぐってロシアと対立・紛争。2009年にCISを脱退。農業は柑橘類・ブドウ・茶などの栽培が盛ん。石炭・石油・銅などの鉱産資源も豊富。BTCパイプラインが首都トビリシを通る。食品・機械・化学などの工業が発達している。なお、南オセチア、アブハジアには実効支配が及んでいない。

：**トビリシ** ③2 → p.135

第5章 アフリカ

1 自然環境

アフリカ大陸 ③[4] → p.30
：アフリカ卓状地 ①[1] → p.30
アトラス山脈 ③[5] → p.27
アフリカ大地溝帯 ③[4] → p.21
：キリマンジャロ山 ②[5] → p.25
：キリニャガ(ケニア)山 [1] → p.25
エチオピア高原 ③[5] → p.30
ナイル川 ③[7] → p.58
：ナイル三角州(デルタ) ② → p.97
：青ナイル川 ②[1] → p.58
：白ナイル川 ①[1] → p.58
：ヴィクトリア湖 ②[5] → p.60
リビア砂漠 ①[1] → p.46
サハラ砂漠 ③[7] → p.46
：フォガラ ③[5] → p.97
：サヘル ③[7] → p.76
チャド湖 ①[3] → p.60
ニジェール川 ③[7] → p.97
：ニジェールデルタ [1] → p.114
コンゴ盆地 ③[6] → p.30
カラハリ砂漠 ③[5] → p.47
ナミブ砂漠 ③[7] → p.45
タンガニーカ湖 ②[3] → p.60
マラウイ湖 ③[4] → p.60
ザンベジ川 ③[4] → p.135
：ヴィクトリア滝 [1] → p.60
ドラケンスバーグ山脈 ③[5] → p.29
喜望峰 ①[2] → p.8
地中海 ③[7] → p.54

アフリカの自然

：ジブラルタル海峡 ②3 → p.163
紅海 ③7 → p.55
ギニア湾 ③7 → p.55
：ギニア湾流（ギニア海流） ①1 → p.57
カナリア海流 ②1 → p.57
ベンゲラ海流 ③2 → p.57
モザンビーク海流 ②1 → p.57
シロッコ ① → p.42

2 歴史的背景と社会

アフリカ＝アジア語族 ②1 → p.199
アフロ＝アジア語族 ①1 → p.199
ベルベル人 ①1 → p.194
トゥアレグ人 1 → p.194
ネグロイド ① → p.191
ニジェール＝コルドファン諸語 ③2 → p.199
スワヒリ語 ③4 → p.199
コイサン諸語（コイサン語族） ② → p.200

奴隷貿易 ③5 黒人が商品として、アフリカから西インド諸島やアメリカ大陸に、おもに大農園や鉱山の労働力として送り込まれた。ヨーロッパ人によって16世紀から19世紀半ばまで行なわれ、奴隷貿易で1,000万人をこえると推定される黒人が南北アメリカ大陸に連行された。航海途中での死亡者を含めると、その数は計り知れず、アフリカの人口は著しく減少し、その後のアフリカ社会に多大な影響を与えた。
三角貿易 ①3

植民地分割 ③1 → p.207

アフリカの年 ③4 1960年のこと。それまで大部分が西ヨーロッパ諸国の植民地であったアフリカ大陸で、1960年に17の独立国が誕生した。

AU（アフリカ連合） ③7 → p.210
：SADC（南部アフリカ開発共同体） ① → p.211
：ECOWAS（西アフリカ諸国経済共同体） ① → p.211

「アラブの春」 ③4 2010年12月にチュニジアでおきた民主化要求の運動（ジャスミン革命）に端を発して、エジプト・リビアなど、北アフリカ・西アジアでおきた民主化要求運動のこと。2011年、エジプト・リビア・イエメンでは長期政権が崩壊。シリアでは内戦が激しくなっている。

3 アフリカの国々

エジプト=アラブ共和国 ③7 アフリカ大陸北東部、ナイル川中・下流域を占める国。首都カイロ。面積100.2万km²、人口1億926万(2021年)。おもにアラブ人からなる。公用語はアラビア語。宗教はイスラームがほとんど、ほかにコプト教など。古代エジプト文明の発祥地。1882年以来、イギリスの植民地。1922年に独立、52年のエジプト革命で王制を廃止、53年共和制に移行。1956年、スエズ運河国有化。1970年、アスワンハイダム完成。1979年、イスラエルと和平。1982年、シナイ半島返還。リビア砂漠が広い面積を占め、耕地・人口ともナイル川流域に集中する。農業はかつてナイル川の氾濫に依存していたが、現在はアスワンダム(1902年完成)・アスワンハイダムなどからの灌漑網(かんがいもう)が広がる。灌漑農業では小麦・綿花・米などの栽培が中心。工業は食品・繊維など軽工業が盛ん。ほかに、製鉄・化学・機械などの工業も発達。産油国。財政はスエズ運河の通航料収入・観光収入・石油収入などに依存。2011年におきた「アラブの春」で、独裁政権崩壊。新たに民政が発足したが2013年に軍のクーデタがおこり、国づくりをめぐり混乱が続いている。

:**スエズ運河** ②4 → p.157
:**アスワンハイダム** ① → p.97
:**カイロ** ③5 → p.183
:**ギーザ(ギザ)** 1 → p.166

スーダン共和国 ③7 アフリカ北東部の国。首都ハルツーム。ハルツーム付近で白ナイル川と青ナイル川が合流、エジプト国境までナイル川がヌビア砂漠を流れる。面積184.7km²、人口4,566万(2021年)。ナイル=サハラ諸語系・ニジェール=コルドファン諸語系・アラブ人などからなる。公用語はアラビア語・英語。宗教はイスラームが多い。1899年にイギリス・エジプト共同統治、1956年の独立直後から、国づくりをめぐって北部のアラブ系住民と南部の非アラブ系住民との対立が激化、1972年終結。1983年内戦勃発。2002年停戦、05年和平協定調印。2011年、南部は南スーダンとして分離独立。西部のダールフールでは紛争が継続。内戦などで経済活動は停滞。白ナイル川・青ナイル川の合流点付近でゲジラ計画に基づく灌漑事業が実施され、小麦・綿花・落花生・ナツメヤシなどが代表的作物。産油国だが埋蔵量は南部に多く、南スーダンとの共同開発・管理が課題。石油開発などで中国との関係は密接である。

:**ハルツーム** ③3 → p.181
:**ダールフール** ②3 → p.220

南スーダン共和国 ②6 スーダン南部の内陸国。ほぼ中央を白ナイル川が流れ、首都ジュバからスーダン国境付近までスッドと呼ばれる大湿地帯が広がる。首都ジュバ。面積65.9万km²、人口1,075万(2021年)。おもにナイル=サハラ諸語系の諸民族からなる。公用語は英語。宗教はキリスト教が多く、ほかに民族固有の宗教。スーダン国内での長い南北の内戦を経て、2011年に分離独立。内戦で農業は停滞。産油国だが内陸国であるためパイプラインなどの輸送手段の確保が課題。2013年から続いた内戦は2018年停戦合意。 **南スーダン内戦** ③

リビア ③7 北アフリカ中央部、地中海にのぞむ国。首都トリポリ。面積167.6万km²、人口674万(2021年)。アラブ人がほとんどで、ほかにベルベル(イマジグ)人などからなる。公用語はアラビア語。宗教はイスラーム。イタリア植民地、イギリス・フランスの占領を経て、1949年に独立。1969年以後、アラブ民族主義に基づく社会主義国家をめざし(旧国名・大リビア=アラブ社会主義人民ジャマーヒリーヤ国)、しばしば欧米諸国と対立したが、2006年にアメリカ合衆国と国交回復。2011年の「アラブの春」で長期政権が崩壊し、国名をリビアに改称。政情不安定、治安悪化。可耕地は国土の1〜2%、地中海式農業・オアシス農業が行なわれている。1959年の油田発見以降、石油の生産と輸出に依存。アフリカ最大の埋蔵量をもつ。 **トリポリ** ①2

マグレブ諸国 ③1 マグレブはアラビア語で「西」の意。アフリカ大陸北西部のチュニジア・アルジェリア・モロッコの諸国をさす。リビア・モーリタニアを含むこともあり、1989年に結成された「アラブ=マグレブ連合」は5カ国の経済協力機構である。

チュニジア共和国 ③7 北アフリカ中央部、地中海にのぞむ国。首都チュニス。面積16.4万km²、人口1,226万(2021年)。アラブ人がほとんどで、ほかにベルベル(イマジグ)人などからなる。公用語はアラビア語。宗教はイスラーム。古代都市国家カルタゴの地。1881年にフランスの保護領となり、1956年、王国として独立、57年に共和国となる。「アラブの春」のきっかけとなる2010年のジャスミン革命で2011年に長期政権は崩壊。海岸地方は地中海性気候で、小麦・ブドウ・オリーブ・野菜を生産。鉄鉱石とリン鉱石に恵まれる。石油も産出。

:チュニス ②④ → p.179

アルジェリア民主人民共和国 ③⑥ アフリカ北西部の国。首都アルジェ。面積238.2万km²、人口4,418万(2021年)。アラブ人が多く、ほかにベルベル(イマジグ)人などからなる。公用語はアラビア語。ベルベル(イマジグ)語は国語。宗教はイスラーム。1830年以降はフランスが占領、1962年に独立。計画経済を進めてきたが、経済危機もあって1980年代後半から自由化・民営化を進める。1990年代から反政府イスラーム勢力との対立・抗争が激しい。アトラス山脈以北の地中海沿岸で、柑橘類(かんきつるい)・ブドウ・野菜・なつめやしなどが栽培され、地中海式農業が盛ん。南部はサハラ砂漠。1956年に砂漠地帯で油田が発見。経済は石油に依存。鉄鉱石・リン鉱石などの資源も豊富。鉄鋼・機械など重工業の工業化にもつとめている。

:ハシメサウド油田 ① → p.114

モロッコ王国 ③⑦ アフリカの北西端、ジブラルタル海峡を隔ててイベリア半島と対する。首都ラバト。面積44.7万km²、人口3,708万(2021年)。アラブ人・ベルベル(イマジグ)人などからなる。公用語はアラビア語・ベルベル(イマジグ)語。宗教はイスラーム。1912年フランスとスペインに国土を分割され植民地化、56年に独立。実効支配した西サハラ問題でOAU(アフリカ統一機構、現AU〈アフリカ連合〉)を1984年に脱退。2011年、民主化運動により憲法改正。2017年AU復帰。地中海沿岸では、小麦・柑橘類・野菜などの栽培が盛ん。リン鉱石の生産が経済を支えるが、コバルト鉱などの鉱産資源も豊富。産油国。観光業や漁業も盛ん。

:フェズ ① → p.168

モーリタニア=イスラム共和国 ③⑦ 西アフリカ西端の国。首都ヌアクショット。面積103.1万km²、人口462万(2021年)。ベルベル系のモール(ムーア)人が多く、ほかにニジェール=ゴルドファン諸語系の諸民族などからなる。公用語はアラビア語。プラール語・ソニンケ語・ウォロフ語はいずれも国語。宗教はイスラーム。1904年、フランス保護領、60年に独立。民族間の対立で政情は不安定。国土の3分の2は砂漠地帯で、遊牧が伝統的な生業。農業は干ばつや虫害にたびたび悩まされている。鉄鉱石・銅などの鉱産資源に富む。主産業は鉱業と漁業。おもな輸出品は鉄鉱石・金・銅鉱・イカ・タコなど。

ヌアクショット ①②

西サハラ ②④ サハラ砂漠の西端、大西洋に面する。中心都市ラーユーン。面積26.6万km²、人口60万(2020年)。アラブ人とベルベル人などからなる。主要言語はアラビア語。宗教はイスラーム。1884年、スペインの保護領。1973年に独立をめざすポリサリオ戦線を結成。1976年、スペイン撤退、モーリタニアとモロッコとによる分割占領。ポリサリオ戦線は「サハラ=アラブ民主共和国(SADR)樹立」を宣言。対立・抗争が激化。1979年にモーリタニアは領有を放棄。モロッコは継続して領有を主張。1984年、SADRはアフリカ統一機構(OAU、現AU)に加盟。加盟に反対したモロッコはOAUを脱退。1991年に停戦。独立をめぐって、国連の監視下で住民投票が予定されているが、いまだ実施されていない。遊牧とオアシス農業、および漁業が生業。リン鉱石が豊富。

マリ共和国 ③⑦ 西アフリカ、ニジェール川の上・中流域を占める内陸国。首都バマコ。面積124.0万km²、人口2,191万(2021年)。ニジェール=コルドファン諸語系の諸民族がほとんどで、ほかにトゥアレグ人(ベルベル人)などからなる。公用語はフランス語。宗教はイスラーム。19世紀末からフランスが支配、1960年に独立。国名は13~14世紀にこの地に栄えた黒人王国に由来。北部のトゥアレグ人の反政府運動が続いていたが、2012年、武装勢力が北部を支配し、南北の対立・抗争が激化した。政府支援のためフランス軍なども介入している。綿花・落花生が主産物。牧畜も盛ん。金など鉱産物も豊か。

:ジェンネ ①① → p.168

ブルキナファソ ②⑥ 西アフリカ、ヴォルタ川上流に位置する内陸国。首都ワガドゥグー。面積27.1万km²、人口2,210万(2021年)。ニジェール=コルドファン諸語系の諸民族からなる。公用語はフランス語。宗教はイスラーム、民族固有の宗教など。1898年からフランス植民地、1960年にオートヴォルタとして独立。1984年、ブルキナファソと改称。ヴォルタ川流域の農耕地で

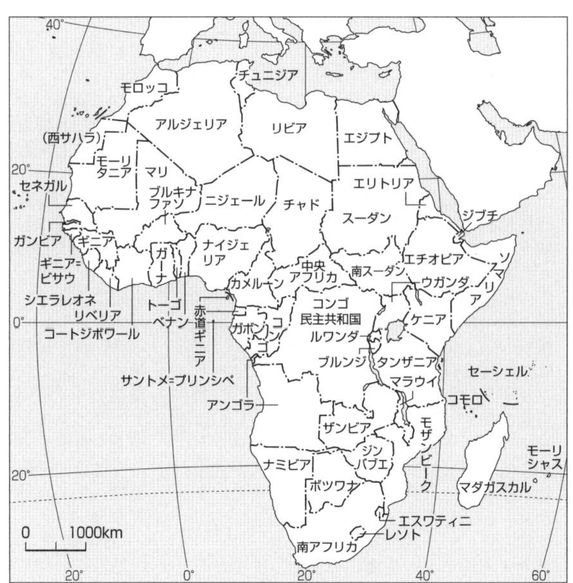

アフリカの国々

は、アワ・トウモロコシのほか、綿花・ゴマなどを栽培。サヘル地域にあり、しばしば干ばつの被害を受ける。金を産出し、第1の輸出品目となっている。

ニジェール共和国 ③7 西アフリカの内陸国。首都ニアメ。面積126.7万km^2、人口2,525万(2021年)。ハウサ人などアフリカ=アジア系の諸民族がほとんどで、ほかにトゥアレグ人などからなる。公用語はフランス語。宗教はイスラーム。フランス植民地を経て、1960年に独立。クーデタなどでしばしば政権が交代。国土の大部分はサハラ南部の砂漠地帯。ニジェール川流域の農耕地で、アワ・モロコシ・落花生などを栽培、サバナ地域で牧畜が行なわれている。サヘル地域にあり、しばしば干ばつの被害を受ける。ウラン鉱・金・石油の産出国。ウランの輸出が経済を支えている。

ニアメ ①3

チャド共和国 ③7 中央アフリカ北部の内陸国。首都ンジャメナ。面積128.4万km^2、人口1,718万(2021年)。ナイル=サハラ諸語系が多く、ほかにアラブ系からなる。公用語はフランス語・アラビア語。宗教はイスラームが多く、ほかに民族固有の宗教やキリスト教など。フランス植民地であったが、1960年に独立。北部は砂漠地帯、南部はサバナ地帯、西部はチャド湖周辺の沼沢地(しょうたくち)。牧畜が盛んで、南部で栽培される綿花・米・落花生が主要農産物。独立以来、内戦と干ばつの被害が大きい。石油の輸出が国の経済を支えている。

セネガル共和国 ③6 西アフリカ西端に位置し、大西洋にのぞむ国。首都ダカール。面積19.7万km^2、人口1,688万(2021年)。ウォロフ人などニジェール=コルドファン諸語系の諸民族からなる。公用語はフランス語。ウォロフ語を共通語として使用。宗教はイスラーム。19世紀以降、フランスの支配、1959年に現在のマリとマリ連邦を結成して独立したが、60年に分離独立。1982年、ガンビアとセネガンビア連邦を結成、1989年解体。落花生・サトウキビ・綿花などが栽培され、牧畜が盛ん。落花生の輸出国。漁業も盛ん。金などの開発が進む。

:ダカール ③3 → p.135

ガンビア共和国 ③6 西アフリカの西端、ガンビア川に沿って細長くのびる国。首都バンジュール。面積1.1万km^2、人口264万(2021年)。ニジェール=コルドファン諸語系の諸民族からなる。公用語は英語。宗教はイスラーム。1783年からイギリス植民地、1965年に独立。1982年、セネガルとセネガンビア連邦を結成、1989年解体。ガンビア川沿岸での落花生・野菜・果実などの農業と観光業が主産業。

ギニア共和国 ③[7] 西アフリカ西端、大西洋にのぞむ国。首都コナクリ。面積24.6万km^2、人口1,353万（2021年）。フラニ人などニジェール＝コルドファン諸語系民族からなる。公用語はフランス語。宗教はイスラームがほとんどで、ほかにキリスト教など。19世紀以来、フランスの植民地、1958年に独立。農業ではキャッサバ・バナナ・米などを栽培。ボーキサイト・金・ダイヤモンドの産出など、鉱業が主産業である。

シエラレオネ共和国 ③[5] 西アフリカ南西端に位置。首都フリータウン。面積7.2万km^2、人口842万（2021年）。ニジェール＝コルドファン諸語系の諸民族からなる。公用語は英語。宗教はイスラームが多く、ほかにキリスト教・民族固有の宗教。ポルトガル人のあと、16世紀にイギリス人が入植。1787年、解放奴隷のためにフリータウンを建設、1808年からイギリス植民地、1961年に独立。1991〜2002年、内戦。コーヒー・カカオ・油ヤシの生産国。また、ダイヤモンド・ボーキサイトの輸出国。

リベリア共和国 ③[5] 西アフリカ南西端に位置し、大西洋に面する国。首都モンロビア。面積11.1万km^2、人口519万（2021年）。ニジェール＝コルドファン諸語系の民族がほとんどで、ほかにアメリカ合衆国の解放奴隷の子孫などからなる。公用語は英語。宗教はキリスト教がほとんどで、ほかに民族固有の宗教など。1822年、アメリカ合衆国の解放奴隷のための移住区を建設、1847年に独立。1989〜2003年、国づくりをめぐり内戦が続くなど、政情は不安定。高温多雨な気候を利用して天然ゴムが栽培され、鉄鉱石・金・ダイヤモンドなどの鉱産資源が豊富、いずれもおもな輸出品となっている。パナマに次ぐ便宜置籍船国べんぎちせきせんこくで、税などを優遇して、外国船の船籍を積極的に誘致している。

コートジボワール共和国 ③[7] 西アフリカ、ギニア湾西部沿岸の国。首都ヤムスクロ（旧首都アビジャン）。面積32.2万km^2、人口2,748万（2021年）。ニジェール＝コルドファン諸語系の諸民族からなる。公用語はフランス語。宗教はイスラーム・キリスト教・民族固有の宗教。1893年からフランス植民地、1960年に独立。政権抗争から政情は不安定。コーヒー・カカオが主産品、ほかに石油製品・金など。

ヤムスクロ ①[3]

：**アビジャン** ①[3] コートジボワールの旧首都。1983年、ヤムスクロに遷都。港湾都市として発展、カカオ・コーヒー・綿花・石油製品、木材などの輸出港。食品加工・機械などの工業も発達し、同国最大の都市である。

ガーナ共和国 ③[7] 西アフリカ、ギニア湾中部沿岸の国。首都アクラ。面積23.9万km^2、人口3,283万（2021年）。ニジェール＝コルドファン諸語系の諸民族からなる。公用語は英語。11の言語を政府公認語として指定。宗教はキリスト教が多く、ほかにイスラーム・民族固有の宗教など。イギリス植民地を経て1957年に独立。カカオ生産が農業の中心。金・マンガン・ボーキサイト・ダイヤモンドなどの鉱産資源が豊か。国土を南流するヴォルタ川にアコソンボダムを建設、その電力でアルミニウム精錬が発達。金・石油・カカオが主要輸出品。

：**アクラ** ②[3] → p.135

トーゴ共和国 ③[6] 西アフリカ、ギニア湾中部沿岸の国。首都ロメ。面積5.7万km^2、人口865万（2021年）。ニジェール＝コルドファン諸語系の諸民族からなる。公用語はフランス語。宗教は民族固有の宗教・キリスト教・イスラーム。1884年にドイツ領トーゴランド、第一次世界大戦後にイギリス・フランスの委任統治領。フランス領が1960年にトーゴ共和国として独立。カカオ・コーヒー・綿花・リン鉱石の産地。

ナイジェリア連邦共和国 ③[7] 西アフリカ、ギニア湾東部沿岸の国。首都アブジャ。旧首都ラゴスは同国最大の都市。面積92.4万km^2、人口2億1,340万（2021年）。ハウサ人・イボ人・ヨルバ人が3大民族、ほかに250をこえる民族からなる。公用語は英語。宗教は北部がイスラーム、南部がキリスト教、ほかに民族固有の宗教。15世紀にポルトガルが進出、奴隷貿易が行なわれた。19世紀後半からイギリス植民地、1960年に独立。1967〜70年ビアフラ戦争。首都の移転や行政地域の細分化によって、部族間のバランスをとる。アフリカ諸国の中で最大の人口を有する。カカオ・油ヤシ・落花生などの商品作物やキャッサバ・ヤムイモなどの各種農産物の生産が多い。アフリカ最大の産油国。レアメタルの生産も多い。

：**アブジャ** ①[3] → p.182

：**ラゴス** ③[3] → p.97

：**ハウサ人** [1] → p.220

：フラ人 1 → p.194
：イボ人 1 → p.220
：ヨルバ人 1 → p.220
：ビアフラ内戦 1 → p.220

中央アフリカ共和国 ②5 アフリカ大陸のほぼ中央に位置する内陸国。首都バンギ。面積62.3万km^2、人口546万（2021年）。ニジェール＝コルドファン諸語バントゥー系の諸民族からなる。公用語はサンゴ語（クレオール語）・フランス語。宗教はキリスト教が多く、ほかに民族固有の宗教・イスラームなど。1894年からフランス植民地、1960年に独立。クーデタなどでしばしば政権が交代、政情不安定。コーヒー・綿花、木材・ダイヤモンドが主要輸出品である。

カメルーン共和国 ③6 西アフリカ、ギニア湾北東隅の国。首都ヤウンデ。面積47.6万km^2、人口2,720万（2021年）。ニジェール＝コルドファン諸語・アフリカ＝アジア語族など多様な民族が混在。公用語は英語・フランス語。宗教はイスラーム・民族固有の宗教・キリスト教。1884年にドイツ保護領、第一次世界大戦後はイギリス・フランスの委任統治領、フランス領が1960年に独立。農業・林業、鉱業が主産業。原油・カカオ・コーヒー・バナナ・木材が主要輸出品である。

ガボン共和国 ②6 アフリカ大陸西岸、赤道直下の国。首都リーブルビル。面積26.8万km^2、人口234万（2021年）。ニジェール＝コルドファン諸語バントゥー系の諸民族からなる。公用語はフランス語。宗教はキリスト教がほとんどで、ほかにイスラームなど。1842年からフランス保護領、1960年に独立。国土の4分の3は熱帯雨林で、森林資源が豊富。石油・マンガンなどの鉱産資源も豊富で、経済は石油に依存している。

コンゴ民主共和国 ②7 アフリカ大陸中央部、コンゴ川流域を占める赤道直下の国。首都キンシャサ。面積234.5万km^2、人口9,589万（2021年）。ニジェール＝コルドファン諸語バントゥー系の諸民族からなる。公用語はフランス語。宗教はキリスト教がほとんどで、ほかに民族固有の宗教。1885年からベルギー植民地、1960年に独立。独立直後にコンゴ動乱が発生して混乱が続いた。1971〜97年国名をザイールに改称、97年の政変で現国名に戻す。1998年、東部地域で反政府運動が激化、ルワンダ・アンゴラなどの周辺諸国を巻き込んだ内戦が2002年まで継続。和平が成立したが、政情は不安定。おもな農産物はコーヒー・キャッサバなど。銅・コバルト・ダイヤモンド・レアメタルなど鉱産資源が豊かである。

キンシャサ ③3

：カッパーベルト ③2 → p.118

コンゴ共和国 ③7 アフリカ大陸中西部、コンゴ川の西に位置し、赤道直下の国。首都ブラザビル。面積34.2万km^2、人口584万（2021年）。ニジェール＝コルドファン諸語バントゥー系の諸民族からなる。公用語はフランス語。宗教はキリスト教がほとんどで、ほかにイスラームなど。隣国のコンゴ民主共和国とともに、古コンゴ王国の地。1885年からフランス植民地化、1960年に独立。1970年コンゴ人民共和国に改称。一党独裁が続いたが、1991年複数政党制へ移行し、コンゴ共和国に改称。1997年政権をめぐり内戦。アンゴラ軍（2002年撤退）の支援で内戦は終結。政情不安定。石油収入に依存。木材輸出も多い。 **ブラザビル** ①3

エチオピア連邦民主共和国 ③7 アフリカ北東部の高原の国。青ナイル川の源流をなすタナ湖がある。首都アディスアベバ（標高2,360m）。面積110.4万km^2、人口1億2,028万（2021年）。オロモ人・アムハラ人などアフリカ＝アジア語族系の諸民族からなる。公用語はアムハラ語、宗教はエチオピア正教・イスラームなど。1936〜41年イタリアの侵略。1974年帝政廃止。1970年代後半からソマリアと対立し、戦争となった。また、エリトリア州とティグレ地方の分離独立をめぐって内戦が激化。1991年、政府崩壊。1993年エリトリア州は分離独立した。1995年にエチオピア民主人民共和国から現国名に改称。1998年から2000年にはエリトリアとの国境紛争。農耕と牧畜が主産業で、コーヒーの原産地である。

アディスアベバ ③3

：キリスト教コプト派 ①1 → p.202
：カッファ地方 1 → p.89

エリトリア国 ②6 紅海（こうかい）に面する海岸平野と高原の国。首都アスマラ。面積12.1万km^2、人口362万（2021年）。おもにティグリニャ人・ティグレ人などアフリカ＝アジア語族系の諸民族からなる。公用語はティグリニャ語・アラビア語・英語。宗教はイスラーム・エリトリア正教など。旧イタリア植民地。1941〜49年はイギリス領。1952年、エチオピアと連合を結成したが1962年のエチオピアに併合。以後、独立運動が激化。1993年に独立。国境問題でエチオピアと紛争。紛争と干ばつなどの影響で、小麦・トウモロコシなどの農業生産は不安定である。

ジブチ共和国 ②[5] アフリカ東部、紅海とアデン湾を結ぶマンデブ海峡に面する国。首都ジブチ。面積2.3万km²、人口111万(2021年)。いずれもアフリカ＝アジア語族系のソマリア系住民とエチオピア系住民からなる。公用語はフランス語・アラビア語。宗教はイスラーム。旧フランス植民地。1977年に独立。住民の多くは遊牧民。紅海とインド洋を結ぶ交通の要地で、ジブチ港は中継貿易港で、エチオピアの首都アディスアベバと鉄道が結ぶ。

ソマリア連邦共和国 ②[6] アフリカ大陸北東端に位置し、北はアデン湾、東はインド洋に面する国で、「アフリカの角(つの)」の一部。首都モガディシュ。面積63.8万km²、人口1,707万(2021年)。おもにアフリカ＝アジア語族系のソマリ人からなる。公用語はソマリ語・アラビア語。宗教はイスラーム。19世紀後半から北部はイギリスの、南部はイタリアの植民地。1960年に独立。1977〜88年にオガデン地方をめぐってエチオピアと戦争。1988年から内戦へ、さらに1991年ソマリランドが独立を宣言し、以後南北の対立や政権抗争が激化。1992〜95年、国連平和維持軍が派遣されたが失敗。以後、イスラーム勢力も加わって紛争・内戦が続いた。無政府状態から海賊行為も多発。2006年頃から暫定(ざんてい)政府を中心に調停が進み、2012年ソマリア連邦共和国を発足。北部のソマリランドは不参加。政情不安定。農業と牧畜が中心で家畜と金を輸出。内戦と干ばつで経済状況は悪化。

：**ソマリア内戦** ③[3] → p.220

ケニア共和国 ③[7] アフリカ東部、アフリカ大陸第2の高峰キリニャガ(ケニア)山をもつ赤道直下の高原の国。首都ナイロビ。面積59.2万km²、人口5,301万(2021年)。キクユ人などのニジェール＝コルドファン諸語バントゥー系の諸民族とナイル＝サハラ諸語系の諸民族からなる。公用語はスワヒリ語・英語。宗教はキリスト教がほとんどで、ほかにイスラーム・民族固有の宗教。旧イギリス領。高原の肥沃(ひよく)な土地は白人専用のホワイトハイランドとしてプランテーションが開発。キクユ人を中心とした独立運動を経て1963年に独立。ウガンダ・タンザニア・ルワンダ・ブルンジと東アフリカ共同体を構成。大農園は解体、小規模な農業が中心で、コーヒー・茶・切り花・サイザル麻の生産が盛ん。モンバサに石油精製工業が立地。南部のサバナ地域は、野生動物の棲息地(せいそくち)。多くの国立公園や国立保護区が設置される。観光収入も多い。

：**ナイロビ** ③[4] → p.97

：**ホワイトハイランド** ① → p.97

：**マサイ人** [1] → p.194

：**アンボセリ国立公園** ① → p.81

タンザニア連合共和国 ③[7] アフリカ東部、本土のタンガニーカとザンジバル島からなる国。断層湖(だんそうこ)のタンガニーカ湖と、アフリカ最高峰のキリマンジャロ山をもつ。首都ダルエスサラーム(法律上はドドマ)。面積94.7万km²、人口6,359万(2020年)。ニジェール＝コルドファン諸語バントゥー系の諸民族からなる。公用語はスワヒリ語・英語。宗教はイスラーム・キリスト教・民族固有の宗教。タンガニーカはドイツ領、イギリス領を経て、1961年に独立。ザンジバルはイギリス領から1963年に独立。1964年に両国が統合。1975年、中国の援助でタンザン鉄道が完成。ウガンダ・ケニア・ルワンダ・ブルンジと東アフリカ共同体を構成。ウジャマー村の建設(農村の集団化)などの社会主義政策は失敗、1986年から市場経済化を進める。コーヒー・綿花・サイザル麻などが主要農産物。ザンジバルはクローブの産地。金・ダイヤモンドなどの鉱産資源も豊富で、主要輸出品。観光収入も多い。

：**ダルエスサラーム** ③[4] タンザニアの政治・経済の中心都市。法律上はドドマが首都だが、実質的な首都機能をもつ。インド洋に面する貿易港で、同国の主要輸出品である綿花・コーヒーの輸出港。タンザン鉄道の起点である。

：**タンザン鉄道** ② → p.154

ウガンダ共和国 ③[7] アフリカ中央部、ヴィクトリア湖の北岸に位置する内陸国。首都カンパラ。面積24.2万km²、人口4,585万(2020年)。ニジェール＝コルドファン諸語バントゥー系諸民族とナイル＝サハラ諸語系諸民族などからなる。公用語は英語・スワヒリ語。宗教はキリスト教がほとんどで、ほかに民族固有の宗教・イスラーム。旧イギリス植民地。1962年に独立。1979年、独裁政権の崩壊後、政変・紛争が続いた。1998〜2003年のコンゴ紛争に介入。2006年以降、北部の反政府勢力との停戦交渉を進める。ケニア・タンザニア・ルワンダ・ブルンジと東アフリカ共同体を構成。コーヒー・綿花・茶などの輸出が多い。

ルワンダ共和国 ③6 アフリカ中央部に位置する内陸の高原国。首都キガリ。面積2.6万km^2、人口1,346万（2021年）。いずれも、ニジェール＝コルドファン諸語バントゥー系で、多数のフツ人(多くは農耕民)と少数のツチ人(多くは牧畜民)などからなる。公用語はキンヤルワンダ語・フランス語・英語。宗教はキリスト教。ドイツ領・ベルギー領を経て、1962年に独立。フツ人とツチ人がしばしば対立・紛争。1994年、フツ人によるツチ人などの虐殺がおこった。紛争により難民が増加。周辺諸国の政治を不安定化させた。1994年の新政権成立後、民族融和政策をとる。1998～2002年、コンゴ民主共和国の紛争に介入。農業ではコーヒー・茶の生産が盛ん。鉱産資源も豊かで、錫鉱・レアメタルなどを生産・輸出する。政治の安定化に伴い、海外に移住したツチ人の帰還や、外国企業の進出などにより、経済成長が著しい。タンザニア・ケニア・ウガンダ・ブルンジと東アフリカ共同体を構成している。

：**ルワンダ内戦** ③3 → p.221

：**フツ人** ②1 → p.221

：**ツチ人** ②1 → p.221

ブルンジ共和国 ②5 アフリカ中央部、タンガニーカ湖の北西岸に位置する内陸の高原の国。首都ブジュンブラ。面積2.8万km^2、人口1,225万（2021年）。いずれも、ニジェール＝コルドファン諸語バントゥー系で、多数のフツ人(多くは農耕民)と少数のツチ人(多くは牧畜民)などからなる。公用語はルンディ語・フランス語。宗教はキリスト教がほとんどで、ほかにイスラームなど。1962年にベルギーから独立。独立前から続いたフツ人とツチ人の対立に加えて、政府・反政府の対立も激化。1993年から内戦状態、2006年に和平成立。コーヒーと茶の生産と輸出が経済を支えてきたが、近年は金・タングステン・レアメタルの生産と輸出が増加している。

マラウイ共和国 ②6 アフリカ南東部、マラウイ湖の西から南に位置する内陸国。首都リロングウェ。面積9.5万km^2、人口1,989万(2021年)。チェワ人などニジェール＝コルドファン諸語バントゥー系の諸民族からなる。公用語はチェワ語・英語。宗教はキリスト教がほとんどで、ほかにイスラームなど。1891年からイギリス保護領ニアサランド。1953年南ローデシア（現ジンバブエ）・北ローデシア（現ザンビア）と中央アフリカ連邦を結成していたが、1964年にマラウイとして独立。1994年から複数政党制へ移行。主要輸出品はタバコ・砂糖・茶・ウラン鉱である。

モザンビーク共和国 ③7 アフリカ南東部、モザンビーク海峡にのぞむ国。首都マプト。面積79.9万km^2、人口3,208万（2021年）。ニジェール＝コルドファン諸語バントゥー系の諸民族からなる。公用語はポルトガル語。宗教はキリスト教・イスラーム・民族固有の宗教。旧ポルトガル植民地。1975年に独立。独立後、社会主義的政策をとったが、1980年頃から反政府組織との内戦が激化。1989年に社会主義を放棄。1990年に複数政党制を導入、市場経済に移行。1992年、内戦終結。カシューナッツ・砂糖・茶・コプラ・サイザル麻が主産物。漁業も盛ん。天然ガス・ボーキサイト・レアメタルなどの鉱産資源も豊か。アルミニウム・電力も主要輸出品である。

マダガスカル共和国 ③6 アフリカ南東部、大陸の500km沖合に位置する島国。マダガスカル島は面積世界第4位の島。多様な熱帯の気候が分布、独特の動物相・植物相がみられる。首都アンタナナリボ。面積58.7万km^2、人口2,892万(2021年)。マレー＝ポリネシア系の諸民族からなる。公用語はマダガスカル語・フランス語。宗教は民族固有の宗教が多く、ほかにキリスト教・イスラーム。1896年からフランス植民地。1960年に独立。1975年から社会主義路線を推進。国名をマダガスカル民主共和国に改称。1992年、社会主義路線から離脱、国名を現国名に改称。農業が主産業で、水田稲作が盛ん。繊維と織物・コーヒー・バニラ・クローブなどを輸出。漁業も盛ん。観光収入も多い。

マダガスカル島 ③6

モーリシャス共和国 ②6 東インド洋に浮かぶ火山島からなる島国。周囲をサンゴ礁が囲む。首都ポートルイス。面積1,979km^2、人口130万（2021年）。インド系が多く、ほかにインド系・アフリカ系・ヨーロッパ系などの混血(クレオール)や中国系からなる。公用語は英語。宗教はヒンドゥー教が多く、ほかにキリスト教・イスラームなど。オランダ領・フランス領を経て1814年からイギリス植民地、1968年に独立。砂糖産業が中心であったが、輸出加工区を設置、繊維産業を中心に工業化を進める。観光収入も多い。

アンゴラ共和国 ③6 アフリカ南西部、大西洋にのぞむ国。首都ルアンダ。面積124.7万km²、人口3,450万(2021年)。ニジェール＝コルドファン諸語バントゥー系の諸民族からなる。公用語はポルトガル語。宗教はキリスト教がほとんどで、ほかに民族固有の宗教など。15世紀末からポルトガルの植民地。1975年に独立したが、旧ソ連・キューバの援助を受けた政府勢力と、アメリカ・南アフリカが支援する反政府勢力との内戦が激化。1988年に停戦、91年に和平協定調印が行なわれ、外国軍が撤退したが、再び内戦状態となった。2002年に内戦終結。石油産業が基幹産業。OPEC加盟国。ダイヤモンドの産出も多い。

ザンビア共和国 ③7 アフリカ中南部に位置する内陸国。国土の大半が1,000m以上の高原で、西部およびジンバブエとの国境地帯をザンベジ川が流れる。首都ルサカ。面積75.3万km²、人口1,947万(2021年)。ニジェール＝コルドファン諸語バントゥー系の諸民族からなる。公用語は英語。宗教はキリスト教がほとんどで、ほかに民族固有の宗教など。19世紀後半からイギリスが支配、北ローデシアと呼ばれ、1953年に南ローデシア(現ジンバブエ)・ニアサランド(現マラウイ)とともにイギリス領中央アフリカ連邦を形成、64年に独立。コンゴ民主共和国にまたがるカッパーベルトと呼ばれる銅の大鉱脈があり、銅の生産と輸出に経済を依存する。マンガン・コバルトなども豊か。ザンベジ川のカリバダムは銅の精錬に必要な電力を供給するために、タンザン鉄道は銅の輸送路確保のために建設された。銅に依存した経済からの脱皮が課題となっている。

ジンバブエ共和国 ③6 南アフリカの内陸国、ザンベジ川が隣国ザンビアとの国境。首都ハラレ。面積39.1万km²、人口1,599万(2021年)。ニジェール＝コルドファン諸語バントゥー系の諸民族からなる。公用語は英語。宗教はキリスト教・民族固有の宗教など。旧イギリス領南ローデシア。1953年に北ローデシア(現ザンビア)・ニアサランド(現マラウイ)とイギリス領中央アフリカ連邦を構成。1965年に白人国家ローデシアが独立し、人種差別政策を実施した。黒人の抵抗運動により、1980年に黒人国家ジンバブエ発足。タバコ・砂糖・綿花・落花生などの農産物、銅・ニッケル・クロム・金などの鉱産物を産出。コンゴ内戦への介入、白人農地の強制収用などもあって、食料不足・インフレの進行など、経済は停滞した。2017年、独立以来続いた政権が交代。

ボツワナ共和国 ③6 南アフリカの内陸国。国土の大部分がカラハリ砂漠よりなる。首都ハボローネ。面積58.2万km²、人口259万(2021年)。ツワナ人などニジェール＝コルドファン諸語バントゥー系の諸民族からなる。ほかに先住のサン人など。公用語は英語。ツワナ語は国語。宗教はキリスト教が多く、ほかに民族固有の宗教など。1885年からイギリス植民地、1966年に独立。南アフリカ共和国への出稼ぎ者も多い。ダイヤモンドが経済を支える。ほかにニッケル・コバルトなどの鉱産資源が豊か。古くから牧畜も盛んで、牛肉を輸出。産業の多角化をめざす。

ナミビア共和国 ②7 アフリカ南西部の国。ナミブ砂漠が広がる。首都ウィントフック。面積82.5万km²、人口253万(2021年)。ニジェール＝コルドファン諸語バントゥー系の諸民族からなる。公用語は英語。宗教はキリスト教がほとんどで、ほかに民族固有の宗教など。旧ドイツ領南西アフリカ。第一次世界大戦後、南アフリカ共和国の委任統治領。第二次世界大戦後も国連の決議を無視して、南アフリカ共和国が不法統治、人種差別政策を実施した。1966年以降、黒人の抵抗・独立運動が進められ、1990年に独立。牧畜と鉱業が主産業。各種の鉱産資源が豊かで、ダイヤモンド・ウラン鉱・魚介類などが主要輸出品である。

南アフリカ共和国 ③7 アフリカ南端の国。平均1,200mの標高で、地中海性気候や西岸海洋性気候地域が分布する。面積122.1万km²、人口5,939万(2021年)。首都プレトリア(行政府)。立法府はケープタウン、司法府はブルームフォンテーンにある。ニジェール＝コルドファン諸語バントゥー系の諸民族からなる。ほかに、オランダ系のアフリカーナ(ボーア)人、カラード(混血)、インド人など。公用語はズールー語などの９つのバントゥー諸語・英語・アフリカーンス語。宗教はキリスト教がほとんどで、ほかに民族固有の宗教・イスラームなど。1652年からオランダ植民地、18世紀末にイギリスが進出、1821年からイギリス植民地。オランダ系アフリカーナはトランスヴァール共和国・オレンジ自由国を建国して対抗した。ボーア戦争の結果、イギリスの支配が確立。1910年に南アフリカ連邦として独立。第二次世界大戦後、アフリカーナの政権が発足。アパルトヘイト政策を実施。1976年のソウェト蜂起などの黒人の反対運動に加えて、国連の非難決議・国際的な経済制裁などの国際的な批判が高まり、1980年代後半からアパルトヘイトを支えた法律が撤廃され、94年に全人種参加の総選挙で黒人政権が成立。小麦・トウモロコシ・果実などの各種農産物が豊か。石炭・鉄鉱石、金・ダイヤモンド・ウランに加え、各種レアメタルの世界的な産地。自動車・鉄鋼・化学などの各種工業も発達。BRICSの一国。経済成長に伴って格差も拡大。周辺諸国からの出稼ぎ・移民も増加している。

:アパルトヘイト(人種隔離政策) ③3 → p.216

:ケープタウン ③7 → p.135

:ヨハネスバーグ ③3 → p.135

レソト王国 ②5 南アフリカ東部、周囲を南アフリカ共和国に囲まれた内陸国。国土は海抜1,000m以上の高原。首都マセル。面積3.0万km^2、人口228万(2021年)。ソト人などニジェール=コルドファン諸語バントゥー系の諸民族からなる。公用語は英語・ソト語。宗教はキリスト教。1868年からイギリス保護領。1966年に独立。南アフリカ共和国の経済依存度が高く、南アフリカ共和国への出稼ぎも多い。牧羊・牧牛、小麦栽培などの農牧業が中心。繊維工業などの外国企業の誘致や、水・電力を輸出するための河川開発を進める。

エスワティニ王国 ②5 南アフリカ東部、モザンビークに接する内陸国。高原の国。首都ムババーネ。面積1.7万km^2、人口119万(2021年)。スワティ人などニジェール=コルドファン諸語バントゥー系の諸民族からなる。公用語は英語・スワティ語。宗教はキリスト教・民族固有の宗教など。旧イギリス領。1968年に独立。南アフリカ共和国の経済に依存、南アフリカ共和国への出稼ぎも多い。農林業が主産業で、サトウキビ・柑橘類の生産が多い。食品・繊維などの工業が成長している。2018年、国名をスワジランド王国からエスワティニ王国へと変更した。

第6章 ヨーロッパ

1 自然環境

バルト楯状地 ②[2] → p.30
バルト海 ③[6] → p.55
スカンディナヴィア半島 ③[3] → p.29
：ソグネフィヨルド ①[1] → p.35
スカンディナヴィア山脈 ③[4] → p.29
北海 ③[7] → p.55
：ドッガーバンク ① → p.107
ペニン山脈 ① → p.29
ロンドン盆地 ① → p.31
テムズ川 ②[4] → p.35
ドーヴァー海峡 ①[1] → p.155
パリ盆地 ③[2] → p.31
セーヌ川 ③[4] → p.58
ロアール川 ②[4] → p.98
ガロンヌ川 ①[2] → p.36
ローヌ川 ②[1] → p.157
：ミストラル ① → p.42
北ドイツ平原 ②[1] → p.31
ライン川 ③[7] → p.157
エルベ川 ②[1] → p.35
ミッテルラント運河 ① → p.157

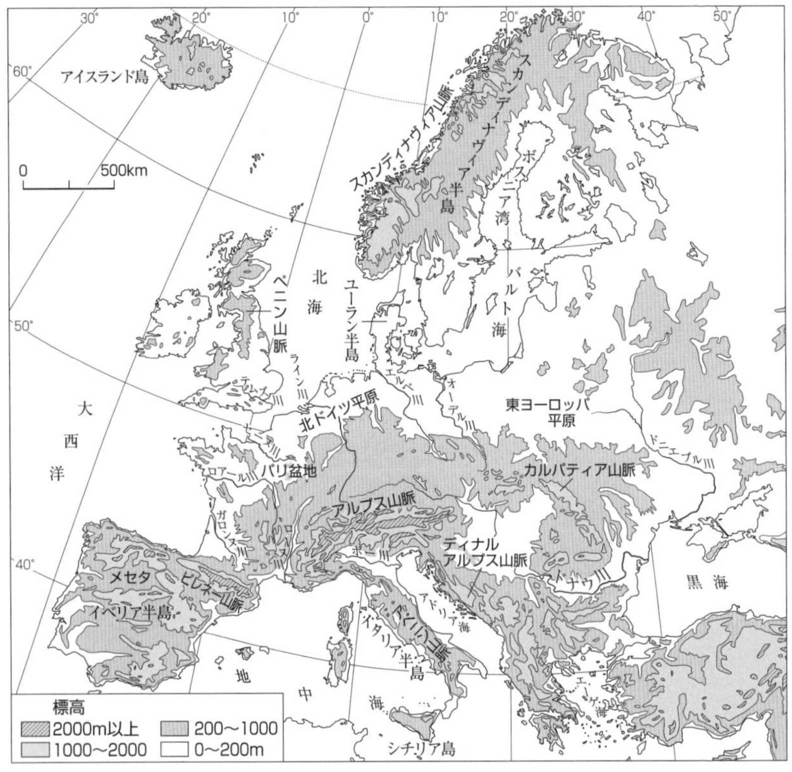

ヨーロッパの自然

モーゼル川 ① → p.157
シュヴァルツヴァルト ①1 → p.77
マイン川 ① → p.157
マイン=ドナウ運河 ① → p.157
ドナウ川 ③6 → p.59
カルパティア山脈 ③3 → p.27
東ヨーロッパ平原 ③6 → p.31
ドニプロ(ドニエプル)川 ①1 → p.141
アルプス山脈 ③7 → p.27
：アルプス(地方) ①1 → p.98
：フェーン ③ → p.42
：モンブラン ① → p.27
：マッターホルン ②1 → p.27
ピレネー山脈 ③6 → p.27
ポー川 ② → p.98
ヴェズヴィオ山 1 → p.25
シチリア島 ①3 → p.99
ディナルアルプス山脈 1 → p.27
大西洋 ③7 → p.54
：北大西洋海流 ③5 → p.56
地中海 ③7 → p.54
：ジブラルタル海峡 ②3 → p.157
：エーゲ海 ③2 → p.55
：アドリア海 ③2 → p.55
：ボラ ② → p.42
黒海 ③7 → p.55

2 歴史的背景と社会

コーカソイド ① → p.191
インド=ヨーロッパ語族 ③3 → p.197
ゲルマン語派 ②4 → p.197
：ゲルマン系民族 ①1 → p.197
ラテン語派 ②4 → p.197
：ラテン系民族 ①3 → p.197
スラブ語派 ③4 → p.198
：スラブ系民族 ③2 → p.198
ケルト語派 ① → p.198
：ブルトン語 ①2 → p.199
：ケルト系民族 ①1 → p.198
フィン=ウゴール語派 ②1 → p.196
：サーミ ②5 → p.193
：ハンガリー(マジャール)人 ① → p.193
キリスト教 ③7 → p.201
：カトリック ③7 → p.202
：プロテスタント ③7 → p.202
：正教会(東方正教会) ③7 → p.202
ハンザ同盟都市 ①1 → p.179
二圃式農業 ③1 → p.97
三圃式農業 ③2 → p.97
囲い込み運動(エンクロージャー) ① → p.97
混合農業 ③7 → p.91
酪農 ③7 → p.91
園芸農業 ③7 → p.92
地中海式農業 ③7 → p.92
大西洋北東部(北東大西洋)漁場 ③ → p.107
産業革命 ③7 → p.123
重工業三角地帯 ②3 → p.136
青いバナナ(ブルーバナナ) ③5 → p.136
北海油田 ③4 → p.113
NATO(北大西洋条約機構) ③4 → p.209
WTO(ワルシャワ条約機構) ②3 → p.209
経済統合 ①2 → p.210
ベネルクス3国関税同盟 ②2 → p.212
ECSC(ヨーロッパ石炭鉄鋼共同体) ③4 → p.212
EEC(ヨーロッパ経済共同体) ③4 → p.212
EURATOM(ヨーロッパ原子力共同体) ③4 → p.212
EC(ヨーロッパ共同体) ③6 → p.212
EU(ヨーロッパ連合) ③7 → p.212
：マーストリヒト条約(ヨーロッパ連合条約) ③6 → p.213
：シェンゲン協定 ③7 → p.213

第III部 第6章 ヨーロッパ

：**リスボン条約** ②5 → p.213
：**ユーロ** ③7 → p.213
：**ヨーロッパ議会** ①2 → p.213
：**EU理事会(ヨーロッパ連合理事会)** ② → p.213
：**ヨーロッパ委員会** ①1 → p.213
：**ヨーロッパ司法裁判所** ①1 → p.213
：**ヨーロッパ中央銀行** ② → p.213
：**ERASMUS(エラスムス)計画** ① → p.214
：**CAP(共通農業政策)** ③4 → p.213
：**ユーロスター** ②1 → p.155
：**ユーロトンネル** ①1 → p.155
：**ユーロリージョン** ①1 → p.214

第III部

3 ヨーロッパの国々

北西ヨーロッパの国々

アイスランド ③7 氷河と火山で知られる北大西洋最北の島国。首都レイキャビク。面積10.3万km^2、人口37万(2021年)。おもにゲルマン系のアイスランド人からなる。公用語はアイスランド語。宗教はプロテスタントがほとんど。ノルウェー・デンマークの支配を経て、1944年に独立。EFTA(ヨーロッパ自由貿易連合)加盟国。2009年金融危機。現在、経済の立直しを進める。水産業と豊富な電力を利用したアルミニウム精錬・漁業・観光業が代表的産業である。
：**レイキャビク** ①3 アイスランド島南西岸に位置する首都、港湾都市。また漁業の根拠地で、水産加工も盛んな水産都市。
：**アイスランド島** ①1 → p.21

グレートブリテンおよび北部アイルランド連合王国(イギリス) ③7 グレートブリテン島およびアイルランド島の北部を占め、イングランド・ウェールズ・スコットランド・北アイルランドからなる連合王国。首都ロンドン。面積24.4万km^2、人口6,728万(2021年)。イングランド(アングロサクソン)人がほとんどで、ケルト系のスコットランド人・ウェールズ人などからなる。英語が事実上の公用語、ほかにスコットランド語・ウェールズ語など。宗教はイギリス国教会がほとんど。産業革命発祥の地。世界有数の工業国として発展したが、第二次世界大戦後のアメリカ合衆国の発展や植民地独立により地位は低下、主要産業の国有化と北海油田の開発により発展を図ってきた。1973年にEC(現EU)加盟。1980年代には民営化、企業の自由な競争、公共支出の削減など、活性化の政策が進められた。農牧業は酪農・牧畜を中心とし、大規模経営が行なわれた。第二次世界大戦後、食料自給率が向上。自動車・航空機などの機械工業に加えて、電機・電子など先端技術産業が発達。国際金融市場の中心地の1つ。2005年北アイルランド紛争で和平、2007年自治政府発足。2020年にEU離脱。2023年CPTPP協定への加盟が承認された。

グレートブリテン島 ①
：**世界の工場** ③7 → p.123
：**スコットランド** ③5 グレートブリテン島

北部を占める。氷河湖が多く、西海岸にフィヨルドが発達。中央低地に石炭が産出し、中心都市エディンバラ・グラスゴーに各種工業が発達。また、シリコングレンにIT産業が集積している。分離独立の動きがあるが、2014年の住民投票で独立反対が多数。

：**グラスゴー** ①1 → p.136

：**イングランド** ①3 グレートブリテン島南半部を占める地域。中心都市はロンドン。豊かな農業地帯をなし、石炭に恵まれ、ランカシャー・ヨークシャー・ミッドランド・北東イングランド・ロンドンなどの工業地域が形成されて、イギリスの核心地域となっている。

：**ミドルズブラ** ② → p.136

：**ランカシャー地方** ② → p.136

：**マンチェスター** ②1 → p.136

：**リヴァプール** ③ → p.136

：**ヨークシャー地方** ②1 → p.136

：**ミッドランド地方** ① → p.136

：**バーミンガム** ③4 → p.136

：**ロンドン** ③7 → p.136

：**シティ** ①5 → p.181

：**ドックランズ** ②6 → p.184

：**大ロンドン計画** ②3 → p.184

：**ウェールズ** ①3 グレートブリテン島南西部を占める地域。中心都市はカーディフ。ブリストル海峡の沿岸地方は石炭に恵まれ、南ウェールズ工業地域を形成。

：**北アイルランド紛争** ③1 → p.221

アイルランド ③6 アイルランド島の北部を除き大部分を占める国。首都ダブリン。面積7.0万km^2、人口499万（2021年）。おもにケルト系のアイルランド人からなる。公用語はアイルランド語・英語。宗教はカトリックがほとんど。12世紀以来、イギリスが支配。1937年に独立。1973年にEC（現EU）加盟。2010年財政危機。電機・電子・化学などの工業と酪農・牧畜が主産業である。

ダブリン ①3

アイルランド島 2

フランス共和国 ③7 ヨーロッパの西部を占め、大西洋と地中海に面する国。首都パリ。本土の面積55.2万km^2、人口6,453万（2021年）。フランス人がほとんどで、ケルト系・ベルベル系などからなる。公用語はラテン系のフランス語。宗教はカトリックが多く、ほかにプロテスタント・イスラームなど。長い歴史のもとで培われた伝統文化をもち、1789〜99年のフランス革命は近代市民革命の先駆け。ヨーロッパの統合を推進。世界有数の農業国で、穀物・酪製品を輸出。第二次世界大戦後、国内各地に工業団地を造成。また、原子力発電の比重が高い。自動車・航空宇宙・化学などの工業が発達。観光収入も多い。EU加盟国。

：**パリ** ③7 → p.136

：**ラ＝デファンス地区** ② → p.185

：**マレ地区** ① → p.185

：**ダンケルク** ②1 → p.137

：**ルアーヴル** ② → p.137

：**ブルターニュ地方** 1 → p.98

：**ブルゴーニュ地方** ①1 → p.98

：**シャンパーニュ地方** ① → p.98

：**ロレーヌ** ③2 → p.116

：**ストラスブール** ①1 → p.137

：**ボルドー** ② → p.138

：**トゥールーズ** ③6 → p.138

：**リヨン** ③3 → p.137

：**マルセイユ** ③3 → p.138

：**フォス** ③1 → p.138

：**コートダジュール** ①1 → p.166

：**ニース** ③1 → p.166

：**カンヌ** ① → p.166

：**TGV** ①2 → p.154

モナコ公国 ①3 フランスとイタリアの境、地中海に面した立憲君主国。首都モナコ。面積2km^2、人口4万（2021年）。モナコ国籍は約2割、フランス人・イタリア人などからなる。公用語はフランス語。宗教はカトリック。フランスと密接な関係。金融業・観光業が発達。国家財政は観光収入・切手収入などに依存。税などの優遇措置で、外国の企業や資産を誘致するタックス＝ヘイブン（租税避難地）の1つ。

ドイツ連邦共和国 ③7 ヨーロッパ中央部に位置。首都ベルリン。面積35.8万km^2、人口8,341万（2021年）。ゲルマン系のドイツ人がほとんどで、ほかにトルコ系・イタリア系などからなる。公用語はドイツ語。宗教はプロテスタント・カトリック、ほかにイスラームなど。1871年、プロイセンを中心にドイツ帝国が成立。1933年、ナチスが政権を掌握。第二次世界大戦後の1949年、ドイツ連邦共和国（西ドイツ）とドイツ民主共和国（東ドイツ）に分裂。1961年には東ドイツ側が「ベルリンの壁」を構築。西ドイツは、「奇跡の復興」と呼ばれる経済成長を遂げ、西欧最大の工業国に成長した。東ドイツは計画経済のもと、コンビナートの建設などで重工業が発達したが、生産性は低かった。東欧民主化の動きの中で、1989年「ベ

ヨーロッパの国々

ルリンの壁」崩壊、90年に東西ドイツ統一。農牧業は比較的小規模な混合農業・酪農が中心。工業は古くから炭田を基盤に重化学工業が発達。鉄鋼・機械・自動車・電機・電子など、各種工業が盛ん。EU第1の工業国。EU加盟国。 **西ドイツ ③6**

東ドイツ ③4

東西ドイツの統一 ②3

：**ベルリン ③7** → p.182

：**ルール工業地域 ③2** → p.138

：**ルール炭田 ③3** → p.111

：**エッセン ①** → p.138

：**デュースブルク ③** → p.138

：**ドルトムント ②1** → p.138

：**デュッセルドルフ ①** → p.138

：**ケルン ①2** → p.138

：**フランクフルト ③5** → p.138

：**マンハイム ①** → p.138

：**ハイデルベルク ②** → p.183

：**ザール地域 ①** → p.139

：**ザール炭田 ②1** → p.111

：**ハンブルク ③6** → p.139

：**ブレーメン ①2** → p.179

：**バイエルン地方 ①** → p.138

：**ミュンヘン ③6** → p.139

：**シュツットガルト ③1** → p.138

：**フライブルク ②3** → p.138

：**ザクセン地方 ①** → p.138

：**ザクセン炭田 ①** → p.111

：**アウトバーン 1** → p.155

：**ICE ①2** → p.155

ベネルクス3国 ③2 → p.212

ベルギー王国 ③7 北海に面する立憲君主国。首都ブリュッセル。面積3.1万km²、人口1,161万（2021年）。北部のオランダ系のフラマン人、南部のフランス系のワロン人などからなる。公用語はフラマン（オランダ）語・ワロン（フランス）語・ドイツ語。宗教はカトリックがほとんどで、ほかにプロテスタントなど。1831年、オランダの支配から脱し、王国として独立。フラマン人とワロン人の対立がしばしば続いた。1993年以降、フラマン語・フランス語・ドイツ語の3言語共同体とフランデレン（フラマン）・ワロン・ブリュッセルの3地域政府による連邦国家とした。南部は豊富な石炭資源を基礎に重工業が発達、北部のフランドル地方は伝統的に毛織物工業地域であったが、石油化学・自動車・ハイテクなどの工業が発達した。南北の格差が大きい。ダイヤモンド加工や食品工業も盛ん。EU加盟国。
：フラマン語 ①1 → p.221
：ワロン語 ①1 → p.221
：ブリュッセル ③6 → p.139
：ブルッヘ ①1 → p.139
オランダ王国 ③7 北海に面する立憲君主国。正式名称はネーデルラント王国。首都アムステルダム。王宮・政府所在地はハーグ。面積4.2万km^2、人口1,750万(2021年)。ゲルマン系のオランダ人がほとんどで、ほかにインドネシア系・モロッコ系などからなる。公用語はオランダ語。宗教はカトリック・プロテスタントなど。1581年にスペインから独立、海運国として発展。国土の4分の1は海面下にあり、干拓事業によりポルダーを造成、最大の干拓はゾイデル海干拓。園芸農業と酪農が盛ん。造船・石油化学・電機・食品などの工業が発達した。産油国。天然ガスの生産も多い。ユーロポートをもつロッテルダムは、世界有数の貿易港。EU加盟国。
：アムステルダム ③5 → p.139
：ロッテルダム ③5 → p.139
：ユーロポート ③1 → p.139
：ポルダー ②3 → p.98
ルクセンブルク大公国 ③7 ベルギー・フランス・ドイツに囲まれた内陸国。面積2,586km^2、人口64万(2021年)。ドイツ系のルクセンブルク人がほとんどで、ほかにポルトガル人・フランス人などからなる。公用語はルクセンブルク語・フランス語・ドイツ語。宗教はカトリック。中世の領主領にはじまり、フランス・オランダなどの支配を経て、1839年に独立。鉄鋼業が主産業。金融業や先端技術産業も発展。モーゼル川流域のワインの生産も知られている。EU加盟国。
デンマーク王国 ③7 北海・バルト海に面し、ユーラン(ユトランド)半島および周辺の島々からなる立憲君主国。首都コペンハーゲン。面積4.3万km^2、人口585万(2021年)。おもにゲルマン系のデンマーク人からなる。公用語はデンマーク語。宗教はプロテスタントがほとんど。中世から続く王国で、15～16世紀には北ヨーロッパを支配した。次第に領土が縮小。第一次世界大戦後に現領土となった。協同組合組織で生産・出荷される酪農が農業の中心。肉類の生産も多い。金属・機械・造船・化学などの工業が発達。産油国。風力発電の利用拡大を図る。有数の福祉国家。1973年EC(現EU)加盟。
：コペンハーゲン ③3 → p.139
：ユーラン(ユトランド)半島 ① → p.97
スウェーデン王国 ③7 スカンディナヴィア半島の東部を占める立憲君主国。首都ストックホルム。面積43.9万km^2、人口1,047万(2021年)。ゲルマン系のスウェーデン人がほとんどで、ほかにフィン人・サーミなど。公用語はスウェーデン語。宗教はプロテスタントがほとんど。13世紀中頃に王国を形成、14世紀末にデンマークの支配下に入ったが、1523年に独立。豊富な鉄鉱石・林産資源を基盤とする工業国。自動車などの機械・化学・ITなどの工業が発達。有数の福祉国家。1995年にEU加盟。
：ストックホルム ③6 → p.139
：キルナ ③1 → p.116
：イェリヴァレ ① → p.116
ノルウェー王国 ③7 スカンディナヴィア半島の西部を占める立憲君主国。首都オスロ。面積32.4万km^2、人口540万(2021年)。ゲルマン系のノルウェー人がほとんどで、ほかにサーミなど。公用語はノルウェー語。宗教はプロテスタントがほとんど。9世紀末に王国を建設、14世紀末以降はデンマーク・スウェーデンの支配を受け、1905年に独立。世界的な漁業国、海運業も発達。パルプ・木材加工および豊富な電力を用いたアルミニウム精錬が盛ん。北海油田の開発により石油輸出国。EFTA加盟国。
：オスロ ①4 → p.139
：ナルヴィク ① → p.116
：スピッツベルゲン(島) ②1 北極海にあるノルウェー領の島。スヴァールバル諸島最大の島で、島の6割は氷河に覆われる。石炭産出で知られたが、現在は観光や極地研究で訪れる人が多い。
フィンランド共和国 ③6 ヨーロッパ北部、スカンディナヴィア半島の東端にあり、ロシアと接する。フィン語で「スオミ」(湖と沼の国)と呼び、約6万の1ha以上の湖と豊かな森林が国土の特色。首都ヘルシンキ。面積33.7万km^2、人口554万(2021年)。ウラル語族フィン＝ウゴール語派系のフィン人がほとんどで、ほかにスウェーデン人とサーミなどからなる。公用語はフィンランド語・スウェーデン語。宗教はプロテスタントがほとんど。12世紀半ばからスウェーデン、19世紀にはロシアの支配下におかれたが、1917年に独立。木材およびパルプ加工品・金属の生産・輸出が中心であったが、機械・電機・電子・ITなど、先端技術産業の成長が著しい。1995年にEU加盟。

：フィン語 ① → p.196

スイス連邦 ③7 アルプス山脈中の内陸国。首都ベルン。面積4.1万km^2、人口869万(2021年)。ドイツ系が多く、フランス系・イタリア系、そしてロマンシュ系などからなる。公用語はドイツ語・フランス語・イタリア語、そのほかにロマンシュ(レートロマン)語。宗教はカトリック・プロテスタント、ほかにイスラームなど。1648年ハプスブルク家の支配から独立、1815年に永世中立が国際的に承認。26州からなる連邦共和国。州(カントン)の自治権が強い。アルプスは重要な観光資源。酪農が盛ん。精密機械・化学工業が発達。チューリヒは国際金融市場の中心地の1つ。EFTA加盟国。2002年に国連加盟。

：ロマンシュ語(レートロマン語) ②3 → p.198

：移牧 ③4 → p.98

：アルプ ②1 → p.98

：アルプス地方 ①1 → p.98

：ジュネーヴ ①3 → p.215

：チューリヒ ③2 → p.139

：バーゼル ③1 → p.139

：ツェルマット 1 → p.166

：永世中立国 1 → p.206

オーストリア共和国 ③6 ヨーロッパ中央部の内陸国。アルプス山脈が東西に走り、ドナウ川が国土北部を東西に貫流する。首都ウィーン。面積8.4万km^2、人口892万(2021年)。おもにゲルマン系のオーストリア人からなる。公用語はドイツ語。宗教はカトリックがほとんどで、ほかにプロテスタント・イスラームなど。19世紀には、ハプスブルク家によるオーストリア＝ハンガリー帝国を形成。第一次世界大戦後の1919年、現在の国土となった。第二次世界大戦中はドイツに併合され、戦後、アメリカ合衆国・イギリス・フランス・ソ連により占領、1955年に独立。永世中立国。国土の3分の2はアルプスの山地で、観光収入も多い。自動車などの機械・化学・電機・電子などの工業が発達している。1995年にEU加盟。

：ウィーン ③7 → p.182

リヒテンシュタイン公国 ②4 ライン川上流部、スイスとオーストリアに挟まれた小国。首都ファドーツ。面積160km^2、人口4万(2021年)。ドイツ系のリヒテンシュタイン人がほとんどで、ほかにスイス系・オーストリア系からなる。公用語はドイツ語。宗教はカトリックがほとんど。1867年以降、永世中立国。一部を除いて外交はスイスに委任。観光・金融が主産業。切手発行でも知られる。EFTA加盟国。

南ヨーロッパの国々

ギリシャ共和国 ③7 バルカン半島南東端の国。首都アテネ。面積13.2万km^2、人口1,045万(2021年)。おもにギリシャ人からなる。公用語はギリシャ語、宗教はギリシャ正教。ギリシャ文明発祥の地。15世紀半ばにオスマン帝国の支配下に入り、1832年にギリシャ王国独立、1974年王制廃止。オリーブ栽培などの地中海式農業が盛ん。造船・石油化学などの工業や海運業も発達。観光収入や海外移民からの送金も多い。2010年財政危機。1981年にEC(現EU)加盟。

：アテネ ③5 → p.179

イタリア共和国 ③7 地中海に突出したイタリア半島とサルデーニャ島・シチリア島などの島々からなる国。国土は山がちで地中海性気候が卓越。首都ローマ。面積30.2万km^2、人口5,924万(2021年)。おもにラテン系のイタリア人からなる。公用語はイタリア語。宗教はカトリックがほとんど。古代ローマ帝国発祥の地。中世は地中海貿易を背景に自由都市が発達、ルネサンス運動が展開された。1861年にイタリア王国が成立。第二次世界大戦で敗戦、1948年共和国発足。第二次世界大戦後、国営企業の比重の高い混合経済体制のもとで経済成長。現在はほとんどが民営化。北部は古くから工業化が進み、自動車・鉄鋼・機械などの工業が発達。南部は一部開発は進んだが、地主制度の残る農村が広がる。先端技術の発達や産業の情報化の中で、北部でも南部でもない「第三のイタリア」地域の成長が著しい。観光収入も多い。EU加盟国。

イタリア半島 ①

：サードイタリー(第3のイタリア) ③3 → p.140

：ローマ ③7 → p.179

：ミラノ ③6 → p.140

：トリノ ③2 → p.140

：ジェノヴァ ②1 → p.140

：ヴェネツィア ②2 → p.140

：フィレンツェ ③3 → p.140

：**ボローニャ** ②1 → p.185
：**タラント** ③1 → p.140
バチカン市国 ②5 → p.202
：**サンピエトロ大聖堂** ①1 → p.202
マルタ共和国 ③6 地中海のほぼ中央にある島国。首都バレッタ。面積315km^2、人口53万(2021年)。ヨーロッパ・西アジア・北アフリカ系などの混血であるマルタ人が大多数。公用語はアフリカ＝アジア語族に属するマルタ語・英語。宗教はカトリック。1814年からイギリス植民地、1964年に独立。造船・船舶修理が古くから発達。観光収入も多い。近年、輸出指向型の工業化を進め、半導体や繊維産業が発達している。2004年、EU加盟。
スペイン王国 ③7 イベリア半島の大部分を占める国。首都マドリード。面積50.6万km^2、人口4,749万(2021年)。ラテン系のスペイン人が多いが、ほかにカタルーニャ人・バスク人などからなる。公用語はスペイン語。地方公用語にカタルーニャ語・バスク語など。宗教はカトリックがほとんど。1479年にスペイン王国建国。1492年、イスラーム勢力を追放。大航海時代を経て植民地帝国として発展した。1936〜39年の内戦でフランコ独裁政権が誕生。1975年、独裁政権の崩壊後、王制が復活。カタルーニャ・バスク地方は自治権拡大の要求が強い。地中海沿岸はオリーブやブドウの栽培、メセタ地方は牧畜が盛ん。1960年代の高度成長によって工業化が進み、鉄鋼・造船・自動車・化学などの工業が発達。観光収入も多い。2012年経済危機。1986年にEC(現EU)加盟。 **イベリア半島** ③4
：**マドリード** ③7 → p.139
：**バルセロナ** ③7 → p.140
：**バレンシア** ② → p.98
：**カタルーニャ地方** ②3 → p.198
：**アンダルシア地方** 1 → p.98
：**バスク語** ③4 → p.200
ポルトガル共和国 ③7 イベリア半島西端の国。首都リスボン。面積9.2万km^2、人口1,029万(2021年)。おもにラテン系のポルトガル人からなる。公用語はポルトガル語。宗教はカトリックがほとんど。1143年に王国を建国。大航海時代以来、多くの植民地を支配した。1974年に独裁政権が崩壊。各地の植民地も独立。オリーブ・ブドウ・コルクガシの生産に特色をもつ農産国。漁業も盛ん。自動車・電機・衣類などの工業が発達。観光収入や海外からの送金も多い。1986年にEC(現EU)加盟。
：**リスボン** ③3 ポルトガル南部、大西洋に面した同国の首都。貿易都市。フェニキア人が建設した古い都市で、大航海時代以降は、大西洋航路の拠点として発展した。
アンドラ公国 ①3 ピレネー山脈東部に位置する小国。首都アンドララベリャ。面積468km^2。人口8万(2021年)。住民はスペイン国籍・アンドラ国籍が3分の1ずつ、ほかにフランス・ポルトガル国籍からなる。公用語はカタルーニャ語。宗教はカトリックがほとんど。長いことフランスとスペインのカトリック司教の共同主権のもとにおかれ、保護国であったが、1993年に独立、国連加盟。フランス大統領と司教が共同元首。観光収入に依存している。

東ヨーロッパの国々

東ヨーロッパ ③7 かつては、ヨーロッパ東部、ロシアなどスラブ系民族の地域をさしていたこともあるが、第二次世界大戦後は、旧ソ連の影響のもとで社会主義体制をとった国々の総称。東欧諸国。冷戦体制の中で西欧諸国に対立した。旧ソ連の崩壊後、広くバルト3国・ウクライナ・ベラルーシ・モルドバを含むことが多い。
東欧革命 ③ 1989年に始まる東ヨーロッパ諸国の民主化の動き。ポーランド・ハンガリーの複数政党制の導入に始まり、ベルリンの壁の崩壊、ルーマニアのチャウシェスク政権の崩壊までをさすことが多い。複数政党制の導入、市場経済への移行などを進めた。
ポーランド共和国 ③7 東ヨーロッパ北部にあり、バルト海に面している平原の国。首都ワルシャワ。面積31.3万km^2、人口3,831万(2021年)。おもに西スラブ系のポーランド人からなる。公用語はポーランド語。宗教はカトリックがほとんど。18世紀、プロイセン・ロシア・オーストリアにより3回にわたり国土が分割された。1918年に独立したが、39年に旧ソ連とドイツにより再び分割。第二次世界大戦中はドイツに占領されたが、45年に解放。1952年にポーランド人民共和国が成立。1980〜81年に自主管理労働組合「連帯」を中心に民主化運動。1989〜90年に再び民主化運動が活発化し、89年には、複数政党制を導入、国名もポーランド共和国に改称。国土の半分が耕地で、小麦・エン麦・ライ麦・ジャガイモ・テンサイなどを生産し、シロンスク地方の石炭をはじめ、鉛・岩塩・銀などの鉱産資源も豊富で、自動車・電機・機械工業などの重化学工業が発達している。2004年にEU加盟。

：ワルシャワ ③5 → p.182

：シロンスク炭田 ③ → p.111

チェコ共和国 ③7 エルツ山脈・スデーティ山脈・ベーマーヴァルト(ボヘミアの森)に囲まれた内陸国。首都プラハ。面積7.9万km²、人口1,051万(2021年)。おもに西スラブ系のチェコ人からなる。公用語はチェコ語。宗教はカトリック・プロテスタントが多いが、無宗教の人々も多い。ヨーロッパ中部の内陸国。ボヘミア地方・モラヴァ地方を中心に国家を形成。古くからスロバキア人と統一国家を形成。10世紀以後はハンガリーの支配下に入る。16世紀以後、ハプスブルク家が支配。1918年にチェコスロバキア共和国として独立。第二次世界大戦中はナチス=ドイツに併合。1945年解放、48年チェコスロバキア人民共和国、60年チェコスロバキア社会主義共和国となる。1968年の「プラハの春」と呼ばれる民主化運動はワルシャワ条約機構軍に鎮圧されたが、89年再び民主化運動が活発化、90年チェコ=スロバキア連邦共和国に改称。1993年スロバキア共和国が分離独立。石炭などの豊富な鉱産資源をもとに、繊維・ガラス・食品・機械・化学などの工業が盛ん。観光収入も多い。2004年にEU加盟。

：プラハ ③6 → p.140

スロバキア共和国 ③6 カルパティア山脈北西山麓に位置する内陸国。ハンガリーとの国境西半部をドナウ川が流れる。首都ブラチスラバ。面積4.9万km²、人口545万(2021年)。西スラブ系のスロバキア人がほとんどで、ほかにハンガリー人・ロマ人などからなる。公用語はスロバキア語。宗教はカトリックが多く、ほかにプロテスタント。古くからチェコと統一国家を形成。10世紀以後はハンガリーの支配下に入る。16世紀以後、ハプスブルク家が支配。1918年、チェコスロバキア共和国として独立。第二次世界大戦中はナチス=ドイツに併合。1945年に解放。1948年のチェコスロバキア人民共和国以後もチェコと統一国家を組む。1989年以後の民主化の中で、独立の動きが活発化。1993年に分離独立。自動車・電機・機械工業が成長した。2004年にEU加盟。

ハンガリー ③6 ドナウ川中流域の内陸国。首都ブダペスト。面積9.3万km²、人口971万(2021年)。フィン=ウゴール語派に属するハンガリー(マジャール)人がほとんどで、ほかにロマ人などからなる。公用語はハンガリー(マジャール)語。宗教はカトリックが多く、ほかにプロテスタント。1867年、オーストリア=ハンガリー帝国を形成、1918年に分離独立。第二次世界大戦ではドイツ側にたって参戦。1944年にソ連が占領、46年に共和国、49年に人民共和国となった。1956年反ソ・反政府のハンガリー事件発生。ソ連軍の介入で鎮圧。1968年に経済改革を導入、企業の自主化などが図られた。1989年には複数政党制が導入され、国名をハンガリー共和国に改称。2012年、国名をハンガリーに改称。国土の大部分をハンガリー盆地が占め、小麦・トウモロコシの栽培と牛・豚の飼育などの混合農業が盛ん。ボーキサイトの生産が多い。機械・化学などの工業が発達している。2004年にEU加盟。

：ハンガリー(マジャール)人 ① → p.193

：ブダペスト ③4 → p.140

ルーマニア ③6 東ヨーロッパ南東部、黒海に面する国。首都ブカレスト。面積23.8万km²、人口1,933万(2021年)。おもにラテン系のルーマニア人からなる。ほかにハンガリー人・ロマ人など。公用語はルーマニア語、宗教はルーマニア正教がほとんどで、ほかにプロテスタント・カトリックなど。国名は「ローマ人の土地」の意で、この地がローマ帝国の属領であったことを意味している。1878年、オスマン帝国の支配を脱して独立。第二次世界大戦ではドイツ側にたって参戦、1947年に人民共和国。1960年代後半から独裁政権のもとで自主独立路線が進められた。1989年の民主化運動で独裁政権が崩壊。政治改革を進め、国名をルーマニアに改称。ドナウ川の本流・支流がつくる沖積平野で混合農業が盛ん。石油・天然ガスの産出国。食品・繊維・鉄鋼・機械などの工業が発達している。2007年にEU加盟。

：ブカレスト ①3 → p.140

ブルガリア共和国 ③6 東ヨーロッパ、バルカン半島北東部にあり、黒海に面する国。首都ソフィア。面積11.0万km²、人口689万(2021年)。南スラブ系のブルガリア人がほとんどで、ほかにトルコ人などからなる。公用語はブルガリア語。宗教はブルガリア正教がほとんどで、ほかにイスラームなど。1878年、オスマン帝国の支配を脱して自治権を獲得。1909年にブルガリア王国が独立。第二次世界大戦ではドイツに協力、1946年に人民共和国。1982年に企業の自主性の拡大を意図した経済改革が進展、1990年に国名をブルガリア共和国に改称。農業では穀物生産や酪農が中心。バラ油やワインでも知られる。食品・化学・機械などの工業が発達している。2007年にEU加盟。

バルカン半島 ②[5]

ユーゴスラビア社会主義連邦共和国 ③ かつて北部はオーストリア＝ハンガリー帝国の、南部はオスマン帝国の支配下。1918年、セルビア人＝クロアチア人＝スロベニア人が王国を成立。1929年、ユーゴスラビア王国に改称。第二次世界大戦では、ドイツ・イタリアに占領された。チトーを指導者とするパルチザン闘争を経て、1945年、ユーゴスラビア連邦人民共和国（旧ユーゴスラビア）成立。セルビア・モンテネグロ・クロアチア・スロベニア・ボスニア＝ヘルツェゴビナ・マケドニアの6共和国とセルビア内のコソボ・ヴォイヴォディナの2自治州で構成。1963年、ユーゴスラビア社会主義連邦共和国（旧ユーゴスラビア）と改称。独自の社会主義政策を進めたが、民族的な対立や経済格差から共和国間の対立が激化し、連邦は解体した。その後、1992年にセルビアとモンテネグロが新たにユーゴスラビア連邦共和国（新ユーゴスラビア）を結成したが、2003年にセルビア＝モンテネグロに改称した。2006年、各共和国に分離。

：**ユーゴスラビア内戦** ③[2] 1991年のスロベニア・クロアチアの独立に端を発した旧ユーゴスラビア連邦内の紛争。おもに、スロベニア紛争（1991年）、クロアチア紛争（1991～95年）、ボスニア＝ヘルツェゴビナ紛争（1992～95年）、コソボ紛争（1998年）をさす。

セルビア共和国 ②[4] バルカン半島のほぼ中央に位置する内陸国。北部のハンガリーに続く平野にドナウ川が流れる。南部は山地や高原が広がる。首都ベオグラード。面積7.7万km^2、人口669万（2021年）。南スラブ系のセルビア人がほとんど。ヴォイヴォディナ自治州にハンガリー人が居住。公用語はセルビア語。宗教はセルビア正教がほとんどで、ほかにカトリックなど。ユーゴスラビア社会主義連邦共和国の構成国。1992年の連邦解体後は、モンテネグロとユーゴスラビア連邦共和国を結成。2003年セルビア＝モンテネグロに改称。2006年モンテネグロが分離。2008年にコソボ独立（セルビアは未承認）。ユーゴ紛争・コソボ紛争で経済活動は停滞。農業は小麦・野菜・果実の生産が中心。鉄鋼・機械などの工業が発達している。

モンテネグロ ②[3] バルカン半島中部、アドリア海に面し、ボスニア＝ヘルツェゴビナ・セルビア・アルバニアと接する。首都ポドゴリツァ。面積1.4万km^2、人口63万（2021年）。南スラブ系のモンテネグロ人・セルビア人からなり、ほかにムスリム。公用語はモンテネグロ語。宗教はセルビア正教がほとんどで、ほかにイスラーム・カトリックなど。ユーゴスラビア社会主義連邦共和国、および解体後のユーゴスラビア連邦共和国の構成国。2003年にセルビア＝モンテネグロに改称。2006年に分離独立。主産業は農業、アルミニウム・鉄鋼などの工業が発達。観光収入にも期待。

ポドゴリツァ ①[2]

コソボ共和国 ②[3] バルカン半島に位置し、セルビア・マケドニア・アルバニア・モンテネグロに接する内陸国。首都プリシュティナ。面積1.1万km^2。人口166万（2021年）。おもにアルバニア人からなり、ほかにセルビア人・ロマ人。公用語はアルバニア語・セルビア語。宗教はイスラーム、ほかにセルビア正教など。1913年にオスマン帝国の支配から脱し、セルビアの領土に組み込まれる。第二次世界大戦後、セルビア内の自治州として、旧ユーゴスラビア連邦を構成。アルバニア系住民の自治を求める動きが拡大。1998年、紛争激化。NATO軍の介入もあって、1999年、ユーゴ軍撤退。2002年コソボ自治政府が発足。08年に独立。農業は小麦・トウモロコシなどの生産が中心。亜鉛などの鉱産資源が豊かである。

プリシュティナ ①[2]

クロアチア共和国 ③[7] アドリア海に面し、ハンガリー・スロベニア・ボスニア＝ヘルツェゴビナと接する。首都ザグレブ。面積5.7万km^2、人口406万（2021年）。おもに南スラブ系のクロアチア人からなる。公用語はクロアチア語。宗教はカトリックが多く、ほかにセルビア正教など。12世紀からハンガリー王国が支配。1918年にセルビア人＝クロアチア人＝スロベニア人王国が建国。この王国はセルビア中心で、他民族の反セルビア感情が強かった。第二次世界大戦中はナチス＝ドイツに協力。そのため、セルビアの反クロアチア感情が強い。旧ユーゴスラビアの構成国。1991年に独立。95年までセルビアと紛争。工業化が進み、石油化学・造船などの工業が発達している。2013年にEU加盟。

:ザグレブ ②2 → p.140

スロベニア共和国 ③6 オーストリア・ハンガリー・イタリアなどと国境を接する。首都リュブリャナ。面積2.0万km^2、人口212万(2021年)。南スラブ系のスロベニア人からなる。公用語はスロベニア語、宗教はカトリックが多く、ほかにセルビア正教など。古くから西ヨーロッパ文化圏に組み込まれる。オーストリア=ハンガリー帝国の崩壊で、1918年、セルビア人=クロアチア人=スロベニア人王国が建国。第二次世界大戦後も旧ユーゴスラビア連邦構成国。1991年に独立。旧ユーゴスラビアの中で最も早く工業化が進み、自動車・電機・化学・機械などの工業が発達。カルスト地方では石灰岩地形が発達している。2004年にEU加盟。 **リュブリャナ** ①2

ボスニア=ヘルツェゴビナ ②4 首都サラエボ。面積5.1万km^2、人口327万(2021年)。いずれも南スラブ系の民族であるが、オスマン帝国支配の中でイスラーム化したムスリム(ボシュニャク人)とクロアチア人・セルビア人が混在。公用語はボスニア語・セルビア語・クロアチア語。宗教はイスラーム・セルビア正教・カトリックなど。オスマン帝国の崩壊後、オーストリア=ハンガリー帝国の支配下に入った。1918年、セルビア人=クロアチア人=スロベニア人王国の一部に、また第二次世界大戦後は旧ユーゴスラビアの連邦の構成国。1992年にムスリムとクロアチア人が独立を宣言したことから内戦が激化。その後、宗教と民族主義とがあいまって、三つ巴(みつどもえ)の争いが続いた。1995年に和平が成立し、ムスリムとクロアチア人による「ボスニア=ヘルツェゴビナ連邦」と「スルプスカ共和国(セルビア人共和国)」からなる連邦国家となった。鉱業のほか木材・繊維などの工業が主産業である。

:サラエボ ①2 → p.135

北マケドニア共和国(マケドニア旧ユーゴスラビア共和国) ②3 首都スコピエ。面積2.6万km^2、人口210万(2021年)。南スラブ系のマケドニア人が多く、ほかにアルバニア人などからなる。公用語はマケドニア語。宗教はマケドニア正教が多く、ほかにイスラームなど。14世紀中頃からオスマン帝国の支配。広義のマケドニアはオスマン帝国の崩壊後のバルカン戦争でギリシャ・セルビア・ブルガリアに3分割(1913年)。セルビアが領有した地域(現、マケドニア)は、1918年セルビア人=クロアチア人=スロベニア人王国の一部に、また第二次世界大戦後は旧ユーゴスラビア連邦の構成国。1991年に分離独立。「マケドニア」という国名の使用について、「マケドニアはギリシャの地方名」と主張するギリシャが反発した。2018年ギリシャと合意がなって、2019年2月、国名を北マケドニア共和国に変更。地中海農業を中心とした農業と繊維・鉄鋼などの工業が主産業である。 **スコピエ** ①2

アルバニア共和国 ②3 東ヨーロッパ、バルカン半島の南西に位置し、アドリア海に面する国。首都ティラナ。面積2.9万km^2、人口286万(2021年)。バルカン半島の古代民族の子孫といわれるアルバニア人からなる。公用語はアルバニア語。1967年無宗教国家を宣言したが、90年に信教の自由を認めた。イスラームが多く、ほかにアルバニア正教・カトリックなど。1912年にオスマン帝国から独立、39年にはイタリアに武力併合されたが、パルチザン闘争を経て、46年に人民共和国を成立。独自の社会主義路線を歩んでいたが、89年来の東欧民主化の動きの中で、大量の出国者(難民)問題が発生した。同時に、政治改革も進み、1991年アルバニア共和国に改称。農業は地中海式農業、クロム鉱など鉱産資源が豊かである。

バルト3国 ②4 バルト海に面したエストニア・ラトビア・リトアニアの3国。ドイツ・ポーランド・デンマーク・スウェーデンなど、近隣諸国の影響を受けながら、18世紀末までにロシア帝国領。ロシア革命の影響もあって1918年に独立。1939年の独ソ不可侵条約のもと、翌1940年旧ソ連に編入。1980年代後半に民族運動が活発化。1991年、3国が分離独立。旧ソ連解体のきっかけの1つとなった。北ヨーロッパ・西ヨーロッパに近いこともあって、1960年代から工業化が進んだ。

エストニア共和国 ③6 バルト3国の1国。首都タリン。面積4.5万km^2、人口133万(2021年)。ウラル語族フィン=ウゴル語派系のエストニア人が多く、ほかにロシア人などからなる。公用語はエストニア語。宗教はプロテスタント・ロシア正教など。無宗教も多い。酪農が盛ん。繊維・食品加工、機械・電機などの工業が発達している。2004年にEU加盟。

ラトビア共和国 ③5 バルト3国の1国。首都リガ。面積6.5万km²、人口187万(2021年)。インド=ヨーロッパ語族バルト系のラトビア人が多く、ほかにロシア人からなる。公用語はラトビア語。宗教はプロテスタント・カトリック・ロシア正教など。酪農・畜産が盛ん。旧ソ連時代に進んだ工業化は停滞。機械・繊維・木材加工・食品などが中心である。2004年にEU加盟。

リトアニア共和国 ③5 バルト3国の1国。首都ビリニュス。面積6.5万km²、人口279万(2020年)。インド=ヨーロッパ語族バルト系のリトアニア人がほとんどで、ほかにポーランド人・ロシア人などからなる。公用語はリトアニア語。宗教はカトリックが多く、ほかにロシア正教など。酪農・畜産が盛ん。石油精製・機械・電機などの工業が発達している。2004年にEU加盟。

ウクライナ ③7 ヨーロッパロシア、黒海沿岸にある国。首都キーウ(キエフ)。面積60.4万km²、人口4,353万(2021年)。東スラブ系のウクライナ人がほとんどで、ほかにロシア人などからなる。公用語はウクライナ語。宗教はウクライナ正教がほとんどで、ほかにカトリックなど。ポーランド・ロシアの影響を受けながら、18世紀後半にロシア領。1917年に独立を宣言するがロシアと抗争、19年に旧ソ連派の政権が樹立。1922年、旧ソ連を構成する共和国となる。1937年、国名をウクライナソビエト社会主義共和国とする。1986年チョルノービリ(チェルノブイリ)原子力発電所の事故。1991年に独立、国名をウクライナに改称。チェルノーゼムが広がる黒土地帯は穀倉地帯。畜産も盛ん。石炭・鉄鉱石・電力などに恵まれたドニエプル工業地域に鉄鋼・機械などの重化学工業が発達している。2014年、EU加盟問題で対ロシア関係が悪化。14年、クリム(クリミア)、ロシアに編入(日・米・欧など未承認)。東部の親ロシア勢力が政府軍と対立。政情不安定。2022年にロシアの軍事侵攻を受け交戦中。

:キーウ(キエフ) ③4 → p.141

:ドネツ炭田 ③2 → p.111

:クリヴィーリフ(クリヴォイログ) ③2 → p.117

:ドニプロ(ドニエプロペトロフスク) ① → p.140

:チョルノービリ(チェルノブイリ)原発事故 ③2 → p.121

:ウクライナ紛争 ②3 → p.222

:クリミア危機 2 → p.222

ベラルーシ共和国 ③5 ヨーロッパロシア西部、ウクライナ・ポーランド・ラトビア・リトアニアに接する内陸国。首都ミンスク。面積20.8万km²、人口958万(2021年)。東スラブ系のベラルーシ人がほとんどで、ほかにロシア人からなる。公用語はベラルーシ語、ロシア語。宗教はベラルーシ正教が多く、ほかにカトリックなど。一時、ポーランドの支配を受けるが、18世紀後半はロシア領。1919年、ベラルーシソビエト社会主義共和国が成立。1922年に旧ソ連に加盟。1991年に独立。1994年以降、長期政権が続く。農業は小麦・ライ麦・テンサイ・ジャガイモなど、栽培が中心。酪農も盛ん。工業化が進み、繊維・食品加工のほか、自動車・機械工業が発達している。

:ミンスク ①2 → p.140

モルドバ共和国 ③5 ウクライナとルーマニアに接する内陸国。東部にドニステル川が流れる。首都キシナウ(キシニョフ)。面積3.4万km²、人口306万(2021年)。ルーマニア系のモルドバ人がほとんどで、ほかにウクライナ人・ロシア人からなる。公用語はモルドバ語。宗教はほとんどがモルドバ正教など東方正教。14世紀に建国したモルダヴィア公国の一部。旧ベッサラヴィア。ロシア・ルーマニアの支配を受け、1940年にモルダヴィアソビエト社会主義共和国をつくり、旧ソ連に併合。1991年に独立。国名をモルドバ共和国に改称。ドニステル川東岸の地域(沿ドニステル。ロシア人が多く、事実上独立状態だが、国際的には未承認。)の帰属をめぐってロシアと対立。黒土地帯にあり、小麦・野菜・果実の栽培が盛ん。ワインで知られる。

第7章 ロシア連邦

1 自然環境

ウラル山脈 ③7 → p.29
：**ウラル造山帯** ①1 → p.29
東ヨーロッパ平原 ③6 → p.31
：**ロシア卓状地** ③2 → p.31
ヴォルガ川 ③5 → p.158
カスピ海 ③7 → p.59
黒海 ③7 → p.55
バルト海 ③6 → p.55
シベリア卓状地 ③2 → p.31
：西シベリア低地 ③5 → p.31
：中央シベリア高原 ③5 → p.31
オビ川 ③5 → p.59
エニセイ川 ③5 → p.59
バイカル湖 ③4 → p.59
レナ川 ③5 → p.59
アムール川（黒竜江） ③4 → p.206
北極海 ③7 → p.54
ベーリング海 ③2 → p.55
：**ベーリング海峡** ①1 → p.55
カムチャツカ半島 ②3 → p.106
オホーツク海 ③7 → p.55
千島列島 ③7 → p.223
：**千島弧** ① → p.63
：千島・カムチャツカ海溝 ③5 → p.63
カフカス山脈 ③3 → p.27
タイガ ③7 → p.51
黒土地帯 ③5 → p.53
：チェルノーゼム ③4 → p.53

第III部

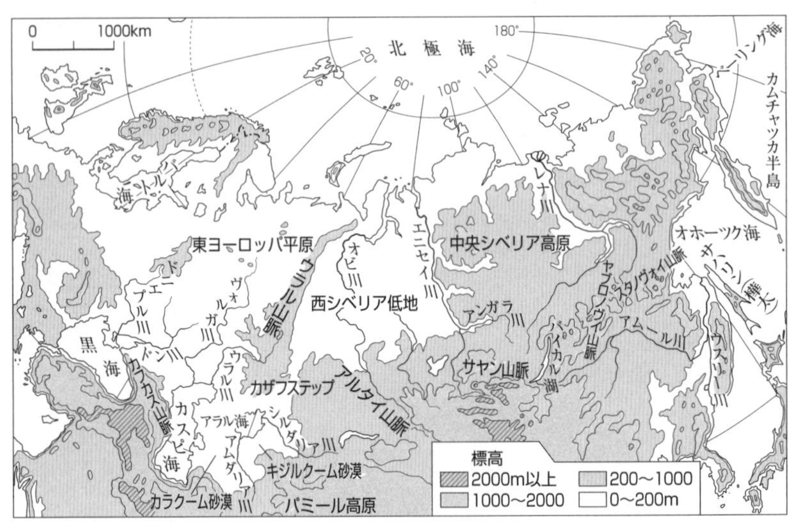

ロシアと周辺諸国の自然

2 歴史的背景と社会

ロシア革命 ③[4] 1917年、ロシアにおいてプロレタリアート(労働者階級)を中心とした勢力が達成した社会主義革命。革命は3月革命(ロシア暦2月革命)と11月革命(ロシア暦10月革命)に分けられる。3月革命により帝政から共和政への変革が行なわれ、11月革命により共和政が倒れ、世界最初の社会主義政権が誕生した。

ソビエト社会主義共和国連邦(ソ連) ③[7] ユーラシア大陸北部に位置する。首都モスクワ。面積2,240.2万km²、人口2億8,000万(1989年)。1917年のロシア革命により世界最初の社会主義国家となる。1922年にロシア・白ロシア(ベラルーシ)・ウクライナ・ザカフカス(カフカス地方の3国)でソビエト連邦を形成、以後1940年までに15共和国からなる連邦国家を形成した。ロシア革命後の外国の干渉と内戦、その間の経済政策の失敗で経済停滞、復興のための新経済政策(ネップ)を経て、1928年より第1次5カ年計画を実施。計画経済によりコルホーズ・ソフホーズによる集団農業、コンビナート方式の工業化・資源開発などを推進。また、シベリア開発も進めた。しかし、政府主導の硬直した政策は生産効率や労働意欲の低下、生活物資の不足などを招き、また、冷戦による軍事費が拡大、財政を圧迫した。1980年代の後半から、ペレストロイカ(改革)・グラスノスチ(情報公開)などの改革が進められたが、改革は進まず、各地の民族運動が活発化したことも加わって、1991年にバルト3国が独立。そして、同年12月に連邦は解体、バルト3国を除く12共和国が「CIS(独立国家共同体)」(現在正式加盟国は9カ国)を結成した。

ペレストロイカ ③[2]

社会主義経済 [2] → p.208

計画経済 ③[4] → p.208

農業の共同化 ① → p.85

: **コルホーズ(集団農場)** ③[1] → p.99

: **ソフホーズ(国営農場)** ③[1] → p.99

: **ダーチャ(別荘)** ③[4] → p.99

コンビナート ③ → p.129

CIS(独立国家共同体) ③[5] → p.209

ドルジバ(友好)パイプライン ① → p.113

3 ロシア連邦

ロシア連邦 ③[7] ユーラシア大陸北部に位置し、世界第1位の面積をもつ。首都モスクワ。面積1,709.8万km²、人口1億4,510万(2021年)。東スラブ系のロシア人がほとんどで、ほかにタタール人など多数の少数民族からなる。公用語はロシア語だが、各地域ごとに独自の公用語を定める。宗教はロシア正教が多く、ほかにイスラーム・カトリックなど。広大な国土を8連邦管区に分け、モスクワ・サンクトペテルブルクを連邦直轄市に指定、主要な民族ごとに21共和国、4自治管区などを指定している。ウラル山脈以西のヨーロッパロシアと、東部のシベリア・極東に分けられる。社会主義経済から市場経済へ移行。2000年以降、石油など鉱産資源の価格上昇もあって経済成長が著しく、BRICSの1国。

: **スラブ語派** ③[4] → p.198

: **スラブ系民族** ③[2] → p.198

: **ロシア正教** ③[4] → p.202

: **キリル文字** ③[1] → p.198

: **自治管区** ③ → p.207

: **自治共和国** ② → p.207

ヨーロッパロシア ③[1] ロシアの広大な国土のうち、ウラル山脈から西の地域。ロシアにおける政治・経済・文化の中心地域である。

: **ムルマンスク** ①[1] → p.107

: **アルハンゲリスク** ① → p.105

: **サンクトペテルブルク** ③[5] → p.141

: **モスクワ** ③[7] → p.141

: **ニジニーノヴゴロド** ②[2] → p.141

: **ウファ** ① → p.141

: **ヴォルゴグラード** ② → p.141

: **ペチョラ炭田** ②[3] → p.111

: **ヴォルガ＝ウラル油田(ウラル＝ヴォルガ油田)** ③[3] → p.113

: **マグニトゴルスク** ②[2] → p.141

: **チェリャビンスク** ① → p.141

: **エカテリンブルク** ③[1] → p.141

: **チェチェン共和国** ③[3] ロシア連邦内の北カフカス地方の共和国。旧ソ連時代のチェチェン＝イングーシ共和国から1991年に分離。首都グロズヌイ。面積1.6万km²、人口150万(2019年)。コーカサス諸語に属するチェチェン人からなりチェチェン語を使用する。宗教はイスラーム。石油資源が豊富。独立の要求が強く、ロシアとの紛争が続い

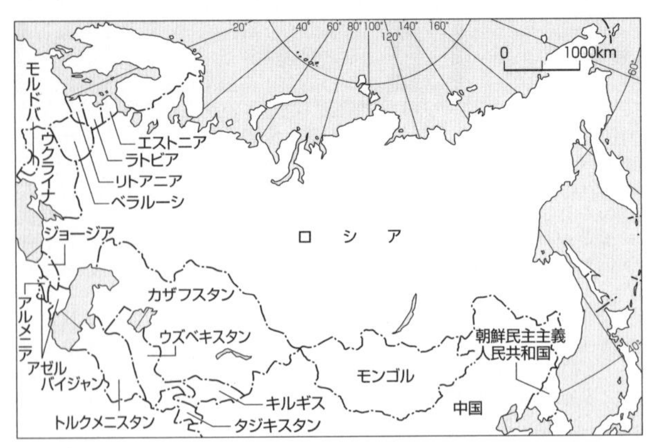

ロシアと周辺の国々

ている。
：チェチェン紛争 ③3 → p.221
：タタール人 ③3 → p.193
：ネネツ人 ①3 → p.193
シベリア ③7 ウラル山脈から東の広大な地域。東は太平洋側にある分水嶺(ぶんすいれい)(北極海側にそそぐ河川と太平洋側にそそぐ河川を分ける) 以西、南はモンゴル・中国・カザフスタンに囲まれる。ウラル山脈からエニセイ川までの平原地域である西シベリア、エニセイ川・レナ川間の台地である中央シベリア、それ以東の山地を含む東シベリアに3区分される。2000年から設置された連邦管区はサハ共和国以東を極東連邦管区としている。気候は大陸性で冬の寒さが厳しく、人口の大部分は南部のシベリア鉄道沿線に居住する。森林・水力・鉱産の諸資源に恵まれ、開発が進められている。
東シベリア ①　**西シベリア** ②
：シベリア鉄道 ②4 → p.154
：オムスク ②2 → p.141
：ノヴォシビルスク ③2 → p.141
：ノヴォクズネツク ②1 → p.141
：チュメニ油田 ③5 → p.113
：ノリリスク ③ → p.118
：クラスノヤルスク ①2 → p.141
：イルクーツク ③7 → p.141
：ブラーツク ①1 → p.115
：ブリヤート人 1 → p.193
極東ロシア ③1 ロシア東部、北極海側にそそぐ河川と太平洋側にそそぐ河川を分ける分水嶺以東の、太平洋側斜面の地域。アムール川流域を除き平地は少ない。極東連邦管区では、サハ共和国を含む。木材加工・漁業などの産業が盛ん。豊富な地下資源をもつ。
：サハ共和国 ②3 → p.193
：ヤクーツク ②4 → p.142
：レナ炭田 ① → p.112
：ヤクート天然ガス田 1 → p.115
：ミールヌイ ②1 → p.119
：オイミャコン ③4 → p.48
：エスキモー ②4 → p.194
：イグルー ③4 → p.190
ハバロフスク ②1 → p.142
ウラジオストク ③7 → p.142
ナホトカ ②1 → p.142
サハリン(樺太) ③7 → p.113
：オハ油田 ①1 → p.113
：ユジノサハリンスク ① → p.113

第8章 アングロアメリカ

1 自然環境

カナダ楯状地 ③[3] → p.29
：ローレンシア台地 ①[1] → p.29
：ラブラドル高原 ②[1] → p.29
ハドソン湾 ③[4] → p.55
セントローレンス川 ①[2] → p.158
ニューファンドランド島 ① → p.107
五大湖 ③[6] → p.60
：スペリオル湖 ②[1] → p.60
：ミシガン湖 ②[1] → p.60
：ヒューロン湖 ②[1] → p.60
：エリー湖 ②[1] → p.60
：ナイアガラ滝 ①[1] → p.60
：オンタリオ湖 ②[1] → p.60
ハドソン川 ①[1] → p.158
アパラチア山脈 ③[6] → p.29
：アパラチア造山帯 ①[1] → p.29
中央平原 ③[4] → p.31
プレーリー ③[4] → p.100
ミシシッピ川 ③[5] → p.158
：ミシシッピデルタ ① → p.33
：ミズーリ川 ① → p.158
グレートプレーンズ ③[7] → p.100
：オガララ帯水層 ①[2] → p.100
ロッキー山脈 ③[7] → p.26
コロラド高原 ① → p.26
コロラド川 ③[6] → p.26
：グランドキャニオン ①[1] → p.26
グレートベースン ① → p.32
シエラネヴァダ山脈 ②[1] → p.26

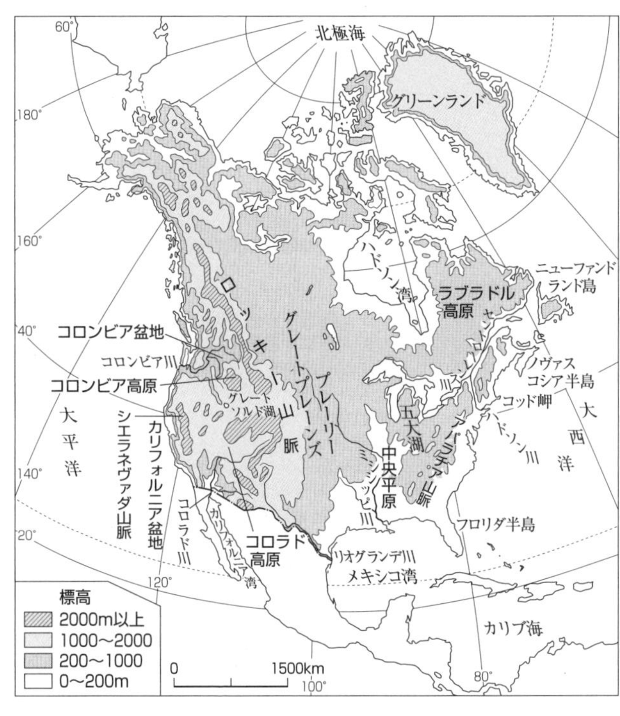

アングロアメリカの自然

海岸山脈 ① → p.26
セントラルヴァレー ② → p.101
：サンアンドレアス断層 ③2 → p.21
フロリダ半島 ③3 → p.101
大西洋 ③7 → p.54
：ラブラドル海流 ②1 → p.57
メキシコ湾 ③7 → p.56
：メキシコ湾流 ③1 → p.57
カリブ海 ③6 → p.55
太平洋 ③7 → p.54
：アラスカ海流 ②1 → p.57
：カリフォルニア海流 ③2 → p.57
ハリケーン ③7 → p.41
ブリザード ③1 → p.42

第III部

2 歴史的背景と社会

アングロアメリカ ③3 北アメリカ大陸のアメリカ合衆国とカナダの呼称。ラテンアメリカに対する地名。イギリス人であるアングロサクソン人が移住・開拓の中心であり、両国がイギリス植民地であったことから用いられた。実際には、スペイン系・フランス系・アフリカ系などの多様な民族が移住し、開拓が進められた。
ネイティブアメリカン（インディアン）③6 → p.194
：イヌイット ③7 → p.194
：エスキモー ②4 → p.194
WASP（ワスプ）③7 → p.222
：アングロサクソン ③4 → p.222
：清教徒（ピューリタン）②1 → p.202
奴隷制 ①1 → p.222
：奴隷解放 ① → p.222
：公民権運動 ②3 → p.222
：ハーレム地区 ①2 → p.186
イタリア人街 ① → p.186
コリアタウン ① → p.186
日本人街 1 → p.186
：日系人 ③7 → p.172
ヒスパニック（ラティーノ）③7 → p.194
人種のるつぼ（メルティングポット）1 → p.191
サラダボウル ②5 → p.191
開拓前線（フロンティア）③ → p.173
南北戦争 ①1 1861〜65年にわたるアメリカ合衆国の内戦。黒人奴隷と大農場制に基礎をおき、綿花・タバコ栽培を中心として自由貿易を主張する南部と、独立自営農民と商工業者を中心として奴隷制度に反対し、保護貿易を主張する北部との争い。結果は北部の勝利となり、その後のアメリカ合衆国の近代化の方向が決定づけられた。
大陸横断鉄道 ② → p.160
タウンシップ制 ③ → p.178
：ホームステッド法 ② → p.99
ゴールドラッシュ ③5 → p.173
企業的穀物農業（商業的穀物農業）②3 → p.92
：カントリーエレベーター 1 → p.93
：ポートエレベーター ① → p.93
センターピボット ③5 → p.101
企業的牧畜 ③5 → p.93
フィードロット ③7 → p.101
アグリビジネス ③7 → p.100

: **穀物メジャー** ③7 → p.100
適地適作 ③5 → p.85
等高線耕作 ②1 → p.83
サンベルト ③5 → p.145
スノーベルト（フロストベルト、ラストベルト） ③5 → p.143
FTAA（米州自由貿易地域） ① → p.212
NAFTA（北米自由貿易協定） ③7 → p.211
USMCA（アメリカ・メキシコ・カナダ協定） ③7 → p.211

3 アングロアメリカの国々

カナダ

カナダ ③7 北アメリカ大陸の北半部を占める国。首都オタワ。面積998.5万km^2、人口3,816万（2021年）。イギリス系・フランス系など多様なヨーロッパ系の民族からなる。ほかにアジア系や先住民のインディアン・イヌイットなど。公用語は英語・フランス語。宗教はカトリックとプロテスタントなどキリスト教がほとんど。17〜18世紀にイギリス・フランス間で領有をめぐって紛争、1763年にイギリスが支配を確立。1931年に独立。フランス系住民の多いケベック州で自治権拡大・分離独立の動きがあるが、1970年代から多文化社会の形成をめざす。アメリカ合衆国に続くプレーリーの平原では小麦栽培が、大西洋・太平洋両海域では漁業が盛ん。また、広大な森林が広がり、木材・紙・パルプの生産が多い。石炭・石油・天然ガス・オイルサンド・ウラン・鉄鉱石などのほか、レアメタルなどの鉱産資源が豊か。自動車・機械・鉄鋼・アルミニウムなどの工業が発達。IT産業など、先端技術産業も成長している。シェールガスの開発が進む。2020年NAFTA失効、USMCA発効。
: **多文化主義** ③7 → p.216
オンタリオ州 ②1 カナダ中南部、ハドソン湾と五大湖の間に位置する州。州都トロント。首都オタワ、工業都市ハミルトンなどがある。南東部はサドバリのニッケル・銅などの鉱産資源に富み、鉄鋼・自動車・紙・パルプなどの工業のほか、ハイテク産業も集中。南部では酪農が盛んである。
: **オタワ** ①2 → p.142
: **トロント** ③5 → p.142
ケベック州 ③3 → p.222
: **モントリオール** ③5 → p.142
: **ラブラドル鉄鉱床** 1 → p.116
マニトバ州 ②1 カナダ中部、プレーリーの東端部を占める州。州都ウィニペグ。南部は春小麦地帯。北部はカナダ楯状地に属し、鉱産資源が豊かである。
: **ウィニペグ** ③ → p.101
サスカチュワン州 ②1 カナダ中部、平原3州の中央に位置する州。北部はカナダ楯状地に属し、針葉樹が広がり、ウラン・コバルト・ニッケルなどの鉱産資源が豊か。南部はプレーリーが広がる春小麦地帯。

アルバータ州 ②1 カナダ西部、ロッキー山脈東麓に位置する州。北部は冷帯多雨気候でタイガ地帯、南部はステップ気候でプレーリーに属し、春小麦地帯の一部。州都エドモントン付近は石油・天然ガスの産出が多く、またオイルサンド・シェールガスの開発が進む。

:エドモントン ③ → p.142

:カルガリー ③2 → p.142

:アルバータ油田 ①1 → p.113

:バンフ国立公園 ① → p.81

ブリティッシュコロンビア州 ②1 カナダ南西部、太平洋岸の州。州都ヴィクトリア。ロッキー山脈などの数列の山脈が並走し、沿岸は沈水海岸が発達。林業と水産業が盛んで、中心都市ヴァンクーヴァーにはパルプ・製紙・造船業などが発達した。シェールガスの開発が進む。

:ヴァンクーヴァー ②5 → p.143

ノースウェスト(北西)準州 ③1 カナダの北西部、北緯60度以北の広大な地域。州都イエローナイフ。金・ダイヤモンド・石油・天然ガスなどの鉱産資源が豊富。東にヌナブト準州、西にユーコン準州と接する。

ヌナブト準州 ③3 → p.222

ユーコン準州 ②1 ノースウェスト準州の西側、アラスカに接する。州都ホワイトホース。金・銀などの鉱産資源が豊か。1898年にノースウェスト準州から分離した。

アメリカ合衆国

アメリカ合衆国 ③7 北アメリカ大陸の中央部に位置し、大西洋・太平洋の両大洋にのぞみ、ハワイ・アラスカを含む50州からなる連邦国家。首都ワシントン。面積983.4万km^2、人口3億3,700万(2021年)。イギリス系・フランス系など多様なヨーロッパ系の民族からなる。ほかにアフリカ系・ヒスパニック・アジア系・先住民のインディアンなど。言語人口は英語が多数。ほかにスペイン語・フランス語など。宗教はプロテスタント・カトリックなどキリスト教がほとんど。1607年、イギリスのヴァージニア植民地の建設、1620年のピルグリム=ファーザーズのニューイングランド入植に始まり、イギリス植民地形成。1776年に13州からなる国家として独立(東部13州)、以後領土拡大、1861〜65年の南北戦争を経て国家を統一。第一次・第二次世界大戦を経て国力が向上、農・工業の巨大な生産力と巨大資本を背景に、資本主義世界のリーダーとしての地位を保ってきた。しかし、ベトナム戦争以降、経済発展にかげりがみえ、ドル不安・貿易不振などの問題に直面した。1989年に冷戦が終結。その後、1990年の湾岸戦争、2001年9月11日の同時多発テロ、2001年10月のアフガニスタン紛争、2003年3月のイラク戦争と世界の地域紛争への関わりが大きくなった。2007〜08年の国際金融危機以降、景気はやや回復したが、貿易赤字・財政赤字、高い失業率、広がる格差など、課題をかかえる。農業は生産性が高く、穀物・果実・畜産物などは世界最大の生産国・輸出国。航空宇宙産業・エレクトロニクス産業・IT産業など、先端技術産業が高度に発達している。シェールガスの開発が進む。2018年以後、対中貿易摩擦拡大。2020年NAFTA失効、USMCA発効。

i ── 北東部

メガロポリス(巨帯都市) ③ → p.180

アパラチア炭田 ③3 → p.111

ニューイングランド地方 ① → p.143

:ボストン ③6 → p.143

:エレクトロニクスハイウェー ③ → p.143

ニューヨーク州 ②1 → p.143

:ニューヨーク ③7 → p.143

:マンハッタン ②3 → p.143

:ウォール街 ③2 → p.180

:ソーホー地区 ①1 → p.185

ニュージャージー州 ①1 アメリカ合衆国北東部、大西洋に面する州。独立13州の1つ。メガロポリスの一部を占め、ニューアーク・パターソンは、ニューヨーク大都圏の一部を構成する。近郊農業が発達し、化学・機械・繊維工業などが盛ん。

ペンシルヴェニア州 ②2 アメリカ合衆国北東部に位置し、大部分がアパラチア山脈に含まれる。独立13州の1つ。石炭・石油・鉄鉱石などの鉱産資源に恵まれ、鉄鋼・機械などの工業が発達。フィラデルフィア・ピッツバーグが中心都市。シェールガスの開発が進む。

:フィラデルフィア ③1 → p.143

:ピッツバーグ ③4 → p.143

:スリーマイル島 ② → p.121

ボルティモア ③2 → p.143

ワシントンD.C. ③5 → p.182

アングロアメリカの国々

ii —— 中西部

酪農地帯(デイリーベルト) ③ → p.100
トウモロコシ地帯(コーンベルト) ③2 → p.101
冬小麦 ③4 → p.86
春小麦 ③4 → p.86
メサビ ③4 → p.116
中央炭田 ①1 → p.111
五大湖沿岸(地域) ①3 → p.143
オハイオ州 ① アメリカ合衆国北東部、エリー湖の南部に位置する州。北部は五大湖の水運と石炭・石油などの豊富な資源を背景に、鉄鋼・機械・化学工業などがクリーヴランドなどを中心に発達。先端技術産業の育成にもつとめる。シェールガスの開発が進む。
:クリーヴランド ② → p.143
シカゴ ③7 → p.144
ミルウォーキー ② → p.144
ミシガン州 ①2 アメリカ合衆国中北部、五大湖のミシガン湖・ヒューロン湖・スペリオル湖に面する州。酪農と果樹栽培が盛ん。五大湖の水運を利用して、鉄鋼・機械・化学などの工業が発達。自動車の街デトロイトでは財政赤字が深刻化した。
:デトロイト ③6 → p.143
ミネソタ州 ①1 アメリカ合衆国中北部、スペリオル湖西部に位置する州。西部ではとくに酪農が盛んで、バター・チーズの生産が多い。南部は春小麦も栽培される。メサビなどの鉄山があり、機械工業のほか、食品工業も発達。中心都市ミネアポリスと州都セントポールはミシシッピ川を挟んだ双子都市。スペリオル湖岸のダルースは小麦・鉄鉱石などの積出港である。
:ミネアポリス ③ → p.144
アイオワ州 ① アメリカ合衆国中北部、ミシシッピ川とミズーリ川に挟まれた州。トウモロコシ地帯を代表する州で、トウモロコシ・大豆・エン麦の生産が多く、豚と肉牛の飼育が盛ん。食品工業のほか、バイオ産業など、新しい産業が成長している。
セントルイス ②2 → p.144
カンザス州 ①3 アメリカ合衆国中央部、グレートプレーンズとプレーリーに位置する州。冬小麦地帯の中心で、東部では肉牛や鶏の飼育が盛ん。石油や石炭の産出も多く、石油精製や食品工業などのほか、IT・航空機などの産業が発達。中心都市はカンザスシティとウィチタ。
:カンザスシティ ③2 → p.101
オクラホマ州 1 アメリカ合衆国中南部、グレートプレーンズの南端に位置する州。冬小麦地帯に属し、東部はトウモロコシ栽培と肉牛の飼育、綿花栽培が盛ん。石油・天然ガスの産出が多く、タルサ付近に石油精製・化学工業が、中心都市オクラホマシティなどで機械工業が発達している。シェールガスの開発が進む。
:オクラホマシティ ① → p.145
ノースダコタ州 1 アメリカ合衆国中北部、カナダと国境を接する州。西部はグレートプレーンズで牛の放牧が盛ん。東部はプレーリーで春小麦地帯の一部をなす。ライ麦やジャガイモの生産も多い。食品工業・農業機械工業のほか、石油関連の産業も主産業となっている。

iii —— 南部

綿花地帯(コットンベルト) ② → p.101
内陸油田 ②1 → p.113
メキシコ湾岸油田 ②3 → p.113
ヴァージニア州 1 アメリカ合衆国東部、大西洋に面した州。ピードモント台地と海岸平野の間に滝線(たきせん)を形成。イギリス人が早くから植民した所で、独立13州の1つ。黒人奴隷によるタバコ栽培を開始。現在、タバコ・トウモロコシ・冬小麦・落花生などの生産が多い。滝線都市を中心に、化学・繊維・食品などの工業に加えてIT産業も発達している。
ケンタッキー州 ①1 アメリカ合衆国中南部、オハイオ川の南に位置する州。トウモロコシ・牧草が栽培され、牛・豚などの飼

育が盛ん。東部のアパラチア山脈地域は、炭田地帯。食品加工・自動車・機械などの工業が発達した。

ノースカロライナ州 ①[3] アメリカ合衆国南東部、大西洋岸に位置する州。独立13州の1つ。トウモロコシ・落花生・綿花などの栽培が行なわれ、タバコの生産量は同国でも有数。ピードモンド台地と海岸平野を境する滝線が州内を走り、シャーロット・グリーンズボロ・ローリーなどで繊維工業が盛ん。ローリー・ダラムの周辺には先端技術産業が集積している。

：リサーチトライアングルパーク ③[1] → p.145

：ローリー ① → p.145

テネシー州 ①[1] アメリカ合衆国南部の州。東部のアパラチア山脈地域、中部の高原地域、西部のミシシッピ川流域の平野に3区分される。テネシー川流域で行なわれたTVAの開発以後に工業化が進んだ。繊維・自動車・先端技術産業などが発展。

：TVA(テネシー川流域開発公社) ① → p.115

ジョージア州 [1] アメリカ合衆国南東部、大西洋岸に位置する州。独立13州の1つ。綿花地帯の一部。綿花・落花生・トウモロコシ・タバコなどの生産が多い。州都アトランタやコロンバスなどの滝線都市に、繊維・食品・機械・鉄鋼などの工業が発達している。

：アトランタ ③[7] → p.145

バーミングハム ③ → p.145

ルイジアナ州 ③[4] アメリカ合衆国南部、ミシシッピ川の河口に位置する州。州名はフランス国王ルイ14世に由来。綿花地帯にあり、綿花生産が中心であったが、米・大豆の生産も増加。豊富な油田地帯にあり、石油関連工業がニューオーリンズ・バトンルージュなどに発達している。

：ニューオーリンズ ③[5] → p.145

テキサス州 ③[4] アメリカ合衆国中南部、メキシコ湾岸に位置する州。綿花・トウモロコシ・冬小麦などの生産が多く、肉牛の飼育頭数は同国第1位。石油の産出が多く、石油化学工業を中心に機械・金属工業などがヒューストンやダラスなどで発達。シリコンプレーンに航空宇宙産業などの先端技術産業も多く立地している。シェールガスの開発が進む。

：シリコンプレーン ③[2] → p.145

：ヒューストン ③[6] → p.145

：ダラス ③[4] → p.145

フロリダ州 ③[4] アメリカ合衆国南東部の州。大西洋とメキシコ湾とを分けるフロリダ半島が州の大部分を占める。亜熱帯性の気候で、南端はサバナ気候。オレンジ・グレープフルーツなどの果実や野菜を生産する園芸農業が発達。南部のマイアミは著名な観光保養都市。中部のタンパ・オーランド周辺はエレクトロニクスベルトと呼ばれ、先端技術産業が集積している。

：マイアミ ③[4] → p.183

：エレクトロニクスベルト ③[2] → p.145

：タンパ ③[1] → p.145

：オーランド ②[2] → p.145

iv —— 西部山岳地域

ロッキー炭田 ①[1] → p.111

ビュート ① → p.118

ビンガム ②[1] → p.118

ソルトレークシティ ③[2] → p.183

コロラド州 [4] アメリカ合衆国の西部に位置し、州の西半はロッキー山脈に属し、東半はグレートプレーンズにある。山岳地域は石炭・石油・モリブデンなどの鉱産資源が豊か。農業は企業的牧畜と灌漑農業が中心。デンヴァーなどにハイテク産業が集積している。

：デンヴァー ③[3] → p.144

アリゾナ州 ③[2] アメリカ合衆国南西部、メキシコと国境を接する州。北半のコロラド高原や乾燥地からなる。西側カリフォルニアとの州境をコロラド川が流れる。灌漑農業と牧畜が盛ん。石油・銅・モリブデンなどの鉱産資源も豊か。州都フェニックスなどにエレクトロニクス関連の工業が集積している。

：シリコンデザート ③ → p.145

：フェニックス ③[3] → p.145

ラスヴェガス ①[1] → p.183

モニュメントヴァレー ①[2] → p.37

ニューメキシコ州 ①[2] アメリカ合衆国南西部、リオグランデ川の中・上流域に位置する州。州都サンタフェ。乾燥地が多く、牧畜が盛ん。銅・石油などの鉱産資源が豊か。アルバカーキなどに電子工業などが発達している。

v —— 太平洋岸

シアトル ③[7] → p.146

ポートランド ③[3] → p.146

カリフォルニア州 ③[7] アメリカ合衆国南

西部、太平洋岸に位置する州。北部は地中海性気候、南部は乾燥気候。金の発見(1848年)に伴うゴールドラッシュ以降、急速に発展。カリフォルニア盆地を中心に地中海式農業が盛んなほか、第二次世界大戦中より航空機工業が発達。石油の産出もみられ、現在は石油精製・自動車工業・電子工業も発達。観光地も多い。シリコンヴァレーに先端技術産業が集積。
:**カリフォルニア油田** ②2 → p.113
:**シリコンヴァレー** ③7 → p.145
:**サンフランシスコ** ③7 → p.145
:**サンフランシスコ地震** ①1 → p.23
:**サンノゼ** ③3 → p.145
:**ロサンゼルス** ③7 → p.146
:**ロサンゼルス地震** ① → p.24
:**ハリウッド** ①4 → p.146
:**ロングビーチ** ① → p.167
:**サンディエゴ** ③4 → p.146
:**ヨセミテ国立公園** ① → p.81

vi —— アラスカ・ハワイ

アラスカ州 ②7 北アメリカ大陸北西端に位置するアメリカ合衆国の州。同国で最大の面積、最小の人口密度をもつ。1867年にロシアより買収。中央部をユーコン川が流れる。19世紀末、流域では金鉱の発見を契機に鉱物資源の開発が進む。石油・金・銀など、各種鉱産資源の産出が多い。ほかに製材・パルプ工業、サケを中心とした水産業が盛ん。最北端はバロー岬。
ウトキアグヴィク(バロー) ③2
:**アンカレジ** ①6 → p.158
:**ノーススロープ油田** ① → p.113
:**プルドーベイ油田** ①3 → p.113
ハワイ州 ②2 北太平洋中部に位置する火山性の洋島群。アメリカ合衆国50番目の州(1959年)。海洋性の熱帯気候で、サトウキビ・パイナップルの栽培が盛ん。軍事上・交通上の要地でもあり、おもな収入源は観光業。ポリネシア系の住民が先住民であるが、日系・中国系・フィリピン系の移民が多い。
:**ハワイ諸島** ③3 → p.24
:**キラウエア山** ①1 → p.24
:**ホノルル** ②3 → p.166

第9章 ラテンアメリカ

1 自然環境

リオグランデ川 ③5 → p.206
メキシコ高原 ②3 → p.26
メキシコ湾 ③7 → p.56
エルチチョン山 ①1 → p.25
カリブ海 ③6 → p.55
西インド諸島 ①5 中央アメリカ東方海上の島々。大アンティル諸島・小アンティル諸島・バハマ諸島からなり、サトウキビ・綿花・コーヒー・バナナの生産が盛んで、ボーキサイトの埋蔵に恵まれる。第二次世界大戦後に独立した国々が多い。アメリカ合衆国との結びつきが強い。コロンブスが「インド」(アジア大陸東半地域) の一部と思い誤ったためにこの名がついた。
アンデス山脈 ③7 → p.27
：**アンデス高地** ①4 → p.27
：**チチカカ湖** ②3 → p.60
ウユニ塩原 ③1 → p.119
アタカマ砂漠 ②6 → p.45
チリ海溝 ② → p.20
パタゴニア ②2 → p.102
ホーン岬 ①1 → p.156
フエゴ島 ②1 → p.156
フォークランド(マルビナス)諸島 ③2 → p.223
ギアナ高地 ③4 → p.29
：リャノ ③4 → p.50
アマゾン ②1 → p.44
：アマゾン川 ③6 → p.59

ラテンアメリカの自然

：セルバ ③4 → p.50
ブラジル高原 ③5 → p.29
：カンポ ②4 → p.50
：セラード ③4 → p.50
グランチャコ ②2 → p.50
パラナ川 ②2 → p.115
：イグアスの滝 ① → p.60
ラプラタ川 ③5 → p.102
パンパ ③7 → p.102
：湿潤パンパ ③2 → p.102
：乾燥パンパ ③3 → p.102
ペルー(フンボルト)海流 ③2 → p.57
エルニーニョ現象 ③2 → p.43
ガラパゴス諸島 ②2 エクアドルの沖合，赤道下に位置する火山島群。エクアドル領。独自の進化を遂げた固有の生物が多く，1835年に訪れたダーウィンが進化論のヒントを得た島として知られる。
ブラジル海流 ③2 → p.57
マゼラン海峡 ③2 → p.156
フォークランド海流 ② → p.57

2 歴史的背景と社会

ラテンアメリカ ③7 メキシコ以南の中央アメリカ・南アメリカの地域の総称。アングロアメリカに対する名称。コロンブスのアメリカ大陸到達以後、スペイン・ポルトガルから移住したラテン系民族を中心に開拓が進められたことから命名された。ラテン文化とカトリックを基調とするが、先住民のインディオやアフリカから移住した黒人文化の影響も大きい。また、イギリスなどラテン系以外のヨーロッパからの移住者も多い。
インディオ(インディヘナ) ②3 → p.194
：ポンチョ ②1 → p.188
マヤ文明 ②3 メキシコのユカタン半島から中央アメリカにかけて栄えた先住民インディオのマヤ族の文明。3世紀頃に都市国家を形成した。農耕を基礎に、天文学・数学なども発達し、4～9世紀に繁栄期を迎えた。
：ユカタン半島 ②4 メキシコ南東部、メキシコ湾とカリブ海とを分ける半島。石灰岩からなる台地で、サバナ気候に属する。サイザル麻の栽培が盛ん。
アステカ文明 ②2 メキシコ高原を中心に栄えた先住民アステカ人の文化。マヤ文明の文化遺産を受け継ぎ、農耕を基盤としたアステカ王国を形成した。1521年にスペイン人コルテスに征服された。
アステカ王国 2
インカ文明 2 13～16世紀にかけて、南アメリカのアンデス地帯に栄えた先住民インディオのインカ族の文明。クスコが都。農耕を基盤として、最盛期にはコロンビアからチリにわたる大帝国を築いた。1533年、スペインのピサロによって征服された。クスコをはじめ、マチュピチュなどに多くの遺跡が残る。
インカ帝国 ②4 **クスコ** ①4
：マチュピチュ ②1 → p.168
インディアン＝インディオ諸語 ②1 → p.200
アイマラ語 1 → p.200
ケチュア語 1 → p.200
チューニョ 4 → p.190
アルパカ ③6 → p.90
リャマ ③6 → p.90
ラティフンディオ ① → p.97
メスチソ(メスチーソ) ③3 → p.194

ムラート ③4 → p.194
日系人 ③7 → p.172
CAN（アンデス共同体・アンデスグループ） ③1 → p.212
MERCOSUR（メルコスール・南米南部共同市場） ③7 → p.212

3 ラテンアメリカの国々

中央アメリカの国々

メキシコ合衆国 ③7 北アメリカ大陸南部にある高原の国。首都メキシコシティ。面積196.4万km²、人口1億2,671万（2021年）。メスチソが多く、次いで先住民、ほかにスペイン系などからなる。公用語はスペイン語。宗教はカトリックがほとんど。マヤ文明が栄えた地で、これを受け継いだアステカ王国は、スペイン人コルテスにより征服された。1821年にスペインから独立。1910年のメキシコ革命以降、土地改革・石油産業の国有化を進めた。トウモロコシ・サトウキビ・コーヒー・サイザル麻などの農産物の生産国。石油・銀などの鉱産資源の産出が多く、石油化学・自動車などの工業が発達。1960年代後半からマキラドーラが設置され、電機・電子・機械などの工業が発達した。1994年に発足したNAFTAは2020年USMCAに移行。
：**メキシコシティ** ③7 → p.146
：**アシエンダ** ②1 → p.102
：**レフォルマ油田** ① → p.113
：**マキラドーラ** ②1 → p.146

グアテマラ共和国 ①5 中央アメリカの北西部に位置し、カリブ海と太平洋にのぞむ国。首都グアテマラシティ。面積10.9万km²、人口1,761万（2021年）。メスチソと先住民、ほかにスペイン系からなる。公用語はスペイン語。宗教はカトリックとプロテスタントがほとんど。1821年にスペインから独立。1823〜38年まで中央アメリカ連邦を構成した。左右勢力の対立が激しく、1986年の民政移管後も内乱が続き、1996年に和平成立。コーヒー・砂糖・バナナが主産物、アメリカ合衆国系の農園が広い面積を占める。輸出加工区で繊維工業などが立地して衣類を輸出。アメリカ合衆国への出稼ぎも多い。 **グアテマラシティ** ①2

エルサルバドル共和国 ①4 中央アメリカの中央部、太平洋に面する。首都サンサルバトル。面積2.1万km²、人口631万（2021年）。メスチソがほとんどで、ほかにスペイン系などからなる。公用語はスペイン語。宗教はカトリックが多く、ほかにプロテスタントなど。1821年、グアテマラの一部としてスペインから独立。中央アメリカ連邦を経て、1841年に分離独立。1970年代から続いた内戦は、1992年に和平が成立。コーヒー・綿花・砂糖栽培が盛ん。輸出加工区に繊維産業などが立地して衣類などを輸出。アメリカ合衆国への出稼ぎも多い。

ホンジュラス共和国 ②[4] 中央アメリカ北部に位置し、カリブ海と太平洋にのぞむ国。首都テグシガルパ。面積11.2万km²、人口1,028万（2021年）。メスチソがほとんど、ほかに先住民・アフリカ系などからなる。公用語はスペイン語。宗教はカトリックが多く、ほかにプロテスタントなど。1821年にスペインから独立、中央アメリカ連邦を構成、1838年に単一の独立国となる。漁業やコーヒー・バナナの生産を主体とし、アメリカ合衆国系の果実会社の農園が広い面積を占める。輸出加工区での工業化が図られている。

ニカラグア共和国 ①[4] 中央アメリカの中央部に位置し、カリブ海と太平洋にのぞむ国。首都マナグア。面積13.0万km²、人口685万（2021年）。メスチソが多く、ほかにヨーロッパ系・アフリカ系・先住民などからなる。公用語はスペイン語。宗教はカトリックが多く、ほかにプロテスタントなど。1821年にスペインから独立、中央アメリカ連邦を構成、1838年に分離独立。1979年に左翼政権が誕生、1980年代にアメリカ合衆国に支援された反政府ゲリラとの内戦が激化。1990年の野党連合政権発足により、和平が成立。コーヒー・牛肉などの生産が多い。繊維産業が成長。

コスタリカ共和国 ②[5] 中央アメリカの中央部に位置し、カリブ海と太平洋にのぞむ国。首都サンホセ。面積5.1万km²、人口515万(2021年)。スペイン系がほとんどで、ほかにメスチソ・アフリカ系などからなる。公用語はスペイン語。宗教はカトリックが多く、ほかにプロテスタントなど。1821年にスペインから独立し、中央アメリカ連邦を構成。1838年に分離独立。1949年の憲法で軍隊を廃止。バナナ・パイナップルなどの生産国。輸出加工区で電機・精密機械などの工業が成長している。

パナマ共和国 ②[6] 中央アメリカの最狭部に位置し、カリブ海と太平洋にのぞむ国。首都パナマシティ。面積7.5万km²、人口435万（2021年）。メスチソが多く、ほかにアフリカ系・ヨーロッパ系などからなる。公用語はスペイン語。宗教はカトリックがほとんどで、ほかにプロテスタントなど。1821年にスペインから独立。グラン＝コロンビア共和国を構成。1903年にアメリカ合衆国の援助を得て、分離独立。1914年、パナマ運河完成。運河地帯はアメリカ合衆国領であったが1999年に返還。2007年からの運河拡張工事が2016年完了。年間に1万隻をこえる船舶が運河を通行。経済は運河の運輸・サービスからの収入に依存。便宜置籍船国(べんぎちせきせんこく)、タックスヘイブンの1つ。また、自由貿易地区に繊維・機械などの工業が立地。

:パナマ運河 ②[4] → p.157

:パナマ地峡 ②[2] → p.157

カリブ海諸国 [2] 狭義では、カリブ海に浮かぶ西インド諸島の国々。広義では、中央アメリカ・南アメリカでカリブ海に面する国々をさす。イギリスやスペインの旧植民地で、1960〜80年代に独立した国が多い。

キューバ共和国 ③[7] 西インド諸島最大の面積をもつキューバ島と周辺の島々からなる国。首都ハバナ。面積11.0万km²、人口1,126万（2021年）。スペイン系が多く、ほかにムラート・アフリカ系などからなる。公用語はスペイン語。宗教はカトリックが多いが、無宗教も多い。スペインの植民地、アメリカ合衆国の軍政支配を経て1902年に独立。1959年にキューバ革命、1961年に社会主義共和国を宣言。サトウキビなどの大農場は国営化。対米関係は悪化。旧ソ連・東欧との結びつきが緊密化。1962年のキューバ危機。1991年のソ連解体の影響で経済は悪化。アメリカ合衆国への難民が増加。砂糖の生産と輸出に依存した経済は、ニッケル・コバルトなどの鉱業生産や観光などが主産業に変化。外国資本の導入や企業活動の一部自由化。2015年アメリカ合衆国との国交回復へ。 **ハバナ** ②[2]

ドミニカ共和国 ②[5] 西インド諸島のイスパニョーラ島の東側の3分の2を占める国。首都サントドミンゴ。面積4.9万km²、人口1,112万（2021年）。ムラートが多く、ほかにヨーロッパ系・アフリカ系などからなる。公用語はスペイン語。宗教はカトリックが多い。スペイン・フランス・ハイチ、再びスペインの支配を経て1865年に独立。ニッケルなどの鉱業や自由貿易地域での繊維産業、また砂糖・コーヒー・カカオなどの農業が中心であったが、観光産業なども成長した。

ハイチ共和国 ②[5] 西インド諸島のイスパニョーラ島の西側3分の1を占める国。首

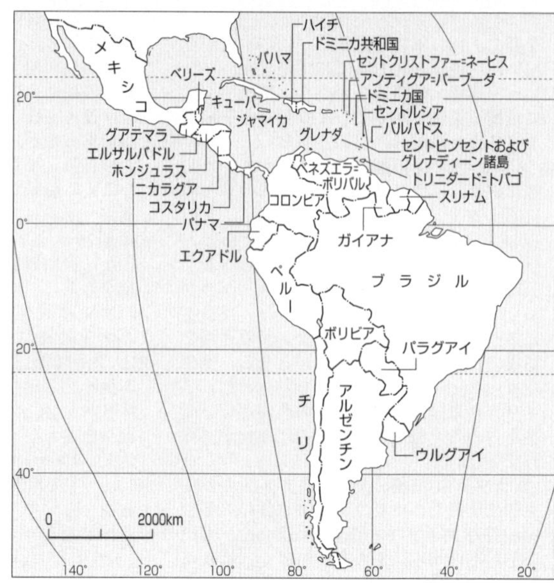

ラテンアメリカの国々

都ポルトープランス。面積2.8万km^2、人口1,145万（2021年）。アフリカ系がほとんど、ほかにムラートなどからなる。公用語はフランス語・ハイチ(クレオール)語。宗教はカトリックとプロテスタントがほとんど。旧フランス植民地、1804年にラテンアメリカで最初に独立した黒人国家。独立後もアメリカ合衆国の軍事占領や独裁政権、そして、政権をめぐる抗争などで政情不安定。2010年M7.0の大地震。2016年ハリケーン被害。コーヒー・カカオ・砂糖などの生産が主産業。輸出加工区に電機・電子などの工業が立地。海外移住者からの送金も多い。

ジャマイカ ②7 キューバ島の南に位置する西インド諸島の島国。首都キングストン。面積1.1万km^2、人口283万（2021年）。おもにアフリカ系とムラートからなる。公用語は英語。宗教はプロテスタントが多く、ほかにカトリック。スペイン・イギリスの支配を経て1962年に独立。ボーキサイトの大生産国、そのほかコーヒー・砂糖の生産を主産業とする。コーヒーの名で知られるブルーマウンテン山は島内の最高峰。レゲエ音楽の発祥地で、観光収入も多い。また、海外からの送金も多い。

プエルトリコ ②3 カリブ海の大アンティル諸島に属し、イスパニョーラ島の東に位置する島。中心都市サンファン。面積8,868km^2、人口326万（2021年）。住民の多くはスペイン系、ほかにアフリカ系などからなる。スペイン語を使用。宗教はカトリックがほとんど。スペイン・アメリカ領を経て、1952年にアメリカ合衆国の自治領。コーヒー・サトウキビの栽培が中心。アメリカ合衆国から工場を誘致。石油化学・電機・機械などの工業が発達。観光収入も多い。アメリカ合衆国への移住者も多い。

南アメリカの国々

ガイアナ共和国 ③5 南アメリカ大陸北東部、ギアナ地方に位置する国。首都ジョージタウン。面積21.5万km^2、人口81万（2021年）。インド系・アフリカ系が多く、ほかに混血・先住民などからなる。公用語は英語。宗教はキリスト教が多く、ほかにヒンドゥー教・イスラームなど。オランダ・イギリスの支配を経て、1966年に独立。協同組合を基礎的組織とする社会主義建設をめざし、国名をガイアナ協同共和国とした。1980年代後半、国営企業の民営化などの改革を進める。国名も現国名に改称。石油・ボーキサイト・金などの鉱業とサトウキビ・米などの農業が主産業。

スリナム共和国 ③5 南アメリカ大陸北東部、ギアナ地方に位置する国。首都パラマリボ。面積16.4万km²、人口61万(2021年)。インド系・クレオール・ジャワ系・アフリカ系などからなる。公用語はオランダ語。宗教はヒンドゥー教・カトリック・プロテスタント・イスラームなど。旧オランダ領ギアナ。1975年にオランダから独立。ボーキサイトや金鉱・石油などの鉱業・農業・漁業が主産業である。

ベネズエラ＝ボリバル共和国 ③7 南アメリカ大陸北部に位置し、カリブ海にのぞむ国。首都カラカス。面積93.0万km²、人口2,820万(2021年)。メスチソが多く、ほかにヨーロッパ系・アフリカ系などからなる。公用語はスペイン語・31の先住民の言語。宗教はカトリックがほとんど。1819年にスペインの支配を脱し、グラン＝コロンビア共和国を構成、1830年に分離独立。OPEC(石油輸出国機構)の原加盟国。石油収入に国の経済を依存。オイルサンド・鉄鉱石・ボーキサイトなどの鉱産資源が豊か。主要産業は国有化。MERCOSURの一国。2013年政権交代後の治安悪化や石油価格の下落などで政情不安定。 **カラカス** ①4

:**セロボリバル** ② → p.116

:**マラカイボ油田** ②2 → p.113

コロンビア共和国 ③6 南アメリカ大陸北西部にあり、太平洋とカリブ海にのぞむ国。首都ボゴタ。面積114.2万km²、人口5,158万(2021年)。メスチソ・ムラートなど混血がほとんどで、ほかにヨーロッパ系などからなる。公用語はスペイン語。宗教はカトリックがほとんどで、ほかにプロテスタントなど。1819年にスペインから独立し、グラン＝コロンビア共和国を構成。その後、ベネズエラ・エクアドル・パナマが分離し、コロンビアのみとなる。政変や内戦で政情不安。世界有数のコーヒーの生産国。石炭・石油・金・白金・ニッケルなどの鉱産資源も豊か。

:**ボゴタ** ②6 → p.178

エクアドル共和国 ③7 南アメリカ大陸北西部に位置し、太平洋にのぞむ赤道直下の国。首都キト。面積25.7万km²、人口1,780万(2021年)。メスチソがほとんどで、ほかにヨーロッパ系・先住民などからなる。公用語はスペイン語。宗教はカトリックがほとんど。1822年にスペインの支配を脱しグラン＝コロンビア共和国を構成、1830年に分離独立。その後、政変が繰り返される。経済はバナナ・カカオ・コーヒー・切り花などの輸出用商品作物と石油の生産輸出に依存している。

:**キト** ②4 → p.49

ペルー共和国 ③7 南アメリカ大陸西部に位置し、太平洋にのぞむ国。首都リマ。面積128.5万km²、人口3,372万(2021年)。先住民とメスチソがほとんどで、ほかにヨーロッパ系などからなる。公用語はスペイン語・ケチュア語・アイマラ語。宗教はカトリックがほとんどで、ほかにプロテスタントなど。インカ帝国(首都クスコ)の中心地。1533年、スペイン人ピサロにより、インカ帝国は滅亡。1821年にスペインから独立。銅・亜鉛・金・銀・石油など鉱業が主産業。太平洋を漁場とする漁業も盛んで、漁獲量は世界有数。 **リマ** ②6

:**セロデパスコ** ① → p.118

:**イキトス** 1 → p.181

チリ共和国 ③7 南アメリカ大陸の南西部に位置し、太平洋にのぞむ狭長な国。北部は砂漠気候、中部は地中海性気候、南部は西岸海洋性気候が卓越。首都サンティアゴ。面積75.6万km²、人口1,949万(2021年)。メスチソ・ヨーロッパ系がほとんどで、ほかに先住民などからなる。公用語はスペイン語。宗教はカトリックが多く、ほかにプロテスタントなど。1818年にスペインの支配を脱し、独立。1960年のチリ地震津波は日本の三陸海岸中心に大きな被害をもたらした。1970年、社会主義政権が成立、アメリカ合衆国系銅山の接収、主要産業の国有化を進めたが、1973年のクーデタで崩壊。2010年にもM8.8の大地震。銅の生産と輸出が経済を支える。リチウム・モリブデン鉱などの生産も多い。ほかに、ワインや果実の生産や漁業も盛ん。 **サンティアゴ** ②5

:**チュキカマタ** ②1 → p.118

:**エスコンディーダ** ②1 → p118

:**チリ地震津波** ①1 → p.67

ボリビア多民族国 ③7 南アメリカ大陸の中央部に位置する内陸国。首都ラパス(憲法上はスクレ)。面積109.9万km²、人口1,208万(2021年)。先住民とメスチソが多く、ほかにヨーロッパ系などからなる。公用語はスペイン語とケチュア語・アイマラ語・グアラニー語など先住民の36言語。宗教はカトリックがほとんどで、ほかにプロテスタントなど。1825年にスペインの支配を脱して独立、1879〜84年にはチリと争い、海岸地方を奪われて内陸国となった。鉱業が主産業で、ウユニ塩原を産地とするリチウムや錫・天然ガス・亜鉛・銀・アンチモン・タングステンなどの生産も多い。MERCOSURの一国。
:**ラパス** ③4 → p.178
:**ポトシ** 1 → p.119
ブラジル連邦共和国 ③7 南アメリカ大陸東部にあり、大西洋にのぞむ国。面積は南アメリカ大陸全体の半分近くを占める。首都ブラジリア。面積851.6万km^2、人口2億1,435万(2021年)。ヨーロッパ系が多く、次いでムラート・メスチソ、ほかにアフリカ系などからなる。日系人も多い。公用語はポルトガル語。宗教はカトリックが多く、ほかにプロテスタントなど。1500年にポルトガル人カブラルが上陸・探検し、ポルトガル領となる。1822年に独立、1889年には共和国となる。国土はギアナ高地・アマゾン盆地・ブラジル高原からなり、ブラジル高原が生産活動の中心。かつてはコーヒーのモノカルチャーであったが、現在は大豆・サトウキビ・トウモロコシ・綿花などを栽培。農業の多角化が進む一方、農地開発による熱帯林の減少が課題。鉄鉱石・ボーキサイトなどの鉱産資源にも恵まれる。ラテンアメリカ最大の工業力をもち、耐久消費財のほとんどを自給、鉄鋼・自動車などが主要工業。工業製品の輸出も多い。バイオ燃料の生産・利用にもつとめる。BRICS・MERCOSURの1国。
:**ブラジリア** ③4 → p.182
:**リオデジャネイロ** ③6 → p.146
:**ファゼンダ** ③1 → p.102
:**ファベーラ** ③5 → p.186
:**カーニバル** ②5 → p.190
:**サンバ** ②2 → p.190
:**サンパウロ州** 1 ブラジル南東部、大西洋に面し、同国の商工業の中心をなす州。世界的なコーヒーの産地で、サトウキビ・綿花・柑橘類などの栽培も盛ん。自動車・航空機・電機・電子・機械などのほか、繊維・食品などの各種工業も発達した。日系人も多い。
:**サンパウロ** ③5 → p.146
:**サントス** 1 → p.146
:**ベロオリゾンテ** ① → p.146
:**イタビラ** ③1 → p.116
:**ヴィトリア** ① → p.116
:**パラナ州** 1 ブラジル南部、パラグアイ・アルゼンチンと国境を接する州。標高1,000m前後の高原からなり、亜熱帯性気候。かつて同国最大のコーヒー生産地。現在のコーヒー産地は、ミナスジェライス州などに北上。大豆・トウモロコシ・サトウキビの栽培や牛・豚の飼育が盛んである。
:**イタイプダム** ① → p.115
:**イグアスの滝** ① → p.60
:**アマゾン** ②1 → p.44
:**ベレン** ②2 → p.102
:**マナオス(マナウス)** ③2 → p.146
:**アマゾン開発** ③5 → p.75
:**アマゾン横断道路** ②3 → p.75
:**カラジャス** ③2 → p.116
:**カラジャス鉄道** 1 → p.116
:**サンルイス** ② → p.116
:**セラード** ③4 → p.50
アルゼンチン共和国 ③7 南アメリカ大陸南部に位置し、大西洋にのぞむ国。首都ブエノスアイレス。国土は西部にアンデス山脈が位置し、東部はパラナ川とその支流がつくるグランチャコ・パンパが広がる。南部にはパタゴニアの台地がある。面積279.6万km^2、人口4,528万(2021年)。スペイン系・イタリア系がほとんどで、ほかにメスチソ・先住民など。公用語はスペイン語。宗教はカトリックがほとんどで、ほかにプロテスタントなど。1816年にスペインの支配を脱して独立。第二次世界大戦後も政変が繰り返される。1982年にフォークランド(マルビナス)諸島の領有をめぐってイギリスと紛争。2001年には経済危機。対外債務は依然多いが、経済は再建。パンパを中心とした地域での農業が主産業、小麦やトウモロコシの栽培と牛・豚の飼育が盛ん。エスタンシアと呼ばれる大農場での生産が多い。産油国。MERCOSURの1国。
:**ブエノスアイレス** ③7 → p.146
:**パンパ** ③7 → p.102
:**アルファルファ** ① → p.86
:**エスタンシア** ②1 → p.102
:**ガウチョ** 1 → p.102
:**タンゴ** 1 → p.190
ウルグアイ東方共和国 ③7 南アメリカ大陸南東部、アルゼンチンとブラジルに挟まれ大西洋にのぞむ国。首都モンテビデオ。面積17.4万km^2、人口343万(2021年)。ヨーロッパ系がほとんどで、ほかにメスチソ・アフリカ系などからなる。公用語はスペイン語。宗教はカトリックが半数で、無宗教の人々も多い。スペイン・ポルトガル・イギリス・アルゼンチン・ブラジルなどの支配を経て、1828年に独立。国土の大部分がパンパであり、小麦・大豆の栽培や牛・羊の飼育が盛ん。MERCOSURの１国。

モンテビデオ ①4

パラグアイ共和国 ③6 南アメリカ大陸中央部に位置する内陸国。首都アスンシオン。面積40.7万km^2、人口670万（2021年）。メスチソがほとんどで、ほかにヨーロッパ系・先住民などからなる。公用語はスペイン語・グアラニー語。宗教はカトリックがほとんどで、ほかにプロテスタントなど。1811年にスペインの支配を脱して独立。パラグアイ川流域の低地が経済活動の中心。林業や放畜、大豆・小麦の栽培が多い。電力を輸出する。MERCOSURの１国。

第10章

オセアニア・両極

1 自然環境

太平洋 ③7 → p54
：マリアナ海溝 ③3 → p.20
：チャレンジャー海淵 ① → p.20
：アンティポディーズ諸島 ② → p.3
環太平洋造山帯 ②3 → p.25
オーストラリア大陸 ③6 → p.30
：オーストラリア卓状地 1 → p.30
：オーストラリア楯状地 ② → p.30
：ウルル(エアーズロック) ②5 → p.30
：グレートディヴァイディング(大分水嶺)山脈 ③3 → p.29
：グレートアーテジアン(大鑽井)盆地 ③5 → p.30
：マリーダーリング盆地 ②1 → p.103
：マリー川(マーレー川) ①1 → p.102
：ダーリング川 ① → p.103
：ナラボー(ナラーバー)平原 ① → p.30
：グレートヴィクトリア砂漠 ③6 → p.47
：グレートサンディー砂漠 ③5 → p.47
：グレートバリアリーフ ③5 → p.36

2 歴史的背景と社会

オーストロネシア語族 ③1 → p.200
アボリジニ(アボリジニー) ③5 → p.194
：アボリジナル ① → p.194
：アボリジナルピープル 1 → p.194
タスマン ① → p.8
クック ① → p.8
ゴールドラッシュ ③5 → p.173
白豪主義 ③6 → p.216
多文化主義 ③7 → p.216

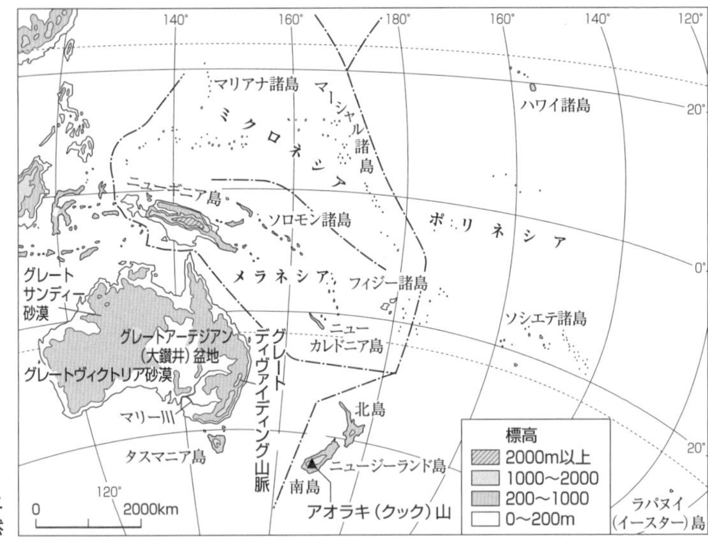

オセアニアの自然

3 オセアニアの国々と両極

オーストラリア・ニュージーランド

オーストラリア連邦 ③7 南太平洋に位置する大陸全体が国土。イギリス連邦加盟国。首都はキャンベラ。面積769.2万km^2、人口2,592万（2021年）。イギリス系がほとんどで、ほかにアジア系・先住民(アボリジニ)などからなる。公用語は英語。宗教はキリスト教が多い。1770年のイギリス人クックの探検によりイギリスが領有。1788年、流刑植民地として最初の移民が到着。次第に自由な移民も増加。1850年代のゴールドラッシュで人口が増加。白豪主義を次第に強化。1901年に自治権を確立、1931年に独立、イギリス連邦加盟。この間、牧羊・牧牛・小麦栽培などの大規模な農業が発展。1960年代に入ってから鉄鉱石・ボーキサイト・銅・鉛・亜鉛・ニッケル・石炭などの鉱産資源の開発が進み、第２のゴールドラッシュと呼ばれた。1973年のイギリスのEC（現、EU）加盟以降、アジアや太平洋諸国とのつながりを強め、1970年代には白豪主義を廃止。アジアからの移民も増加、多民族・多文化社会をめざしている。日中韓・ASEAN・オーストラリア・ニュージーランドが参加するRCEP協定が2022年発効。

：**キャンベラ** ①3 → p.182

：**ニューサウスウェールズ州** ②2 オーストラリア南東部、同国で最も経済活動が盛んな州。南東部の沿岸地方は西岸海洋性気候で、酪農や園芸農業が盛んなほか、石炭に恵まれ、工業が発達。グレートディヴァイディング(大分水嶺)山脈より西側はマリーダーリング盆地で、小麦栽培や牧羊が盛ん。州都シドニー。

：**シドニー** ③7 → p.146

：**ニューカッスル** ③4 → p.146

：**ポートケンブラ** ①1 → p.146

：**スノーウィーマウンテンズ計画** ① → p.102

：**メルボルン** ③6 → p.147

：**ブロークンヒル** ①2 → p.119

：**サウスオーストラリア州** ①1 オーストラリア中南部、グレートオーストラリア湾に面する州。東部はグレートアーテジアン(大鑽井(だいさんせい))盆地から続く低平地で牧羊地帯。西部は砂漠、南東部は地中海性気候で小麦・果実を産し、牧畜も盛ん。天然ガス・鉄鉱石などの鉱産資源も産出。州都アデレードに自動車・機械などの工業が発達している。

：**アデレード** ③3 → p.147

：**アイアンノブ** ① → p.117

：**クインズランド州** ②1 オーストラリア北東部、太平洋に面する州。北部はサバナ気候。北東部のコーラル海沿岸の熱帯気候でサトウキビの栽培が盛ん。内陸部は乾燥気候で肉牛と羊の放牧地帯。ボーキサイトや石炭の産出も多い。州都ブリズベン。

：**ブリズベン** ③6 → p.103

：**ゴールドコースト** ②1 → p.167

：**ケアンズ** ②2 → p.167

：**モウラ炭田** ③2 → p.112

：**ボウエン炭田** 1 → p.112

：**ウェイパ** ③4 → p.119

：**マウントアイザ** ③4 → p.119

：**ウェスタンオーストラリア州** ②2 オーストラリア西部にある同国最大の州。大部分は乾燥した台地からなり、砂漠が多い。南西部は地中海性気候で、小麦栽培や牧畜が行なわれる。北西部のピルバラ地区の鉄鉱石、北西部沖合の原油、南部のカルグーリーの金鉱、南西部のボーキサイトなどの鉱産資源に恵まれている。州都パース。

：**パース** ③4 → p.147

：**ピルバラ地区** ②3 → p.117

：**マウントホエールバック（マウントニューマン）** ③4 → p.117

：**トムプライス** ② → p.117

：**ダンピア** ②2 → p.117

：**ポートヘッドランド** ②4 → p.117

：**ノーザンテリトリー** ① オーストラリア中北部の準州。州都ダーウィン。北部はアラフラ海に面してサバナ気候。中南部に乾燥地・半乾燥地が広がる。広大な牧草地での肉牛飼育が盛ん。北部のアーネムランドでは金・ウラン＝ボーキサイトなどの鉱産資源が豊か。アボリジニが多く居住する。ウルル＝カタジュタ国立公園、カカドゥ国立公園などがあり、観光客も多い。

：**アリススプリングス** ②3 → p.30

：**アーネムランド半島** ②1 → p.119

：**ダーウィン** ③5 → p.147

：**ゴヴ** ①2 → p.119

：**タスマニア島** ③6 オーストラリア南東部に位置する島。西岸海洋性気候。1642年にオランダ人タスマンが上陸したことに因(ちな)んで命名。周辺の島々と州を構成。州都ホ

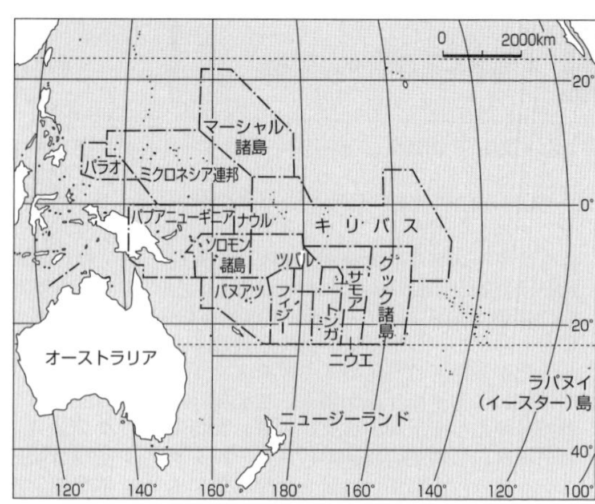

オセアニアの国々

バート。酪農・牧羊が盛ん。錫・亜鉛・石炭などの鉱産資源が豊か。先住民であるタスマニア人は1876年に絶滅した。

ニュージーランド ③[7] 南太平洋の南西部に位置する、イギリス連邦加盟国。環太平洋造山帯の一部をなす北島と南島からなる。首都ウェリントン。面積26.8万km^2、人口513万 (2021年)。ヨーロッパ系が多く、次いで先住民のマオリ、ほかにアジア系などからなる。公用語は英語・マオリ語。宗教はキリスト教が多く、ほかにヒンドゥー教など。1642年にオランダ人タスマンが到来、1769年にはイギリス人クックが探検を行なう。マオリとの紛争を経て1840年のワイタンギ条約によりイギリス領となる。1947年に独立。先進的な農業国。牧羊・酪農などが盛ん。社会保障制度が整備されている。

：**ニュージーランド北島** ③[4] タラナキ (エグモント) 山・ルアペフ山などの活火山を有する火山性の地形で、大部分は高原状の台地からなる。同国の人口の4分の3が居住。クック海峡以南の南島に比べて気候が温暖湿潤で、同国の乳牛の大半が飼育され、酪農が盛ん。また、ほぼ全域で牧羊が行なわれている。オークランドや首都ウェリントンでは造船・食品工業などが発達している。

：**タラナキ(エグモント)山** ①[1] → p.25

：**オークランド** ②[5] → p.147

：**ウェリントン** ③[5] → p.147

：**ワイラケイ** ①[1] → p.116

：**ニュージーランド南島** ③[4] 島の中央をサザンアルプス山脈が走り、東岸に平野が広い。最高峰はアオラキ (クック) 山 (標高3,754m)。山脈の西側は降水量が多く、牧羊には不適。南西部の海岸はフィヨルド。農耕地のほとんどが東部に限られ、果樹栽培を中心とした園芸農業・混合農業のほか、牧羊が盛ん。豊富な電力を北島に供給。中心都市はクライストチャーチ。

：**サザンアルプス山脈** ① → p.27

：**マオリ** ③[7] → p.194

：**ワイタンギ条約** [2] 1840年、イギリスと先住民マオリの間で結ばれた条約。マオリの土地所有権を保障するかわりに、ニュージーランドをイギリスの植民地とした。マオリの土地所有権はほとんど無視されていたが、1970年代以降、マオリの権利や文化の復権を求める動きの中で、条約の見直しが進められた。

メラネシア

メラネシア ③[4] 太平洋の島々を分ける3大区分の1つ。ほぼ赤道以南で経度180度以西の地域。メラネシアは「黒い島々」の意。ニューギニア島・ビスマーク諸島・ソロモン諸島・ニューヘブリディーズ諸島・ニューカレドニア島・フィジー諸島などからなる。陸島が多い。パプアニューギニア・ソロモン諸島・バヌアツ・フィジーの4独立国がある。

パプアニューギニア独立国 ②[4] オーストラリアの北方に位置し、ニューギニア島の東半分・ビスマーク諸島・ブーゲンヴィル島など多くの島々からなるイギリス連邦加盟国。首都ポートモレスビー。面積46.3万km²、人口995万（2021年）。パプア人がほとんどで、ほかにメラネシア系などからなる。公用語は英語とトクピシン語・モトゥ語（ともにピジン語）。宗教はキリスト教・民族固有の宗教など。16世紀にヨーロッパ人が来航。イギリス・ドイツの支配を経て、オーストラリアの委任統治領。第二次世界大戦中に日本が占領。戦後、オーストラリアの信託統治領。1975年に独立。タロイモ・ヤムイモ・バナナなどが自給作物。金・原油やブーゲンヴィル島の銅などが主要輸出品。ほかに、木材・パーム油・コーヒーなどの輸出も多い。

：**ニューギニア島** ②4 オーストラリア北方に位置する、面積80.9万km²の世界第2の大島。東経141度を境に東半分はパプアニューギニアに、西半分は1884年にオランダ領、1969年からインドネシア領のパプア州（旧イリアンジャヤ）に分かれる。中央部の脊梁（せきりょう）山脈は環太平洋造山帯に属し、最高峰はジャヤ山（標高4,884m）。自給作物のタロイモ・ヤムイモ・バナナなどや、商品作物としてコーヒー・カカオ・コプラなどを生産している。

ソロモン諸島 ②5 パプアニューギニアの東方のガダルカナル・マライタ・サンタイサベル島などの多数の島々からなる。イギリス連邦加盟国。首都ホニアラ。面積2.9万km²、人口71万（2021年）。おもにメラネシア系の諸民族からなる。公用語は英語、ピジン語が共通語。宗教はキリスト教がほとんど。1568年にスペイン人が上陸、ソロモン諸島と命名、1893年にイギリス領。第二次世界大戦中に日本が占領。戦後、再びイギリス領。1978年に独立。木材・魚介類・パーム油・コプラ・ボーキサイトなどが主要輸出品である。

バヌアツ共和国 ②4 ソロモン諸島の南東、ニューヘブリディーズ諸島の島々。イギリス連邦加盟国。首都ポートビラ。面積1.2万km²、人口32万（2021年）。おもにメラネシア系のバヌアツ人からなる。公用語はビスラマ語（ピジン語）・英語・フランス語。宗教はキリスト教がほとんど。17世紀にスペイン人が到来、1774年にイギリス人クックがニューヘブリディーズ諸島と命名。1906年以降、イギリス・フランスの共同統治。1980年に独立。国名は「我々の土地」の意。ココナッツ油・コプラ・カカオなどが主産物である。観光業も伸びている。

フィジー共和国 ②4 南太平洋の中央部、バヌアツの東側に位置し、ヴィティレヴ島・ヴァヌアレヴ島などの多数の火山島やサンゴ礁からなる。首都スバ。面積1.8万km²、人口93万（2021年）。フィジー系（メラネシア系とポリネシア系）とインド系などからなる。公用語は英語・フィジー語・ヒンディー語。宗教はメラネシア系がキリスト教、インド系がヒンドゥー教。インド系住民が多いのは、プランテーションで行うサトウキビ生産や製糖の労働力として移住してきたため。1643年にオランダ人タスマンが上陸、1874年にはイギリスの植民地。1970年に独立。砂糖生産・繊維産業・観光業・漁業が主要産業である。

ニューカレドニア ③3 → p.119

ポリネシア

ポリネシア ③4 ポリネシアは「多くの島々」の意。太平洋の島々を分ける3大区分の1つ。ほぼ180度の経線以東の地域で、ハワイ諸島・ラパヌイ（イースター）島・ニュージーランドを結ぶ範囲にサモア諸島・ライン諸島・クック諸島・ソシエテ諸島・トゥアモトゥ諸島・エリス諸島・フェニックス諸島・トンガ諸島がある。ニュージーランド以外は火山島・サンゴ礁などの洋島が多い。ニュージーランド・ツバル・サモア・トンガ・クック諸島の5独立国がある。加えて、ニュージーランドと自由連合関係にあるニウエを、日本も2015年に独立国家として承認した。

ラパヌイ（イースター）島 ①1 チリの首都サンティアゴの西、太平洋の海上に浮かぶ島。ポリネシア南東端に位置する。東太平洋海嶺に属する古い火山島。モアイ像の遺跡で知られる。

ツバル ②5 南西太平洋の9つのサンゴ礁からなる、イギリス連邦に加盟する立憲君主国。首都はフナフティ。面積26km²、人口1万（2021年）。おもにポリネシア系ツバル人からなる。公用語はツバル語・英語。宗教はキリスト教。1568年にスペイン人が到来、1892年にイギリス保護領、1978年には英連邦内の立憲君主国として独立。コプラの生産と漁業が主産業。ほかに、海外出稼ぎ者からの送金、郵便切手の販売、インターネットのドメイン使用権貸出料などが多い。温暖化に伴う海面上昇が危惧されている。

フナフティ ①2

サモア独立国 ②④ サヴァイイ・ウポルをはじめ、9島からなる南太平洋の島国で、イギリス連邦加盟の立憲君主国。首都アピア。面積2,842km^2、人口22万（2021年）。おもにポリネシア系サモア人、ほかにポリネシア系とヨーロッパ系の混血からなる。公用語はサモア語・英語。宗教はキリスト教。19世紀末からアメリカ合衆国・ドイツ・イギリスが領有をめぐって争い、西経171度線を境に、東サモアはアメリカ合衆国領。西サモアはドイツ領を経て1919年、ニュージーランドの委任統治領、1962年に独立。南太平洋で最初の独立国。1997年、西サモアからサモア独立国に改称。2011年、日付変更線を東にずらした。木材・コプラ・魚介類が主要な輸出品である。

トンガ王国 ②③ 南太平洋に散在するトンガタプ島をはじめ、多くの火山島・サンゴ礁からなる。首都ヌクアロファ。面積747km^2、人口11万（2021年）。おもにポリネシア系トンガ人からなる。公用語はトンガ語・英語。宗教はキリスト教。1616年にオランダ人が渡来、1900年にイギリス保護領、1970年に独立。イギリス連邦加盟国。漁業・ココヤシの生産などの農業が主産業。日本へはマグロや海草、カボチャの輸出で知られる。海外移住者からの送金も多い。

クック諸島 ②④ 南太平洋、アメリカ合衆国領サモアの東側に位置し、ラロトンガ島など、15のサンゴ礁・火山島からなる。首都アバルア。面積236km^2、人口2万（2021年）。おもにポリネシア系クック諸島マオリ人からなる。公用語はクック諸島マオリ語・英語。宗教はキリスト教がほとんど。16〜17世紀にスペイン・ポルトガル人が到来。1773年、イギリス人クックが調査・探検。1888年にイギリス保護領、1901年にニュージーランド領、2001年に独立を表明。ニュージーランドと自由連合関係。日本の国家承認は2011年。国連未加盟。漁業・観光業・真珠の養殖・ノニジュースなどの果実加工が主産業である。

タヒチ島 ②③ ソシエテ諸島（フランス領）に属する火山島。中心都市パペーテ。ポリネシア系の王朝が続いたが、1840年代からフランスが支配。コプラ・サトウキビの生産・真珠の養殖、そして観光業が主産業である。

ムルロア環礁 ① → p.121

ミクロネシア

ミクロネシア ③④ 太平洋の島々を分ける3大区分の1つ。ほぼ赤道以北、経度180度以西の地域。ミクロネシアは「小さな島々」の意。マリアナ諸島・マーシャル諸島・カロリン諸島・ギルバート諸島などからなり、ナウル・キリバス・マーシャル諸島・ミクロネシア連邦・パラオの5独立国がある。

ナウル共和国 ②③ 中部太平洋に位置する、サンゴ礁からなる島国。バチカン・モナコに次いで小さな独立国。首都（政庁所在地）ヤレン。面積21km^2、人口1万（2021年）。おもにミクロネシア系ナウル人がほとんどで、ほかにキリバス人などからなる。公用語はナウル語。宗教はキリスト教がほとんど。1888年にドイツ領、第一次世界大戦後、オーストラリア・ニュージーランド・イギリス3国の委任統治領。第二次世界大戦中、一時日本が占領した。戦後上記3国の信託統治領を経て、1968年に独立。イギリス連邦加盟国。良質のリン鉱石の生産と輸出で高い生活水準を維持してきたが、リン鉱石がほぼ枯渇（こかつ）して経済は破綻状態。今後の国づくりが課題。温暖化に伴う海面上昇が危惧（きぐ）されている。

キリバス共和国 ③⑤ 中部太平洋のギルバート諸島・ライン諸島・フェニックス諸島などの島々からなる。首都タラワ。面積726km^2、人口13万（2021年）。おもにミクロネシア系の諸民族からなる。公用語はキリバス語・英語。宗教はキリスト教がほとんど。1892年にイギリス保護領。第二次世界大戦中、一時日本が占領した。戦後、再びイギリス領。1979年に独立。イギリス連邦加盟国。主産業であったリン鉱石は枯渇。コプラ・漁業中心の産業構造への転換につとめている。観光業の進展を図る。温暖化に伴う海面上昇が危惧されている。

ミクロネシア連邦 ②④ マリアナ諸島の南、カロリン諸島のうち、パラオ諸島を除く、チューク（トラック）諸島・ヤップ島などからなる国。首都パリキール。面積702km^2、人口11万（2021年）。ほとんどがミクロネシア系の諸民族、ほかにポリネシア系・アジア系などからなる。公用語は英語、ほかにマレー＝ポリネシア語系の8言語が共通語。宗教はキリスト教。19世紀末からドイツ保護国。第一次世界大戦後は日本の委任統治領であった。第二次世界大戦後はアメリカ合衆国の信託統治領。1986年、アメリカ合衆国との自由連合協定によって独立。漁業・コプラやキャッサバなどを生産する農業・観光業が主産業である。

マーシャル諸島共和国 ②4 ミクロネシア連邦・マリアナ諸島の東に位置するサンゴ礁の島々からなる。首都マジュロ。面積181km^2、人口4万（2021年）。おもにミクロネシア系マーシャル人からなる。公用語はマーシャル語・英語。宗教はキリスト教。ドイツ領、日本の委任統治領を経て、第二次世界大戦後、アメリカ合衆国の信託統治領。1986年、自由連合協定により独立。コプラやキャッサバを生産する農業と漁業が中心。ビキニおよびエニウェトク両環礁は、かつてはアメリカ合衆国の核実験場であった。

：ビキニ環礁 1 → p.36

パラオ共和国 ②3 グアム島の南方に位置するパラオ諸島からなる国。首都マルキョク（コロールから2006年遷都）。面積459km^2、人口2万（2020年）。ミクロネシア系パラオ人がほとんどで、ほかにフィリピン人などアジア系からなる。公用語はパラオ語・英語。宗教はキリスト教がほとんど。スペイン・ドイツ領、日本の委任統治領を経て、第二次世界大戦後はアメリカ合衆国の信託統治領。1981年に自治政府が発足。非核憲法を公布。1994年には非核憲法を凍結する形で、アメリカ合衆国との自由連合協定を承認して独立。コプラの生産と漁業・観光業が主産業である。

グアム ②5 太平洋西部、マリアナ諸島最南端に位置する島。面積549km^2、人口17万（2020年）。ミクロネシア系のチャモロ人が多く、ほかにフィリピン系や太平洋地域の人々からなる。英語・チャモロ語を使用。1898年にスペイン領からアメリカ領へ、第二次世界大戦中は日本が占領、1944年以降は再びアメリカ領。太平洋横断航空路の中継地や軍事戦略拠点として、大きな役割を果たしている。コプラの生産、マグロ漁でも知られるが、観光業が主産業である。

サイパン 1 太平洋西部、北マリアナ諸島連邦（アメリカ合衆国自治領）の中部に位置する火山島。面積115km^2、人口約5万（2019年）。民族はチャモロ人。1898年にスペイン領からドイツ領となった。第二次世界大戦中、日本が占領し、激戦地となった。戦後、米軍の基地がおかれた。コーヒー・サトウキビなどの商品作物栽培が発達。観光収入も多い。

北極・南極

北極 ③7 → p.3

北極圏 ③7 → p.3

北極海 ③7 → p.54

グリーンランド ③7 大西洋北部に位置するデンマーク領で、世界最大の島。面積216.6万km^2、人口6万（2020年）。中心都市はヌーク（旧ゴットホープ）。面積の約80%は氷床に覆われ、海岸は多くのフィヨルドに刻まれる。カラーリット（イヌイット）と、ヨーロッパ人とカラーリットとの混血がおもな住民。漁業が主産業で、カーナック（チューレ）などにアメリカ合衆国の軍事基地がおかれている。

南極 ③7 → p.3

南極圏 ③6 → p.3

南極大陸 ③4 → p.30

昭和基地 ③2 → p.31

ヴォストーク基地 ①2 → p.48

南極条約 ③ → p.215

第11章 日本

1 全体としての日本

自然環境

環太平洋造山帯 ②3 → p.25
北アメリカプレート ③6 → p.22
ユーラシアプレート ③7 → p.22
太平洋プレート ③7 → p.21
フィリピン海プレート ③7 → p.21
弧状列島 ③5 → p.20
：**千島弧** ① → p.63
：**東北日本弧** ① → p.62
：**伊豆小笠原弧** ① → p.63
：**西南日本弧** ① → p.62
日本列島 ③6 → p.27
南西諸島 ③3 → p.63
千島・カムチャツカ海溝 ③5 → p.63
日本海溝 ③6 → p.62
相模トラフ ②3 → p.62
駿河トラフ ① → p.63
南海トラフ ③6 → p.63
伊豆小笠原海溝 ③6 → p.63
南西諸島海溝 ③4 → p.63
フォッサマグナ ③6 → p.62
：糸魚川・静岡構造線 ③6 → p.62
：**東日本火山帯** ①2 → p.62
：**火山前線（火山フロント）** ③3 → p.62
：**西日本火山帯** ①2 → p.63
中央構造線 ③6 → p.63
：**内帯** ③3 → p.63
：**外帯** ③3 → p.63
安政東海地震 2 → p.68
濃尾地震 2 → p.68
明治三陸地震 2 → p.67
関東大震災 ①2 → p.68
：**関東地震** ②3 → p.68
昭和三陸地震 3 → p.67
昭和東南海地震 3 → p.68
昭和南海地震 3 → p.68
チリ地震津波 ①1 → p.67
北海道南西沖地震 ②2 → p.67
兵庫県南部地震 ③7 → p.69
：阪神・淡路大震災 ①6 → p.69
：**野島断層** 1 → p.69
中越地震 ① → p.68
中越沖地震 2 → p.68
岩手・宮城内陸地震 1 → p.68
東北地方太平洋沖地震 ③7 → p.68
：東日本大震災 ②5 → p.68
熊本地震 ③6 → p.69
北海道胆振東部地震 ①5 → p.67
太平洋 ③7 → p.54
日本海 ③7 → p.55
オホーツク海 ③7 → p.55
瀬戸内海 ①2 → p.149
対馬海峡 ②1 → p.207
親潮（千島海流） ③6 → p.57

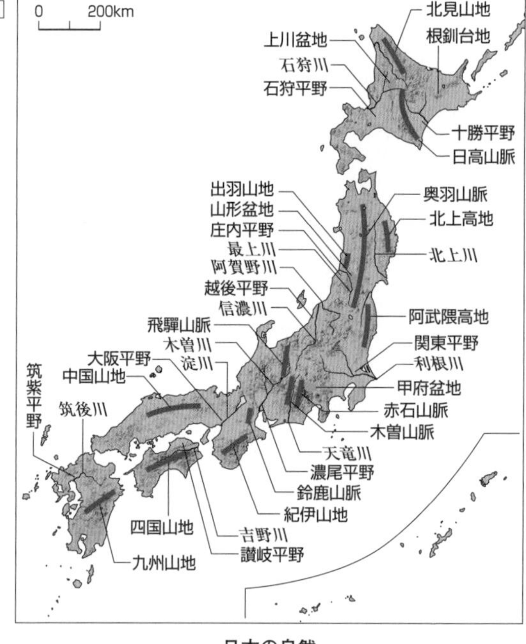

日本の自然

領域

民族

農業・水産業

鉱工業

人口

村落・都市

交通

名神高速道路 ① → p.155
成田国際空港（新東京国際空港） ③3 → p.158
関西国際空港 ③3 → p.158
羽田空港（東京国際空港） ②4 → p.158
中部国際空港 ①2 → p.159

貿易・国際関係

サンフランシスコ平和条約 ③7 → p.223
日米安全保障条約 1 → p.209
日米貿易摩擦 ③1 → p.164
CPTPP（環太平洋パートナーシップに関する包括的及び先進的協定） ③7 → p.168

2 日本の諸地域

北海道地方

日高山脈 1 → p.63
知床 ②1 → p.168
野付半島 1 → p.34
有珠山 ②6 → p.69
洞爺湖有珠山ジオパーク 1 → p.82
洞爺湖温泉 ① → p.69
石狩川 ②2 → p.33
釧路湿原 2 → p.80
札幌 ③3 → p.147
函館 ①2 → p.106
：函館山 ①3 → p.34
旭川 ①2 → p.147
稚内 ②1 → p.106
根室 ①1 → p.106
釧路 ②1 → p.106

東北地方

津軽平野 1 → p.103
岩木川 1 → p.64
白神山地 ③1 → p.168
庄内平野 ①1 → p.103
最上川 ① → p.64
北上高地 1 → p.63
三陸海岸 ①4 → p.35
八戸 1 → p.106
秋田 ②1 → p.147
仙台 ②3 → p.184

関東地方

関東山地 ①1 → p.63
関東平野 ③2 → p.64
下総台地 ②1 → p.33
武蔵野台地 ②1 → p.33
房総半島 ②1 → p.103
九十九里浜 4 → p.35
利根川 ③6 → p.64
片品川 ③2 → p.34
江戸川 ①2 → p.65
多摩川 ①2 → p.65
首都圏 2 → p.178
京浜工業地帯 ③1 → p.147
伊豆諸島 ③3 → p.63
：伊豆大島 2 → p.70

中部地方

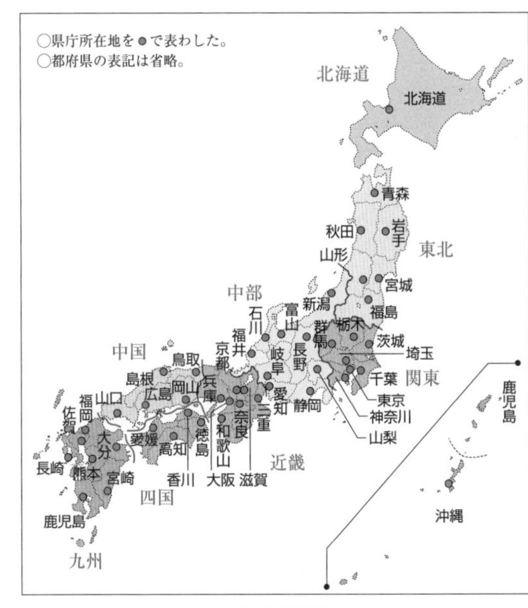

日本の行政区

近畿地方

中国・四国地方

九州・沖縄地方

索引

1. この索引は、本文中の見出し項目（：印をつけた関連項目、頻度数だけを記した羅列項目を含む）を、五十音順に配列したものである。
2. 用語の次に頻度数「地理探究」①〜③,「地理総合」1〜7を示してある。
3. 羅列項目のページ数は斜体で示した。
4. 用語の表記については，チはティ，ツはトゥ，バはヴァ，ビはヴィ，べはヴェも参照のこと。
5. 欧文表記からはじまる語は，慣用読みに従って配列した。一部の欧文略語については，わ行の次に「欧文略語索引」として別掲している。

あ

い

う

え

お

か

き

く

け

こ

す

せ

そ

た

ち

つ

ひ

ふ

へ

ほ

ま

み

よ

ら

り

る

れ

欧 文 略 語 索 引

《A》

《B》

《C》

《D》

《J》

《L》

《M》

《N》

《O》

《P》

《R》

《S》

《T》

《U》

《W》

編集委員（五十音順） 石橋　生
勝山雅法
倉田昌彦
諏訪弥生
高橋将司
土谷優子
西村竜太郎

地理用語集

2024 年 3 月　初版発行

編　者　地理用語集編集委員会
発行者　野澤武史
印刷所　株式会社　加藤文明社
製本所　牧製本印刷株式会社
発行所　株式会社　山川出版社
〒 101-0047　東京都千代田区内神田 1-13-13
電話 03（3293）8131（営業）　03（3293）8135（編集）
https://www.yamakawa.co.jp/
装　幀　水戸部功
本文デザイン　中村竜太郎

ISBN978-4-634-05439-4　NYZM0101

本書の全部または一部を無断で複写複製（コピー）・転載することは，著作権法上での例外を除き，禁じられています。

●造本には十分注意しておりますが，万一，落丁・乱丁などがございましたら，営業部宛にお送りください。送料小社負担にてお取り替えいたします。
●定価はカバーに表示してあります。